존 듀이(1859~1952) 프래그머티즘 시카고학파 창시자

◀듀이가 태어난 집 버몬트 주 벌링턴 마을

▼듀이 학교
1896년 시카고 대학 부속으로 실험학교 설치
뒤에 미국에서 이루어진 진보주의 교육운동은 듀이의 실험학교를 위해 모인 사람들에 의해 시작되었다고 볼 수 있다.

▲버몬트 대학교
듀이는 1879년 이 대학을 졸업했다.

▶헨리 토레이(1837~1902)
듀이는 그즈음 버몬트 대학 철학교수였던
토레이로부터 칸트의 《순수이성 비판》 강의
에 많은 영향을 받았다. 1884년 듀이는 존스
홉킨스 대학원에서 《칸트의 심리학》 논문으
로 철학박사 학위를 받는다.

▼버몬트 대학 안에 있는 아이라 앨런 예배당
예배당 북쪽 벽감에 듀이와 그의 아내 기념
비가 있다.

대니얼 길먼(1831~1908) 존스 홉킨스 대학교 초대 총장

길먼 총장은 교수를 둘러싸고 교수와 학생이 일정한 문제를 토의하는 세미나 형식의 수업을 도입했다. 존스 홉킨스 대학에서는 이것이 학생들의 연구생활의 중심이었다. 듀이가 전공한 철학교실은 미시간 대학의 조지 모리스 교수가 가르쳤다. 듀이는 이 대학에서 철학박사 학위를 받았다.

조지 모리스(1840~1889) 미시간 대학교 철학교수. 헤겔의 관념론 철학 연구
듀이는 철학 지도교수였던 모리스로부터 배운 헤겔 철학에 깊이 매료되었다. 모리스는 듀이가 존스 홉킨스 재학 시절 동안 특별연구원으로 추천하는 등 경제적·학문적으로 많은 도움을 주었으며, 미시간 대학 철학과 전임 강사로 추천까지 해주었다. 이로써 듀이의 철학자로서 삶이 시작된 것이다.

버몬트 대학에 있는 존 듀이의 무덤

DEMOCRACY AND EDUCATION

AN INTRODUCTION TO THE PHILOSOPHY OF EDUCATION

BY

JOHN DEWEY

New York

THE MACMILLAN COMPANY

《민주주의와 교육》(초판, 1916) 속표지

Reconstruction
in Philosophy
John Dewey

《철학의 개조》(초판, 1920) 표지

세계사상전집085
John Dewey
DEMOCRACY AND EDUCATION
RECONSTRUCTION IN PHILOSOPHY

민주주의와 교육/철학의 개조

존 듀이/김성숙 이귀학 옮김

동서문화사

디자인 : 동서랑 미술팀/표지그림

민주주의와 교육/철학의 개조
차례

민주주의와 교육

철학의 개조

존 듀이 생애와 사상

Democracy and Education
민주주의와 교육

머리글

이 책은 민주사회에 깃들어 있는 여러 이념을 찾아내어 명시하고, 이들을 교육의 여러 문제에 응용하고자 노력한 결실의 하나이다. 여기에서의 논의는 이러한 관점에서 본 공교육의 건설적인 목표나 방법에 대한 지적을 포함하고 있다. 또 인식이나 도덕의 발달에 관한 여러 가지 설(說) 중에서 과거 사회에서 정식화되었으면서도, 지금의 민주사회에서도 여전히 효력을 발휘하고 민주적 이상의 충분한 실현을 저해하는 것에 대한 비판적 평가도 들어가 있다. 읽어보면 알게 되겠지만, 여기에서 말하는 철학은 민주주의의 발전이 지시하는 교육의 교재나 방법의 변화를 제시하고자 하는 것이다. 이를 위해 민주주의의 발전을 과학의 실험적 방법의 발달, 생물학의 진화론에 대한 여러 생각, 그리고 산업기구의 재편성과 결부시켜 보았다.

비판을 해준 교육학부의 구드셀 박사, 비판과 더불어 주제의 배열에 관한 조언을 해준 같은 학부의 킬퍼트릭 교수—나는 그것을 자유롭게 활용했다—, 비평과 도움말을 아끼지 않은 엘씨 리플리 클랩 양. 이들에 대한 깊은 고마움을 어찌 잊겠는가. 더욱이 구드셀 박사와 킬퍼트릭 교수는 친절하게도 교정쇄까지 읽어주셨다. 또 여러 해에 걸쳐 나의 강의에 출석해준, 그 수를 헤아릴 수 없을 만큼 많은 학생들에게 큰 도움을 받았음도 적어두는 바이다.

컬럼비아 대학에서
존 듀이

제1장
생명에 필요한 것으로서의 교육

1 전달로 생명을 새롭게 함 생물과 무생물의 가장 뚜렷한 차이는, 생물이 새롭게 함으로 자기를 유지한다는 점이다. 돌을 치면 돌은 저항한다. 만약에 돌의 저항력이 그것에 가해진 타격의 강도보다도 크면 돌은 외관적으로는 그대로이다. 그렇지 않으면, 돌은 분쇄되어 작은 파편이 된다. 돌은 결코 타격에 대항해서 자기를 유지하는 방식으로 반응하지 않는다. 하물며 타격을 자기행동의 지속에 유익한 요인이 되도록 반응하겠는가. 그런데 생물은 압도적인 힘에 의해 쉽사리 짓밟힐지는 모르지만, 그래도 자기에게 작용하는 에너지를 자기 존속을 위한 수단으로 바꾸려고 한다. 만약 그것을 할 수 없으면 생물은 (적어도 고등생물은) 부서져서 작은 파편이 될 뿐만 아니라, 이미 어떤 특정한 생물이 아니게 되는 것이다.

생물은 살아 있는 한, 자기 자신을 위해 주위의 에너지를 이용하려고 노력한다. 빛이나 공기, 수분, 땅속의 물질을 이용한다. 생물이 이러한 것을 이용함은 이들을 자기보존의 수단으로 바꾼다는 것을 의미한다. 생물이 성장을 계속하는 한, 이와 같이 환경을 이용함으로써 획득하는 것은, 그때 소비하는 에너지를 보충하고도 남음이 있다. 즉, 성장하는 것이다. '제어한다'는 말을 이러한 뜻으로 해석한다면, 다음과 같이 말할 수 있다. 즉, 생물이란 자기를 압살할지도 모르는 에너지를, 오히려 자기 자신의 활동을 지속하기 위해 정복하고 제어한다. 생활이란, 환경에 대한 작용을 통해서 자기를 새롭게 해 나가는 과정인 것이다.

모든 고등생물은 이 과정을 끝없이 계속해 갈 수는 없다. 그것들은 이윽고 쓰러져서 죽는다. 생물이 자기를 새롭게 해가는 힘을 한없이 가지고 있는 것은 아니다. 그러나 생명과정의 연속은, 어느 한 개체가 생존을 연장한다고 되는 것이 아니다. 별개의 생명체를 낳는 생식작용을 통해서 연속해서 차례로 이어지는 것이다. 또 지질학상의 기록이 말해주는 것처럼, 개체뿐만 아니라 종(種) 또한 사멸하지만, 생명과정은 더욱더 복잡한 형태로 발달하면서 연속된다. 어떤 종이 사멸하면, 그것들이 극복할 수 없었던 장해를 이용하는데 가장 알맞은 생물이 생겨난다. 생명의 연속이란, 생물체의 필요에 환경을 끊임없이 재적응시켜 가는 과정을 의미한다.

이제까지는 생명을 가장 낮은 차원의 뜻에서—즉 육체적 존재로서—말해 왔다. 그러나 우리는 '생활'이라는 말을 개체 및 종족경험의 전체 범위를 가리키는 것으로도 사용한다. '링컨의 생애'라는 책을 읽을 때, 우리는 그 책 안에 생리학 논문이 실려 있다고는 생각하지 않는다. 그가 태어나기 이전의 사회상에 대한 기사나 어렸을 때의 환경, 가족의 상황이나 직업, 성격 발달 과정에서의 주요 에피소드, 특기할 노력이나 업적, 희망이나 취미나 환희, 고뇌가 적혀 있으리라 예상하는 것이다. 우리는 이와 똑같은 방법으로 미개 부족이나 아테네 시민이나 미국 국민의 생활에 대해서 말한다. '생활'은 관습, 제도, 신앙, 승패, 오락, 일 등을 모두 포함한다.

우리는 '경험'이라는 말을 마찬가지로 충실된 뜻으로 사용한다. 그리고 경험에 대해서도, 단순한 생리학적인 의미에서의 생활에 대한 것과 마찬가지로, 새롭게 함에 의한 연속이라는 원리가 해당된다. 인간의 경우에는, 육체적 존재의 새롭게 함에 따라 신념·이상·희망·행복·불행 그리고 관행의 재생이 따른다. 어떠한 경험에서도, 사회집단의 새로워짐을 통해서 연속한다는 것은 문자 그대로 사실이다. 가장 넓은 뜻에서의 교육은, 생명의 이러한 사회적인 연속의 수단인 것이다. 미개부족에서와 마찬가지로 근대도시에서도 사회집단의 성원은 누구나 미숙하고, 무력하고, 언어도 신념도 관념도 사회규범도 모른 채 태어난다. 개개의 개인, 즉 그 집단의 생활경험의 담당자인 각 단위는, 이윽고 죽어서 사라져간다. 그래도 집단의 생명은 지속된다.

사회집단을 구성하는 각 성원이 태어나고 또 죽는다는 근본적이고 불가피한 사실이 교육의 필요성을 결정한다. 한편으로는, 집단의 새로 태어난 성원—그 집단의 후계자는 그들 이외에는 없다—의 미성숙과, 그 집단의 지식이나 관습을 몸에 지니고 있는 성인 성원의 성숙 사이에는 뚜렷한 대조가 있다. 다른 한편으로는 이들 미성숙한 성원은 단지 수적으로 충분하게 유지되어 있어야 할 뿐만 아니라, 성숙한 성원의 관심이나 목적·지식·기술·관행을 배워야만 한다. 그렇지 않으면 그 집단은 그 특유한 생명이 끊기게 된다. 미개부족에서까지도, 성인이 획득한 능력은, 미성숙한 성원이 방치될 경우 할 수 있다고 여겨지는 정도를 훨씬 뛰어넘는다. 문명의 발달과 함께, 미성숙자의 최초의 능력과 연장자의 규범이나 관습 사이의 틈은 벌어진다. 단순한 육체적 성장이나, 단순한 생존에 필요한 것에 대한 숙달만으로는 집단생명의 재생산에는 불충분하다. 신중한 노력이나 사려 깊은 고심이 필요한 것이다. 사회집단의 목표나 습관을 모를 뿐만 아니라 그것들에 전혀 무관심한 상태로 태어나는 사람들에게 그것을 알리고, 적극적인 관심을 쏟게 해야 한다. 교육이, 오직 교육만이 그 틈을 메울 수가 있다.

사회는 생물학적 생명과 전적으로 같은 정도로, 전달의 과정을 통해서 존속한다. 이 전달은 연장자가 연소자에게 행위나 사고나 감정의 습관을 전달하는 것으로써 이루어진다. 집단생활에서 사라져가는 성원으로부터 집단생활 속으로 들어가려는 성원에게 전달되는 이상이나 희망·기대·규범·의견 없이는, 사회의 생명은 존속할 수 없다. 가령 사회를 구성하는 성원이 계속해서 살아간다고 해도 새로 태어나는 성원을 교육할지도 모르나, 그것은 사회적 필요가 아니라 오히려 개인적 관심에서 하는 일이 될 것이다. 그러나 그렇지 않기 때문에 교육은 필수적이다.

만약에 전염병이 사회의 모든 성원을 한꺼번에 빼앗아간다면, 그 집단은 분명 영원히 멸망할 것이다. 사회의 성원이 누구나 모두 죽어간다고 하는 것은, 이러한 전염병으로 한꺼번에 모두 죽어버리는 경우와 마찬가지로 확실하다. 하지만 연령의 단계적 차이, 즉 어떤 사람은 죽지만 어떤 사람은 태어난다고 하는 사실이, 관념이나 활동의 전달을 통해서 사회라는 직물을 끊임없이 다시 짜낼 수 있게 한다. 하지만 이 새로워짐은 자동적이 아니다. 진정한 그리고 철저한 전달이 이루어지도록 노력하지 않으면, 가장 문명화된 집단도 야만으로 미개로 후퇴하게 될 것이다. 실제로 인간의 아이들은 만약에 다른 사람들의 지도나 원조 없이 방치된다면, 육체적 생존을 위해 필요한 기본적 능력을 획득할 수 없을 정도로 미숙하다. 인간의 아이들은 출생했을 때의 능력 면에서, 많은 하등동물의 새끼들에게 도저히 미치지 못한다. 육체의 유지에 필요한 힘까지도 가르침을 받아서 획득해야만 한다. 이렇게 본다면 기술적으로, 예술적으로, 과학적으로, 도덕적으로 인류가 달성한 일 모두에 관해서는 이상 말한 바가 한층 진실임은 말할 나위도 없다.

2 교육과 의사소통 사회가 계속 존재하기 위해서 가르침과 배움이 필요한 것은 너무나도 명백한 일이다. 그래서 당연한 일을 너무나 장황하게 논하는 것으로 보일지도 모른다. 하지만 이로써 교육이란 것을 학교교육적이고 제도적인 것으로 부당하게 파악하는 생각을 피할 수가 있다는 점에서, 이러한 강조는 정당하다. 실제로 학교는 미성숙자의 성향을 형성하는 전달의 한 중요한 방법이다. 그러나 그것은 단순히 하나의 수단, 다른 여러 가지 작용과 비교하면 의외로 표면적인 수단에 지나지 않는다. 교수의 보다 더 기본적이고 지속적인 양식의 필요성이 이해되었을 때, 비로소 우리는 틀림없이 학교교육적 방법을 올바른 배경 안에 위치 매김을 할 수가 있는 것이다.

사회는 전통을 통해서, 의사소통을 통해서 존재를 계속할 뿐만 아니라, 전통 안에, 의사소통 안에 존재한다고 해도 좋을 것이다. 공동(common), 공동체(community), 의사소통(communication)이라는 말 사이에는 단순한 언어상의 관련 이상의 것이 있다. 사람들은 서로가 공동으로 지닌 것 덕분에 공동체 안에서 생활한다. 또 의사소통이란, 사람들이 사물을 공통으로 소유하게 되는 방도인 것이다. 사람들이 공동체, 즉 사회를 형성하기 위해 공동으로 지녀야만 하는 것은 목표, 신앙, 포부, 지식—공동이해—, 사회학자가 말하는 것처럼 같은 마음가짐(likemindedness)이다. 그와 같은 것은, 벽돌을 건네듯 어떤 사람으로부터 다른 사람에게 물리적으로 전할 수 없다. 또 사람들이 파이를 나누어 먹듯이 여러 조각으로 나누어 가질 수도 없다. 공동이해에 참가하는 일을 확실하게 하는 의사소통은, 동일한 정서적·지적 성향—기대나 요구에 대해서 반응하는 동일한 양식—을 확보하는 일인 것이다.

단지 사람들이 물리적으로 접근해서 생활하는 것만으로는 사회가 형성되지 않는다. 이것은, 사람이 다른 사람으로부터 몇 미터, 또는 몇 킬로미터 떨어져도 사회의 영향을 받는 것과 마찬가지다. 서로 몇천 마일이나 떨어져 있는 사람들도 책이나 편지를 통하여, 같은 지붕 아래에 살고 있는 사람들보다도 더 친밀한 결부를 맺을 수 있다. 또 사람들이 모두 공통된 목적을 위해 일을 하고 있다고 해서, 그들이 사회집단을 구성하는 것은 아니다. 기계의 여러 부분은 공통된 결과를 향하여 최대한의 협력을 하면서 일을 하지만, 공동체를 형성하지는 않는다. 그러나 그것들이 모두 그 공통된 목적을 알고 있고, 그것에 관심을 가지고 있고, 그것을 위해 공통된 목적을 고려하면서 자기의 특정한 활동을 조절한다면, 그것들은 공동체를 형성하게 된다. 그러나 이를 위해서는 의사소통이 필요하다. 각자는, 다른 사람이 무엇을 하는지 알아야만 하고, 또 어떤 방법으로든 자기의 목적이나 자기가 하는 일을 남에게 알릴 수 있어야만 한다. 합의는 의사소통을 필요로 하는 것이다.

이상과 같은 이유로, 우리는 가장 사회적인 집단에서까지도 아직 사회적이라고는 말할 수 없는 많은 관계가 존재하고 있다는 것을 인정하게 된다. 그 어떤 사회집단에서도, 매우 많은 인간관계가 아직도 기계와 마찬가지 단계에 있다. 사람들은 자신이 원하는 결과를 얻기 위해 서로를 이용하는데, 그때 자기가 이용하는 이의 정서적, 지적 성향이나 동의를 고려하지 않는다. 그러한 이용은 육체적 우월, 또는 지위나 숙련이나 기술적 능력의 우월, 그리고 기계적 내지는 재정상의 도구의 지배를 말해주고 있다. 부모와 아들, 교사와 학생, 고용자와 피고용자, 지배자와 피지배자의 관계가 이와 같은 수준에 머무르는 한, 그들의 각 활동이 서로 제아무리 밀접하게 이루어진다고 해도, 그들이 참다운 사회집단을 형성했다고 말할 수는 없다. 명령을 내리거나 받거나 하는 것은 행동이나 결과에 변화를 미치지만, 그것으로 스스로 목적이나 관심의 공유를 이루진 않는 것이다.

사회생활이 의사소통과 마찬가지 것을 의미할 뿐만 아니라, 모든 의사소통(따라서 모든 진정한 사회생활)은 교육적이다. 의사를 전달 받는다는 것은, 확대되고 변화된 경험을 얻는 일이다. 사람은 남이 생각하거나 느끼거나 한 것을 함께 생각하거나 느끼거나 한다. 그리고 그렇게 함으로써, 많고 적건 간에 자신의 태도를 수정한다. 그리고 통신을 보내는 쪽도 또한 애초의 상태대로 있는 것이 아니다. 어떤 경험을 남에게 충분히 정확하게 전달하는 실험을 해보면, 특히 그 경험이 약간 복잡할 경우에는, 자기의 경험에 대한 자신의 태도가 변화했음을 알아차릴 것이다. 그렇지 않으면 무의미한 말을 사용하거나 고함을 지르거나 하는 것이 된다. 경험을 전하기 위해서는 그것을 계통을 세워서 정확히 말해야만 한다. 경험을 정확히 말하기 위해서는, 그 경험 밖으로 나와 남이 그것을 보는 것처럼 그 경험을 보고, 그 경험이 남의 생활과 어떤 점에서 접촉하고 있는가를 고찰해서, 남이 그 경험의 뜻을 느낄 수 있는 모양새로 해둘 필요가 있다. 평범한 문구나 표어에 관한 경우 외에는, 자기 경험을 남에게 이지적으로 들려주기 위해서는 상상력에 의해서 남의 경험을 어느 정도 자기 것으로 해두어야만 한다. 의사소통은 모두 예술과 비슷하다. 따라서 그 어떤 사회제도도 그것이 참으로 사회적인 것인한, 즉 참답게 공유되어 있는 한, 그것에 관여하는 사람들에게 교육적이라고 해도 좋다. 의사소통은 틀에 박혀 정해진 방법으로 이루어질 때에만 그 교육력을 잃게 된다.

결국 사회의 생명은 그 존속을 위하여 가르치거나 배우는 것을 필요로 할 뿐만 아니라, 함께 산다고 하는 과정 그 자체가 교육이 된다. 그 과정에 의해서, 경험이 확대되고 계발되고 상상력이 자극되어 풍부해진다. 말이나 사상을 정확히 하여 생생한 것을 만든다는 책임이 생기게 되는 것이다. 정말로 혼자서 (육체적일 뿐만 아니라 정신적으로도) 생활하는 사람은 자기의 과거 경험의 참다운 뜻을 끌어내기 위해 그 경험을 되돌아보고 생각하는 기회를 거의, 아니 전혀 얻지 못할 것이다. 성숙자와 미성숙자 사이에 후천적 능력의 차이가 있기 때문에, 아이들을 가르치는 것이 필요하다. 뿐만 아니라 이 가르친다고 하는 일의 필요성이, 경험을 가공해서 그것을 가장 전달하기 쉽고 따라서 가장 이용하기 쉽도록 하는 질서나 형식으로 정비하는 일에, 헤아릴 수 없을 정도로 큰 자극을 주는 것이다.

3 제도적인 교육의 위치 따라서 모든 사람이 남과 더불어 생활함으로써 —단지 생존을 계속할 뿐만 아니라 진정으로 생활함으로써—받는 교육과, 계획적으로 아이를 교육하는 것 사이에는 뚜렷한 차이가 있다. 전자의 경우 교육은 부수적이다. 그것은 자연스럽고 중요한 가치이기는 하지만, 공동생활의 특별히 내세울 만한 목적은 아니다. 경제적, 가정적, 정치적, 법률적, 종교적 등의 모든 사회제도의 가치는 그것들이 경험을 확대하고 개선하는 효과로써 측정된다고 해도 과언이 아니지만, 그래도 그 효과는 그 제도의 본디 동기의 일부는 아니다. 그 본디 동기는 좁게 한정되어 있어 더 직접적이고 실제적이다. 예를 들어, 종교 단체는 세계를 지배하는 힘의 은혜를 얻어 사악한 세력을 막고자 하는 소원에서 생긴 것이고, 가족생활은 의식주를 충족하고 가문을 잇기 위해 생겨난 것이며, 조직적 노동은 대개 타자(他者)에

의 예속 때문에 생긴 것이다. 제도의 부산물, 즉 그 제도가 의식생활의 질과 범위에 미치는 효과는, 다만 서서히 주목을 받게 된 데에 지나지 않는다. 그리고 이 효과가 제도운영의 지도적 요인이라고 여겨지게 된 것은, 더욱더 그 속도가 느렸다. 오늘날까지도, 우리의 산업 생활에서 근면이나 절약이라는 일정한 가치를 별도로 친다면, 세상일을 영위해 가기 위하여 인간이 결성하는 공동생활의 여러 형태가 지적 및 정서적인 면에서 어떠한 반작용을 미치고 있는가는, 그 물질적 산물에 비하면 거의 주목받지 못한다.

그러나 인간에 직접 관계되는 사실로서의, 공동생활이라는 사실 그 자체는, 아이들을 다루는 경우에 그 중요성이 증가하게 된다. 아이들과 만날 때 아이들의 성향에 미치는 우리 행동의 효과를 무시하거나, 그와 같은 교육적 효과를 그 어떤 외적인 명백한 결과보다도 가벼이 여기기란 쉬운 일이지만, 그래도 성인을 대할 때와는 다르다. 훈련의 필요가 너무나 명백한 것이다. 즉, 아이들의 태도나 습관에 어떤 변화를 주어야 할 필요가 매우 다급하기 때문에, 이와 같은 결과를 완전히 무시할 수가 없다. 아이들에 대한 우리의 주요 임무는 그들을 공동생활에 참가할 수 있게 해주는 것이므로, 우리는 그렇게 할 수 있는 능력을 그들이 형성해가고 있는가의 여부를 생각할 수밖에 없다. 모든 제도의 궁극적인 가치가 특히 그것의 인간적인 효과—그것이 의식적 경험에 미치는 효과—에 있다는 것을 인류는 어느 정도 분명히 이해할 수 있도록 되어 있는데, 이 교훈은 주로 아이들과의 교류를 통해서 배우는 것이라고 생각해도 무방하다.

이러한 이유로 우리는, 이제까지 고찰해온 넓은 뜻에서의 교육과정 안에서 다시 제도적인 종류의 교육—직접적인 가르침이나 학교교육—을 구별하게 된다. 미발달 사회집단에서는 제도적인 가르침이나 훈련은 극히 사소한 정도밖에 인정되지 않는다. 미개한 집단에서는 주로, 그 집단에 대한 어른들의 충성을 유지시키는 것과 같은 방법으로 아이들에게 필요한 성향을 가르친다. 미개한 집단에는 젊은이를 사회의 완전한 성원에 편입시키기 위한 성인식에 관련된 것 외에는 특수한 기관도 교재도 제도도 존재하지 않는다. 미개 집단 아이들은 보통 연장자가 하는 일에 참가함으로써, 그들의 관습을 배우고 그들의 정서적 태도나 관념의 축적을 습득하길 기대한다. 이 참가는 어느 정도 직접적이다. 그렇게 해서 견습기간을 지내는 것이다. 또 이 참가는 어느 정도 간접적이다. 아이들이 어른들의 행동을 모방하여 놀이를 함으로써, 어른들의 행동이 어떠한 것인가를 알게 되는 것이다. 미개인에게는, 배우기 위해 오직 학습만이 이루어지는 장소를 찾는다는 것은 터무니없이 어리석은 일로 여겨졌을 것이다.

그러나 문명이 진보됨에 따라, 아이들의 능력과 어른들의 일 사이의 틈은 벌어진다. 어른들의 일에 직접 참가하여 배우기란, 별로 진보되지 않은 일이 아니라면 더욱더 어려워진다. 어른들이 하는 일의 대부분은 거리적으로나 의미적으로나 차차 인연이 먼 것이 되어, 유희로서의 모방은 차차 그 참된 의미를 재현하는 데 보다 더 부적당한 것이 되어간다. 이렇게 해서 어른의 활동에 효과적으로 참가하는 능력은, 이 목적을 향하여 이미 주어진 훈련에 의존하게 된다. 의도적인 기관—즉 학교—과 분명히 정해진 교재—즉 학과—가 고안되고, 일정한 것을 가르친다는 일이 특별한 사람들의 집단에 위임되는 것이다.

그러한 제도적인 교육 없이는, 복잡한 사회의 자산이나 업적의 모든 것을 전달하기가 불가능하다. 또 그와 같은 제도적인 교육은 책이나 지식의 기호(記號)가 습득되는 것이므로, 만약에 남과 비제도적인 공동생활에서 우연적으로 훈련을 받는 상태에 아이들이 방치되어 있었다면 접근할 수 없었던 종류의 경험을 얻는 길을 열게 되는 셈이다.

그러나 간접적인 교육에서 제도적인 교육에의 이동에는 뚜렷한 위험이 따른다. 직접적이든 또는 놀이로써 간접적으로든, 실제적인 일에 참가한다는 것은 적어도 본인 자신이 행하는 생생한 행동이다. 이와 같은 특질은, 그러한 일을 하는 기회가 좁은 범위에 한정되어 있다는 약점을 어느 정도 보완한다. 반대로 제도적인 가르침은 현실에서 동떨어진, 활기가 없는—흔한 말로 하자면 추상적이고 문자적인—것이 되기 쉽다. 낮은 단계의 사회에 축적되어 있는 지식은 어느 것이나 적어도 실천에 옮겨져 몸에 익숙한 것이 된다. 그것은 당면한 나날의 관심사 속으로 들어올 때 깃드는 깊은 뜻과 함께 존재하는 것이다.

그러나 진보된 문화에서는, 학습되어야 할 내용이 대부분 기호로 축적되어 있다. 그것은 통상적인 행동이나 사물로 번역할 수 있는 것이 아니다. 그러한 교재는 어느 편이냐 하면, 전문적이고 표면적이다. 현실성에 대한 통상의 기준을 척도로 하면, 그것은 인공적이다. 왜냐하면 그 척도는 실제적인 관심사와의 연관이라는 점에 있기 때문이다. 그런 교재는, 사고나 표현의 통상적인 관습 안에 동화되지 않고, 그것만으로 하나의 독립된 세계 안에 존재하는 것이다. 제도적인 교수의 교재에는, 그것이 생활경험의 주제에서 분리되어, 단지 학교에서의 주제에 지나지 않게 된다—는 위험이 항상 따라다닌다. 지속적인 사회적 관심사가 시야에서 상실되는 일이 되기 쉽다. 사회생활의 구조 안으로 도입되지 않고 주로 기호로 표시된 전문적 지식의 상태로 머물러 있는 교재가 학교에서 두드러지게 된다. 이리하여 우리는 교육이라는 것의 통속적인 개념에 도달한다. 즉 그것은, 교육의 사회적 필요성을 무시하고, 의식생활에 영향을 미치는 인간의 모든 공동생활과 교육이 동일하다는 것을 무시하며, 현실에서 이탈한 일에 대한 지식을 알리는 것을 교육과 동일시하여 언어기호를 통해서 학문을 전달한다는 일, 즉 읽고 쓰는 능력의 습득과 교육을 동일시하게 되는 것이다.

따라서 교육철학이 다루어야 하는 가장 중요한 문제의 하나는, 교육의 존재양식, 즉 비제도적인 것과 제도적인 것 사이의, 부수적인 것과 의도적인 것 사이의 올바른 균형을 유지하는 방법이다. 지식이나 전문적인 지식 습득이 사회적 성향의 형성에 영향을 미치지 않는 경우에는, 일반적인 생생한 경험의 뜻은 심화시킬 수 없다. 그러면 다른 한편으로 그만큼 학교교육은 학문의 '전문가'—즉 자기중심적인 전문가—를 만들어내는 데 지나지 않는 것이다. 학습이라는 특수한 과정을 통해서 배웠기 때문에 의식적으로 아는 내용과, 성격을 형성하는 과정에서 다른 사람과의 상호교류를 통해 흡수했기 때문에 무의식적으로 아는 내용 사이의 갈라짐을 막는 것이, 특수한 학교교육이 발달함에 따라 더욱더 어려운 일이 되어가고 있다.

요약 생존을 계속하려고 노력하는 것은 생명의 본질 그 자체이다. 이 존속은 끊임없는 새로워짐을 통해서만이 확보되는 것이므로, 생활은 자기가 새롭게 되는 과정이다. 교육과 사회적 생명의 관계는, 영양섭취나 생식과 생리적 생명과의 관계와 같다. 이 교육은 첫째로 의사소통을 통한 전달에 있다. 의사소통이란, 경험이 모두가 공유하는 소유물이 될 때까지 경험을 나누어가는 과정이다. 의사소통은 그 과정에 참가하는 쌍방 당사자의 성향을 수정한다. 인간 공동생활의 모든 양식의 깊은 의의는, 그것이 경험의 질을 개선하기 위해 공헌하는 데 있는 것인데, 그것이 가장 손쉽게 인정되는 것은 미성숙자를 다루는 경우이다. 즉, 모든 사회제도는 사실상 교육적이지만 그 교육적 효과는, 우선 연장자와 연소자의 공동생활과의 관련에서, 공동생활의 목적의 중요한 부분이 되는 것이다. 사회가 한층 복잡한 구조나 자산을 가지게 됨에 따라서 제도적인, 즉 의도적인 가르침이나 배움의 필요성이 증대한다. 제도적인 교수나 훈련의 범위가 확대됨에 따라서, 직접적인 공동생활에서 획득되는 경험과 학교에서 획득되는 것 사이의 바람직하지 않은 틈이 나타날 위험이 생긴다. 이 위험은 지식과 기술의 전문적인 양식의 급속한 진보 때문에 최근 2, 3세기 사이에 이렇게까지 보다 위협적이 된 것이다.

1 환경의 본질과 의미 우리가 이제까지 명백히 해온 것은 공동사회, 즉 사회집단이 끊임없이 자기를 새롭게 함으로써 자기를 유지한다는 것, 그리고 이 자기를 새롭게 함은 그 집단의 미성숙한 성원이 교육을 통해서 성장함으로써 이루어진다는 것이었다. 무의도적 또는 계획적인 여러 가지 작용을 통해 사회는 아직 성원이 되지 않은, 외관적으로는 낯선 사람으로 보이는 인간을 그 사회의 자산이나 그 이상의 건전한 담당자로 개조한다. 따라서 교육은 품고(fostering), 양성하고(nurturing), 배양(cultivating)하는 과정이다. 이와 같은 말들은 모두 교육이 성장의 여러 조건에 대한 배려라는 뜻을 포함함을 의미한다. 또 우리는 양성한다(rearing), 육성한다(raising), 기른다(bringing up) 등이라고도 말한다―이러한 말은, 교육이 목표로 삼는 수준의 높이를 나타낸다. 어원적으로 교육(education)이란 단어는 인도하고 길러내는(leading or bringing up) 과정을 의미하는 것이다. 이 과정의 결과를 생각할 때, 우리는 훈육하고(shaping), 형성하고(forming), 도야하는(molding) 일―즉 사회적 활동의 표준적 형식으로 길러내는 일―로서 교육을 말한다. 그래서 이 장에서는 사회집단이 그 미성숙한 성원을 독자적인 사회적 형식으로 길러내는 방식의 일반적인 특징에 대해서 고찰하기로 한다.

필요한 것은, 그 사회집단에 널리 퍼져 있는 관심이나 목적이나 관념을 공유하기에 이를 때까지 경험의 질을 바꾸어 가는 일이므로, 문제는 분명 단순한 물리적 형성에 국한된 것이 아니다. 물건은 공간 안에서 물리적으로 나를 수 있다. 즉, 모양 그대로 운반할 수가 있다. 하지만 신념이나 소원은 물리적으로 끌어내거나 끼워넣을 수가 없다. 그렇다면 이것들은 어떻게 전달되는가. 직접적인 전파나 문자 그대로의 주입이 불가능하다면, 문제는 아이들이 나이 든 사람들의 관점을 받아들이도록 하는 방법, 연장자들이 어린이들을 자기들과 같은 마음가짐으로 이끄는 방법을 찾는 일이다.

이 문제에 대한 대답을 일반적인 정식으로 말하자면, 일정한 반응을 불러일으킬 때의 환경으로부터의 작용이라는 것이 된다. 요구되어 있는 신념을 주입할 수는 없고 필요한 태도를 강요할 수도 없다. 그러나 사람은 자기가 살아가는 특정한 생활환경에 인도되어, 선택적으로 어떤 특정한 것을 보거나 느끼게 되고, 다른 사람들과 함께 잘해 나갈 수 있도록 일정한 방식을 터득하게 된다. 또 그 생활환경은 다른 사람의 동의를 얻기 위한 조건으로서, 어떤 신념을 강화하고 다른 신념을 약화시킨다. 이리하여 그 생활환경은, 그 사람 안에 차차 일정한 행동체계나 행동경향을 만들어내는 것이다. '환경'(environment)이나 '생활환경'(medium)이라는 말은 개채를 둘러싼 주위의 사물 이상의 것을 의미한다. 물론, 무생물도 그 주위의 사물과 연속되어 있다. 그러나 비유적으로 말하는 외에는, 그것을 둘러싼 사정은 환경이 되지 않는다. 왜냐하면 무생물은 자기에게 영향을 미치는 힘에 관여하지 않기 때문이다. 그런데 한편으로 생물, 특히 인간의 경우에는, 그로부터 공간적으로나 시간적으로 멀리 떨어져 있는 사물이 그의 신변 가까이에 있는 사물보다도 보다 더 확실하게 그의 환경을 이루는 일이 있다. 사람 쪽에서도 그것과 함께 변해가는 경우 그것은 그 사람의 진짜 환경인 것이다. 예를 들어 천문학자의 활동은, 그가 주시하거나 계산하거나 하는 별과 함께 변한다. 그를 직접 둘러싸고 있는 사물 안에서는, 그의 망원경이 가장 밀접한 그의 환경이다. 또 고물연구가의 환경은 그가 관심을 가지고 있는 먼 옛 시대의 인간의 생활이나, 그가 그 시대와 관계를 만들기 위해 사용하는 유물이나 비문으로 이루어져 있다.

요컨대 환경이란 어떤 생물에 특유한 활동을 조장하거나 방해·자극·억제하는 등의 여러 조건으로 이루어져 있는 것이다. 물이 물고기의 환경이라고 하는 것은, 그것이 물과의 활동—즉 물고기의 생활—에 필요하기 때문이다. 북극탐험가가 북극에 도달하는 일에 성공하든 안 하든 북극이 그의 환경의 중요한 요소인 이유는, 그것이 그의 활동을 한정하고 그만의 독특한 것으로 이끌기 때문이다. 생활은 단순한 수동적 생존(그러한 것이 있다고 가정해서의 일이지만)이 아니라 행동방법을 의미하기 때문에, 환경 또는 생활환경이란 이 활동 안에 그것을 유지하거나 좌절시키는 조건으로서 들어오는 것을 의미한다.

2 사회적 환경 타자와 더불어 활동하는 존재는 사회적 환경에 놓여 있다. 그가 무엇을 행하는가, 그리고 무엇을 행할 수가 있는가는 다른 사람의 기대나 요구, 찬성, 비난을 통해 정해진다. 남과 관련지어진 문제는 남의 활동을 고려에 넣지 않고서는 자기 자신의 활동을 수행할 수가 없다. 이들 타자의 활동은 그 자신의 행동경향을 표현하기 위해 불가결한 조건이기 때문이다. 그가 움직일 때 그는 남을 움직이고, 그도 또한 남에 의해서 움직임을 당하는 것이다. 오로지 혼자서 사거나 팔거나 하면서 장사하는 사업가를 상상해 보라. 어떤 개인의 활동을 그 사람만의 고립된 행동으로 설명할 수 있다고 생각하는 것은 바로 이와 같은 것이다. 또 공장주가 자신의 회계실에서 남몰래 계획을 세우고 있을 때도, 원료를 구입하거나 제품을 판매할 때와 마찬가지로 그의 활동은 확실히 사회적으로 인도되고 있는 것이다. 남과 공동으로 이루어지는 행동과 관계 있는 사고나 감정은, 매우 명백한 협력적 내지 적대적 행위와 마찬가지로 사회적인 행동양식이다.

특히 분명히 지적해 두어야 할 일은, 어떻게 사회적 생활환경이 그 미성숙한 성원을 양육하는가 하는 것이다. 사회적 생활환경이 어떻게 외면적인 행동의 습관을 형성하는가를 알기란 그리 어렵지 않다. 개나 말의 행동까지도 인간과의 공동생활을 통해 변화된다. 개나 말이 여러 가지 습관을 들이는 까닭은, 그들이 행하는 일에 인간이 관심을 쏟기 때문이다. 인간은 동물에 영향을 주는 자연의 자극을 통제함으로써, 바꾸어 말해 일정한 환경을 만들어냄으로써 동물을 제어한다. 먹이, 고삐, 소리, 수레가 말의 자연스러운, 즉 본능적인 반응이 생기는 방법을 방향 짓기 위해 이용된다. 일정한 동작을 불러일으키도록 끊임없이 작용을 함으로써 본능적 흥분과 마찬가지의 획일성으로 기능하는 습관이 형성된다. 쥐를 미로에 넣고 일정한 순서로 일정한 횟수를 돌아갔을 때에만 먹이를 만나게 해두면 그 쥐의 활동은 차차 변하여, 배고플 때에는 항상 다른 길보다도 오히려 그 길을 취하게 된다.

인간의 행동도 동일한 방법으로 변화한다. 화상을 입은 아이는 불을 무서워한다. 만약에 부모가 어떤 장난감을 만지면 항상 데도록 조건을 갖추어두면, 아이는 불에 닿는 것을 피하는 것과 마찬가지로 자동적으로 그 장난감을 피하는 것을 학습하게 된다. 그러나 지금 우리는 교육적인 가르침과는 구별해서 훈련이라고 부를 수 있는 것에 대해서 고찰하고 있는 데 지나지 않는다. 지금 살펴보는 변화는 행동의 지적, 정서적 성향의 변화라기보다는 오히려 외면적인 행동의 변화인 것이다. 그러나 그 구별은 뚜렷하지 않다. 그 아이는 이윽고 그 특정한 장난감뿐만 아니라, 그와 비슷한 장난감에도 심한 반감을 품게 될 것이다. 그 혐오는 최초의 화상에 대해서 잊은 후에도 지속될지도 모른다. 다시 훗날, 그는 아무래도 이치에 맞지 않다고 여겨지는 자기의 그 반감을 설명하기 위해, 그 어떤 이치를 생각해낼지도 모른다. 환경을 바꾸어 행동에의 자극에 변화를 줌으로써 외적인 습관이 바뀌어, 그것이 어떤 경우에는 다시 그 행동에 관계하는 심적 경향을 변화시키게 될 것이다. 하지만 이러한 일은 항상 일어난다고는 할 수 없다. 예를 들어, 외부의 공격으로부터 몸을 피하도록 훈련을 받은 사람은, 대응하는 사고나 정서가 동반하지 않아도 자동적으로 몸을 피하게 된다. 그래서 훈련을 교육과 구별하는 차이가 무엇인가를 발견해야만 하는 것이다.

그 단서는 다음과 같은 사실에서 찾아볼 수 있다. 즉, '말〔馬〕은 자기의 행동이 사회적으로 이용되는 과정에 정말로 참가하는 것이 아니다'란 것이다. 다른 누군가가 자기에게 유리한 결과를 획득하기 위하여, 특정한 행동을 하면 말에게 유리하도록—먹이를 얻는 등—함으로써 말을 이용하는 것이다. 그러나 말은 아마도 무엇인가 새로운 흥미를 갖게 되지는 않을 것이다. 말이 흥미를 느끼는 것은 여전히 먹이일 뿐 자기가 하는 봉사가 아니다. 그는 공동 활동의 일원이 아니다. 만약에 그가 공동의 구성원이 된다면, 그는 그 연대활동에 종사할 때 그 활동의 완성에 대해서 다른 사람과 동일한 흥미를 보일 것이다. 그는 다른 사람들의 생각이나 정서를 공유할 것이다.

그런데 대개의 경우—너무나도 많은 경우—, 미숙인간의 활동도 유익한 습관을 형성하기 위하여 단지 교묘하게 이용을 당하는 데 지나지 않는다. 그는 인간답게 교육 받는다기보다는, 오히려 동물처럼 훈련되는 것이다. 그의 본능은 여전히, 그것이 처음부터 가지고 있던 고통이나 쾌락이라는 목적에 결부된 채로 있다. 행복을 손에 넣거나 실패의 고통을 피하기 위해서는 다른 사람들의 뜻에 맞는 방법으로 행동을 해야만 한다. 그러나 그렇지 않다면 그는 진정으로 공동생활에 관여, 즉 참가하고 있는 것이다. 이때 그의 본디 충동은 수정된다. 그는 단지 다른 사람들의 행동에 조화되는 방법으로 행동할 뿐만 아니라, 그 동안에 다른 사람들을 활동하게 만드는 것과 같은 생각이나 정서가 그의 내부에 생기는 것이다. 예를 들어 어떤 부족이 호전적이라고 하자. 그 부족이 노력해서 달성하려는 성공이나 존중하는 업적은 전투나 승리에 관한 것이다. 이러한 생활환경이 소년을 자극하여, 처음에는 놀이로 시작한 것이 이윽고 소년이 충분히 강하고 씩씩하게 자랐을 때에는 실전의 장에서 호전적 태도를 발휘시키는 것이다. 그는 싸우는 만큼 세상의 인정을 받고 출세를 하게 되는 반면, 꽁무니를 빼면 그만큼 혐오를 사고 비웃음과 멸시를 당하게 된다. 그의 타고난 호전적인 경향이나 정서가 다른 것을 희생시키고 강화되거나, 그의 생각이 전쟁에 관계하는 사물로 향하게 된다는 것은 조금도 의외가 아닌 것이다. 이리하여 비로소 그는 그 집단에서 인정받는 훌륭한 성인이 된다. 이렇게 그의 심적 습성은 차차 그 집단의 것으로 동화되어 가는 것이다.

위의 실례 속에 포함되어 있는 원리를 꺼내서 명확히 해보면 다음과 같은 것을 알 수 있다. 사회적 생활환경은 일정한 소원이나 관념을 직접 심어 넣지도 않고, 또 공격에 대해서 '본능적으로' 눈을 깜박이거나 몸을 피하거나 하는 것 같은, 어떤 종류의 전적으로 육체적인 행동습관을 확립하는 일에 머물지도 않는다. 일정하게 보거나 만지거나 할 수 있는 구체적인 행동양식을 자극하는 정황을 설정하는 것이 최초의 단계이다. 그리고 개인을 그 공동 활동의 참가자, 즉 동료로 알고 그의 성공을 자기 성공으로 느끼고, 그 실패를 자기 실패로 느끼도록 하는 것이 그 완성단계인 것이다. 그 집단의 정서적 태도가 그에게로 옮자마자, 그는 그 집단이 지향하는 독특한 목적이나 성공을 실현하기 위해 사용되는 수단을 재빨리 인지할 것이다. 바꾸어 말하자면, 그의 신념이나 관념은 그 집단의 다른 사람들의 것과 같게 될 것이다. 그리고 그는 다른 사람들과 비슷한 지식을 획득할 것이다. 왜냐하면 그 지식은 그가 항상 하는 일의 구성요소이기 때문이다.

지식을 획득하는 과정에서 언어가 중요한 작용을 한다는 것이, 지식은 사람에서 사람으로 직접 전달할 수 있다는 속설의 주된 원인임은 확실하다. 어떤 생각을 다른 사람의 마음에 전달하기 위해서는, 그 사람의 귀에 음성을 전달하기만 하면 그것으로 된다고 여겨질 정도이다. 따라서 지식 전달이란 순전히 물리적인 과정 정도로 여겨지고 마는 것이다. 하지만 언어로부터의 학습과정을 분석해 보면, 그것은 앞서 말한 원리를 뒷받침하는 것임을 알게 된다. 아마도 다음과 같은 일은 거의 주저함 없이 받아들여질 것이다. 예를 들어 아이가 모자의 관념을 획득하는 것은, 그것을 다른 사람들이 하는 것과 마찬가지로 사용함으로써 가능하다. 즉 그것을 머리에 쓰거나, 그것을 쓰기 위해 다른 사람의 손에 건네거나, 밖으로 나갈 때 그것을 남이 씌워주게 하는 등의 행동을 통해서라는 것이다. 그러나 예를 들어, 이야기나 독서를 통해서 그리스인 투구의 관념을 획득하는 과정에서, 이 공유된 활동원리는 도대체 어떤 식으로 해당되느냐고 물을지도 모른다. 왜냐하면 그 과정에는 직접 그것을 써 볼 일이 전혀 없기 때문이다. 또 미국 대륙의 발견에 대해 책을 읽는 과정에서 도대체 어떠한 활동을 공유한단 말인가?

언어는 많은 사물에 대한 학습의 주요도구가 되므로, 그것이 어떻게 작용하는지 살펴보기로 하자. 갓난아이는 물론 우선 아무런 뜻이 없는, 즉 그 어떤 관념도 나타내지 않는 단순한 소리, 잡음, 음조부터 시작한다. 소리는 직접적인 반응을 일으키는 자극의 일종에 지나지 않는다. 어떤 것은 달래는 것 같은 효과를 내고, 어떤 것은 사람을 펄쩍 뛰어오르게 하는 경향을 보이는 등이다. '모자'라는 음성은, 몇몇 사람이 참가하는 행동에 관련해서 발음되는 것이 아니라면, 초크트 족 말의 음성, 즉 겉으로는 음절이 분명하지 않은 신음소리와 같이 무의미한 것에 지나지 않을 것이다. 어머니가 아기를 밖으로 데리고 나가려 할 때, 그녀는 아이의 머리에 무엇인가를 씌우면서 '모자'라고 말한다. 밖으로 나가는 것은 이 아이의 관심사가 된다. 어머니와 아이는 단지 물리적으로 함께 밖으로 나갈 뿐만 아니라, 나가는 데 관심이 있다. 즉 그들은 함께 그것을 즐기는 것이다. '모자'라는 음성은, 그 활동에 들어 있는 다른 여러 요소와 연결됨으로써, 이윽고 그것이 어머니에 대해서 갖는 것과 동일한 뜻을 아이에 대해서도 갖게 된다. 즉 그 음성은, 그것이 끼어드는 활동의 기호가 되는 것이다. 언어는 서로 이해가 가능한 음성으로 이루어져 있다는 단순한 사실 하나만으로, 그 뜻이 공유된 경험과의 관련에 따라 결정됨을 증명하기에 충분하다.

요컨대, 'ㅁㅗㅈㅏ'라고 하는 음성은, '모자'라는 물건이 뜻을 얻게 되는 것과 전적으로 같은 방법으로 뜻을 지니게 된다. 즉, 일정한 방식으로 사용됨으로써 의미를 얻는 것이다. 그리고 그것들이 성인에 대해서 갖는 것과 동일한 의미를 아이에 대해서도 가지게 되는 것은, 성인과 아이 둘이 공통된 경험 속에서 그것을 사용하기 때문이다. 동일한 용법이 이루어지는 보증은, 그 물건과 그 음성이 아이와 어른 사이에 능동적인 관계를 수립하는 수단으로서, 어떤 공동 활동 안에서 최초로 사용된다는 사실에 있다. 유사한 관념 내지 뜻이 생기는 까닭은 두 사람이 하나의 행동에 함께 종사하면서, 각기 한쪽이 하는 일이 다른 한쪽이 하는 일에 의존되고 더욱이 영향을 주기 때문이다. 만약에 미개인 두 사람이 함께 사냥감을 쫓는다고 할 때, 어떤 신호가 그것을 내는 사람에게는 '오른쪽으로 가라'를 의미하고, 그것을 듣는 사람에게는 '왼쪽으로 가라'를 의미한다면, 분명히 그들은 사냥을 제대로 해낼 수 없을 것이다. 서로 이해한다는 것은, 음성도 포함해서, 여러 사물이 공동작업을 영위하는 일에 관해서 양자에게 동일한 가치를 지님을 의미한다.

공동의 일에서 사용된 다른 여러 사물과의 관련을 통해 음성이 의미를 획득한 뒤에는, 이들 음성은 그것들이 나타내는 여러 사물이 결부되는 것과 마찬가지로, 이것들과 매우 닮은 다른 음성과 관련해서 사용되어 새로운 뜻을 전개할 수가 있다. 따라서 아이가, 예를 들어 그리스인의 투구에 대해서 배울 때에 쓰는 말은, 처음에는 공통된 관심과 목적을 갖는 행동 안에서 사용됨으로써 어떤 뜻을 획득한(즉 이해된) 것이었다. 그리고 이들 말은 듣거나 읽거나 하는 사람을 자극해서, 투구가 사용되는 활동을 상상으로 보임으로써 새로운 뜻을 불러일으킨다. '그리스인의 투구'라는 말을 이해하는 사람은, 얼마 동안 마음속에서 그 투구를 사용한 사람들의 동료가 된다. 그는 자기의 상상력을 통해 어떤 공유된 활동에 종사한다. 언어의 완전한 의미를 배우는 것은 쉬운 일이 아니다. 아마도 대부분의 사람들은, '투구'란 그리스인이라고 불리는 사람들이 이전에 착용한 묘한 종류의 쓸 것을 가리킨다는 생각 정도에 머무를 것이다. 그래서 우리는 다음과 같이 결론을 내리게 된다. 즉, 관념을 전달하고 획득하기 위해 언어를 사용한다는 것도, 사물이 공유된 경험, 즉 공동 활동에서 사용됨으로써 의미를 획득한다는 원리의 확장이요 적용으로, 그 어떤 뜻에 있어서도 결코 이 원리에 모순되는 것이 아니다. 언어가 명백한 사실이나 상상으로 공동의 상황에 들어오지 않는다면, 순(純) 물리적인 자극으로서 작용하는 데에 지나지 않는다. 의미, 즉 지적 가치를 지닌 것으로서는 작용하지 않는 것이다. 그것은, 활동이 어떤 특정한 고랑 안을 나아가도록 하기는 하지만, 거기에는 그것에 따를 의식적인 목적이나 의미는 조금도 없다. 따라서 예를 들어, 더하기 기호는 어떤 수 아래에 다른 수를 써서 이들 수를 더한다는 동작을 하도록 하는 자극이 될지는 몰라도, 그 동작을 하고 있는 사람이 만약에 자기가 하는 일의 뜻을 자각하지 않는다면, 그는 자동기계처럼 움직이는 데 지나지 않을 것이다.

3 교육적인 것으로서의 사회적 생활환경 우리가 고찰하는 일의 참다운 성과는, 현재로 보아서 다음과 같은 일이다. 즉, 사회적 환경은 일정한 충격을 불러일으키고, 이를 강화하고, 또 일정한 목적을 가지고 일정한 결과가 수반되는 활동에 사람들을 종사시킴으로써 그들 안에 지적, 정서적인 행동의 여러 경향을 형성한다는 것이다. 음악가 가정에서 자라는 아이의 음악적 소질은 어느 것이나 모두 불가피하게 자극될 것이다. 더욱이 그것은 다른 환경에서 깨어났을지도 모르는 다른 충격보다도 상대적으로 강하게 자극될 것이다. 음악에 흥미를 가지고 더욱이 음악에 관해서 일정한 능력을 획득하는 것이 아니라면, 그는 친구의 따돌림을 받아 자기가 소속하는 집단의 생활에 참가할 수가 없다. 인간이 자기에게 관계가 있는 사람들의 생활에 그 어떤 형태로 참가한다는 것은 불가피한 일이다. 그러한 참가의 관점에서 보자면, 사회적 환경은 무의식적으로 그리고 분명히 정해진 목적의 그 어느 것과도 관계없이, 교육적, 즉 형성적인 영향을 주는 것이다.

미개인이나 야만인 사회에서는, 그와 같은 사회생활에의 직접 참가(이제까지 논해 왔던 간접적 내지 부수적 교육은 그것으로써 성립되었다)가 주는 영향이, 아이들을 길러서 그 집단의 관행이나 신념을 몸에 지니게 하기 위한 거의 유일한 작용이다. 오늘의 사회에서도, 학교교육을 가장 강하게 받은 젊은이들까지도 그 기초적 양육을 그러한 직접적 참가로부터 받는다. 그 집단이 갖는 관심이나 업무에 따라서, 어떤 종류의 사물은 크게 존중받는 대상이 되고, 다른 사물은 반감의 대상이 된다. 공동생활은 애정이나 혐오의 충동은 만들어내지 않지만, 그것들이 결부될 대상을 부여한다. 우리의 집단 또는 동료가 일하는 행동양식은, 주의를 돌리는 데 어울리는 대상을 결정하며, 따라서 관찰이나 기억의 방향이나 한계를 규정하는 경향이 있다. 낯선 것이나 이

질적인 것(즉, 그 집단의 활동범위를 넘는 외적인 것)은 도덕적으로 금지되고, 지적으로 의심쩍은 것으로 여겨지기 쉽다. 예를 들어, 우리가 너무나도 자연스레 아는 어떤 사실이 옛날에는 간과되었다는 것은, 우리에게는 믿을 수 없는 일처럼 여겨진다. 우리는, 옛날 사람들은 타고나면서 우둔했고 우리는 태어나면서부터 지능이 뛰어났다고 생각함으로써 그것을 설명하려고 한다. 그러나 그 진짜 이유는, 그들의 생활양식이 그러한 사실에는 주의를 환기하지 않고 다른 일에 그들의 정신을 집중하게 했기 때문이다. 감각이 자극되기 위해서는 느낄 수 있는 대상이 필요하듯이, 우리의 관찰, 회상, 상상의 능력은 단독으로 작용하는 것이 아니라, 널리 일반적으로 이루어지는 사회의 여러 업무에서 일어난 요구에 따라 발동되는 것이다. 성향의 소지는 학교 교육과는 무관하게, 그와 같은 영향하에 형성되는 것이다. 의식적이고 계획적인 교수가 할 수 있는 일은 기껏해야 이렇게 형성된 여러 능력을 해방시켜 보다 더 충분하게 작용할 수 있도록 해주고, 이들 능력으로부터 조잡성을 어느 정도 제거해 주며, 여러 가지 대상을 주어서 그것을 통해 이들 활동이 보다 많은 의미를 낳도록 해주는 일이다.

이 '환경으로부터의 무의식적인 영향'은 성격이나 정신의 모든 조직에 작용할 정도로 정묘하고 침투력이 있다. 그 효과가 가장 현저하게 나타나는 방면을 두서너 가지 지적한다는 것은 뜻 있는 일일 것이다. 첫째, 언어의 습관이다. 말의 기본양식이나 어휘의 대부분은 체계적인 교수방법으로서가 아니라, 사회적으로 필요한 것으로서 영위되는 일상생활의 교류에서 형성되는 것이다. 우리는 세련된 말투를 사용하지만, 갓난아이는 모어(母語 : mother tongue)를 획득한다. 이렇게 몸에 지닌 말의 습관은 의식적인 가르침으로 교정되거나 또 배제되는 일까지도 있지만, 그래도 흥분했을 때에는 의도적으로 획득된 말의 양식이 때때로 탈락되고 사람들은 자기들의 진짜 사투리로 되돌아간다. 둘째는 예절이다. 익히 아는 바와 같이, 모범은 훈계보다 낫다. 좋은 예절은 이른바 좋은 양육에서 생긴다. 아니, 좋은 양육 그 자체이다. 그리고 양육은 지식을 전달하는 것에 의해서가 아니라, 평소의 자극에 대한 반응으로서의, 평소의 행동에 의해서 획득된다. 의식적인 교정이나 가르침이 한없이 이루지는데도 불구하고, 결국은 주위의 분위기나 기풍이 예절을 형성하는 주요한 힘이 된다. 그리고 예법은 작은 도덕에 지나지 않는다. 더욱이 큰 도덕에서도, 의식적인 가르침은 아이의 사회적 환경을 구성하는 사람들의 일반적인 '평소의 언행'과 조화되는 정도에서만 그 유효성을 기대할수 있다. 셋째로, 좋은 취미와 미적 감상안(鑑賞眼)이다. 우아한 형태나 색채가 조화된 대상을 항상 접하고 있으면, 취미의 기준은 자연히 높아진다. 빈약하고 무미건조한 환경은 미에의 욕구를 아사시키고, 그것과 마찬가지로 천박하고 난잡하고 지나치게 화려한 환경은 퇴폐적인 취향을 불러온다. 이러한 대적(大敵)에 대해서 의식적인 교수가 할 수 있는 일은, 기껏해야 남이 생각하고 있는 것을 받아서 지식을 전달하는 정도뿐이다. 그러한 취미는 자발적인, 더욱이 그 당사자 자신에 깊이 스며든 무언가로는 절대 되지 않는 것으로, 존경하도록 가르쳐진 위인들이 어떤 일을 생각하는가를 떠올리게 하는 부자연스러운 기억에 머무는 것이다. 그리고 더 깊은 가치판단의 기준도 사람이 평소에 들어올 수 있는 정황을 통해 만들어지는 것인데, 이는 이미 말한 여러 점을 혼합해 지적하는 것뿐이므로 새삼 넷째로 열거할 필요도 없다. 무엇에 가치가 있고, 무엇에 가치가 없는가에 대한 의식적인 평가가 얼마나 많으며, 얼마나 전혀 의식되지 않은 기준에 의존하고 있는가를 우리는 좀처럼 알아차리지 못하고 있다. 그러나 일반적으로, 우리가 조사하거나 숙고하지 않고 당연한 것으로 생각하는 일이야말로, 우리의 의식적인 사고를 한정하고 결론을 결정하는 것이다—라고 말할 수 있다. 더욱이 숙고의 수준 아래에 있는 이들 습성이야말로, 다른 사람들과 끊임없이 교류하는 가운데 형성된 것이다.

4 특수한 환경 학교 무의도적으로 이루어지는 교육 과정에 대해서 이제까지 말한 내용은 무엇보다 다음과 같은 사실을 알기 위해서였다. 즉, 성인들이 미성숙자가 받는 교육의 종류를 의식적으로 통제하는 유일한 방법은, 그들의 행동과 사고와 감정을 일으키는 환경을 통제하는 것이라는 점이다. 우리는 결코 직접적으로 교육을 하는 것이 아니고, 환경을 통해 간접적으로 교육한다. 교육을 우연적인 환경에 맡기느냐, 아니면 그 목적을 위해 환경을 설계하느냐 사이에는 매우 큰 차이가 있다. 그리고 그 어떤 환경도, 그 교육적 효과에 관해서 계획적으로 통제되지 않는다면, 그것은 그 교육적 영향에 관한 한 우연적인 환경에 지나지 않는다. 지적인 가정은 그렇지 않은 가정과

주로 다음과 같은 점에서 다르다. 즉, 그 가정에서 대세를 이루는 생활이나 교제습관이 아이들의 성장에 어떤 영향을 미치는가를 배려해서 선택되거나 적어도 그 분위기가 주어진다는 점이다. 하지만 학교는 말할 필요도 없이, 역시 그 성원의 지적·도덕적 성향에 영향을 줄 것을 특히 고려해서 구성된 환경의 전형적인 예라는 데에는 변함이 없다.

대체적으로 말해서, 사회의 전통이 매우 복잡해지고, 그 사회적 축적의 상당 부분이 문서로 기록되고 문자기호를 통해 전달될 때 학교가 생겨난다. 문자기호는 음성기호보다도 한층 인공적이고 형식적이다. 그것은 다른 사람들과의 우연한 교류를 통해서 몸에 지닐 수 있는 것이 아니다. 게다가 문서형식은 일상생활과는 비교적 인연이 없는 사물을 골라 기록하는 경향이 있다. 세대에서 세대로 축적된 업적은, 비록 그 속의 일부가 일시적으로 사용되지 않게 되었다고 해도 문서형식으로 보관되는 것이다. 그 결과, 어떤 공동사회가 그 지역이나 그 시대를 넘어서 존재하는 것에 상당히 의존하게 되자마자, 그 공동사회는 자기의 모든 자산의 적절한 전달을 확실하게 하기 위하여, 학교라는 확고한 기관에 의존할 수밖에 없게 되는 것이다. 명백한 실례를 들자면, 고대 그리스인이나 로마인의 생활은 우리의 생활에 깊이 영향을 미치고 있는데, 그들이 우리에게 영향을 미치는 방법은 우리의 통상적인 경험의 표면에는 나타나지 않는다. 마찬가지로, 현존하고는 있지만 공간적으로 멀리 떨어져 있는 민족인 영국인이나 독일인, 이탈리아인도 우리 사회의 일에 직접 관련이 있지만, 그 상호작용의 본질은 그것이 분명히 기술되고 주목을 받지 못하면 이해할 수가 없는 것이다. 그리고 또 마찬가지로, 멀리 떨어진 물리적 에너지나 눈에 보이지 않는 구조가 우리의 활동 안에서 다하는 역할을 아이들에게 설명해 주는 것도, 우리의 나날의 공동생활에 기대할 수는 없는 것이다. 따라서 그러한 문제를 배려하여 사회적 교류의 특별한 양식, 즉 학교가 설립되는 것이다.

이 공동생활의 양식은 통상의 공동양식에 비해 특기할 만한 세 가지 기능이 있다. 첫째, 복잡한 문명은 통째로 동화할 수가 없다. 그것은 말하자면 부분으로 해체되어, 점진적이고 단계적인 방법으로 조금씩 동화되어야만 한다. 현재의 사회생활의 여러 관계는 너무나 여러 갈래로 갈라지고 서로 얽혀 있어서, 가장 좋은 혜택을 받는 아이라 할지라도 그 가장 중요한 관계의 대다수에 쉽사리 참가할 수 없을 정도이다. 이들 관계에 참가하지 않으면 그 뜻이 그에게 전달되지 않을 것이고, 그의 정신적 성향의 일부가 되는 일도 없을 것이다. 숲 때문에 나무를 보지 않는 셈이다. 직업적 활동도 정치도 예술도 과학도 종교도, 모두가 한꺼번에 떠들어대어 주의를 끌려고 하다가 결국 혼란만이 남게 될 것이다. 학교라는 사회기관의 첫째 임무는, 단순화된 환경을 제공하는 데 있다. 학교는 우선 상당히 기본적이면서도, 아이들이 반응할 수 있는 사회관계의 특징적 요소를 골라낸다. 그리고 차차 복잡한 것으로 나아가는 순서를 세워서, 한층 복잡한 것을 통찰하기 위한 수단으로서 먼저 습득한 요소를 이용한다.

둘째, 현존하는 환경에 포함된 무가치한 여러 특징이 심적 습성에 영향을 미치지 못하도록 될 수 있는 대로 제거하는 것이 학교환경의 임무이다. 그것은 순화(純化)된 행동의 환경을 설립하는 것이다. 선택의 목적은 단순화뿐만 아니라 바람직하지 않은 것을 제거하는 일도 포함한다. 모든 사회는 쓸데없는 것이나 과거로부터 넘겨받은 거추장스러운 사물이나, 더 나아가 적극적으로 사악한 것을 짊어지게 된다. 학교는 자기가 제공하는 환경으로부터 그와 같은 것을 제거하고, 그로써 통상적인 사회적 환경 안에 있는 그것들의 영향을 지우기 위해서 할 수 있는 일을 할 의무를 지고 있다. 오직 가장 좋은 것만을 사용하기 위해 가장 좋은 것을 선출함으로써, 학교는 이 가장 좋은 것의 힘을 강화하는 일에 노력한다. 사회는, 한층 개화되어감에 따라 현존하는 업적의 전체를 전달하고 보존할 뿐만 아니라, 보다 좋은 미래 사회에 기여할 수 있는 것만을 전달하고 보존할 책임이 있다—는 것을 깨닫는다. 학교는 이 목적을 달성하기 위한 사회의 주요기관이다.

셋째, 사회적 환경 안의 여러 요소에 균형이 잡히게 하고, 또 각 개인에게 자기가 태어난 사회집단의 한계로부터 탈출해서 한층 넓은 환경과 활발하게 접촉할 기회를 얻도록 배려해주는 것이 학교환경의 임무이다. '사회'나 '공동체'와 같은 말은 오해를 초래하기 쉽다. 이런 단어는, 그 한 마디 말에 대응해서 하나의 단일 사물이 존재한다고 여겨지기 쉽기 때문이다. 친족이라는 직접적인 연장을 지닌 각 세대는 하나의 사회를 이루고, 마을이나 도시의 놀이친구들도 하나의 공동체이며, 직업집단이나 클럽도 각기 또 다른 공동체이다. 이들 비교적 친밀한 집단을 넘어서, 우리나라와 같은 나라에는 여러 민족이나 종교적 결합이나 경제적 구분이 존재한다. 현대 도시 내부에는 명목상 하나의 정치적 단위가 있지만, 아마도 이전 시대에 대륙 전체에 존재했던 것보다도 많은 공동체가 존재하고, 많은 구(區)마다 서로 다른 관습이나 전통, 포부나 통치, 또는 지배의 여러 형태를 보일 것이다.

그러한 집단은 각기 그 성원의 활동적 성향을 형성하는 데 영향을 미친다. 교회나 노동조합이나 상업적인 동료나 정당 등과 마찬가지로, 도당(徒黨)도 클럽도 갱단도, 페이긴(어린 소매치기나 도둑을 내세워 돈을 버는 나이 먹은 악한. Dickens의 소설 Oliver Twist에 나오는 인물)의 패거리도, 형무소의 죄수들도, 분명 이들 집단적 내지는 연대적 활동에 참가하는 자들에게 교육적인 환경을 제공한다. 그것들은 어느 것이나, 가족이나 도시나 국가와 전적으로 같을 정도로 공동생활, 즉 공동체 생활의 한 양식이다. 또 예술가 조직이나 문단, 지구상에 흩어져 있는 전문적인 학계의 성원과 같은, 그 성원끼리 서로 직접적인 접촉을 조금밖에 하지 않거나 또는 전혀 하지 않는 그러한 공동체도 존재한다. 그 까닭은, 그들이 목적을 공유하고, 더욱이 각 성원의 활동은 다른 성원이 하는 일에 대한 지식으로 직접 한정되기 때문이다.

옛날에는 집단의 차이가 주로 지리상의 문제였다. 많은 사회가 존재했지만, 그 각각은 그 지역 안에서는 비교적 비슷한 성질을 띠었다. 그러나 상업, 운수, 상호통신, 이주의 발전과 함께 미국과 같은 나라들은 여러 가지 전통적 관습을 갖는 여러 집단의 경합으로 구성되어 갔다. 이와 같은 사태야말로, 아마도 다른 그 어떤 이유 못지않게 아이들에게 동질적이고, 더욱이 균형이 잡힌 환경을 주는 교육시설을 필요불가결하게 한 최대의 이유인 것이다. 다만 이러한 방법으로만, 동일한 정치적 단위 안의 여러 집단의 공존이 야기시키는 원심적인 힘을 없앨 수가 있다. 서로 다른 종교와 관습을 따르는 여러 민족의 젊은이들을 학교에서 혼합시킴으로써, 모두를 위한 새롭고 더욱이 한층 넓은 환경이 창출된다. 공통된 교재가 제공됨으로써, 모든 것이 고립상태에 놓인 집단성원의 시야보다도 한층 광대한 시야에 선 통일적인 견지에 익숙해져 가는 것이다. 미국 공립학교의 동화력은 공통되고 균형 잡힌 감화력의 유효성을 말해주는 명백한 증거이다.

다시 또 학교는 각 개인에 대해서, 그가 참여하는 여러 사회적 환경이 미치는 잡다한 영향을 그의 성향 안에 조정, 통합시켜주는 기능도 있다. 가족

안에서는 어떤 규율이 권위를 가지고 있고, 도시에서는 다른 규율이, 공장이나 상점에서는 또 다른 규율이, 종교적 집단에서는 다시 다른 규율이 권위를 갖는다. 사람은 어떤 환경에서 다른 환경으로 옮아갈 때 서로 상반되는 힘으로 끌려 서로 찢기고, 서로 다른 경우에는 서로 다른 판단이나 정서의 기준을 갖는 인간이 되는 위험에 노출되어 있다. 이 위험이 있기 때문에 안정화와 통합의 임무가 학교에 부과되는 것이다.

요약 연속해서 발전해 가는 사회의 생명에 필요한 태도나 성향을 아이들 내부에 발달시키는 일은, 신념이나 정서나 지식의 직접적인 전달로 할 수 있는 일이 아니다. 그것은 환경이라는 매개물을 통해서 이루어진다. 환경은 생물의 특징인 활동을 실행하는 데 필요한 여러 조건의 총화(總和)이다. 또 사회적 환경이란, 그 성원 중 어떤 한 사람의 활동에 굳게 결부되어 있는 동료들의 활동 전체로 이루어진다. 그것은, 어떤 개인이 그 어떤 연대적 활동에 관여, 즉 참가하는 정도에 따라 진정으로 교육적 효과를 발휘한다. 사람은 공동 활동에서의 자기의 역할을 다함으로써 그 공동 활동을 추진시키는 목적을 자기 것으로 하고, 그 방법이나 대상을 숙지(熟知)하며, 필요한 기술을 획득하여 그 정서적 기풍에 젖게 된다.

아이들이 점차 여러 집단에 속해 이들 집단의 활동을 분담하게 됨에 따라서, 의식적으로 의도하지 않아도 한층 깊은, 한층 근본적인 교육적 성향 형성이 이루어지게 된다. 그러나 사회가 한층 복잡해짐에 따라, 미숙자의 능력 양성에 특히 주의를 기울일 특별한 사회적 환경을 설치할 필요성이 명백해진다. 이 특별한 환경의 비교적 중요한 세 가지 기능을 열거하면, 키우고자 하는 성향에 작용하는 여러 요소를 단순화하여 순서를 매기는 일, 기존의 사회적 관습을 순화시켜 이상화하는 일, 아이들이 일상생활에서 영향을 받도록 방임할 때보다 한층 넓고 균형 잡힌 환경을 조성하는 일이다.

제3장
지도로서의 교육

1 지도적인 환경 교육이라는 일반적 기능은 여러 가지 특수한 형태를 취하는데, 여기에서는 그들 중의 하나, 즉 지도나 통제, 안내의 형태에 대해서 고찰해 보기로 한다. 지도, 통제, 안내. 이들 세 말 중에서 마지막 것은, 안내되는 인간의 타고난 능력을 공동 작업을 통해서 돕는다는 생각을 가장 잘 나타낸다. 통제는 어느 편이냐 하면, 외부에서 가해지고 통제되는 것으로부터의 얼마간의 저항을 만나는 힘이라는 개념을 나타낸다. 지도는 보다 더 중간적인 용어로, 지도되는 것의 활동적 경향이 떠돌거나 분산됨 없이 죽 이어진 진로로 도입된다는 것을 암시한다. 지도는 기본적 기능을 나타내는 말로서, 그것은 한쪽의 극단에서는 안내적 조력이 되고, 다른 한쪽의 극단에서는 규제 또는 지배가 되는 경향이 있다. 그러나 여하간 '통제'라는 단어와 연관된 하나의 의미를 주의 깊게 피해야만 한다. 사람은 태어나면서 아주 개인주의적 내지는 이기적이고, 또 그것 때문에 반사회적인 경향을 가지고 있다—는 것이, 의식적이든 무의식적이든 당연한 일로 여기는 경우가 있다. 그래서 통제는, 사람이 자기의 타고난 충동을 공공의, 즉 공동의 목적에 따르도록 하는 과정을 의미하게 된다. 이러한 생각에 따르면, 개인의 본성은 이 과정을 조장하기보다는, 오히려 이 과정과는 전적으로 용납할 수 없는 대립하는 관계이므로, 통제에는 억압이나 강제라는 의미가 따른다. 정치체제나 국가론이 이 생각에 입각해서 구축되고, 이 생각은 교육의 사상이나 실천에 중대한 영향을 주어왔다. 하지만 그러한 견해 어느 것에도 전혀 근거가 없다. 분명히 사람들은 때로는 자기 멋대로 행동하고 싶어할 것이고, 또 그들 독특한 방식이 남이 하는 방식과 대립하는 일도 있을 것이다. 하지만 개인은 다른 사람들의 활동 안으로 들어가 연대적이고 협력적인 행동에 참가하는 일에도 관심을 기울이며, 전체적으로 보아 주로 그러한 일에 흥미가 있다. 그렇지

않으면 공동사회라는 것이 성립될 리가 없다. 또 경찰을 둠으로써 자기가 그어떤 개인적인 이익을 얻을 수가 있다고 생각하는 것이 아니라면, 사회의 조화와 외관을 유지하기 위해 경관을 두는 일에 관심을 갖는 사람조차 없게 될 것이다. 통제란 사실 여러 능력의 지도가 강조된 형태를 의미하는 데 지나지 않으며, 남의 인도를 받고 있을 때 초래되는 규제를 포함하는 것과 전적으로 같을 정도로, 개인이 자신의 노력에 의해서 획득한 규제도 포함하고 있다.

일반적으로 말해서, 모든 자극은 활동을 지도한다. 자극은 단순히 활동을 야기시키거나 선동할 뿐만 아니라, 그것을 목적으로 향하여 지도한다. 반대로 말하자면 반응은 단순한 반작용이 아니라, 그 말이 암시하는 바와 같이 응답인 것이다. 그것은 자극에 대응한다. 거기에서는 자극과 반응의 상호적응을 볼 수가 있다. 빛은 무엇인가를 보려고 하는 눈에 대한 자극이며, 눈의 작용은 보는 일이다. 눈이 떠 있고 거기에 빛이 있으면, 본다고 하는 작용이 일어난다. 자극은 그 기관에 고유한 기능을 다하게 하기 위한 하나의 조건에 지나지 않는 것으로, 밖으로부터의 방해는 아닌 것이다. 따라서 어느 정도까지는, 모든 지도나 통제는 활동을 그 자체의 목적으로 향하게 해서 안내하는 것으로, 어떤 기관이 이미 하려는 것을 충분히 수행할 수 있도록 돕는 일이다.

그러나 이상의 일반적 논술은 두 가지 점에서 한정할 필요가 있다. 첫째, 몇몇 본능적인 행동 외에, 미성숙한 인간이 받는 자극은 초기엔 특정한 반응을 일으킬 만큼 명확하지가 않다는 것이다. 미성숙한 사람은 항상 필요 이상의 힘을 발휘한다. 이 여분의 힘은 표적을 벗어나 낭비되거나, 더 나아가서는 어떤 행위를 성공적으로 수행하는 데 걸림돌이 되기도 한다. 처음으로 자전거를 타는 사람의 행동을 숙련자의 행동과 비교해 보자. 발휘되는 힘은 기준이 되는 방향이 거의 없고, 매우 분산적이고 원심적이다. 지도는, 행동이 확실한 반응이 되도록 하기 위해 그것을 집중하거나 고정하고, 더욱이 불필요하고 혼란을 가져오는 운동을 없애야 한다. 둘째, 사람은 활동을 할 때에 항상 어느 정도는 협력적 동작을 하며, 그것이 조금도 이루어지지 않는 활동은 할 수 없는 일인데, 그래도 어떤 반응은 행동의 순차성이나 연속성과 서로 어긋나는 일이 되는 경우도 있다. 권투를 하는 사람이 한 번은 상대의 주먹을 재빨리 피했다고 해도, 그 동작 때문에 다음 순간에 더 강렬한 한 방을 맞게 될지도 모른다. 적절한 통제란 잇따른 동작이 연속적인 순서에 따라 착착 나열되는 것을 뜻한다. 각 동작이 그 직접적인 자극에 대처할 뿐만 아니라, 뒤따르는 여러 동작을 도와줌을 의미한다.

요컨대, 지도는 동시적이며 계속적이다. 어떤 일정한 시점에서 그것은 국부적으로 환기된 모든 경향 중에서, 필요한 점에 힘을 집중시키는 경향을 선택해야 한다. 계속적으로는 그것은 각 동작을 앞과 뒤 동작과 균형을 맞추어서 활동의 순서를 수립해야 한다. 이와 같이 초점에 집중하는 일과 순서를 매기는 일은 지도의 두 가지 면으로, 한쪽은 공간적이고 다른 한쪽은 시간적이다. 전자는 표적에 적중을 확실하게 하고, 후자는 그 후의 행동을 위해 필요한 균형을 유지하는 것이다. 우리는 머릿속에서 이것들을 구별해 왔는데, 실제로 그것을 분리시키기란 불가능하다. 활동은 어느 일정한 시점에서 다음에 오는 것에 대해서 준비를 하는 것과 같은 방법으로 집중되어야만 하는 것이다. 당면한 반응문제는, 미래의 일에 주의를 해야만 하므로 복잡한 것이 된다.

이상의 일반적 논술에서 두 가지 결론이 나온다. 하나는, 전적으로 외적인 지도는 불가능하다는 것이다. 환경은 기껏해야 반응을 불러일으키기 위한 자극을 주는 것에 지나지 않는다. 이들 반응은, 사람이 이미 가지고 있는 경향에서 생긴다. 사람이 협박을 받아 무슨 일인가를 강요당했을 때도, 그 협박은 그가 공포의 본능을 가지고 있기 때문에 비로소 효과를 낳는 것이다. 그에게 공포의 본능이 없거나, 또는 그것을 가지고 있다고 해도 자신이 그것을 억제할 수가 있다면, 빛이 눈이 없는 사람에게는 물건을 보게 할 수 없듯이 협박은 그에게 효력을 발휘하지 못한다. 어른들의 관습이나 규칙은 아이들의 활동을 불러일으킬 뿐만 아니라 지도도 할 수 있는 자극을 주지만, 결국 최종방향의 결정은 아이들 자신이 하는 것이다. 엄밀한 의미에서는, 그 어떤 일도 아이들에게 강요하거나 주입할 수는 없다. 이 사실을 간과하면, 인간성을 왜곡하거나 잘못된 길로 인도하는 것이 된다. 지도를 받는 사람이 실제로 지닌 본능이나 습관의 작용을 고려에 넣는다면, 그들을 낭비 없이 현명하게 지도할 수가 있을 것이다. 정확히 말하자면, 모든 지도는 재지도에 지나지 않는다. 즉, 그것은 이미 진행되고 있는 활동을 다른 물길로 옮기는 것이다. 이미 활동하고 있는 힘을 알지 못하면, 지도의 시도는 틀림없이 실패할 것이다.

한편 타인의 관습이나 규칙에서 오는 통제는 근시안적이 되는 일이 있다. 그것은 코앞의 결과는 성취할지도 모르지만, 그 사람의 그 뒤 행동의 균형을 잃는 희생을 수반한다. 예를 들어, 협박은 무엇인가를 하는 경향을 타고난 사람에게, 그것을 계속한다면 불행한 일이 생길 것이란 두려움을 일으키게 함으로써, 그것을 못하게 할 수는 있다. 그러나 그 때문에 그는 훗날 그에게 가장 나쁜 일을 하게 하는 영향에 노출될지도 모른다. 교활함이나 음험한 성질 등 그가 타고난 소질이 깨어나, 그 이후 사물은 그렇지 않은 경우보다도 한층 변명이나 속임수를 조장하도록 그의 마음에 작용할지도 모르는 것이다. 타인의 행동을 지도하는 사람들은, 자기들이 지도하는 사람들의 그 뒤 발달의 중요성을 간과하게 된다는 위험에 항상 노출되어 있다.

2 사회적 지도의 여러 양식 어른들은 타인의 행위를 지도할 것을 직접 목표로 삼을 때 당연히 그것을 가장 강하게 의식하고 있다. 일반적으로 그들은 자기들이 저항을 받고 있음을 알아차렸을 때, 즉 자기들이 하고 싶지 않다고 생각하는 일을 남이 할 때, 의식적으로 그와 같은 목표를 두는 것이다. 그러나 그보다도 한층 영속적이고 영향력이 강한 통제양식은, 우리 쪽에 그와 같은 계획적 의도가 없어도 시시각각 끊임없이 작용하는 양식이다.

(1)우리는, 해주길 원하는 것을 상대방이 하지 않거나, 하는 말을 듣지 않을 염려가 있을 때, 그들을 통제할 필요와 그들을 통제할 영향력을 가장 강하게 의식한다. 그때 우리가 행하는 통제는 가장 직접적인 것이 되고, 바로 이때 앞서 말한 잘못을 가장 잘 저지르게 된다. 말을 물가로 끌고 갈 수는 있으나 그것이 물을 마시게 할 수는 없고, 사람을 죄를 뉘우치는 방에 넣을 수는 있어도 그가 죄를 뉘우치도록 할 수는 없다. 우리는 이를 잊고, 위로부터의 강제력의 작용을 통제라고 오해하기 쉬운 것이다. 이렇게 타인에 대해서 직접적인 행동을 취할 때에는, 언제나 물리적 결과와 정신적 결과를 구별해야 한다. 강제로 먹이거나 가두는 일이, 그 사람 자신을 위해 필요한 상황이 있다. 아이는 화상을 입지 않도록 불로부터 거칠게 떼어놓아야 한다. 그러나 성향의 개선이나 교육적 효과가 결과로서 일어나지 않을 수도 있다. 엄격한 명령이 아이들을 불로부터 멀리 있게 하는 데에 효과적일지도 모르고, 아이를 안아 옮겨 불에서 떼어놓았을 때와 같은 바람직한 물리적 효과를 낳

을 수도 있다. 하지만 어느 경우나 정신적인 복종은 일어나지 않을 것이다. 어떤 사람을 가둠으로써 그가 타인의 집으로 침입하는 것을 막을 수는 있어도, 그의 강도짓하는 성향을 바꿀 수는 없다. 물리적 결과를 교육적 효과와 혼동할 때, 우리는 항상 바라는 결과를 얻는 과정에 스스로 참가하려는 그 사람의 성향을 활용할 기회를 놓치고, 또 그렇게 함으로써 그의 내부에 올바른 방향으로 향하려고 하는 내재적·지속적인 경향을 발달시키는 기회를 놓치게 되는 것이다.

일반적으로, 보다 의식적으로 통제를 행할 경우에는 다음과 같은 행위에 한정되어야 한다. 즉, 너무나 본능적이고 충동적이어서, 그것을 행하는 당사자가 그 결과를 미리 알 방법을 전혀 모르고 할 때이다. 만약에 어떤 사람이 자기 행위의 결과를 미리 알 수가 없고, 더욱이 보다 더 경험이 있는 사람이 그 결과에 대해서 그에게 가르쳐주는 것을 이해할 수도 없다면, 그가 자기 행위를 이지적으로 이끌기란 불가능하다. 그러한 상태에서는 모든 행위가 그에게 같은 효과를 나타낸다. 그를 행동으로 몰아세우는 것은 무엇이든지 그를 행동으로 몰아세우게 되지만, 어떤 경우에는 그를 내버려 둬서, 다음에 같은 일을 겪을 때는 이지적으로 행동할 수 있도록 스스로 그 결과를 보게 하는 것이 적당하다. 하지만 어떤 행동은 타인에게는 너무나 폐가 되고 불쾌하기 때문에 그렇게 하도록 둘 수가 없다. 그래서 직접 비난하는 방법이 동원된다. 모욕이나 비웃음이나 냉대나 처벌이 이용되는 것이다. 혹은 다루기 힘든 행동방향으로부터 아이의 마음을 돌리기 위해, 그것과는 반대 방향으로 향하는 그의 경향에 작용한다. 남의 동의에 관한 아이의 민첩성이나, 남의 마음에 드는 행위를 해서 총애를 얻고 싶다고 생각하는 아이의 기대가 행동을 다른 방향으로 유도하기 위해 이용되는 것이다.

(2)이상 말한 통제방법은(그처럼 의도적으로 사용되기 때문에) 매우 명백한 것이다. 따라서 다음에 그것과 비교해서 한층 중요하고 영속적인 다른 통제양식에 주의를 돌리지 않는다면, 일부러 언급할 가치가 없을 정도이다. 그 다른 방법이란 해당 미숙자와 공동생활을 하고 있는 사람들이 사물을 사용하는 그 방법 안에, 즉 그들이 자신의 목적을 성취하기 위해 쓰는 수단 안에 있다. 개인이 생활하고 행동하고 생존하는 사회적 생활환경의 존재 그 자체가, 그의 활동을 지도하는 지속적이고 효과적인 작용인 것이다.

따라서 우리는 사회적 환경이라는 것이 무엇을 의미하는가를 좀 더 자세하게 검토해야만 한다. 우리는 우리가 생활하는 물질적 환경과 사회적 환경을 쉽게 구별하는 경향이 있다. 이와 같이 구별하는 것에 의해서, 한쪽에서는 이제까지 말해온 것과 같은 보다 직접적인, 즉 인적인 통제양식의 도덕상의 중요성이 과장되게 되고, 다른 한쪽에서는 순물질적인 환경과의 접촉이 안고 있는 지적 가능성이, 오늘날 널리 행하여지고 있는 심리학이나 철학에서 과장되게 된 것이다. 그러나 실제로는, 물질적 환경을 매개로 사용되는 경우는 별도로 하고, 그렇게 하지 않고서는 한 인간이 다른 인간에 대해서 직접적으로 영향을 미치는 일은 있을 수 없다. 미소도, 찡그린 얼굴도, 질책도, 경고나 격려의 말도 모두 그 어떤 물질적 변화를 포함하고 있다. 그렇지 않으면, 한쪽 사람의 태도가 전해져서 다른 쪽 사람의 태도를 바꿀 수는 없을 것이다. 그러나 비교적으로 말한다면, 그와 같은 영향방법을 인적(人的)인 것으로 간주해도 좋을 것이다. 물질적인 매체는 인적 접촉의 단순한 수단이 되기 때문이다. 그러한 직접적인 상호영향의 양식에 대해서, 일정한 결과를 얻기 위한 수단이나, 그 처리로서 물건을 사용하는 과정을 포함하는 공동작업에 있어서의 공동생활은 대조적이다. 비록 어머니가 딸에게 도와달라는 말을 한 일이 없어도, 또 돕지 않는다고 딸을 야단친 일이 없어도, 부모와 함께 가정생활을 영위했다는 단지 그 사실만으로도, 그 아이의 활동은 지도되는 것이다. 모방이나 보람, 함께 일하고 싶다는 요구가 불가피하게 통제를 가져오는 것이다.

어머니가 아이에게 무엇인가 필요한 것을 건네주면, 아이는 그것을 받기 위해 손을 뻗어야만 한다. 주는 행위가 있으면 받는 행위가 있어야 한다. 아이가 그것을 받은 뒤 그것을 어떻게 다루는가는, 또 그것을 어떻게 쓰는가는, 그때까지 관찰해 온 어머니의 행동에 틀림없이 영향을 받는다. 아이는 부모가 무엇인가를 찾는 모습을 보면 자기도 그것을 찾고, 발견하면 그것을 부모에게 건네주는데, 이는 다른 때 그것을 받게 되는 것과 마찬가지로 그에게는 당연한 일이다. 이러한 사례가 무수한 일상의 교류 속에서 쌓인다는 것을 생각하면, 아이들의 활동을 지도하는 가장 영속적이고 지구적(持久的)인 방식이 무엇인가를 이해할 수 있으리라.

이상 말한 것은, 전에 성향형성의 주요한 양식으로서 공동 활동에의 참가에 대해서 말한 내용을 되풀이한 것에 지나지 않는다. 하지만 우리는 그 공동 활동 안에서 물건의 사용이 다하는 역할에 대해서의 인식을, 여기에서 분명히 덧붙인 것이다. 학습에 관한 철학은 잘못된 심리학에 부당하게 지배되어 왔었다. 흔히 인간은 감각이라는 통로를 통해서 물건의 성질이 마음에 각인되는 것만으로 학습한다—고 한다. 많은 감각적 인상을 받아서, 연합 또는 그 어떤 지적 종합력이 이들을 결합해서 관념—뜻을 갖는 것—을 형성한다고 여겨진다. 어떤 물체, 돌, 오렌지, 나무, 의자는 색이나 모양이나 크기나 굳기나 냄새나 맛 등 여러 인상을 나타내고, 이들은 한데에 모여지면 각기 물건의 특유한 의미를 구성한다—고 여겨지는 것이다. 하지만 실제로는 그 물건의 특수한 성격 때문에, 물건에 결부되는 의미를 부여하는 것은 그 물건이 사용되는 특징적인 사용법이다. 의자는 어떤 용도로 쓰이는 물건이고 테이블은 또 다른 목적으로 쓰이는 물건이다, 오렌지는 값이 얼마이며, 따뜻한 지방에서 나고 먹을 수 있고, 먹으면 좋은 향기와 상쾌한 맛이 난다는 등등.

물리적 자극에 대한 적응과 지적 행위의 차이는, 후자가 물건의 뜻에 대한 반응을 포함하는 데 반해 전자는 그것을 포함하지 않는다는 것이다. 어떤 소리는 내 마음에 상관없이 갑자기 나를 놀라게 해서 뛰어오르게 할지도 모른다. 그러나 내가 어떤 소리를 듣고, 달려가서 물을 가져와 불을 끈다면 이지적으로 반응한 것이 된다. 즉, 그 소리는 화재를 의미하고, 화재는 소화의 필요를 의미한 것이다. 돌에 발이 걸리면, 나는 물리적으로 한쪽으로 차낸다. 단 누군가가 그것에 발이 걸려서는 안 된다고 생각해서 이지적으로 치운다. 즉, 그 물건이 지닌 뜻에 대해서 반응하는 것이다. 그것이 천둥이라는 것을 알든 모르든 나는 천둥에 놀란다—천둥이라는 것을 모르면 한층 더 놀라기 쉬울 것이다. 하지만 그것은 천둥이라고 소리를 내서 말하거나, 혼잣말을 하거나 하면, 하나의 뜻으로써 그 놀라움에 반응한 것이 될 것이다. 나의 행동은 지적인 성질을 띠는 것이 된다. 우리는 사물이 우리에게 어떤 뜻(a meaning)으로 다가올 때에는 스스로 행동할 것을 의도하지만(mean), 사물이 뜻을 지니지 않을 때에는 맹목적으로, 무의식적으로, 비이지적으로 행동하는 것이다.

위에서 말한 어떤 종류의 반응적 적응에서도, 우리의 활동은 지도 내지 통제된다. 그러나 단순히 맹목적인 반응에 있어서는, 지도 또한 맹목적이다. 거기에는 훈련은 있을지 모르지만, 그 어떤 교육도 없는 것이다. 되풀이해서 나타나는 자극에 대해서 되풀이된 반응은, 어떤 일정한 방식으로 행동하는 습관을 고정시킨다. 우리 모두에게는 자기 자신도 그 뜻을 전혀 알아차리지 못하는 습관이 많은데, 이는 습관이 우리 자신이 스스로 무엇을 하고 있는지를 전혀 모르는 동안에 형성되었기 때문이다.

　그 결과, 우리는 이들 습관이 있다기보다는 오히려 그것에 지배되는 것이다. 그것들이 우리를 몰아세워서 통제한다. 그것들이 수행하는 것이 무엇인가를 알고, 그 결과의 평가를 판정하지 못하면, 우리는 그것들을 통제하지 못하는 것이다. 아이의 목덜미를 눌러 그가 만나는 사람마다 인사를 하게 할 수 있을지도 모른다. 그러면 마침내는 자동적으로 인사를 하게 될 것이다. 하지만 그가 어떤 목적을 향하여—즉, 어떤 의미를 담아—인사를 하게 될 때까지는, 그것은 인사나 경의(敬意)를 나타내는 동작이 아닐 것이다. 또 그가 스스로 무엇을 하는가를 알고 그 의미 때문에 그 행위를 하게 될 때까지는, 그는 일정한 방식으로 행위를 하도록 '훈련'이나 교육을 받는다고 말할 수가 없는 것이다. 따라서 어떤 물건의 관념을 갖는다고 하는 것은, 단지 그 물건으로부터 일정한 감각을 얻는 것에 머무르지 않는다. 행동의 전체적 구조 안에서 그 물건이 차지하는 위치를 고려해서, 그 물건에 대해서 반응할 수가 있다는 것을 의미한다. 즉, 그 물건이 우리에게 미치는 작용과 우리가 그 물건에 미치는 작용과의 진행 상태나 일어날 것 같은 결과를 예지한다는 것이다.

　따라서 사물에 대해서 우리가 가지고 있는 것과 동일한 관념을 가지고, 다른 사람들과 같은 마음이 되어, 그와 같이 해서 진정으로 어떤 사회집단의 성원이 된다고 하는 것은, 사물이나 행위에 대해서, 다른 사람들이 부여하는 것과 같은 뜻을 부여하는 일인 것이다. 그렇지 않으면 공통된 이해도 없고 공동의 사회생활도 없는 것이 된다. 그러나 공동 활동에서는, 각자는 자기가 하는 일을 다른 사람이 하고 있는 일과 관련지어서 생각하고, 또 남이 하는 일은 자기가 하고 있는 일에 관계 지어진다. 즉, 각자의 활동이 동일한 총괄적 정황 안에 위치 매김이 되는 것이다. 다른 사람들이 당기고 있는 밧줄을 어쩌다가 당긴다는 것은, 다른 사람들이 당기고 있다는 것을 알고, 그들이

하고 있는 일을 돕거나 또는 방해하기 위해 이루어지는 것이 아니라면, 공동적 또는 연대적인 활동은 아닌 것이다. 핀 하나는 그 제조과정에서 많은 사람의 손을 거친다. 그러나 각자는 다른 사람이 무엇을 하는지도 모른 채, 즉 남이 무엇을 하는가에 대해서는 일체 상관없이 각자의 역할을 다한다. 각기 다른 결과—저마다 받는 임금—를 위해서만 일을 하는지도 모르는 것이다. 이 경우에는 여러 개의 행위가 공존하고, 더욱이 각자의 행동이 어떤 한 결과에 기여함에도 불구하고, 이들 행위가 관계 지어지는 공통된 결과는 존재하지 않고, 그 때문에 참다운 상호교섭 또는 공동 활동도 존재하지 않는 것이다. 그러나 각자가 자기 자신의 행위의 결과를 다른 사람들이 하는 일과 관련이 있는 것으로 보고, 더욱이 그들의 행동이 그 자신에 미치는 결과도 고려한다면, 거기에는 공동의 정신이 존재한다. 즉, 공통된 행동의 의지가 존재하는 것이다. 여러 협력자 사이에 하나의 공통이해가 성립되어 있고, 이 공통된 이해가 각자의 행동을 통제한다.

한 사람이 공을 기계적으로 잡아 다른 사람에게로 던지고, 상대방도 그것을 잡아 기계적으로 되던진다. 더욱이 각자는 그 공이 어디에서 와서 어디로 가는지 모른 채 그렇게 행동한다는 식으로 상황이 설정되어 있다고 가정해 보자. 그것은 분명히 뜻 없는 행동일 것이다. 그것은 물리적으로 통제되어 있을지도 모르지만, 사회적으로 지도되지는 않았다. 그러나 각자가 상대방이 하는 일을 알아차리고, 상대방의 행동에 흥미를 갖게 되고, 그 때문에 상대방의 행동에 관련이 있는 것으로서 자기가 하는 행동에 흥미를 가지게 된다고 가정해 보자. 그렇게 되면, 각자의 행동은 이지적인 것이 된다. 더욱이 사회적으로 이지적이고, 사회적으로 보도(補導)되는 것이 될 것이다.

보다 더 현실적인 예를 또 하나 들어보자. 유아는 배가 고프고, 눈앞에 식사가 준비되어 있는데도 운다. 그가 자신의 상태와 남이 하고 있는 일과의 관계를 알아차리지 못하고, 남이 하고 있는 일이 자기의 만족에 관계가 있다는 것을 알지 못한다면, 그는 더욱더 초조해 하면서, 더욱더 커지는 자기의 고통에 반응할 것이다. 그는 자기 자신의 육체적 상태에 의해서 물리적으로 통제되어 있는 것이다. 그러나 그가 전후를 고려하게 되면, 그의 태도는 완전히 바뀐다. 그는 이른바 흥미를 갖는다. 즉 남이 하고 있는 일에 주목하여, 그것을 지켜보게 된다. 그는 이미 자기의 공복에만 반응하거나 하지 않고, 그 공복을 채우기 위해 다른 사람이 하고 있는 일에 비추어 행동한다. 더욱이 그와 같이 해서, 그는 이미 공복이라는 것을 알지 못하고 그것에 단지 굴복하는 일 없이 자기의 상태를 알고, 재인식 또는 확인하게 되기도 한다. 그것은 그에게 있어서 대상이 된다. 그것에 대한 그의 태도는 어느 정도 이지적이 된다. 그리고 남의 행동과 자기 자신의 상태가 지니는 뜻을 그와 같이 인지하게 될 때 그는 사회적으로 지도되고 있는 것이다.

우리가 주장하고 있는 주요 명제에 두 가지 측면이 있었음을 기억할 것이다. 그 한쪽을 지금 논해온 것이다. 즉, 물질적인 사물은 예기되는 결과로 향하는 행동 안에 포함되는 것이 아니라면, 정신에 영향을 미치지 않는다 (관념이나 신념을 형성하지 않는다). 또 한 가지 점은, 인간은 물질적 여러 조건을 이용하는 그 특수한 사용과정을 통하여 비로소 서로의 성향을 수정한다는 것이다. 먼저 남이 감지하기 쉬운 이른바 표출운동, 즉 붉어진 얼굴이나 미소, 찡그린 얼굴, 불끈 쥔 주먹 등 모든 종류의 자연적인 몸짓의 경우를 생각해 보자. 본디 이들 몸짓은 표출적인 것이 아니다. 인간 태도의 유기적인 부분이다. 사람의 얼굴이 붉어지는 것은 당혹 등을 남에게 보이기 위해서가 아니라, 자극에 대한 반응으로서 모세혈관의 혈액순환이 바뀌기 때문이다. 그러나 함께 공동생활을 하는 다른 사람들은 그러한 붉힌 얼굴이나 희미하게 느껴지는 근육의 긴장 등을, 그의 정신 상태를 나타내는 징후나 또 어떤 방향으로 향하는가를 나타내는 전조(前兆)로서 이용한다. 찡그린 얼굴은, 이제 틀림없이 야단을 맞는다—그러니까 각오를 해야 한다—는 것을 의미하거나, 또는 불안이나 주저—따라서 가능하면 신뢰를 회복하기 위하여 무엇인가를 말하거나 해서 그것을 제거해야 한다—를 의미하는 것이다.

얼마간 멀리 떨어진 곳에서 사람이 세차게 손을 흔들고 있다. 초연하고 무관심한 태도를 유지하고만 있으면, 타인의 그러한 행동은 우연히 우리의 눈에 띈, 무엇인가 물리적 변화라고 하는 수준에 머무를 것이다. 우리가 아무런 관심도 흥미도 보이지 않는다면, 손을 흔드는 그 동작은 풍차의 날개의 회전과 마찬가지로 우리에게 무의미하다. 그러나 흥미가 생기면, 우리와 관련되기 시작한다. 우리는 그 사람의 동작을 우리 자신이 하고 있는 일인가, 우리가 해야 할 일인가에 관련지어서 생각한다. 우리는 무엇을 할 것인가를 결정하기 위해서, 그의 행위의 뜻을 파악해야 한다. 그는 도움을 구하여 손을 흔들고 있는가. 그렇지 않으면 폭발이 일어날 테니 어서 몸을 피하라고 경고하고 있는가. 그의 행동은, 한쪽의 경우에는 그에게로 달려가는 것을 의미하지만, 다른 한쪽의 경우에는 도망가라는 것을 의미한다. 어느 경우나 우리가 어떻게 행동해야 하는가에 대해서 신호가 되는 것은, 그가 그 물질적 환경 안에 일으키는 변화이다. 우리는 자신들이 행하려 하는 것을, 그의 행동이 이루어지고 있는 것과 같은 정황으로 관계 지어서 생각하려고 노력하는 것이므로, 우리의 행동은 사회적으로 통제되어 있는 것이 된다.

이미 보아온 바와 같이, 언어는 우리 자신의 행동과 다른 사람의 행동이 공통된 정황에 대해서 갖는, 위에서 적은 것과 같은 연대적 관계의 한 예이다. 따라서 언어는 사회적 지도의 한 수단으로서 다시없는 중요성을 지니게 된다. 하지만 결과를 성취하기 위해 물질적 수단을 사용한다는, 한층 조잡하고 구체적인 과정을 배경으로 해서 언어가 나타나는 것이 아니라면, 언어는 이렇게도 효과적인 도구가 되지 않았을 것이다. 아이는 자기와 함께 생활하는 사람들이 의자나 모자, 테이블, 쟁기, 톱, 말이나 돈을 일정한 방식으로 사용하는 것을 본다. 아이가 사람들이 하는 일에 어떤 참가를 하게 되면, 이를 통해서 사물을 동일한 방법으로 사용하게 되거나, 또 다른 사물도 그것에 어울리는 방법으로 사용하게 된다. 의자가 테이블 옆으로 끌려오면 그것은 앉으라는 신호이고, 어떤 사람이 오른손을 내밀면 그도 오른손을 내밀어야 한다는 등, 끝없이 이어지는 세세한 일 속에서 그러한 일이 이루어지는 것이다. 인간기술의 산물이나 천연 원재료를 사용하는 넓고 일반화된 습관이야말로, 무엇보다도 훨씬 깊고 보편적인 사회통제의 양식을 구성하고 있다. 아이들은 학교에 다닐 무렵에는 이미 '지력(知力 : minds)'을 가지고 있다— 즉, 그들은 언어의 사용을 통해서 작용할 수 있는 지식이나 판단력을 지닌 것이다. 하지만 이들 '지력'은 아이들이, 다른 사람들이 물건을 사용하는 방법과 관련해서 물건을 사용하는 과정에서 이제까지 필요했던 이지적 반응의 조직화된 습관이다. 이와 같은 통제는 불가피하며, 그것은 성향 구석구석까지 침투된다.

이상의 논술의 진정한 귀결은, 통제의 기본적 수단은 인적인 것이 아니라 지적인 것이라는 사실이다. 남으로부터의 직접적인 인적 작용이라고 하는 방법은 위기적 정황에서는 중요하지만, 기본적인 통제수단은 남으로부터의 직접적인 인적 작용에 의해서 사람이 움직여진다는 뜻에서 '도덕적'인 것은 아니다. 그것은 오성(悟性)의 습관에 있는 것이다. 그 오성의 습관은 협력이나 원조로서든, 대항이나 경쟁으로서든, 다른 사람들과 대응하면서 물건을 사용하고 있는 동안에 형성된다. 지력이란 구체적으로 말하자면, 바로 사물 그 자체가 어떻게 사용되는지 이해하는 힘이다. 그리고 사회화된 지력이란 연대적인, 즉 공유된 정황에서 이들 사물이 어떻게 사용되는지 이해하는 힘이다. 또 지력이란, 이와 같은 뜻에서 사회통제의 방법인 것이다.

3 모방과 사회심리학　개인의 마음이, 말하자면 노출된 상태에서 물질적 대상에 접촉되고 있다고 보고, 지식이나 관념이나 신념이 그와 같은 개인의 마음과 물질적 대상과의 상호작용에서 생긴다고 생각하는 학습심리의 결함에는 이미 주목해 왔다. 지적 및 도덕적 성향의 형성에서 동료 인간들과의 공동생활이 지배적인 영향력을 갖는다는 것이 인정된 것은 비교적 최근의 일에 지나지 않는다. 현재에 조차도 그것은 사물과 직접 접촉하는 학습방법이라고 일컬어지는 것의 일종의 보충으로 여겨져, 물질적 세계에 대한 지식을 인간에 대한 지식으로 보충하는 데 지나지 않는다고 여겨지는 것이 보통이다. 우리 논의의 주된 뜻은, 그와 같은 견해는, 인간과 사물 사이에 불합리하고 더욱이 불가분한 구별을 설정한다는 것이다. 사물과의 상호작용은 외적인 적응습관을 형성할 것이다. 그러나 그것은 어떤 결과를 낳기 위해 사물이 사용될 때에만, 의미나 의식적인 의도를 갖는 활동이 되는 것이다. 그리고 사람들이 남의 마음을 변화시킬 수 있는 유일한 방법은, 타인으로부터 그 어떤 응답적 활동을 불러일으키도록, 천연 또는 인공의 물질적 조건을 사용함으로써 이루어지는 것이다. 우리의 두 가지 주된 결론은 이상과 같은 것이다.

그런데 개인과 물질적 대상의 직접적 관계를 상정해서 연구하는 심리학은 그 보충으로서 인간상호의 직접적 관계를 상정해서 연구한다. 이제 이 학설을 앞의 두 결론과 대비시킴으로써, 자상하게 논하고 강조하는 것이 바람직하다. 실질적으로 이 이른바 사회심리학은 모방이라는 개념 위에 구축된 것이다. 그래서 다음에는, 심적 성향의 형성에서 모방의 성격과 그 역할을 검토해 보기로 한다.

이 설에 따르면, 각 개인의 사회통제는 남의 행동을 모방, 즉 흉내 내려고 하는 인간의 본능적 경향에 입각하는 것이다. 여기서 타인의 행동이 모범이 된다. 모방본능은 매우 강하므로, 아이들은 남이 보이는 모범에 일치시켜, 자기의 행동계획 안에서 이들을 재현하려고 전념하는 것이다. 그러나 여기에서 모범이라고 일컬어지는 것은 우리의 설에 따르면, 모두가 공통으로 흥미를 가지고 있는 결과에 도달할 수 있는 사물의 사용법을 다른 사람들과 공유하는 것을 나타낸다고 오해받기 쉬운 명칭인 것이다.

일반적으로 통용되는 모방이라는 개념의 근본적인 잘못은, 그것이 본말 (本末)을 전도하고 있다는 점이다. 그것은 결과를 그 결과의 원인과 뒤바꾸고 있다. 사람들은 사회집단을 형성해 있을 때에는 마음가짐이 같다. 즉, 그들은 서로 이해한다는 데 의문의 여지가 없다. 그들은 동일한 정황이 주어지면, 행동을 통제하는 동일한 관념이나 신념, 의도를 가지고 행동하는 경향이 있다. 외부에서 보면, 그들은 서로 '모방'하고 있다고 말할 수 있을지 모른다. 그들이 거의 동일한 방법으로 거의 동일한 일을 하고 있다는 뜻으로라면, 이것은 충분히 진실이 될 수가 있다. 그러나 '모방'은, 그들이 왜 그렇게 행동하는가를 조금도 설명하지 않는다. 그것은 그 사실 자체의 설명으로서 그 사실을 되풀이해서 말할 뿐이다. '아편이 사람을 잠들게 하는 것은 그 최면력(催眠力) 때문이다'라는 유명한 문구처럼 말이다.

여러 행위가 객관적으로 유사하다거나, 다른 사람들과 동조하고 있을 때 느끼는 정신적 만족에 모방이라는 명칭이 주어진다. 그리고 이러한 사회적 사실은, 그와 같은 유사를 낳은 심리학적인 힘과 대체된다. 모방이라고 불리는 것의 상당한 부분은, 단지 구조상 서로 비슷한 사람들은 유사한 자극에 대해서 동일한 방법으로 반응한다는 사실에 지나지 않는다. 모방과는 전혀 무관하게, 사람은 모욕을 받으면 화를 내고, 모욕을 준 사람을 공격한다. 이렇게 말하면, 그것에 대해서, 서로 다른 관습을 가진 여러 집단에서는 모욕에 대한 반응도 서로 다른 방식으로 나타난다—는 의문의 여지가 없는 사실이 이용될지도 모른다. 어떤 집단에서는 서로 치고받고, 다른 집단에서는 결투를 신청하고, 또 다른 집단에서는 멸시적으로 묵살할 것이다. 이러한 일이 일어나는 까닭은, 모방 때문에 제시되는 모범이 다르기 때문이라고 한다. 하지만 모방에 호소할 필요는 조금도 없다. 관습이 다르다는 단순한 사실은,

행동으로 몰아세우는 현실의 자극이 다르다는 것을 의미하는 것이다. 의식적 가르침은 어떤 역할을 다하지만, 그것 이전의 시인이나 부인이 큰 영향력을 가지고 있다. 그리고 어떤 개인이, 그의 집단에서 일반적으로 행해지는 방식으로 행동하지 않는다면, 그는 문자 그대로 따돌림을 당하게 된다—는 사실이 한층 효과적이다. 그는, 남들이 행동하는 것과 같은 방식으로 행동함으로써만이, 다른 사람들과 친밀하고 대등한 관계로 공동생활을 할 수가 있다. 사람은, 어떤 방식으로 행동함으로써만 집단행동에 받아들여지고, 다른 방식으로 행동함으로써 외톨이가 된다—는 사실에서 생긴 압력이 끊임없이 작용하고 있는 것이다. 모방의 결과라고 일컬어지는 것은, 대개는 의식적 가르침과, 공동생활을 하나로 하고 있는 사람들의 무의식적인 인가나 승인에 의해 이루어지는 선택작용과의 산물이다.

어떤 사람이 한 아이를 향해서 공을 굴리고, 그 아이는 그것을 잡고 다시 굴리는 놀이가 계속된다고 가정해 보자. 여기서 자극은 단순히 공을 보거나, 상대방이 공을 굴리는 모습을 보거나 하는 것뿐만이 아니다. 그것은 그 정황—이루어지고 있는 그 놀이—인 것이다. 반응도 단순히 공을 되 굴리는 일뿐만 아니라, 상대방이 주워서 되돌릴 수 있도록—그 놀이가 계속되도록—그것을 굴리는 일이다. '모범'은 상대방 인간의 행동이 아니다. 각자가 상대방이 하고 있는 일과 앞으로 하려는 일을 고려해서 자기 행동을 적응시키는 일이, 전체적 정황에 필요한 것이다. 모방이 들어올지도 모르지만, 그 역할은 부수적이다. 아이는 스스로 흥미를 보이게 되고, 그것을 수행하고 싶다고 생각한다. 따라서 그는 자신의 동작을 고치기 위하여, 상대방이 어떻게 공을 집고 잡는가에 주목한다. 그는 행동의 수단을 모방하는 것이지, 목적, 즉 해야 할 일을 모방하는 것이 아니다. 그리고 그가 수단을 모방하는 까닭은, 그가 자신을 위해, 자기 쪽에서 자진해서, 그 놀이를 잘 하고 싶다고 생각하기 때문이다. 다른 사람의 행동과 동일하게 행동하는 일이나, 또 그와 같이 행동하기 위해 다른 사람들에 대한 이해를 심화시키는 일이 얼마나 장려되는가를 이해하기 위해서는, 아이가 매우 어렸을 때부터 자기의 목적을 잘 실현해가려고 자기 행위를 다른 사람들의 행위에 적합하게 하는 일에 얼마나 의존하고 있는가를 생각하면 될 것이다. 이렇듯 동일한 마음가짐으로 행동할 수밖에 없도록 매우 강한 압력이 들어오게 되므로, 모방에 호소하여 설명한다는 것은 전적으로 쓸데없는 일이다.

사실 목적달성에 쓸모가 있는 수단의 모방과는 다른 것으로서의 목적의 모방은, 성향에는 거의 영향을 남기지 않는 표면적이고 일시적인 일이다. 백치는 특히 이런 종류의 모방을 잘한다. 그것은 외면적 동작에는 영향을 주지만, 이들 행동의 의미에는 영향을 주지 않는다. 아이들이 이런 종류의 모방을 하고 있는 것을 보면, (그것이 사회통제의 중요한 수단이었다면 아이들을 격려할 것이지만) 우리는 격려하기는커녕 원숭이 같이 흉내 내고 있다고 야단을 치는 것이 보통이다.

그러나 한편으로, 사물을 성취하는 수단의 모방은 이지적인 행동이다. 그것은 면밀한 관찰이 필요하고, 이미 하려는 일을 더 잘 할 수 있도록 하는 현명한 선택을 요하는 것이다. 모방본능은 그 어떤 목적을 위해 사용된다면, 다른 그 어떤 본능과도 마찬가지로 효과적인 행동을 발달시키는 요인이 될 수 있다.

따라서 이상 말한 보충논의는 결과적으로 다음과 같은 결론을 보강하게 된다. 즉, 참다운 사회통제는 일정한 정신적 성향을 의미한다는 것, 말하자면 공동 활동에 효과적으로 참가할 수 있는, 사물이나 사건이나 행위를 이해하는 태도를 형성하는 것을 의미한다는 결론이다. 다만 남의 저항을 만나 알력(軋轢)이 생기면, 사회통제는 태어나면서의 경향에 반하는 어떤 행동 방식을 강요함으로써 이루어진다는 견해가 생기게 된다. 또 사람들이 서로 관련되어 있는(즉, 서로 반응하면서 행위하는 일에 관심을 보이는) 것과 같은 정황을 잘못 고려하면, 모방을 사회통제를 촉진하는 주요한 힘으로 간주하게 된다.

4 교육론에의 약간의 적용 왜 미개인 집단은 미개상태를 계속하고, 문명인 집단은 문명을 지속하는 것일까? 아마도 맨 처음 마음에 떠오르는 대답은, 미개인은 미개인으로서 저급한 지능과 아마도 불완전한 도덕심밖에 지니지 않았기 때문이라는 생각일 것이다. 그러나 면밀한 연구를 통해서, 미개인의 태어나면서부터의 능력이 문명인의 그것보다 열등하다고 말할 수 있는지 아리송히게 되었다. 태어나면서부터의 차이는, 문화의 차이를 설명하기에 불충분하다는 점이 명백해졌다. 어떤 뜻에서 미개인의 마음은 그들의 뒤

떨어진 제도의 원인이라고 하기보다는, 오히려 결과인 것이다. 그들의 사회적 활동은 그들의 주의나 흥미의 대상을 제한하고, 또 그것 때문에 정신발달에의 자극을 국한하고 있다. 주의가 미치는 범위로 들어오는 사물이라고 하는 점에서도, 원시적인 사회의 습관은 마음속에 열매를 맺지 않는 성질에 관찰이나 상상을 매어두는 경향이 있다. 자연의 힘을 통제하는 힘이 결여되어 있다고 하는 것은, 극히 적은 수의 자연물밖에 공동행동 속으로 들어오지 않는다는 것을 의미한다. 소수의 자연자원밖에 이용되지 않고, 또 이들은 거기에 알맞은 가치를 발휘하도록 활용되지도 않은 것이다. 문명의 진보란 보다많은 자연력이나 자연물이 행동의 도구가 되고, 목적을 위한 수단이 됨을 의미한다. 우리는 뛰어난 능력을 가지고 출발한다기보다는, 오히려 우리의 능력을 불러일으켜서 지도하는 뛰어난 자극에 둘러싸여 출발하는 것이다. 미개인은 주로 조잡한 자극에 접하고 있지만, 우리는 중량이 가해진 자극을 받는 것이다.

선인(先人)들의 노력이 자연의 여러 조건을 개조해 왔다. 이들 여러 조건은 처음에 존재했을 때에는 인간의 노력과는 무관한 것이었다. 인간이 재배한 모든 식물, 길들인 모든 동물, 모든 공구, 모든 기구, 모든 장치, 모든 제품, 모든 미적 장식, 모든 예술작품, 이들은 모두 한때 인간 특유의 활동에 대해서 적대적 내지 관계가 없었던 여러 조건이 호의적이고 알맞은 조건으로 변질되었음을 의미한다. 오늘날 아이들의 활동은 이들 정선되고 인간의 노력이 깃든 자극에 통제되는 것이므로, 아이들은 인류가 오랫동안 고생스러운 시대를 겪으면서 달성한 것을 짧은 생애 안에서 통과할 수가 있는 것이다. 오늘날의 아이들을 유리한 입장에 서게 하는 이 장치는, 이제까지 인류가 성취한 모든 성공의 성과가 구축한 것이다.

예를 들어, 현대의 도로망이나 수송기관, 열이나 빛이나 전기의 편리한 제어기구, 모든 목적을 위해 만들어진 기계나 장치와 같은, 낭비가 없는 효과적인 반응을 돕는 여러 자극은 단지 그것만으로는, 또 그것들을 긁어모아도 문명은 되지 않는다. 그러나 그것을 사용하는 일은 문명이다. 하기야, 그것들이 없으면 무언가를 사용한다는 것은 불가능한 일이 될 것이다. 미개하고 빈곤한 환경 속에서 고생해서 겨우 생계를 꾸리고, 또한 엄격한 환경과 싸워 간신히 몸을 지켜가기 위해 소비해야만 했던 시간을, 문명 덕분으로 절약하여 자유롭게 사용할 수 있게 된 것이다. 이를 위하여, 축적된 지식이 전달된다. 그 지식의 정당성은, 그 지식을 구현하고 있는 물질적 장치가 자연계의 다른 현상에 적합한 결과를 가져온다는 사실로 보증된다. 이리하여 이들 인공장치가 과거의 매우 많은, 매우 뛰어난 지력(知力)을 낭비해 왔던 미신적 신앙이나 공상적 신화, 자연에 관한 헛된 상상의 재발을 막는 방어벽이 된다. 아마도 우리가 가지고 있는 가장 강력한 방어벽이리라. 또 한 가지 조건을 덧붙인다면, 즉 그와 같은 장치가 단지 사용될 뿐만 아니라 진실로 공유된 생활, 다시 말해 공동생활을 위해 사용된다고 하는 조건을 덧붙인다면, 그것은 문명의 적극적 자산이 되는 것이다. 그리스는, 우리가 갖춘 물질적 자산의 적은 한 부분밖에 가지지 못했으면서도 당당하고 훌륭한 지적·예술적 성공을 이루었는데, 그것은 그리스가 보유한 최대한도의 자산을 사회적 목적을 위해 운용하였기 때문이다.

그러나 정황이 야만 상태이건 문명 상태이건 간에, 또한 물질적인 힘에 대한 통제가 빈약하게 한정되어 있거나 혹은 기계장치가 아직 공동의 경험에 공헌하는 것이 되지 않고 사람들이 기계장치에 반쯤 예속된 상태에 있건 간에, 여하간 사물은 그것이 행동 안으로 끼어드는 한, 일상생활의 교육적 조건이 되어 지적·도덕적 성향을 지도하는 것이다.

이미 보아온 바와 같이, 의도적 교육이란 특별히 선발된 환경이라는 뜻을 지닌다. 그리고 그 선택은 특히 성장을 바람직한 방향으로 조장하는 재료와 방법이라는 기준에 입각해서 이루어지는 것이다. 언어는 사회생활을 위해 최대한의 변형을 받아온 물리적 조건—사회적 도구가 되는 과정에서 본디 성질을 잃고 만 물리적인 것—의 대표이므로, 다른 여러 장치와 비교해서 큰 역할을 다할 것이라고 하는 것이 타당하다. 우리는 언어를 통해서 인간의 과거의 경험에 실제로는 참가할 수 없으나, 대리적으로 참가함으로써 현재의 경험을 확대하고 충실되게 한다. 또 기호를 사용해서 상상으로 정황을 예상할 수도 있게 된다. 언어는 무수한 사물에 관하여 사회의 경과를 기록하고, 사회의 앞날을 예시하는 의미내용을 농축해서 전달하는 것이다. 생활에서 가치 있는 것의 혜택을 마음껏 입는 데 언어가 중요한 의의를 갖기 때문에, 문맹(文盲)과 무교육은 비슷한 뜻이 된 것이다.

그러나 언어라고 하는 이 특수한 도구를 학교에서 중요시하는 데에는 위험이 따른다—이론상의 것이 아니라, 실제로 나타나는 위험이다. 주입식 가르침, 수동적 흡수의 학습이 일반적으로 비난을 받음에도 불구하고, 지금도 그러한 방식이 굳게 지켜지는 이유는 무엇일까? 교육이란 '이야기하는 일'이나 듣는 일이 아니라, 활동적이고 건설적인 과정이다. 그러나 이는 이론으로는 일반적으로 인정되면서, 실천에서는 거의 전면적으로 배반을 당하는 원리이다. 이 한탄스러운 사태는, 그 학설 자체가 단순히 이야기되는 데에 지나지 않다는 사실에서 기인하지 않을까? 그것은 설교되고, 강의되고, 저술된다. 하지만 이 학설을 실제로 실행하기 위해서는 학교 환경이 행동의 매개물이나 도구나 물질적 재료를 좀처럼 달성할 수 없는 정도까지 갖추어야 하는 것이다. 또 이를 위해서는 가르치고 관리하는 방법을 수정해서 사물에 대한 직접적이고 연속적인 작업을 할 수 있도록 하여, 그것을 보장해야 한다. 교육의 수단으로서 언어를 적게 사용해야 한다는 것이 아니라, 공동 활동과 정상적으로 관련 지음으로써 언어의 사용을 생생하고 수확이 풍부한 것으로 해야 한다는 것이다. '이것도 행하고 저것도 버리지 말아야 할지니라.' 그리고 학교의 입장에서 '이것'이란 협력적, 즉 연대적인 활동의 수단을 준비해 두는 것을 의미한다.

왜냐하면, 학교가 학교 밖 환경에서 효력이 있는 교육적 여러 조건으로부터 괴리되면, 반드시 사회적 정신 대신에 책에 의존하는, 가짜 지식 교육을 가져오기 때문이다. 아이들은 분명히 학습을 하기 위해 학교에 다니지만, 학습이 고립된 의식적인 과업이 되었을 때 가장 충분히 이루어진다는 것은 아직 증명되지 않았다. 학습을 이런 종류의 고립된 과업으로 간주하는 것이, 공통된 관심이나 가치를 갖는 활동에 참가함으로써 생기는 사회적 의식을 배제하는 경향을 보인다면, 고립된 지적 학습에 주입되는 노력은 지적 학습 그 자체의 목표와 모순되게 된다. 사람을 고립된 상태로 가두어 두고 근육운동이나 감각적 흥분을 일으키게 할 수는 있다. 하지만 그렇게 해두고 그가 살아가는 삶에서 사물이 갖는 의미를 이해하게 할 수는 없다. 학생들에게 대수나 라틴어, 식물학 등의 전문적인, 특수화된 능력을 획득하게 할 수 있지만, 능력을 유익한 목적으로 향하게 하는 지혜를 얻게 할 수는 없는 것이다. 공동 활동에서는, 어느 한 사람이 재료를 사용해서 도구를 쓰는 과정이, 남이 그들의 능력이나 장치를 사용하는 과정과 의식적으로 관련지어져 있는 데, 그러한 공동 활동에 종사함으로써 비로소 성향의 사회적 지도는 이루어질 수 있다.

요약 아이들의 자연스런, 즉 타고난 충동은, 그들이 태어난 집단의 생활 습관과 일치하지 않는다. 따라서 그들은 지도나 안내를 받아야 한다. 이 통제는 물리적 강제와 동일한 것이 아니다. 그것은 어느 한 시점에서 작용하는 충동을 어떤 특정한 목적에 집중시키고, 일련의 동작에 연속적 순서를 도입하는 데에 있다. 타인의 행동에 영향을 주는 것은 항상, 어떤 자극으로 그들의 행동을 불러일으키느냐의 결정이다. 하지만 명령이나 금지나 시인이나 부정과 같은 몇 가지 경우에는, 타인의 행동을 좌우하는 것을 직접적인 목적으로 하여 인간 자신이 직접 자극을 낸다. 여기에서는 타인의 행동을 통제하고 있다는 것을 가장 분명히 의식하므로, 보다 영속적이고 효과적인 방법을 희생해서 이런 종류의 통제의 중요성을 과장하기가 쉽다. 그러나 기본적인 통제는 아이들이 관여하는 정황의 본질 안에 있는 것이다. 사회적 정황에서 아이들은 자기들의 행동방식을 타인이 하는 일에 관련지어서 적합하게 맞추어 가야만 한다. 이것이 그들의 행동을 공동의 결과로 향하게 하여, 동료들과의 공통된 이해를 주는 것이다. 왜냐하면 모두가 비록 따로따로 행동을 할 때에도 같은 일을 생각하고 있기 때문이다. 행동의 수단과 목적에 대한 이 공통된 이해야말로 사회통제의 본질이다. 그것은 간접적, 즉 정동적(情動的)이고 지적인 것이지, 직접적, 즉 인적(人的)이 아니다. 게다가 그것은 그 인간의 성향에 대해서 내재적인 것이지, 외적이고 위압적이 아니다. 흥미나 이해의 일치로써 이 내적 통제를 달성하는 일이야말로 교육의 임무이다. 책이나 담화도 많은 일을 할 수 있지만, 보통 때는 이들 작용에만 너무나 지나치게 의존하고 있다. 학교는 그 효력을 충분히 발휘하기 위하여, 배우는 아이들이 참가하는 연대적 활동의 기회를 더 늘려, 그들이 자기의 힘이나 사용된 재료나 장치의 사회적 의미를 습득하도록 해야 한다.

제4장
성장으로서의 교육

1 성장의 조건 사회는 아이들의 활동을 지도함으로써 아이들의 미래와 함께 그 자체의 미래도 결정한다. 어느 한 시기의 아이들은 그 뒤 어느 날엔가 그 시대의 사회를 구성하게 되므로, 그 후대의 사회의 성질은 이전 시대의 아이들의 활동이 받은 지도 여하에 크게 좌우된다. 뒤에 나타나는 경과를 향해서 진행하는 이 행동의 누적적 변화야말로 성장이 의미하는 것이다.

성장의 제1조건은 미성숙이다. 이것은 단순히 자명한 이치—생물은, 그것이 발달하지 않은 어느 단계의 시점에서만 발달할 수 있다는—에 지나지 않는다고 여길지도 모른다. 그러나 미성숙(immaturity)이라는 말의 접두어 '미 (未 : im)'는 단지 공허 내지는 결여가 아니라 무엇인가 적극적인 것을 의미한다. '가능력(capacity)' 및 '잠재력(potentiality)'이라는 용어는 이중의 뜻이 있어서, 한편으로는 소극적이고 다른 한편으로는 적극적이라는 점은 주목할 가치가 있다. 가능력은 1쿼트의 용량과 같은 단순한 수용성을 가리키는 일이 있다. 또 잠재력이란 말도 단지 쉬거나 무활동적 상태—외적 작용 아래에서 무엇인가 다른 것이 되는 가능성—를 의미하는 일이 있다. 그러나 우리는 더 나아가서 가능력이라는 말로 능력과 힘을 의미하고, 잠재력이란 말로 효력과 세력을 의미하는 일도 있다. 그래서 미성숙은 성장의 가능성을 의미한다고 할 때, 훗날 생기게 될 힘이 결여되어 있음을 가리키는 것이 아니라, 현재 적극적으로 존재하는 세력—발달하는 능력—을 표현하고 있는 것이다.

우리는 미성숙을 단순히 결여로 간주하여, 성장을 미성숙과 성숙 사이의 틈을 메우는 것으로 보는 경향이 있는데, 이는 아동기를 그 본질에서가 아니라 다른 것과 비교해 파악한 데서 온 것이다. 우리가 아동기를 단순히 '모자란 단계'로 보기만 하는 이유는, 성년기를 고정된 표준으로서 삼아 아동기를 측정하기 때문이다. 이것은 아이들이 가지지 않은 것에 주의를 돌리게 한다. 이 비교론적 관점은 어느 정도의 목적을 위해서는 충분히 정당하지만, 그것을 궁극적이라고 한다면 독단적인 추정을 하는 것이 아닌가 하는 의문이 생긴다. 아이들이 만약에 자기 자신을 분명하고 솔직하게 표현할 수 있다면, 우리의 생각과는 좀 다른 말을 할지도 모른다. 또 어떤 종류의 도덕적·지적 목적을 위해서는 어른이 아이처럼 되어야 한다는 확신에 찬 사람들도 있다.

미성숙의 가능성을 소극적인 것이라고 가정하는 위험성은, 그것이 정적(靜的)인 목적을 이상이나 기준으로서 설정한다는 것을 생각할 때 명백해진다. 성장의 완수는, 완성된 성장, 즉 이제는 성장할 일이 없어진 그 무엇을 의미한다고 여기는 것이다. 이 가정의 공허함은 다음과 같은 사실 속에서 볼 수가 있다. 즉, 어른은 누구나 이미 그 이상 성장할 가능성이 없다고 판단되는 것을 불쾌하게 생각하고, 또 자기에게 성장의 가능성이 없어졌음을 알았을 경우에는, 자기가 성취한 일을 자기 힘의 충분한 발휘라고 보고 그것에서 안식을 구하지 않고, 오히려 그 사실을 자기가 힘을 잃었다는 증거로서 한탄하는 것이다. 왜 아이와 어른에게 서로 다른 잣대를 대는 것인가?

비교적으로가 아니라 그 자체로서 파악한다면, 미성숙은 적극적인 세력 내지는 능력—성장하는 힘—을 가리킨다. 어떤 교육학설이 주장하는 바와 같이, 아이들로부터 적극적인 활동을 끌어내거나 환기할 필요는 없다. 생명이 있는 곳에서는 이미 강하고 격렬한 활동력이 존재한다. 성장은 이들 활동력에 대해서 이루어진 그 어떤 것이 아니라, 이들 활동력이 하는 일인 것이다. 가능성의 적극적이고 건설적인 측면은, 미성숙의 두 가지 주요 특성, 즉 의존성(dependence)과 가소성(plasticity)을 이해하기 위한 열쇠를 제공한다. (1)의존성이 무엇인가 적극적인 것으로 이야기되는 것을 들으면 불합리하게 여겨진다. 하물며 그것이 힘으로서 이야기되면 얼마나 더 불합리해 보일 것인가. 하지만 의존성에 무력함밖에 없다고 하면 발달은 전혀 일어나지 않았을 것이다. 완전히 무력한 존재는 영구히 다른 것에 지탱되어야만 한다. 그러나 의존성은 능력의 성장을 동반하는 것으로서 기생상태로 더욱더 타락해 가는 관점을 수반하는 것이 아니라는 사실은, 의존성이 이미 건설적인 그 무엇임을 나타낸다. 다만 타인에게 보호받기만 하면 성장은 촉진되지 않을 것이다. 왜냐하면 (2)그것은 단지 무력함 둘레에 장벽을 구축하는 것에 지나지 않기 때문이다. 물질적 세계에 관해서는 아이들은 무력하다. 그들은 태어난 순간이나 그 후에도 오랫동안 물질적으로 스스로 해결하는 힘, 생계를 세워 갈 힘이 없는 것이다. 만약에 스스로 그 일을 헤쳐워야 한다면 그 아이는 거의 한 시간도 살아 있지 못할 것이다. 이런 면에서 그는 거의 완전히 무력하다. 짐승의 새끼는 인간의 아이보다도 훨씬 뛰어나다. 인간의 아들은 육체적으로 약하여, 자기가 지닌 힘을 물질적 환경에 대처하기 위해 사용할 수가 없다.

(1)그러나 이처럼 철저하게 무력하다는 것은, 무엇인가 이를 보충할 힘이 존재함을 암시한다. 인간의 아이에 비해서 동물의 새끼는 생후 얼마 되지 않은 무렵부터 물질적 정황에 상당히 잘 순응한다. 그러한 짐승 새끼의 능력은 그들의 생활이 주위 동료들과의 생활과 밀접하게 결부되어 있지 않다는 것을 암시하고 있다. 말하자면, 그들은 사회적 능력이 부족하기 때문에, 자연적으로 주어진 능력을 갖게 되었다는 것이다. 한편, 인간의 갓난아이는 사회적 소질을 지녔기 때문에 자연적으로 무능력해도 살아갈 수가 있다. 우리는 때로 갓난아이가 우연히 사회적 환경 안에 물리적으로 존재하게 된데 지나지 않은 것처럼, 즉 사회적인 힘은 오직 아이들을 돌보는 어른에게만 존재하고, 아이들은 수동적으로 그 힘을 받는 존재인 것처럼 이야기하거나 생각하는 경우가 있다. 그러나 아이들은 태어나면서 타인의 돕는 마음씨를 얻는 힘을 놀라울 정도로 가지고 있다. 이렇게 말하면, 다른 사람들이 아이들의 요구에 대해서 놀라울 정도로 주의가 깊다는 것을 돌려서 하는 말로 여길 것이다. 그러나 관찰해 보면 아이들이 사회적 교제에 필요한 제1차적 능력을 지녔음은 분명하다. 주위 사람들의 태도나 행위에 공명해서 감응할 수 있는, 아이들의 유연하고 민감한 능력을 모두 갖춘 어른은 매우 드물다. 물질적 사물에 대한 주의력의 결여(그것은 물질적 사물을 통제하는 능력의 결여에 뒤따르는 것이지만)에 수반하여, 그만큼 사람들의 행위에 관한 흥미와 주의력이 강해져 있는 것이다. 아이들의 타고난 심적 구조나 충동은 모두, 경쾌한 사회적 감응력을 가져오는 데 쓸모가 있다. 아이들은 청년기 이전에는 이기적일만큼 자기중심적이다—라고 하는 설(說)은 비록 진실이라 해도, 위에서 말한 설의 진실성과 모순되지 않는다. 그것은 단지 아이들의 사회적 감응력이 그 자신을 위해 사용됨을 나타낼 뿐으로, 사회적 감응력이 존재하지 않음

을 나타내는 것은 아니다. 더욱이 그 설은 사실 진실이 아니다. 아이들은 전적으로 자기중심적이라고 주장될 때, 그 자기중심성을 확증하기 위해 인용되는 여러 사실은, 그들이 목표를 향해 갈 때의 열중도나 직접성을 말해주는 것이다. 이 목표를 형성하는 여러 목적이 어른들 사이에서 편협하고 이기적으로 보인다고 하면, 그것은 어른들이(자기들이 젊었을 때에 마찬가지로 몰두함으로써) 이들의 목적에 익숙해진 결과 이들 목적이 그들에게 흥미를 일으키지 않은 데 지나지 않는다. 그 이외의, 아이들의 타고난 자기중심성이라고 일컬어지는 것의 대부분은, 어른의 자기중심성에 대립하는 자기중심성에 지나지 않는다. 자신의 관심사에 너무 열중하여 아이들의 관심사에 흥미를 보일 수 없는 어른들에게, 아이들은 확실히 그들 자신의 관심사에 지나치게 몰두하는 듯 보이는 것이다.

사회적 관점에서 보자면, 의존성은 연약함보다도 오히려 힘을 의미하는 것으로서 상호의존을 수반하게 된다. 개인의 독립성 증대는 개인의 사회적 능력의 감소를 가져올 위험이 항상 있다. 개인은 보다 더 자립적으로 되어감에 따라 보다 더 자기만족적이 된다. 즉, 냉담이나 무관심에 이를 수 있는 것이다. 그 때문에 사람은 자주 자기와 타인의 관계에 대해서 매우 무감각하게 되어, 자기 혼자서 생활하고 행동하는 것이 실제로 가능하다고 생각하는 환상을 발달시키게 된다—그것은 세계를 괴롭히는 치료가능한 병 대부분의 원인으로, 이름도 없는 일종의 광기(狂氣)이다.

(2) 미성숙한 동물이 성장하기 위한 특수한 순응성이 그 가소성(可塑性)이 된다. 이것은 퍼티(putty)나 왁스의 가소성과는 전혀 다르다. 밖으로부터의 압력에 따라 서로 다른 형태를 취하는 능력은 아닌 것이다. 그것은 어떤 사람들이 자신의 성향을 유지하면서도 주위와 동조할 때 보이는 것 같은 유연한 융통성에 가깝다. 그러나 이보다도 한층 깊은 뜻이 있으니, 그것은 본질적으로는 경험에서 배우는 능력, 즉 어떤 경험으로부터 그 이후 정황의 여러 곤란성에 대처하는 데 효과적인 것을 얻어 유지하는 힘이라는 것이다. 이는 이전의 경험의 결과를 바탕으로 해서 행동을 수정하는 힘, 성향을 발달시키는 힘을 의미한다. 그것이 없으면 습관의 획득은 불가능하다.

고등동물의 새끼, 특히 인간의 아이는 자기의 본능적 반응 이용 방법을 학습해야 한다는 것은 잘 알려진 사실이다. 인간은 다른 동물보다도 많은 본능적 경향을 가지고 태어난다. 하지만 하등동물의 본능은 생후 빠른 시기에 완성되어 적절한 행동을 이끄는 반면, 인간의 갓난아이 대부분의 본능은 단지 그것만으로는 거의 쓸모가 없다. 타고난, 특수화된 적응력은 즉각적 유효성을 유지하지만, 철도 차표처럼 단 하나의 노선에밖에 통용되지 않는다. 자기의 눈이나 귀나 손이나 발을 사용하기 때문에, 이들의 여러 가지 반응의 조합을 만드는 실험을 해야만 할 생물은 유연하고 다양한 제어력을 획득한다. 예를 들어, 병아리는 부화 후 거의 수 시간 이내에 모이 한 알을 정확하게 집는다. 이것은 사물을 보는 눈의 활동과, 물건을 쪼는 몸과 머리의 활동과의 일정한 협조가 사소한 시행으로 완성됨을 의미한다. 그런데 갓난아이는 물건에 손을 뻗을 때의 행동을 거의 정확하게 계산하고 그것이 눈의 활동과 협조하기 위해서는, 즉 눈으로 보고 있는 물체에 손이 닿는가 어떤가, 그리고 손이 닿게 하기 위해서는 어떻게 하면 되는가를 판정할 수 있게 되기까지에는 약 6개월이 소요된다. 그 결과 병아리는 원래 지닌 천성이 비교적 완성되어 있는 점 때문에 오히려 한계에 부딪히고 있다. 그런데 갓난아이는 본능적·시험적 반응이 서로 어긋나기 때문에 일시적으로는 불리한 조건에 있다고는 하지만, 다수의 본능적·시험적 반응과 이들에 따른 경험이라는 장점이 있다. 어떤 행동이 알맞게 주어지는 것이 아니라, 그것을 학습할 때 상황의 변화에 따라서 그 여러 요소를 변경하거나 이들의 여러 가지 조합을 만들거나 하는 일을 필연적으로 배우는 것이다. 어떤 행위를 배울 때, 다른 상황에서도 쓸모가 있는 방법이 발달함에 따라 계속 이어지는 진보의 가능성이 열리는 것이다. 한층 중요한 것은, 사람이 배우는 습관을 획득한다는 것이다. 인간은 배우는 법을 배운다.

　의존성과 가변적인 제어력이라고 하는 두 가지 사실이 인간생활에서 중요하다는 것은, 장기화된 유아기의 의의에 관한 학설에 요약되어 왔다.* 이 유아기의 장기화는 아이들의 입장에서뿐만 아니라, 그 집단의 성인 성원의 입장으로도 의의 깊은 것이다. 의존적이고, 더욱이 배우는 사람이 존재한다는 것은 양육과 애정에의 자극이다. 끊임없이 돌볼 필요는 아마도 일시적 동거를 영속적 결혼으로 바꾼 중요한 매개였을 것이다. 그것은 틀림없이 애정 깊

* 그 의의를 암시하는 것은 많은 저서에서 볼 수 있는데, 그 최초의 체계적 해설은 다음 책에 있다고 본다. John Fiske, 《Excursions of an Evolutionist》.

은 배려가 있는 마음씀의 습관을, 즉 공동생활에 없어서는 안 될 타인의 행복에의 건설적인 관심을 형성하는 주요한 영향력이었던 것이다. 이 도덕상의 발달은, 지적으로는, 주의력의 많은 새로운 대상의 도입을 의미했다. 즉, 장래에 관한 예견과 계획을 자극한 것이다. 이처럼 상호적인 영향이 존재한다. 사회생활이 더욱더 복잡해지면, 필요한 능력을 획득하기 위한 한층 긴 유아기가 필요하게 된다. 이 의존성의 장기화는 가소성, 즉 가변적이고 새로운 제어양식을 획득하는 능력의 연장을 의미하는 것이다. 그리고 이 때문에 그것은 사회의 진보를 한층 추진하는 힘이 된다.

2 성장의 표현으로서의 습관 이미 말한 바와 같이 가소성이란, 선행하는 경험에서 후속하는 활동을 수정하는 여러 요소를 획득·유지하고, 이를 다음 단계로 넘기는 능력이다. 이것은 습관을 획득하거나 일정한 성향을 발달시키거나 하는 능력을 의미한다. 그러므로 이번에는 습관의 뚜렷한 여러 특징을 고찰해 보자. 첫째, 습관은 실행 기술, 즉 능률적인 행동의 한 형태이다. 습관이란 자연의 여러 조건을 목적 달성을 위한 수단으로서 이용하는 능력을 의미한다. 그것은 행동의 여러 기관의 제어를 통해서 환경을 능동적으로 제어하는 힘이다. 우리는 환경의 제어를 가벼이 보고, 신체의 제어를 강조하기가 쉽다. 걷고, 말하고, 피아노를 치는 일, 외과의사나 교량 건설자의 특수화된 숙련을, 마치 단순히 신체조직 쪽이 지니는 손쉽고 솜씨 좋은 정확성에 지나지 않는 일처럼 생각한다. 물론 틀린 말은 아니지만, 이들 기능의 가치 척도는, 이들이 달성하는 경제적이고 효과적인 환경의 제어에 있다. 걸을 수 있다는 것은, 자연의 일정한 특성을 자유롭게 다룰 수 있다는 의미이다. 이는 다른 모든 습관에 대해서도 마찬가지이다.

흔히 교육은 개인과 그 환경을 서로 적응하게 하는 습관을 획득하는 일이라고 정의된다. 이 정의는 성장의 본질적인 면을 표현하고 있다. 그러나 중요한 것은, 목적을 달성하기 위한 수단을 제어한다는 능동적인 뜻으로 적응을 해석하는 일이다. 습관을 단순히 유기체 내부에 조성된 변화에 지나지 않는다고 생각하고, 이 변화가 환경 안에 그 후의 변화를 낳은 능력의 변화임을 무시한다면, 우리는 봉랍(封蠟)이 거기에 찍힌 도장과 일치하는 것과 마찬가지로, '적응(adjustment)'을 환경에 일치하는 것이라고 생각하게 될 것이다. 이런 생각에 따르면, 환경은 고정된 것으로서 유기체 내부에 일어나는 여러 변화의 목적이나 규범을 규정하는 것으로 여겨진다. 또 적응은 이 고정된 외적 여러 조건에 우리 자신을 합치시키는 데 지나지 않는다고 여겨지는 것이다.* '익숙해진다'는 것으로서의 습관은 사실 비교적 수동적인 것이다. 우리는 주위의 사물에 익숙해진다—자기의 의복이나 구두나 장갑에 익숙해지고, 분위기가 상당히 한결같은 한 그 분위기에 익숙해지고, 매일 만나는 친구에게 익숙해지는 등등. 환경에의 일치, 주위 사물을 개변하는 능력과는 관계없이, 유기체의 내부에 초래되는 변화가 그러한 익숙에 대한 현저한 특징인 것이다. 그러한 적응[능동적인 적응과 구별해서 순화(馴化 : accommodations)라고 하는 편이 좋을지도 모른다]의 여러 특징을, 주위의 사물을 능동적으로 이용하는 습관으로까지 확장하는 것은 허용되지 않지만, 그것은 별도로 하고, '익숙'에 대한 두 가지 특징은 주목할 만하다. 첫째, 우리는 우선 물건을 사용함으로써 물건에 익숙해진다.

낯선 도시에 익숙해진다는 일에 대해서 생각해 보자. 처음에는 과잉자극이 생기고, 과잉되고 부적절한 반응이 생긴다. 그러나 차차로, 일정한 자극이 그 적절성 때문에 선택되고 다른 자극은 약화된다. 우리는 이미 이들 자극에는 반응하지 않게 되었다고 해도 좋을 것이고, 또는 보다 정확하게, 이들 자극에 대해서 지속성이 있는 반응—적응의 균형상태—을 성취했다고도 할 수가 있다. 둘째로, 익숙함은 길게 지속되는 적응이 바탕이 되어, 필요하다면 그 위에 다시 특수한 여러 적응이 이루어지게 된다는 의미이다. 우리는 결코 환경 전체를 한꺼번에 바꾸려고 하지 않는다. 환경의 대부분을 있는 그대로 받아들인다. 이 바탕 위에, 필요한 여러 변화를 가하기 위해 노력하여, 우리의 활동은 몇 가지 점에 집중되는 것이다. 이처럼, '익숙'이란 우선은 그것을 바꾸는 데에 관심은 없지만, 우리의 능동적 습관에 지렛대를 제공하는 것 같은, 그러한 환경에의 적응인 것이다.

요컨대 순응(adaptation)이란, 우리의 활동을 환경에 적응시키는 것과 같이 환경을 우리의 활동에 적응하게 하는 일이기도 하다. 어느 미개 부족이 황야에서 그럭저럭 살아가고 있다. 그 부족은 순응을 하고 있는 것이다. 그

---

* 이 생각은 물론 앞의 장에서 고찰한 자극과 반응의 외적 관계에 대한 생각, 그리고 본장에서 말한 미성숙과 가소성에 대한 소극적인 생각과 논리적으로 연결된다.

러나 그 순응은 있는 그대로의 사태를 받아들이고 참고 견디는 것을 최대한으로, 즉 수동적 복종을 최대한으로 하고, 능동적으로 제어·정복해서 이용하는 것을 최소한으로 하고 있다. 어떤 문명인이 그 장면에 등장한다. 그들도 또한 순응한다. 그들은 물을 끌어들이고, 그러한 조건하에서 번식할 수 있는 식물이나 동물을 세계에서 신중하게 찾아내 개량한다. 그 결과, 황야는 장미처럼 꽃 피운다. 미개인은 단지 익숙해지는 데 지나지 않지만, 문명인은 환경을 바꾸는 습관을 갖춘 것이다.

그러나 습관의 의의는 그 실행적·운동적 측면에 그치는 것이 아니다. 그것은 행동의 용이함이나 경제성, 능률의 증진뿐만 아니라, 지적·정서적 성향의 형성도 의미하는 것이다. 어떠한 습관도 어떤 경향—그것이 작용하는 과정 속에 포함되는 여러 조건에 대한 능동적인 기호나 선택—을 나타낸다. 습관은 미코바(항상 헛되이 행복을 바라는 공상적 낙천가. Dickens의 David Copperfield에 나오는 인물)처럼 자극이 갑자기 나타나 자기를 활동하게 하길 기다리지 않는다. 완전한 활동 상태로 들어가는 기회를 능동적으로 찾아서 구한다. 만약에 그 표출이 지나치게 방해된다면 불안이나 심한 갈망이 되어 나타난다. 또한 습관은 지적인 성향도 나타낸다. 습관이 있는 곳에서는 행동이 적용되는 재료나 설비에 대한 지식이 있다. 습관이 작용하는 정황을 이해하는 일정한 방식이 존재하는 것이다. 사람을 기사나 건축가·의사·상인으로 만드는 습관 안에, 사고나 관찰·반성의 여러 양식이 숙련이나 소원의 여러 형태로서 들어가 있는 것이다. 숙련되지 않은 노동에 지적 요소가 최소한으로밖에 포함되어 있지 않은 까닭은, 분명 거기에 포함되어 있는 습관이 고급이 아니기 때문이다. 그러나 도구를 조작하거나 그림을 그리거나 실험을 하는 습관이 존재하는 것과 마찬가지로, 판단하거나 추리하는 습관도 확실히 존재하는 것이다.

그러나 이러한 논술은 소극적이다. 눈이나 손의 습관 안에 포함되어 있는 마음의 습관은, 눈이나 손의 습관에 이들의 의미를 부여한다. 특히 습관 안의 지적인 요소는, 그 습관과 여러 가지 탄력적인 사용법과의 관계를 결정하고, 또 그것 때문에 연속적 성장과의 관계도 결정하는 것이다. 우리는 굳어진 습관이라는 말을 사용한다. 이 말이 그 소유자가 필요할 때에는 언제나 의지할 수 있을 정도로 몸에 딱 붙은 능력을 의미하는 경우가 있다. 또한 신선함이나 솔직함, 독창성의 상실을 수반하는 타성이나 정해진 방식을 의미하는 것으로도 사용된다. 습관의 굳어짐은, 우리가 사물을 자유롭게 지배한다는 것이 아니라, 오히려 무엇인가가 우리를 확고하게 지배함을 의미하는 경우가 있다. 이것은 습관에 대한 일반적인 관념의 두 가지 특징을 해명한다. 즉, 습관을 기계적·외면적 행동양식과 동일시하여 지적·도덕적 태도를 무시하게 된다는 것과, 습관에 나쁜 의미를 주는 경향, 즉 '악습'과 동일시한다는 것이다. 자기가 고른 직업에서의 재능이 습관이라고 불리면 놀라는 사람이 많을 것이다. 그들은 당연히 담배를 피우거나 술을 마시거나 비속한 말을 사용하는 것을 전형적인 습관이라고 생각한다. 그러한 사람에게 습관이란 사람을 지배하고 비록 좋지 않은 것이라 해도 쉽사리 버릴 수가 없는 버릇이다.

습관은 정해진 행동양식이 된다. 그것으로부터 지성이 분리되면, 바로 그만큼 퇴화해서 우리를 노예적으로 지배하는 행동양식이 되어버린다. 정해진 습관은 사려(思慮)가 없다. 즉, '나쁜' 습관은 의식적인 숙려나 결심의 결론에 대립할 정도로, 이성으로부터 분리된 습관이다. 이미 보아온 바와 같이, 습관은 우리 본성의 타고나면서부터의 가소성(可塑性), 즉 적절하고 효과적인 행동양식을 발견할 때까지 반응을 바꾸어갈 수 있는 능력으로 획득한 것이다. 정해진 습관, 그리고 우리가 지배하는 것이 아니라 우리를 지배하는 습관은 가소성을 소멸시키는 습관이다. 그것들은 변화하는 능력의 종말의 표지이다. 기질(器質)상의 가소성, 그 생리학적 기초가 나이를 먹어감에 따라서 감소한다는 경향에는 의심할 여지가 없다. 본능적으로 변하기 쉽고 자주 변화하는 유아기의 행동, 새로운 자극이나 새로운 발전을 좋아하는 마음은, 너무나도 손쉽게 '안정'으로 바뀌고, 그것은 변화에 대한 혐오나 과거의 업적에의 의지가 된다. 습관을 형성하는 과정에서 지성의 충분한 사용을 보장하는 환경만이 이 경향을 이겨낼 수가 있다. 물론 위에 적은 기질적 여러 조건의 경화현상(硬化現象)은 사고에 관련된 생리학적 구조에 영향을 준다. 하지만 이것은 지성의 작용을 그 가능성의 최대한까지 불러일으킬 수 있도록 주의를 환기시키는 지속적인 배려의 필요를 지시하는 데 지나지 않다. 습관의 외면적 효율, 사고를 수반하지 않는 운동적 숙련을 달성하기 위하여 기계적인 작업이나 반복연습에 의존하는 근시안적인 방법은, 주위의 사물이 성장을 고의적으로 가두어 제한하고 있음을 말하는 것이다.

3 발달론의 교육적 의미 본 장에서는 이제까지 교육에 대해서 해야 할 말은 거의 하지 못했다. 오직 성장의 조건이나 그 뜻에 대해서 생각해온 것이다. 그러나 우리의 결론이 옳다고 인정된다면, 이들은 명확한 교육상의 귀결을 수반하는 것이다. 교육은 발달이다―라고 한다면, 그 발달을 어떻게 생각하느냐에 따라 모든 것이 정해진다. 우리의 핵심적인 결론은 생활은 발달이며, 발달이나 성장이 생활이라는 것이다. 이와 의미가 같은 교육적 표현으로 번역한다면, 그것은 다음과 같다. (1)교육과정은 그 자체를 뛰어넘는 그 어떤 목적도 없다. 즉 그것은 그 자체의 목적이다. (2)교육과정은 연속적인 재편성(reorganizing), 개조(reconstructing), 변형(transforming)과정이다.

 (1)발달을 비교하는 견지에서 해석하면, 즉 아이의 생활과 어른의 생활의 독특한 특징이라고 하는 점에서 해석한다면, 그것은 특수한 방향으로 능력을 지도함을 의미한다. 즉, 실행적 수완이나, 분명한 흥미나, 관찰이나 사고의 명확한 목적을 포함하는 습관을 형성함을 의미하는 것이다. 그러나 비교적인 관점은 궁극적인 것이 아니다. 아이는 특유한 능력을 지니고 있다. 그 사실을 무시하면, 아이의 성장이 의존하고 있는 여러 기관의 발육을 방해하거나 왜곡하게 된다. 또 성인도 자기의 능력을 사용해서 환경을 바꾸고, 그렇게 함으로써 자기의 능력을 재설정하고 계속 발달하게 하는 새로운 자극을 야기한다. 이 사실을 무시하면 발달은 저해되고, 수동적인 순화(馴化)가 된다. 다시 말해 정상적인 아이나 정상적인 성인이나 똑같이 성장을 계속하고 있는 것이다. 양자의 차이는, 성장과 불성장이 아니라, 서로 다른 조건에 적합한 성장양식에 있다. 특수한 과학상·경제상의 여러 문제 처리로 향한 능력의 발달에 관해서는, 아이는 어른처럼 성장을 계속해야 한다고 해도 좋다. 또 공감적인 호기심이나, 편견 없는 민감한 감수성, 마음의 솔직함에 관해서는, 성인은 아이처럼 성장을 계속해야 한다고 해도 좋다. 어느 쪽 주장이나 모두 옳은 것이다.

 이제까지 비판해온 세 가지 생각, 즉 미성숙을 단지 부족한 것이라고 하는 생각, 적응을 고정된 환경에의 정적인 적응이라고 하는 생각, 습관을 경직된 것이라고 하는 생각, 이들은 모두 성장 내지는 발달에 대한 잘못된 생각―

고정된 목표를 향해 나아가는 변화라는 생각—과 관련되어 있다. 성장은 그 자체가 목적이 아니라, 목적을 갖는 것으로 간주되는 것이다. 이들 세 가지 잘못된 생각을 교육과 관련지어 보면, 첫째는 아이들의 본능적, 즉 타고난 능력을 잘못 고려한다는 것, 둘째는 새로운 정황에 대처하기 위한 독창력을 잘못 발달시킨다는 것, 셋째는 자신의 생생한 인식을 희생시켜 자동적인 숙련을 달성하는 연습이나 그 밖의 방법을 지나치게 강조한다는 것이다. 이들 모두의 경우, 성인의 환경이 아이의 표준이라고 간주한다. 아이는 그 표준까지 자라야 한다는 것이다.

타고난 본능은 무시되거나 귀찮은 것으로 여겨진다—억압되거나, 또는 외적인 표준에 일치되어야 할 불쾌한 특성으로 간주되는 것이다. 외적 표준에의 일치가 목표이기 때문에, 어떤 어린 인간 안에 있는 어떤 독특한 개성적인 것은 무시되거나, 나쁜 장난 혹은 무질서의 근원으로 여겨지거나 한다. 외적 표준에의 일치는 획일성과 동일시된다. 그 결과, 신기한 것에 대한 흥미의 결여, 진보에 대한 혐오, 불확실한 것이나 알지 못하는 것에 대한 두려움이 일어난다. 성장의 목적은 성장과정 외에 그것을 넘어서 존재하는 것이므로, 그 목적으로 향하는 운동을 일으키기 위해서는 외적인 작용에 의존해야만 한다. 교육방법이 기계적이라고 비난 받을 때에는 언제나, 틀림없이, 외적인 목적에 이르기 위해 외적인 압력이 가해지는 것으로 생각해도 좋다.

(2)사실 성장의 목적은 보다 더 성장하는 것 외에 아무것도 없으므로, 교육에도 보다 더 교육 받는 것 외에 필요한 일은 아무것도 없다. 학교를 졸업할 때 교육이 끝나서는 안 된다는 것은 진부한 말이다. 이 말의 요점은, 학교교육의 목적은 성장을 보장하는 여러 능력을 조직함으로써 교육의 연속을 보장하는 일이란 것이다. 생활 그 자체로부터 배우려는 의욕, 그리고 모든 사람이 그 생활과정에서 배우도록 생활의 여러 조건을 정비하려는 의욕이야말로 학교교육의 가장 훌륭한 성과이다.

성인이 몸에 지닌 능력이나 지식의 고정적인 비교로써 미성숙을 정의하려는 생각을 버린다면, 바람직한 특성이 결여된 상태로서 미성숙을 생각하는 것도 그만 둘 수밖에 없다. 또 이와 같은 생각을 버린다면, 가르침이란, 충전되길 기다리는 지적 및 도덕적 공동(空洞)에 지식을 부어넣음으로써 이 결여를 보충하는 방법이라고 생각하는 습관도 버릴 수밖에 없다. 생활이란 성장을 의미하므로, 생물은 어느 단계에서나 마찬가지로 같은 내적 충실과 동일한 절대적 권리를 가지고 참되고 적극적으로 사는 것이다. 따라서 교육이란 연령에 상관없이 성장, 즉 충분한 생활을 보장하는 여러 조건을 주는 사업을 의미한다. 그러나 우리는 우선 미성숙을 안타깝게 바라보고, 그것을 될 수 있는 대로 빨리 극복하려고 생각한다. 이러한 교육법으로 형성된 성인은 그 뒤에, 좋은 기회를 놓치고, 힘을 낭비한 장면으로서 아동기나 청년기를 견딜 수 없는 후회의 마음으로 회고한다. 이와 같은 아이러니컬한 사태는, 산다는 것은 그 자체의 고유한 가치를 지니고, 교육의 임무는 그 가치에 관한 것이다—라는 인식이 심어질 때까지 계속될 것이다.

생활이 성장이라는 것을 진정으로 이해한다면, 우리는 아동기의 이상화 등을 말하면서 실제로는 줏대 없이 응석부리게 만든 일에 빠지지 않게 된다. 모든 표면적인 행위나 흥미를 생활과 동일시해서는 안 된다. 겉으론 단순히 어리석은 행동으로 보이는 것이 어떤 잠재적인, 아직 훈련되지 않은 힘의 징조인가의 여부를 구별하기란 쉬운 일이 아니라 해도, 표출 그 자체를 목적으로 보아서는 안 됨을 잊지 말라. 그것들은 장차 일어날 성장의 전조(前兆)인 것이다. 그것들을 발달의 수단, 힘을 향상시키기 위한 수단으로 삼아야지, 이들 자체 때문에 응석부리게 하거나 양성하거나 해서는 안 되는 것이다. 표면적인 현상에 지나친 주의를 돌리면(장려로서뿐만 아니라 비난으로서까지도) 이들을 고정화시키고, 또 그것 때문에 발달을 저해하게 되는 일이 있다. 충격이 어떤 것이었는가가 아니라, 충격이 무엇을 향해 진행하고 있는가가 부모나 교사에게 중요한 점이다. 다음 에머슨의 명언만큼, 미성숙을 존중하는 일에 대한 참된 정신을 잘 나타내는 말은 없다.

'아이를 존중하라. 지나치게 그의 부모가 되지 말라. 그가 혼자 있는 것을 방해하지 말라. 그러나 이 제안에 대한 반대의 외침도 들려온다. 그들은 말한다. 너는 정말로 공적·사적 훈육이라는 고삐를 포기하려 하느냐, 너는 어린아이를 그 자신의 격정이나 방종에 맡겨 멋대로 달려가게 해서, 그 무질서를 아이의 천성이라고 말하려 하느냐 하고. 나는 이렇게 대답하리라—아이를 존중하라, 어디까지나 아이를 존중하라. 더욱이 동시에 당신 자신도 존중하라. …… 아이를 훈련시키는 데 중요한 두 가지는, 그의 천성을 유지하고, 그 이외의 모든 것을 단련을 통해 제거하는 것이다. 즉 그의 천성을 유지하면서 싸움이나 어리석은 행위나 난폭한 짓을 멈추게 할 것, 그의 천성을 유지하면서 더욱이 그것이 향하는 바로 그 방향의 지식으로 무장시키는 일이다.'

그리고 에머슨이 계속 말하는 바와 같이, 유년기나 청년기를 존중하는 이 태도는 교사에게 안의하고 마음 편한 길을 여는 것이 아니다. 오히려 '교사의 시간에 대해서도, 사고에 대해서도, 생활에 대해서도 동시에 헤아릴 수 없을 정도로 큰 요구를 필연적으로 수반하는 것이다. 이를 위해서는, 시간이 필요하고, 실천이 필요하고, 통찰이 필요하며, 우연(偶然)이 필요하고, 신의 모든 위대한 교훈이나 조력이 필요하다. 더욱이 그것을 실천하려고 생각하는 것조차도, 훌륭한 인격과 심오한 견식 없이는 도저히 감당할 수 없는 일이다.'

성장하는 힘은 타인을 필요로 하는 것과 가소성(可塑性)에 의존하고 있다. 이 두 조건은 모두 아동기와 청년기 최고의 상태에 있다. 가소성, 즉 경험으로부터 배우는 힘은 습관의 형성을 가져온다. 습관은 환경을 통제하는 힘, 환경을 인간의 목적을 위해 이용하는 힘을 준다. 또한 '익숙'이라고 하는 형태, 즉 유기체의 활동과 주위의 정황과의 전반적이고 지속적인 균형 상태라는 형태를 취하기도 하고, 또 새로운 정황에 대처하기 위해 활동을 재적응하는 능동적 능력이라는 형태를 취하기도 한다. 전자는 성장의 바탕을 이루고, 후자는 성장을 만들어낸다. 능동적 습관은, 새로운 목표에 능력을 적응하기 위한 사고력·발명력·독창력을 포함하고 있다. 이들은, 성장이 멈추었다고 하는 판에 박은 방법과는 반대되는 것이다. 성장은 생명에 특유한 것이므로, 교육은 성장하는 것과 전적으로 일체되어 그 자체를 뛰어넘는 그 어떤 목적도 두지 않는다. 학교교육의 가치를 판단하는 기준은, 그것이 연속적 성장에의 욕망을 어느 정도 만들어내는가, 그리고 그 욕구를 실전에 옮기는 수단을 어느 정도까지 제공하느냐에 있다.

제5장
준비, 개발, 정신능력배양

1 준비로서의 교육 우리는 교육과정이란 연속적인 성장의 과정이고, 그 각 단계의 목표는 성장하는 능력을 더욱 증진시키는 데 있다고 주장해 왔다. 이 생각은 실천에 영향을 미쳐온 다른 견해와 선명한 대조를 이룬다. 이 대조를 명시한다면, 우리의 위와 같은 생각의 뜻은 한층 분명해질 것이다. 대조되는 첫째 것은, 교육이란 준비과정이라고 하는 견해와의 대비이다. 무엇에 대해서 준비가 이루어져야 하는가? 그것은 물론 성인의 생활에 따른 책임과 특권에 대해서이다. 아이들은 한 사람의 정식적인 사회 성원으로는 간주되지 않는다. 그들은 다만 후보자 명부에 등록될 뿐이다. 성인의 생활도, 그 자체로서 의미를 갖는 것이 아니라, '내세'를 준비하는 시련이라고 여기는 사람이 있는데, 그것은 이 생각이 약간 연장되어 성인의 생활에 미친 데에 지나지 않는다. 이 견해는, 성장은 소극적이고 결여적인 성격을 띤다는, 우리가 이미 비판해 온 생각을 다른 형태로 표현한 것에 지나지 않는다. 따라서 같은 비판을 되풀이하는 것은 그만두고, 이에 입각해서 교육을 이해하는 데 따르는 해로운 여러 결과에 대하여 고찰해 보기로 한다.

우선 첫째로, 그것은 원동력의 상실을 의미한다. 동기가 되는 힘이 이용되지 않는 것이다. 속담대로, 아이들은 현재라는 시점에서 살고 있다. 그것은 피할 수 없는 사실일 뿐만 아니라, 오히려 뛰어난 이점이기도 하다. 단순한 미래로서의 미래에는, 긴급성도 구체성도 없다. 그것이 무엇인가도 또 그 이유도 알지 못한 채 그 어떤 일을 위하여 준비한다는 것은, 현존하는 힘을 버리고, 막연한 가망성 안에 동기가 되는 힘을 찾는 작업인 것이다. 둘째로, 그러한 사정하에서는 망설임이나 머뭇거림이 장려된다. 준비가 향하는 미래는 멀리 있고, 그것이 현재가 되기까지 많은 시간이 걸릴 것이다. 왜 그와 같은 미래를 위해 준비를 서두르는가, 뒤로 돌리고 싶은 유혹이 크게 강조된다. 왜냐하면 현대라는 이 시점이 좋은 기회를 매우 많이 주고, 모험에의 신나는 유혹을 손짓하기 때문이다. 당연히 주의나 정력은 이들 좋은 기회나 유혹을 향해 간다. 그 결과, 스스로 교육이 이루어지는 것이 되지만, 그와 같은 교육은 여러 조건을 될 수 있는 대로 교육적인 것으로 만드는 일에 충분한 노력을 집중했을 경우보다도 뒤떨어지는 것이다. 세 번째의 바람직하지 않은 결과는, 배우는 각 개인의 특유한 여러 능력에 관한 기준 대신에, 기대나 요구라고 하는 틀에 박힌 평균 잣대를 세우는 일이다. 개인의 장점이나 단점에 입각한 엄정하고 명확한 판단 대신에, 많건 적건 멀리 떨어진 미래에 ―예를 들어, 진급이 되기로 한 연도 말이나, 대학에 진학하려고 할 때나, 견습 시절과 대조해서 진지한 실생활의 업무로 간주되는 것을 시작할 때쯤도―청년들이, 평균적으로 어떤 인물이 되도록 기대되는가 하는 일에 관한 막연하고 불안정한 의견이 대치되는 것이다. 전략상의 요점에서 비교적 비생산적인 점으로 주의가 비껴나감으로써 생기는 손실은, 제아무리 많이 어림잡아도 부족할 정도로 크다. 이 준비설은, 자기가 성공하고 있다고 생각하는 바로 그 점에서―즉, 미래의 준비를 하고 있다는 그 일에서―가장 큰 실패를 하게 되는 것이다.

마지막으로 이 준비설에 따르면, 쾌락이나 고통이라는 외래적인 동기의 이용에 대대적으로 의존할 수밖에 없게 된다. 미래는, 현재의 가능성에서 분리되어 있을 때에는 이를 자극하고 방향을 잡게 하는 힘이 전혀 없으므로, 그것을 작용시키기 위해 그에 대해서 무엇인가를 연결해야만 한다. 포상(襃賞)을 한다는 약속이나 고통을 준다는 위협이 사용되는 것이다. 눈앞의 이유 때문에 생활의 한 요소로서 이루어지는 건전한 일은, 대부분 무의식적인 것이다. 자극은, 사람이 실제로 직면한 상황 안에 있는 것이다. 그러나 그 상황이 무시될 때에는 학생들에게 다음과 같이 일러주어야 한다. "명령된 방침에 따르지 않으면 처벌을 받게 될 것이다. 그러나 그것에 따른다면, 장차 언젠가는 현재의 희생에 대한 대가를 받을 것이다." 미래에 대한 준비를 위하여 현재의 가능성을 무시하는 교육방식이, 처벌규정에 얼마나 많이 의존해야 하는가는 널리 알려진 사실이다. 그러다 이 방법의 가혹함이나 무력함에 싫증이 나서, 진자(振子)가 반대쪽 극단으로 가면, 훗날에 필요한 한 봉지의 지식이 설탕옷에 싸이고, 학생은 속아 넘어가서 원하지도 않은 것을 먹게 되는 것이다.

교육은 장래를 위해 준비해야 할 것인가의 여부가 문제가 되는 것은 물론 아니다. 교육이 성장이라면, 그것은 현재의 가능성을 차차 실현해 가서, 개인이 뒷날 생길 필요를 잘 처리하는 데에 한층 적합해지도록 해야 한다. 성장은 여가를 이용해서 완성되는 것이 아니다. 그것은 끊임없이 미래로 나아가는 과정인 것이다. 학교 안팎의 환경이, 미성숙자의 현재 여러 능력을 충분히 활용할 수 있는 여러 조건을 부여한다면, 현재로부터 태어나는 미래가 소중하게 다루어지리라는 것은 확실하다. 잘못은 장래의 필요를 위한 준비를 중시하는 데 있는 것이 아니라, 그것을 현재의 노력의 주요 동기로 하는 점에 있다. 끊임없이 발전하는 생활을 위해 준비한다는 것은 매우 필요한 일이므로, 현재의 경험을 될 수 있는 대로 풍부하고 의의 깊게 하는 일에 모든 정력을 쏟는 일은 반드시 필요하다. 그렇게 하면, 현재는 자기도 모르게 미래에 빨려 들어가게 되는데, 이에 따라 미래가 소중하게 여겨지는 것이다.

2 개발로서의 교육 발달의 개념에 바탕을 두었다고 스스로 공언하는 교육관이 있다. 그러나 그것은 한쪽에서 꺼낸 말을 다른 한쪽에서 취소하고 만다. 발달을 연속적인 성장과정이 아니라, 잠재적인 능력이 일정한 목표를 향해서 발현해 가는 것이라고 생각하기 때문이다. 그 목표는 성취, 완성이다. 아직 이 목표에 이르지 않은 어느 단계에서의 생활도, 단지 그 목표로 향하는 과정밖에 되지 않는 것이다. 논리적으로 이 학설은 준비설의 한 변형에 지나지 않는다. 사실 두 이론은 다음과 같은 점에서 다르다. 즉, 준비설을 지지하는 사람들은 실제적이고 직업적인 임무의 준비를 중요시하는 데 반해, 개발설 지지자들은 발현되어가고 있는 원리의 이상적이고 정신적인 성질을 강조한다.

성장이나 진보는 바로 궁극적인 불변의 목표에 접근하는 과정이다—라는 생각은 정적(靜的)인 생명관으로부터 동적(動的)인 생명관으로의 과도기에 있던 정신의 마지막 약점이다. 그 생각은 후자, 즉 동적 생명관의 논법을 흉내 낸다. 발달, 과정, 진보를 중시하는 일에 노력하는 것이다. 하지만 이들의 활동은 모두 과도적인 것에 지나지 않는다고 여겨진다. 즉, 그 자체로서의 의미가 결여되어 있는 것이다. 이들은 지금 진행되는 것으로부터 이탈한 그 무엇인가로 향하는 운동으로서만 의미를 지닌다. 성장이란 완성된 존재로 향하는 운동 바로 그것이므로, 궁극적인 이상은 부동(不動)적이다. 추상적이고 막연한 미래가, 현재의 능력이나 기회를 경시하며, 이들 모두를 사용해서 지배력을 휘두르는 것이다.

'완전'이라는 목표이자 발달의 기준은 매우 멀리 있으므로, 엄밀히 말하자면 도달할 수 없을 정도로 우리를 초월한 것이다. 따라서 그것이 현재의 지침(指針)으로서 효과적이기 위해서는, 그 무엇인가로 그것을 번역해야 한다. 그렇지 않으면, 아이들이 나타내는 언어와 동작 등은 어느 것이나 모두 내부로부터의 발현이고, 따라서 신성불가침한 것으로 볼 수밖에 없을 것이다. 어느 특정한 태도 또는 행위가 이상적인 목적에 접근하고 있는가, 아니면 멀어져가고 있는가를 판정하기 위한, 그 이상적 목적을 구현하고 있는 명확한 판정기준을 설정하지 않는다면, 우리가 선택할 수 있는 유일한 길은 본디의 발달을 방해하지 않도록 환경으로부터 일체의 영향을 제거하는 일이다. 그러나 그것은 실행 가능한 일이 아니므로 실제로 유용한 대용품이 설정된다. 당연한 일이지만, 그것은 일반적으로 어른이 아이로 하여금 습득하게 하고 싶어하는 그 어떤 관념이다. 따라서 교사는 '암시적인 질문'이나 그 어떤 다른 교수법을 연구해서, 바라는 바를 학생으로부터 '끌어내려고' 하는 것이다. 만약에 그 바라는 바를 얻을 수 있다면, 이는 그 아이들이 올바르게 계발되고 있다는 증거이다. 하지만 학생은 일반적으로 이 방향으로의 자발적 의욕이 없으므로, 그 결과는, 구하는 바를 무턱대고 암중모색하거나, 타인이 제공한 단서에 의존하는 습관이 형성되거나 하게 된다. 그러한 방법은 그 자체를 참다운 원리인 것처럼 보이게 하여 그 허가를 받고 있다고 주장하는 것이므로, 바로 그 때문에 솔직하게 '가르쳐주는 것'보다도 해롭다. 솔직하게 가르쳐 준다면, 적어도 어느 정도 몸에 익숙해지는가는 그 아이 나름이 될 것이다.

철학사상의 영역에선 절대적 목표 대신 실제로 유용한 대리물을 제공하는 대표적인 시도 두 가지가 있었다. 양자는 다 같이 인간의 생명에 '내재하는' 전체—절대—라는 개념에서 출발한다. 완벽한, 즉 완전한 이상은 단순한 이상이 아니다. 그것은 지금 여기에서 작용하고 있는 것이다. 하지만 그것은 단지 내포적으로, '가능적으로', 즉 내포적 상태로 현존하는 데에 지나지 않는다. 발전이란 이처럼 내포되어 있는 것을 점점 명확하게 하여 밖으로 나타내 가는 일이다. 위에서 말한 두 가지 철학적 고안의 창시자인 프뢰벨과 헤겔은 완전한 원리의 점진적 실현 또는 구현을 가져오는 경로에 대해서 서로 달리 생각했다. 헤겔에 따르면, 그것은 절대자의 안에 있는 여러 요소를 구현하고 있는 일련의 역사적 제도를 통해서 수행된다. 프뢰벨에 따르면, 활동을 일으키게 하는 힘은 절대자의 본질적 여러 특징에 대응하는, 주로 수학적인 상징의 제시이다. 이들 상징이 아이에게 제시되면, 아이 내부에서 잠자고 있는 전체(the Whole), 즉 완전성이 일으켜지는 것이다. 그 방법이 무엇인지 알 수 있도록 실례를 하나 들어 보자. 유치원 일을 잘 아는 사람이라면 누구나 아이들이 둥글게 모인다는 것을 알고 있다. 그 둥근 고리가 아이들을 모으는 편리한 방법이라고 하는 것만으로는 충분하지가 않다. 그것은 '인류의 집단적 생명 전반의 상징이기 때문에' 그렇게 해야만 하는 것이다.

프뢰벨은 아이들의 타고난 능력의 중요성을 인식했고, 애정 어린 눈길로 이들을 주목했으며, 다른 사람에게도 그것을 연구하도록 영향을 끼쳤다. 이런 사실들은 아마도 성장이라는 관념을 세상에 널리 인정하게 하는 데에 있어서, 근대 교육이론에서 가장 효과를 발휘한 힘이었을 것이다. 그러나 그가 행한 발달개념의 정식화 및 발달을 촉진하는 여러 방법의 조직화는, 발달을 기성의 잠재적 원리의 발현이라고 보게 함으로써 심하게 훼손시키고 말았다. 그는 성장하고 있는 것이 성장이고, 발달하고 있는 것이 발달임을 이해하지 못했고, 그 때문에 완성된 성과에 중점을 두었다. 이리하여 그는 성장의 멈춤을 의미하는 목표를 설정하여, 추상적이고 상징적인 공식으로 번역한 것 외에는 여러 능력의 직접적 지도에 응용할 수 없는 기준을 설정한 것이다.

완전히 개발된 상태라고 하는 머나먼 목표는, 철학의 전문용어에 따르면 초월적인 것이다. 즉, 직접적인 경험이나 지각으로부터 분리된 그 무엇이다. 경험에 관한 한 그것은 공허하다. 그것은 이지적으로 이해하고 논술할 수 있는 것이라기보다는, 오히려 애매한 감정적 바람을 나타내는 것이다. 그 애매함은 무엇인가 선천적인 공식으로 보충되어야만 한다. 프뢰벨은 경험의 구체적인 사실을 발달의 초월적 이상의 상징으로 간주함으로써 이 둘을 관련지었다. 어떤 자의적이고 선천적인 공식에 따라서—그래도 모든 선천적 개념은 자의적일 수밖에 없지만—이미 아는 사물을 상징으로 간주하는 것은, 그것이 무엇이든 마음에 든 비교를 들추어 법칙으로 보는 듯한 로맨틱한 공상으로 유도하게 된다. 상징의 체계가 결정된 후에는, 사용되는 지각 가능한 여러 상징의 내적인 의미를 아이들에게 잘 이해시키기 위한 확실한 방법을 생각해야만 한다. 당연한 일이지만, 그 상징적 체계의 형성자인 어른들이 그 방법의 창출자이자 관리자가 된다. 그 결과 프뢰벨의 추상적 상징체계에 대한 애호가 자주 그의 아이들에 대한 공감적 통찰을 능가하게 되었다. 이로써 이제까지 교수법의 역사에서 볼 수 있었던 것과 마찬가지로, 자의적이고 외부로부터 강요하는 명령체계가 발달을 대체하게 된 것이다.

헤겔은, 접근할 수 없는 절대자 대신에 실제로 쓸모 있는 구체적 대응물로, 상징적이라기보다는 오히려 제도적인 형식을 취했다. 그의 철학은 프뢰벨의 철학과 마찬가지로, 한편으로는 생명과정에 대한 정당한 생각을 분명히 하는 데에 없어서는 안 될 공헌을 남겼다. 추상적인 개인주의 철학의 약점은 그의 눈에 분명하게 보였다. 역사적 제도를 없애기란 불가능하며, 이들 제도를 책략에서 태어나 기만의 손에서 자란 전제체제로 간주하는 것 또한 불가능함을, 그는 알고 있었던 것이다. 레싱, 헤르더, 칸트, 실러, 괴테— 일련의 독일 저작가들 전체가, 인류가 탄생시킨 위대한 공동 제도적 산물이 갖는 양육 작용의 진가를 인정하기 위해 다한 노력이, 헤겔의 역사 및 사회의 철학에서 정점에 이른 것이다. 이 운동의 교훈을 배운 사람이라면 제도 또는 문화를 인위적인 것으로 생각할 수 없었다. 그것은 개인의 정신형성에서의 '객관적 정신'—언어, 정치, 예술, 종교—의 의의를 명백히 함으로써, '정신'을 맨몸 외에 아무것도 없는 개인이 원래 가진 기성의 소유물로 간주하는 심리학을—사실상이 아니라 사상상으로—완전히 타도한 것이다. 하지만 헤겔은 절대적 목표란 생각에 집착했기 때문에, 구체적으로 존재하는 그대로의 여러 제도를, 절대적 목표를 향해서 차차 접근해가는 여러 단계에 배열해야 했다. 각 제도는 그 시대와 장소에서 절대적으로 필요한 것이다. 왜냐하면 그것은 절대정신의 자기실현 과정의 한 단계이기 때문이다. 그것이 현존한다 함은, 그와 같은 한 걸음, 즉 한 단계라고 생각하면, 그 완전한 합리성의 증거인 것이다. 왜냐하면 그것이 총체 안의 불가결한 요소이며, 더욱이 그 총체야말로 이성이기 때문이다. 여러 개인은 있는 그대로의 여러 제도에 대항하는 그 어떤 정신적 권리도 없다. 즉 개인적 발달도, 양육도, 현존하는 여러 제도의 정신을 온순하게 동화하는 데에 있는 것이다. 그것을 변화시키는 것이 아니라, 그것에 동조하는 일이야말로 교육의 본질이다. 역사가 보여주듯이 여러 제도는 변화한다. 그러나 이들의 변화, 여러 국가의 흥망은, '세계정신'의 작용이다. 그 세계정신이 고른 기관인 위대한 '영웅' 외에는, 여러 개인은 그 일에 아무런 관여도 하지 않는 것이다. 19세기 후반, 이런 종류의 관념론은 생물학상의 진화론과 융합하였다. '진화'란, 그 자체의 목적을 향하여 자기 자신을 완성해가는 힘이었다. 이에 대해서는, 즉 그것과 비교하면, 개인의 의식적인 사상이나 선호(選好)는 무력하다. 다시 말해 여러 개인은, 오히려 그것이 자기 자신을 완성하기 위한 수단에 지나지 않는 것이다. 사회의 진보는 '유기체적 성장'이지 실험적 선택은 아니었다. 이성은 전능이라고 말하지만, 그 힘은 오로지 절대이성만이 쥐고 있다고 보았다.

위대한 역사적 여러 제도가 정신의 지적 양육에서 능동적인 요인이다—라는 인식(이 생각은 그리스인에게 이미 낯익은 것이었으므로 재발견이라고 해도 좋다)은, 교육철학에 대한 위대한 공헌이었다. 그것은 루소를 뛰어넘어 참다운 전진을 나타낸 생각이다. 루소는, 교육은 자연스러운 발달이어야 하며 외부에서 개인에게 강제되거나 접목되거나 한 것이 되어서는 안 된다고 주장하면서도, 사회 상태는 자연적인 것이 아니라는 생각으로 그 주장을 못쓰게 만들어버린 것이다. 그러나 헤겔의 이론은 추상적인 개인은 과장해 놓은 한편, 발달의 완전하고도 포괄적인 목적이라는 개념 안에 구체적 개인을 파묻었다. 헤겔학파의 어떤 사람은 유기적인 전체, 즉 유기체로서의 사회라는 개념으로써 전체의 권리와 개인의 권리를 조화시키려고 애썼다. 개인 능력의 완전한 행사라는 데에는, 사회의 유기적 조직이 전제되어 있다는 것은 의심할 수 없는 사실이다. 하지만 사회유기체가 몸속 여러 기관의 상호관계 및 이들과 몸 전체의 관계를 모방하여 해석된다면, 각 개인은 전체 속에서 국한된 위치와 기능을 가지며, 다른 여러 기관의 위치와 기능에 의해 보충되어야 함을 의미하게 된다. 신체조직의 어떤 일부분이 분화해서 손이 되고, 또 다른 일부분이 눈이 된다. 그리고 전체를 종합하면 유기체가 된다는 것과 마찬가지로, 어떤 개인이 사회의 기계적 작업을 행하는 것처럼, 다른 사람은 정치가의 역할을, 또 다른 사람은 학자의 역할을 맡은 듯 분화되었다고 생각되는 것이다. 이리하여 '유기체'라는 개념은, 사회조직 안의 계급적 차별에 철학적 승인을 부여하기 위해 사용된다—이것 또한 교육에 적용하면, 성장 대신에 밖으로부터의 명령을 의미하는 것이 된다.

3 여러 능력(faculties) 훈련으로서의 교육 한때 크게 유행하였고, 더욱이 성장이라는 개념의 영향력이 커지기 이전에 형성된 이론이 있었다. 바로 '형식도야(formal discipline)'설(說)로 알려진 이론이다. 그것은 하나의 올바른 이상을 지향하고 있다. 즉, 교육은 그 한 가지 결과로서, 여러 가지 일을 수행하기 위한 특수한 여러 능력을 창출해야 한다는 것이다. 훈련된 사람이란 중요한 일, 그것을 행하는 일, 즉 그 사람에게 중요한 일을 훈련을 받지 않았을 때보다 더 잘 할 수 있는 사람이다. '더 잘'이란 보다 더 용이함, 능률, 경제성, 기민성 등등을 의미한다. 이것이 교육의 한 결과라 함은, 앞서 교육에 따른 발달의 성과로서의 습관에 대해서 말한 곳에서 지적해 두었다. 그러나 지금 검토하고 있는 이 이론은, 말하자면 지름길을 취하는 것으로, 몇 가지 능력(이들의 명칭은 곧 뒤에서 말할 생각이지만)을 단순히 성장의 결과로서뿐만 아니라 교수의 직접적인, 더욱이 의식적인 목표로 간주하는 것이다. 골퍼가 숙달해야 할 스트로크의 종류를 열거하는 것처럼, 훈련해야 할 일정수의 능력이 있는 것이다. 따라서 교육은 이들을 훈련하는 일에 직접 착수해야 한다. 그러나 이것은, 이들 능력이 아직 훈련되지 않은 그 어떤 형태로 이미 존재함을 의미한다. 아니라면 이들은 다른 활동이나 작용의 간접적인 산물로서 창출되도록 되어 있어야만 할 것이다. 어느 미숙한 형태로 이미 존재하고 있다면, 남은 것은 이들을 끊임없이, 단계적으로 되풀이해서 연습하는 일뿐이고, 그렇게 하면 이들은 자연스럽게 갈리고 닦여 완성될 것이다. 이 생각에 적용된 '형식도야'라는 표현 안의 '도야'란, 훈련된 능력이라고 하는 결과와, 반복훈련을 통해서 훈련한다고 하는 방법 양쪽을 가리킨다.

문제가 되어 있는 여러 능력의 종류는 다음과 같은 것들이다. 즉 지각, 유지(기억), 상기(想起), 연상, 주의, 의지, 감정, 상상, 사고 등등의 여러 능력이다. 그리고 이들은 제시된 재료에 이들을 작용하게 함으로써 형성되는 것이다. 이 이론의 고전적 형태는 로크가 제시했다. 그에 따르면, 한편으로는 수동적으로 수용된 감각을 통해서 외부세계가 재료, 즉 지식의 내용을 제시한다. 다른 한편으로는 정신이 주의, 관찰, 유지, 비교, 추상, 합성 등등 몇 가지 기존 능력을 갖추어서 가지고 있다. 자연 그 자체 안에서 사물이 결합되거나 분리되거나 하는 것과 마찬가지로, 정신이 이들 사물을 구별하거나 조합하거나 하면, 그 결과로서 생기는 것이 지식이다. 그러나 교육에서 중요한 일은, 정신의 여러 능력을 그것들이 충분히 확립된 습성이 될 때까지 행사, 즉 실습하는 일이다. 이 과정은, 당구 선수나 체조 선수가 일정한 근육을 같은 방법으로 반복 사용함으로써 마침내는 자동적으로 작용하는 기능을 획득하는 사실에 항상 비유되어 왔다. 사고(思考)의 능력까지도 단순한 구별을 하거나, 또 이들의 구별을 조합하거나 해서 반복연습을 거듭함으로써 훈련된 습관으로 형성되어야 했다. 그리고 이를 위해서는, 수학이 다시없는 좋은 기회를 제공하는 것이라고 로크는 생각한 것이다.

로크의 견해는 그가 살던 시대의 이원론에 잘 조화되어 있었다. 그것은 정신과 물질, 개인과 세계의 양자를 공평하게 다루고 있는 것처럼 보였다. 양자의 한쪽은 지식의 재료, 즉 정신이 작용해야 할 재료를 제공하였다. 다른 한쪽은 몇 안 되는 것으로 일정한 정신적 능력을 제공하는데, 이 정신적 능력은 각기 특수한 연습을 통해 훈련될 수 있는 것이었다. 이 고안(考案)은, 지식의 소재를 정당하게 중요시하는 것처럼 보인다. 더욱이 그것은, 교육의 목적은 단순한 정보의 수용이나 축적이 아니라, 각 개인의 주의·기억·관찰·추상·일반화 능력의 형성이라는 점도 강조한 것이다. 실재론적이었지만, 다른 한편으로 최종적인 강조점을 지적 능력의 형성에 두었다고 하는 점은 관념론적이었다. 또 개인은 자기만으로는 그 어떤 참다운 관념도 소유하거나 산출할 수가 없다고 주장한 점에서, 그것은 객관적이고 비개인적이었으나, 교육의 목적을 개인이 처음에 지녔던 일정한 능력의 완성에 두었다는 점에서는 개인주의적이었다. 이러한 가치의 배분은, 로크에 이은 여러 세대의 견해의 존재양식을 정확하게 보여주었다. 그것은 로크와 분명한 관계는 없지만, 교육이론이나 심리학의 통설이 되었던 것이다. 실제로 그것은 교육자에게 막연한 것이 아니라 명확한 임무를 주는 것으로 여겨졌다. 그것은 가르치는 기술을 수립하는 일을 비교적 쉬운 것으로 만들었다. 각 능력을 충분히 연습하기 위해 필요한 것을 준비하기만 하면 되었던 것이다. 이 연습은 주의나 관찰, 기억 등등을 되풀이해서 행하는 데 있다. 그리고 행위의 어려움을 단계적으로 지우고, 각 한 쌍의 반복운동을 그것에 선행하는 것보다도 약간 어렵게 함으로써 완전한 교수안이 전개되는 것이다.

　이 형식도야 이론을 그 기초론과 교육에 응용하는 이론과의 양면에서 비판하는 데는 모두 똑같이 결정적인 여러 방법이 있다. (1)아마도 가장 직접적인 공격방법은, 인간이 본디 지녔다고 여겨지는 관찰·회상·의지·사고 등등의 여러 능력이 전적으로 가공적임을 지적하는 데에 있다. 연습을 통해서 단련되길 기다리는 그와 같은 기성 능력 따위는 없는 것이다. 분명히 존재하는 것은 다수의 생득적 경향, 본능적 행동양식이며, 이것은 중추신경계 안에 있는 본디적인 신경조직에 기초를 두고 있다. 눈으로 빛을 쫓거나, 응시하거나, 목 근육을 빛이나 소리의 방향으로 돌리거나, 손을 내밀어 잡거나, 구부리거나, 비틀거나, 주먹을 쥐고 치거나, 발성기관으로 소리를 내거나, 불쾌한 물질을 입에서 토해내거나, 입술을 다물거나 으그러뜨리는 등 거의 한없이 많은 이들 기관의 충동적 경향은 있다. 그러나 이들 경향은 (a)서로 확실히 구별된 소수의 것이 아니라, 한없이 다양한 것으로서 갖가지 미묘한 방법으로 서로 얽혀 있는 것이다. (b)또한 완성되기 위해서는 연습하기만 하면 되는 잠재적·지적 능력이 아니라, 환경 안에서 일어난 변화에 대해서 일정한 방법으로 반응하여, 다시 다른 변화를 일으키려는 경향이다. 목구멍 안에 무엇인가가 있으면 기침이 나오는데, 이 경향은 불쾌한 입자를 쫓아내고, 뒤따르는 자극을 수정한다. 손이 뜨거운 물건에 닿으면 충동적으로, 즉 지성과는 전혀 상관없이 손을 뺀다. 그러나 손을 움츠리는 동작은 작용하고 있는 자극을 바꾸어, 이들 자극을 유기체의 필요에 보다 더 잘 조화된 것으로 하는 경향이 있다. 우리가 이미 논해온(35~36쪽 참조) 환경의 통제력이 생기는 이유는, 위에서 적은 것과 같은, 생활환경 안에 일어난 특정한 변화에 대한 반응으로서 유기체의 활동이 특정한 변화를 일으켰기 때문이다. 우리가 아주 어릴 때에는 보는 것, 듣는 것, 만지는 것, 냄새 맡는 것, 맛보는 것 등이 모두 이런 종류에 속한다. 그렇지만 이런 행동에는 엄밀히 말해서 정신적이거나 지적이나 인식적인 요소가 없으며, 그것을 아무리 반복 연습을 해도 관찰이나 판단이나 의도적 행동(의지작용 : volition) 등 그 어떤 지적 특성도 줄 수 없는 것이다.

(2)따라서 우리가 본디 지닌 충동적 활동력의 훈련이란, 근육이 실제로 사용됨으로써 강화되는 것처럼, '연습'을 통해 달성되는 연마나 완성이 아닌 것이다. 그 훈련은 오히려 (a)일정한 시점에 야기된, 각기 흩어졌던 여러 반응 중에서, 그 자극을 이용하는 데 특히 적당한 것을 골라내는 데 있다. 즉, 빛이 눈을 자극하면 본능적으로 생기는 몸 전체의 반응,[1] 특히 손의 반응 중에서, 효과적으로 목적물에 손을 뻗어 그것을 잡고 조작하는 데 알맞은 반응 외에는 모두 사라진다―그렇지 않으면 그 어떤 훈련도 생기지 않는 것이다. 이미 말한 바와 같이, 유아에게서 볼 수 있는 초기의 반응은, 몇몇 소수의 예외를 제외하고는 너무나도 산만하고 거칠기 때문에 실제로는 별로 쓸모가 없다. 그래서 훈련과 선택적 반응은 동일한 것이 되는 것이다(36쪽 참조). (b)마찬가지로 중요한 것은, 일어난 반응에 포함된 여러 요소의 특수한 조정이다. 물건을 잡을 때, 손의 반응 중에서 물건을 잡는 동작에 관련된 것만이 선택되고, 여러 가지 시각적 자극 중에서 그러한 반응만을 불러일으키는 특수한 자극이 선택된다. 그리고 양자 사이의 결합이 확립된다. 그러나 조정과정은 여기에서 끝이 아니다. 목적물을 잡았을 때, 특징적인 온도반응이 일어날지도 모른다. 이들 온도반응도 또한 포함될 것이다. 그리고 후에 그 온도반응은 직접 시각자극과 결합해서, 손의 반응은 억제될지도 모른다―새빨간 불꽃을 직접 만지지 않아도 멀리 하는 것처럼. 또 아이가 물건을 손에 쥐고 있다가, 그것을 무엇인가에 부딪치게 하거나 찌그러뜨리면 소리가 난다. 이때 그 청각반응은 반응체계 안에 내포된다. 또, 남이 일정한 음성(흔한 명사)을 내고, 그 음성이 활동을 수반한다면, 귀와 청각자극과 결합한 발성기관 양쪽의 반응 또한 복합반응 안의 연합된 한 요소가 될 것이다.[2]

(3)반응과 자극의 상호 적응(활동의 순차적 연속을 고려에 넣으면, 반응이

[1] 실제로 상호관련은 매우 광범위하게 미치고 구성의 경로도 매우 많으므로, 모든 자극이 모든 반응기관에 얼마간의 변화를 줄 정도이다. 그러나 우리는 이러한, 유기체 활동 전체에 일어나는 변형의 대부분을 무시하는 일에 익숙해져서, 그때의 가장 촉박한 자극에 가장 특수하게 적합한 것에 주의를 집중한다.

[2] 여기에 말한 내용은, 여러 반응의 순차적 배려에 대해서 앞에 말한 것과 관련된다. 여기에서는 반응의 순서에 대해서 한층 분명히 말한 데에 지나지 않는다.

자극에 적응할 뿐만 아니라, 자극도 반응에 적응하기 때문이다)이 특수화되면 될수록, 획득된 훈련은 융통성이 줄고 유효범위가 좁아진다. 다시 말해 그 훈련에 부여되는 지적·교육적 질이 저하되는 것이다. 흔히 말하는 데 따르자면, 반응이 특수화되면 될수록, 그것을 연습하고 완성함으로써 습득되는 숙련은 다른 행동양식으로 전이되기가 힘들어진다. 정통의 형식도야설에 의하면, 철자법을 공부하는 학생은, 이들 단어의 글자를 쓰는 능력 외에 관찰력이나 주의력이나 회상력도 늘어, 이들이 필요할 때는 언제나 쓸 수 있게 된다고 한다. 그런데 실제로는 그렇지 않다. 그 학생이 다른 일(예를 들어, 단어의 뜻이나, 이들 단어가 습관적으로 쓰이는 문맥이나, 어형의 파생이나 분류 등)과의 관련에는 상관없이, 단지 단어의 모양에 주의하여 그것들을 새기는 일에만 전념할수록, 무엇인가 다른 일에도 쓰이는 능력을 획득할 가능성은 더욱 적어진다. 단어의 시각적 형태를 알아보는 것이라면 몰라도, 그의 일반적인 관찰력은 물론 여러 가지 기하학적 형상 사이의 정확한 구별을 세우는 능력까지도 제자리일 것이다. 그는 문자의 모양이 주는 자극과, 구두 또는 필기에 의한 재생이라는 운동반응을 선택했을 뿐이다. 그 조정이 미치는 범위(전에 사용했던 용어를 사용하면)는, 매우 좁게 한정되어 있다. 학생이 단지 문자나 단어의 형상만 연습할 때에는, 다른 관찰이나 회상(즉, 재생작용)에서 사용되는 자극과 반응의 결합은 고의로 제거되는 것이다. 그것들은 제거되므로 필요할 때 회복시킬 수가 없다. 어형을 관찰하고 떠올리기 위해 획득된 능력은, 다른 사물을 지각하고 떠올리기 위해서는 쓸모가 없다. 흔히 말해, 그것은 전이가 불가능한 것이다. 그러나 능력이 학습된 맥락이 넓으면 넓을수록—즉, 조정된 자극과 반응이 다양하면 할수록—획득된 능력은 다른 행위를 효과적으로 수행하는 데 한층 쓸모가 있다. 엄밀하게 말하면, 이것은 어떤 '전이'가 있어서가 아니며, 특정한 행위에서 사용되는 여러 요소가 넓은 범위에 걸쳐 있을수록 활동이 넓은 범위에 미친다는 뜻이고, 그만큼 좁고 고정적인 조정이 아니라 유연한 조정과 마찬가지라는 의미이다.

(4)문제의 바닥까지 파 내려가면, 이 이론의 근본적인 잘못은 그 이원론이다. 즉, 활동이나 능력을 이들 대상으로부터 분리시키고 있다는 것이다. 막연히 보는 능력 일반, 듣는 능력 일반, 기억하는 능력 일반 따위는 없다. 단

지 무엇인가를 보거나, 듣거나, 기억하는 능력이 있을 뿐이다. 정신적 능력이든 육체적 능력이든, 그 능력을 행사하는 과정에 관련이 있는 대상을 떠나서 일반적으로 어떤 능력의 훈련에 대해서 논한다는 것은 무의미하다. 운동은 순환이나 호흡, 영양섭취에 영향을 주어 활력이나 체력을 증진시킨다. 그러나 이 축적이 특정한 목적에 쓰이려면, 오로지 그 목적을 달성하는 물질적 수단과 관련되어 사용되어야 한다. 활력이 있으면 테니스나, 골프나, 보트타기를 더 잘할 수 있다. 하지만 공과 라켓, 공과 골프채, 돛과 키를 일정한 방법으로 사용해야만 이들 운동 중 하나의 전문가가 된다. 그리고 어느 한 가지 일에 숙달됨은, 그것이 미묘한 근육운동의 조정에 알맞은 소질의 징조인가, 아니면 같은 종류의 조정이 이들 모두에 포함되는가, 그 어느 것인가의 한에 있어서만이, 다른 일에서의 숙달도 보증하는 것이다. 또 좁은 전후관계 안의 시각적 형상을 적은 것에서 생기는 단어를 철자하는 능력의 훈련과, 예를 들어, 문맥이나 단어의 발생계통의 확인 등과 같은, 의미를 파악하는 데 필요한 여러 활동과의 관련에서 이들 형상을 이해하는 훈련 사이의 차이는, 일정한 근육을 '발달'시키기 위해 체육관에서 추를 들어올리는 운동을 하는 것과, 스포츠 경기 사이의 차이에 비유할 수 있다. 전자는 획일적이고 기계적이고 고정적으로 특수화되어 있다. 후자는 차례로 변화하여, 같은 동작이 반복됨이 없이, 신기한 돌발사건에 대처해야 하며, 형성되어가고 있는 조정은 유연하고 탄력성 있게 유지되어야만 한다. 따라서 그 훈련은 훨씬 '일반적'이다. 즉, 그것은 한층 넓은 범위에 걸쳐, 한층 많은 요소를 포함하고 있는 것이다. 이와 마찬가지 말을, 정신의 특수 교육과 일반 교육에 대해서도 할 수 있다.

단조롭고 획일적인 연습을 계속하면 어느 특수한 행위의 기술은 크게 향상될 것이다. 그러나 그 숙련은 부기이건, 대수(對數)의 계산이건, 탄수화물에 대한 실험이건, 다만 그 행위만에 한정될 뿐이다. 어느 특정한 분야에서는 권위자이면서도, 그 분야에서의 훈련이 갈라져 다른 분야의 대상에도 미치게 하지 못하는 사람은, 그 분야와 밀접한 관련이 없는 사항에서는 보통 이하의 빈약한 판단력밖에 발휘하지 못할 수 있다.

(5)따라서 관찰력·회상력·판단력·미적 감상력과 같은 능력은, 태어나면서의 활동적 경향이 일정한 대상에 종사해온 데에서 생긴 여러 결과의 유기적

조직임을 의미한다. 관찰하는 능력을 시동시키는 단추를 누름으로써(다시 말해 관찰하려고 '의지'함으로써) 면밀하고 충분하게 관찰하는 것이 아니다. 눈이나 손을 열심히 넓은 범위에 걸쳐 사용함으로써 비로소 수행할 수 있는 일을 무엇인가 해야 할 때에는 언제나, 저절로 관찰하게 되는 것이다. 관찰은 감각기관과 대상이 상호작용한 결과, 즉 귀결이다. 따라서 다루는 대상에 따라 달라진다.

학생이 어떤 종류의 대상(교재 : subject matter)을 관찰하거나 상기하거나 하는 일에 숙달되는 것이 요망되는지, 또 그것은 무엇 때문인가를 우선 먼저 결정해 두는 것이 아니라면, 관찰·기억같은 능력의 장래 발달을 목적으로 드는 것조차도 무익한 일이다. 그리고 이 점에서의 판단기준은 사회적인 것이어야만 하는데, 그것은 이미 말한 다른 형태로서의 되풀이에 지나지 않는다. 우리가 남에게 바라는 것은, 그가 다른 사람들과 공동생활하는 그 집단의 유능한 일원이 되게 할 수 있는, 그러한 사물에 주목하고, 이들을 상기하고 판단하는 일이다. 그렇지 않으면, 학생에게 벽의 틈새를 주의 깊게 관찰하게 하거나, 알지 못하는 언어의 무의미한 단어표를 기억하게 하는 것과 같은 일이 되어버리고 만다―그것은 우리가 형식도야설에 양보할 때 실제로 하는 일에 가까운 것이다. 식물학자나 화학자, 공학자가 사물을 관찰하는 습관이 위와 같이 해서 형성되는 습관보다도 뛰어난 이유는, 이들이 생활에서 보다 더 뜻 깊은 대상을 다루기 때문이다.

이 부분의 논술을 매듭 지으면서 다음과 같이 적기로 한다. 즉, 전문 교육과 일반 교육 간의 차이는, 기능 또는 능력의 전이가능성과는 아무런 관계도 없다는 것이다. 문자대로의 뜻으로는, 그 어떤 전이도 초자연이고 일어날 수 없는 일이다. 그러나 어떤 활동은 폭이 넓고, 많은 요소의 조정을 포함하고 있다. 이들의 발달은 끊임없는 변경과 재적응을 필요로 한다. 상황이 바뀌면 어떤 요소는 종속적인 위치로 내려가고, 그때까지 중요성이 적었던 다른 요소가 앞으로 나온다. 거기에서는, 일정한 추를 일련의 획일적인 동작으로 들어올리는 운동에 대비시켜 제시한 경기의 실례에서 볼 수 있는 바와 같이, 행동초점의 끊임없는 배치변경이 이루어진다. 따라서 대상 안에 생긴 변화에 대처하기 위해 활동의 초점을 이동시킨 새로운 조합을 신속하게 만드는 연습이 이루어지고 있는 것이다. 어떤 활동이 폭넓은 활동범위를 가지고

(즉, 매우 다양한 하위활동의 조정을 포함하고), 더욱이 그 활동이 차차 발전하는 과정에서 끊임없이, 또 뜻하지 않게 방향을 바꾸어야 할 경우에는 언제나 일반적인 교육이 반드시 그 결과로서 생길 것이다. 왜냐하면 이 일이야말로 '일반적'이라고 하는 말이 뜻하는 바이고, 폭넓게 유연한 것이기 때문이다. 실제로 교육은, 그것이 어느 정도 사회적 여러 관계를 고려하는가에 따라서 이들 여러 조건을 채우고, 또 그것 때문에 일반적이기도 한 것이다. 전문적인 철학이나 언어학 또는 수학이나 공학, 재정학에서는 전문가이면서, 자기 전문 이외의 영역에서는 행동에서나 판단에서나 무능하고 무분별한 사람이 있다. 그러나 만약 그들의 전문적 연구대상에 대한 관심이 사회 테두리 안의 인간 활동에 관련지어져 있었다면, 환기되고 유연하게 통합된, 활동적 반응의 유효적 범위는 훨씬 넓을 것이다. 대상(교재)이 사회적 배경으로부터 분리되었다는 것이, 오늘날 일반적인 교육 실천에서 정신의 일반 훈련을 확실한 것으로 하는 것에 대한 주요 장해이다. 문학이나 예술이나 종교도 이렇게 분리된다면, 일반적 교육을 장려하는 교육 전문가들이 강하게 반대하는 전문적 사항과 마찬가지로 좁고 고정적이 될 것이다.

요약 교육과정의 성과는 더 많은 교육을 수용하는 능력이란 생각은, 교육실천에 깊이 영향을 끼쳐온 몇 가지 다른 생각과 현저한 대조를 이룬다. 우리가 고찰한 최초의 대조적인 생각은, 어느 미래의 의무 내지는 특권에 대비해서 준비한다는 견해이다. 이 교육목표는, 가르치는 사람과 배우는 사람의 쌍방의 주의를, 그것으로 향하면 풍부한 성과를 얻을 수 있는 유일한 착안점—즉, 지금 여기에 있는 어떤 요구와 가능성을 이용하는 일—으로부터 빗나가게 하는 것으로, 여기에서 생기는 특수한 나쁜 결과를 우리는 지적하였다. 그 결과, 이 생각은 스스로 공언한 목적을 못쓰게 만드는 것이다. 교육은 내부로부터의 발현이라는 생각은, 이미 말해온 성장의 개념과 잘 닮은 꼴처럼 보인다. 그러나 프뢰벨과 헤겔의 이론에서 완성된 것은, 준비설과 아주 같을 정도로, 유기체의 현재의 여러 경향과 환경과의 상호작용을 무시하는 것으로 되어 있다. 어떤 내포적인 전체가 기성의 것으로서 주어져 있다고 간주되고, 성장의 의의는 단지 과도적인 것에 지나지 않는다. 성장은 그 자체가 목적이 아니라, 이미 잠재하고 있는 것을 발현시키는 수단에 지나지 않는다. 나타나지 않은 것을 분명한 방법으로 이용할 수는 없으므로, 그것을 구체적으로 표현하는 무엇인가가 발견되어야 한다. 프뢰벨에 따르면, 일정한 물체나 행위(그것들은 대부분 수학적인 것이지만)의 신비한 상징적인 가치가, 발현해가는 과정에 있는 절대적 전체를 나타낸다. 헤겔에 따르면, 현존하는 여러 제도가 그 실제적·현실적인 구체적 표현이다. 상징이나 제도의 강조는, 차차 풍부한 뜻을 획득해 가는 경험의 직접적인 성장과정에서, 인식을 벗어나게 하는 경향이 있는 것이다. 영향력 있는, 그러나 결점이 있는 이론이 또 하나 있다. 정신은 태어나면서부터 일정한 지적 능력, 예를 들면 지각·기억·의지·판단·일반화·주의 등을 하는 힘이 있고, 교육이란 반복연습으로 이들 능력을 훈련하는 일이라는 이론이다. 이 설은, 대상(교재)을 비교적 외적이고 어찌되든 상관없는 것으로 보고, 그 가치는 그것이 일반적인 여러 능력의 연습의 유인에 지나지 않는 것으로 본다. 비판은, 이 설에서 능력이라고 여겨지는 것이, 이렇게 서로 분리되어, 또 그것들이 작용하는 재료로부터도 분리되어 있다는 점으로 돌려졌다. 그리고 실제로 이 설이 가져오는 결과는, 독창력이나 발명력이나 재순응력—이들 성질은, 특수적인 여러 활동의 상호간의 광범위에 걸친 연속적인 상호작용에 의존하는 것이지만—을 희생해서, 편협하고 특수화된 숙련의 여러 양식의 훈련을 부당하게 강조하게 된다는 점을 명백히 한 것이다.

제6장
보수 진보로서의 교육

1 정신 형성으로서의 교육 다음에 문제가 되는 것은, 능력심리학이 주장하는 것 같은 여러 능력의 존재를 부정하고, 지적·도덕적 성향의 발달에서 교재의 독특한 역할을 강조하는 학설이다. 이 학설에 따르면, 교육은 내부로부터의 계발과정도 아니고, 또 정신 그 자체에 내재하는 여러 능력의 훈련도 아니다. 그것은 오히려 외부로부터 제시된 교재로 일정한 연합, 즉 내용의 결합을 만들어냄으로써 정신을 형성하는 일인 것이다. 교육은 문자 그대로의 뜻으로 파악된 가르침, 즉 외부로부터 정신 내부에 일종의 구축작업을 해서 진행되는 것이다. 교육은 정신의 형성이라는, 이미 나온 견해가 문제가 아니다. 하지만 여기서 일컫는 형성은, 외부로부터 작용하는 것의 관념을 통해 정해지는 특수한 뜻을 지닌 것이다.

헤르바르트는 교육사에서 이 분야의 대표자이다. 그는 타고난 여러 능력의 존재를 전적으로 부정한다. 정신은 자기에게 작용하는 실재에 대해서 반작용해서, 여러 가지 성질을 낳는 힘이 주어진 것에 지나지 않는다. 이들 질적으로 다른 여러 가지 반작용은 표상(表象 : Vorstellungen)이라고 불린다. 일단 생긴 표상은 모두 그 뒤 계속해서 존재한다. 그것은 새로운 재료에 대한 정신의 반작용에서 생긴, 새롭고 한층 강한 표상에 의해서 의식 아래로 억압될지도 모른다. 하지만 그 활동은 의식의 표면 아래에서, 그 자체의 고유한 운동량에 의해서 지속된다. 능력이라고 불리고 있는 것—즉 주의, 기억, 사고, 지각, 그리고 여러 가지 감정까지도—은 이들 잠복 중인 표상이 서로 또 새로운 표상과 상호작용을 함으로써 형성되는 배합(arrangements), 연합(associations), 혼화(混化 : complications)인 것이다. 예를 들어, 지각은 새로운 표상을 맞아 그것들과 결합하기 위해 낡은 표상이 떠오름으로써 생긴 여러 표상의 혼화이고, 기억은 다른 표상과 서로 얽힘으로써 낡은 표상이

의식으로 불려나오는 것이다. 또 쾌락은 여러 표상의 각기 독자적인 활동이 하나가 되어 서로 보강된 결과이며, 고통은 이들이 서로 다른 방향으로 잡아당긴 결과이다.

따라서 정신의 구체적인 특성은, 여러 가지 성질을 갖는 여러 표상이 형성한 여러 가지 배합으로 성립되어 있는 셈이다. 정신의 '알맹이'가 곧 정신이다. 정신이란 오직 '내용'의 문제인 것이다. 그런데 이 학설에는 세 가지 교육상의 뜻이 포함되어 있다. (1)여러 대상은 이러저러한 여러 가지 종류의 반작용을 불러일으키고, 이들 불러일으켜진 반작용의 여러 가지 배합을 낳게 되므로, 그러한 대상을 이용함으로써 이러저러한 여러 종류의 정신이 형성되는 것이다. 즉, 정신형성은 오직 적정한 교재의 제시 문제가 되는 것이다. (2)낡은 여러 표상이, 새로운 표상의 동화(同化)를 통제하는 '통각기관(apperceiving organs)'을 구성하는 것이므로, 이들 낡은 표상의 성격은 매우 중요하다. 또 새로운 표상은 전에 형성된 규합(grouping)을 보강하는 효과가 있다. 따라서 교육자의 임무는 첫째, 밑천이 되는 반작용의 성질을 정하기 위해서 적정한 재료를 골라내고 둘째, 앞서 이루어진 작업에서 획득한 관념의 축적을 바탕으로 그 위에 일련의 후속 표상을 배치하는 일이다. 통제는 개발설에서처럼 궁극의 목표에 의한 것이 아니라, 배후로부터 과거에서 이루어지는 것이다. (3)모든 교수법에 일정한 형식적 단계를 설정할 수가 있다. 새로운 교재를 제시하는 것이 분명히 중심적인 과제이다. 그러나 인식한다는 것은 이 새로운 교재가 이미 의식 아래에 잠복하고 있는 내용과 상호작용을 하는 그 방식에 있으므로, 처음에 오는 것은 '예비' 단계—즉, 새로운 표상을 동화하게 되는 낡은 여러 표상을 불러일으켜서 특수한 활동을 시켜, 의식의 표면으로 떠오르게 하는 단계이다. 그리고 그 교재를 제시한 후에, 신구 표상의 상호작용의 과정이 이어지고 마지막으로, 새로 형성된 내용을 그 어떤 작용의 수행에 응용하는 단계가 오는 것이다. 만사가 이 과정을 따라야 한다. 따라서 모든 연령의 모든 학생의 모든 교과의 가르침에, 전적으로 한결같은 획일적인 방법이 있게 된다.

헤르바르트의 가장 큰 공적은, 가르친다는 일을 정해진 작업이나 우연적인 행위의 영역에서 탈출시킨 데에 있다. 그는 그것을 의식적인 방법의 수준으로 높였고, 가르침은 우발적인 번뜩임과 인습을 좇는 것의 조합이 아니라,

명확한 목표와 수순을 갖춘 의식적인 작업이 된 것이다. 또한 궁극적인 이상이나 사변적인 신적(神的) 상징 등에 관한, 애매하고 다소 신비적인 일반론에 안주할 필요는 없어지고, 가르침이나 훈령에 관한 모든 사항을 명확하게 말할 수가 있게 된 것이다. 또 그는 어떤 종류의 자료를 가지고라도 연습할 수 있는 기성의 여러 능력이 있다는 개념을 버리고, 구체적인 교재, 즉 내용에 대한 배려를 중요한 일로 삼았다. 학습자료에 관한 문제를 정면으로 내세운다는 점에서, 헤르바르트는 다른 어떤 교육철학자보다도 위대한 영향을 미친 것이다. 그는 '방법'의 여러 문제를 교재와의 관련이라는 관점에서 분명히 했다. 즉, 방법은 새로운 자료와 이전 자료와의 적절한 상호작용이 확보될 수 있도록, 새로운 교재를 제시하는 방법과 순서에 관한 것이다.

그러나 이러한 견해의 근본적인 이론상의 결함은 다음과 같은 점에 있다. 즉, 생물에는 능동적인 독특한 여러 기능이 있어서, 이들은 환경에 대해서 작용할 때 일어나는 방향전환이나 조합을 통해 발달해 가는데, 이러한 과정이 무시된다는 점이다. 이 이론은, 교사는 그 기본 강령을 발휘해야 한다고 주장한다. 그러나 이것은 그 장점과 단점을 동시에 나타내고 있다. 정신은 이제까지 가르쳐진 것으로 이루어져 있고, 가르쳐진 것의 중요성은 다시 더 많은 것을 가르치는 데에 유효하다는 점에 있다는 생각은, 이른바 학교 교사의 생명관을 반영하고 있다. 이 철학은, 학생을 가르친다는 교사의 의무에 대해서는 말을 많이 하지만, 그의 학습하는 권리에 대해서는 거의 입을 다물고 있다. 또 지적 환경이 정신에 주는 영향을 강조하는데, 환경이란 공동의 경험에 자기 자신이 참가한다는 뜻을 포함하고 있다는 것을 간과한다. 이 점은 의식적으로 공식화되어 이용되는 방법의 유망성을 지나치게 과장하지만, 살아 있는 무의식적 태도의 역할을 과소평가한다. 그리고 낡은 것, 과거의 것을 강조하지만, 참으로 새롭고 예견할 수 없는 것의 작용을 가볍게 본다. 요컨대, 그것은 교육상의 문제 대부분은 고려하지만, 중요한 일—효과적인 실천의 기회를 찾고 있는 생명력—을 빠뜨리고 있는 것이다. 교육은 모두 지적 및 도덕적인 성격의 형성이나, 그 형성은 타고난 활동력을 선택·조정해서 이들이 사회 환경이라는 소재를 이용할 수 있도록 하는 데에 있다. 더욱이 그 형성은 단지 타고난 활동력의 형성일 뿐만 아니라, 이들 활동력을 통해서 이루어진다. 즉, 그것은 개조·재조직의 과정인 것이다.

2 반복 및 회고로서의 교육　발달이라는 관념과 밖으로부터의 형성이라는 관념의 어떤 특수한 조합으로부터, 교육에 관한 반복설—그것은 생물학적이자 문화적이기도 하다—이 생겼다. 개개의 인간은 발달하지만, 그 올바른 발달은 동물의 생명과 인간 역사의 과거의 진화과정을 순서 바른 단계를 밟아 되풀이하는 것이다. 전자의 반복은 생리학적으로 발생하지만, 후자는 교육을 통해 일으켜야만 한다. 개체는 단순한 배아(胚芽)로부터 성장하기까지의 과정에서, 가장 단순한 형태로부터 가장 복잡한 형태로 변해온 동물생명의 진화 역사를 되풀이(전문적 표현에 의하면 개체발생은 계통발생과 비슷하다)한다는 것이 생물학상의 진리로서 주장된다. 이 사실은 그것이 문화상의 과거반복설에 과학적 근거를 부여했다고 여겨지는 점 이외에는 이 책과 관계가 없는 사항이다. 문화상의 반복설은 첫째, 어떤 연령의 아이들은 지적으로나 도덕적으로 미개상태에 있다. 그들의 본능이 방랑적이고 약탈적인 이유는 그들의 조상이 옛날에 그러한 생활을 했기 때문이다—라고 주장한다. 그 결과(다음과 같은 결론에 이른다), 이 시기 아이들의 교육을 위한 적절한 교재는, 인류가 그와 유사한 발전단계에서 낳은 자료—특히, 신화나 민화나 노래라는 문학적 자료—라는 이야기가 된다. 그 다음에는 이를테면 목축시대에 걸맞은 단계 그리고 그 다음 단계로 계속 나아가서, 아이들이 현대의 생활에 참가할 수 있게 되기까지, 즉 문화의 현단계에 도달할 때까지 이끄는 것이다.

지금까지와 같이 엄밀한 의미에서의 반복설은 독일의 한 소학파(小學派 : 대부분은 헤르바르트 학파의 것이었다)를 넘어서는 거의 전파되지 않았다. 하지만 이 학설의 바탕에 있는 생각은, 교육이란 본질적으로 회고적이라는 것이다. 즉, 교육은 본디 과거를 돌아보며, 특히 과거 문학사의 소산으로 향하는 것이고, 정신은 과거의 정신적 유산에 맞추어서 형성되어 있으면, 그만큼 훌륭하게 형성되어 있는 것이 된다—는 생각이다. 이 견해는 특히 고등교육에 매우 큰 영향을 끼쳤기 때문에, 극히 공식화된 형태로 검토할만한 가치가 있다.

첫째로, 이 이론의 생물학적 근거가 잘못되었다. 확실히 태아의 성장은 하등동물의 특징을 얼마간 간직하고 있다. 하지만 이것은 그 어떤 점에서나, 엄밀하게 과거의 여러 단계를 통과하는 일은 아니다. 만약에 엄밀한 반복

'법칙'이라고 할 만한 것이 존재한다면, 분명 진화적 발달은 일어나지 않았을 것이다. 새로운 세대는 저마다 이전 세대의 생활을 단지 되풀이하는 데에 지나지 않았을 것이다. 요컨대 발달은 지름길이 열리고, 이전의 성장구조가 변함으로써 일어난 것이다. 그리고 이 말은, 교육의 목표가 이러한 지름길의 성장을 돕는 일임을 암시하고 있다. 교육적으로 말해서, 미성숙 상태의 큰 이점은, 낡고 답답한 과거에 언제까지고 머물러 있어야 할 필요에서 아이들을 해방시켜줄 수 있다는 것이다. 교육의 임무는, 아이들을 지도해서 과거를 반복시키는 것이 아니라, 오히려 과거를 재현하거나 재통과하는 일에서 그들을 해방시켜주는 것이다. 아이들의 사회적 환경은, 문명인의 사고방식이나 느끼는 방식의 습관이 그들을 둘러싸서 존재하고 작용하는 것으로 구성되어 있다. 이 현재의 환경이 아이들에게 미치는 지도적 영향력을 무시한다는 것은, 그 교육적 기능을 포기하는 것이나 다름없다. 어느 생물학자가 다음과 같이 말했다. "여러 동물의 발달 역사는……반복하는 필요를 면하고, 조상 전래의 방법 대신에 한층 직접적인 방법을 취하기 위해 이루어져왔다. 교묘하고, 과감하고, 다양하고, 더욱이 다소나마 좌절을 동반한 일련의 노력을……우리에게 말해주고 있다." 그렇다면 교육이 의식적 경험에서 그와 같은 노력을 도와 그것이 더욱더 성공하도록 적극적으로 시도하지 않는다면, 그것은 분명히 어리석은 일이다.

이 이론에 포함되어 있는 두 가지 올바른 요소를, 이들을 왜곡하는 잘못된 문맥과의 이음새로부터 해방시키기란 쉬운 일이다. 그것은 첫째, 생물학적 면에서 우리가 아는 단 한 가지는, 어떠한 아이도 그가 처음에는 한 쌍의 충동적 활동력만을 가지고 출발하는데, 그것들은 맹목적이고, 대부분은 서로 충돌하며 저돌적이고 산발적이어서, 당면한 환경에 적합하지 않다는 것이다. 둘째는, 과거 역사의 산물이 미래에 유용한 것인 한, 그것들을 이용하는 것은 지혜로운 사람의 역할이라는 것이다. 역사의 산물은 전에 이루어진 경험의 성과이므로, 미래의 경험에 대해서 갖는 가치는 물론 한없이 크다. 과거에 쓰인 문학작품은, 사람들이 지금 그것들을 소유하고 읽는 한 현재 환경의 일부를 이루는 셈인데, 그것들을 현재 효과적인 수단으로서 활용하는 것과, 회고적 성격 때문에 이들을 규범이나 모범으로 간주하는 태도 사이에는 매우 큰 차이가 있다.

(1)첫째의 점에 대한 왜곡은, 보통 '유전'이란 개념을 잘못 쓰는 데서 생긴다. 유전이란, 과거의 생명이 그 어떤 방법으로 개체의 주요한 특징을 미리 정했기 때문에, 이들 특징은 중대한 변화를 거의 가할 수가 없을 정도로 고정되어 있다—는 것을 의미한다고 여겨진다. 이렇게 생각하면, 유전의 효과는 환경의 효과와 대립되어, 후자의 영향은 경시된다. 그러나 교육에서 보면, 유전이 의미하는 것은, 개인이 처음부터 지닌 천부적인 소질 바로 그것이다. 교육은 인간을 있는 그대로 받아들여야만 한다. 즉, 특정한 개인이 오직 이러이러한 타고난 활동력을 갖추고 있다는 것이 기초적인 사실인 것이다. 그것들이 이러이러한 방법을 통해 나왔다거나, 그 사람의 조상으로부터 생겼다고 하는 것은, 생물학자에게는 제아무리 중요한 일이라 해도, 교육자에게는, 그것들이 지금 존재하고 있는 사실과 비교해서 특히 중요한 일은 아니다. 가령 지금 재산의 상속에 관해서 남에게 조언이나 지도를 해야 한다고 하자. 그것이 유산이라는 사실이 그 재산의 미래 용도를 미리 결정한다고 생각하는 것은 분명 잘못이다. 조언자는 거기에 있는 것을 가장 잘 활용하는 일—가장 형편이 좋은 조건하에서 그것을 운용하는 일에 관심이 있는 것이다. 있지도 않은 것을 이용할 수 없다는 것은 분명하다. 교육자 또한 그렇다. 이런 의미에서 유전은 교육의 한계이다. 사람을 가르쳐서 그가 본디 태어난 것에 적합하지 않은 모습으로 길러내려고 노력하는 것이 너무나도 널리 유행하는 습관이 되어 버렸다. 그러나 위에 적은 사실을 인식한다면, 이러한 습관에서 생기는 정력의 낭비나 초조는 방지된다. 하지만 이 이론은 현재 존재하고 있는 능력이 어떻게 사용될 것인가를 결정하지 않는다. 더욱이 바보가 아니라면, 이들 처음부터 있는 능력은 비교적 우둔한 경우일지라도, 우리가 지금 현재 올바르게 그 사용법을 알고 있는 정도보다도 훨씬 다양성이 풍부하고 잠재적 가능성이 많은 것이다. 따라서, 개인의 타고난 소질이나 결함을 주의 깊게 연구하는 일은 항상 예비적으로 필요한 일이지만, 그 후의 중요한 처치는, 그 어떤 활동력이 존재하고 있더라도 충분히 그 기능을 다하도록 환경을 제공하는 일이다.

유전과 환경의 관계는 언어에서 분명하게 볼 수 있다. 만약에 어떤 사람이 소리를 또박또박 내는 발성기관이 없고, 또 청각 또는 다른 감각수용기관도 없으며, 더 나아가서 이들 두 쌍의 기관을 연결하는 기관도 없다면, 그 사람에게 말을 가르치려 한다는 것은 전적으로 시간 낭비가 될 것이다. 그는 그 점에 결함을 안고 태어난 것으로, 교육은 그 한계를 받아들여야만 한다. 하지만 그가 이 장치를 타고났다 해도, 그것은 결코 그가 언젠가 어떤 언어를 말할 수 있게 되리란 것을 보증하지는 않는다. 그의 활동이 일어나는 장(場)이나, 이들 활동을 일으켜 실행시키는 환경이 그러한 일을 결정하는 것이다. 만약에 사람들이 서로 이야기하려 하지 않고, 살아가는 데 필요한 최소한의 몸짓밖에 하지 않는, 그러한 무언의 비사회적인 환경 안에서 생활한다면, 그는 발성기관이 없는 경우와 마찬가지로, 음성언어를 획득하는 일은 없을 것이다. 또 중국어를 말하는 사람들 중에서 그의 음성이 나온다면, 중국어 소리를 내는 활동이 선택되고 조정될 것이다. 이상의 실례는 교육가능성(educability)의 모든 범위에 해당된다. 그것은 과거로부터의 유산을 현재의 필요나 기회와의 올바른 관계에 위치 매김을 하는 것이다.

(2) 적절한 교재는 과거의 문화적 산물 안에서 찾아볼 수 있다는 이론(전반적인 문화적 산물 안에서 그 교재를 찾아볼 수 있다거나, 아니면 특정한 시대의 문화에서 쓰인 문헌이 아동의 특정한 발달단계에 알맞은 교재라는 이론), 그것은 이미 비판해온 성장의 과정과 그 산물과의 분열의 또 하나의 실례이다. 성장과정을 생생하게 해 두는 것, 장차 그 일을 한층 손쉽게 할 수 있는 방법으로서 그 과정을 활기 있게 해두는 것이 교재의 기능이다. 그러나 인간은 현재에밖에 살 수가 없다. 현재란 단지 과거 다음에 오는 것이 아니다. 하물며 과거가 낳은 것도 아니다. 그것은 생명이 과거로부터 탈출해 갈 때의 존재양식인 것이다. 과거의 산물의 연구는 현재를 이해하는 데 쓸모가 없다. 왜냐하면 현재는 이들 산물에서 생기는 것이 아니라, 이들 산물을 탄생시킨 생명으로부터 생기는 것이기 때문이다. 과거와 과거의 유산에 대한 지식이 큰 의의를 갖는 것은 오로지 그것이 현재 안에 끼어들 때뿐이다. 그리고 과거의 기록이나 유물을 주된 교재로 삼는 잘못은, 그것이 현재와 과거의 생생한 관련을 단절시켜 과거를 현재에 대항하는 것으로, 현재를 다소나마 무익한 과거의 모조품으로 만드는 경향에 있다. 그러한 사정에서는, 교양(문화)은 장식이나 위안이 되고, 은신처나 피난처가 된다. 사람들은 현재의 미숙함을 원숙하게 만드는 힘으로서 과거가 제공하는 것을 이용하지 않고, 현재의 미숙함으로부터 도피하여 상상 속의 우아 안에서 살려고 하는 것이다.

요컨대, 현재는 여러 가지 문제를 낳는데, 이들 문제가 무엇인가 좋은 생각은 없는가 하고 우리로 하여금 과거를 조사하게 하거나, 그 조사에서 발견된 것에 의미를 부여하거나 하는 것이다. 과거는 현재의 특유한 것을 포함하지 않기 때문에 과거인 것이다. 계속 움직이는 현재가 과거를 포함할 때는, 바로 그 자체의 운동을 방향지우기 위해 과거를 이용할 경우이다. 과거는 상상력의 커다란 자원이요 생활에 새로운 넓이를 부가하는 것이다. 하지만 이 모든 일은 과거가 현재와 분리된 별도의 세계가 아니라 현재의 과거로 여겨질 때 한해서이다. 현재의, 산다는 영위나 성장한다는 작용—그것이야말로 항상 현재적인 유일한 것이지만—을 가볍게 보는 주의는, 당연히 과거로 향한다. 왜냐하면 그것이 설정하는 미래의 목표는 멀리 떨어져 있고 공허한 것이기 때문이다. 더욱이 현재에 등을 돌린 이상, 과거의 유물을 짊어지고 현재로 복귀할 길은 막혀 있다. 그러나 눈앞의 현실의 필요나 장면에 대해서 충분히 민감한 정신은, 현재의 배경에 대한 관심에 매우 강한 동기를 가질 것이고, 현재와의 관련을 상실해 버리는 일은 결코 없을 것이므로, 되돌아오는 길을 찾을 필요도 결코 없을 것이다.

3 개조로서의 교육 교육은 내부로부터의 잠재적인 힘의 개발이라는 생각과도, 또 물리적 자연현상이든 과거의 문화적 산물이든 여하간 그러한 것으로써 이루어지는 외부로부터의 형성 작용이라는 생각과도 현저한 대조를 보이며 나아왔다. 결국 이상적인 성장으로 이끄는 교육이란 경험을 끊임없이 재조직 내지는 개조하는 일이라는 생각에 귀착한다. 그것은 항상 당면한 목적을 가지고 있고, 더욱이 활동이 교육적인 한 그것은 그 목적—경험의 질을 직접 변화시키는 일—에 도달한다. 유아기도 청년기도 성인기도 모두 마찬가지로 교육하기 알맞은 시기이다. 경험의 어느 단계에서나 실제로 배운 바로 그것이 경험의 가치를 이룬다는 뜻에서, 또 모든 시기에서 생활의 주요한 작업은 그 단계에서 생활의 의미를 더욱더 풍요롭게 하는 데 있다는 뜻에서 그러하다.

이로써 우리는 교육의 전문적인 정의에 도달한다. 즉, 교육이란 경험의 의미를 증가시켜, 그 후의 경험의 진로를 방향짓는 능력을 높이도록 경험을 개조 내지 재조직하는 일이라는 것이다.

(1)의미의 증가란, 우리가 종사하는 여러 활동의 관련이나 연속을 더욱더 많이 인지한다는 뜻이다. 활동은 우선 충동적인 형태로 시작한다. 즉, 맹목적이다. 그것은 자기가 무엇을 하고 있는지 알지 못한다. 그 활동과 다른 활동과의 상호작용이 어떻게 진행되는가를 모르는 것이다. 교육이나 가르침을 수반하는 활동은, 그때까지 인지할 수 없었던 여러 관련성을 알아차리게 해 준다. 앞서 본 단순한 실례를 다시 들어서 말하자면, 아이가 타고 있는 빛 쪽으로 손을 내밀면 화상을 입는다. 그는 일정한 시각작용과 관련된 일정한 접촉 동작(그리고 그 반대도)이 뜨거움과 아픔을 의미한다는 것, 즉 일정한 빛은 불을 의미함을 알게 된다. 과학자가 실험실에서 불꽃에 대해서 좀 더 자세히 알기 위해 하는 행위도, 본질은 이것과 조금도 다르지 않다. 몇 가지 일을 행함으로써 그때까지 무시되었던 열과 다른 것과의 일정한 관련을 드러내는 것이다. 이리하여 이것들에 관한 그의 행위는 한층 많은 뜻을 획득한다. 그는 이것들을 다룰 때, 자기가 무엇을 하고 있는지, 또는 자기가 무엇을 '하려고 하는지'를 한층 자세하게 알고 있다. 또 단지 결과가 나오는 대로 내버려 둘 뿐만 아니라, 결과는 의도하기도 한다. 이상은 모두 같은 것을 말하는 동의적(同義的) 표현에 지나지 않는다. 또 그와 동시에 불꽃의 의미도 늘어난다. 연소나 산화, 빛이나 온도에 대해서 알려진 모든 내용이, 불꽃의 지적 내용의 본질적 부분이 되는 것이다.

(2)교육적 경험의 또 하나의 측면은, 그 이후의 행동을 방향짓거나 통제하거나 하는 힘이 늘어난다는 것이다. 자기가 행하는 일을 안다거나 일정한 결과를 의도할 수 있다고 하는 것은, 말할 필요도 없이 이윽고 일어날 일을 한층 잘 예상할 수 있다는 의미요, 또 그러기 때문에 유익한 결과를 내고 바람직하지 않은 결과는 회피하도록 미리 준비할 수가 있다는 뜻이다. 진정으로 교육적인 경험, 즉 교훈이 전해지고 능력이 향상되는 경험은, 한쪽에서는 정해진 일률적 활동과, 다른 한쪽에서는 자의적인 행동과 구별된다. (a)자의적인 행동에서는, 사람은 '무슨 일이 일어나든 상관하지 않는다'. 다만 멋대로 행동할 뿐, 자기 행위의 결과(즉, 자기 행위와 다른 사물과의 관련의 증거)를 자기 행위에 관련 지우려고 하지 않는다. 그와 같은 무목적적이고 엉터리 같은 활동은, 고의적인 장난이나 부주의, 무규율로 간주되어 빈축을 사는 것이 고작이다. 더욱이 그러한 무목적적 활동의 원인을, 다른 모든 것으로부터

분리된, 그 젊은이들의 성향 안에서 찾는 경향이 있다. 하지만 사실 그러한 활동은 폭발적인 것으로, 주위 환경에 적응하지 못하는 데 그 원인이 있다. 사람들은 외부의 지시하에서, 즉 명령을 받았기 때문에—자신의 목적도 없이, 또 그 행위가 다른 여러 행위에 대해서 맺는 관계를 인지하는 일도 없이—행동할 때에는, 항상 자의적으로 행동한다. 자기가 이해하지 못하는 것을 행해도 배울 때가 있다. 매우 이지적인 행동을 할 때도 우리는 의도하지 않은 일을 많이 하는데, 그것은 우리가 의식적으로 꾸미는 행위가 갖는 여러 가지 관련의 대부분을 인지 내지는 예상하지 않기 때문이다. 그래도 그 행위를 수행한 뒤에 이전에는 몰랐던 여러 결과를 알아차리기 때문에, 비로소 배우게 되는 것이다. 그러나 학교에서는, 학생들이 행동을 하고 난 뒤에까지도 그 결과—예를 들어 해답—와, 그들이 따른 방법 사이의 관련을 이해하지 못하는, 그런 종류의 규칙을 학생의 행동 규칙으로서 설정하는 데 많은 노력을 쏟는 것이다. 학생 쪽에서 보면, 모든 것은 속임수와 일종의 기적이다. 그러한 행동은 본질적으로 자의적인 것으로, 결국은 자의적인 습관이 되는 것이다. (b)정해진 일률적인 행동, 즉 자동적인 행동은 어떤 특정한 일을 하기 위한 숙련을 증진시킬지도 모른다. 그러면 그것은 교육적 효과를 갖는다고 할 수 있다. 하지만 그것은 의미나 관련의 새로운 인지에는 이르지 않는다. 즉, 의미의 시야를 확대하기는커녕 오히려 제한하는 것이다. 더욱이 환경은 변화하고, 또 사물과 균형이 잡힌 관련을 잘 유지해가기 위해서는 우리의 행동 방법이 수정되어야만 하므로, 고립된 획일적인 행동방법은 어떤 위기 장면에서는 위험한 것이 된다. 자만하는 '숙련'은 결국 어색한 우둔이 되는 것이다.

　교육을 끊임없는 개조라고 보는 교육관과, 이 장과 전 장에서 비판해 온 다른 단편적인 생각과의 본질적인 차이점은, 전자가 목적(결과)과 과정을 동일시한다는 것이다. 이것은 언어상으로는 자기모순이지만, 그것은 단지 언어상의 일에 지나지 않는다. 그것이 뜻하는 바는 다음과 같은 점들이다. 즉, 능동적인 과정으로서의 경험은 시간적인 범위를 가지고 있다는 것, 그리고 그 후의 기간은 그 처음 부분을 완성한다고 하는 것, 즉 그것은 내포되어 있었기는 했지만 이제까지 몰랐던 여러 관련을 밝은 곳으로 꺼내는 일이다. 이처럼 후에 나타나는 결과는 초기 단계에 포함되는 의미를 구현하는 것이다. 더욱이 경험은 전체로서는, 이 뜻을 가진 것으로 향해서 가는 경향 내지는 성향을 확립하는 것이다. 그러한 연속적 경험 내지 활동은 모두 교육적이며, 모든 교육은 그와 같은 경험을 하는 데에 있다.

마지막으로 지적해 둘 일은(후에 좀 더 자세히 검토할 작정이지만), 경험의 개조는 개개의 인간에 관한 것일 뿐만 아니라 사회적인 것이기도 하다는 점이다. 앞의 여러 장에서는, 논술을 간단히 하기 위해서, 미성숙자에게 그들이 소속된 사회집단의 정신을 채우는 교육은, 성인집단의 재능이나 생활력에 아이들이 따라오는 것인 듯 말해왔다. 정적(靜的)인 사회, 즉 굳어진 관습의 유지를 그 가치척도로 하는 사회에서는, 지금 말한 것과 같은 생각이 대체적으로 해당된다. 그러나 진보하는 사회에서는 이 말이 통하지 않는다. 거기에서는 현재 일반적으로 행하여지는 습관을 재생산하기 위해서가 아니라, 보다 더 좋은 습관을 일으켜 미래의 성인사회가 현재의 사회보다도 진보될 수 있도록, 아이들의 경험을 이끌려고 노력하는 것이다. 명백한 사회의 여러 악을, 그 악을 낳는 일이 없는 길로 아이들을 보냄으로써 제거하는 데에 교육은 어느 정도 의식적으로 이용할 수가 있는가, 이 점에 대해서 사람들은 예전부터 얼마쯤 알아차리고 있었다. 또 사람이 품고 있는 보다 더 높은 희망을 실현하기 위해, 교육은 어느 정도 그 수단이 될 수 있는가 하는 점에 대해서도 어느 정도 생각을 했던 것이다. 하지만 사회를 개선하는 건설적인 힘으로서의 교육의 잠재적인 효력을 진정으로 이해하고, 교육이 단지 아이들이나 청년의 발달을 의미할 뿐만 아니라, 그들이 이윽고 그 구성원이 되는 미래 사회의 발달도 의미함을 진정으로 이해하는 것으로부터, 우리는 틀림없이 아직도 먼 단계에 있다.

요약 교육은 회고적 관점에서 생각할 수도 있고, 예견적인 관점에서 생각할 수도 있다. 즉, 그것은 과거에 미래를 종속시키는 과정으로 간주되기도 하고, 발달해 가는 미래의 수단으로서 과거를 이용하는 과정으로 간주되기도 한다. 전자는 이미 지나간 것 중에서 규범이나 본보기를 발견한다. 그리고 정신은 일정한 사물이 제지된 결과 생기는 내용의 집합체로 간주되는 일이 있다. 여기서 초기의 여러 표상은, 이후의 여러 표상을 동화하는 내용을 구성하게 된다. 미성숙자들의 초기 경험의 가치를 역설한다는 것은, 특히 그것을 가벼이 보는 경향이 있기 때문에 매우 중요하다. 하지만 이들 경험은 외부에서 제시된 재료로 성립된 것이 아니라, 타고난 활동력과 환경의 양자를 차차 수정해 가는 양자—즉, 이들의 활동력과 환경—의 상호작용으로 성립되어 있는 것이다. 표상을 통한 정신형성이라는 헤르바르트 이론의 결함은, 이 끊임없는 상호작용과 변화를 가볍게 본 점에 있다.

마찬가지 비판 원리가, 학습의 기본적 교재를 인간 역사의 문화적 산물—특히 문예작품—속에서 찾는 이론에도 해당된다. 사람들이 활동하고 있는 현재의 환경과의 관련에서 분리된다면, 이들 문화적 산물은 현재의 환경에 대항하여 사람의 마음을 현혹시키는 일종의 환경이 된다. 이들의 가치는, 현재 우리와 적극적으로 연관된 사물의 의미를 증대시키기 위해 그것들이 사용되는 데 있다. 그런데 이상의 여러 장에서 우리가 내세워왔던 교육관은, 형식적으로 요약하면 경험의 끊임없는 개조라는 관념이 된다. 그것은 먼 미래를 위한 준비로서의 교육과도, 개발로서의 교육과도, 외부로부터 형성으로서의 교육과도, 과거의 반복으로서의 교육과도 구별되는 교육관이다.

제7장

교육에 대한 민주적인 생각

우리는 이제까지 부수적으로 다룬 경우는 별도로 하고, 대체적으로 어떤 사회집단에서도 존재할 수 있는 교육에 대해서 논해왔다. 이번에는 여러 가지 다른 유형의 사회에서 교육이 이루어지면 여러 가지 다른 것이 되는 교육의 정신, 교재, 방법의 차이를 명백히 해보자. 교육은 사회의 기능이며, 미성숙자들을 그들이 속하는 집단의 생활에 참가시키는 것을 통해서 지도하고 발달시키는 일이다. 이는 실질적으로는, 집단에서 이루어지는 생활의 질에 따라 교육 또한 달라진다는 뜻이기도 하다. 특히 단지 변화할 뿐만 아니라, 자기를 개선하는 변화를 이상으로 하는 사회는, 단지 관습을 유지하는 것만을 지향하는 사회와는 다른 교육의 규범이나 방법을 보일 것이다. 이 점은 확실하다. 따라서 이제까지 살펴본 일반적인 관념을 우리의 교육실천에 응용할 수 있게 하기 위해서는, 현재 사회생활의 본질에 한층 더 다가가야 한다.

1 인간의 공동생활 의미 사회란 하나의 단어이지만 많은 것을 의미한다. 사람들은 갖가지 방법으로, 모든 목적을 위해 서로 결합된다. 한 사람이 많은 서로 다른 집단에 관여하고, 이들 서로 다른 집단에서는 그 구성원들 또한 전혀 다르기도 하다. 더욱이 이들은 공동생활의 여러 양식이라는 점 이외에는 아무런 공통점도 없는 것처럼 보이는 일이 자주 있다. 비교적 큰 사회조직 안에는, 그 어느 것이나 다수의 보다 더 작은 집단이 있다. 이들은 행정상의 하위구분뿐만이 아니라 산업상, 학문상, 종교상의 결합이기도 하다. 서로 다른 목적을 바라보는 정당, 사회단체, 파벌, 도당, 단체, 조합, 혈연으로 굳게 맺어진 집단 외에도 한없이 많은 다양한 집단이 있다. 많은 근대국가 중에는, 또 몇 개의 고대국가에도, 서로 다른 언어·종교·도덕률·전통을 지닌 매우 다양한 주민이 존재한다. 이러한 견지에서 보자면, 많은, 보다

더 작은 행정단위, 예를 들면, 우리나라의 대도시는 사람들의 행동이나 사상이 서로 침투하고 있는 하나의 포괄적인 공동체라고 하기보다는, 오히려 몇몇 사회를 엉성하게 결부시킨 세대(世帶)이다(32~33쪽 참조).

사회(society)나 공동체(community)란 용어는 이처럼 애매하다. 이들 용어는 이상화된 의미, 규범적인 의미와 기술적인 의미의 양쪽, 즉 도리상의 의미와 사실상의 의미를 지닌다. 사회철학에서는, 전자의 규범적인 의미가 거의 언제나 우위를 차지하고 있다. 사회는 다만 그 본질 때문에 하나의 사회라고 여겨지는 것이다. 이 통일체에 뒤따르는 여러 특질, 즉 목적이나 복리의 훌륭한 공유, 공공목적에의 충성, 사람들 상호간의 동정심이 강조되는 것이다. 하지만 사회라는 용어의 본질적인 내포적 의미에만 주의를 국한하지 않고, 그 용어가 외연적(外延的)으로 가리키는 여러 사실에도 주목한다면, 우리는 통일체가 아니라 많은 좋고 나쁜 사회가 있음을 알게 된다. 범죄적 음모를 둘러싸고 결속된 사람들, 사람들을 위해 일하면서 사람들을 먹이로 삼는 실업단체, 횡령의 이익으로 맺어진 정계의 흑막도 그 안에 포함된다. 그런데 그러한 조직체는 사회라는 개념의 이상적 필요조건을 채우지 못하므로 사회가 아니라고 주장하는 한편에선, 그러면 사회라는 개념이 너무나도 '이상화'되어 사실과는 무관한 전혀 쓸모없는 것이 된다는 반론이 제기된다. 또 다른 한편에서는, 이들 조직체는 모두 비록 제아무리 다른 집단의 이익과 대립하더라도 사회를 단결시키는 훌륭한 특징 중 하나를 가지고 있다는 반론도 성립되는 것이다. 도둑들 사이에도 명예가 있고, 그들만의 공통된 관심이 있다. 도당의 특징은 형제애이며, 또 파벌의 특징은 그 규율에 대한 엄격한 충성심이다. 가정은 외부 사람에 대해서는 배타성이나 의심, 경계심으로 특징지어지겠지만, 그 내부에는 친목과 서로 돕는 모범이 있다. 집단에서 이루어지는 교육은 어느 것이나 모두 그 성원을 사회화하는 경향을 띠는데, 그 사회화의 질이나 가치는 그 집단의 습관과 목표에 따라 정해진다.

따라서 여기에서 다시, 임의의 기존 사회생활 양식의 가치를 재는 잣대가 필요하게 된다. 이 척도를 구할 때는, 두 가지 극단을 피해야 한다. 우리의 머리에서 그린 이상적인 사회를 내세워서는 안 된다. 자기의 이상이 실현될 수 있는 것이라는 그 어떤 보증을 얻기 위해서는, 그 개념을 실제로 존재하는 사회 위에 세워야 한다. 그러나 방금 보아온 것처럼, 이상은 현실에서 찾아볼 수 있는 여러 특징의 단순한 되풀이어서는 안 된다. 문제는, 실제로 존재하는 여러 모양의 사회생활에서 바람직한 특징을 추출해, 그것으로써 바람직하지 못한 여러 특징을 비판하여 개선을 제안하는 것이다. 그런데 어떤 사회집단에도, 비록 도둑 패거리라 할지라도 모두가 공통으로 품은 어떤 관심을 찾아볼 수 있고, 다른 집단과의 상호작용이나 협력적 교섭도 어느 정도는 발견할 수 있다. 이 두 가지 특징으로부터 우리가 구하는 기준을 끌어낼 수 있는데, 그것은 의식적으로 공유하는 관심이 얼마나 많고 또 다양한가, 그리고 다른 종류의 집단과의 상호작용이 얼마만큼 충실하고 자유로운가 하는 것이다. 이런 점에 관한 고찰을, 예를 들어 범죄자의 무리에 적용해 보면, 그 성원을 의식적으로 결부시키고 있는 유대가 극히 적어서 거의 훔친 물건에 대한 공통된 관심뿐이고, 이들의 유대가 생활의 여러 가치의 교환이라는 점에서 볼 때, 그 집단을 다른 집단으로부터 고립시키는 성질의 것임을 알 수 있다. 따라서 이러한 사회가 주는 교육은 한쪽으로 치우치고 왜곡되어 있는 것이다. 한편, 앞서 본 기준의 실례가 되는 가족생활을 고찰해 본다면, 거기에는 전원이 공유하는 물질적, 지적, 그리고 미적(美的)인 관심이 있다. 또 한 성원의 진보는 다른 성원들의 경험에도 가치가 있고, —즉 전달되기 쉽다—가족은 고립된 통일체가 아니라, 다른 유사한 여러 집단뿐만 아니라 직업단체, 학교, 모든 문화기관과도 밀접하게 연결되어 있다. 나아가 가족은 정치기구 안에서 적당한 역할을 다하여, 그 대신에 그 정치기구로부터 원조를 받는다는 사실을 알게 된다. 요컨대, 거기에는 의식적으로 전달되어 공유되는 많은 관심이 존재하고, 다른 공동양식과의 다양하고 자유로운 접촉점이 존재하는 것이다.

(1) 위에 적은 판단기준의 첫째 요소를, 전제정치가 실시되는 국가에 적용해 보자. 그러한 체제에서는 지배자와 피지배자 사이에 공통된 관심이 전혀 없다고 보는 것은 옳지 않다. 지배하는 권력자는 신민(臣民)의 본디 활동력에 어느 정도 호소해야만 한다. 즉, 신민의 힘을 어느 정도 활동시켜야 하는 것이다. "총검을 내세운 정부는 모든 일을 할 수 있을 것이다. 그러나 그 위에 앉을 수는 없다"고 탈레랑이 말하였다. 이 아이러니컬한 공언은 적어도, 이 유대를 지켜주는 힘이 단순히 위압적인 무력뿐만은 아님을 말해준다. 그러나 여기서 활동력에 호소하고 있다고 해도, 그 활동력 자체는 저급하고 비굴한 것

이다, 그러한 정치는 단순히 공포심만을 북돋아 이용하는 데에 지나지 않는다 —고 말할 수 있을지 모른다. 어떤 의미에서 이 말은 옳다. 하지만 그것은 공포가 경험의 바람직하지 않는 요소일 수만은 없다는 사실을 간과하고 있다. 신중함, 용의주도함, 사려 깊음, 해로운 것을 피하기 위해 미래의 사건을 미리 알고 싶은 욕구 같은 바람직한 특성은, 비겁한 행동이나 비굴한 복종과 마찬가지로 공포의 충동을 북돋움으로써 생긴 결과이다. 진정한 난점은 그 공포의 작용이 고립되어 있다는 것이다. 공포나 특정한 실질적 보상—예를 들면, 위안이나 안락—에 대한 기대를 불러일으킬 때, 많은 다른 능력은 그저 방치되어 있다. 아니 오히려 이들 능력은 영향을 받기는 하지만, 악용되는 듯한 방법으로 영향을 받는다. 이들은 그 자체를 위해 일하지 않고, 쾌락을 얻고 고통을 피하기 위한 단순한 수단이 되어버리는 것이다.

지금까지의 내용은 공통된 관심이 그다지 많지 않으며, 사회집단의 성원 사이에 자유로운 왕래가 없다는 것과 마찬가지 의미이다. 자극과 반응이 심히 편중되어 있는 것이다. 많은 가치를 공유하기 위해서는, 집단의 모든 성원이 서로 주고받는 기회를 균등하게 누려야 한다. 매우 다양한 공동사업과 경험이 있어야 하는 것이다. 그렇지 않으면, 어떤 사람들을 교육해서 주인으로 만드는 감화가, 다른 사람들을 교육해서 노예로 전락시킨다. 그리고 여러 양식의 생활경험이 자유롭게 교류되지 못할 때에는, 어느 쪽 경험도 그 뜻을 상실하게 된다. 특권계급과 종속계급의 분열은 사회의 삼투작용을 방해한다. 이 때문에 상층계급을 침해하는 해악은 그다지 구체적이지 않고 눈에 띄지도 않지만, 마찬가지로 존재한다. 그들의 교양은 불모지로 변하고 퇴행해서 자기만족에 빠지는 경향이 있다. 그들의 예술은 허세에 찬 부자연스러운 것이 되고, 그들의 부(富)는 사치가 되고, 그들의 지식은 너무나 전문화되며, 그들의 행동예법은 우아하기보다는 오히려 번잡한 허례가 되는 것이다.

공유된 여러 관심에서 생기는 자유롭고 공평한 상호교섭의 결여는, 지적 자극을 불균형하게 한다. 자극의 다양성은 새로운 것을 가져오고, 새로운 것은 사고력에의 도전이 된다. 활동이 소수의 한정된 노선에 제한되면 될수록 —여러 경험 간의 충분한 상호영향을 방해하는 계급적 경계선이 존재하는 경우와 마찬가지로—불리한 계급 쪽에서는 행동이 더욱더 틀에 박힌 일이 되기 쉽고, 물질적으로 혜택을 받은 계급 쪽에서는 행동이 더욱더 자의적이고 무목적적이고 감정적이 되기 쉽다. 플라톤은 노예를 정의하여, '자기 행위를 통제하는 목적을 다른 사람으로부터 받는 사람'이라고 말하였다. 이 노예라는 계급은 법률적 의미로서의 노예제도가 존재하지 않는 곳에도 존재한다. 사람들이 사회에 쓸모 있는 활동에 종사하면서도 그 봉사의 뜻을 이해하지 못하고, 그것에 대해 본인 자신이 아무런 흥미도 보이지 않는 곳에서는 항상 그러한 노예를 발견할 수 있다. 작업의 과학적 관리에 대해서 많은 말들이 있다. 작업능률을 확보하는 과학을 근육의 운동만으로 한정한다는 것은 편협한 견해이다. 과학의 주요 계기는 사람과 그 일과의 관계—그 일에 참가하는 다른 사람들과 그와의 관계도 포함해서—의 발견이고, 그것은 자기가 하는 일에 대한 지적 흥미를 불러일으킬 것이다. 생산의 능률을 높이려면 분업이 필요한 것이 사실이다. 그러나 노동자들이 자신들이 하는 일 안에 포함되어 있는 기술적·지적·사회적인 여러 관계를 알고, 그러한 인식에서 동기가 부여되어 그 일에 종사하는 것이 아니라면, 그것은 기계적이고 틀에 박힌 작업이 되어 버린다. 활동의 능률이나 과학적 관리와 같은 문제를 전적으로 기술적인 외적 사항으로 생각하는 경향은, 산업을 관리하는 사람들—산업의 목표를 설정하는 사람들—에게 주어지는 사고(思考)의 자극이 편협하다는 증거이다. 전반에 걸친, 균형이 잘 잡힌 사회적 관심이 그들에게 결여되어 있기 때문에, 산업에서의 인간적인 요소나 관계에 주의를 돌리게 하는 데에 충분한 자극이 일어나지 않는 것이다. 지성은 기술적인 생산과정과 시장에서의 상품 매매에 관한 여러 요소에 국한되어 있다. 확실히 이처럼 좁게 한정되어 있는 범위에서 매우 예민하고 강력한 지성을 발달시킬 수는 있으나, 그럼에도 불구하고 뜻 깊은 사회적 여러 요소를 잘못 고려하는 일이 건성을 자아내고 이에 대응하는 정서생활의 왜곡도 가져오는 것이다.

(2) 위의 실례를 통해 본 설명(그 요점은 관심의 상호교류가 결여된 모든 공동생활에 적용할 수 있다)은, 우리를 제2의 논쟁점으로 끌고 간다. 도당이나 파벌의 고립이나 배타성은 그 반사회적 경향을 드러낸다. 그러나 스스로 고립되어, 다른 집단과 충분히 상호작용할 수 없게 하는 '독자적인' 관심을 추구하는 집단이라면 어디에서나 이러한 경향을 볼 수 있다. 이런 집단의 주요목적은 보다 넓은 여러 관계를 통해서 자기를 개혁하고 진보케 하는 것이 아니라, 이미 얻은 것을 지키는 데 있다. 서로 고립된 국가, 보다 큰 사

회와는 아무런 관련이 없는 듯 사사로운 내부 문제에만 집중하는 가정, 가정이나 지역사회의 관심에서 떠난 학교, 부자와 빈자, 교양이 있는 사람과 없는 사람의 차별에서 앞서 말한 특징이 나타난다. 본질적인 점은, 고립상태는 생활의 경직이자 형식적 제도화를 조장하고, 집단 내부의 정적(靜的)이고 이기적인 이상을 일으킨다는 것이다. 미개 부족이 '외부 사람'과 '적'을 같은 뜻으로 보는 것은 우연이 아니다. 이는 그들이 자기들의 관습을 고수하는 것과 경험을 동일하게 생각해 왔다는 사실에서 생기는 것이다. 이러한 생각에 입각하면, 다른 사람과의 교류를 두려워한다는 것은 논리적인 귀결이다. 왜냐하면 그 접촉이 관습을 해체할지도 모르기 때문이다. 그것은 틀림없이 개조를 일으킬 것이다. 정신생활이 기민해지고 확대되어 가는 것은, 물질적 환경과의 접촉범위가 확대되기 때문이라는 것은 모두가 아는 이야기이다. 그러나 이 원리는, 우리가 무시하기 쉬운 분야—사회적인 접촉 영역—에 한층 의의 깊게 적용된다.

인류역사의 발전기는 모두, 그때까지 서로 배척하던 민족이나 계급 사이의 틈을 메우는 여러 요인이 작용한 것과 같은 시기에 일어났다. 이른바 전쟁의 은혜도 이러한 사실에서 생긴 것이다. 민족 간의 투쟁이 적어도 이들 민족을 서로 교류할 수밖에 없게 하여, 뜻하지 않게 서로 상대방으로부터 배우게 하고, 그로써 시야를 넓히게 하는 것이다. 여행이나 경제나 상업의 추세는 현재 매우 진보해서, 대외적인 장벽을 파괴하기까지에 이르렀다. 즉, 민족이나 계급을 서로 밀접하게, 더 뚜렷하게 결부시키게 되었다. 아직도 남아 있는 문제는, 대체적으로, 이 물리적인 거리의 소멸이 갖는 지적이고 정서적인 의의를 명확히 해가는 일이다.

2 민주적 이상 우리의 판단기준의 두 가지 요소는 다 같이 민주주의를 지향한다. 첫째 요소는, 공유된 공동의 관심이 보다 많고 다양한 사항으로 향하는 것뿐만 아니라, 상호관심을 사회통제의 한 요인으로서 확인함으로써 보다 깊은 신뢰를 두는 것도 의미한다. 둘째 요소는, (한때는 의도적으로 고립되어 있던) 사회집단이 서로 보다 더 자유롭게 상호작용을 하는 것뿐만 아니라, 사회적 습관에 변화가 일어나는 일—즉, 여러 가지 상호교섭에 의해서 생긴 새로운 상황에 대처함으로써 끊임없이 그것을 재적응시키는 일—

도 의미한다. 이들 두 가지 특징이야말로 민주적으로 구성된 사회의 특징을 이루는 것이다.

교육 면에서, 우리는 우선 다음과 같은 일에 주목한다. 여러 가지 관심이 서로 침투해 있고, 진보, 즉 재적응이 고려해야 할 중요한 문제가 되는 그러한 사회생활을 실현하기 위해, 민주적 공동사회는 다른 공동사회보다도 계획적이고 조직적인 교육에 한층 깊은 관심을 보이게 된다는 것이다. 민주주의가 교육에 열의를 나타낸다는 것은 잘 알려진 사실이다. 자기들의 통치자를 직접 선출하는 국민이 교육 받지 못한다면, 보통선거에 바탕을 두는 정치가 잘 되어갈 리 없다는 것이 그 표면적 설명이다. 민주적 사회는 외적인 권위에 바탕을 둔 원리를 부정하므로, 그 자리를 메우는 것을 자발적인 성향이나 관심 안에서 발견해야만 한다. 이는 교육을 통해서만 만들어낼 수 있는 것이다. 그러나 우선, 민주주의는 공동생활의 한 양식, 연대적인 공동경험의 한 양식이다. 사람들이 어떤 하나의 관심을 공유하면, 각자는 자신의 행동을 다른 사람들의 행동에 관계 지어서 생각해야만 하고, 또 자신의 행동에 목표나 방향을 부여하기 위해 타인의 행동을 숙고해야만 하게 된다. 그처럼 하나의 관심을 공유하는 사람들의 수가 더욱더 넓은 범위로 확대되어 간다는 것은, 사람들이 자기 활동의 완전한 인식을 방해하는 계급적·민족적·국토적 장벽을 파괴하는 것과 같은 일이다. 이렇게 접촉점이 더 많아지고 더 다양해진다는 것은, 개인이 반응해야 할 자극이 더욱 다채로워짐을 의미하며, 그 결과 개인의 행동 변화가 조장되는 것이다. 이렇게 되면 지금껏 억압되었던 여러 능력이 많은 다양한 접촉점을 통해 해방된다. 그러나 많은 관심을 차단하고 있는 배타적인 집단에서는 그 능력이 억눌릴 수밖에 없다.

공유된 관심의 범위가 확대되거나 한층 다양한 개인적 능력이 해방된다는 것은 민주주의의 특징을 이루지만, 이들은 물론, 곰곰이 생각하거나 의식적으로 노력해서 생긴 것이 아니다. 오히려 이들은 자연의 에너지를 제어하는 과학의 힘에서 생긴 공업이나 상업, 여행, 이주, 상호교신의 여러 양식의 발달을 통해 나온 것이다. 그러나 한편에서 개성화가 한층 진행되고, 또 다른 한편에서는 관심이 한층 넓은 범위에서 공유되게 된 후에는, 그러한 개성화나 관심의 공유를 유지하고 확충하는 일이 계획적인 노력의 문제가 된다. 계층화되어 각기 다른 계급으로 나뉘면 어떤 사회에서는 치명적인 타격을 입기 때문에, 그러한 사회는 모든 사람이 평등하고 더욱이 손쉽게 지적 기회를 얻을 수 있도록 주의를 해야만 하는 것은 분명하다. 각기 다른 계급으로 갈라진 사회는, 지배계급의 교육에만 특별히 주의하면 된다. 그러나 유동적이고 그 어딘가에서 일어난 변화를 전파하는 경로가 많은 사회는, 그 성원을 교육해서 각기 자신의 독창력이나 순응성을 갖추도록 배려해야 한다. 그렇지 않으면 그들은 변화에 말려들었을 때, 그 의미나 관련도 모른 채 변화에 압도되어버릴 것이다. 그 결과 혼란이 생기고, 혼란의 와중에서 소수자가 다른 사람의 맹목적이고 외부의 통제를 받는 활동의 성과를 횡령하게 될 것이다.

3 플라톤의 교육철학   다음 장 이후에서는, 교육에 관한 민주적 여러 개념이 포함한 의미를 분명히 할 작정이다. 그러나 이 장의 나머지 부분에서는, 교육의 사회적 의미가 특히 주목을 받은 세 시대에서 전개된 교육론을 고찰하기로 하자. 맨 처음은 플라톤의 이론이다. 그는, 각자가 다른 사람에게 유용한 방법으로(즉, 자기가 속해 있는 사회 전체에 공헌하는 방식으로), 자기가 타고난 적성에 맞는 일을 할 때 사회는 안정된 조직을 갖추게 된다는 것, 그리고 이들 적성을 발견하여 그것들을 훈련해서 사회에 쓸모가 있도록 하는 것이 교육의 임무임을 누구보다도 훌륭하게 밝혔다. 이제까지 말해 온 많은 것은, 플라톤이 처음에 의식적으로 세상에 가르친 것으로부터 빌려온 것들이다. 그러나 그가 지적으로 대조하여 조사할 수 없었던 여러 조건 때문에, 그는 이들 생각의 적용범위를 제한하게 되었다. 그는 개인이나 사회집단을 특징짓는 활동이 한없이 많다는 생각을 전혀 해본 일이 없었고, 따라서 그의 견해는 어느 한정된 수의 능력구분과 사회적 서열부여에 한정된 것이다.

플라톤의 출발점은, 사회의 조직은 궁극적으로 존재의 목적을 앎으로써 정해진다는 것이다. 그 목적을 모른다면, 우리는 우발사건이나 제멋대로인 생각에 좌우될 것이다. 그 목적, 즉 선(善)을 알지 못하면, 우리는 조장해야 할 가능성은 무엇인가라는 점에 대해서도, 또 사회의 질서는 어떻게 정비되어야 하는 지에 대해서도, 그것을 합리적으로 결정하는 그 어떤 판단기준도 세우지 않게 될 것이다. 우리는 여러 활동의 적정한 한계와 배분—그가 정의라고 부른 것—을 개인 및 사회조직 양쪽의 특성으로서 이해할 수가 없게 될 것이다. 그러나 어떻게 이 궁극적이고 영구적인 선의 인식에 도달할 수 있을까? 이 문제를 논할 때, 우리는 공정하고 조화를 이룬 사회질서의 경우는 별도로 하고, 그러한 인식은 불가능하다는, 겉보기에 극복할 수 없는 것처럼 보이는 걸림돌을 만나게 된다. 공정하고 조화된 사회질서 이외의 모든 경우에 있어서, 잘못된 가치판단이나 잘못된 전망이 정신을 현혹하고 속이는 것이다. 질서가 문란한 당파적인 사회는 여러 개의 서로 다른 모범이나 기준을 설정한다. 그러한 상황하에서는 개인이 모순 없이 일관된 정신 상태에 이르기란 불가능하다. 완전한 통일체만이 완전히 자기모순 없는 상태에 있는 것이다. 사회의 어떤 요소가 다른 요소를 그 합리적인, 즉 나름대로의 권력에 상관없이 지배하는 권력에 기초를 두는 사회는, 필연적으로 사고를 현혹시키게 된다. 그러한 사회는 어떤 일을 장려하면서도 다른 것을 무시한다. 그리고 그것이 형성하는 정신은 겉으로는 통일된 듯 보여도, 그 통일은 강제되고 왜곡된 것에 지나지 않는다. 교육은 결국, 제도나 관습이나 법률이 만든 틀에서 찍혀 나오는 것이다. 공정한 국가에서만이 올바른 교육이 이루어지며, 더욱이 올바르게 훈련된 정신을 지닌 자만이 사물의 목적, 사물에 질서를 부여하는 원리를 인식할 수 있다. 우리는 아무래도 절망적인 순환논법에 빠져 있는 것 같다. 그러나 플라톤은 그로부터의 출구를 암시하고 있다. 소수 사람들, 철학자들, 즉 지혜—즉 진리—를 사랑하는 사람들이 학문을 함으로써 참다운 존재의 틀을 적어도 개략적으로 알게 될 것이다. 만약에 유력한 통치자가 이들 틀에 따라서 국가를 형성했다면, 그 규율은 유지될 것이다. 한 사람 한 사람이 어디에 필요한가를 발견하고, 각자를 그들이 타고 난 일에 할당하는 방법을 만들어 분류하는 교육을 행할 수 있을 것이다. 그리고 각자가 자신의 본분을 행하고 결코 그 분수를 넘지 않는다면, 전체의 질서와 통일은 유지될 것이다.

이상과 같이, 한쪽에서는 사회질서의 교육적 의의를, 또 다른 한쪽에서는 이들 사회질서가 젊은이들을 교육하는 데 사용된 방법에 의존하고 있음을 이 이상 충분히 인식하고 있는 것은, 그 어떤 철학사상의 구상 안에서도 찾아볼 수가 없을 것이다. 또 개인의 능력을 발견하고, 이들을 발달시키고 훈련시켜 이들이 다른 사람들의 활동과 관련되도록 하는 교육의 기능을, 이 이상 깊이 인식하는 것을 발견하기도 불가능할 것이다. 하지만 이 설이 제창된 사회는 너무나 비민주적이었기 때문에, 플라톤은 말로는 분명히 알던 문제의 해결을 생각해 낼 수가 없었다.

플라톤은 사회에서의 개인의 지위는 집안이나 재산 등 어떤 인습적 신분 등에 따라 결정되는 것이 아니라, 교육과정에서 발견된 그 자신의 천성에 따라 결정되어야 한다고 강하게 주장했다. 하지만 그는 개인의 독자성을 전혀 인정하지 않았다. 그에게 여러 개인은 태어나면서 계급으로, 더욱이 매우 소수의 계급으로 분류될 존재이다. 따라서 시험을 하고 분류하는 교육의 기능은 단 세 가지 계급 중 어디에 개인이 속하는가를 명백히 하는 데 지나지 않는다. 각 개인이 그 자신 혼자서 그의 독자적인 계급을 형성한다는 인식이 없으므로, 어떤 개인이 가질 수 있는 능동적 경향이나 이들의 조합이 무한히 다양하다는 인식은 전혀 있을 수 없다. 개인의 소질에는 단 세 가지 유형의 능력 내지 재능이 있는 데에 지나지 않는다. 따라서 교육은 각 계급에서, 이내 고정된 한계에 이르게 된다. 왜냐하면, 다양성만이 변화나 진보를 만들어 내기 때문이다.

어떤 사람은 나면서부터 욕망이 지배적으로 강하다. 그들은 노동자와 상인계급에 배치되며, 인간의 욕구를 표출하고 채운다. 또 다른 사람들은 교육의 결과 욕망을 넘어서 고결하고, 외향적이고, 적극적으로 용감한 성향을 나타낸다. 그들은 국가의 시민으로서 전시에는 국가의 방어자가 되고, 평시에는 국내의 수호자가 된다. 그러나 그들에게는 이성이 부족하기 때문에 한계가 있다. 그 이성이란 보편을 이해하는 능력이다. 이 이성을 지닌 사람들은 최고급의 교육을 받을 수가 있어, 이윽고 국가의 입법자가 된다—왜냐하면 법률이란 경험의 특수(特殊)를 통제하는 보편이기 때문이다. 따라서 플라톤이 의도적으로 개인을 사회라는 전체에 예속시켰다고 하는 것은 옳지 않다. 하지만 모든 개인이 독자성을 지닌다는 것, 즉 개인은 타인과 같은 척도로는 측정할 수가 없다는 것에 대한 인식이 결여되었고, 또 그 결과 사회는 변화하는 동시에 안정된 상태로 있을 수 있음을 인식하지 않기 때문에, 한정된 소수의 능력과 계급에 대한 그의 학설이 결국은 개인을 사회에 종속시키는 생각에 귀착하게 되었다—고 하면 맞는 말이다.

플라톤은, 각 개인이 타고난 능력에 맞는 일에 종사할 때, 그도 행복하고 사회도 튼튼하게 조직된다고 확신한다. 또 이 천부의 능력을 그 소유자에게 발견해 주고, 그를 훈련시켜 그것을 효과적으로 사용할 수 있게 해 주는 일이야말로 교육의 으뜸가는 임무라고 믿었다. 이러한 확신은 의심의 여지없이 옳다. 하지만 지식이 진보함에 따라, 우리는 플라톤이 개개인의 소질의 차이를 무시하고 몇몇 분명히 구별된 계급으로 묶는다는 것이 피상적임을 알아차렸으며, 소질이란 수없이 많을뿐더러 변화무쌍함을 배웠다. 이를 반대편에서 말하면, 사회가 민주적이 될수록 사회의 구조는 그만큼 개개인의 특수한 가변적인 성질을 이용하게 되며, 그들을 계급으로 나누는 일은 하지 않게 되는 것이다. 그의 교육철학은 혁명적이었음에도 불구하고, 정적인 이상의 포로가 되었던 것이다. 그는 변화나 개조 등은 무법칙한 유전(流轉)의 증거이며, 참다운 실재는 항상 불변한 것이라고 생각하였다. 따라서 사회의 현상을 근본적으로 변혁하려고 했지만, 그의 목표는 그 이후에는 변화가 더 이상 어디에도 일어나지 않는 국가를 수립하는 일이었다. 생활의 궁극적인 목적은 고정된 것이고, 이 목적을 향하여 조립된 국가가 실현된다면, 시시한 세부까지도 변경해서는 안 되는 것이다. 이들은 본디 중요한 것은 아닐지 몰라도, 만약에 변경이 허용된다면 인심을 변화에 익숙하게 해서 국가를 분해적, 무정부적으로 만들 것이다. 교육을 개선시켜 보다 나은 사회를 이룩하고, 그 사회가 다시 교육을 개선시켜 그러한 순환이 끝없이 계속해가는 식으로, 보다 나은 사회를 이룩하기 위해서 교육을 차차로 개선시켜 가는 것을 믿을 수 없었다—고 하는 사실에 그의 철학의 좌절이 명백히 나타나 있다. 올바른 교육은 이상국이 출현할 때까지 나타날 수가 없다. 그리고 그 후 교육은 오직 이상국의 유지를 위해서만 향하게 될 것이다. 이 이상국의 실현을 위해서 그는 철학적 지혜와 그 나라를 장악한 지배권이 우연히 일치할 그 어떤 요행을 바랄 수밖에 없었다.

4 18세기 '개인주의적' 이상　18세기의 철학에서는 매우 다른 관념의 세계가 전개되었다. 그래도 '자연'은 역시 현대 사회체제에 대립하는 그 무엇인가를 의미한다. 즉 플라톤은 루소에게 큰 영향을 끼친 것이다. 그러나 자연의 목소리는 이번에는 개인 재능의 다양성을 증명하여, 개성의 다양성을 전면적으로 자유롭게 발달시킬 필요를 말한다. 자연과 합치하는 교육이 가르침과 훈육의 목표를 주는 것이다. 게다가 극단적인 경우에는, 자연 그대로의

천성은, 비사회적인 것 내지는 반사회적인 것으로까지 여겨졌었다. 그리고 사회 질서는, 이들 비사회적인 개인이 자신을 위해 보다 많은 사적 행복을 획득하기 위한 외적인 방편에 지나지 않는다고 치부되었다.

그럼에도 불구하고 지금까지의 이론은, 18세기 철학 동향의 참다운 의의에 대해서 불충분한 관념밖에 전하지 않는다. 사실 그 주요한 관심은 진보에, 더욱이 사회의 진보에 있었다. 외견상의 반사회적 철학은 보다 넓고 자유로운 사회로—세계 동포주의로—향하는 세력의 어느 정도 투명한 가면이었다. 그 적극적인 이상은 온 인류의 사회였다. 국가와는 다른 인류의 일원으로서는 인간의 여러 능력이 해방되었을 테지만, 현존하는 정치체제 안에서는 인간의 힘이 그 국가 지배자의 요구와 이기적 관심을 채우기 위하여 방해되고 왜곡되는 것이다. 이 극단적인 개인주의 주장은, 인간은 어디까지나 한없이 완성되어 갈 수 있다는 이상과, 인류 전체만큼 범위가 넓은 사회체제라는 이상의 한 조각, 그 이면에 지나지 않는다. 해방된 개인이 포괄적이고 진보적인 사회의 기관이 되고 발동력이 되어야 했던 것이다.

이 복음을 전하는 사도들은, 주위를 둘러싼 사회정황의 여러 악을 날카롭게 의식하고 있었다. 그들은 이들 악의 원인이 인간의 자유로운 힘에 가해진 제한에 있다고 했다. 그 제한은 왜곡됨과 동시에 부패하게 만드는 것이었다. 과거 봉건제도의 틀에서 권력을 장악한 계급에게만 오직 유리하게 작용한 외적 구속으로부터 생명을 해방하려고 했던 그들의 열렬한 헌신은 자연숭배라는 모양에서 그 지적 표현을 발견한 것이다. '자연'을 마음껏 자유롭게 활동시킨다는 것은, 인위적·퇴폐적이며 불공평한 사회질서를 새로운, 보다 더 좋은 인류의 나라로 바꾼다는 뜻이었다. 모범이자, 더욱이 작용하고 있는 힘이기도 한, 자연을 믿는 속박 없는 자유로운 자연신앙이 자연과학의 진보를 통해 강화되었다. 교회와 국가의 편견이나 인위적 속박으로부터 해방된 탐구활동을 통해서 세계가 법칙의 무대라는 것이 명백하게 되었다. 뉴턴의 태양계는 자연법칙의 지배를 명백히 하여 눈부신 조화를 보였다. 거기에서는 모든 힘이 다른 모든 힘과 균형을 이루었던 것이다. 인간이 가한 부자연한 위압적 구속을 제거하기만 하면, 자연법칙은 인간관계에서도 동일한 결과를 성취할 것이다.

자연에 합치된 교육이 한층 사회적인 이 사회를 확립하는 첫걸음이라고 여겨졌다. 경제적·정치적 제도는 결국 사고와 감정의 제한에 따른 산물이라는 것이 분명히 이해된 것이다. 인간을 외적 구속으로부터 자유롭게 하는 첫 걸음은 잘못된 신앙이나 이상이라는 내적 구속으로부터 그들을 해방시키는 일이었다. 사회생활이라고 일컬어진 것, 현존하는 여러 제도는 너무나도 기만적이고 퇴폐적이어서 이 일을 맡길 수가 없었다. 그것이, 그 일에 착수하는 일이 그 일 자체의 파멸을 가져온다고 하는데, 어떻게 그것이 그 일에 착수하길 기대할 수가 있는가? 따라서 '자연'이야말로 그 사업을 위임해야 할 힘이 되어야 하는 것이다. 당시 유행하던 극단적인 감각론적 인식론까지도 이 생각에서 파생한 것이다. 정신은 원래 수동적이고 공허하다—고 강하게 주장하는 것은 교육의 가능성을 찬미하는 하나의 방법이었다. 만약에 정신이 사물의 문자가 쓰일 밀랍판이었다면, 자연환경이 하는 교육의 가능성에는 한계가 없다는 이야기가 된다. 더욱이 자연 사물의 세계는 조화된 '진리'의 무대이므로, 이 교육은 틀림없이 진리로 채워진 정신을 낳게 될 것이다.

5 국가적인 교육과 사회적인 교육 자유에의 최초의 정열이 식자마자, 이 이론의 건설적 측면에서의 약점이 명백해졌다. 모든 것을 자연에 위임하는 것만으로는 결국 교육이라는 관념 그 자체를 부정하는 것밖에 되지 않는다. 즉, 그것은 신변에서 일어나는 우연한 일들을 기대하는 것이었다. 그 어떤 방법이 필요했을 뿐만 아니라, 교육과정을 운영하기 위한 어떤 현실적인 기관, 그 어떤 관리기관이 필요했다. '모든 능력의 완전한, 더욱이 조화로운 발달'은 이에 대응하는 사회적인 의미로서, 계발되고 진보해가는 인류라는 의미가 따르게 되므로, 그것을 실현하기 위해서는 명확한 조직이 필요한 법이다. 여기저기에 있는 민간 개인은 그 복음을 사람들에게 알릴 수는 있었지만, 그 일을 실행하지는 못했다. 페스탈로치와 같은 사람은 실험을 시도하고, 부와 힘을 쥐고 있는 박애주의자들에게 자기를 본보기로 삼으라고 권할 수는 있었다. 그러나 페스탈로치까지도 새로운 교육의 이상을 추구하기에는 아무래도 국가적인 원조가 필요하다는 것을 인정했다. 새로운 사회를 낳기 위한 새로운 교육의 실현은 결국 현존하는 국가의 활동에 의존한 것이다. 민주주의의 이념을 추구하는 운동은, 필연적으로 공적으로 운영, 관리되는 학교를 찾는 운동이 될 수밖에 없었던 것이다.

그 무렵 유럽의 역사적 상황에 따라, 국영교육을 구하는 운동은 정치적 면에서의 국가주의 운동과 결부되었다. 이것은 그 뒤 동향에 헤아릴 수 없이 중요한 영향을 미친다. 특히 독일 사상의 영향하에서 교육은 공민의 임무가 되고, 그 공민의 임무는 민족국가의 이상 실현과 결부되어 생각되었다. '국가'가 인류 대신에 등장하고, 세계주의는 국가주의에 굴복한 것이다. '인간'을 형성하는 것이 아니라, 공민을 형성하는 것이 교육의 목표가 된 것이다.* 지금 논하고 있는 역사적 상황이란, 특히 독일에서는 나폴레옹 정복의 여파이다. 독일제국은, 교육에 대한 조직적인 배려야말로 자기의 정치적 통일과 국력을 회복, 유지하기 위한 가장 좋은 수단임을 알아차렸다(그리고 그 후의 진행은 이 신념이 옳다는 것을 증명하였다). 외적으로 독일제국은 약하고 또 분열되어 있었다. 프러시아 정치가들의 지도하에서, 독일제국은 이 상황을 대규모적인, 충분히 기초지워진 공교육제도를 발달시키기 위한 자극으로 삼은 것이다.

이러한 실제적인 변화는 필연적으로 이론상의 변화를 가져왔다. 개인주의의 이론은 세력을 잃고 뒤로 물러났다. 국가는 공교육의 수단을 제공했을 뿐만 아니라, 그 목표도 설정하였다. 초등단계에서 대학 학부에 이르기까지의 학교제도가 애국적인 공민이나 병사, 미래의 국가 공무원이나 행정관을 공급하고, 군사상·산업상·정치상의 방위와 확대를 위한 수단을 제공했다. 이런 일이 실제로 행해졌기 때문에, 이론도 사회적 유효성이라는 목표를 역설할 수밖에 없었던 것이다. 더욱이 그 민족주의적 국가가 매우 중요시되고, 경쟁을 하여 많고 적건 간에 적대하는 다른 여러 국가에 둘러싸인 상황에서는, 사회적 유효성도 막연히 세계적 인도주의로 해석할 수는 없었다. 특정한 국가주의를 유지하기 위해서는 군사상의 방위에서나 통상상의 국제적 패권 다툼에서나 상위에 선 국익에 개인을 종속시킬 필요가 있기 때문에, 사회적 유효성도 그러한 종속성의 의미로 해석된 것이다. 교육의 과정은 개개 인격

---

* 자주 무시되는 점이지만, 루소의 이론에도 이 방향으로 기울어지는 어조가 있다. 그가 그 무렵 교육에 반대한 이유는, 그것이 공민도 인간도 키우지 못한다는 이유에서였다. 그때 상황하에서 그는 공민보다도 오히려 인간을 키우는 쪽을 취한 것이다. 그러나 그의 많은 말은 공민의 형성을 이념적으로 보다 더 높은 것으로 나타내고, 또 '에밀'에서 구체적으로 언급하는 바와 같은 그의 노력이, 그 시대의 부패 안에서 그가 묘사할 수 있었던 가장 좋은 대용품에 지나지 않았음을 말해준다.

의 발달과정이라기보다는 오히려 규율적인 훈련과정이라고 여겨졌다. 하지만 인격의 완전한 발달이라는 교양의 이상은 존속했기 때문에, 교육철학은 그 두 가지 관념을 조화시키려고 하였다. 그 조화는 국가의 '유기체적' 성격이라는 개념의 형태를 취했다. 개인은 고립되면 무(無)와 같다. 유기적으로 조직된 제도의 목표나 의미를 흡수하면서, 비로소 참다운 인격에 도달하는 것이다. 정치적 권력에 복종하거나 손위 사람의 명령에 헌신하는 것을 요구라고 여기는 것도 실은 국가에 구현된 객관적 이성을 자신의 것으로 내면화—개인이 진정으로 이성적이 될 수 있는 유일한 길—한 데 지나지 않는다. 우리가 (헤겔 철학에서와 같은) 제도적 관념론에 특유한 것이라고 생각해 왔던 발달의 개념은, 개인 자질의 완전한 실현 및 현존하는 제도에의 철저한 '규율적' 복종이라는 두 가지 관념을 결합시키려고 한 이상과 같은 숙고(熟考)의 성과 바로 그것이다.

　민족의 독립을 위해 나폴레옹을 상대로 고된 투쟁을 하던 시대에 독일에서 일어난 교육철학이 얼마나 변모했는가 하는 것은 칸트에서 추정할 수 있다. 칸트는 그 초기의 개인적, 세계주의적 이상을 잘 나타냈기 때문이다. 그의 교육학에 대한 논문은 18세기 후기의 수년간에 걸쳐 행한 강의로 이루어졌는데, 그 속에서 그는 교육을 인간이 인간으로 되어가는 과정이라고 정의한다. 인류는 자연 속에 파묻힌 상태로 그 역사를 시작한다—이성적 동물인 인간으로서가 아니다. 자연은 본능과 욕망밖에 주지 않는다. 자연은, 교육이 발달시키고 완성시킬 싹을 제공하는 데에 지나지 않는다. 참다운 인간적인 생명의 특질은, 인간은 스스로 노력해서 자기 자신을 창조해야만 한다는 것이다. 즉, 인간은 자신을 진정으로 도덕적이고 이성적이고 자유로운 존재로 여겨야만 하는 것이다. 이 창조적 노력은 천천히 진행되는 여러 세기에 걸친 교육활동을 통해 이루어진다. 그리고 그것은 현존하는 사태를 위해서가 아니라, 미래의 보다 뛰어난 인간성의 실현을 가능케 하도록, 자기들의 후계자를 교육하는 일에 의식적으로 노력하는 사람들을 통해서 촉진된다. 그러나 거기에는 큰 어려움이 있다. 각 세대는 올바른 교육목적—인간성을 가능한 한 가장 잘 실현하는 것을 조장하는 일—을 지향하지 않고, 현재 세계에서 성공하도록 아이들을 교육하기가 쉽다. 부모들은 자기 아이들이 출세하도록 교육하고, 군주는 그 신민을 자기 목적의 도구로서 교육하는 것이다.

그렇다면 인간성을 높이는 교육은 도대체 누가 한단 말인가? 이에 대해 칸트는 계발된 사람의 노력에 의존해야 한다고 대답한다. '모든 개화는 민간의 개인에서 시작하여 세상으로 퍼져나간다. 보다 나은 미래를 이상으로서 파악할 수 있는, 정신이 크게 열린 사람들의 노력을 통해서만이, 인간의 본성이 그 목적으로 차차 접근해 갈 수 있는 것이다. ……지배자들은 그 신민을 자신의 의도를 위해 보다 더 좋은 도구로 만들 수 있는, 그러한 훈련에 흥미를 갖는 데에 지나지 않는다.' 사적(私的)으로 경영되는 학교에 대한 지배자로부터의 보조금조차도 주의 깊게 지켜봐야 한다. 지배자들이 관심을 보이는 문제는 인류에게 무엇이 가장 유익하느냐가 아니라 자기 나라의 복리로, 그들은 학교를 위해 돈을 내면 그 설계도도 꺼내고 싶어 하기 때문이다. 이상의 견해 중에, 18세기의 개인주의적 세계동포주의의 특징을 나타내는 여러 가지 점을 분명히 밝히고 있음을 알 수 있다. 개인 인격의 충분한 발달이 온 인류의 목표나 진보의 관념과 동일시되는 것이다. 게다가 국가가 운영하고 통제하는 교육이, 이들 이념의 달성을 방해하는 일을 명백히 두려워한다는 사실이 인정된다. 그러나 이때부터 20년도 채 되지 않아서 칸트 철학의 후계자들, 즉 피히테나 헤겔은 국가의 첫째가는 임무는 교육이다, 특히 독일의 재건은 국가를 위해 영위되는 교육에 의해 수행되어야 하고, 사적인 개인은 국가의 제도나 법률의 교육적 규율에 자발적으로 복종하는 것이 아니라면, 자기의 욕망이나 환경의 노예가 되어 필연적으로 이기적이고 비이성적인 존재가 된다―는 생각을 만들어냈다. 그리고 이 정신으로, 독일은 다른 나라보다 앞서 초등학교에서 대학에 이르는, 공적이고 전 국민적이고 강제적인 교육제도를 시작하여 모든 민간 교육 사업을 엄중한 국가 통제와 감독하에 두었다.

이상 간단히 살펴본 역사에서 두 가지 결과가 명백해질 것이다. 첫째는, 개인적 교육관이나 사회적 교육관이라는 말은, 일반적인 뜻으로 파악하거나 그 문맥으로부터 이탈해서 파악해서는 전혀 무의미하다는 것이다. 플라톤은, 개인의 실현과 사회의 통일 및 안정 같은 것을 교육의 이상으로 생각했다. 그러나 그가 놓인 상황의 제약을 받아, 그 이상은 계급으로 구분된 사회라는 관념으로 타락하여 개인을 계급 속에서 상실하고 만 것이다. 18세기의 교육철학은 매우 개인주의적인 형식을 취했다. 그러나 이 형식은 고상하고 기개와 도량이 큰 사회사상—인류 전체를 포용하는 것 같은 큰 조직을 가지고 인류가 어디까지나 한없이 완성시켜가도록 되어 있는 사회라는 이상—을 통해서 생긴 것이다. 19세기 초기의 독일 이상주의 철학은 다시, 개화된 인격의 자유롭고 완전한 발달이라는 이상을 사회적 규율 및 정치적 복종과 동일화(同一化)하는 데에 노력하였다. 그것은 민족국가를 개인적 인격의 실현과 전 인류적 사회의 실현 사이의 매개자로 삼았다. 따라서 이 사상에 생명을 부여하는 원리를, '인격의 모든 힘의 조화적 발달'이라는 고전적인 어법으로든, '사회적으로 유능한 능력'이라는 보다 새로운 용어로든 올바르게 표현할 수 있는 것이다. 이상은 모두 이 장에 걸쳐 있는 주장—교육은 사회적 과정이자 기능이라는 교육의 개념은, 우리가 생각하는 사회가 무엇인가를 한정하기까지 그 어떤 명확한 의미도 가지지 않는다는 것—을 뒷받침해 준다.

이상의 고찰은 제2의 결론으로 가는 길을 열어준다. 민주적 사회에서 민주적 사회를 위한 교육의 근본문제의 하나는, 국가적 목표와 그보다도 넓은 사회적 목표의 충돌에서 일어난다. 이전의 세계동포주의적, '인도주의적' 생각은 그것이 막연하다는 점과, 명확한 실행기관과 관리기관이 결여되어 있다는 두 가지 약점으로 고민하고 있었다. 유럽, 특히 대륙의 여러 국가에서 인간의 복지와 진보에 대하여 교육이 중요하다는 새로운 생각은, 국가적 이익의 포로가 되어 분명히 편협하고 배타적인 사회적 목표를 둔 일에 얽매었다. 교육의 사회적 목표와 그 국가적 목표는 동일시되어, 그 결과 사회적 목표의 의미가 현저하게 애매해진 것이다.

이 혼란은 인간의 상호 교섭이 현존하는 상황과 대응하고 있다. 한편에서는 과학, 통상, 예술이 국경선을 초월한다. 이들은 질에 있어서나 방법에 있어서도 크게 국제적이다. 서로 다른 나라에 살고 있는 사람들 사이의 상호의존관계나 협력관계를 필요로 하는 것이다. 그러나 동시에 국가주의의 개념이 오늘날처럼 정치에서 강조되는 일은 없었다. 각 국가는 이웃 나라에 대한 적의를 누르고 견디며, 당장이라도 전쟁이 일어날 듯한 분위기 속에서 살아간다. 각 국가는 독자적인 이해의 최고의 판정자이며 저마다 오직 독자적인 이해를 갖는 것이 당연한 일로 여겨진다. 이것을 의심하면, 정치의 실제와 정치학의 기초라고 여겨지는 국가주권의 개념 그 자체를 의심하는 것이 된다. 공동적이고 상조적인 사회생활의 광대한 범위와, 배타적이고 또 그러기 때문에 잠재적으로 적대적인 영위(營爲)나 편협한 목적범위와의 모순(왜냐하면 그것이 바로 모순이기 때문에)은, 교육이론에 대해서, 교육의 기능과 그 시금석으로서의 '사회적'이라는 말뜻의—이제까지 얻어진 것보다도—한층 분명한 개념을 요구하는 것이다.

교육제도가 민족국가에 의해서 운영되면서도 여전히 교육과정의 완전한 사회적 목적이 제한도 되지 않고, 구속도 받지 않고, 타락도 하지 않는 일이 과연 가능할까? 이 문제는 내적으로, 현재의 경제적 여러 조건에 따른 경향, 사회를 계급으로 분열시켜 어떤 계급을 단순히 다른 계급의 고급문화의 도구에 지나지 않는 것으로 만들어버리는 경향에 직면해야 한다. 그리고 외적으로는, 국민적 충성심이나 애국심을, 국가의 정치적 경계선을 초월해서 사람들을 공통된 목적으로 결부시키는 사항에의 보다 더 고차적인 헌신과 어떻게 조화시키느냐는 일에 관여된다. 이 문제의 어느 측면도 단순히 소극적인 방법으로는 해결할 수 없다. 한쪽 계급이 다른 쪽 계급을 착취하는 것을 수월하게 해주는 도구로서 교육이 적극적으로 이용되는 일이 없도록 조심하는 것만으로는 충분하지가 않다. 학교시설을 충분히 확충하고 그 능률을 충분히 높여, 경제적 불평등의 효과를 명목뿐만이 아니라 실제로 줄이고, 국민 모두가 장래의 생활에 필요한 지식이나 기능을 평등하게 습득하도록 보장해야만 한다. 이 목적을 달성하기 위해서는 행정적으로 학교시설을 충분히 정비하고, 더 나아가 젊은이들이 이들 시설을 이용할 수 있도록 가정이 뒷받침해 주어야 한다. 뿐만 아니라 전통적인 가치관이나 전통적인 학과목, 교수나 훈육의 전통적인 방법을 수정해서, 모든 젊은이들이 자신의 경제적·사회적 생활을 자주적으로 영위하는 데 필요한 지식이나 기능을 습득할 수 있을 때까지, 그들을 교육의 영향하에 매어두는 것도 필요하다. 이 이상은 도저히 실행할 수 없게 보일지도 모른다. 하지만 이 이상이 우리의 공교육제도를 보다 더 지배하게 되지 못한다면, 교육의 민주적 이상은 우습고 비극적인 망상에 지나지 않는다.

같은 원리가 국가 간의 관계에 관한 고찰에서도 통용된다. 전쟁의 무서움을 가르치고, 국가 간의 질투나 증오를 선동하는 것들을 모두 피하는 것만으로는 충분하지가 않다. 지리적인 제한을 넘어, 사람들을 협력적인 인간의 영위와 성과에서 서로 맺어주는 일은 무엇이든지 강조해야만 한다. 모든 인간이 서로 보다 충분하게, 보다 자유롭게, 보다 풍요롭게 공동하여 교섭한다는 일에 관해서는, 국가주권은 부차적이고 잠정적일 수밖에 없음을 실제로 살아 있는 마음가짐으로서 심어주어야 한다. 이러한 원리의 적용이 교육철학의 고찰로부터 동떨어지게 보인다면, 그 인상은 이제까지 전개되어온 교육관의 의미가 충분히 이해되지 않고 있음을 말해준다. 이 결론은, 사회적 목표를 향해서 차차 성장해가는 동안에 개인의 능력을 자유롭게 풀어준다는 교육관 그 자체와 밀접하게 결부되어 있다. 그렇지 않다면 교육의 민주적 기준은 항상 모순된 적용을 하게 될 것이다.

요약 교육은 사회적 과정이며, 더욱이 많은 종류의 사회가 존재하므로, 교육의 비판이나 해석의 기준은 어느 특수한 사회의 이상을 포함하는 것이다. 어떤 사회생활 형태의 가치를 측정하기 위해 두 가지 점을 골랐는데, 그것은 어떤 집단의 관심사가 그 모든 성원 사이에서 얼마나 공유되는가 하는 점과, 그 집단이 다른 집단과 얼마나 충분히 또 얼마나 자유롭게 상호작용하는가이다. 다시 말해 바람직하지 않은 사회란, 내부적으로나 대외적으로 경험의 자유로운 교류나 전달을 방해하는 장벽을 구축하는 사회이다. 모든 성원이 동등한 조건으로 그 사회의 복지에 관여할 수 있도록 조건이 정비되어, 여러 가지 형태의 공동생활의 상호작용을 통해서 그 제도를 유연하게 다시 조정할 수 있도록 되어 있는 사회는 그만큼 민주적인 것이다. 그와 같은 사회에는, 사람들이 사회의 여러 관계나 통제에 자진해서 흥미를 갖도록 하고, 혼란을 야기시키지 않고 사회변화를 가져올 수 있는 마음의 습관을 몸에 지니도록 하는 그러한 종류의 교육이 필요하다.

이러한 관점에서 역사상의 대표적인 세 가지 교육철학을 고찰하였다. 플라톤 철학은 위에 적은 것과 형식상 아주 닮은 이상을 꿈꾸었지만, 개인보다는 오히려 계급을 사회의 구성단위로 했기 때문에 그 마무리가 손상되어 있다. 18세기 계몽주의의 이른바 개인주의는, 전 인류와 같을 정도로 넓은 사회라는 생각을 가지고 있었고, 개인은 그 사회의 진보의 기관이 되어야 했다. 하지만 그것은 자연에 의존했던 일이 증명하듯이 그 이상의 발전을 보장하는 기관을 전혀 가지고 있지 않았다. 19세기의 제도적 이상주의 철학은 민족국가를 그 기관으로 삼음으로써 이 결함을 보충했다. 이로써 사회적 목표의 개념을 동일한 정치적 단위인 성인에만 제한해서 개인을 제도에 예속시키는 생각을 다시 도입한 것이다.

제8장
교육의 여러 목적

1 목적(aim)의 본질 앞의 몇 장에서 말한 교육에 대한 설명은, 실질적으로는 민주적 사회에서 교육이 갖는 의미를 검토해서 도달하는 결과를 예상해 논한 것들이었다. 왜냐하면 그것은, 교육의 목적은 사람들이 자기들의 교육을 계속해 갈 수 있도록 하는 것이다―다시 말해 학습의 목적과 성과는 성장의 가능성의 지속이다―를 전제로 했기 때문이다. 그런데 이 생각이 사회의 모든 성원에 해당되는 것은, 사람과 사람의 교류가 서로 이루어지는 경우뿐이며, 더욱이 공평하게 널리 퍼진 관심에서 생기는 다방면에 걸친 자극에 의해서 사회의 습관이나 제도를 개조하기 위한 충분한 준비가 되어 있는 경우뿐이다. 그리고 이것은 민주적인 사회를 의미한다. 따라서 교육의 목적을 추구함에 있어, 우리는 교육 과정 밖에서 교육을 지배하는 목적을 발견하려 하지는 않는다. 우리의 생각 전체가 그것을 허용하지 않는다. 우리는 오히려 목적이 그 자체가 작용하는 과정의 내부에 있는 경우와, 목적이 외부에서 주어지는 경우 사이에 있는 대비에 대해서 논하는 것이다. 그리고 후자의 사태는 사회의 여러 관계가 공평하게 균형이 잡히지 않는 경우에 일반적으로 나타날 것임에 틀림없다. 왜냐하면 그럴 경우에는 사회집단 전체의 몇몇 부분은 그 목적을 외부로부터의 명령에 따라 결정하게 되기 때문이다. 즉 그들의 목적은 그들 자신의 경험의 자유로운 성장에서 생기는 것이 아니며, 그들의 단지 명목뿐인 목적은 진정으로 그들 자신의 것이라기보다는, 오히려 다른 사람들의 좀 더 숨은, 비밀스러운 목적을 달성하기 위한 수단이 될 것이다.

처음 문제는, 외부에서 주어진 것으로서가 아니라, 활동 안에 포함된 것으로서의 목적(aim)의 본질을 명백히 하는 일이다. 단순한 결과(results)를 목적(ends)과 대비함으로써 그것을 밝혀나가기로 하자. 에너지의 표출은 항상 결과를 수반한다. 바람이 사막의 모래를 불어 날리면, 모래알의 위치가 바뀐다. 이 경우에는 결과 내지 효과는 있으나 목적은 없다. 그 결과 안에는 그것에 앞선 것을 완성 내지 성취시키는 것이 아무것도 없기 때문이다. 거기에는 단순한 공간적 배치의 전환이 있을 뿐이다. 어느 사태나 모두 같다. 따라서 앞쪽의 사태를 발단으로 하고 뒤쪽 사태를 목적으로 하여, 중간에 일어난 일을 변용과 실현의 과정이라고 생각해야 할 근거는 아무것도 없는 것이다.

예를 들어, 꿀벌의 행동을 바람에 흩날리는 모래와 대비해서 생각해 보자. 꿀벌의 행동의 결과가 목적이라고 할 수 있는 이유는, 그것이 계획되거나 의식적으로 기도된 것이 아니라 선행한 일의 참다운 종결 내지는 완성이기 때문이다. 꿀벌이 꽃가루를 모아 밀랍과 벌집을 만들 때, 각 단계는 다음 단계의 길을 준비하는 것이다. 벌집이 만들어지면 여왕벌이 거기에 알을 낳는다. 알은 밀봉되고, 일벌들이 부화하는 데에 필요한 온도를 유지하며 그것들을 키운다. 알들이 부화되면 일벌은 그들이 자활할 수 있을 때까지 기른다. 그런데 우리는 이와 같은 사실을 너무 잘 아는 까닭에, 생명이나 본능은 참으로 불가사의하다고 하면서도 그것을 간단하게 처리하려고 한다. 그래서 이 일의 본질적 특징이 무엇인가를 알지 못한다. 각 요소의 시간적 위치와 순서의 뜻, 즉 어떻게 각 선행된 일이 후속된 일이 되어가고 그 후속된 일이 공급된 것을 흡수하여, 언젠가 다른 단계를 위해 이용해서 마침내 그 과정을 총괄하여 완성시키는 목적에 도달하는가—하는 점을 모르는 것이다.

목적(aims)은 항상 결과에 관계하는 것이므로, 목적이 문제가 되었을 때 우선 주의할 점은 주어진 일이 내적인 연속성을 가지고 있는가의 여부이다. 다시 말해 그것은 처음에 어떤 일을 하고 그 다음에 또 하나의 다른 일을 한다는, 단순한 일련의 행위의 순차적인 집합에 지나지 않느냐는 것이다. 학생의 행동 하나하나가 교사의 명령을 받을 때, 또 학생의 이어지는 행위의 유일한 질서가 교과내용의 배열이나 타인의 지시에서 올 때, 교육의 목적에 대해 논한다는 것은 무의미하다. 또 자발적인 자기표현이라는 명목으로 자의적인, 즉 분산된 행동을 허락한다는 것도 목적을 무너뜨린다. 목적이란 질서 있게 순서 잡힌 활동, 그 순서가 질서정연하게 어떤 과정을 차차 완성해가는 활동을 의미한다. 일정한 시간이 필요하고, 그 시간이 경과하는 동안에 누적적으로 성장해가는 활동이 있다면, 목적이란 결말(end), 즉 일어날 수 있는 종결을 미리 예견하는 것을 의미한다. 만약에 꿀벌이 그들의 활동의 귀결을 예상한다면, 만약에 그들이 상상력으로 예견하여 결과를 안다면, 그들은 목적의 근본적 요소를 지닌 것이 된다. 따라서 결과를 예견하는 것을 허용하지 않고, 또 어떤 일정한 활동의 경과가 어떻게 되는지 알기 위해 앞길을 생각하게 하는 자극도 주지 않는 사정 아래에서, 교육의 목적—또는 다른 어떠한 사업의 목적이라도—에 대해서 논한다는 것은 무의미하다.

둘째, 예견된 결말로서의 목적은 활동에 방향을 부여한다. 그것은 단순한 방관자의 태만스러운 기대가 아니라, 그 결과에 도달하기 위해 취해지는 준비에 영향을 주는 것이다. 예견은 세 가지 점에서 기능한다. 첫째, 무엇이 그 결말에 이르기 위해 효과적인 수단인가를 알고, 방해가 되는 장해를 발견하기 위해 주어진 상황을 주의 깊게 관찰한다. 둘째, 여러 가지 수단을 사용하는 올바른 순서, 즉 전후관련을 시사한다. 효율이 좋은 선택이나 배열을 손쉽게 하는 것이다. 셋째, 여러 가지 방법 중에서 어느 하나를 선택할 수 있게 한다. 만약에 이 방법이나, 또는 그 방법으로 행동한 결과를 예언할 수가 있다면, 우리는 두 가지 행동 방침의 가치를 비교할 수 있다. 즉, 이들 중 어느 것이 상대적으로 바람직한가에 관하여 판정을 내릴 수가 있는 것이다. 우리는 물이 고인 구덩이에서는 모기가 번식하고 그 모기가 병을 전파하리란 사실을 알면, 그 예상된 결과를 싫어하여 적절한 조치로 그것을 피할 수 있다. 우리는 단순한 지적 방관자로서가 아니라 그 결과에 연관된 인간으로서 결과를 예상하므로, 그 결과를 낳는 과정에 관여하는 관계자이다. 이 결과 또는 그 결과를 가져오려고 간섭하는 것이다.

물론, 위에서 말한 세 가지는 서로 밀접하게 관련되어 있다. 우리는 현재의 정황을 주의 깊게 조사할 때 비로소 결과를 명확하게 예견할 수 있고, 그 결과가 중요할수록 현재의 조건을 관찰할 동기가 커진다. 우리가 충분히 관찰할수록 여러 가지 조건이나 장해가 더욱더 다양한 광경이 되어 나타나, 취사선택이 가능한 방향도 보다 더 많아진다. 또 그 정황의 가능성, 즉 취사선택해야 할 행동의 방향이 많이 인식될수록 선택되는 활동은 더욱 많은 의미를 지녀 더 유연하게 제어할 수 있게 된다. 단 한 가지 결과밖에 생각할 수 없는 경우에는 그 밖에 아무것도 안중에 없다. 즉, 그 행위에 주어지는 의미는 좁고 한정된 것이다. 사람은 그 목표를 향해 계속해서 앞으로 나아갈 뿐이다. 때로는 그러한 좁은 길이 효과적일지도 모른다. 하지만 뜻하지 않은 어려움이 나타날 때, 보다 넓게 그 자리의 가능성을 조사한 후에 그러한 행동의 노선을 선택한 경우만큼 자유롭게 다룰 수 있는 방책이 없다. 다시 말해 그 상황에 맞는 행동을 즉시 행할 수가 없는 것이다.

결론의 핵심은, 목적이 있는 행동은 이지적인 행동과 전적으로 같다는 것이다. 행위의 종착점을 예견하면 대상과 우리 자신의 능력을 관찰하고, 선택하고, 배열하기 위한 기준을 세운 것이 된다. 이는 곧 어떤 의사를 갖는 것을 의미한다. 의사란 바로 여러 사실과 이들 상호간의 관계를 인식함으로써 통제된 의도적이고 유목적적(有目的的)인 활동력 바로 그것이기 때문이다. 어떤 일을 하려는 의사를 갖는다는 것은 미래의 가능성을 예견하는 일이고, 그것을 성취하는 계획을 세우는 일이며, 그 계획을 실행 가능한 것으로 하는 수단이나 방해가 되는 장해에 주목하는 일이다. 그것이 진정한 의미에서 의사이고 막연한 포부가 아니라면, 여러 가지 방편이나 어려움도 고려한 계획을 세운 것을 말한다. 의사란 현재의 사정을 미래의 여러 결과에, 또 미래의 여러 결과를 현재의 사정에 관련시켜서 파악하는 능력인 것이다. 더욱이 이제까지의 여러 특징은 목적이나 의도를 갖는 것이 의미하는 바와 전적으로 같다. 어떤 사람이 어떤 활동을 할 때에도 만약에 자기가 지금 무엇을 하는지를 모른다면, 즉 자기의 행위에서 생기는 일의 여러 귀결을 모른다면, 그는 그만큼 우둔하고 맹목적이고 무지한 것이다—즉, 의사가 결여되어 있는 것이다. 결과에 대해서 어느 정도 정확한 판단이 필요한데, 그다지 정확하지 않은 억측으로 만족하여 단지 운에 맡길 뿐이거나, 또는 현실의 여러 조건—자기의 능력도 포함해서—의 연구를 무시해서 계획을 세우거나 한다면, 그 사람에게는 이지가 부족한 것이다. 이처럼 의사가 상대적으로 결여되어 있으면, 우리는 일어나려는 일을 자신의 감정으로 재게 된다. 이지적이기 위해서는, 활동계획을 세움에 있어서 '멈추어 서서 눈을 부릅뜨고 귀를 기울여야' 하는 것이다.

목적의 가치—경험 안에서의 목적의 기능—를 명백히 한다는 것은, 목적을 가지고 행동하는 것과 이지적인 활동을 동일시하면 충분하다. 우리는 유감스럽지만 '의식(consciousness)'이라는 추상명사로부터 하나의 실체를 생각하기가 쉽다. 그 추상명사가 '의식하고 있는(conscious)'이라는 형용사에서 파생했음을 잊는 것이다. 의식한다는 것이란 자기가 무엇을 하는가를 알고 있다는 의미이며, 의식적이란 활동에 대한 깊은 사려, 깊은 주의, 계획성을 뜻한다. 의식이란, 우리 안에 있으면서 주위의 광경을 아무 일도 하지 않고 그저 바라보거나 물질적 사물이 야기시킨 인상을 유지하는 것과 같은 일이 아니다. 그것은 어떤 활동의 유목적성, 그 활동이 목적에 의해서 방향 잡혀 있다는 사실에 붙여진 명칭이다. 반대로 말하면, 목적을 갖는다는 것은 생각(meaning)을 가지고 행동하는 것이지 자동기계처럼 행동하는 것이 아니다. 그것은 무엇인가를 하려고 생각하고 있고(mean), 그 의도에 비추어서 사물의 뜻(meaning)을 인식하는 일이다.

2 좋은 목적의 기준 이제까지의 검토 결과를, 목적을 올바르게 세우는 데 필요한 규준(規準)에 대한 고찰에 적용할 수 있다. (1)설정되는 목적은, 현존하는 정황이 발전한 것이어야 한다. 그것은 이미 진행 중인 것에 대한 고찰에 입각해야만 한다. 즉, 그 정황 안에 있는 여러 가지 수단이나 어려움에 기초를 둔 것이어야 한다. 우리 활동의 올바른 목적에 관한 이론─교육론이나 도덕론─은, 자주 이 원리를 범한다. 이들은 우리 활동의 외부에 있는 목적, 그 정황의 구체적 구조와는 관계가 없는 목적, 어떤 외적 근원으로부터 생긴 목적을 상정(想定)하는 것이다. 그래서 문제는 우리의 활동을 이들 외부로부터 주어진 목적의 실현으로 돌리는 데에 있다. 이들은, 우리가 그를 위해 행동해야만 하는 그 무엇인 것이다. 여하간 그러한 '목적'은 지성을 제한한다. 다시 말해, 예견이나 관찰, 몇 가지 가능성 안에서 좋은 것을 선택함으로써 나타난 의사 표현은 아닌 것이다. 이들이 지성을 제한하는 까닭은, 그것들이 이미 확립된 것으로서 지성 외적인 권위에 강요당하며, 지성은 기계적인 선택만을 맡을 것이기 때문이다.

(2)우리는 이제까지, 목적은 그것을 실현하려는 시도에 앞서 완전히 형성될 수 있다는 듯이 말해 왔다. 그러나 그 인상에는 제한을 두어야 한다. 목적은 처음에 나타났을 때에는, 단순한 시험적인 소묘(素描)에 지나지 않는다. 그것을 실현하려고 애쓰는 행위가 그 가치를 시험하는 것이다. 목적의 모든 기능은 미리 목표를 설정하는 것이므로, 목적이 활동을 잘 이끄는 데에 충분하다면 그 이상의 것은 아무것도 필요하지 않고, 때로는 단순한 힌트만

으로 충분할 때가 있다. 그러나 보통은—적어도 복잡한 정황에서는—그것에 따라 행동함으로써 간과되었던 여러 조건이 분명해진다. 그러면 최초의 목적을 수정할 필요가 생긴다. 즉, 거기에 무엇인가를 첨가하거나 빼거나 해야만 하는 것이다. 따라서 목적은 융통성이 있어야 한다. 다시 말해, 정황에 따르도록 변경할 수 있어야 하는 것이다. 행동 과정 밖에서 설정된 목적은 항상 고정된 것이다. 그것은 외부로부터 삽입되거나 강요되거나 하므로, 그 정황의 구체적인 여러 조건과 살아 있는 관계를 맺는다고는 여겨지지 않는다. 행동 과정에서 일어나는 일은 그것을 확증도, 반증도, 변경도 하지 않는다. 그러한 목적은 다만 강요될 뿐이다. 그러다가 목적이 현실에 적응하지 못함으로써 실패하게 되면, 그것은 단순히 상황이 나쁘기 때문이라고 여겨지지만, 사실은 목적이 상황에 맞지 않기 때문이다. 반대로, 올바른 목표의 가치는 우리가 그것을 사용해서 정황을 바꿀 수 있다는 것이다. 이는 그 정황 속에 바람직한 변경을 낳을 수 있도록 정황을 처리하는 방법이다. 주어진 여건을 있는 그대로 수동적으로 받아들이는 농부는 토양이나 기후 등이 어떻게 변할지를 전혀 무시하고 계획을 세우는 것과 마찬가지로 큰 잘못을 저지를 것이다. 추상적인, 즉 간접적이고 외적인 교육목적의 폐해 중 하나는, 그것을 실제로 적용할 수 없다는 바로 그 사실 때문에 오히려 목전의 여러 조건에 무턱대고 덤벼드는 결과가 되기 쉽다는 점이다. 좋은 목적이란, 학생들의 경험 현황을 조사하여 시험적인 처리계획을 세워서, 그 계획에 항상 주목하면서도 정황의 발전에 따라서 그것을 수정하는 일이다. 요컨대 목적이란 실험적인 것으로, 행동에서 시험을 거치면서 끊임없이 성장해 가는 것이다.

(3)목적은 항상 활동력의 해방을 의미하는 것이어야 한다. 목표(end in view)라는 말은 암시적이다. 왜냐하면 그것은 그 어떤 과정의 종결, 즉 결말을 눈앞에 제시하기 때문이다. 우리가 어떤 활동의 뜻을 한정할 수 있는 유일한 방법은, 그 활동이 거기에서 종결되는 목적물을 우리의 눈앞에 두는 일이다—예를 들어, 사격을 하는 사람의 목적이 표적인 것처럼. 여기서 목적물은, 사람이 성취하고 싶다고 바라는 활동을 마음속에 분명히 그리는 데 필요한 표지 내지는 기호에 지나지 않음을 잊지 말자. 엄밀하게 말하면, 표적이 아니라 표적에 명중시키는 일이 목표이다. 우리는 겨냥할 때 표적뿐만 아니라 총의 조준장치도 보지 않는가. 사람이 생각해 내는 여러 목적물은 활동

을 방향지우는 수단이다. 예를 들어 어떤 사람이 토끼를 노릴 때, 그가 바라는 것은 정확하게 쏘는 일, 즉 어느 정해진 종류의 활동이다. 또는 그가 원하는 것이 그 토끼라고 해도, 그것은 그의 활동에서 분리된 토끼가 아니라 활동 중의 한 요소로서의 토끼인 것이다. 그는 그 토끼를 먹고 싶다고 생각하거나 자기의 사격 솜씨를 자랑하기 위해 남에게 보이고 싶어 한다. 즉, 그 목표물로 무엇인가 하고 싶다고 생각하는 것이다. 고립된 물건 그 자체가 아니라, 그 물건을 사용해서 행동하는 것이 목적이다. 목적물은 활동적 목적―활동을 잘 계속해 가는 일―의 일부분에 지나지 않는다. 이것이 위에서 사용한 '활동력의 해방'이라는 말로 표현하려고 한 것이다.

활동이 더 계속해 갈 수 있도록 어느 과정을 성취하는 일과, 활동 밖에서 더해지는 목적이 정적(靜的)인 것이라는 점은 현저한 대조를 이루고 있다. 밖에서 더해지는 목적은 항상 고정된 것이라고 여겨진다. 그것은 손에 넣어 소유해야 할 그 무엇인 것이다. 사람이 그러한 생각을 할 때는, 활동은 다른 그 무엇에 도달하는 데 피할 수 없는 수단에 지나지 않는다. 그 자체로서는 의의가 있는 것도 아니며 중요하지도 않다. 그것은 목적과 비교하면 필요악에 지나지 않는다. 즉, 목적물만이 가치가 있고, 그것은 그 목적물에 도달하기 전에 아무래도 해두어야 할 그 무엇인 것이다. 다시 말해 외적 목적관은 목적에서 수단을 분리시키게 되는데, 활동 내부에서 그것을 방향지우는 계획으로서 발생하는 목적은 항상 목적인 동시에 수단이기도 한 것으로, 그 구별은 편의적인 것에 지나지 않는다. 모든 수단은 그것을 손에 넣기 전까지는 당면한 목적이다. 모든 목적은, 그것이 달성되자마자 활동을 더 계속하기 위한 수단이 된다. 우리는 하고 있는 활동의 미래의 방면을 돋보이게 할 때 그것을 목적이라 부르고, 현재의 방면을 돋보이게 할 때 그것을 수단이라고 부른다. 수단이 목적으로부터 분리되면, 언제나 활동의 의의는 그만큼 감소되고, 활동은 가능하면 그것으로부터 도망치고 싶다고 생각하게 할 정도로 단조로운 일이 되기 쉽다. 농부는 자기의 농업활동을 영위하기 위하여 식물이나 동물을 사용해야만 한다. 그가 그것들을 사랑하느냐, 아니면 관심은 다른 데 둔 채 그것들을 단지 다른 것들을 획득하기 위한 수단으로밖에 보지 않느냐는, 확실히 그의 생활에 큰 차이를 가져온다. 앞의 경우에서는 그의 전체 활동에 의의가 있다. 즉, 그 각 단계가 독자적인 가치를 갖는 것이다. 그는 모든 단계에서 자기의 목적을 실현해 가는 경험을 하며, 장기적인 목적, 즉 예견되는 결과란 앞을 내다보는 눈으로서 그의 활동을 풍부하고도 자유롭게 유지시켜 준다. 그가 앞날을 내다보지 못한다면 그의 시야는 막힐 것이다. 목적은 활동의 다른 구성부분과 마찬가지로 틀림없이 행동의 수단이다.

3 교육에의 응용 교육의 목적에 대해서도 특히 다른 점은 아무것도 없다. 이들은 방향이 잡힌 어떤 일의 목적과도 전적으로 같다. 교육자도 농부와 마찬가지로 해야 할 일정한 일, 사용해야 할 일정한 수단, 싸워야 할 일정한 장해를 가지고 있다. 장해로서건 수단으로서건 농부가 다루는 여러 조건은 그의 그 어떤 목적과도 관계없이, 그들 자체의 구조와 작용을 가지고 있다. 씨는 싹을 낳고, 비는 내리고, 태양은 빛나며, 곤충은 먹어치우고, 줄기마름병은 발생하고, 계절은 바뀐다. 그의 목적은 이들 여러 가지 조건을 이용하는 것, 즉 그의 활동과 이들의 힘을 서로 대립시키는 것이 아니라 더불어 일하는 데 지나지 않는다. 만약에 농부가 토양이나 기후나 식물생장의 특성이라는 이들 여러 조건을 조금도 고려함 없이 농업의 목적을 세운다면, 그것은 어리석은 일이다. 그의 목적은, 그의 힘이 주위 사물의 힘과 결합해서 낳는 결과의 전망, 매일 그의 행동을 이끌기 위해 사용되는 전망 바로 그것이다. 일어날 수 있는 결과에 대한 전망에 이끌려 그가 다룬 사물의 성질이나 성능에 대해서 더 주의 깊게, 광범위에 걸친 관찰이 이루어지고, 계획—수행해야 할 행위의 일정한 순서에 대한 계획—이 세워지는 것이다.

그것은 교육자—부모든 교사이든—에게도 마찬가지이다. 교육자가 아이들 성장의 올바른 목표로서 '교육자 자신의' 목적을 세운다는 것은, 농부가 여러 조건을 고려하지 않고 농업의 이상을 세우는 일과 마찬가지로 어리석다. 목적이란, 어떤 직무—농업이든 교육이든—를 영위하는 데 필요한 관찰이나 예상이나 준비를 하는 책임을 맡는 것을 의미한다. 그 어떤 목적도, 그것이 순간순간 활동을 계속해 갈 때 관찰이나 선택이나 계획을 돕는 한 가치 있는 것이다. 만약에 그것이 그 사람 자신의 원만한 판단력의 방해가 된다면(외부로부터 강요되거나 권위에 의해서 수용되거나 한다면 틀림없이 방해가 되지만) 그것은 해가 된다.

또 교육은 그 자체로서는 그 어떤 목적도 지니지 않음을 기억하기 바란다.

사람, 부모나 교사 등만이 목적을 갖는 것이지, 교육과 같은 추상적 관념이 목적을 갖는 것이 아니다. 따라서 그들의 목적은 아이들이 달라짐에 따라 달라지고, 아이들이 성장함에 따라, 또 가르치는 쪽의 경험이 증대함에 따라 바뀌고 한없이 다종다양해지는 것이다. 말로써 표현할 수 있는 가장 타당한 목적까지도, 목적 그 자체는 아니다. 오히려 교육자 자신이 놓여 있는 구체적 정황이 갖는 에너지를 해방하여 방향을 잡는 데 어떻게 관찰하고, 어떻게 앞길을 정하고, 어떻게 선택하는가에 관해서 교육자들에게 제시된 시사에 지나지 않는다. 이것을 사람들이 인정하지 않는다면, 간단히 말해 이익이 되기보다는 해가 될 것이다. 최근 어떤 저자는 이렇게 말했다. "낡은 탐정소설 대신에 스콧의 소설을 읽도록 이 소년을 지도할 것, 이 소녀에게 재봉을 가르칠 것, 존의 성격에서 약자를 괴롭히는 버릇을 근절할 것, 이 학급에 의학 공부를 준비시킬 것—이러한 일들이 교육의 현장에서 우리가 실제로 직면하는 무수한 목적의 실례이다."

이상의 여러 조건에 유의하면서, 다음으로 모든 좋은 교육목적에서 찾아볼 수 있는 여러 특징의 몇 가지를 말해보기로 한다. (1)교육목적은, 교육되어야 할 특정한 개인이 본디 지닌 활동력과 요구(타고난 본능과 획득된 습관을 포함한다)에 입각해야 한다. 이미 보아온 바와 같이, 준비라는 목적은 현존하는 여러 능력을 간과하고, 어떤 먼 미래에서의 완성이나 책무에서 그 목적을 찾으려는 경향이 있다. 일반적으로, 어른들의 마음에 중요하다고 여겨지는 것을 피교육자의 능력과는 관계없이 목적으로서 세우는 경향이 있다. 또 모든 학습은 일정한 때와 장소에서 어떤 개인에게 일어나는 일이라는 것을 잊고, 매우 획일적이고 개인의 특유한 능력이나 요구를 무시하는 것 같은 목적을 제기하는 경향이 있다. 하기야 어른의 인식은 보다 광범위하게 미치지만, 그것은 아이들의 능력이나 약점을 관찰하거나, 그것들이 결국 어떤 결과에 이르는가 하는 것을 판정하거나 할 때 매우 큰 가치를 지닌다. 예를 들어, 어른의 예술적 재능은 아이들의 일정한 경향이 어떤 가능성을 갖는가를 명백히 한다. 만약에 성인의 업적이 없다면, 우리는 아동기에 선을 긋거나, 모사하거나, 모양을 뜨거나, 채색하는 활동의 의의에 대해 확신할 수 없을 것이다. 마찬가지로 만약에 성인의 언어가 없었더라면, 우리는 유아기의 재잘거리는 말의 뜻을 알 수가 없을 것이다. 하지만 아동기나 청년기 행동의 위치를 조사하기 위한 배경으로서 성인의 완성을 이용할 것과, 그것들을 피교육자의 구체적 활동을 고려함이 없이 고정된 목적으로서 세운다는 것은 전혀 별개의 일이다.

(2)목적은, 가르침을 받는 학생들의 활동에 협력하는 방법으로 번역할 수 있는 것이 되어야 한다. 그것은 그들의 능력을 해방하고 조직하는 데 필요한 환경이 어떤지를 일러주어야 하는 것이다. 그것이 특정한 절차를 구성하는 데에 쓰이지 않는다면, 또 이들 절차가 그 목적을 시험하고 수정하고 확충하지 않는다면 그 목적은 무가치하다. 그것은 특정한 교육활동을 돕지 않고, 오히려 그 정황을 관찰하고 파악할 때의 정상적인 판단력의 행사를 방해한다. 그 고정된 목적에 맞는 것 이외에는 아무것도 눈에 들어오지 않게 하는 작용을 한다. 고정된 목적은 모두, 그것이 바로 고정된 것으로 주어지기 때문에 구체적 정황에 신중한 주의를 기울이는 것을 필요없게 만드는 듯 보인다. 그것은 여하간 적용되어야만 하는데, 사소한 세부에 주목한다고 해서 무슨 소용이 있겠느냐는 것이다.

외부로부터 목적을 부과하는 악폐의 뿌리는 깊다. 교사들은 이들 목적을 상위 권위자로부터 받는다. 권위자는 이들을 그 사회에 버젓이 통용되고 있는 것으로부터 받아들인다. 그리고 교사들은 그것들을 아이들에게 강요하는 것이다. 그 결과, 첫째로 교사의 지성은 자유가 아니다. 즉, 그들은 위에서 부과된 목적을 받는 것밖에 할 수 없도록 제한되어 있다. 개개의 교사가 자기의 마음을 학생들의 마음이나 교재에 둘 수 있을 정도로 당국의 지도주임이나 교수법 교과서, 규정된 학습지도 요령 등의 지시로부터 자유로운 경우는 드물다. 교사의 경험에 대한 이러한 불신은 더 나아가서 학생의 반응에 대한 신뢰의 결여로서 나타난다. 학생들은 이중 삼중의 외부로부터의 강요를 통해 그들의 목적을 받아들인다. 그리고 그들은 그때의 그들 자신의 경험에 대하여 자연스러운 목적과, 말없이 받아들이도록 가르쳐진 목적이 충돌함에 따라 끊임없이 혼란을 겪는다. 성장하는 경험은 모두 그 자체로 고유한 의의가 있다는 민주적인 규준이 인정되기까지, 우리는 외적인 목적에의 순응이라는 요구에 따라 지적으로 혼란을 겪을 것이다.

(3)교육자는, 일반적이고 궁극적인 것이라고 주장되는 목적을 경계해야 한다. 제아무리 특수한 것이라도 활동은 모두 다방면에 걸친 관련에서는 물론

일반적이다. 왜냐하면 그것은 한없이 다른 것으로 파급되어 가기 때문이다. 일반적인 관념이, 우리를 이들과의 관련에 대해서 한층 민감하게 하는 한, 그것은 아무리 일반적이라도 지나치지 않는다. 하지만 '일반적'이라는 말은 '추상적', 즉 일체의 특수한 관계로부터 떨어져 있다는 것도 의미한다. 그리고 그러한 추상성은 관계가 엷다는 것을 의미하며, 우리를 다시 수단으로부터 분리된 목적을 위해 준비하는 단순한 수단으로서의 가르침이나 학습으로 되돌아가게 한다. 교육이 문자 그대로, 그리고 항상 교육 그 자체의 성과라는 것은, 학습이나 훈련이라고 일컬어지는 것은 모두 자기 자체를 직접 경험하는 일에 가치가 있는 것이 아니면 교육적이 아니라는 것을 의미한다. 진정으로 일반적인 목적은 시야를 확대시킨다. 즉 그것은 사람을 자극해서 보다 많은 결과(관련)를 고려하게 하는 것이다. 이는 수단을 보다 넓은 범위에 걸쳐서, 보다 자유자재로 관찰하는 것을 의미한다. 예를 들면, 농부가 서로 작용을 하는 여러 가지 힘을 한층 많이 고려하면 할수록, 그가 바로 사용할 수 있는 수단은 한층 다양해질 것이다. 그는 출발점으로 삼을 수 있는 것을 보다 많이 알 테고, 하고 싶다고 생각하는 일에 도달하는 방법도 더 많이 알 것이다. 미래에 달성할 수 있는 일에 대해서 한층 충실하게 생각하면 할수록, 그 사람의 현재의 활동이 선택해야 할 방향도 소수의 것으로 제한되는 일이 적어진다. 충분히 알고 있으면, 그는 거의 어떤 곳으로부터도 출발할 수가 있고, 더욱이 자기 활동을 끊임없이 풍요롭게 계속해 갈 수가 있을 것이다.

그래서 일반적 또는 포괄적인 목적이라는 말을 현재의 활동의 장(場)을 넓게 전망한 것이라는 의미만으로 이해해서, 오늘의 교육이론에서 유행하는 교육목적의 비교적 큰 것을 몇 가지 들추어, 이들이 항상 교육자의 현실적 관심이 되어 있는 직접적이고 구체적이고 다양한 여러 목적을 어떻게 해명하는가를 고찰해 보기로 하자. 우리는 (실은 이제까지 말해온 것에서 직접 귀결되는 일이지만) 이들 안에서 선택하거나, 그것들을 서로 경쟁하는 것으로 간주할 필요는 하나도 없음을 전제로 한다. 우리는 실제로 행동할 때, 특정한 시기에 특정한 행위를 선택해야 하지만, 이 상황의 포괄적인 목적은 아무리 많아도 서로 경쟁하는 일 없이 존재할 수 있다. 그러한 포괄적인 목적은 같은 상황을 보는 여러 관점에 지나지 않기 때문이다. 우리는 몇 개의 서로 다른 산을 동시에 오를 수는 없지만, 서로 다른 산에 올라가서 얻을 수 있는 여러 전망은 서로 보완시킬 수 있다. 이들 전망은 서로 양립하거나 경쟁하는 세계가 아니다. 다시 말해, 어떤 목적에 대한 한 가지 말은 일정한 문제와 관찰을 일러주고, 다른 말은 다른 문제를 일러주어 다른 관찰을 촉진하는 것이다. 따라서 일반적인 목적을 보다 많이 두면 둘 수록 좋다. 하나의 말은 다른 말이 간과한 점을 강조할 것이다. 교사에게 목적이 여러 개 있다는 것은, 과학자에게 가설이 여러 개 있다는 것과 같은 뜻이다.

요약 목적이란 의식으로 떠올라 당면한 관찰과 행동 방법의 선택을 결정하는 요인이 된, 그 어떤 자연과정의 결과를 지시하는 것이다. 그것은 활동이 이지적이 되었음을 의미한다. 자세하게 말하자면, 목적은 일정한 정황에서 여러 가지 다른 방법으로 행동함에 따라 생기는 여러 선택 가능한 결과를 예상하고, 그 예상된 바를 써서 관찰이나 실험을 방향 짓는 것을 의미한다. 따라서 진정한 목적은 행동 과정에 밖으로부터 더해지는 목적과는 모든 점에서 반대이다. 후자는 고정·경직되어 있고, 일정한 정황에서의 지성에 대한 자극이 아니라 이러이러한 일을 하라는 외부로부터의 명령이다. 또한 당면한 활동에 직접 결부되지 않는 멀리 떨어진 것으로, 거기에 도달하기 위한 수단으로부터 분리되어 있다. 그것은 보다 더 자유롭고 균형 잡힌 활동을 일으키는 대신에 활동에 제한을 가하는 것이다. 교육에서 이들 외부로부터 부과된 목적이 유행하여, 교육이 멀리 떨어진 미래의 준비라는 생각을 강조하고, 교사와 학생 간의 만남을 기계적이고 노예적으로 전락시키는 원인이 되었다.

제9장
목적으로서의 자연적 발달과 사회적 유능함

1 목적을 부여하는 것으로서의 자연 지금까지 우리는 교육 그 자체의 목적—다른 모든 목적을 그 아래에 종속시키는, 어떤 하나의 궁극적인 목적—을 확립하려는 시도가 무익하다는 것을 지적해 왔다. 또 일반적인 목적은 미래를 전망하는 관점으로, 거기에서 현존하는 여러 조건을 조사하여 이들의 가능성을 가늠하는 관점에 지나지 않으므로, 우리는 이것들을 그 사이에 아무런 모순 없이 몇 개든 가질 수 있다—는 점도 지적해 왔다. 실제로 매우 많은 목적이 서로 다른 여러 시대에 이야기되어 왔고, 그것들은 모두 그때마다 커다란 가치를 지녔다. 왜냐하면 목적을 말한다고 하는 것은 어느 일정한 시대의 강조 문제이기 때문이다. 더욱이 우리는 강조가 필요없는 것—저절로 상당히 잘 되어가는 것—을 강조하거나 하지는 않는다. 오히려 그 시대 상황의 결함이나 필요에 입각해서, 우리가 말하는 것을 구상하는 경향이 있다. 즉 당연한 일이나, 보통 당연한 것으로서 받아들여지는 일은 모두 말해 봤자 분명히 무익할 것이므로, 그러한 쓸데없는 일은 하지 않는 것이다. 우리는 그 어떤 변화를 가져오기 위해 그 변경에 관해 분명한 목적을 구상한다. 따라서 어떤 일정한 시대 또는 세대는 거기에 현실적으로 가장 결여되어 있는 것이야말로 의식적인 계획으로서 강조하는 경향이 있다—는 것은 설명이 필요할 정도의 역설은 아니다. 권력에 지배되는 시대는 그에 대한 반응으로서 개인의 자유를 구하는 소리를 내게 될 것이고, 개개인이 무질서하게 활동하는 시대는 교육목표로서 사회통제의 필요를 환기시킬 것이다.

실제로 이루어지는 암묵의 관행과, 의식적인, 즉 표출된 목적은 이처럼 서로 균형을 유지하고 있다. 완전한 생활, 보다 좋은 언어학습 방법, 말 대신 실물로 하는 교육, 사회적 유능함, 인격적 교양, 사회봉사, 인격의 완전한 발달, 백과전서적 지식, 규율, 미적 관조(觀照), 유용성 등등과 같은 목적이 서로 다른 여러 시대에 쓸모가 있었던 것이다. 아래에서는 근대에 영향력이 있었던 세 가지 목적을 살펴볼 것이다. 그 이외의 몇 가지는 앞의 여러 장에서 부수적으로 논해왔고, 또 기타의 것은 뒤에 지식이나 여러 학과의 가치에 대해 논할 때에 고찰할 것이다. 우선, 자연적인 것을 사회적인 것에 대립시킨 루소의 이론을 들추어, 교육이란 자연에 합치하는 발달의 과정이라는 생각(105~106쪽 참조)부터 시작하자. 그리고 다음에 그것과는 반대의, 사회를 자연에 대립시키는 견해로서, 사회적 유능함을 목적으로 삼는 생각으로 옮겨가기로 하자.

(1)자신들의 주위에서 볼 수 있는 학교교육 방법의 인습성이나 부자연성에 싫증이 난 교육개혁자들은, 규범으로서 자연에 의지하는 경향이 있다. 발달의 법칙이나 목적을 주는 원천을 자연이라 보고, 자연의 방법에 따르고 동조하는 것이야말로 우리의 임무라는 것이다. 이 생각의 긍정적인 가치는, 피교육자들의 자연스러운 천성을 고려하지 않는 잘못된 목적에 대하여 설득력이 있는 방법으로 주의를 환기시키는 데 있다. 그러나 '정상'이라는 뜻으로의 자연스러운 것을 육체적인 것과 손쉽게 혼동하는 약점이 있다. 그래서 예견하고 목적을 세우기 위해 지성을 건설적으로 사용하는 것은 무시되고, 우리는 다만 방해가 되지 않도록 물러나서 자연이 활동하는 대로 내버려두면 좋다고 하는 이야기가 된다. 이 이론의 진리도 허위도 루소 이상으로 충분히 말한 사람은 없으므로 그를 주목하기로 하자.

루소는 다음과 같이 말한다. "우리는 세 가지 원천, 즉 자연·인간·사물로부터 교육을 받는다. 우리의 기관이나 능력의 자발적인 발달은 자연이 하는 교육이다. 이 발달을 어떻게 이용하는가를 우리에게 가르치는 것은 인간의 교육이다. 주위의 사물에서 우리 자신의 경험을 획득하는 것은 사물의 교육이다. 이 세 종류의 교육이 일치해서 같은 목적으로 향할 때만이, 사람은 그의 참다운 목표로 나아가는 것이다. ……이 목적이 무엇이냐고 묻는다면, 그것은 자연이다. 왜냐하면 교육이 완전하기 위해서는 이 세 가지가 협력해야 하므로, 우리의 힘이 전혀 미치지 않는 교육이야말로 당연히 다른 두 가지 교육을 결정할 때 우리를 통제해야 하기 때문이다." 그래서 그는 자연을 정의해서, 타고난 능력과 성향을 의미하는 것이라고 본다. 왜냐하면 '이들 능력이나 성향이 습관에 의한 속박이나 타인의 의견에 의한 변질에 앞서서 존재하기 때문이다'.

루소의 표현 방식은 주의 깊게 연구할 가치가 있다. 그는 교육에 대한 근본적인 진리의 일부를 묘하게 비틀어 표현했다. 앞선 문장에서 말한 내용을 그 이상 잘 표현하기란 불가능할 것이다. 교육적 발달의 세 가지 요인은, (a)우리 신체 여러 기관의 타고난 구조와 이들 기관의 기능적 활동, (b)이들 기관의 활동이 다른 사람들의 영향하에서 이용되는 것, (c)그것들과 환경의 직접적 상호작용이다. 이 문장은 확실히 논점을 다 말하고 있다. 그의 다른 두 가지 주장도 마찬가지로 타당하다. 즉 (a)교육의 세 가지 요인이 일치해서 서로 협력하고 있을 때에만 개인의 충분한 발달이 일어난다, (b)여러 기관의 타고난 활동은 본디적인 것이므로 조화를 생각할 때의 기초가 된다—이 두 주장 모두 올바른 것이다.

그러나 루소의 다른 말을 참고하여 앞의 내용 이면에 숨은 뜻을 약간 파악하면, 다음과 같은 것을 알 수 있다. 즉 그는 이들 세 가지 중 어느 하나가 교육적으로 행해지기 위해서는 그 셋이 반드시 공동으로 작용해야 한다고 본 것이 아니라, 그 세 가지를 별개의 독립된 작용이라고 여긴 것이다. 특히 그는 타고난 기관이나 능력에는 독립된, 또는 그의 말로 '자발적'인 발달이 있다고 믿는다. 이 발달은, 그것들이 이용되는 것과는 상관없이 진행할 수 있다고 생각하는 것이다. 그리고 이 독립된 발달이야말로, 사회적 접촉으로부터 생기는 교육은 종속되어야 한다는 것이다. 그런데 타고난 여러 활동을 강요하거나 오용하는 것이 아니라 그 활동 자체에 합치되도록 이용한다는 것과, 타고난 활동은 그 사용과는 무관하게 정상적으로 발달할 수 있어서 이로써 모든 학습의 기준과 규범을 세운다는 생각 사이에는 매우 큰 차이가 있다. 앞에서 제시한 실례로 돌아가 보면, 언어습득의 과정은 올바른 교육적 성장의 거의 완벽한 모범이다. 그 출발점은 발성기관이나 청각기관 등의 타고난 활동이다. 그러나 그것들에는 그 자체의 독특한 성장이 있어서 내버려 두어도 발달하여 완전한 말을 낳을 것이라는 생각은 터무니없는 일이다. 문자 그대로 해석한다면, 루소의 원리는 다음과 같은 의미가 될 것이다. 즉, 성인은 아이들의 재재거리는 말이나 외치는 소리를 유절언어(有節言語)의 시작으로서—이들은 실제로 그렇지만—뿐만 아니라, 언어 그 자체를 가져오는 것으로서도—모든 언어교육의 모범으로서—받아들여 되풀이해야 한다.

지금까지 내용은 다음과 같이 요약할 수 있다. 여러 기관의 구조나 활동은 이들 기관의 사용법을 가르치는 모든 가르침의 조건을 제공한다고 생각한 점에서 루소는 옳았다. 그러나 그는 크게 필요했던 개혁을 교육에 도입했지 만, 이들이 그 조건뿐만 아니라 이들 발달의 목적도 제공한다고 암시한 점에 서는 중대한 잘못을 저질렀다. 실제로 타고난 활동은 엉터리 같은 자의적인 운동을 통해서가 아니라, 이와는 대조적으로 그것들을 사용하는 것을 통해 서 발달한다. 그리고 사회적 생활환경의 역할은, 이미 보아온 바와 같이, 여 러 능력을 될 수 있는 대로 잘 이용하여 성장을 이끄는 일이다. 여러 기관은 어떤 일정한 종류의 작용을 하려는 강한 경향을 나타낸다—그것은 거스를 수 없을 정도로 강하다. 하기야 거역하려고 하면, 이들 기관은 오용하여 그 성장을 방해하고 손상시키리란 뜻에서, 본능적 활동은 비유적으로 자발적이 라고 말할 수 있을 것이다. 하지만 이들 활동의 자발적인 정상발달이라는 관 념은 전적으로 만들어낸 이야기이다. 자연의, 즉 타고난 능력은 모든 교육에 서 처음으로 움직임을 주고 더욱이 제한을 가하는 작용을 하지만, 그 목적이 나 목표 같은 것은 제시하지 않는다. 학습되지 않은 타고난 능력에 바탕을 두지 않는 학습은 없지만, 학습은 그 타고난 능력의 자발적 유출 같은 것은 아니다. 이와는 반대인 루소의 견해는, 틀림없이 그가 신을 자연과 동일시한 데서 나온 결과일 것이다. 즉, 그에게 본래적인 여러 능력은 현명하고 선한 조물주로부터 직접 생기는 것이므로 완전히 선이다. 신은 전원을 만들고 사 람은 도시를 만든다는 예부터의 속담을 바꾸어 말하자면, 신은 인간의 본디 기관이나 능력을 만들고, 인간은 이들의 이용법을 생각해 내는 것이다. 따라 서 전자의 발달은 후자가 따라야만 하는 규범을 준다. 사람들은 이들 본디 활동의 이용법을 결정할 때 신의 계획에 저촉하는 것이다. 사회제도가 자연, 즉 신이 하는 일에 저촉한다는 것이, 개개의 인간에게는 타락의 첫 근원인 것이다. 모든 자연적 경향은 본질적으로 선이라는 루소의 열렬한 주장은, 타 고난 인간성은 전면적으로 사악한 것이라는, 그 무렵의 일반적인 생각에 대 한 반발이자, 아이들의 흥미에 대한 태도를 수정하는 데 강력한 영향을 미쳐 왔다. 하지만 원시적 충동은 그 자체로서는 선도 아니고 악도 아닌 것으로, 그것이 사용되는 목적에 따라서 선이 되기도 하고 악이 되기도 한다는 것은 두 말할 필요가 없는 사실이다. 어떤 본능을 무시하거나, 억압하거나, 다른 본능을 희생시켜 조기에 촉진시키거나 하는 일이 피하려면 피할 수 있는 많은 해악의 요인이 된다는 것에도 의심의 여지는 없다. 그러나 그 교훈은 이들 본능을 내버려두어 그 자체의 '자발적 발달'을 걷게 하는 일이 아니라, 이들을 조직하는 환경을 준비하는 데 있는 것이다.

루소의 이론에 포함되어 있는 올바른 부분으로 돌아가 보면, 그는 자연적 발달을 목적으로 함으로써 그 무렵 일반적으로 행하여지던 많은 관행의 악폐를 고치는 수단과 더불어, 몇 가지 바람직하고 명확한 목적을 제시할 수 있었다. ⑴목적으로서의 자연적 발달은 신체의 여러 기관에 주의를 향하게 하여 건강과 활력의 필요에 주목하게 한다. 자연적 발달이라는 목적은 부모나 교사들에게 다음과 같이 말한다. "건강을 목적으로 하라, 체력 없이는 정상발달도 있을 수 없다." 이는 누구나 아는 사실이지만, 그래도 그것이 실제로 올바르게 인식된다면 많은 교육상의 관행에 거의 자동적으로 혁명적 변화가 일어나게 될 것이다. '자연'이란 매우 애매하고 비유적인 말이지만, '자연'이라는 말이 표현하는 뜻의 하나는 교육의 유효성에는 필요조건이 있다는 것으로, 우리가 이들 조건이 무엇임을 알고 우리의 실천을 그것들에 합치시키는 법을 배울 때까지는, 우리의 가장 고상하고 이상적인 목적은 틀림없이 손상되도록 되어 있다―이들은 효과적이라기보다는 오히려 언어상에서만의 감상적인 목적에 지나지 않는다는 것이다.

⑵자연적 발달이라는 목적은, 신체적 운동성의 존중이라는 목적으로 바꾸어 말할 수가 있다. 루소의 말로 하자면, '아이들은 항상 활동하고 있다. 앉은 채로 있는 생활은 해롭다'. 그가 '자연의 의도는, 정신을 단련하기 전에 신체를 튼튼하게 하는 일이다'라고 할 때 그 사실을 잘 말하고 있다고는 할 수 없다. 만약 자연의 '의도'(그의 시적인 어법을 취한다면)는 특히 신체의 근육을 작용시킴으로써 정신을 발달시키는 일이다―라고 말했다면, 그는 확실한 사실을 말한 것이 될 것이다. 다시 말해 자연에 따른다는 목적은, 구체적으로는 탐구하거나, 재료를 다루거나, 놀이나 경기를 할 때 신체의 여러 기관을 사용하는 일이라는 실제적 역할에 주목함을 의미하는 것이다.

⑶일반적 목적은, 아이들의 개인차 존중이라는 목적으로 바꾸어 말할 수 있다. 타고난 여러 능력의 존중이라는 원리를 고려에 넣는다면, 틀림없이 저마다 능력이 다르다는 사실에 강한 인상을 받을 것이다. 이 차이는, 단순히

강도(强度)에 대해서 뿐만 아니라, 질이나 배합에 대해서도 말할 수가 있다. 루소가 말한 바와 같이, "각 개인은 독특한 기질을 가지고 태어난다. ……우리는 성향이 서로 다른 아이들을 무차별적으로 같은 과업에 종사시킨다. 이러한 교육은 특유한 성향을 파괴하고, 따분한 획일성을 가져온다. 따라서 우리는 자연이 준 참다운 자질이 자라지 못하도록 방해하는 일에 쓸데없는 노력을 기울인 뒤에, 우리가 그 대신 넣은 순간적이고도 헛된 재주가 사라지는 모습을 보게 된다. 우리가 짓밟아버린 자연의 능력은 되살아나지 않는다."

마지막으로 자연에 따른다는 목적은, 기호 혹은 흥미의 발생이나 증대나 감소에 주의를 향하게 한다. 여러 능력은 제각기 싹을 틔워 피어난다. 모두가 똑같이 발달하는 일은 없는 것이다. 쇠는 뜨거울 때 두드려야 한다. 특히 중요한 것은 능력이 처음 나타났을 때이다. 우리의 상상 이상으로, 아동기의 초기의 여러 경향을 다루는 방법에 따라 기본적인 성향이 고정되어, 뒤에 나타나는 여러 능력의 경향이 결정된다. 인생 초기의 수년간에 교육적 관심—유용한 기술을 가르친다는 것은 별도로 치고—을 두게 된 것은, 페스탈로치나 프뢰벨이 루소에게서 배워서 자연적인 성장의 원리를 강조했을 때가 거의 최초였다. 성장이 고르지 않게 진행한다는 것과 이 사실이 갖는 의미는, 신경계통 발달을 연구한 한 학자의 다음과 같은 글 속에 나타나 있다. '성장이 계속되는 동안 신체적인 것과 정신적인 것은 균형 잡혀 있지 않다. 왜냐하면 성장은 결코 전반적으로가 아니라, 어떤 때는 부분적으로 강화되고, 또 어떤 때는 다른 부분에서 강화되기 때문이다. ……이처럼 타고난 자질 안에 매우 큰 불균형이 있는 가운데, 자연스러운 성장의 불균형적이고 동적인 가치를 인정하고, 우둘투둘한 부분을 깎아내어 둥글게 마무리하기보다도 불균형 쪽을 좋아하여 이들을 이용하는 방법은, 신체 안에 일어나는 일에 딱 어울리며 그러므로 결국은 가장 유익한 방법이 될 것이다.'*

속박된 상태에서는 자연스러운 경향을 관찰하기 어렵다. 자연스러운 경향은 아이들의 자발적인 발언이나 행동 안에—즉, 정해진 과업을 하지 않을 때, 관찰당한다는 사실을 알아차리지 못할 때, 그가 하고 있는 일 안에—가장 나타나기 쉽다. 그러나 이들 경향은 자연적인 것이라고 해서 모두가 바람

---

* Donaldson, Growth of Brain, p. 356.

직하다고는 말할 수 없다. 하지만 그것들은 거기에 있으므로 작용하고 있고, 고려되어야만 한다는 것이다. 우리는 다음과 같은 배려를 해야 한다. 즉, 바람직한 자연적 경향에는 이들을 활동하게 해 두는 환경이 주어지도록 주의를 하고, 또 이들의 바람직한 경향의 활동이 다른 여러 경향이 취하는 방향을 통제하여, 다른 여러 경향은 무의미하게 만듦으로써 사용되지 않도록 주의해야만 한다. 어떤 경향은 나타나면 부모들을 난처하게 만드는데, 그 대부분은 대개 오래 계속되지 않는 일시적인 것이다. 여기에 너무나도 많은 직접적인 주의를 돌린다는 것은 가끔 아이들의 주의를 그것들에 고정시키는 결과밖에 되지 않는다. 여하간 어른들은 너무나도 손쉽게 자신의 습관이나 희망을 규범이라고 생각해서, 그로부터 아이들의 충동이 일탈하는 것을 모두 제거할 악으로 간주한다. 자연에 따른다는 교육이론이 그토록 줄기차게 공격한 부자연스러움은, 어른들의 규범이라는 틀에 아이들을 억지로 끼워 넣으려고 하기 때문에 생기는 결과인 것이다.

결론으로서, 자연에 따른다는 이론이 등장한 역사적 배경을 보면, 본디 서로 관련이 없던 두 가지 요소가 결부되었음을 알 수 있다. 루소 시대 이전의 교육 개혁자들은 교육에 무한한 힘이 있다고 생각함으로써 교육의 중요성을 역설하는 경향이 있었다. 민족과 민족의 차이나, 동일민족 안의 계급과 계급, 개인과 개인의 차이는 모두 훈련이나 실천의 차이 때문이라고 주장했다. 정신이나 이성이나 오성(悟性)은 본디 만인에게 같다는 것이다. 정신의 이러한 본질적 동일성은 모든 인간의 본질적 평등과, 그들 모두를 같은 수준까지 높일 수 있는 가능성을 의미한다. 이 견해에 대한 반론으로서, 자연에 합치한다고 하는 이론은 정신과 그 능력에 관한 훨씬 비형식적이고 비추상적인 견해를 의미했던 것이다. 이 이론은 식별, 기억, 일반화라는 추상적인 여러 능력 대신에, 개인마다 다른(루소가 지적한 바와 같이 한배에서 나온 강아지들도 서로 다른 것과 마찬가지로 다른) 특수한 본능이나 충동이나 여러 능력을 대입한다. 교육적인 자연에의 합치라는 이론은, 이 면에 있어서, 근대의 생물학이나 생리학이나 심리학의 발달에 따라 강화되어 온 것이다. 요컨대, 그것은 직접적인 교육적 노력에 의해 초래되는 양육이나 수정, 변질의 의의는 크다고 하지만, 자연, 즉 학습하지 않은 타고난 능력이 그러한 양육의 기초와 기본적 수단을 제공함을 의미하는 것이다.

한편, 자연에 따른다는 이론은 정치적 신조이기도 했다. 그것은 실제로 존재하는 사회제도나 관습이나 이상에 대한 반항을 의미한 것이다(105~106쪽 참조). '모든 것은 조물주의 손을 떠날 때에는 선이었다'라는 루소의 말은, 같은 문장의 맺는 부분 '모든 것은 인간의 손 안에서 타락한다'와 대비되어 비로소 뜻을 지닌다. 그는 다시 다음과 같이 말한다. "자연인은 절대적인 가치를 갖는다. 그는 수의 단위이며 완전한 정수(整數)로서, 자기 자신과 자기의 동류에 대한 관계 이외에 그 어떤 관계도 맺지 않는다. 문명인은 상대적인 단위에 지나지 않는다. 분모, 즉 사회라는 전체와의 관계에 의해서 값이 정해지는 분수의 분자에 지나지 않는다. 훌륭한 정치적 제도란, 인간을 부자연스러운 것으로 만드는 제도이다." 이렇게 조직화된 사회생활은 지금 그대로는* 부자연스럽고 유해하다는 생각을 바탕으로, 그는 자연이 성장에 필요한 최초의 힘뿐만 아니라 성장의 계획이나 목적도 주었다는 생각에 근거를 부여했다. 나쁜 제도나 관습은 거의 자동적으로 작용해서, 아무리 조심스럽게 한다고 해도 학교교육의 폐단을 없앨 수 없다는 것은 전적으로 옳다. 하지만 우리가 내려야 할 결론은 환경에서 떨어져 교육하는 것이 아니라, 타고난 여러 능력이 보다 활용될 수 있는 환경을 준비하는 일이다.

2 교육목적으로서의 사회적 유능함(social efficiency) 자연이 올바른 교육의 목적을 주고, 사회가 나쁜 교육의 목적을 준다는 발상은 반론을 불러일으킬 수밖에 없었다. 그것에 대립하는 주장은, 교육의 의무란 바로 자연이 확보하지 못한 것을 주는 일, 즉 개인을 사회적 통제에 익숙하게 만드는 일, 타고난 능력을 사회의 규칙에 따르게 하는 일이다―라는 이론이 되어 나타났다. 사회적 유능함이라는 관념의 의의는 주로 자연적 발달설이 잘못에 빠진 점에 대해서 반론하는 데에 있다는 것은 의외의 일이 아니다. 그러나 사회적 유능함이라는 관념이 자연적 발달이라는 생각 안에 있는 진리를 간과하듯 사용될 때, 그 관념의 오용이 일어나는 것이다. 능력, 즉 유능함의 발달이 무엇을 의미하는가를 발견하기 위해서는 반드시 공동생활의 활동과 성

---

* 루소가 근본적으로 다른 종류의 사회를 생각하고 있었다는 것을 잊어서는 안 된다. 그것은 그 사회의 목적이 그 모든 성원의 행복과 일치하는 동포애적 사회로서, 현상이 자연 상태보다는 나쁘지만 그만큼 현재사회보다는 좋은 것이라고 그는 생각했다.

과에 주의를 돌려야만 한다. 유능함을 위해서는 이용하는 것보다 오히려 종속시키는 방법을 취해야 한다고 말하려는 데 잘못이 있다. 사회적 유능함은 소극적인 구속에 의해서가 아니라, 사회적으로 의미 있는 일 안에서 개인이 타고난 능력을 적극적으로 발휘함으로써 획득되는 것이다. 이 점을 우리가 인정할 때, 이 이론은 타당한 것이 된다.

(1)특정한 목적으로 번역한다면, 사회적 유능함은 산업상의 유능함의 중요성을 가리킨다. 사람은 생활의 수단 없이는 살아갈 수 없다. 이들 수단을 사용하고 소비하는 방법은 인간 상호 간의 모든 관계에 깊은 영향을 미친다. 어떤 개인이 자기 및 자기가 부양하는 아이들의 생계를 꾸릴 수 없다면, 그는 다른 사람들의 활동의 방해자 또는 기생자가 된다. 그는 스스로 가장 교육적인 인생경험의 하나를 놓치는 것이다. 만약에 그가 산업의 성과를 올바르게 사용하도록 훈련되지 않았다면, 그는 부를 소유함으로써 스스로 타락하고 타인에게 상처를 입힌다는 중대한 위험에 빠진다. 그 어떤 교육계획도 그러한 기초적 고려를 소홀히 할 수는 없다. 그럼에도 불구하고 고등교육 제도는 보다 높이, 보다 정신적인 이상이라는 이름으로 때때로 이들의 기초적인 고려를 소홀히 할 뿐만 아니라 멸시하여 교육적 관심의 수준 이하의 것으로 간주해 왔다. 귀족 사회에서 민주사회로의 변화와 함께, 세상에서 경제적으로 출세하고, 단순한 겉치레나 사치를 위해서가 아니라 경제적 자산을 효과적으로 관리할 수 있는 능력을 낳은 교육의 의의가 강조되게 된 것은 당연한 일이다.

그러나 이 목적을 강조할 때, 현존하는 경제적 여러 조건이나 기준을 궁극적인 것으로서 용인한다는 중대한 위험이 생긴다. 민주적인 규준은 자기의 진로를 선택하여 이를 이룰 수 있는 실력으로까지 능력을 발달시킬 것을 우리에게 요구한다. 타고난 여러 능력의 훈련에 입각해서가 아니라, 부모들의 부나 지위 등에 입각해서 선택된 일정한 산업상의 직업에 개인을 미리 맞추도록 꾸며질 때, 이 원리는 파괴되는 것이다. 사실 현재의 산업은 새로운 발명의 발전에 따라서 급속히, 더욱이 갑작스럽게 변화하고 있다. 새로운 산업이 일어나고, 낡은 산업은 혁명적인 변화를 입는다. 따라서 너무나도 특수한 능력양식을 향해서 훈련하려는 시도는 그 자체의 목적에 위배되는 것이 된다. 일하는 방법이 바뀌면, 그에 따라야 하는 사람들은 더 막연한 훈련만 받은 경우보다도 적응력이 낮아져 낙오자가 되는 것이다. 그러나 특히 현 사회의 산업구조는, 이제까지 존재했던 모든 사회와 마찬가지로, 불공평으로 가득 차 있다. 부당한 특권이나 부당한 착취를 영속시키는 것이 아니라, 이들을 바로잡는 과정에 참가하는 일이야말로 진보적 교육의 목적이다. 사회통제가 개인의 활동을 계급적 권위에 종속시키는 것을 의미하는 곳이라면 어디에서나, 현 상태의 용인이 산업교육을 지배한다는 위험이 존재한다. 따라서 경제상의 기회 차이가, 여러 개인의 장래 직업을 결정 짓는 것이다. 플라톤의 체계의 약점(103쪽 참조)이, 그 이지적인 선발방법 없이 무의식중에 부활한 셈이다.

(2) 시민으로서 유능함(civil efficiency), 즉 좋은 시민의 성격과 산업상의 능력을 좋은 시민으로서의 능력으로부터 분리시킨다는 것은 물론 독단이다. 그러나 좋은 시민으로서의 능력이라는 용어는 직업상 능력보다도 더 애매한 몇 가지 자격요건을 나타내는 데 사용되는 일이 있다. 이들 특성은, 사람을 보다 더 호감 가는 동료로 만드는 것 모두로부터, 정치적 의미로서의 시민권에까지 미친다. 즉, 그것은 인간이나 정책을 현명하게 심사할 수 있고, 법률에 따를 뿐만 아니라, 그것을 작성하는 일에도 결정자로서 역할을 다할 수 있는 능력을 의미하는 것이다. 시민으로서 유능함이라는 목적은, 적어도 우리 심적 능력 일반을 막연하게 훈련한다는 생각에 빠지지 않게 하는 장점을 지닌다. 능력은 무엇인가 행하는 것과 연결돼야만 한다는 것이나, 해야만 하는 가장 필요한 일은 타인과의 관계를 포함하는 것이라는 데 주의를 돌리는 것이다.

여기에서도 또한 시민으로서 유능함이라는 목적을 너무 좁게 생각하지 않도록 조심해야 한다. 어떤 시대에는 이 목적을 너무나도 한정시켜 해석하여 과학적 여러 발견을 거기에서 제외시킨 적이 있다. 사실 사회가 착실하게 진보해온 원동력은 결국 과학상의 여러 발견 덕분이다. 그럼에도 과학자들은 이론적 몽상가에 지나지 않으며 사회적 능력이 결여되어 있다고 여겨졌던 것이다. 사회적 유능함이란 결국 경험을 주고받는 과정에 참가하는 능력 그 자체라는 사실에 주의하라. 그것은 자신의 경험을 타인에게 한층 가치 있게 만드는 모든 것과, 타인의 가치 있는 경험에 보다 풍요롭게 참가할 수 있게 하는 모든 것을 포함한다. 예술을 창조하고 감상하는 능력, 오락을 즐기는 능력, 여가를 유익하게 보내는 능력 등은 관습적인 시민성보다도 사회적 유능함의 중요한 요소이다.

　사회적 유능함이란 가장 넓은 뜻으로 말하면, 경험을 보다 더 전하기 쉽게 하는 것, 즉 사람들을 타인의 이해에 대해서 무감동하게 만드는 사회계층의 울타리를 타파하는 일에 적극적으로 관계하는 정신 바로 그것이다. 사회적 유능함이 공공연한 행위에 의해서 이루어진 봉사에만 한정되면, 그 주요한 구성요소(그것을 보장하는 유일한 것이기 때문에)―지적 동정 내지는 호의―가 간과된다. 왜냐하면 바람직한 성질로서의 동정은 단순한 감정 이상의 것이기 때문이다. 즉, 그것은 사람들이 공통적으로 지닌 것에 대한 세련된 상상력이고, 사람들을 불필요하게 분열시키는 그 어떤 것에 대해서도 거역하는 반역인 것이다. 그러나 타인에 대한 선의의 관심이라는 것이, 때로는 그들을 자유롭게 하여 그들 스스로 행복을 발견하고 추구할 수 있게 하려는 노력이 아니라, 오히려 그들의 행복이 어떠해야 한다고 지시하려는 기도를 감추는 무의식적인 가면에 지나지 않는다. 인생이 각 사람들에게 줄 수 있는 행복의 다양성을 적극적으로 인정하지 않는다면, 또 모든 사람이 현명한 선택을 하도록 용기를 주는 사회적 유익성을 믿는 것으로부터 분리된다면, 사회적 유능함, 심지어는 사회봉사까지도 단단한 금속처럼 차디찬 것이 되고 만다.

3 목적으로서의 교양(culture)　사회적 유능함이 교양과 양립하는 목적인가의 여부는 아래의 고찰로 정해진다. 교양이란 적어도 육성된 것, 성숙된 것을 의미한다. 즉 날것이나 미숙한 것에 대립하는 것이다. '자연적(natural)'이라는 용어가 이 미숙하다는 것과 동일시되면, 교양은 자연적 발달이라고 불리는 것과 대립하게 된다. 또 교양은 인격적인 것이기도 하다. 즉 그것은 사상이나 예술의 감상이나 넓은 범위에 걸친 인간의 관심사에 관해서 수양을 쌓고 있다는 것을 말한다. 유능하다는 것이, 활동의 정신이나 의미가 아니라 여러 가지 행위라는 좁은 범위에 결부되어서 고려되면 교양의 유능에 대립하게 된다. 교양이라고 불리건 인격의 완전한 발달이라고 불리건 간에 어느 개인 안에 있는 독특함―만약에 그에게 타인과는 같은 잣대로 잴 수 없는 독특한 것이 없으면 그는 이미 개인이 아니게 된다―에 주의를 기울인다면, 언제나 사회적 유능함의 참다

운 의미와 전적으로 같은 결과가 나온다. 그 반대는 평범한 것, 평균적인 것이다. 독특한 성질이 육성될 때에는 언제나 그 결과로서 인격은 특이한 것이 되고, 물질적 재화의 양적 공급을 넘어서 사회에 공헌하는 보다 큰 가능성을 담은 것이 된다. 왜냐하면 뜻 깊은 인격적 자질을 갖춘 개인으로 구성된 사회가 아니면, 진정으로 공헌할 만한 가치가 있는 사회 같은 건 있지도 않기 때문이다.

사실 인격의 높은 가치와 사회적 유능함과의 대립은, 상류계급과 하류계급의 엄격한 구분이 따른 봉건사회의 산물이다. 상류계급은 인간으로서 발달하는 시간과 기회를 가진다고 여겨진 반면, 하류계급은 외적인 생산물을 공급하는 데에만 제한되어 있다. 생산물 또는 생산액으로 측정되는 사회적 유능함이 안이한 민주주의 사회의 이상으로서 주장될 때, 그것은 귀족사회를 특징짓는 대중 멸시의 가치관을 용인하고 이어받는 것을 의미한다. 그러나 민주주의에 도덕적이고 이상적인 뜻이 있다면, 그것은 모든 사람이 사회에 합당한 기여를 해야 하고, 모든 사람에게 독자적인 능력을 발달시킬 기회가 주어져야 한다는 것이다. 교육의 두 가지 목적을 분리한다는 것은 민주주의에 치명적인 일이며, 유능의 좁은 의미를 취한다는 것은 민주주의로부터 그 본질적인 정당성의 근거를 박탈하는 것이다.

유능함이라는 목적은(그 어떤 교육목적과도 마찬가지로) 경험 과정의 내부에 포함되어 있어야 한다. 그것은 독특한 가치가 있는 경험을 달성한다는 점에서 측정되지 않고, 구체적인 외적 생산물로 측정될 때에는 물질주의적인 것이 된다. 재화는 유능한 인격의 소산이겠지만, 그러한 재화로서의 결과는 매우 엄밀한 의미에서 교육의 부산물이다. 불가피하고 중요한 것이기는 하지만 역시 부산물에 지나지 않는 것이다. 외적인 목적을 세운다는 것은 오히려 그 반동으로서 교양을 전적으로 '내적'인 것과 동일시하는 그릇된 교양관을 강화한다. 그리고 '내적' 인격의 완성이라는 관념은 사회의 분열을 나타내는 확실한 증거이다. 내적이라고 일컬어지는 것은, 다른 사람들과 결부되지 않는 것—자유롭고 충분한 전달을 할 수 없는 것—에 지나지 않는다. 정신적 교양이라고 불리는 것이 보통 무엇인가 불건전함을 수반하는 무익한 것이었던 까닭은, 그것이 사람이 내면적으로—따라서 배타적으로 자기만이—지닌 것이라고 여겨져 왔기 때문이다. 어떤 사람이 한 인간으로서 누구인가 하는 것은, 다른 사람들과 서로 자유롭게 교제하면서 공동생활을 하고 있는 사람으로서 그가 어떤 존재인가 하는 것이다. 이것은 타인에게 생산물을 공급하는 유능한 능력이나, 자기만의 배타적인 세련이나 연마로서의 교양도 뛰어넘는 문제이다.

타인에게 가치 있는 결과를 가져오는 일이 본디 할 만한 가치 있는 경험임을 깨닫지 못한다면, 농부건 의사건 교사건 학자이건 간에 그 어떤 사람이라도 자기 직업의 의미를 알 수 없다. 그런데도 사람들은 왜 두 가지─타인의 유익을 위해 자신을 희생할 것인가, 아니면 자기 영혼의 구제를 위해, 정신생활이나 인격의 확립을 위해, 오직 자기만의 목적을 추구하기 위해 타인을 희생시킬 것인가─중 한쪽만을 택해야 한다고 생각하는가? 실제로는 그 어느 쪽도 언제까지나 계속할 수 없으므로, 우리는 타협해서 양쪽을 교대로 하게 된다. 정신적이라거나 종교적이라고 공언하는 이 세상의 많은 사상이, 이 사는 방식의 이원론을 극복하는 데 힘쓰지 않고, 자기희생과 정신적 자기완성이라는 두 가지 이상을 강조해 온 것처럼 큰 비극은 없다. 이 이원론은 너무나 뿌리가 깊어 쉽사리 타도할 수가 없다. 그러므로 사회적 유능함과 인격적 교양이 적대하지 않고 같은 의미라는 목적을 위해 노력하는 일이, 현대교육의 특유한 과제인 것이다.

요약 일반적, 즉 포괄적인 목적은 교육의 특수한 여러 문제를 검토하기 위한 관점이다. 따라서 무엇인가 어떤 광범위한 목적을 말할 때, 그 말하는 방법이 지닌 가치를 시험하기 위해서는, 그것이 다른 목적과 비교해서 손쉽게, 더욱이 양립하는 것으로서 풀이될 수 있는가를 조사하면 된다. 우리는, 이 시험법을 세 가지 일반적 목적─자연에 따르는 발달, 사회적 유능함, 교양, 즉 인격적·정신적으로 풍부하게 하는 일─에 적용해 보았다. 각각의 경우에서 이들 목적이 한쪽으로 치우친 모양으로 말하여지면, 그것들은 서로 대립된다는 점을 알았다. 자연적 발달에 대한 치우친 설명은, 그것이 자발적인 발달이라고 부르는 것 안에 포함되어 있는 원시적인 힘을 최종목적으로 간주한다. 이 관점에서 보면, 이들 원시적인 힘을 타인에게 유익한 것으로 만드는 훈련은 비정상적인 구속이며, 계획적인 양육을 통해 이것들을 크게 수정하는 것은 타락시키는 일이 되는 것이다. 그러나 타고난 활동력은 활용함으로써 양육되는 것으로, 자연적인 활동력이란 그러한 사용을 통해서 비로소 발달하는 타고난 활동력을 의미하는 것임을 우리가 인정한다면, 위에서 말한 대립은 소멸한다. 마찬가지로, 다른 사람들에게 외면적 봉사를 한다는 면에서 정의된 사회적 유능함은, 필연적으로 경험의 의미를 풍부하게 한다는 목적과 대립되고, 또 정신의 내면적 세련에 있다고 여겨지는 교양은 사회화된 성향과 대립되는 것이다. 그러나 교육목적으로서의 사회적 유능함이란 공유된, 즉 공동 활동에 자유롭게, 더욱이 충분히 참가하는 힘을 배양하는 것을 의미해야 한다. 이것은 교양이 없으면 불가능하며, 더욱이 교양의 향상에서 유용하다. 왜냐하면 사람은 학습하지 않고는—관점이 넓어지는 일 없이, 새로운 것을 인식하는 일 없이는—다른 사람과 교제할 수 없기 때문이다. 따라서 '교양이란 끊임없이 의미의 인식 범위를 확대하고 정확성을 증가시켜가는 능력이다'라는 표현보다 더 좋은 교양의 정의는 없을 것이다.

제10장
흥미와 훈련

1 흥미와 훈련이란 말의 뜻 방관자의 태도와 행위자, 즉 관계자의 태도
의 차이에 대해서 이미 살펴보았다. 전자는 진행 중인 사항에 무관심하다.
갑의 결과나 을의 결과나 단지 바라보는 것에 지나지 않으므로, 어느 쪽이든
상관없다. 그러나 후자는 진행 중인 사항과 굳게 이어져 있다. 그 결과는 그
에게 차이를 가져온다. 그의 운명은 많건 적건 간에 사건의 경과에 달려 있
다. 따라서 그는 현재의 사건이 취하는 방향에 영향을 주기 위해서 할 수 있
는 일은 무엇이든지 하는 것이다. 한쪽은, 형무소 독방 안에서 창밖을 내다
보고 있는 사람과 비슷하다. 그에게는 창밖 풍경이 어떻게 되든 상관없다.
다른 한쪽은, 비가 계속 내리면 갈 수 없는 이튿날의 소풍을 계획한 사람과
비슷하다. 하기야 지금 어떻게 반응해도 내일의 날씨에 영향을 줄 수는 없지
만, 장래의 일에 영향을 줄 수 있는 어떤 처치를, 예를 들어, 예정된 소풍을
미루기라도 할 수 있을 것이다. 어떤 사람이 마차가 달려와서 자기를 칠지도
모른다는 것을 알아차리고 바로 그 결과를 예지하면, 그 마차의 움직임을 멈
추게 할 수는 없어도 적어도 마차를 피할 수는 있다. 대개의 경우, 우리는
더 직접적으로 사건에 개입할 수 있다. 따라서 사건의 과정에 관계되는 사람
의 태도는 양면적이다. 한쪽에는 장래의 결과에 관한 염려나 불안이 있고,
다른 한쪽에는 좋은 결과를 확신해 나쁜 결과를 피하도록 행동하려는 경향
이 있는 것이다.

　이러한 태도를 표현하는 말이 있다. 즉, 관심(concern)과 흥미(interest)이
다. 이 단어들은, 어떤 사람이 사물에 내재한 가능성과 굳게 맺어져 있다는
것, 따라서 이들 사물이 그에 대해서 무엇을 하려는가에 그가 신경을 쓴다는
것, 또 그가 자기의 기대나 예견 등에 입각해서, 일어날 수 있는 여러 변화
중 특히 어떤 특정한 변화를 일으키도록 자꾸만 행동을 하고 싶어한다는 것

을 암시한다. 흥미와 목표·관심과 계획에는 당연한 관련이 있다. 목표·의도·목적이라는 말은, 바라고 그것을 얻기 위한 노력이 이루어지는 결과를 강조하는 것으로, 신경을 쓰거나 주의 깊은 열성과 같은 인간 쪽의 태도를 당연한 일로 전제하는 것이다. 흥미·애정·관심·동기부여라는 말은, 예지된 것이 개인의 운명에 대해서 갖는 관계나, 어떤 일어날 수 있는 결과를 획득하기 위해 행동하고 싶다는 그의 능동적 욕구를 강조한다. 이들은 객체(客體) 쪽의 변화를 당연한 것으로서 전제하는 것이다. 그러나 이상의 차이는 역점을 두는 방법의 차이에 지나지 않는다. 한쪽의 언어에서 그늘이 되어 있는 의미가, 다른 쪽 언어에서는 빛에 닿아 있다. 예상된 것은, 객체 쪽이지 인간 쪽이 아니다. 즉, 내일 비가 오거나 차에 치일지도 모른다는 가능성이다. 그러나 능동적인 인간, 즉 결과에 대해 초연하지 않고 그것에 관여하는 인간에게는, 동시에 인간 쪽에서도 반응이 있다. 상상에서 예지된 미래의 차이가 현재의 차이를 낳고, 그것이 염려나 노력이 되어 나타나는 것이다. 애정, 관심, 동기와 같은 말은 개인 쪽 기호의 태도를 가리키지만, 그것들은 항상 객체에 대한 태도—예지된 것에 대한 태도—이다. 우리는 객체에 대한 예견의 측면을 지적이라고 말하고, 인간 쪽 관심의 측면을 정서적·의지적이라고 말할 수 있겠으나, 실제 정황에는 그러한 구별은 존재하지 않는다.

그러한 구별은, 어느 세계 안에서 인간의 태도가 스스로 자기의 길을 나아가는 경우에만 존재할 수 있는 것이다. 그러나 인간의 태도는 항상 그 자체를 부분으로서 포함하고 있는 정황 안에서 진행되는 사상(事象)에 대한 반응이며, 이들의 태도가 좋은 결과로서 나타나는가 아닌가는 그것과 다른 여러 변화와의 상호작용 여하에 따른다. 생명활동은 환경의 변화와 관련되어야만이 번영하기도 하고 쇠퇴하기도 한다. 그것은 이들 변화와 문자 그대로 굳게 결부되어 있다. 즉, 우리의 욕망, 정서, 애정은 우리 행동이 주위의 사물이나 인간의 움직임에 결부되는 그 여러 가지 방법에 지나지 않는다. 이들은 전적으로 인간 쪽의, 즉 주관적인 영역을 객관적이고 비인간적인 영역에서 분리시켜서 나타내는 것이 아니라, 오히려 그처럼 고립한 다른 세계가 존재하지 않음을 나타낸다. 이들은, 사물의 변화가 자아의 활동과 동떨어진 것이 아니라는 것이나, 자아의 운명이나 행복이 사람들이나 사물의 움직임과 굳게 결부되어 있다는 것을 납득시키는 증거가 된다. 그리하여 흥미나 관심은, 자아와 세계가 발전하는 정황 안에서 서로 얽히고 있음을 의미한다.

흥미라는 말은, 일반적인 어법으로는 (1)능동적 발전의 전체적 상태 (2)예지되고 요망된 객관적인 여러 결과 (3)인간의 정서적 경향을 나타낸다. (1)일, 직무, 연구, 직업이 때때로 관심사라고 일컬어진다. 예를 들어 우리는, 어떤 사람의 관심사가 정치, 저널리즘, 자선사업, 고고학, 은행업 등이라고 말한다. (2)또 이해관계라는 말을 통해서, 우리는 어떤 대상이 어떤 사람에게 관련되거나 그를 끌어당기는 점, 즉 그에게 영향을 미치는 점을 정의한다. 법으로 해결해야 할 사건이 생기면 사람들은 법정에서의 지위를 얻기 위하여 '이해관계'를 입증해야만 한다. 제출한 일정한 처치가 자기와 관련이 있음을 나타내야 하는 것이다. 기업체의 말없는 동업자는 사업의 경영에 그 어떤 적극적 역할도 다하지 않지만, 그 사업의 성쇠는 그의 손익에 영향을 주게 되므로, 그 사업에 이해관계를 가지고 있다. (3)어떤 사람이 어떤 일에 흥미가 있다고 할 때, 강조점은 그 사람의 태도에 놓인다. 흥미를 가지고 있다는 것은 어떤 대상에 열중함, 마음을 빼앗김을 말한다. 흥미를 기울인다는 것은 방심하지 않고 망을 보는 것, 신경을 쓰는 것, 주의를 하는 것을 말한다. 우리는 무엇인가에 흥미를 보이는 사람에 대해서, 그는 무엇인가 어떤 일에 자기 자신을 잃고 있다고 말하기도 하고, 그는 거기에서 자기 자신을 발견하고 있다고도 말한다. 어느 쪽 말이나 어떤 대상에 전념하고 몰두한다는 뜻이다.

교육에서 흥미의 지위가 낮게 평가되면, 위에서 말한 세 가지 의미 중 제2의 것이 우선 과장되고, 그 다음에는 고립되게 될 것이다. 즉, 흥미는 단지 어떤 대상이 개인의 이익과 불이익, 성공과 실패에 미치는 효과를 의미하는 데에 지나지 않는 것으로 여겨진다. 그리고 이러한 일들은 모든 객관적인 사건의 발전에서 분리되어, 쾌락 또는 고통이라는 단순한 개인적 상태로 끌어내려지고 만다. 따라서 교육상 흥미를 중요시한다는 뜻은 원래 시시한 교재에 그 어떤 매력적인 특징을 부여한다는 것, 즉 쾌락이라는 뇌물을 줌으로써 주의나 노력을 확보하는 것을 의미하게 되는 것이다. 이러한 방법이 '흐리멍덩한' 교육 또는 '무료급식소'적 교육론이라고 비난을 받는 것은 당연한 일이다.

그러나 다음과 같은 사실—아니, 오히려 억지—에 바탕을 두고 반론이 생긴다. 습득해야 할 기능의 종류나 몸에 익힐 교재가 그들에게는 조금도 흥미가 없다는 것이다. 다시 말해, 그것들은 학생들의 평소 활동과는 관계가 없는 것으로 여겨진다는 것이다. 그 개선책이 흥미설의 결점을 들추는 데에 있지 않다는 것은, 그것이 학생과 인연이 없는 교재라는 덫에 장치할 달콤한 먹이를 찾는 것이 아니라는 것과 마찬가지이다. 개선책은, 학생의 현재 능력에 관련된 행동의 대상이나 행동방식을 발견하는 일이다. 활동을 일으키게 하고, 그것을 착실하고 끊임없이 계속해 가는 데, 이 교재가 다하는 기능이야말로 그 흥미인 것이다. 교재가 그와 같이 작용한다면, 그것을 흥미 있는 것으로 만드는 장치를 찾거나, 제멋대로이고 반강제적인 노력에 호소하는 일은 필요하지 않을 것이다.

흥미는 어원적으로 사이에 있는 것—원래 떨어져 있는 두 가지를 잇는 것—을 암시한다. 교육에서는 메워야 할 틈을 시간적인 것으로 보아도 좋다. 어떤 과정이 완성되는 데 시간이 걸린다는 것은 너무나 명백한 일이기 때문에, 우리는 그것을 좀처럼 명시하지 않는다. 성장에는 시작단계와 완성단계 사이에 통과해야 할 과정이 있다는 것, 즉 중간단계가 있음을 간과하는 것이다. 학습에서는, 학생의 현재 능력이 시작단계이고, 교사의 목표가 먼 곳에 있는 끝점을 나타낸다. 양자 사이에는 매개—즉 중간 정황—가 있다. 해야할 행위, 극복해야 할 곤란, 사용해야 할 기구가 존재하는 것이다. 문자 그대로 시간적인 의미에서, 이러한 것들을 통해서만이 최초의 활동은 만족스러운 완성에 도달하게 된다.

현재 이루어지는 활동이 예지되고 욕구된 목적으로 발전할지 여부가 이들 중간 정황에 달려 있기 때문에, 그것은 흥미로운 것이 된다. 현재의 경향을 성취하기 위한 수단이라는 것, 행위자와 그 목적 '사이'에 있다는 것, 흥미롭다는 것, 이들은 같은 일을 달리 표현한 데에 지나지 않는다. 교재를 흥미롭게 만들어야만 한다면, 그것은 제시되는 교재가 그대로는 목적이나 현재의 능력과 관련이 결여되어 있다는 것, 또는 관련이 있다고 해도 그것을 알아차리지 못한다는 것을 의미한다. 실재하는 그 관련을 깨닫도록 사람을 지도함으로써 교재를 흥미 있게 만드는 것은 전적으로 올바른 분별이다. 하지만 외부로부터의 부자연스러운 유인(誘因)에 의해서 흥미를 일으키는 것은, 교육에서의 흥미설로 향한 모든 비난을 받을 만한 일이다.

흥미의 검토는 여기까지 하고, 다음에 훈련(discipline)이라는 말을 살펴보

자. 활동에 시간이 걸릴 경우, 즉 활동의 개시와 완성 사이에 많은 수단이나 장해가 존재할 때에는 숙고와 끈기가 필요하다. 의지라는 말의 일반적 의미의 매우 큰 부분은 분명, 여러 가지 곤란이나 역방향에의 유혹에도 불구하고 예정된 행동방침을 끝까지 지키며 참고 견디는, 계획적 내지는 의식적인 성향 바로 그것을 뜻한다. 의지가 강한 사람이란 보통 선택한 목적을 달성할 때 마음을 약하게 먹거나 바꾸지 않는 사람을 말한다. 그에게는 실행력이 있다. 즉, 그는 자기의 목표를 실행하고 달성하기 위하여 끈질기게 열정적으로 노력한다. 박약한 의지는 물과 같이 불안정한 것이다.

분명히, 의지에는 두 가지 요소가 있다. 한쪽은 결과의 예견에 관계가 있고, 다른 한쪽은 예지된 결과가 어느 정도 깊게 그 사람 마음을 사로잡고 있는가에 관계가 있다. (1)고집은 끈질긴 집념이지 의지작용의 강도가 아니다. 고집은 아마도 단순한 동물적인 습관이나 둔감에 지나지 않을 것이다. 어떤 사람이 어떤 일을 계속 하는 것은 단지 그가 시작을 했기 때문이지, 분명이 생각을 거듭한 목적을 위한 것이 아니다. 실제로, 고집이 센 사람은 보통 자기가 세운 목적이 어떠한 것인가를 분명히 인식하길 거부한다(그는 이 사실을 분명히 의식하지 않겠지만). 만약에 자기가 그것을 분명히 그리고 완전히 알게 된다면, 그것을 하는 보람이 없게 될지도 모른다고 예감하기 때문이다. 고집스러움은 목적을 달성하기 위해 수단을 끈질기게 정열적으로 활용하는 태도로 나타나기보다도, 분명해지는 목적을 비판하길 꺼리는 일로 훨씬 잘 나타나는 것이다. 정말로 실행력이 있는 사람이란 자기의 목적을 숙고하는 사람이며, 자기 행동의 결과에 대한 자기의 생각을 될 수 있는 대로 분명히, 그리고 완전한 것으로 하는 사람이다. 의지가 약하거나 응석을 부린다는 말을 듣는 사람들은 항상 자기 행동의 결과에 대해서 자기를 속인다. 그들은 자기의 마음에 드는 특징을 골라내어, 일체의 다른 사정을 무시한다. 그들이 행동을 하기 시작하면 무시했던, 마음에 들지 않은 결과가 나타나기 시작한다. 그러면 그들은 낙담하거나, 가혹한 운명 때문에 자기들의 훌륭한 계획이 실패로 돌아갔다고 우는 소리를 하면서, 다른 행동방침으로 옮아가는 것이다. 강한 의지와 약한 의지의 주된 차이는 지적(知的)인 것으로, 그것은 얼마만큼 끈질기게 그리고 충분히 결과를 끝까지 생각하느냐 하는 점에 있다는 핵심은 아무리 강조해도 지나치지 않는다.

(2)물론 결과를 머릿속에서만 그려보는 일도 있다. 그때 목적은 예지되지만, 이들의 목적은 사람의 마음을 깊이 사로잡지는 못한다. 이들은 달성되어야 할 대상이라기보다는 오히려 구경거리요 호기심의 위로물이다. 지나치게 지적이라는 것은 없지만, 한쪽으로 치우친 지적인 것은 있다. 사람은, 실제로 행동하지 않고, 이른바 '대상행동(代償行動)'으로서 예정된 행동지침의 결과를 생각한다. 또 어떤 성격적인 약점이 방해가 되어, 숙고한 목적에 마음을 사로잡히지 못하고 결국 행동도 할 수 없게 된다. 그리고 대부분의 사람들은 뜻하지 않은 장해나 또는 직접적으로 보다 쾌적한 행동에 이끌려, 예정된 행동의 진로로부터 저절로 일탈해버리는 것이다.

자기 행동을 잘 생각한 끝에 행동에 착수하는 사람은, 그만큼 훈련이 된 사람이다. 이 능력에 다시, 교란이나 혼란이나 곤란에 직면해도 현명하게 선택한 진로를 여전히 인내심 있게 계속해 나갈 수 있는 능력을 덧붙인다면, 훈련의 본질을 얻을 수 있다. 훈련이란 마음대로 되는 힘, 즉 기도한 행동을 관철하기 위해 효과적인 수단을 구사하는 것을 의미한다. 군대에 대해서든, 정신에 대해서든 무엇을 할 것인가를 알고 그 일에 필요한 수단을 써서 기민하게 행동하는 태도를 훈련되었다고 한다. 훈련은 적극적인 것이다. 위협한다거나, 욕구를 억제시킨다거나, 복종을 강요한다거나, 육욕을 억압한다거나, 싫어하는 일을 시키거나 하는 일은, 그가 무엇을 하고 있는가를 아는 능력을 발달시켜, 일을 수행하기 위해 끈질기게 노력하는 일에, 그것들이 유용한가 유용하지 않은가에 따라 훈련이 되기도 되지 않기도 하는 것이다.

흥미와 훈련은 대립하는 것이 아니라 서로 연결되어 있음은 새삼 강조할 필요도 없다. (1)단련된 능력의 보다 순수한 지적 측면─자기가 무엇을 하는가를 결과적으로 나타나는 것으로서 이해하는 능력─도 흥미가 없으면 불가능하다. 흥미가 없다면 숙고는 기계적이고 표면적이 될 것이다. 부모나 교사들은 흔히 '아이들은 들으려고도 이해하려고도 안 한다'고 말하면서 이를 유감으로 생각한다. 그러나 아이들이 그렇게 행동하는 것은 당연하다. 아이들의 마음이 그 주제로 향하지 않는 이유는, 그것이 그들의 마음에 닿지 않기 때문에, 즉 그들의 관심 속으로 들어가지 않기 때문이다. 이것이 고쳐야 할 상황이다. 그 개선책은 무관심이나 혐오를 증대시키는 방법을 사용하는 것이 아니다. 부주의하다고 아이들에게 벌을 주는 것까지도, 그 일이 전적으로 무관심의 대상은 아님을 깨닫게 하는 한 가지 방법이다. 즉 그것은 '흥미'를 불러일으키는, 바꾸어 말하면 자신과 관계가 있다는 의식을 낳게 하는 하나의 방법인 것이다. 길게 봤을 때 그 가치는, 단순한 육체적 자극을 통해 어른이 요구하는 방법으로 행동하게 하느냐, 아니면 아이들을 '생각'하게—즉 자기 행동을 숙고하여, 그 목적에 맞게 행동하게—하느냐에 따라서 측정된다. (2) 흥미가 끈질긴 실행력을 위해 필요하다는 것도 더욱 명백하다. 고용자들은 자기 일에 흥미가 없는 노동자를 구하기 위해 모집광고를 내지 않는다. 변호사나 의사에게 일을 부탁할 때 그 일이 그들의 마음에 들지 않아 순전히 의무감만으로 일을 맡았을 경우, 그들이 그 일을 끝까지 양심적으로 잘 해줄 거라고 생각하는 사람은 없다. 흥미란, 예지된 목적이 그것을 실현하기 위해 행동하고 싶도록 만드는 점에서 얼마만큼 깊이 사람의 마음을 사로잡는가를 나타내는—아니 오히려, 그 마음을 파악하는 방식의 깊이 그 자체이다.

2 교육에서 흥미의 중요성 흥미란 목적을 갖는 모든 경험에서 대상—지각된 것이든 상상에 나타나는 것이든—이 사람의 마음을 움직이는 힘을 의미한다. 구체적으로 말하면, 교육적 발달에서 흥미의 동적인 역할을 인식하는 것이 지니는 가치는, 그것으로 아이들 저마다의 특수한 능력이나 요구나 기호를 고찰하게 된다는 점에 있다. 흥미의 중요성을 인정하는 사람은, 모든 정신이 우연히 같은 교사와 같은 교과서를 가지고 있다고 해서 동일하게 작용할 것이라고는 생각하지 않을 것이다. 교재에 접근하여 반응하는 태도나 방법은 같은 교재로부터 각자가 느끼는 특수한 매력 여하에 따라 변하고, 더욱이 그 매력 그 자체가 타고난 소질이나 과거의 경험, 생활양식 등의 차이에 의해서 바뀌는 것이다. 그러나 흥미라는 것의 실상은 더 나아가 교육철학에 대해서 일반적인 가치 있는 문제를 제시한다. 올바르게 이해한다면, 이들 문제는 과거의 철학사상에서 매우 유행하여, 교수나 훈련 행위를 크게 방해해 왔다. 정신과 그 대상(교재)에 대한 어떤 종류의 생각에 대해서 우리의 경계심을 불러일으키는 것이다. 정신은 너무나도 자주 인식해야 할 사물의 세계 위에 놓인다. 즉, 정신은 독립해서 존재하는 정신 상태와 정신작용을 가지고 고립해서 존재한다고 여겨지는 것이다. 따라서 지식은 순수하게 정신적인 존재를 인식되어야 할 사물에 외부로부터 적용한 것으로 간주되거

나, 아니면 이 바깥쪽 대상이 정신에 준 인상의 결과로 여겨지거나 또는 양자의 조합으로 간주된다. 따라서 대상은 그 자체로서 완전한 것으로 여겨진다. 즉, 그것은 그것에 대한 정신의 자발적인 적용에 의해, 또는 그것이 정신에 주는 인상을 통해, 그 어느 것인가에 의해서 단지 학습되거나 인식되는 것이다.

흥미의 실상은 이러한 생각이 가공의 신화라는 것을 나타낸다. 정신은 장차 일어날 수 있는 결과의 예상에 입각해서, 더욱이 일어날 결과가 어떤 것이 될지를 통제하는 목적을 가지고, 현재의 자극에 반응하는 능력으로서 경험 안에 나타난다. 사물, 즉 인식되는 대상은 사물의 진행을 조장하든 방해를 하든, 예상되는 경과에 관계가 있는 것으로서 인식되는 모든 것으로 이루어지는 것이다. 이상의 설명은 너무 형식적이어서 알기 힘들었을지도 모른다. 그러나 다음의 실례를 보면 그 뜻이 명백해질 것이다.

당신이 예를 들어, 타자기를 치고 있다고 하자. 만약에 숙련자라면, 이미 형성되어 있는 습관이 육체의 움직임을 처리하여 당신의 사고는 자유롭게 좋아하는 일을 생각할 수 있다. 그러나 숙련되지 못했거나, 또는 숙련되었다고 해도 기계가 잘 움직이지 않는다고 하자. 그러면 당신은 지능을 사용해야 한다. 결과야 어찌 되든 상관없으니 무턱대고 키를 치겠다고 생각하지는 않을 것이다. 일정한 단어를 뜻을 이루도록 일정한 순서로 쓰고 싶다고 생각할 것이다. 또 글자판, 찍혀 나온 글, 자기의 동작, 타자기의 리본이나 기계에 주의한다. 주의는 무턱대고 모든 세세한 점에 막연히 기울여지는 것은 아니다. 그것은 당신의 일을 효과적으로 수행하는 데 관련된 모든 부분에 집중된다. 당신은 앞을 바라본다, 그리고 현존하는 사실이 의도한 결과를 얻는 데 필수 요인이므로 이들 사실에 주목하려고 애쓴다. 자기가 사용할 수 있는 수단은 무엇인가, 어떤 조건이 자유롭게 통제할 수 있는가, 곤란이나 장해는 무엇인가를 찾아내야만 한다. 예지된 것에 관한 이러한 예견과 조사가 정신의 구성요소가 되는 것이다. 그와 같은 결과의 예상이나 수단이나 장해의 검사를 포함하지 않는 행동은, 습관적인 것이거나 맹목적인 것 둘 중 하나이다. 그것은 어느 경우에나 이지적이지는 않다. 의도한 일에 관해서 애매하고 위태롭거나, 그것을 실현하기 위한 여러 조건의 관찰에서 부주의하다는 것은, 그 정도에 따라서 어리석기도 하고 어정쩡하게 영리하기도 한 것이다.

정신이 도구의 물리적 조작에는 관심이 없고, 쓰려고 의도하는 일에 관심이 있는 경우로 되돌아간다고 해도, 사정은 전적으로 같다. 거기에는 진행중인 활동이 있다. 즉, 사람은 논제의 전개에 전적으로 마음이 빼앗기고 있는 것이다. 축음기가 지껄이는 대로 쓰는 것이 아니라면, 이것은 지성의 작용을 의미한다. 그것은 도달해야 할 결론에 관계가 있는 대상을 이해하기 위해 끊임없이 새롭게 해서 계속할 수 있는 관찰이나 회상을 의미함과 동시에, 현재의 자료와 고찰이 귀착하려는 여러 가지 결론을 예지하는 점에서의 기민성도 의미한다. 전체로서의 태도는, 장차 존재하게 될 것과, 목적으로 향하는 움직임 속으로 들어오게 되는 한에서 지금 존재하는 것과의 관련을 맺는다. 일어날 수 있는 장래의 결과를 예견해 결정한 방향을 고려하지 않는다면, 현재의 행동에 지성은 없다. 상상의 예상은 있어도, 그 달성을 좌우하는 여러 조건에 대한 주의가 없다면, 자기기만 내지 나태한 몽상—발육부진의 지성—밖에 존재하지 않는 것이다.

이상의 실례가 전형적인 것이라고 한다면, 정신이란 그것만으로 완전한 무엇인가에 붙인 명칭은 아니다. 정신이란 행동과정의 방향이 지적으로 제시되는 한, 즉 목표나 목적이 그 달성을 돕는 수단의 선택과 함께 그 행동과정으로 들어오는 한, 그러한 행동과정에 붙여지는 명칭인 것이다. 지성은, 어떤 사람이 가지고 있는 그 사람 특유의 소유물은 아니다. 하지만 사람은 자신이 그 속에서 어떤 역할을 다하는 활동이 지금 말한 성질을 가지고 있는 한, 지적이다. 또 지적이든 아니든, 사람이 종사하고 있는 활동은 그만의 독점적 소유물이 아니다. 이들의 활동은, 그가 종사하고 다 같이 관여하는 것이다. 다른 사정, 다른 물건이나 사람의 각기 독자적인 변화가 협력하기도 하고, 방해하기도 한다. 개인의 행위가 사건과정의 발단이 되는 일은 있겠지만, 그 경과는 다른 것의 작용이 주는 힘과, 그의 반응의 상호작용에 의해서 정해지는 것이다. 정신은, 그것이 다른 것과 협력해서 결과의 산출에 다 같이 관여하는 한 요인 등은 결코 아니라고 생각된다면 무의미한 것이 되어버리는 것이다.

따라서 가르침의 문제는 다음과 같은 교재를 발견하는 일이다. 즉, 그에게 중요하고 흥미로운 목표 또는 목적을 갖는 활동으로, 더욱이 사물을 체조용 구로서가 아니라 목적달성을 위한 조건으로서 다루는, 특정한 활동에 종사시키는 그러한 교재를 발견하는 일이다. 앞에서 말한 형식도야설에 따르는 폐해를 개선하는 방법은, 그것을 특수 도야설로 바꿈으로써가 아니라 정신과 그 훈련에 대한 생각을 바꿈으로써 찾을 수 있는 것이다. 놀이든 유익한 일이든 사람들이 그것에 관여하고, 그 결과 안에 자기들에게 중대한 의미를 지닌 것이 있음을 인정하고, 더욱이 숙고하고 신중히 판단해서 관찰이나 회상의 재료를 선택하는 일 없이는 그것을 수행할 수 없는, 그러한 활동의 전형적인 양식을 발견하는 일이야말로 그 개선법이다. 요컨대, 정신의 훈련에 대한 생각에 오랫동안 도사리고 있던 잘못의 근원은 다음과 같은 점에 있다. 즉, 사태는 미래의 결과를 향하여 움직이고 있고, 그 과정에 인간이 참가하여, 그것을 방향짓기 위해 관찰력과 상상력과 기억력을 동원한다—는 것을 무시한 일이다. 다시 말해 정신은 그 자체로서 완전하며, 눈앞의 재료에 언제라도 직접 향하게 할 수 있는 것이라고 생각한 점에 그 잘못의 근원이 있는 것이다.

역사상의 사실로서는, 이 잘못은 두 가지 방향으로 나아갔다. 한쪽에서 그것은 정통적인 학과와 교수법을 옹호해서, 이들에게 이지적인 비판이나 필요한 개정이 가해지는 것을 저지해 왔다. '훈련이 된다'고 주장함으로써, 그것들은 모든 검토가 면제되어 온존되어 온 것이다. 그것들이 생활에 쓸모가 없다거나, 자아의 수양에 진정으로 기여하는 것이 아니라는 점을 제시하는 것만으로는 충분하지 않았다. 그것들이 '훈련이 된다'고 하는 것이 모든 불신을 말소하고, 모든 의혹을 억누르고, 이 문제를 이성적 논의의 영역에서 제외한 것이다. 이 주장은 원래 검증할 수 없는 것이다. 그에 따르면, 훈련이 사실상 이루어지지 않을 때에도, 또 학생이 더욱더 긴장이 풀리거나 이지적 자기지도력을 잃을 때에도, 결함은 학생 쪽에 있지 그 학과나 교수법에 있는 것이 아니다. 그의 실패는, 그가 좀 더 훈련을 필요로 한다는 증거에 지나지 않고, 따라서 오히려 낡은 교수법을 계속 유지하는 이유가 된 것이다. 책임이 교육자 쪽으로부터 학생 쪽으로 옮겨진 까닭은 교재가 특정한 검사를 받지 않아도 좋았기 때문이다. 즉, 그것이 무엇인가 특수한 필요를 채웠다거나, 그 어떤 특정한 목적에 쓸모가 있었는가 하는 것을 표시하지 않아도 되었기 때문이다. 그것은 일반적인 훈련을 위해 계획된 것이고, 비록 그것이 실패했다고 해도 그 이유는 학생이 훈련받길 싫어했기 때문이라고 여겨졌던 것이다.

다른 한편으로는, 이 경향은 훈련을 건설적인 수행력의 증대와 동일시하는 방향으로는 향하지 않고, 훈련을 소극적인 것으로 생각하는 방향으로 향하였다. 이미 보아온 바와 같이, 의지란 미래를 향하는 태도, 일어날 수 있는 결과의 실현으로 향하는 태도, 여러 가지 행동방식에서 생길 것 같은 여러 가지 결과를 분명히 포괄적으로 예견하는 노력을 포함하는 태도, 어떤 예상된 결과에 적극적으로 관계하는 태도를 의미한다. 그러나 정신이 단지 현존하는 재료에 적용되는 것만의 능력이 부여되어 구성될 때, 의지나 노력을 단순한 긴장과 동일시하는 생각이 일어난다. 사람은 당면한 문제에 전념하고 싶어하는가 하지 않는가, 다만 그 어느 한쪽이다. 교재가 시시할수록, 그것이 사람의 습관이나 기호에 적게 관계될수록, 그 교재에 정신을 집중하는 노력이 한층 필요하게 된다. 이 때문에 의지의 훈련도 더욱 필요하게 되는 것이다. 이 생각에서는, 자기에게 관계가 있고 해야만 하는 일이 있기 때문에, 사물에 주의한다는 것은 훈련이 되는 일이 아니다. 비록 그것이 바람직한 건설적인 힘의 증대를 가져온다고 해도, 그것은 훈련되지 않는 것이다. 다만 전심(專心)을 위한 전심, 훈련을 위한 전심만이 훈련이 되는 것이다. 이것은 제시된 교재가 마음에 들지 않으면, 일어날 가능성이 한층 더해지는 일이다. 왜냐하면 이 경우에는, 훈련의 의무 또는 가치의 승인 외에 동기가 없기 때문이다. 그 논리적 결과는 어떤 미국 풍자가의 다음과 같은 말 속에, 문자 그대로의 진실로서 표현되어 있다. 즉, "아이가 그것을 좋아하지 않는 한, 무엇을 가르치든 마찬가지이다."

목적을 달성하기 위해 사물을 취급하는 활동에서 정신을 분리시키는 일에 대응해서, 다른 한편으로는 학습되어야 할 교재의 고립화가 일어난다. 전통적인 교육방침에서 교재는 학습되어야 일정량의 내용을 의미한다. 학문의 여러 가지 부문은 그만큼 많은 독립된 부문을 의미하고, 각기 그 자체의 내부에서 완전한 배열원리를 가지고 있다. 역사, 대수, 지리는 저마다 그에 속한 사실들을 모아 놓은 것이며, 대수(代數)는 또한 다른 일군이며, 지리는 또 다른 일군이다. 이렇게 해서 학과과정 전체를 이루는 것이다. 이들은 독립해서 이미 존재해 왔기 때문에, 정신에 대한 이들의 관계는, 그것들이 정신으로 하여금 습득하도록 주는 것으로 끝난다. 이 생각은 다음과 같은 인습적 교육에 대응하고 있다. 즉, 그날의, 그달의, 그리고 이어지는 수년간의 수업계획이 모두 서로 구별된, 더욱이 각기 독립적으로 완전한 것이라고 여겨지는―적어도 교육을 위해서는―여러 '학과'로 이루어져 있는 것이다.

교재의 의미에 대해서는, 뒤에 한 장을 할애해서 전문적으로 고찰하기로 하자. 여기에서는 다만 다음과 같이 말해두겠다. 실제로는 전통적 이론과는 대조적으로 달라서, 지성이 배우는 것은 무엇이나 흥미가 적극적으로 향하는 일을 추진하는 데 그 어떤 역할을 다한다는 것이다. 사람이 타자기를 '배우는' 이유는 그것을 이용해서 여러 가지 결과를 낳기 위해서인데, 그 어떤 사실이나 진리도 그와 마찬가지로 학습된다. 사실이나 진리가 학습의 대상이 되는 것은―즉, 탐구와 숙고의 대상이 되는 것은―, 사람이 어떤 사건에 관계하고 또한 그 결과의 영향을 입을 때, 그 사건이 완성되어 가는 과정의 고려해야 할 요인으로서 그것이 나타날 때이다. 수가 연구의 대상이 되는 이유는 그것이 단지 수학이라고 일컬어지는 학문의 일부분을 이미 구성하기 때문이 아니라, 우리의 행동이 이루어지는 세계의 성질이나 관계를 나타내고, 우리 목적의 달성을 좌우하는 요인이기 때문이다. 이렇게 대략적으로 말하면 추상적으로 들릴지도 모른다. 좀 더 자세히 말하면, 학생에게 단지 학습해야 할 학과를 제시하는 한 학습 또는 연구라는 행위는 그만큼 부자연스럽고 효과가 없는 것이 된다. 자기가 관여하고 있는 활동의 열매를 맺어가는 과정에서, 자기가 다루고 있는 수학적 지식이 차지하는 지위를 학생이 잘 이해한다면, 그만큼 학업은 효과적인 것이다. 대상이나 주제가, 목적 있는 활동을 촉진하는 일에 대해서 맺는 이러한 관계야말로, 교육에서의 진정한 흥미설의 모든 것이다.

3 이 문제의 몇 가지 사회적 측면 이제까지 논해온 이론상의 잘못은 학교의 운영에도 나타나 있지만, 이들 자체는 사회생활 환경의 결과이다. 교육자의 이론적 신념에만 한정된 변화는 사회 정황을 수정하려는 노력을 한층 효과적인 것으로 한다고 해도, 그 곤란을 제거하는 일은 되지 않을 것이다. 세계에 대한 인간의 기본적인 태도는, 그들이 관여하는 활동의 범위와 성질에 의해서 결정되는 것이다. 흥미의 전형은 예술적 태도에서 볼 수 있다. 예술은 단지 내면적인 것도 외면적인 것도 아니다. 단지 정신적인 것도 물질적

인 것도 아닌 것이다. 모든 행동양식과 마찬가지로, 그것은 세계에 변화를 일으킨다. 어떤 종류의 행동(다른 것과 대비해서 기계적이라고 할 수 있는 것)이 일으키는 변화는 외면적이다. 즉, 이들은 물건을 이곳저곳으로 옮길 뿐이다. 이들에 따르는 답례로서 관념상의 변화, 즉 정서나 지성이 풍요롭게 되는 일은 일어나지 않는다. 또, 다른 행동은 생계의 유지에 공헌하고, 생활의 외면적 장식이나 과시에 공헌한다. 현재 이루어지는 사회적 활동, 즉 산업 상·정치상 활동의 대부분은 이들 두 부류에 들어간다. 이들 활동에 종하는 사람들도, 이들 활동에 직접 영향을 받는 사람들도, 자기들의 일에 충분한 그리고 자유로운 흥미를 가질 수가 없다. 일을 하는 사람이 그 일에 아무런 목적이 없거나, 또는 그 목표가 좁게 한정되어 있거나 하기 때문에, 지성이 적절하게 사용되지 않는 것이다. 또, 마찬가지 정황이 많은 사람들을 되밀어 내어 자기 안에 가둔다. 그들은 마음속에서 감정이나 공상의 유희로 도피한다. 그들의 감정이나 관념은, 정황을 바꾸는 행위의 방법은 되지 않고 이들 자체로 향하게 되기 때문에, 그들은 심미적(審美的)이기는 해도 예술적이지는 않다. 그들의 정신생활은 감상적이다. 즉, 마음속의 풍경을 즐기는 것밖에 되지 않는다. 과학의 연구까지도, 생활의 곤란한 정황으로부터 도피하는 은신처―장래의 연구에 대비해서 태세를 재정비하고 명확하게 하기 위한 일시적 후퇴가 아니라―가 되는 일이 있다. 예술이라는 그 말 자체가, 사물에 특수한 변형을 가해서 그것들을 정신에 관련시켜 한층 의의가 깊은 것으로 다시 만드는 일에 관련되지 않고, 색다른 공상을 불러일으키거나 감정에 빠지는 일에 관련되는 경우가 있다. '실천가'와, 이론가 또는 교양인의 분열이나 상호 멸시, 미술과 공예의 단절은 이런 상태의 징조이다. 이리하여, 흥미나 정신은 좁게 한정되든가, 그렇지 않으면 왜곡된다. 유능한 능력이나 교양이라는 관념에 부가된 편향된 의미에 대해서는 앞 장에서 말한 것을 참고하기 바란다.

이러한 사태는, 사회가 노동계급과 유한계급의 분열을 기초로 해서 조직되어 있는 한 반드시 존재할 것이다. 물건을 만드는 사람들의 지성은 물건과의 끊임없는 고투에 의해서 경직되고, 직업적 훈련이 면제된 사람들의 지성은 사치스럽고 연약해진다. 게다가 대다수의 인간은 아직 경제적 자유를 얻지 못했다. 그들의 일은 우연이나 환경에서 오는 필요에 따라 정해진다. 즉,

그것들은 환경의 요구나 수단과 상호작용하는 그들 자신의 힘의 정상적인 발로는 아닌 것이다. 오늘날의 경제적 정황은 아직도 많은 사람들을 노예의 자리에 놓는다. 그러하니 실제적 정황을 지배하는 사람들의 지성이 여유롭고 자유롭겠는가. 그들의 지성은 인간적인 목적을 위해 우주정복을 자유롭게 이용하지 않고, 그것들이 배타적인 한 그만큼 비인간적인 목적을 위해 사람을 부려먹는 일로 향하고 있는 것이다.

이상과 같은 상황은 교육 전통 중의 많은 사정을 설명한다. 그것은, 학교제도의 서로 다른 단계에서 표방되는 교육목적의 불일치, 즉, 대부분의 초등교육의 좁고 실리적인 성격과, 대부분의 고등교육의 좁은 학문적인, 즉 교양적인 성격과의 불일치의 이유를 명백히 한다. 또 지적인 사항을 격리하여, 지식을 학구적·학문적·전문기술적인 것으로 만들어버리는 경향의 근거를 명백히 하고, 일반교양은 생활을 위한 직업에 유용한 교육을 요구하는 것과는 대립하는 것이라는 세상 일반의 신념의 유래를 분명히 하는 것이다.

더욱이 위의 사실은 오늘날 교육의 특유한 문제를 명백히 하는 데에도 유용하다. 학교는 이전의 사회정황에 의해 수립된 이상으로부터 바로 빠져나올 수는 없다. 하지만 자기가 형성하는 새로운 타입의 지적 및 정서적 성향을 통해서 사회정황의 개선에 공헌해야 한다. 그리고 바로 이 점에서, '흥미와 훈련에 대한 올바른 생각이 크게 의미 있어진다. 목적이 있는 활동적인 일(놀이든, 용무이든)에서, 사물을 처리하는 일에 의해서 확대되어온 흥미와 단련된 지성을 갖춘 사람이야말로, 학문적이고 현실에서 동떨어진 지식과, 경직되고 좁은, 단순히 '실용적'일 뿐인 기량과의 양자택일을 면하는 것을 가장 기대할 수 있을 것이다. 관찰이나 정보의 획득이나 건설적 상상력의 사용이 필요하게 되도록 주의하면서, 무엇인가를 이룩하는 데에 타고난 활동적 경향이 충분히 활용되도록 교육을 조직하는 일이, 사회정황을 개선하기 위해 꼭 해야 되는 가장 필요한 일인 것이다. 지성을 사용하지 않는 외면적 행동에 있어서의 유능한 능력을 획득하려고 애쓰는 반복연습과, 궁극적 목적 그 자체라고 여겨지는 지식의 누적 사이를 동요하면, 교육은 현재의 사회정황을 궁극적인 것으로 용인하고, 그 때문에 그 사회정황을 영속시키는 책임을 떠맡게 된다. 목적이 있는 어떤 활동을 이지적으로 추진하는 일에 관련하여 학습이 이루어지도록 교육을 개조한다는 것은 시간이 걸리는 일이다. 그것은 조금씩, 한 번에 한 걸음씩 수행할 수 있을 뿐이다. 하지만 이것은 어떤 교육철학을 명목적으로 용인하면서, 실제로는 다른 것에 따라도 좋다는 이유는 되지 않는다. 그것은 개조하는 일에 용감하게 착수하여 그것을 끈질기게 계속해 가라는 요구인 것이다.

요약 흥미와 훈련은 목표를 세운 활동의 상호관련된 두 가지 면이다. 흥미란 어떤 사람이 그 활동을 한정하고, 또 그 활동의 실현에 수단이나 장해를 주는 대상에 관계하고 있음을 의미한다. 목표가 있는 활동은 어느 것이나, 초기의 불완전한 단계와 후기의 완성단계 사이의 구별을 포함하며, 더 나아가서 중간적 단계를 포함하는 것이다. 흥미를 기울인다는 것은, 사물을 고립된 것으로 파악하는 것이 아니라, 그와 같이 연속적으로 발전하는 정황 속으로 파고드는 것으로서 사물을 파악하는 일이다. 주어진 불완전한 사태와 소기의 달성 사이의 시간차는 변형을 위한 노력을 필요로 한다. 즉, 주의와 인내의 지속을 요구하는 것이다. 이 태도가 의지라는 말이 실제로 의미하는 바이고, 훈련, 즉 지속적 주의력의 발달은 그 성과이다.

이 설의 교육이론상의 의의는 두 가지가 있다. 한편에서, 그것은 우리가 다음과 같은 생각에 빠지는 것을 막는다. 즉, 정신이나 정신 상태는 그것만으로 완전하므로, 그 때문에 이들이 우연히 무엇인가 기성의 대상이나 주제로 향하게 되면 지식이 생긴다는 것이다. 이는 정신이란 여러 가지 것이 들어오는 행동과정에 이지적으로, 즉 목적을 가지고 종사하는 것과 전적으로 같은 일임을 나타낸다. 따라서 정신을 발달시키고 단련한다는 것은, 그러한 활동을 일으키는 환경을 준비하는 일이다. 다른 한편으로, 그것은 우리가 다음과 같은 생각에 빠지는 것을 막는다. 즉, 대상(교재)은 그 자체 쪽에서는 고립되고 독립되어 있다는 것이다. 이는 학습교재란 행동과정의 연속적, 의도적 수행과정에 수단이나 장해로서 파고드는 일체의 대상이나 관념이나 원리와 전적으로 같은 것임을 나타낸다. 발전하는 행동의 과정은 그 목적과 정황이 인식되어 있다면, 자주 분할되어 한쪽은 독립된 정신이 되고 다른 한쪽은 독자적인 사물의 세계가 되는 것을 결합하는 통일체인 것이다.

제11장
경험과 생각

1 경험의 본질 경험의 본질은 특수하게 결부되어 있는 능동적 요소와 수동적 요소를 경험이 포함하고 있다는 점에 주의를 잘 기울일 때, 비로소 이해할 수가 있다. 능동적인 면에서는, 경험이란 시도해 보는 것을 뜻한다. 수동적인 면에서는, 그것은 당한다는 뜻이다. 우리는 무엇인가를 경험할 때, 그것에 작용하여 그것으로 무엇인가를 한다. 따라서 우리는 그 결과를 받는다. 즉, 그 어떤 영향을 입는 것이다. 우리는 물체에 대해서 무엇인가를 한다. 그러면 그 반사로서 물건도 우리에 대해서 무엇인가를 한다. 특수한 결부란 그러한 것을 가리킨다. 경험의 이들 두 가지 면의 관련이 경험의 풍요로움, 즉 가치의 척도가 된다. 단순한 활동은 경험이 되지 않는다. 그것은 분산적이고 원심적이며 낭비적이다. 시도로서의 경험에는 변화가 따른다. 그러나 변화는 그 변화에서 생긴 결과라는 반작용과 의식적으로 관련되는 것이 아니라면 무의미한 변화에 지나지 않는다. 활동이 그 결과의 영향을 받을 때까지 계속되면, 즉 행동에 의해서 야기된 변화가 되돌아와서 우리 내부에 변화를 일으키면, 단순한 유전(流轉)에 지나지 않았던 것에 의미가 부여된다. 우리는 무엇인가를 학습하는 것이다. 아이가 자기의 손가락을 단순히 불속으로 집어넣는 것만이라면 그것은 경험이 아니다. 그 동작이 결과로서 그가 입은 고통과 결부되었을 때 비로소 경험이 된다. 그 이후에는, 불속으로 손가락을 집어넣는다는 것은 화상을 의미하게 된다. 화상을 입는다는 것은, 그것이 어떤 다른 행동의 결과로서 인식되지 않는다면, 나무 막대가 타는 것과 마찬가지로 단순한 물질적인 변화에 지나지 않는다.

맹목적이고 자의적인 충동은 어떤 일에서 다른 일로 무심코 우리를 재촉한다. 이러한 일이 일어나는 한, 모든 것은 물에 쓰인 글자처럼 허망하게 사라진다. 경험이라는 말이 지닌 그 어떤 중요한 뜻에 있어서도, 경험이 되는 것 같은 누적적인 발전은 없는 것이다. 한편, 자신의 이전 활동 그 어느 것과도 관련이 없다고 여겨지는 쾌락이나 고통으로서 많은 일이 우리에게 일어난다. 우리 본인에 관한 한 그것들은 단순히 우발적인 일에 지나지 않는다. 그와 같은 경험에는 앞도 뒤도 없다. 즉, 회고도 전망도 없고, 따라서 그 어떤 의미도 없다. 우리는 다음에 무엇이 일어날까를 예견하기 위해 활용할 수 있는 것을 아무것도 획득하지 않고 있으며, 이윽고 일어나는 일에 적응하는 능력의 진보도 없다—제어력의 증대는 없는 것이다. 그와 같은 경험은 단지 관례상 경험으로 부를 수 있는 것에 지나지 않는다. '경험으로부터 배운다'고 하는 것은, 우리가 사물에 대해서 한 일과, 결과로서 우리가 사물로부터 받아서 즐기거나 고통을 받거나 한 것 사이의 앞뒤를 관련 짓는 일이다. 그와 같은 사정하에서는, 행한다고 하는 것은 시도해보는 일이 된다. 즉, 세계란 어떠한 것인가를 명백히 하기 위해 행하는 세계에 대한 실험이 되는 것이며, 영향을 받는다는 것은 교훈—사물의 관련의 발견—이 되는 것이다.

교육에 있어 두 가지 중요한 결론이 생긴다. (1)경험이란 원래 능동=수동적인 사항으로, 원래는 인식적인 사항이 아니다. 그러나 (2)경험의 가치 척도는 그것이 나타내게 될 관계 내지 연속성의 인식에 있다. 경험은 누적적이면, 즉 무엇인가에 도달한다면, 다시 말해 의미를 갖는다면, 그만큼 인식을 포함하게 되는 것이다. 학교에서 수업을 받는 사람은 너무나도 습관적으로 이론적 방관자, 즉 지성의 직접적인 힘을 통해 몸에 지니는 정신으로서 지식을 얻는다고 간주된다. 학생이라는 말 자체가, 풍요로운 경험을 해보는 존재가 아니라, 지식을 직접적으로 흡수하는 일에 종사하는 사람을 의미할 정도가 되었다. 정신, 또는 의식이라고 불리는 것은 육체적 활동기관으로부터 분리된다. 그래서 전자는 순수하게 지적이고 인식력이 있는 것으로 여겨지고, 후자는 엉뚱하고 방해가 되는 물질적 요소라고 여겨진다. 의미의 인식에 발전해가는, 활동과 그 결과의 체험과의 밀접한 결합은 파괴된다. 그리고 그 대신에 두 개의 단편이 생긴다. 즉, 한쪽에는 단순한 신체적 행동이 있고, 다른 한편에는 '정신적' 활동이 직접적으로 파악하는 의미가 있다.

정신과 육체의 이원론에서 생긴 나쁜 결과를 아무리 말해도 충분히 말했다고는 할 수 없고, 하물며 과장한다는 것은 더욱이 있을 수 없는 일일 것이다. 그러나 비교적 눈에 띄는 몇 가지 결과는 열거할 수 있다. (1)육체적 활동의 일부분은 방해자가 된다. 그것은 정신적 활동과 아무런 관계도 없으므로—그렇게 여겨진다—정신을 흐트러뜨리는 것, 싸워야 할 악이 된다. 왜냐하면 학생은 육체를 가지고 있고, 그것을 그의 정신과 함께 학교로 가지고 오기 때문이다. 더욱이 육체는 당연히 활동력의 원천이다. 즉, 그것은 무엇인가 하지 않고서는 그냥 있을 수 없는 것이다. 그러나 그 활동은 사물을 조작해서 뜻 있는 결과를 가져오는 작업에 이용되지 않으므로, 무서운 얼굴로 노려보아야만 한다. 그것들은 학생의 '정신'이 전념해야 하는 과업으로부터 학생을 떼어놓는다. 즉, 그것들은 장난의 근원인 것이다. 학교에서의 '규율 문제'의 주된 원인은, 정신을 그 교재로부터 데리고 떠나는 육체적 활동을 진정시키는 일에 교사가 그 시간의 대부분을 소비해야 한다는 데에 있다. 침묵, 자세나 동작의 엄격한 획일성 같은 신체적 정숙, 즉 지적 흥미를 쏟는 것 같은 태도를 기계적으로 갖추는 일이 권장된다. 교사의 임무는, 학생들에게 이 요구를 지키게 하는 것과, 위반이 불가피하지만, 그런 일이 일어났을 때 그것을 벌하는 일이다.

교사나 학생에게 일어나는 신경의 긴장과 피로는, 육체적 활동이 의미의 인식으로부터 분리되어 있다는 정황의 이상에서 생기는 필연적인 결과이다. 냉담한 무관심과 긴장으로부터의 발작이 교대로 나타난다. 무시된 육체는, 조직된 효과적인 돌파구가 없기 때문에, 이유도 방법도 모른 채 갑자기 무의미한 난리를 일으키거나 무의미한 어리석은 행동으로 빠지기도 한다—양쪽 모두 아이의 정상적 놀이와는 매우 다르다. 육체적으로 활발한 아이는 침착성이 없고 처치가 곤란하다. 반면, 활발하지 않고 이른바 꼼꼼한 아이들은 자신이 지닌 그 얼마 안 되는 정력을 건설적인 계획과 실행이라는 적극적인 일에 사용하는 것이 아니라, 오히려 자기들의 본능이나 활동적인 경향을 억압하는 소극적인 일에 소비한다. 이리하여 그들은 육체적인 힘을 뜻 있고 품위 있는 방식으로 행사는 일에 책임을 지도록 교육되지 않고, 그러한 육체적인 힘을 자유롭게 써서는 안 된다는 강제된 의무를 지키도록 교육되는 것이다. 그리스 교육의 눈부신 위업의 중요 원인은, 그것이 결코 그릇된 생각에 끌려 정신과 육체의 분리를 계획하지 않은 데에 있다—고 진지하게 단정해도 좋을 것이다.

(2) 그러나 '정신'을 써서 배워야 할 학과에 대해서도, 그 어떤 육체적 활동이 더불어 쓰여야 한다. 여러 가지 감각—특히 눈과 귀—이 책이나 지도나 칠판이나 교사가 말하는 것을 흡수하기 위하여 사용되어야 하는 것이다. 또 마음속에 따 담은 것을 이야기하거나 쓰거나 해서 재현하기 위해서는, 입술이나 발성기관이나 손이 사용되어야 한다. 그래서 이들 감각은, 외계로부터 정신 속으로 정보를 도입하기 위한 일종의 불가사의한 통로로 여겨진다. 지식의 출입구나 큰 거리라고 일컬어지는 것이다. 눈을 책 위에 두고, 귀를 교사의 말에 기울인다는 것은 지적 혜택의 불가사의한 원천이다. 게다가 읽기, 쓰기, 계산—중요한 기술적 교과—은 근육이나 운동신경의 단련을 필요로 한다. 따라서 눈이나 손, 발성기관의 근육은 지식을 정신으로부터 외적 행동으로 다시 운반하는 파이프로서 작용하도록 단련해야 한다. 근육을 같은 방법으로 반복해서 사용하면, 근육 안에 반복하려는 자동적인 경향이 정착하게 되기 때문이다.

그 명백한 결과는 (육체는 정신의 활동에서 일반적으로 눈에 거슬리고 방해가 되는 것이지만) 아무래도 다소는 사용해야만 하는 육체적 활동을 기계적으로 쓰게 된다는 것이다. 왜냐하면 감각이나 근육은 유익한 경험을 하는 과정의 유기적 구성요소로서가 아니라, 정신의 외부에의 출입구로서 사용되기 때문이다. 아이는 학교에 다니기 전에는 자기의 손이나 눈이나 귀를 사용해서 배운다. 그것들은 무엇인가를 해서 의미를 낳는 과정의 기관이기 때문이다. 연을 날리는 소년은, 자기의 눈을 연 쪽으로 향해야 하고, 실이 손을 당기는 여러 강도에 주의해야만 한다. 그의 감각이 지식의 통로가 되는 까닭은 외부의 여러 사실이 그 어떤 방식으로 뇌에 '전달'되기 때문이 아니라, 그것들이 목적을 가지고 무엇인가를 하는 데에 사용되기 때문이다. 보거나 만지거나 한 사물의 성질은 행하여지는 일에 관계가 있으며, 재빨리 지각된다. 즉, 그것들은 의미를 갖는 것이다. 그러나 단어의 뜻에 상관없이, 받아쓰기나 읽기로 단어를 재현하기 위하여 눈으로 이들 단어 모양에 주목하는 방식이 아이들에게 요구될 때, 그 결과 생기는 단련은 단순히 고립된 감각기관이나 근육의 단련에 지나지 않는다. 이처럼 목적에서 행동을 분리시키는 일이야말로 훈련을 기계적으로 만드는 것이다. 교사들은 항상 아이들에게, 뜻을 분명히 나타내도록 표정을 담고서 읽으라고 권한다. 하지만 아이들이 처음에 뜻에 주의를 돌리지 않아도 되는 방식으로 읽기의 감각 운동적 기술—여러 가지 어형을 찾아서 그것이 나타내는 음성을 재현하는 능력—을 배운다면, 그 후 지성을 발휘해 읽는 것을 곤란하게 만드는 기계적인 습관이 형성될 것이다. 발성기관은 독립해서 자동적으로 자기의 길을 멋대로 가도록 만들어진다. 그리고 뜻대로 의미를 결부시킬 수가 없다. 그림도 노래도 쓰기도 이렇게 기계적인 방법으로 가르쳐질지도 모른다. 되풀이해서 말하지만, 육체적 활동을 좁게 제한해서 정신으로부터—의미의 인식으로부터—육체가 분리되도록 하는 방법은, 어느 것이나 기계적이기 때문이다. 수학도, 그 고등 부문에서까지도 계산의 기술이 부당하게 강조된다면, 또 과학도, 실험실의 연습이 그 자체를 위해 이루어진다면, 마찬가지 폐해를 입는 것이다.

(3) 지적인 면에서는, 사물을 직접 다루는 일에서 '정신'을 분리하면 관계나 결합 등을 희생시켜 사물 그 자체를 강조하게 된다. 지각이나 더 나아가 관념까지도, 판단으로부터 분리하는 일이 극히 일반적으로 이루어지고 있다. 판단은 지각이나 관념 뒤에서 그것들을 비교하기 위해서 생기는 것이라고 여겨지는 것이다. 정신은 여러 관계와는 별개로 사물을 지각한다. 즉, 정신은 사물의 관념을 이들의 관련—선행하는 것이나 후속하는 것과의 관련—으로부터 분리된 것으로서 형성한다고 주장된다. 그래서 분리된 '지식'의 여러 항목을 결합해서 이들의 유사점이나 인과관계가 분명히 되도록 하기 위하여, 판단이나 사고가 요구되는 것이다. 하지만 실제로 모든 지각과 관념은 어떤 것의 관련이나 용법이나 원인에 대한 의식이다. 의자의 다양하고 독립된 여러 성질의 목록을 만들어 그것을 셈으로써, 실제로 의자라는 사물을 알거나 그 관념을 갖는 것은 아니다. 이들 성질을 무엇인가 다른 것에—그것이 의자이지 탁자는 아니게 하는 목적이나, 그것과 우리가 익숙한 의자와의 차이나, 그것이 나타내는 '시대' 등등에—관련지음으로써, 비로소 그 의자를 정말로 알고 그 관념을 가지는 것이다. 어떤 짐마차는 그 모든 부분이 규합될 때 지각되는 것이 아니다. 그것을 짐마차로 만드는 것은 그 여러 부분의 독특한 관련인 것이다. 그리고 이들 관련은 단순한 물리적 병존이 아니다. 여기에는 그것을 끄는 동물과의 관련, 그것에 실려 운반되는 물건과의 관련 등등이 포함되는 것이다. 지각에는 판단이 쓰인다. 그렇지 않으면 지각은 단순한 감각의 흥분에 지나지 않거나, 눈에 익은 대상의 경우에는 이전 판단의

재인식에 그치는 것이다.

그러나 말은 관념에 대응하는 것이지만, 관념 그 자체와 혼동하기가 쉽다. 더욱이 정신의 활동이 세계와의 능동적 관계로부터 분리되면, 즉 무엇인가를 한다는 것이나 그 행위의 영향을 받는 일과의 관련에서 분리되면, 바로 그만큼 말, 즉 기호가 관념과 교체된다. 이 교체는 어느 정도 의미가 알려진 만큼 한층 복잡 미묘하다. 그러나 우리는 아주 손쉽게 훈련되어 최소한의 의미로 만족하고, 의미를 주는 여러 관계에 대한 우리의 지각이 얼마나 제한되어 있는가를 알지 못하게 된다. 우리는 일종의 의사관념(疑似觀念)이나 반지각(半知覺)에 아주 익숙해져서, 그 때문에 우리들의 정신활동이 얼마나 둔화되어 있는가를 알지 못한다. 또 만약에 우리가 판단을 사용할 필요가 있는—즉 처리하고 있는 사물의 여러 관련을 찾을 필요가 있는—산 경험의 정황하에서 우리가 관찰을 하고 관념을 형성하면, 이들 관찰이나 관념은 얼마나 날카롭고 또 넓은 범위에 미치는 것이 되었을까 하는 것도 알아차리지 못하게 되는 것이다.

이에 대한 이론에 관해서는 의견의 차이가 없다. 관계의 인식이 참으로 지적인 사항이고 따라서 교육적인 사항이기도 하다는 것에 대해서는 모든 권위가 동의하는 것이다. 잘못은, 관계는 경험 없이도—이미 말해 온, 시도한다는 것과 영향을 받는다는 것이 합쳐지는 과정 없이도—알 수 있다고 생각하는 데에서 생긴다. '정신'은 주의하기만 하면 관계를 파악할 수가 있고, 이 주의는 정황에 상관없이 마음대로 환기시킬 수 있다고 여겨지는 것이다. 여기에서 세상을 괴롭게 하는 어정쩡한 관찰이나, 언어상으로만의 관념이나, 몸에 익숙하지 않은 '지식'의 범람이 생기는 것이다. '1온스의 경험이 1톤의 이론보다 낫다'는 말은 어떤 이론이나 경험에서 비로소 산, 검증 가능한 의미를 갖기 때문이다. 경험은 매우 시시한 것일지라도 얼마간의 이론(즉 지적 내용)을 낳고 지탱할 수가 있지만, 경험으로부터 이탈된 이론은 이론으로도 명확하게 파악할 수가 없다. 그러한 이론은 단순히 언어적 공식이나 표어가 되는 것으로, 사고, 즉 진정한 이론구성을 불필요하고 불가능하게 만든다. 우리는 교육 받은 대로 말을 관념이라고 생각하여, 여러 가지 문제를 말을 써서 처리하는데, 그 처리는 사실 문제도 더 이상 알아차리지 못하게 할 정도로 애매하게 된 지각에 지나지 않는 것이다.

2 경험에서의 숙고(reflection) 명시는 하지 않았지만, 실질적으로는 이미 검토해온 바와 같이, 사고 내지 숙고는 우리가 하려고 시도하는 것과 결과로서 일어난 것과의 관계의 인식이다. 사고라는 요소를 포함하지 않고서는 의미를 갖는 경험은 있을 수 없다. 그러나 이들 안에 어느 정도의 숙고를 발견할 수 있는가 하는 그 비율에 의해서 경험의 두 가지 형태를 대비할 수 있다. 우리의 경험은 모두 '잘 되어갈 때까지 이것저것 해본다'는—심리학자가 시행착오법이라고 부르는—일면을 포함하고 있다. 그저 무엇인가를 했다가 실패하면 또 다른 일을 한다, 무엇인가 잘 되는 것을 만날 때까지 시행을 계속한다, 그리고 그 잘 되어가는 방법을 그 후의 행동에서 대체적인 경험적 방법으로서 채용하는 것이다. 어떤 경험은 이 실패하든 성공하든 하여간 해본다는 과정 이외의 것은 거의 조금밖에 포함하고 있지 않다. 우리는 일정한 행동방식과 일정한 결과가 관련되어 있다는 것을 알지만, 그것들이 어떻게 관련되어 있는가를 모른다. 우리는 그 관련의 세부를 모른다, 즉 이음새를 찾을 수가 없는 것이다. 우리의 인식은 매우 거칠다. 그러나 다른 경우에는, 우리는 관찰을 더욱 추진한다. 우리는 원인과 결과, 활동과 결말을 결부시키기 위해서, 바로 거기에 개재하는 것을 알려고 분석하는 것이다. 우리의 통찰이 이와 같이 확대됨으로써 전망은 한층 정확해지고, 포괄적이 된다. 시행착오법에만 의존하는 행동은 상황에 좌우된다. 즉, 상황이 변화해서 실행된 행동이 기대한 것과 같은 방식으로 작용하지 않을지도 모르는 것이다. 그러나 그 결과가 무엇에 의해 결정되는가를 자세히 알면, 필요한 조건이 있는가의 여부를 알기 위해 조사할 수가 있다. 이 방법은 우리의 실제적인 제어력을 확대한다. 왜냐하면 만약 조건의 몇 가지가 모자랄 때, 어떤 결과를 위해 필요한 전제조건이 무엇인가를 알면, 이들을 보충하는 일에 착수할 수 있고, 또 그것들이 바람직하지 않은 결과까지도 가져올 것으로 여겨지면, 필요 없는 원인 몇 가지를 제거하여 노력을 절약할 수도 있기 때문이다.

우리의 활동과 결과로서 일어나는 일과의 자세한 관련이 발견되면, 잘 되어갈 때까지 이것저것 해보는 경험 안에 암시되어 있던 사고가 분명히 명시된다. 그 양이 늘어나므로, 그 비율이 전혀 다른 것이 되고, 결국 경험의 질이 변화한다. 이 변화는 매우 중요하기 때문에, 이런 종류의 경험을 숙고적 (reflective)—즉 특히 뛰어나게 숙고적인—경험이라고 할 수가 있을 것이다. 사고라는 이 측면을 계획적으로 발달시키면, 특수한 경험으로서의 사고가 된다. 사고란, 다시 말해 우리가 하는 일과 생기는 결과 사이의 특정한 관련을 발견해서, 양자가 연속적이 되도록 하는 의도적인 노력이다. 이들이 독립해서 또 그 결과 제멋대로 함께 되는 일은 없어지고, 그 대신에 통일되고 발전하는 정황이 나타나는 것이다. 사건은 이제 이해되었다. 즉 그것은 설명된 것이다. 사물이 실제로 일어나는 것처럼 일어난다고 하는 것이 이른바 이치에 닿은 것으로 받아들여진다.

따라서 사고는 우리의 경험 안의 이지적 요소를 명백히 하는 것과 같은 일이다. 목적을 향하여 행동하는 것을 가능하게 한다. 우리가 목표를 세우기 위한 필요조건인 것이다. 유아는 예기할 수 있게 되면, 곧 지금 진행하는 것을 다음에 일어날 일의 전조(前兆)로서 이용하기 시작한다. 아무리 단순한 방식으로든 간에 판단을 하고 있는 것이다. 왜냐하면 유아는 어떤 것을 다른 그 무엇인가의 증거로 간주하여 둘 사이의 어떤 관계를 인식하기 때문이다. 그의 장래의 발달이 어떤 것이라 할지라도, 그것이 아무리 정교한 것이라 할지라도, 이 단순한 추리작용의 확장과 세련에 지나지 않는 것이다. 가장 현명한 인간이 할 수 있는 일도 모두 현재 진행 중인 일을 한층 넓게 자세히 관찰하여, 주목한 일 안에서, 이윽고 일어나려는 일을 암시하는 여러 요소를 한층 주의 깊게 골라내는 데에 지나지 않는다. 사려 깊은 행위의 반대는 정해진 작업과 자의적인 행동이다. 전자는 습관적으로 행해져 왔던 것을 일어날 수 있는 일의 모든 것으로 간주하여, 행하여진 특정한 행위가 갖는 여러 가지 관련을 고찰하는 일을 게을리 한다. 후자는 순간적인 행위를 가치의 척도로 하여, 우리 자신의 행동과 환경의 힘의 관련을 무시한다. 정해진 작업은 실제로 '사물을 옛날에 내가 그것을 발견했을 때와 똑같게 해둬'라고 말하지만, 자의적인 행동은 실제로 '사물은 우연히 이 순간에 내가 그것들을 좋아하고 있는 것과 아주 같게 있어야 한다'고 말하는 것이다. 양자는 다 같이, 현재의 행동에서 생기는 미래의 결과에 대한 책임을 인정하길 거부한다. 그러나 수고란 그러한 책임을 맡는 것을 말한다.

그 어떤 사고과정도 그 출발점은 현재 진행 중인 일이고, 현황 그대로는 불완전한, 즉 성취되지 않은 것이다. 그 안목, 그 뜻은 문자 그대로 그것이 무엇이 되려고 하는가, 그것은 어떻게 되어가려고 하는가—하는 점에 있다.

이 책을 쓰고 있는 지금, 세계는 대전의 와중에 있다. 전쟁에 적극적으로 참가하는 사람에게 중대한 일은, 이러저러한 사건의 결과로 귀결될 장래의 결과임이 분명하다. 그는 적어도 당분간 그 결말과 일체적으로 결부되어 있다. 즉, 그의 운명은 사태가 더듬고 있는 경과 여하에 달려 있는 것이다. 그러나 중립국의 방관자에게도, 실시된 모든 조치의 의미, 각지에서 이루어진 모든 진격이나 퇴각의 의미는 그것이 예시하는 일에 있다. 뉴스가 도착했을 때 그에 대해서 생각한다는 것은, 결과에 관해서 일어날 것 같은, 또는 일어날 수 있는, 아니면 일어날 수 있는 일로서 암시되어 있는 것을 알려고 시도해 보는 일이다. 스크랩북처럼, 이러저러한 기사를 이미 끝나고 죽은 것으로서 머리에 가득 쟁여 넣는다는 것은 생각이 아니다. 그것은 우리 자신을 한낱 기억장치로 바꾸는 일이다. 가능성은 있으나 아직 실현되지 않은 일과 사건의 관련을 고찰하는 일이 생각한다는 것이다. 공간의 떨어짐 대신에 시간의 떨어짐을 생각한다고 해도, 이러한 경험의 성질은 다르지 않을 것이다.

끝나버린 전쟁과, 그에 대해서 설명하는 미래의 역사가를 상상해 보자. 여기서 사건은 이미 과거의 일이 되었다고 가정한다. 그는 시간적 전후관계를 유지해 두는 것이 아니라면, 그 전쟁에 대해서 사려 깊은 설명은 하지 못한다. 즉, 각 사건의 의미는, 그가 그것을 논하고 있을 때 역사가인 그에게는 미래가 아니지만, 그 사건에 있어서는 미래의 일이다. 그 사건을 그 자체만으로 완결된 존재로 간주한다는 것은, 그것을 무분별하게 파악하는 일인 것이다.

숙고는 또한 결말에 관심을 둔다는 의미도 있다. 즉 우리 자신의 운명을 다만 가상적으로라도 사건 발전의 경과와 공감적으로 결부시켜 생각하는 것이다. 전쟁 중인 장군이나 일반 병사나, 싸우고 있는 나라의 국민에게, 사고(思考)로 몰아세우는 자극은 직접적이고 긴급하다. 중립국 국민에게, 그 자극은 간접적이고 상상력에 의존한다. 그러나 인간성에 숨어 있는 심한 당파성은 자기 자신을, 사건에 전제해 나가는 가능성이 있는 하나의 방향과 결부시켜서 생각하고, 다른 방향을 자기들과는 관계가 없는 것으로서 거부하는 경향의 강도를 말해주는 증거이다. 구체적인 행동으로 어느 쪽 편도 들 수가 없고, 마지막 결말을 짓기 위해 최소한의 조력을 할 수는 없다고 해도, 정서적으로 상상으로나마 편을 드는 것이다. 우리는 이것이냐 저것이냐의 결과를 바란다. 결과에 전혀 무관심한 사람은, 무엇이 일어나고 있는가를 추구하거나, 그에 대해서 전혀 생각하지 않는다. 지금 이루어지고 있는 결과에 관여한다는 의식에 사고활동이 의존한다는 점에서 사고의 주요한 역리(逆理)의 하나가 생긴다. 사고는 한쪽이 치우친 태도에서 생기게 되는데, 그 일을 성취하기 위해서는 사심을 떠난 어떤 공평성에 이르러야만 한다. 자기 희망이나 욕구가 현존하는 상황의 관찰이나 해석에 영향을 주는 대로 내버려두는 장군은 틀림없이 작전에 실패할 것이다. 희망이나 불안은 중립국의 방관자에게도 전쟁의 경과를 사려 깊게 바라보는 주요한 동기가 되겠지만, 그도 또한 자기의 기호에 따라 관찰이나 추리의 재료를 변경한다면 그만큼 쓸데없는 사고를 하게 될 것이다.

그러나 숙고의 계기가, 진행 중인 사건에 자기 자신이 참가하는 데 있다고 하는 것과, 숙고의 가치가 자료에 사심이 들어가지 않게 하는 일에 달려 있다는 것은 상반되는 일은 아니다. 이 사심을 떠난 공평함에 도달하는 일이 거의 극복할 수 없을 정도로 어렵다는 말은, 사고의 과정 그 자체가 사건 과정의 현실적인 일부분이며, 더욱이 그 결과에 영향을 끼치도록 계획되어 있다는, 그러한 정황 안에서 사고가 발생한다는 것을 나타내는 증거이다. 사고는 서서히, 그리고 사회적 공감의 성장을 통해 시야를 확대함에 따라서 비로소 우리의 직접적인 관심을 뛰어넘은 곳에 있는 것을 포함하며 발달한다. 이것은 교육에 큰 의의를 갖는 일이다.

사고는 지금도 여전히 진행 중인, 더욱이 불완전한 정황에 관련해서 일어난다. 이는 사태가 부정확하거나 의심스럽거나 또는 문제가 될 때에 사고가 생긴다는 말이다. 완료된 것, 완성된 것만이 완전히 확실한 것이다. 숙고가 있는 곳에는 긴장이 있다. 사고의 목적은 결말에 이르는 것을 돕는 일이며, 이미 주어진 것에 입각해서 일어날 수 있는 종결을 계획하는 것이다. 사고에 관한 다른 몇 가지 사실도 이 특징을 동반하고 있다. 사고가 생기는 정황은 의심스러운 정황이므로, 사고는 탐구의 과정이며, 사태를 조사하는 과정이며, 조사의 과정이다. 습득한다는 것(acquiring)은 탐구(inquiring) 활동에 대해서는 항상 이차적이며 수단적이다. 그것은 가까이에 없는 것을 찾는 행위, 즉 탐색이다. '독창적인 연구'는 과학자나 적어도 고학년 학생의 특유한 특권처럼 일컬어질 때가 있다. 그러나 모든 사고는 연구이며, 더욱이 모든 연구는, 세상의 다른 사람들 모두가 이미 아는 문제를 지금도 찾고 있다 해도, 그 연구를 하는 사람에게는 본래적이며 독창적인 것이다.

더 나아가서, 모든 사고에는 위험이 따른다. 확실성을 미리 보증할 수 없다. 미지의 세계로 들어가는 것은 모험적 성질을 띤다. 우리는 미리 확신할 수 없다. 따라서 사고의 결론은, 사물을 통해 확증될 때까지는, 많고 적건 간에 시험적 내지는 가설적이다. 실제로 일어나기 전이나 보증되기 전에 결론을 확신하는 것은 독단적인 주장이다. 그리스인은 영리하게도 '어떻게 우리는 배울 수 있는가'라고 물었다. 우리는 배우려고 하는 것을 이미 알거나 모르거나 둘 중 하나인데, 어느 경우에도 배움은 성립되지 않는다는 것이다. 앞의 경우에는 우리가 이미 알고 있기 때문이고, 뒤의 경우에는 우리가 무엇을 구하는지 모르거나, 또는 우연히 그것을 발견했다 해도 그것이 우리가 구하는 바인지를 알 수 없기 때문이다. 이 딜레마는 알게 된다는 것, 즉 배움의 과정이 성립할 여지를 주지 않는다. 그것은 완전한 앎이든가, 아니면 완전한 모름이든가 둘 중 한 쪽밖에 생각하지 않는 것이다. 하지만 탐구나 사고에는 반은 알고 반은 깨닫는 중간지대가 있다. 가설적 결론이나 시험적인 결과가 생기는 가능성은 그리스인의 딜레마가 간과한 사실이다. 상황의 불확실함이 거기서 빠져나갈 몇 가지 길을 암시한다. 우리는 이들의 길로 가본다. 그러면 밀고 나아가 탈출을 하든가—이 경우에는 구하던 것을 찾았음을 깨닫는다—, 아니면 정황이 더욱더 어두워지고 혼란해지든가—이 경우에는, 자기가 아직 무지하다는 것을 깨닫는다—둘 중 한 상황에 처한다. 시험적이란 시도해 보는 것, 손으로 더듬어 나아가 보는 것을 의미한다. 그리스인의 논법은 단지 그것만을 보면, 형식논리의 정묘(精妙)한 한 단편(斷片)이다. 그러나 사람들이 앎이냐 모름이냐의 어느 쪽이라는 엄격한 선언을 고집하는 한, 과학은 지지부진하게 그리고 우연적으로밖에 진보하지 않았다는 것도 진실이다. 발명이나 발견이 체계적으로 진보하기 시작한 것은, 사람들이 다음과 같은 일을 인정했을 때였다. 즉, 시험적 탐구활동에서 활동을 지도하기 위해 추측을 세우면, 그 탐구활동의 전개가 그 지도적 추측을 확증하거나 반증하거나 수정하기 때문에, 이로써 탐구를 위해 의혹을 이용할 수가 있다는 것이다. 그리스인들은 연구보다도 지식을 높이 평가했는데, 근대과학은 보존되어 있는 지식을 연구나 발견의 단순한 수단으로 삼은 것이다.

앞에서 말한 예로 돌아가기로 하자. 사령관은 작전을 내릴 때, 절대적 확실성이나 무지에 기초를 둘 수 없다. 그에게 상당히 신뢰할 수 있는 정보가 어느 정도 있다고 하자. 그래서 그는 어느 작전행동을 추론하고, 그렇게 함으로써 일정한 정황의 단순한 여러 사실에 의미를 부여하는 것이다. 그의 추론은 많고 적건 간에 의심스럽고 가설적이다. 그러나 그는 그것에 따라 행동한다. 그는 행동의 계획, 즉 그 정황을 처리하는 방법을 전개한다. 그가 여러 가지 방법 중에서 어느 일정한 방식으로 행동한 데에서 직접 생기는 결과는, 그의 숙고의 가치를 시험하고, 그 가치를 명백히 한다. 그가 이미 알고 있는 일이, 그가 배우는 것 중에서 그 역할을 다하고 가치를 갖는 것이다. 그런데 이 설명은 사건의 경과를 될 수 있는 대로 사려 깊게 추구하는 중립국 사람에게도 해당될까? 내용에 있어서는 물론 해당되지 않지만, 형식에 있어서는 해당된다. 그가 현재의 여러 사실에 기초해 암시되는 장래에 대해서 추측하고, 그 추측에 의해서 많은 단편적인 자료에 의미를 부여하려고 해도, 이들의 추측이 전투에서 효력을 나타내는 방법의 기초가 될 수 없다는 것은 분명하다. 그것은 그의 문제가 아닌 것이다. 그러나 그가 수동적으로 사고하지 않고 능동적으로 사건의 경과를 쫓는다면, 그만큼 그의 시험적인 추론은 그의 입장에 상응하는 어떤 행동 방식으로서 효력을 나타낼 것이다. 그는 장래의 움직임을 예상하고, 이들의 움직임이 일어나는가 일어나지 않는가를 알기 위해 방심하지 않고 경계할 것이다. 그가 지적으로 관여한다면, 즉 사려가 깊으면, 그만큼 적극적으로 경계할 것이다. 즉, 전투에는 영향을 주지 않는다 해도, 그의 그 뒤 행동을 어느 정도 수정할 처치를 취할 것이다. 그렇지 않으면, 후에 '거봐, 전에 그렇게 말했잖아' 하고 말해도, 그것은 조금도 지적 성질을 띠고 있지 않다. 그것은 이전의 사고를 시험하거나 검증하거나 하는 것을 의미하지 않고, 다만 정서적인 만족을 가져오는 우연의 일치를 나타내는 데에 지나지 않는다—더욱이 그것은 자기기만의 큰 요인을 품는 것이다.

일정한 자료에서 미래의 일식을 예지(추론)하기에 이른 천문학자의 사례도 이와 비슷하다. 수학적 확률이 제아무리 커도, 그 추론은 가설적이다—확률의 문제인 것이다.* 예측된 일식 날짜와 위치에 관한 가설은 미래 행동

---

* 확률이나 오차의 범위를 계산할 수 있다고 하는 것은 실제 과학에서 가장 중요한 일이다. 그러나 그것은 위에서 말한 것 같은 상황의 여러 특징을 변경하지 않는다. 그러한 계산은 정확도를 높일 뿐이다.

의 방식을 형성하기 위한 재료가 된다. 관측 장치가 준비되어, 아마도 지구 상의 어떤 먼 지점에 대한 탐험이 이루어질 것이다. 여하간 어떤 물리적 조건을 현실로 바꾸는 그 어떤 적극적인 처치가 취해진다. 더욱이 그러한 처치와 그 결과 생긴 정황의 변화는 별도로 하고라도, 사고의 활동은 완결되진 않은 것이다. 그것은 아직 어정쩡한 상태에 머물러 있다. 지식, 즉 이미 획득된 지식이 사고를 통제하고, 사고를 풍요롭게 만드는 것이다.

숙고적 경험의 일반적인 여러 특징에 대해서는 이것으로 끝내기로 한다. 그 특징은 다음과 같았다. (1)곤혹, 혼란, 의혹. 그것은 완전한 성격이 아직 결정되지 않은 불완전한 정황 안에 사람이 말려들어가는 데서 일어난다. (2) 추측적 예상—주어진 여러 요소에 대한 시험적 해석. 그것은, 이들 요소에 일정한 결과를 가져오는 경향이 있다고 주장한다. (3)고찰 중인 문제를 한정하고 명확히 하는 것을, 얻을 수 있는 한 모두 주의 깊게 조사하는 일(시험, 점검, 탐색, 분석). (4)그 결과 일어나는 시험적 가설의 정밀화. 이로써 그 가설은 더욱 넓은 범위의 사실과 일치하게 되므로, 더욱 정확하고 더욱 정리된 것이 된다. (5)생각해 낸 가설을 기초로 현재 사태에 적용되는 행동의 계획을 세우고, 예견한 결과를 내려고 실제로 행함으로써 가설을 검증하는 것이다. 숙고적인 경험을 시행착오적 수준의 경험으로부터 명확하게 구별하는 것은, 위의 셋째와 넷째 단계의 넓이와 정밀성이다. 이들은 사고 그 자체를 하나의 경험으로 한다. 그럼에도 불구하고 우리는 결코 시행착오적 정황을 완전히 뛰어넘는 일은 없다. 우리의 가장 정밀하고 합리적으로 정돈된 사고도 세상에서 시도되고 시험되어야만 하는 것이다. 더욱이 사고가 모든 관련을 고려에 넣을 수는 없는 노릇이므로, 모든 결과에 걸치는 일을 완전히 정확하게는 결코 할 수 없는 것이다. 그래도 사려 깊은 전황조사는 면밀하고, 결과에 대한 추측은 엄밀하게 대조되어 있으므로, 우리는 숙고적 경험과 시행착오적 행동양식을 구별할 수 있다.

요약 경험 안에서 사고의 위치를 결정함에 있어, 우리는 우선 경험이 행동, 즉 시행(試行)과 그 결과로서 사람이 받는 영향과의 관련을 포함한다는 데에 주목하였다. 능동적으로 행한다는 면을 수동적으로 영향을 받는다는 면에서 분리시킨다는 것은, 경험의 중요한 의미를 파괴하는 것이 된다. 사고란, 행하여지는 일과 그 결과 사이의 관련을 정밀하게 잘 생각한 끝에 설정하는 일이다. 그것은 양자가 관련하고 있는 일에 주목할 뿐만 아니라, 그 관련의 세부에도 주목하는 것이다. 그것은 관련의 이음새를 관계의 형식으로 명시한다. 사고를 불러일으키는 자극은, 우리가 이미 실행했거나 또는 이제부터 실행하려는, 그 어떤 행위의 뜻을 결정하고 싶다고 생각할 때 나타난다. 그리고 우리는 결과를 예상한다. 이것은 정황 그대로의 사실로서, 그렇지 않으면 우리에게 불완전하며 따라서 불확정하다는 것을 의미한다. 결과를 그려낸다는 것은 기획된, 즉 시험적인 해결을 의미한다. 이 가설을 완성하기 위해서는 현존하는 정황을 주의 깊고 정밀하게 조사하여, 가설이 포함하는 의미를 전개해야만 한다. 이 과정을 '추리'라고 일컫는다. 다음에는 제시된 해결책—관념 내지 이론—을 그것에 따라 행동함으로써 시험해보아야 한다. 그것이 일정한 결과, 어떤 정해진 변화를 세계에 불러일으킨다면, 그것은 타당한 것으로서 받아들여진다. 그렇지 않으면, 그것은 수정되어 또 다른 시행(試行)이 이루어진다. 사고는 이들 단계—어떤 문제에 대한 의식, 정황의 관찰, 암시된 결론의 형성 및 합리적 정밀화, 능동적인 실험적 검사—의 모두를 포함하는 것이다. 모든 사고는 결국 지식이 되지만, 궁극적으로 지식의 가치는 그것이 사고에서 사용되는 것에 의해 정해진다. 왜냐하면 우리가 사는 곳은 고정되고 완성된 세계가 아니라, 현재 진행 중인 세계이기 때문이다. 그리고 그 세계에서 우리의 주된 일은 미래를 향한 것이며, 회고한다는 것—사고와는 별개의 것으로의 지식은 모두 회고이다—은 우리의 미래에 대처하는 행동에 견실성이나 안전성이나 다산성(多産性)을 부여함으로써 가치를 얻는 것이다.

제12장
교육에서의 사고(思考)

1 교수법의 요점 좋은 사고의 습관을 학교에서 길러주는 일이 중요하다는 것을 이론상 의심하는 사람은 없다. 그러나 이것이 실제로는 이론만큼 강력하게 받아들여지지 않는다. 더욱이 그것은 그렇다 치고라도, 학교가 학생들을 위해 할 수 있으며 또한 할 필요가 있는 모든 것이, 학생들의 정신에 관한 한(즉, 어떤 특수한 체력을 무시한다면) 그들이 사고하는 능력을 발달시키는 일이라는 적절한 이론상의 인식마저 없다. 기능의 습득(읽기, 철자법, 쓰기, 그리기, 낭독)과, 정보의 획득(역사, 지리)과, 사고의 훈련 식으로, 여러 가지 목적으로 가르치는 것을 분할한다는 것은, 우리가 이들 세 가지 목적을 달성하는 데 얼마나 효과 없는 방식을 쓰는가를 나타내는 한 가지 척도이다. 행동 능률의 향상에 관련이 없고, 또 우리 자신과 우리가 살고 있는 세계에 대해 보다 더 많이 배우는 데에도 관련이 없는 사고는 단지 그 자체로만 보아도 무엇인가 문제가 있는 것이다. 또 사고와는 별개로 획득된 기능은, 그것을 활용할 목적에 대한 그 어떤 의식과도 관련이 없다. 그 결과, 이러한 기능에 따라 자기의 틀에 박힌 습관에 좌우되어, 다른 사람의 명령적인 지배를 그대로 따르게 된다. 더욱이 그를 지배하는 타인은 자기들이 무엇을 하는가를 알고 있으며, 자기들의 목적달성의 수단에 관해서 특히 양심적이지도 않은 것이다. 또한 사려가 있는 행동에서 분리된 정보는 죽은 것이요, 정신을 압살하는 무거운 짐이다. 그와 같은 정보는 지식을 닮은 모습으로 나타나 자만이라는 독을 내뿜기 때문에, 지성의 품위 향상을 방해하는 가장 강력한 장해가 된다. 가르치거나 배우는 방법의 영속적 개선에의 유일한 정공법은 사고를 필요로 하고 조장하고 시험하는 정황에 중심을 두는 데에 있다. 사고는 이지적인 학습방법 그 자체이다. 정신을 써서, 또 보답으로서 정신을 위한 것이 되기도 하는 학습방법인 것이다. 사고의 방법에 대해서 논

한다는 것은 충분히 정당한 일이다. 하지만 방법에 관해서 유의해야 할 가장 중요한 일은 사고 그 자체가 방법이라는 것, 이지적인 경험이 자연스럽게 따라가는 방법이라는 점이다.

(1)사고라고 불리는 발전적 경험의 최초 단계는 경험이다. 터무니없이 자명한 이치를 말한다고 할지도 모른다. 분명히 그러해야 하겠지만, 실은 그렇지가 않다. 그렇기는커녕 오히려 사고는 가끔 철학이론에서도, 교육실천에서도, 경험으로부터 분리된 것으로 간주되고, 또 고립시킨 채 키울 수가 있다고 여겨진다. 실제로, 사고에 주의를 향하게 하는 충분한 근거로서 경험에는 원래 한계가 있다고 여겨진다. 즉, 사고는 (이성이라는) 고등능력에서 나오는 것으로 정신적인 것 내지는 적어도 학문적인 일에 종사하지만, 경험은 단순한 물질적인 세계에만 국한되어 있다고 여겨지는 것이다. 그 때문에 사고에 특히 적합한 교재로서의 순수수학(그것은 물질적 존재와는 전혀 관계가 없기 때문에)과, 실리적인 가치는 있지만 정신적인 가치가 없는 응용수학 사이에 가끔 명확한 구별이 설정되는 것이다.

일반적으로 말하자면, 교수법의 근본적인 잘못은 학생들 쪽에 경험이 있다는 것을 당연하게 보아도 좋다고 생각하는 점에 있다. 여기에서 강조하는 것은 사고의 시작단계로서, 현실적인 경험적 정황이 필요하다는 것이다. 경험은 여기에서도 앞에서 정의한 것처럼 이해된다. 즉, 무엇인가를 하려고 시도해 보는 것과, 그 보답으로서 그 일이 사람에 대해서 지각할 수 있을 정도로 영향을 주도록 하는 일이다. 어떤 정황에 대해서 자신이 직접 체험한 그 어떤 경험과 관련 없이, 산수나 지리나 무엇이든지 기성교과서로부터 시작할 수가 있다고 생각하는 점에 잘못이 있는 것이다. 유치원이나 몬테소리 (Maria Montessori. 1870~1952. 이탈리아의 여류 교육가. 유아교육 개혁을 주창하여 '아동의 집'을 설립하였다)의 방법까지도, '시간의 낭비' 없이 지적 우수성에 이르는 데에 너무 열심인 나머지, 흔한 경험의 재료를 직접 소박하게 다루는 것을 무시—내지 경시(輕視)—하는 경향이 있고, 어른들이 달성한 지적 우수성을 나타내는 교재로 학생들을 바로 가르치는 경향이 있다. 그러나 아무리 어른이 되어도, 무엇인가 새로운 자료에 접촉하는 최초의 단계는 필연적으로 시행착오적인 것이 될 수밖에 없다. 사람은 놀이에서나 일에서나 자기의 충동적 활동을 실행할 때, 자료를 사용해서 실제로 무슨 일인가를 하여, 자기의 힘과 사용한 자료의 힘의 상호작용에 주목해야 한다. 이것은 아이가 처음으로 나무 쌓기를 시작했을 때 일어나는 일이며, 마찬가지로 과학자가 자기 실험실에서 알지 못하는 대상에 대해서 실험을 시작했을 때 일어나는 일이기도 하다.

따라서 말을 습득시키는 것이 아니라 사고를 불러일으켜야 한다면, 학교에서 어떤 주제에 처음으로 접근하는 방법은 될 수 있는 대로 비학문적이어야 한다. 경험 또는 경험적 정황이란 무엇을 의미하는가를 진정으로 이해하기 위해서는, 학교 밖에서 나타나는 것 같은 정황을 떠올려야 한다. 즉, 일상생활에서 흥미를 일으키게 하여 활동시키는 일(occupations)을 말한다. 그리고 산수나 읽기, 지리, 물리학이나 외국어 등 그 어느 것이든 제도적 교육에서 장기적으로 좋은 결과를 거두고 있는 방법을 주의 깊게 검토한다면, 이들 방법이 학교 밖에서의 일상생활에서 사고를 생기게 할 수 있는 종류의 정황으로 복귀하는 것에 의해서, 그 효력을 얻고 있다는 점이 명백해질 것이다. 이들 방법은 학생들에게 배워야 하는 일이 아니라 해야 할 일을 준다. 그리고 그것이 할 일은 사고하는 것 즉, 의도적으로 여러 가지 관련에 주목하기를 요구하는 것들이다. 즉, 학습은 결과적으로 자연히 생기는 것이다.

정황은 사고(思考)를 불러일으키는 것이어야만 한다. 이것은 두말할 필요 없이 다음과 같은 의미이다. 즉, 정황은 틀에 박힌 작업이 아니며 자의적인 행동도 아닌, 무엇인가 해야 할 일—다시 말해, 무엇인가 새로운(그래서 불확실한 또는 문제적인) 것을 제시하여, 그래도 현존하는 습관과 충분히 관련되어 있어서 효과적인 반응을 불러일으키는 것—을 시사하는 것이어야 한다는 것이다. 그리고 효과적인 반응이란 닥치는 대로 하는 활동과 달라서, 어떤 지각할 수 있는 결과를 수행하는 반응을 의미한다. 닥치는 대로 활동했다간 그 결과와 행한 일을 머릿속에서 결부시킬 수가 없는 것이다. 따라서 학습을 불러일으키기 위해 꾸며진 정황 또는 경험에 대해서 물을 수 있는 가장 뜻 있는 질문은, 그것이 어떤 성질의 문제를 포함하고 있는가—하는 것이다.

언뜻 생각하기에 보통의 학교교육 방법은 지금 제시한 기준에 충분히 도달한 듯 보인다. 문제를 준다는 것, 질문한다는 것, 작업을 부과한다는 것, 보다 어렵게 한다는 것, 이들은 학교가 할 일의 큰 부분이다. 그러나 진정한 문제와 겉치레의 가짜 문제를 반드시 식별해야 한다. 아래의 물음은 그러한 식별에 효과가 있을 것이다. (a)거기에는 문제 같은 건 전혀 없는 것이 아닌가? 그 의문은 본인이 경험하는 어떤 정황 중에서 자연히 마음속에 떠오르는가, 아니면 본인에게는 아무런 인연이 없는 것으로 단지 어떤 교과의 지식을 전달한다는 목적만을 위해 만들어진 문제인가? 그것은 학교 밖에서 관찰을 불러일으켜, 실험을 하게 하려는 시도인가? (b)그것은 학생 자신의 문제인가, 아니면 교사 또는 교과서의 문제인가? 즉, 그것을 잘 처리해야 필요한 점수를 따거나, 진급하거나, 교사의 인정을 받을 수 있으므로 학생에게 문제가 되는 것인가? 이상의 두 물음은 분명히 중복되어 있다. 이들은 같은 점에 도달하는 두 길인 것이다. 즉 그 경험은 본인 자신이 행하는 것으로, 본디 그 속에 포함되어 있는 여러 가지 관련을 관찰하도록 촉진하여 그 관찰의 방향을 잡게 하고, 그것을 추론하게 하고, 그것을 검증시키는 성질을 띤 것인가. 아니면 외부에서 부과된 것으로, 학생에게는 단지 외부로부터의 요구를 채우기만 하는 문제에 지나지 않은 것인가—하는 것이다.

위와 같은 물음은, 현재 널리 행해지는 실천이 사고의 습관을 발달시키는 데 어느 정도 적합한가를 결정하길 주저하게 만들 것이다. 평범한 교실의 물질적인 설비나 장치는 참다운 경험의 정황이 존재하기에는 알맞지가 않다. 여러 가지 곤란을 낳는 일상생활과 비슷한 무엇이 거기에 있을까. 거의 모든 것이, 듣는 것이나 읽는 것 그리고 가르쳐진 것이나 읽힌 것을 재현하는 일만이 매우 장려됨을 여실히 보여준다. 그러한 정황과, 가정에서 놀이터에서, 또 생활의 일상적 책무를 수행할 때 사물이나 사람들과 활발하게 접촉하고 있는 정황과의 대조는, 제아무리 강조해도 과장되는 일은 거의 없다. 그 대부분은 학교 밖에서 사람들과 이야기를 나누거나 책을 읽거나 할 때에, 소년이나 소녀의 마음에 생기는 의문과는 비교도 되지 않는다. 아이들이 학교수업의 교재에 대해서 호기심을 발휘하는 일은 그토록 적은데, 왜 학교 밖에서는 그렇게도 의문에 차 있는 것인가(그래서 어느 정도 신이 나면 어른들을 귀찮게 할 정도지만)? 이 이유에 대해선 아직 아무도 설명하지 않았다. 이 현저한 대조를 생각한다면, 보통의 학교 정황이 여러 가지 문제를 자연스럽게 마음에 떠올리게 하는 경험의 배경을 어느 정도 제공하는가—하는 물음은 해명될 것이다. 교사의 개인적인 기량의 개선을 제아무리 거듭해도 이 사태를 완전히 개선하지는 못할 것이다. 보다 많은 실제적인 교재, 보다 많은 자료, 보다 많은 설비, 그리고 여러 가지 일을 하는 것보다 더 많은 기회로써 비로소 그 결함을 극복할 수 있게 되는 것이다. 그리고 아이들이 여러 가지 일을 하고, 또 그들이 행동하는 과정에서 생긴 일에 대해서 서로 이야기를 할 때에는 비록 교수법이 상당히 빈약하더라도 아이들의 탐구는 자발적이고 다채롭게 되고, 제출되는 해결안은 다양해지고 창의가 풍부한 것이 된다.

참다운 문제를 낳는 재료나 일이 존재하지 않기 때문에, 그 결과 학생의 문제는 그의 것이 아니다. 아니, 그렇다기보다 오히려 이들 문제는 단지 학생으로서만의 그의 것이지, 인간으로서의 그의 것은 아니다. 따라서 이들 문제를 처리함으로써 달성되는 것과 같은 숙달을 교실을 넘은 생활문제로 옮길 때, 한탄스러운 낭비가 일어나는 것이다. 학생은 문제를 가지고 있지만, 그 것은 교사가 부과한 특수한 요구에 응한다는 문제이다. 그의 문제는 교사가 무엇을 바라는가를 발견하여, 암송이나 시험이나 외형적 품행에서, 무엇이 교사를 만족시키는가를 찾아내는 일이 된다. 교재와의 관계는 이미 직접적인 것은 아니다. 사고의 유인이나 자료는 산수나 역사, 지리 안에서는 찾을 수 없고, 그 자료를 교사의 요구에 교묘하게 적합시키는 데에서 찾을 수가 있다. 학생들은 배우기는 한다. 그러나 그가 배우는 대상은, 그 자신은 알아차리지 못하지만, 학교조직이나 학교당국의 규격이지 명목상의 '학문'은 아니다. 이렇게 환기된 사고는 기껏해야 부자연스럽게 한쪽으로 치우친 것이다. 최악의 경우에는, 학생 문제는 학교생활상의 필요를 어떻게 하면 채울 수 있는가가 아니라, 어떻게 하면 이들 요구를 채우고 있는 것처럼 보이는가—또는 오히려 쓸데없는 마찰 없이 빠져나갈 만큼, 이들의 요구에 응하는 것처럼 보이려면 어떻게 해야 좋은가—하는 것이 된다. 이들 책략에 의해서 형성되는 판단력은 성격에 바람직한 요소를 부가하는 일은 되지 않는다. 이상의 논술은 보통 학교의 방법을 너무 강력하게 특색 지워서 묘사하고 있다고 해도, 그 과장적 표현은 적어도 다음과 같은 점을 명백히 하는 데에는 쓸모가 있을 것이다. 즉, 사려 깊은 탐구활동의 밑바탕이 되는 문제를 자연스럽게 낳을 수 있는 정황을 마련해야 한다면, 목적 달성을 위해 주어진 자료를 활용할 수 있게, 학생들을 능동적 작업을 하도록 이끌어야 한다는 것이다.

(2)곤란한 문제가 생겼을 때, 그 특정한 곤란을 처리하는 데 필요한 고찰

을 행할 수 있도록 자유롭게 사용할 수 있는 자료가 있어야 한다. '개발적' 방법을 신봉하는 교사들은 가끔 아이들에게 머리에서 실 뽑아내듯이 스스로 무언가를 생각해 내라고 한다. 사고의 재료는 사고가 아니라, 행동이나 사실이나 사건이나 사물의 관계이다. 다시 말해, 효과적으로 사고하기 위해서는 당면한 곤란을 잘 처리하는 데 효과적인 경험을 이미 체험했다거나, 또는 지금 체험하고 있어야 한다. 곤란은 사고(思考)를 불러일으키는 데 불가결한 자극이지만, 모든 곤란이 사고를 불러일으키는 것은 아니다. 때때로 곤란은 압도하고, 기를 죽이고, 용기를 잃게 한다. 생각을 하게 하는 정황은 이미 처리한 일이 있기 때문에, 학생들이 그것을 조작하는 수단을 어느 정도 제어할 수 있는 정황과 충분히 비슷한 것이어야 한다. 가르치는 기술의 대부분은, 사고를 도발할 정도로 크지만 신기한 요소에 당연히 수반되는 혼란 외에 쓸모 있는 암시도 줄 수 있는, 밝고 잘 알려진 점이 존재할 수 있는 작고 새로운 문제—라는 곤란을 만들어내는 데에 있는 것이다.

어떤 심리적 수단이 사고의 대상을 제시하는가 하는 것은, 어떤 의미에서 어떻게 되든 상관없는 문제이다. 기억, 관찰, 독서, 통신—이들은 모두 자료를 공급하기 위한 통로이다. 이 각각의 것에서 얻을 수 있는 자료의 상대적 비율은, 고찰 중인 특정한 문제의 특유한 특별사항에 비추어 결정해야 한다. 학생이 어떤 대상에 매우 정통해서 관찰을 하지 않아도 자유롭게 그 사실을 관찰했을 때와 전적으로 동일하게 생각할 수 있다면, 감각에 나타난 그 대상을 관찰하라고 강요하는 것은 어리석은 일이다. 감각표상에 지나치게 병적으로 의존하는 일이 야기될 수도 있다. 사고의 작용을 돕는 성질을 가진 모든 것이 진열되어 있는 박물관을 사방으로 휴대하고 다닐 수는 없는 노릇이다. 잘 훈련된 정신이란 말하자면 마음속에 자원을 최대한 쌓아 놓아서, 그 과거의 경험을 자세히 조사해 그것들이 무엇을 가져올지를 아는 데에 익숙한 정신이다. 한편, 흔해빠진 대상이라도 그 성질이나 관계가 이전에는 무시되어 왔지만, 그것이 실은 문제를 처리하는 데 쓸모 있을 때가 있다. 이 경우에는 직접적 관찰이 필요하다. 같은 원리가 한편에서는 관찰을 사용하는 데에, 다른 한편에서는 독서나 '이야기'를 사용하는 데에 해당된다. 직접적 관찰은 당연히 다른 것보다 박진감이 있고 생생하다. 그러나 그것에는 한계가 있다. 타인의 경험을 이용함으로써 자기가 직접 체험한 개인적인 경험의 협소함을 보충하는 능력을 획득하게 하는 것은, 교육의 없어서는 안 될 역할이다. 자료를 구하기 위해 타인에게 지나치게 의지하는 자세(책을 읽어서든, 이야기를 들어서든)는 피해야 한다. 무엇보다도 허용할 수 없는 것은, 책이든 교사이든 외부에서 학생에게, 고찰 중인 문제에 적용되거나 응용될 자료를 주는 것이 아니라, 이미 되어 있는 해결법을 주는 결과가 되는 일이다.

학교에는 보통 다른 사람이 준 정보가 너무 많은 동시에 너무 적다고 해도, 모순되지 않는다. 암송이나 시험에서 재생한다는 목적을 위한 정보의 축적이나 획득이 너무나도 중요시되고 있다. 정보(information)라고 하는 뜻으로서의 '지식(knowledge)'은, 보다 앞으로 나간 탐구, 즉 보다 많은 사물을 발견하거나 배우거나 하는 데 반드시 필요한 경제력이며 자원이다. 그런데 가끔 그 자체가 목적으로 여겨져서, 그것을 축적하는 일이나, 요구될 때에 그것을 펴 보이는 일에만 힘을 쏟게 된다. 이 지식의 정적인, 냉동 저장한 이상은 교육적 발달에 해롭다. 그것은 사고를 환기시키는 기회를 사용하지 않은 채 그대로 둘 뿐 아니라, 사고를 어쩔 줄을 모르게 만든다. 여러 가지 쓰레기가 쌓여 있는 땅 위에 집을 지을 수는 없다. 아직 지적으로 이용한 일이 없는 모든 종류의 재료를 '마음' 속에 따 담아온 학생들은, 사고를 하려고 하면 틀림없이 당혹한다. 그들은 적절한 것을 꺼내는 일에 익숙하지도 않고, 따라야 할 판단기준도 없다. 즉, 모든 것이 다 같이 생기가 없는 정적인 수준에 있는 것이다. 그러나 한편, 정보가 학생 자신의 목적에 응용되고 사용됨으로써 경험 안에서 실제로 기능한다고 해도, 항상 자유로 사용할 수 있는 것 이상으로 많은 다양한 수단을, 책이나 그림이나 이야기에서 얻을 필요는 없는지 어떤지—하는 것은 크게 의문의 여지가 있는 일이다.

(3)사실이나 자료나 이미 얻은 지식과 관련해서 사고 안에 존재하는 것은 시사나 추론, 추측된 의미나 가정이나 시험적 설명—요컨대 여러 관념—이다. 주의 깊은 관찰과 회상이, 무엇이 주어져 있는가, 무엇이 이미 거기에 존재하는가, 그리고 그러기 때문에 확실한가를 결정하는 것이다. 이들은 없는 것을 줄 수 없다. 그것들은 문제를 한정하고 분명히 하고 추구하지만, 그 해답을 줄 수는 없다. 해답을 주기 위해 발안(發案), 발명, 창의, 연구가 나타난다. 자료는 제안을 불러일으킨다. 그리고 특정한 자료를 참조함으로써만이 이들 제안의 적절성 여부를 판단 내릴 수 있다. 그러나 제안은 이제까

지 경험 안에 실제로 주어진 것을 뛰어넘는다. 제안이 예고하는 것은 일어날 수 있는 여러 결과 즉, 해야 할 일이지, 사실(이미 이루어진)이 아니다. 추론은 항상 미지의 것에의 침입이자, 이미 아는 것으로부터의 비약이다.

이런 뜻에서 사고(어떤 사물이 제안한 것이기는 하지만, 제시된 사물 그대로의 것은 아니다)는 창조적이다—신기한 것에의 침입이다. 거기에는 어느 정도의 발명력(發明力)이 필요하다. 시사된 것은 사실 어떤 관계에서는 잘 알려진 것이어야 한다. 신기함이나 발명적 연구는 그것을 비추는 새로운 빛이나 그것을 사용하는 서로 다른 용법에 관련되는 것이다. 뉴턴이 그의 인력 이론을 생각해 냈을 때, 그 생각의 창조적 측면은 그 자료 안에서 찾아볼 수 없었다. 이들 자료는 잘 알려진 것으로, 그 대부분은 평범한 문제—태양, 달, 행성, 무게, 거리, 질량, 수의 제곱—였던 것이다. 이것들은 독창적인 생각이 아니라 확증된 사실이었던 것이다. 그의 독창성은 이들 잘 알려진 지식을 미지의 관계 안에 도입함으로써 이용한 데에 있었다. 모든 눈부신 과학상의 발견, 모든 위대한 발명, 모든 훌륭한 예술상의 제작에 대해서도 마찬가지 말을 할 수 있다. 어리석은 사람만이 창조적 독창성을 이상하고 기발한 것과 동일시하는 법이다. 보통 사람들은 독창성의 잣대가, 흔한 사물을 다른 사람의 마음에는 떠오르지 않았던 방식으로 사용하는 데에 있음을 인정하는 것이다. 조작이 신기하지, 그것을 구성하는 재료가 신기한 것은 아니다.

이리하여 나오게 되는 교육상의 결론은, 모든 사고는 전에 알려지지 않았던 생각을 투사(投射)한다는 데에 있어서 독창적이라는 것이다. 나무 쌓기를 사용해서 무엇을 할 수 있는가를 발견하는 세 살짜리 아이도, 5센트와 5센트를 합하면 얼마가 되는가를 발견하는 여섯 살짜리 아이도, 비록 다른 세상 사람들이 그것을 알고 있다고 해도 진정한 발견자인 것이다. 거기에는 경험이 증대하고 있다. 즉, 기계적으로 다른 항목이 부가된 것이 아니라, 새로운 질에 의해서 풍부하게 된 것이다. 아이들에 공감하는 관찰자의 눈에 그들의 자발성이 매력 있어 보이는 이유는 이 지적 독창력을 인정하기 때문이다. 아이들 자신이 경험하는 기쁨은 지적 건설의 기쁨이다—창조라는 말이 오해되지 않고 사용된다면, 창조의 기쁨인 것이다.

그러나 내가 끌어내려고 노력해온 교육상의 교훈은, 타인이 주입한 것을 비축해 두는 식이 아니라 발견이라는 의미로 학교교육이 개선된다면, 교사들의 수고나 긴장이 줄어들 것이라든지, 아동이나 청년에게도 스스로 행하는 지적 생산의 즐거움을 느끼게 할 수 있다는 것이 아니다. 이와 같은 일들은 진실이고 중요하다고는 하지만, 내가 주로 구해왔던 교훈은 아닌 것이다. 그 교훈은, 그 어떤 사상이나 관념도 한 사람으로부터 다른 사람에게 결코 관념으로서 전달할 수는 없다는 것이다. 이야기로 전해졌을 때, 그것은 들은 사람에게는 주어진 또 하나의 사실이지 관념은 아니다. 의사소통은 타인을 자극해서 그 사람으로 하여금 문제를 깨닫게 하고 동일한 생각을 생각해 내게 할 수 있을지도 모른다. 아니면 그것은 그의 지적 흥미를 억제하고, 싹트기 시작한 사고에의 노력을 억제할 것이다. 하지만 그가 직접 얻는 것은 관념일 리가 없다. 문제의 정황을 직접 다루어 자신만의 해법을 찾고 발견해야만이 그는 사고하는 것이다. 부모나 교사가 사고를 자극하는 정황을 만들어, 공동 또는 연대적 경험에 참가함으로써 학습자의 활동에 공감적인 태도를 취하고 있다면, 다른 사람이 학습을 촉진하기 위해 할 수 있는 모든 일이 이루어지고 있는 것이다. 그 밖의 일은 직접 관계하고 있는 당사자의 몫이다. 만약에 그가 자신의 해결법을 찾을 수 없다면(물론 혼자 고립돼서가 아니라, 교사나 다른 학생들과 소통을 취하면서), 비록 그가 올바른 대답을 100% 정확하게 외울 수 있다 해도, 그는 배웠다고 할 수 없다. 우리는 학생들에게 기존의 '관념'을 무수히 줄 수가 있고 또 주고 있다. 하지만 학생들이 자신에게 의미 있는 상황에서 자기의 활동을 통하여 여러 가지 관념—인식된 의미 또는 관련—을 낳고, 입증하고, 결말짓도록 하는 데 그다지 노력하지 않는다. 이것은, 교사가 떨어져서 방관해야 한다는 것을 의미하지 않는다. 기존의 교재를 주어 그것이 얼마만큼 재현되는가에 귀를 기울이는 방법을 대신할 다른 방법은, 정숙이 아니라 활동에 참가하는 일, 활동을 같이 하는 일이다. 그와 같은 공동생활에서는 교사는 학습자이고, 학습자는 본인은 알아차리지 못하나 교사인 것이다. 더욱이 보통은 가르친다거나 배운다는 의식이 어느 쪽이나 적으면 적을수록 좋다.

(4)앞에서 보아온 바와 같이, 관념은 시시한 추측이건, 고상한 이론이건, 일어날 수 있는 해결의 예상이다. 관념은 어떤 활동과, 아직 나타나지 않은 어떤 결과와의 연속성 또는 관련의 예상인 것이다. 따라서 그것에 따라 행동한다는 작업의 검사를 받는다. 더 나아간 관념이나 회상, 실험을 지도하고 조직

하는 것이다. 그것은 학습에서 중간적인 것이지 종국적인 것은 아니다. 이미 말한 바와 같이, 교육개혁자들은 모두 전통적인 교육이 수동적이라고 곧잘 공격을 한다. 외부로부터 주입하는 일이나 해면(海綿)처럼 흡수하는 것을 반대해 왔다. 즉, 그들은 단단한 바위에 구멍을 뚫는 것처럼 교재를 가르치는 방식을 공격해 온 것이다. 하지만 관념을 획득하는 일이, 우리의 환경과의 접촉의 범위를 확장하여, 그것을 보다 정확하게 하는 경험을 갖는 것과 전적으로 같은 일이 되도록 정황을 만들어낸다는 것은 쉬운 일이 아니다. 활동은, 자기 활동까지도, 단순한 정신적인 것으로 간주되어 머릿속에 주입되거나 발성기관을 통해서만 밖으로 표현되는 것으로 너무나 쉽게 여겨진다.

상당히 잘 되어가고 있는 교수법은 모두 학업에서 습득한 관념을 응용할 필요를 인정하지만, 응용의 연습은 이미 학습한 것을 고정시켜 실제로 보다 잘 조작하게 하는 기교를 얻기 위한 방책이라고 여겨지는 경우가 있다. 이들 성과는 진짜이며, 얕잡아볼 일이 아니다. 그러나 학업에서 이미 획득한 것을 응용하는 연습은 먼저 지적 성질을 띠어야만 한다. 이미 보아온 바와 같이, 단지 사고를 위한 사고는 불완전하다. 그것들은 기껏해야 시험적인 것이요, 암시이자 지시이다. 경험의 정황을 처리하기 위한 관점이며 방법인 것이다. 이들 정황에서 응용되기까지 그것들은 완전한 내용도 현실성도 가지고 있지 않다. 응용함으로써만이 그것들은 검사되고, 검사하는 것으로만이 완전한 의미와 그것들의 현실성이 주어진다. 그것들은 충분히 사용되지 않으면, 분리해서 독자적인 독특한 세계를 형성하게 된다. 정신을 고립시켜서 그것을 세계에 대치(對置)시키는 철학(제10장 2절에서 그것에 대해서 논하였다)은 다음에 기원을 두는 것이 아닌가—하는 것은 진지하게 생각해 보아야 할 문제일 것이다. 즉, 사색하거나 이론을 생각하거나 하는 계급의 사람들이 대량의 관념을 꼼꼼하게 축적하기는 했으나, 사회정황이 그들에게 이들 관념에 따라 행동하는 것도, 그것들을 검증하는 것도 허용하지 않았다는 사실이다. 따라서 사람들은 목적 그 자체로서의 그들 자신의 사고 속에 틀어박히게 된 것이다.

여하간 독특한 부자연성이 학교에서 배우는 많은 것에 따라다닌다는 것은 확실하다. 많은 학생이 교재를 비현실적인 것이라고 의식적으로 생각한다고는 말하기 곤란하지만, 그들의 산 경험의 대상이 갖춘 것과 같은 현실성을 교재가 지니지 않았다는 것만은 확실하다. 학생들은 점점 교재에 그런 종류의 현실성을 기대하지 않게 된다. 그것이 암송이나 공부나 시험을 위한 현실성을 지닌 것으로 보는 데 익숙해지는 것이다. 교재가 매일의 생활경험에 관해서는 여전히 생기가 없는 채로 있다고 하는 것은 어느 정도 당연한 일이다. 그 나쁜 결과에는 두 가지 면이 있다. 일상의 경험은 풍요로워져야 하는데, 그렇게 되지가 않는다. 학교에서의 학습이 그것을 풍요롭게 만들지 않는 것이다. 그리고 어정쩡하게 이해될 뿐 잘 소화되지도 않는 교재에 익숙하여, 그것을 받아들임으로써 생기는 태도는 사고의 활력과 유효성을 저하시키는 것이다.

이제까지는 특히 부정적인 입장에서 길게 논하여 왔는데, 그것은 사고를 효과적으로 발달시키는 데에 알맞은 적극적인 처치를 알리기 위해서였다. 학교에 실험실이나 작업장이나 정원을 만들어 거기서 연극이나 놀이, 경기가 자유롭게 이루어지도록 한다면, 생활의 장면을 재현하거나, 경험을 점점 발전시키기 위해 정보와 생각을 습득하고 응용할 기회가 있다. 그러면 관념은 외따로 떨어진 섬이 되는 일 없이, 일상 생활과정을 활기차고 풍요롭게 만든다. 그리고 정보는 행동의 방향을 잡기 위해 자신의 역할을 다하는 기능을 통해서 생기를 얻는다.

앞서 '기회가 있다'는 말투는 일부러 사용한 것이다. 이들 기회는 이용되지 않을지도 모르고, 수공적이고 제작적인 활동이 단지 신체적 숙련만을 얻는 수단으로서 육체적인 면에서 사용되는 일도 있을 수 있으며, 또는 오직 '공리적인', 즉 금전상의 목적만을 위해 사용되는 일도 있는 것이다. 그러나 그와 같은 활동은 육체적 내지 직업적인 성질의 것에 지나지 않는다고 생각하는 '교양적(cultural)' 교육의 지지자들 쪽 경향은, 그 자체가 정신을 경험과정으로부터, 그 때문에 사물을 다루는 행동으로부터 분리시키는 철학의 소산이라고 한다. '정신적인 것'이 자기충족적인 동떨어진 영역이라고 간주될 때에는 그것에 대응하는 또 한쪽의 운명이 신체적 활동과 운동에 들이닥친다. 그것들은 기껏해야 정신의 단순한 외적 부가물로 간주되는 데에 지나지 않는다. 그것들은 육체적 요구의 만족이나, 외면적인 형식이나 위안의 획득에 필요할지도 모르지만, 정신 내부의 필요한 지위를 차지하는 것도 아니고, 사고의 완성에서 불가결한 역할을 하는 것도 아니다. 따라서 그것들은,

일반교양(liberal education)—즉, 지적 흥미에 관계가 있는 교육—에는 필요가 없는 것이다. 조금이라도 그것들이 들어온다면, 그것은 대중의 물질적 요구에 대한 양보로서이다. 그것들이 엘리트 교육에 침입하도록 허용한다는 표현은 언어도단인 것이다. 이상의 결론은 정신을 고립된 것으로서 파악하는 생각에서 필연적으로 나오게 되는데, 우리가 정신이란 정말 어떠한 것인가를—즉, 경험의 발전에서 목적을 가지고 지도적인 작용을 하는 요소임을—인식한다면, 같은 논법으로, 위의 내용과 같은 결론은 소실되는 것이다.

모든 교육시설이 중요한 사회적 정황의 전형이 되는 활동적인 일에서, 관념이나 정보를 획득하여 검증하는 기회를 학생들에게 주도록 설비를 갖추는 것이 바람직하지만, 이들 교육시설의 모두가 이와 같이 설비되기 위해서는 틀림없이 긴 시간이 걸릴 것이다. 하지만 이 사태는, 교사가 팔짱을 끼고 학교적 지식을 격리하는 교수법을 고수하는 변명은 되지 않는다. 모든 학과의 모든 수업이 그 학과의 교재와 일상생활의 보다 넓은, 보다 직접적인 경험 사이의 상호관련을 확립하는 기회를 주는 것이다. 교실에서의 수업은 세 가지로 분류된다. 가장 바람직하지 않은 유형은 각 학과를 독립된 완전체계로 다루는 방식이다. 여기에서는 어떤 내용을 같은 과목 안의 다른 부분이나 다른 과목과 연결시키는 책임을 학생들에게 지우지 않는다. 보다 현명한 교사들은 학생들을 체계적으로 지도하여, 이전의 과목을 이용해서 현재 과목의 이해를 돕고, 또 현재의 과목을 통해 이미 배운 내용을 더 밝게 이해시키기 위해 신경쓴다. 그 결과 앞의 유형보다는 좋지만, 그래도 아직 학교의 교재는 고립되어 있다. 우연에 의존하기 전에는, 학교 밖에서의 경험은 조잡하고 비교적 무감각한 상태에 놓여 있다. 학교 밖의 경험은 직접적인 교육의 한층 정확하고 포괄적인 교재의 영향을 받아서 세련되고 확장되는 일이 없다. 또 직접적인 교육 교재는, 일상생활의 현실과 혼합됨으로써 동기가 부여되거나 현실감을 주입하거나 하지 않는다. 가장 좋은 교수법은 이 상호관련을 기꺼이 사용하는 것이 바람직하다는 사실에 바탕을 둔 것이다. 이를 통해 학생들에게 접촉점이나 상호관계를 찾아내는 습관적 태도를 몸에 배게 하는 것이다.

요약 교수과정은 사고의 좋은 습관을 낳는 일에 집중하면, 그만큼 통일이 된다. 우리가 '사고의 방법'이라고 일컫는 것도 잘못된 표현은 아니지만,

중요한 것은 사고 자체가 교육적인 경험 방법이라는 점이다. 따라서 교수법의 요점은 수고의 요점과 전적으로 같다. 그것은 다음과 같은 여러 점들이다. 우선 첫째, 학생에게 진짜 경험적 장면을 보여주어야 한다—학생이 그 자체에 흥미를 갖는 연속적인 활동이 이루어져야 하는 것이다. 둘째, 이 장면 안에서, 진짜 문제가 사고를 불러일으키는 자극으로서 나타나야 한다. 셋째, 학생은 그것을 처리하는 데에 필요한 정보를 얻어 관찰을 해야 한다. 넷째, 해결안이 학생의 마음속에 떠올라, 더욱이 학생이 그것을 정연하게 전개할 책임을 져야 한다. 다섯째, 학생은 자기 생각을 적용·시험하여 이들의 뜻을 분명히 하고, 스스로 그 타당성을 찾아내는 기회와 필요를 획득해야 한다. 이 다섯 가지이다.

제13장
교수법의 본질

1 교재와 교수법의 통일 학교교육의 삼위일체를 이루는 세 가지 근본문제는 교재, 교수법, 경영, 즉 관리이다. 앞의 두 가지에 대해서는 앞 장에서 이미 논해왔다. 그러나 그 문맥으로부터 그것들을 분리시켜서, 이들의 본질을 직접 검토하는 일이 아직 남아 있다. 방법문제가 앞 장의 고찰에 가장 가까우므로, 우선 그것부터 시작하기로 하자. 그러나 이 문제를 다루기 전에, 우리의 설에 포함되어 있는 하나의 논점, 즉 교재와 교수법의 상호관계에 특히 주의를 돌리는 편이 적절할 것이다. 정신과, 사물과 사람의 세계는 따로 독립한 두 영역이라는 생각—철학에서 이원론이라고 알려진 설—은, 교수법과 교재는 각기 다른 사항이라는 결론을 수반한다. 그래서 교재는 이미 체계적으로 분류되어 있는 자연과 인간 세계의 여러 사실과 원리가 된다. 그리고 교수법은 그것에 앞서 존재하는 교재가 어떻게 하면 정신에 대하여 가장 잘 제시되고 인상 지워지는가 하는 방법에 대한 고려, 즉 어떻게 하면 정신이 교재를 획득하고 유지하는 것을 용의하게 하도록, 정신을 외부로부터 그 교재로 향하게 할 수가 있는가의 방법에 대한 고려를 그 범위로서 포함하게 된다. 적어도 이론적으로는, 학습방법이 적용되게 되는 교과에 대한 지식이 전혀 없어도, 단독으로 존재하는 것으로서의 정신에 대한 학문으로부터 학습방법에 대한 완전한 이론이 연역될 것이다. 그런데 교재의 여러 부문에 실제로 가장 잘 통하고 있는 많은 사람들은 이들 방법을 전혀 모른다. 따라서 이 사태가 교육학에 대한 다음과 같은 공격기회를 주게 된다. 즉, 정신이 학습하는 방법에 대한 과학이라고 일컬어지는 교육학은 무익하다—그것은 교사가 자기가 가르치는 교과에 대해서 깊고 정확하게 알아야 한다는 필요를 은폐하는 가리개에 지나지 않는다.

그러나 사고는 어떤 결말을 향해서 방향 잡힌 주제(대상)의 운동이며, 정신은 그 과정의 계획적·의도적 측면이므로, 앞서 말한 것처럼 방법과 대상으로 분열시키는 생각은 무엇이나 근본적으로 잘못되어 있다. 과학의 재료가 조직적이라는 사실은, 그것이 이미 지성의 영향을 받고 있다는 증거이다. 즉, 그것은 말하자면 방법화(methodized)되어 있는 것이다. 체계적 지식의 한 부문으로서의 동물학은 동물에 대해서 우리가 일반적으로 알고 있는 생생한 여러 사실을 주의 깊게 관찰하고, 신중하게 보완하여 관찰이나 기억, 더 나아가 연구에 도움이 되는 여러 관련이 분명히 되도록 정리한 후에 제시하는 것이다. 그것들은 학습의 출발점이 아니라 완성이다. 방법이란 교재를 가장 효과적으로 이용할 수 있도록 하는 교재의 정리를 말하는 것이다. 방법은 결코 그 교재의 외부에 있는 것이 아니다.

교재를 다루는 인간의 입장에서 보면 방법은 어떠한 것일까? 그 경우에도 그것은 외적인 것이 아니다. 자료의 효과적인 처리 바로 그것이다. 여기서 유효성이란, 시간과 에너지의 낭비를 최소한으로 억제해서 재료를 이용할 수 있는(어떤 목적을 위해 그것을 사용하는) 것과 같은 처리를 말한다. 우리는 행동방식을 구별해서 그것만을 논할 수가 있지만, 그 방식은 실제로는 '자료의 처리방식'으로서만 존재하는 것이다. 방법은 대상에 대립하는 것이 아니라, 원하는 결과를 향해 대상을 효과적으로 방향지우는 일이다. 그것은 엉터리이고 무분별한 행동—무분별은 부적응을 의미하지만—과 대립하는 것이다.

방법이란 목적을 향해 방향 잡힌 대상의 운동을 의미한다는 서술은 형식적인 표현이다. 실례를 제시하면, 그것에 내용이 주어질 것이다. 모든 예술가는, 일을 하기 위해서는 방법이나 기술이 있어야만 한다. 피아노를 친다는 것은 건반을 무턱대고 두드리는 것이 아니다. 그것은 건반을 규칙에 맞게 사용하는 방법이며, 그 규칙은 피아노를 다루는 활동에 앞서서 음악가의 손이나 머릿속에 기성품으로서 존재하는 것이 아니다. 규칙은 의도된 결과를 달성하도록, 피아노나 손이나 머리를 사용하는 동작의 배치 안에 있는 것이다. 그것은 악기로서의 피아노의 목적을 성취하도록 방향 지워진 피아노의 기능이다. 이는 '가르치는' 방법에 관해서도 마찬가지이다. 유일한 차이는, 피아노는 단일목적을 위해 미리 구성된 기계장치이지만, 학습의 재료는 불특정한 용도로 쓰일 수가 있다는 것이다. 그러나 이 점에서도, 피아노가 낳을 수 있는 음악종류의 무한한 다양성이나, 여러 가지 음악적 효과를 얻기 위해 필요한 기교의 차이를 고려한다면, 위의 실례가 역시 해당이 된다. 여하간 방법이란 어떤 목적을 위해 어떤 재료를 사용하는 효과적인 방법에 지나지 않는 것이다.

경험의 개념으로 거슬러 올라가 생각해 보면, 이상의 고찰은 일반화될 것이다. 해본 일과, 그 결과 영향을 받은 것과의 관련의 인식으로서의 경험은 하나의 과정인 것이다. 그 과정이 취하는 경과를 통제하려는 노력은 별도로 하고, 거기에는 대상과 방법의 구별은 없다. 다만, 사람이 하는 것과, 그 환경이 하는 것 양쪽을 포함하는 하나의 활동이 있을 뿐이다. 자기 악기를 완전히 다룰 수 있는 피아노 연주자가 있다면, 그는 자기가 한 일과 피아노가 한 일을 구별할 필요를 전혀 느끼지 않을 것이다. 어떠한 활동—스케이트를 타거나 이야기를 나누거나 음악을 듣거나 풍경을 즐기는 일 등—이 잘 형성되어 원활하게 진행된다면, 거기에는 인간이 나아가는 방법(method)과 대상이 나아가는 방법의 분리의식은 전혀 존재하지 않는다. 전념해서 하고 있는 놀이나 일에도 마찬가지 형상을 볼 수 있는 것이다.

우리는 단지 경험할 뿐만 아니라 그 경험에 대해서 숙고할 때, 불가피하게 우리 자신의 태도와, 우리가 그 태도를 유지하도록 하는 대상을 구별하게 된다. 식사를 하는 사람은 음식을 먹고 있는 것이다. 그는 그 행위를 먹는 것과 음식으로 나누거나 하지는 않는다. 그러나 그가 그 행위를 과학적으로 연구하려고 한다면, 먼저 그러한 구별을 하게 될 것이다. 그는 한편으로 영양물의 성질을 조사하고, 다른 한편으로 섭취하고 소화하는 유기체의 작용을 조사할 것이다. 경험에 대해서 그와 같은 숙고가, 우리가 경험하는 내용과 경험하는 행위 자체(경험 방식)의 구별을 낳는 것이다. 이 구별에 이름을 부여할 때, 대상(subject)과 방법(method)이라는 용어가 쓰이는 것이다. 한편에 보이고 들리고 사랑받고 미움받고 상상되는 대상이 있고, 다른 한편에 보고 듣고 사랑하고 미워하고 상상하는 등의 행위가 있는 것이다.

이 구별이 너무나도 자연스럽고, 또 어떤 목적을 위해서는 너무나 중요하기 때문에, 우리는 유감스럽지만 그것을 실재의 분리로 간주하고, 사고상의 구별로는 보지 않는 경향이 있다. 그래서 우리는 자기와 환경 또는 세계를 분리하는 것이다. 이 분리가 방법과 대상의 이원론의 근원인 것이다. 즉, 우리는 아는 것, 느끼는 것, 의지하는 것 등은 고립된 자기 또는 정신에 속한 것이고, 게다가 따로 독립해서 존재하는 대상으로 향하여지는 것이라고 생각한다. 우리는 고립해서 자기 또는 정신에 속하는 것은 대상의 활동적인 에너지의 양상과는 상관없이, 그 자체의 독자적인 작용의 법칙을 가지고 있다고 생각한다. 그리고 이들 법칙이 방법을 가져온다고 생각하는 것이다. 무엇인가를 먹지 않고 무엇인가를 먹을 수가 있다고 생각하거나, 입이나 목구멍의 근육이나 위의 소화활동 등의 구조나 운동이 이들 활동이 관계하는 자료를 위한 것이 아니라고 생각하거나 하는 것은 역시 어리석은 일이다. 유기체의 여러 기관이 음식이 존재하는 세계 그 자체의 연속적 부분인 것과 마찬가지로, 보거나 듣거나 사랑하거나 상상하는 능력도 본디 세계 안의 그 대상과 결부되어 있다. 그것들은 본디 독립해서 존재하여 사물로 향하여지는 작용이라기보다는, 환경이 경험 안으로 들어와 거기에서 기능하는 방식이라고 하는 편이 진실인 것이다. 요컨대 경험이란 정신과 세계, 주체와 객체, 방법과 대상의 조합이 아니라, 매우 다양한(문자 그대로 수에서 무한한) 에너지의 단일한 연속적 상호작용인 것이다.

경험이라는 움직이는 통일체가 나아가는 방향 또는 진로를 제어하기 위하여, 우리는 머릿속에서 방법(the how)과 본질(the what)의 구별을 세운다. 실제로 걷거나 먹거나 배우거나 하는 일 외에, 걷거나 먹거나 배우거나 하는 방식은 없지만, 그 행동 안에는 그것을 한층 효과적으로 제어하기 위한 열쇠가 되는 일정한 요소가 있다. 이들 요소에 특별한 주의를 돌린다면, 그것들은(다른 요소를 당분간 뚜렷한 인식의 범위에서 후퇴시켜서) 보다 더 명백하게 인식된다. 경험이 어떻게 진행하는가를 이해한다면, 경험이 한층 잘 진행되기 위해서는 어떤 요소가 확보되거나 변경되어야 하는가를 알 수가 있다. 이것은 다음과 같은 말하기 위한 약간 틀에 박힌 표현에 지나지 않는다. 즉, 몇 개의 묘목 중 어떤 것은 잘 자라고, 다른 어떤 것은 조금밖에 자라지 않거나 전혀 자라지 않는데, 이들 묘목의 성장을 주의 깊게 지켜보면, 묘목의 순조로운 발달을 좌우하는 특수한 조건을 발견할 수가 있으리란 것이다. 이들 조건을 규칙 바른 순서로 말한다면, 이들 조건이 그 성장의 경로, 방식, 양식을 구성하게 된다. 묘목의 성장과 경험의 순조로운 발전 사이에 차이는 없다. 어느 경우나, 그 가장 좋은 변화를 조장하는 여러 요소 그 자체를 파악한다는 것은 쉬운 일이 아니다. 하지만 성공과 실패의 사례를 연구하여 정밀하고 광범위하게 비교한다는 것은 원인을 파악하는 데에 쓸모가 있다. 이들 원인을 순서 바르게 배열한다면, 처리방식 또는 기법을 얻을 수가 있는 것이다.

방법을 대상으로부터 분리하는 데에서 생기는 교육상의 몇 가지 폐해에 대해서 고찰한다면 논점은 한층 명확해질 것이다. 첫째, 구체적인 경험의 장면이 무시되는 일이 있다(이것에 대해서는 이미 말하였다). 연구해야 할 사례가 없으면 방법을 발견할 수가 없다. 다음에는 더 잘 일어나도록 주의하여, 실제로 일어나는 일을 관찰하는 데에서 방법이 도출되는 것이다. 그러나 교육자들이 가장 좋은 발달의 경로 또는 순서의 관념을 끌어낼 수 있는, 정상적인 직접적 경험을 아동이나 청년에게 체험하게 하는 충분한 기회가 교육이나 훈련에는 좀처럼 존재하지 않는 것이다. 경험은 매우 강제적인 상황에서 이루어지므로, 어떤 경험이 그 결과에 이를 때까지의 정상적인 경과를 조금밖에 밝히지 않거나 또는 전혀 밝히지 않는 것이다. 따라서 '교수법'은 교사들 자신의 현명한 관찰의 표현이 아니라, 그들에게 명령적으로 권고해야만 하는 것이 된다. 그와 같은 사정하에서는, 교수법은 모든 사람의 마음에 같은 것으로 여겨져 기계적인 획일성을 갖추게 된다. 무엇인가를 향하여 일이나 놀이에 전념할 수 있는 환경을 조성함으로써 유연한 직접적 경험이 촉진될 때 거기서 확인되는 방법은 개인마다 다른 것이 된다—고 하는 이유는, 각자가 사물을 향하는 방법에는 독특한 무엇인가가 확실히 있기 때문이다.

둘째, 대상에서 분리된 방법이라는 개념은 이미 말한 훈련이나 흥미에 대한 그릇된 생각의 근원이다. 자료를 다루는 효과적인 방법이 자료와는 별개로 미리 만들어져 있는 기성의 것으로 여겨질 때에는, 결여되어 있다고 여겨지는 자료와 방법의 관계를 확립하는 단 세 가지 방법을 생각할 수 있을 뿐이다. 그 하나는, 흥분시키거나 재미있게 만들거나 사탕이 눈앞에서 아른거리게 하는 방법을 이용하는 일이다. 둘째는, 열심히 하지 않으면 불쾌한 결과가 일어나게 하는 방법이다. 즉, 위해라는 위협을 이용해서 생소한 내용에 관심을 기울이게 하는 것이다. 셋째, 그 어떤 이유도 없이 노력하게 하려고 마음에 직접 호소하는 방법이다. 우리는 '의지'의 직접적인 긴장을 기대하는 일이 있다. 그러나 실제로 이 마지막 방법은 불쾌한 결과에 대한 두려움으로 위협을 받을 때에만 유효하다.

셋째로, 학습행위 그 자체가 직접적인 의식적 목적으로 여겨진다. 정상적인 정황에서 학습은 교재에 전념한 성과이며 보상이다. 아이들은 의식적으로 걷거나 이야기하는 것을 배우려고 하지 않는다. 사람은 의사소통하고 남과 더 잘 교제하고 싶다는 충동에 표출의 기회를 주려고 한다. 그는 자기의 직접 활동의 결과로서 학습하게 되는 것이다. 예를 들어, 아이들에게 읽기를 가르치는 좋은 방법도 마찬가지 과정을 거친다. 그러한 방법은 아이들의 주의를 무엇인가를 배워야만 한다는 방향으로 향하게 하여, 그의 태도를 자의식이 과하게 만들지 않는 것이다. 이들 방법은 그에게 활동을 시키고, 그 활동과정에서 그는 배우는 것이다. 수든 무엇이든, 그것을 다루는 경우에 잘 되어가는 방법에 대해서, 같은 말을 할 수가 있는 것이다. 그러나 교재가 충동이나 습관을 의의 있는 결과로 향하여 추진하기 위하여 사용할 수 없을 때에는, 그 교재는 단지 학습되어야 하는 것에 지나지 않게 된다. 그리고 학생의 교재에 대한 태도는, 단지 그것을 배워야만 한다는 태도에 지나지 않게 된다. 기민한 집중적인 반응에 있어 이 이상 불리한 조건을 생각해 내기란 어렵다. 정면공격은 전쟁의 경우보다도 학습에 있어서 한층 낭비가 많은 것이다. 그러나 이것은 알아차리지 못하는 사이에 학생들을 유도하여 공부에 열중시켜야 한다는 것을 의미하지 않는다. 단지 배움뿐만 아니라, 참다운 이유 또는 목적을 위해 학생들을 공부에 전념하게 해야 함을 의미하는 것이다. 이것은 어떤 경험을 성취하는 과정에서 교재가 차지하는 위치를 학생이 알아차리고 있을 때에는 언제나 달성되는 일이다.

넷째, 정신과 교재를 분리하는 생각의 영향하에서, 방법은 잘려서 말라 삐뚤어진 틀에 박힌 일이 되어 명령된 처치를 더듬기가 쉽다. 아이들이 공식이나 문법을 암송하는 수업 방식을 따른다고 해서, 일정하게 미리 정해진 언어적 공식을 일단 이수하도록 강제된 방법이 얼마나 많은 교실에서 행하여지는지 알 길이 없다. 자기들의 문제를 직접 다루어, 가능성 있다고 여겨지는 방법을 실험하여 생기는 결과에 의해서 식별하는 것을 배우는 일이 장려되지 않고, 오직 한 가지 고정된 방법을 따라야 한다고 여겨지는 것이다. 또 학생들이 일정한 '분석' 형식으로 서술하고 설명한다면, 그들의 마음의 습관도 이윽고는 그것에 따를 것이다—고 소박하게 여겨지고 있는 것이다. 교수

이론을 가르칠 때 따라야 할 비결이나 모범을 교사들에게 주는 것이라고 간주하는 생각만큼, 교수이론의 평판을 나쁘게 만들어온 것은 없다. 문제를 처리할 때의 융통성이나 창의는, 방법이란 결론을 끌어내기 위해 자료를 취급하는 방식이라고 하는 생각이 모두가 강조하는 특징이다. 기계적으로 굳은 어색함은 목적에 의해 동기 지워진 활동에서 정신을 분리시키는 이론으로부터 항상 불가피하게 나오는 결론이다.

2 일반적인 방법과 개인적인 방법　요컨대 교수방법이란 목적에 의해서 지적으로 방향 지워진 행동, 즉 예술의 방법이다. 그런데 미술을 생각해 보면, 그것은 즉흥적인 번득임과 같은 것으로부터는 상당히 멀리 떨어져 있다. 위대한 성공을 거둔 과거 사람들의 일 처리 방식이나 성과를 연구하는 일이 불가피한 것이다. 초심자에게 감명을 주고 때때로 그들을 사로잡을 정도로 명확한 전통, 또는 기술적인 여러 유파가 항상 존재한다. 모든 부문의 예술가들의 방법은 재료나 도구를 철저하게 아는 것에 바탕을 둔다. 예를 들어, 화가는 캔버스나 그림물감, 붓 등 그의 모든 도구를 다루는 기법을 잘 알아야만 한다. 이 지식의 획득에는 객관적인 자료에 대한 끈질기고 집중적인 주의가 필요하다. 예술가들은 자기가 시도한 경과를 자세히 조사해서, 무엇이 성공하고 무엇이 실패하는가를 알려고 한다. 기성의 여러 규칙에 따르는 길을 고르든가, 그렇지 않으면 타고난 재능이나 일시적인 번득임이나 신뢰할 수 없는 '열심'의 길을 고르든가, 그 어느 쪽을 택해야만 한다는 생각은 모든 예술의 행위와 모순되는 것이다.

과거의 일, 현재 널리 행하여지는 기술이나 재료, 자신의 가장 좋은 방법을 확실하게 하는 지식과 같은 것이, 일반적 방법이라고 일컬어지는 것의 소재가 된다. 여러 가지 결과에 도달하기 위한 상당히 안정된 방법의 누적된 체계, 과거의 경험이나 지적 분석에 의해 정당화된 체계가 존재하며, 그것을 무시하는 것은 위험하다. 습관형성에 대해 논했을 때 지적한 바와 같이(62쪽 참조), 이들 방법이 기계화되고 굳어져 행위주체를 지배하여, 그 자신의 목적을 위해 자유롭게 사용할 수 있는 힘이 되지 않게 되는 위험이 항상 존재하는 것이다. 그러나 무엇인가 영속적인 것을 성취하고, 일시적인 평판 이상의 일을 하는 개혁자가 그 자신이나 비평자가 생각하는 이상으로 전통적인 방법을 이용한다는 것 또한 진실이다. 그는 이들 전통적인 방법을 새로운 쓰임새에 맞는 한에서 바꾸는 것이다.

교육에도 역시 일반적인 방법이 있다. 그리고 이 말은 학생보다 교사의 경우에 한층 명확하게 해당된다고 해도, 학생의 경우에서도 마찬가지로 진실이다. 그가 배워야 할 것의 일부, 그것도 매우 중요한 일부가, 과거에 그와 비슷한 내용을 익힌 타인의 경험 중에서 가장 효율적인 것으로 판명된 방법을 배워서 그것을 마음대로 쓸 수 있게 되는 것이다.* 이들 일반적 방법은 결코 개인의 창의나 독창성—사물을 이루는 개인적인 방법—과 대립하는 것이 아니다. 오히려 그것들은 개인적인 방식을 보강한다. 왜냐하면 가장 일반적인 방법까지도, 그것과 명령된 규칙 사이에는 근본적인 차이가 있기 때문이다. 후자는 행동에 대한 직접적 지도이지만, 전자는 목적이나 수단에 관해서 계발하는 것을 통해서 간접적으로 작용하는 것이다. 즉 일반적 방법은 지성을 통해서 작용하는 것이지, 외부로부터 주어진 명령에 일치하는 것을 통해서가 아니다. 이미 확립되어 있는 기술을 비록 심오한 경지에 이른 방식으로 사용할 수 있다고 해도, 그 능력이 예술적인 일의 보장은 되지 않는다. 왜냐하면 예술적인 일은 그것에 생명을 불어넣는 관념에도 의존하기 때문이다.

타인이 사용한 방법이 우리에게 무엇을 할 것인가를 직접 가르치거나 기성의 모범을 주지 않는다면, 그것이 어떻게 작용하는지 어찌 알겠는가? 지적 방법이란 무엇을 의미하는가? 의사의 경우를 생각해 보자. 그만큼 이미 확정되어 있는 진단이나, 치료의 방식에 대한 지식을 중대한 것으로서 요구하는 행동양식은 없다. 하지만 결국 여러 가지 병은 비슷한 것일 뿐 동일하지는 않다. 기존의 치료법에 제아무리 권위가 있다고 해도, 그것을 지적으로 사용하기 위해서는 환자 저마다의 특수성에 적용시켜야 한다. 이미 검증된 처치는 의사에게 어떤 검사를 시작해야 할 것인가, 어떤 치료를 시도해 볼 것인가를 지시할 뿐이다. 이들 처치는 조사를 행하는 관점인 것이다. 즉, 그것들은 특히 자세히 조사해야 한다는 점을 알림으로써 특정한 병례(病例)의 여러 특징을 조사하는 수고를 절약시켜 준다. 그 의사의 독자적인 개인적 태

---

* 이 점은 후에 각기 심리적 방법과 논리적 방법이라고 일컬어지는 것에 관해서 논할 때 다시 전개된다. 제17장 참조.

도, 관여하고 있는 정황을 처리하는 그의 독자적인 방식(개인적 방법)은 일반적인 방법원리에 종속되는 것이 아니라, 이들 원리에 의해서 손쉬워지고 지도되는 것이다. 이상의 실례는 심리학적인 여러 방법이나 과거에 유효성이 인정된 경험적 방책이, 교사에 의해서 어떠한 가치를 지니는가를 지시하는 데 유용하다. 이들 방법이나 방책이 그의 독자적인 건전한 판단력의 방해가 되어 그와 그의 행동이 이루어질 정황 사이에 끼어들 때에는, 그것들은 무익하다기보다는 유해하다. 그러나 그가 손을 대는 독특한 경험의 필요나 수단이나 어려움을 평가하기 위한 지적 수단으로서 그것들을 습득한다면, 그것들은 건설적인 가치를 갖는 것이 된다. 결국, 모두가 그 자신의 반응방식 여하에 달려 있으므로, 많은 일은 그 자신이 반응할 때 타인의 경험 안에 생긴 지식을 어느 정도까지 이용할 수 있는가에 달려 있게 되는 것이다.

이미 말한 바와 같이, 위의 내용은 모두 학생의 방법, 즉 공부 방식에도 마찬가지로 직접 해당된다. 초등학생이건 대학생이건 학습자에게 어떤 교과를 습득하고 해석할 때 따라야 할 방법으로 제시할 수가 있다—고 생각하면, 한탄스러운 결과를 가져오는 자기기만에 빠지게 된다(187쪽 참조). 사람은 그 어떤 경우에나 자기 자신만의 독특한 반응을 해야 하는 것이다. 유사한 경우에 다른 사람들—특히 이미 숙달하고 있는 사람들—이 사용한 표준화된, 즉 일반적인 여러 방법이 지시하는 것은, 그것들이 그 자신의 반응을 보다 더 직접적이게 하는가, 그렇지 않으면 그 자신의 판단을 사용하지 않고 일을 끝마치도록 유도하는가에 의해서 가치가 있는 것이 되기도 하고 유해한 것이 되기도 한다.

만약 사고의 독창성에 대해 앞에서 말한 것(177쪽 참조)이 너무나 무리한 주장이어서, 평균적인 인간 능력의 한계를 넘은 교육을 요구하는 것처럼 여겨진다면, 문제는 우리가 어떤 미신적인 생각의 영향하에 있다는 것이다. 우리는 정신 일반이 있고, 모든 사람에게 동일한 지적 방법이 있다고 믿어왔다. 그래서 개개인 안에 들어 있는 정신의 양이 저마다의 차이를 만든다고 생각한다. 결국 평범한 인간은 어디까지나 평범하며, 예외적인 인간만이 독창성을 지닌다고 받아들이는 것이다. 평균적인 학생과 천재의 차이를 가늠하는 잣대는, 전자에게는 독창성이 없다는 척도이다. 그러나 정신 일반이라는 이 개념은 허구이다. 어떤 사람의 능력이 다른 사람의 능력과 양적으로 어떻게 다른가 하는 것은 교사와 관련이 있는 사항이 아니다. 그것은 그의 일과는 관계가 없다. 필요한 것은, 모든 개인이 의미 있는 활동에서 자기 자신의 힘을 발휘할 기회를 갖도록 하는 것이다. 정신·개인적 방법·독창성(이들은 같은 뜻의 말들이다)은 목적을 갖는 행동, 즉 방향 지워진 행동의 질을 나타내는 말이다. 우리가 이러한 확신에 따라 행동한다면, 비록 평범한 기준을 통해서라도 지금 발달시키는 것보다 더 많은 독창성을 창출할 것이다. 획일적이고 일반적인 방법이라고 일컬어지는 것을 모든 사람에게 강요한다는 것은, 매우 예외적인 사람 이외의 모든 사람 안에 범용(凡庸)을 기르게 된다. 그리고 일반대중으로부터의 일탈을 잣대로 독창성을 잰다는 것은, 그들 안에 기벽(奇癖)을 기르는 것이다. 이리하여 우리는 많은 사람의 독특한 성질을 질식시켜, 진기한 예외를 제외하면(예를 들어 다윈 같은) 드문 천재에게 불건전한 성질을 불어넣게 되는 것이다.

3 개인적 방법의 여러 특징 인식방법의 가장 일반적인 특징은 앞서 사고에 대한 장에서 제시했다. 그것들은 반성적 정황의 여러 특징들이다. 즉, 문제, 자료의 수집과 분석, 시사 내지 관념의 안출과 정밀화, 실험적 응용과 검증, 그 결과 생기는 결론 내지 판단이다. 개인이 어떤 문제에 대처하는 방법, 즉 사용하는 방식의 독특한 여러 요소는 궁극적으로 그의 타고난 여러 경향과 그가 획득한 습관과 흥미 속에서 찾을 수 있다. 어떤 사람의 방법은, 그의 본능적 능력이 다른 사람의 것과는 달라 과거의 경험이나 기호 또한 다른 사람의 것과는 다르므로, 타인의 방법과 다를(당연히 다를) 것이다. 이런 사항을 이미 연구한 사람들은, 여러 학생이 행하는 반응을 이해하는 점에서 교사를 돕고, 또 이들 반응을 한층 능률적으로 하도록 지도하는 점에서도 교사를 돕는 지식을 갖추었다. 아동 연구, 심리학, 사회적 환경에 대한 지식은, 교사가 얻는 개인적 식견을 보충한다. 그러나 방법은 여전히 한 사람의 개인적 관심, 접근법, 다루는 방법에 머무는 것으로, 그 어떤 목록도 이들 형태나 색채의 다양성을 전부 기록하기란 불가능하다.

그러나 교재를 다루는 효과적인 지적 방법에서의 중요한 몇 가지 태도는 지적할 수 있다. 가장 중요한 것으로서 솔직함, 열린 마음, 성실성(즉, 마음으로부터의 태도), 책임감이 바로 그것이다.

(1)솔직함(directness)이 무엇을 의미하는가는 긍정적 표현보다는 부정적 표현으로 제시하는 것이 손쉽다. 자의식과잉이나 당혹, 사양은, 그것을 위협하는 적이다. 그것들은 사람들이 교재에 직접적인 관심을 기울이지 않음을 나타낸다. 관심을 지엽적인 문제로 일탈시키는 그 무엇인가가 파고든 것이다. 자의식이 넘치는 사람은 어느 정도는 자기 문제에 대해서 생각하고, 또 어느 정도는 다른 사람들이 자기의 행위를 어떻게 보느냐에 대해서 생각한다. 빗나간 에너지는 힘의 낭비와 관념의 혼란을 가져온다. 어떤 태도를 취한다는 것은 결코 자기의 태도를 의식한다는 뜻은 아니다. 전자는 자발적이고 소박하고 단순하다. 그것은 어떤 사람과, 그 사람이 다루고 있는 것 사이의, 마음으로부터의 관계의 표현이다. 후자는 반드시 이상한 일은 아니다. 골프를 치는 사람이나 피아노 연주가나 연설가 등이 가끔 자기의 자세나 동작에 특별한 주의를 돌려야만 하는 것처럼, 그것은 가끔 잘못된 방법을 교정하거나, 사용하는 수단의 유효성을 증진하거나 하는 가장 손쉬운 방법이 될 수 있다. 그러나 이 필요는 그 자리에 한한 것으로, 일시적이다. 그것이 유효할 때에는―테니스를 하는 사람이 타법의 '느낌'을 얻기 위해 연습을 하는 경우처럼―자신을 해야 할 일과 관련시켜, 다시 말해 목적 실현을 위한 여러 가지 수단 중의 하나로서 자신을 생각할 때이다. 그러나 병적인 경우에는 ―테니스 선수가 자기 태도가 구경꾼에게 줄 인상을 생각하면서 어떤 태도를 취하거나 또는 자기 동작이 어떤 인상을 불러일으키면 곤란하다고 걱정하여 고민을 하는 것 같이―목적 수행을 위한 여러 힘의 일부분으로서가 아니라, 단독 대상으로서 자기 자신의 일을 생각한다.

솔직함을 좋게 말하면 자신감(confidence)이 된다. 그러나 그것을 자의식과잉―즉, '건방짐'―과 혼동해서는 안 된다. 자신감이란, 사람이 자기 자신의 태도에 대해서 생각하거나 느끼거나 하는 것의 명칭이 아니다. 그것은 거울에 비친 모습이 아니기 때문이다. 사람이 자기가 해야 할 일에 마주섰을 때 나타내는 솔직한 태도가 바로 확신이다. 그것은 자기 힘의 효력을 의식적으로 신뢰하는 것이 아니라, 정황의 가능성을 무의식적으로 믿는 것을 말한다. 그 정황의 필요에 응하는 것을 의미하는 것이다.

우리는 이미, 학문 또는 학습을 하고 있다는 것을 학생들에게 강하게 인식시키는 일에 반대하는 이유를 제시해 왔다(188쪽 참조). 주위의 사정이 그들에게 그렇게 인식시킬수록 그만큼 그들은 학문이나 학습을 하지 않는 것이다. 그들의 태도는 분열하고 복잡해진다. 교사가 어떤 방법으로 하든 간에, 그것이 학생의 주의를 그가 해야만 할 일로부터 빗나가게 하여, 그가 하는 일에 임하는 그 자신의 태도에 주의를 옮기게 한다면, 그의 관심이나 행동의 솔직함을 손상시킬 것이다. 그와 같은 태도를 계속 취한다면, 학생은 암중모색을 하거나 정처 없이 주위를 바라보거나, 교재가 주는 것 이외에 그 어떤 행동의 실마리를 찾거나 하는 되돌리기 힘든 버릇을 들이게 된다. 아이들(교육 덕택에 순순해진 성인들도)이 생활의 상황에 직면할 때 나타내는 저 자신 있는 태도 대신에, 외부의 암시나 지도에의 의존, 몽롱한 혼란상태를 드러내게 되는 것이다.

　(2) 열린 마음(open-mindedness). 이미 보아온 바와 같이, 편향(偏向)은 흥미에 수반되는 것이다. 흥미란 그 어떤 운동에의 참가, 관여, 부담을 의미하기 때문이다. 따라서 오히려 모든 방면으로부터의 시사나 적절한 정보를 적극적으로 환영하는 정신적 태도에는 이유가 있는 것이다. 목적에 대한 장에서 명백히 한 바와 같이, 예견된 목적은 변화되어가는 정황의 발전요인이다. 그것들은 행동의 방향을 제어하는 수단이다. 그러므로 그것들이 정황에 종속되어 있는 것이지, 정황이 그들에게 종속되는 것은 아니다. 그것들은 모든 것을 집중하고 희생을 바쳐야만 될 최종적인 것이라는 뜻에서 목적이 아니다. 그것들은, 예견되어 있을 때에는, 정황의 발전을 이끄는 수단이다. 표적은 사격의 장래의 목표가 아니라, 현재의 사격의 중심을 정하는 요소인 것이다. 마음이 열려 있다고 하는 것은, 해결할 필요가 있는 정황을 밝히고, 이러저러한 방식으로 행동한 결과를 결정하는 데에 도움이 되는 모든 것들을 손쉽게 받아들일 수가 있는 마음의 상태를 의미한다. 변경이 불가능한 것으로 결정되어버린 목적을 능률 있게 달성하는 능력은, 마음이 넓게 열려 있지 않아도 획득할 수가 있다. 그러나 지적인 성장은 끊임없는 시야의 확대와, 그 결과로서 생기는 새로운 목적과 새로운 반응의 형성을 의미한다. 이와 같은 일들은 이제까지 인연이 없었던 관점을 환영하는 적극적인 성향, 현존하는 목적을 수정하는 고려를 받아들이려고 하는 적극적인 요구 없이는 불가능하다. 성장하는 가능성의 유지는, 그와 같은 지적 환대의 보수인 것이다. 마음의 완고함이나 편견에 부수하는 가장 나쁜 일은, 그것들이 발달을 저지

한다는 것, 새로운 자극에서 마음을 차단한다는 것이다. 마음이 열려 있다는 것은 아이와 같은 태도의 유지를 의미하고, 마음이 닫혀 있다는 것은 조숙한 지적 노령을 의미하는 것이다.

행위의 획일성을 구하여, 곧 나타나는 외적 결과를 구하는 터무니없는 요구는, 열린 마음을 갖는 태도가 학교에서 직면하는 중요한 적이다. 문제를 다루는 조작의 다양성을 허용하거나 장려하지 않는 교사는—그의 마음이 우연히 시인하는 하나의 경로에 학생들의 시야를 제한해서—학생들에게 지적인 눈가림을 강요하고 있는 것이다. 그러나 일정한 방법을 엄격히 지키려는 열성의 주된 이유는, 아마도 그것이 신속하고 정밀하게 측정할 수 있는 정확한 결과를 약속하는 것처럼 보인다는 데에 있을 것이다. '해답'에의 열성이 엄격한 기계적 방법에의 열성에 대한 많은 설명이 된다. 강제나 중압은 같은 근원에서 생기는 것으로, 또 그것들은 기민한 여러 지적인 흥미에 대해서도 마찬가지 효과를 미친다.

열린 마음을 갖는다는 것은 공허한 마음을 갖는다는 것과 다르다. "집에 아무도 없으니 얼른 들어오시오"라고 밖에 알리는 것은 환대와 동일한 것이 아니다. 그러나 거기에는 어떤 종류의 받아들이는 태세, 경험을 축적하고 침투시켜 무르익게 하는 적극적인 자세가 있다. 그것은 발달에 없어서는 안 될 요소이다. 결과(외면적인 해답 또는 해결)를 서두를 수는 있겠지만, 과정을 강제할 수는 없다. 과정은 성숙하는 데에 독자적인 시간을 요한다. 모든 교사들이 올바른 해답의 작성이 아니라, 마음의 과정의 질이야말로 교육적 성장의 척도라는 것을 깨닫는다면, 교육에서 혁명에 버금가는 개혁을 가져올 수 있을 것이다.

(3) 성실성(single-mindedness). 이 말에 관해서는 '솔직함'의 항에서 말한 많은 것이 해당된다. 그러나 여기에서 이 말은 충분한 흥미가 있는 일, 목적이 하나로 정리가 되어 있다는 것을 나타낸다. 즉, 공언된 목표는 단지 가면에 지나지 않고, 그 가면 아래에 억제되어 있기는 하지만 실제적 효과를 낳는 숨은 목표가 존재한다—는 일이 없다는 것이다. 그것은 정신의 공명정대함과 같은 뜻이다. 전심(專心), 몰두, 교재(敎材) 그 자체 때문에 교재로 향한 충분한 관심이 그것을 기르는 것이다. 분열된 흥미나 속임수는 그것을 파괴한다.

지적 공명정대함, 정직, 진심은 사실 의식적 목적의 문제가 아니라, 활동적 반응의 질의 문제이다. 이들의 획득은 물론 의식적으로 그렇게 하려고 생각함으로써 조장되기는 하지만, 자기기만이 일어나기가 매우 쉽다. 욕망은 재촉한다. 다른 사람들의 요구나 희망이 욕망의 직접적인 표출을 금할 때, 욕망은 손쉽게 지하의 깊은 안쪽의 수로에 갇히고 만다. 완전히 남에게 복종하여, 남이 요구한 생동의 방침을 마음속으로부터 채용하기란 거의 불가능하다. 고의로 반항하거나 남을 속이려고 꾀하는 일이 그 결과 일어날지도 모른다. 그러나 보다 더 자주 일어나는 결과는, 흥미가 혼란·분열되고, 자기의 진정한 의사에 대해서 착오를 일으키는 상태이다. 사람은 동시에 두 주인을 섬기려고 한다. 사회적 본능, 남을 기쁘게 하고 남에게 인정을 받으려는 강한 욕망, 사회적 훈련, 막연한 의무감이나 권위감, 처벌에 대한 두려움, 이들 모든 것이 동조한다거나 '과업에 주의한다거나' 또는 요구가 무엇이 되었든 간에 마음이 내키지 않으면서도 무엇이든지 하려는 어정쩡한 노력을 일으키는 것이다. 붙임성이 좋은 사람은 자기에게 기대되는 일은 무엇이든지 하려고 한다. 학생은 의식적으로 자기가 이렇게 행동한다고 생각한다. 그러나 그 자신의 욕망은 사라진 것이 아니다. 다만 그것들을 터놓고 나타내는 일이 억제되어 있을 뿐이다. 욕망을 거스르는 것에 대하여 주의를 해야 한다는 긴장은 번거롭다. 즉, 그 사람의 의식적인 바람에도 불구하고 의식하에 있는 욕망이 사고의 주요 경로, 깊은 곳의 정동적(情動的) 반응을 결정하는 것이다. 마음은 명목상의 주제에서 일탈하여 원래 한층 바람직한 것에 전념한다. 그 결과, 욕망의 이중성의 발로인 주의력에 계통적 분열이 생긴다.

주의가 분열되고 있다는 이러한 태도—이심(二心)이 있는 태도—가 얼마나 널리 퍼져 있는가를 깨달으려면, 누구든지 학창시절, 아니 오히려 현재 자신의 욕망이나 목적에 맞지 않는 행동을 겉으로만 하고 있을 때의 경험을 돌이켜보면 된다. 우리는 그와 같은 태도에 너무 익숙해서, 그것이 상당히 필요하다는 것을 당연한 일로 생각할 정도이다. 그럴지도 모른다. 만약에 그렇다면, 그 나쁜 지적 효과를 직시하는 일이 한층 중요하다. 어떤 일에 분발하겠다고 의식적으로 노력하는데(또는 그렇게 보이도록 노력하는데), 그의 상상이 무의식적으로 가장 성미에 맞는 사항으로 자연히 일탈해 갔을 때에는, 지금 유효한 사고의 에너지가 낭비되고 있는 것은 명백하다. 지적 활동의 효력을 저하시키는 더욱 미묘한, 더욱 영속적인 작용은 습관적 자기기만의 육성이며, 그것에는 현실에 대한 혼란된 의식이 뒤따른다. 현실성에는 두 가지 기준이 있는데, 하나는 우리 자신의 사적인, 더욱이 많고 적건 간에 은밀한 흥미를 위한 것이고, 또 하나는 공적이며 일반적으로 인정되어 있는 관심을 위한 것이다. 그 이중의 기준이 대부분 사람들의 마음의 작용의 공명정대함과 통일을 어긋나게 하는 것이다. 또 의식적인 사고나 주의와, 충동적이고 맹목적인 감정이나 욕망의 분열이 생기는 것도 마찬가지로 위험하다. 숙고해서 교재를 다루는 행동은 강요당하고 마음이 내키지 않는 것이 되어 주의는 옆길로 빗나간다. 그 빗나간 주의가 향하는 사물은 공언되지 않은 것이기 때문에 지적으로는 금지된 것이다. 즉, 이들 사항의 처리는 남의 눈을 속여 은밀하게 이루어지는 것이다. 목적 있는 사려 깊은 탐구를 통해 반응을 조정하는 것으로부터 생기는 훈련은 이루어지지 않는다. 더 나쁘게도, 상상력의 마음속 가장 깊은 곳의 관심사나, 그 성미에 가장 맞은 기도는(그것들은 욕망이 가장 강하게 일어나는 사물에 집중하므로) 저돌적인 것이 되어 은밀하게 된다. 이들은 승인되지 않는 방법으로 행동 속에 들어온다. 여기서 상상력은 결과에 비추어 수정되지 않으므로 도덕적 퇴폐로 빠져든다.

이와 같이 공언(公言)되고 공적이며 사회적으로 책임이 있는 일과, 사적이며 야무지지 못한, 억압된 방종한 사고에, 정신을 분열시키는 온상이 되어 있는 학교의 여러 조건을 찾아내기란 어려운 일이 아니다. 때로 '엄격한 훈련'이라고 일컬어지는 것, 즉 밖으로부터의 위압적인 강제가 이러한 경향을 보인다. 또 해야 할 일이란 무관계한 보수에 의한 동기부여도 마찬가지 결과를 가져온다. 더 나아가, 학교교육을 단순히 준비 단계로 보는 것(67쪽 참조)은 모두 이 방향으로 작용한다. 목적이 학생의 현재 이해를 넘으므로, 부과된 작업에 직접적인 주의를 향하게 하기 위해 다른 힘을 발견해야 한다. 몇 가지 반응은 초래되지만, 활용되지 않았던 욕망이나 감정은 다른 돌파구를 찾아야 한다. 사고의 작용과는 전혀 관계없이, 교묘하게 행동하는 숙련을 육성하기 위해 계획된 반복연습—반복연습은 자동적 숙련의 육성 이외에 아무런 목적도 없다—을 과장해서 강조하는 것도 마찬가지로 위험하다. 자연은 마음의 진공을 싫어한다. 교사들은 사고나 정동(情動)이 당면한 활동에서 돌파구를 발견하지 못할 때에는 그것들에게 어떤 일이 일어난다고 생각할까? 만약에 그것들이 다만 잠시 동안 쉴 뿐이라면, 또는 단지 식어서 굳은 것이기만 하다면, 그것은 그다지 중대한 문제는 아닐 것이다. 그러나 그것들은 소멸되지 않는다. 쉬지도, 억압당하지도 않는다. 그것들은 독자적이고 무질서한, 훈련되지 않은 길을 나아간다. 정신적 반응 안에 포함되어 있는 본디의, 자발적이고 활기찬 것은 사용되지도 시도되지도 않는다. 그리고 공적으로 공언된 목적에는 더욱 더 쓸모가 없는 습관이 형성되는 것이다.

(4) 책임(responsibility). 지적 태도의 한 요소로서의 책임이란, 계획된 어떤 처치에 대해서도 그 예상되는 결과를 미리 고찰하여, 이들 결과를 숙고한 후에 용인하는—즉, 이들 결과를 고려하여, 단순히 말로만 동의하는 것이 아니라 행동에서 승인하는 뜻으로 그것들을 용인하는—성향을 의미한다. 이미 보아온 것처럼, 관념이란 본질적으로는 당혹스러운 정황을 해결하기 위한 견지와 방법이다. 즉, 반응에 영향을 미치도록 고안된 요소인 것이다. 자기가 들은 것의 숨은 뜻을 생각하지도 않은 채, 즉 그것을 용인함으로써 그 후 어떤 일에 관계되는가를 표면적으로밖에 생각하지 않은 채, 남이 하는 말을 받아들이고 남이 암시한 진실을 믿는다는 것은 유감스럽지만 흔히 있는 일이다. 그때에는 관찰도 인식도, 확신도 동의도, 외부로부터 주어진 것을 다만 통째로 삼키는 데에 불과하다.

정황을 지적으로 해결해서 확신한다는 것이 무엇인가 현실적인 것을 의미하는—즉, 여러 가지 사실이나 결과의 전망에 의해서 필요하게 되는 행위를 스스로 떠맡는 것을 의미하는—것으로, 지적으로 해결할 수 있는 정황이 적다면, 배울 사실이나 진리—즉, 용인되어 있다고 여겨지는 사항—는 적으면 적을수록 훨씬 좋을 것이다. 학과목이 지나치게 복잡해진 것이나, 학교에서의 과목이나 학과(學課)가 과밀화된 데에서 생기는 가장 지속적인 나쁜 결과는, 거기에서 생기는 마음고생이나 신경의 과로나 천박한 지식(이와 같은 일들도 중대한 일이지만)이 아니라, 무엇인가를 정말로 알고 믿는다는 것이 무엇을 의미하는가를 분명히 할 수가 없게 된다는 것이다. 지적 책임이란 이 점에 관한 엄격한 규범을 의미한다. 이 규범은 습득한 것의 뜻을 어디까지나 추구하여, 그것에 따라 행동하는 실천을 통해서 비로소 확립할 수 있다.

따라서 지적으로 꼼꼼하다는 것은, 우리가 지금 고찰하는 태도의 또 다른 이름이다. 꼼꼼함이라는 단어는 거의 순수하게 육체적인 예에도 사용할 수 있다. 즉 그것은 어떤 교과를 모든 세부에 걸쳐 기계적으로 철저하게 충분히 연습하는 것을 의미하는 그러한 꼼꼼함이다. 그러나 지적인 꼼꼼함이란 사물을 끝까지 꿰뚫어보는 것을 말한다. 그것은 세부를 통합하는 목적의 단일성에 따른 것이지, 서로 흩어진 많은 세부를 제시하는 것에 따른 것이 아니다. 그 목적의 완전한 의미를 전개하는 견실성 안에 나타나는 것이지, 외부로부터 강요되고 명령된 행동의 준비에 유의하는 일—비록 그것이 아무리 '양심적'이라도—에 나타나는 것은 아닌 것이다.

요약 방법이란, 경험의 주제(대상)가 가장 효과적이고 생산적으로 발전하는 방식을 말한다. 따라서 그것은 처리되는 재료에서 인간의 태도나, 방법을 구별하는 의식적인 구별 설정이 전혀 존재하지 않는 경험 그 자체의 과정을 관찰하는 것으로부터 도출된다. 방법이 독립될 수 있다는 생각은, 물질의 세계에서 정신이나 자아를 분리시키는 생각과 결부되어 있다. 그것은 가르침이나 배움을 형식적, 기계적, 강제적인 것으로 만든다. 여러 가지 방법은 결국 개인적인 것이 되는데, 선행하는 여러 경험에서 지혜라는 밑천이 나오고, 또 그때 가끔 처리된 재료에는 일반적 유사성이 있기 때문에, 경험이 그 결실에 이르는 정상적인 경로가 갖는 몇 가지 특징을 구별할 수가 있는 것이다. 개인의 태도 면에서 표현한다면, 좋은 방법의 여러 특징은 솔직함, 유연한 지적 흥미, 즉 열린 마음을 가지고 학습하려는 의지, 목적의 공명정대함, 사고를 포함하는 활동의 여러 결과에 대한 책임감 등을 말한다.

제14장
교재의 본질

1 교육자와 학습자의 교재 일반적인 교재의 성질에 대해서는 이미 말한 것(152쪽 참조) 외에 덧붙일 것이 없다. 그것은 목적 있는 정황의 발전과정에서 관찰되고, 기억되고, 글과 말을 통해 논의된 사실과 암시된 관념으로 구성된다. 그러나 여기서 더 나아가 그것을 학교 수업의 여러 재료와 교육과정을 구성하는 다양한 학습활동과 관련시킴으로써 더욱 구체화해야 한다. 우리가 내린 정의를 읽기, 쓰기, 수학, 역사, 자연연구, 그림, 노래, 물리, 화학, 외국어 등에 적용했을 때, 그것은 과연 어떤 의미를 지니게 될까?

이 책에서 지금까지 지적한 두 가지 관점을 다시 한 번 살펴보자. 교육이라는 사업 속에서 교육자가 하는 역할은 학습자의 반응을 자극하여 그 진로에 방향을 부여하는 환경을 제공하는 것이다. 다시 말해, 교육자가 할 수 있는 일은 기껏해야 학습자의 반응이 지적이고 정서적인 성향으로 바람직하게 이어질 수 있도록 자극을 더하고 빼는 것에 지나지 않는다. 학습 대상, 즉 교육과정의 교재는 명백하게 이 환경을 제공하는 일에 직접적으로 관계하고 있다. 또 한 가지는, 형성된 여러 습관에 의미를 부여하는 사회적 환경의 필요성이다. 우리가 비제도적인 교육이라고 이름 붙인 것에서는, 교재는 사회적인 상호작용이라는 모체(母體) 안에 직접적으로 들어 있다. 그것은 함께 공동생활을 하고 있는 사람들의 말과 행동이다. 이 사실은 제도적 교육, 즉 계획적인 교육의 교재를 이해하는 단서를 제공해준다. 우리는 미개사회 집단의 행사와 의식이 수반되는 이야기와 전설, 노래, 기도문 속에서 하나의 연결고리를 발견할 수 있다. 그것은 이전의 경험에서 쌓인 의미의 축적을 표현하는 것으로서, 그 집단의 구성원들이 그들 자신의 집단적 생명에 대한 생각과 동일시할 정도로 존중하고 있는 것들이다. 그것은 식사와 사냥, 전쟁과 평화, 양탄자와 도자기, 바구니의 제작 같은 일상적인 일 속에 나타나는 기능 속에 확실하게 그 일부로서 들어 있지 않기 때문에, 의식적으로, 더욱이 종종 성인식의 의식에서처럼 강렬한 정서적 열정과 함께 젊은이들에게 각인된다. 집단의 신화와 전설과 제문(祭文)을 영원히 남기기 위해, 그 집단에 직접적으로 유용한 관습을 전달하는 것보다 훨씬 많은 노력이 의식적으로 기울어지는데, 그것은 전자는 후자의 경우처럼 공동생활의 일상적 과정 속에서 습득할 수 없기 때문이다.

획득된 여러 가지 기술은 과거의 경험에서 축적된 권위 있는 관념들에 사실상 의존하고 있거나 의존하고 있다고 그 집단이 믿고 있는 것으로, 그러한 기술이 자꾸만 늘어나고 사회 집단이 복잡해짐에 따라 사회생활의 내용은 교육이라는 목적을 위해 더욱더 분명하게 체계화된다. 앞에서 말한 것처럼, 아마 의식적으로 집단생활에 대해 깊이 고찰하여 가장 중요한 것으로 여겨지는 의미를 끌어내어, 그것을 정연하게 배치하고 체계를 세우는 중요한 동기는, 집단생활을 영속시켜 나가기 위해 젊은이들을 교육할 필요성에서 찾을 수 있을 것이다. 선택, 체계화, 조직화가 일단 시작되고 나면 그 일에는 끝이 없다. 문자의 발명과 인쇄술의 발명은 이 작업에 엄청난 추진력을 주었다. 그리고 마침내 학교에서 배우는 교재를 사회집단의 습관과 모범에 연결하는 고리는 느슨해져서 보이지 않게 된다. 때로는 고리가 너무 느슨해져서 마치 아예 없는 것처럼 보이는 경우도 있다. 즉, 교재는 단순히 지식 그 자체를 위한 지식으로만 존재하는 것처럼 보이고, 학습활동은 어떠한 사회적 가치와도 상관없이, 교재 자체를 위해 교재를 배우는 행위에 지나지 않는 것처럼 보인다. 이 경향을 바로잡는 것은 실제적인 이유에서 매우 중요하므로 (18~19쪽 참조), 그와 같이 간과하기 쉬운 관련을 분명히 하고, 학습과정에서 중요한 구성요소의 사회적 내용과 기능을 어느 정도 상세하게 보여주는 것이, 우리의 이론적 검토의 중요한 목적이 된다.

이러한 문제들은 교사와 학생의 입장에서 고찰해야 한다. 교사의 교재에 대한 지식은 학생들이 현재 가지고 있는 지식을 훨씬 넘어서 앞서 가 있으므로, 그 지식의 의의는 교사에게는 명확한 표준을 부여하고, 미성숙한 자의 미숙한 활동의 가능성을 보여주는 것이다. (1)학교에서 학습활동하는 데 필요한 재료는, 전달할 가치가 있는 일반적인 사회생활의 의미 내용을 구체적이고도 상세하게 표현한다. 그러한 의미 내용이 표준화되어 있지 않으면 교사는 그저 무턱대고 노력만 하게 되는데, 그러한 노력의 낭비를 방지할 수 있는 조직화된 형식을 통해, 교재는 다음 세대에 계속 전해 주어야 할 문화의 본질적인 요소를 교사에게 제시해 준다. (2)지난 세대가 활동한 결과로서 이룩해 놓은 여러 관념에 대해 알기 때문에, 교육자는 젊은이들의 외견상 충동적이고 무목적인 반응의 의미를 인식할 수 있고, 또 그러한 반응이 어떤 결과에 도달하도록 이끄는 데 필요한 자극을 줄 수 있다. 교육자가 음악에 대해 잘 알면 알수록, 그는 아이들의 아직 발달되지 않은 음악적 충동의 가능성을 더욱 잘 인식할 수 있다. 조직화된 교재는 그러한 것과 비슷한 경험, 즉 같은 세계를 포함하고, 그러한 것과 유사한 능력과 필요를 포함한 경험의 성숙한 결과를 체현한다. 그것은 완성, 즉 완전무결한 지혜를 체현하는 것은 아니다. 그러나 현존하는 지식과 예술작품에 체현되어 있는 업적을 적어도 어떤 점에서 뛰어넘을지도 모르는 새로운 경험을 발전시키는 것이, 지금 우리가 자유롭게 이룩할 수 있는 최선의 것이다.

다시 말해 교육자의 입장에서는, 여러 가지 학과는 실제로 도움이 되는 자산과 유효한 자본이라고 할 수 있다. 그러나 그러한 것들이 아이들의 경험과 멀리 동떨어져 있는 것은 어쩔 수 없는 현실이다. 그래서 학습자의 교재는 결정(結晶)되고 체계화된 성인의 교재와는 동일하지 않고, 동일할 수도 없다. 성인의 교재는 아동 교재의 가능성을 의미할 뿐 현재의 상태를 의미하지는 않는다. 성인의 교재는 전문가와 교육자의 활동 속에 직접 파고들어가지, 초심자와 학습자의 경험 속에는 들어가지 않는다. 교사와 학생의 각각의 입장에서 볼 때 교재에 차이가 있다는 것을 염두에 두지 않음으로써 교과서와 그 밖의 기존지식의 표현을 사용할 때 범하게 되는 대부분의 실수가 발생한다.

인간성의 구조와 기능을 구체적으로 아는 것은 매우 중요하다. 그것은 교재에 대한 교사의 태도가 학생의 태도와 그와 같이 다르기 때문이다. 교사는 학생이 오로지 가능한 상태에 머물러 있는 것을 실제로 보여준다. 다시 말해, 교사는 학생이 현재 배우고 있는 것을 이미 안다. 그러므로 양자의 문제는 근본적으로 다른 것이다. 가르치는 활동에 직접 종사하는 교사는 교재를 숙지하고 있어야 하며, 학생의 태도와 반응에 주의를 기울여야 한다. 교사의 의무는 학생의 태도와 반응을 교재와의 상호작용 속에서 이해하는 것이고, 학생의 마음은, 물론 그 자체가 아니라 당면한 과제에 향해져 있어야 한다.

이것을 약간 달리 설명하면, 교사는 교재 자체가 아니라 학생의 현재의 필요 및 능력과 교재의 상호작용에 전념해야 한다. 그러므로 단순한 학식만으로는 충분하지 않다. 실제로 학식, 즉 교재에 대한 해박한 지식 자체는, 교사의 관심이 학생의 경험에 미치는 교재의 작용과 반작용에 늘 향해져 있지 않으면, 오히려 효과적인 교수활동에 방해가 되는 몇 가지 특징을 보인다. 첫째로, 교사의 지식은 학생이 아는 범위를 넘어서서 멀리 확대되어 있고, 그것은 미숙한 학생의 이해와 흥미를 넘어서는 원리를 포함하고 있다. 교사가 아는 상태 그대로의 지식은, 화성에 대한 천문학자의 지식이 아기가 자신이 있는 방에 대해 알고 있는 것과 다르듯이, 학생의 살아 있는 경험세계와 차이가 난다. 둘째로, 성취된 지식이 재료를 조직하는 방법은 초심자의 그것과는 다르다. 어린이들의 경험은 조직되어 있지 않고 따로따로 떨어진 토막난 조각들로 구성되어 있다는 것은 진실이 아니다. 다만 그것은 직접적이고 실제적인 흥밋거리를 중심으로 조직되어 있다. 이를테면 어린이의 가정은 그의 지리적 지식을 조직하는 중핵이다. 거주지 주변에서 경험하는 그 자신의 활동과, 먼 곳으로의 여행, 친구에게서 들은 얘기가 그의 지식의 여러 가지 항목을 연결하는 고리가 된다. 그러나 지리학자처럼 이러한 작은 경험에 들어 있는 의미를 이미 알고 있는 사람의 지리는, 여러 사실들이 자신의 집이나 신체의 운동과 친구에 대해 가지는 관계가 아니라, 그러한 사실들이 서로 맺고 있는 관계를 바탕으로 조직되어 있다. 학식이 있는 사람의 교재는 광범위하게 걸쳐 있고, 정확하게 정의되어 있으며, 논리적으로 서로 관계를 맺고 있다. 아직 배우는 사람의 교재는 유동적이고 치우쳐 있으며, 그의 개인적인 일을 통해 결합되어 있다.* 가르친다는 문제는 학생의 경험을 전문가가 이미 알고 있는 것과 같은 방향으로 나아가게 하는 것이다. 그러므로 교사는 교재와, 학생 특유의 필요와 능력, 이 양쪽을 모두 알아야 한다.

2 학습자에 있어서 교재의 발달 학습자의 경험 속에서 교재가 발달하는 과정을 상당히 전형적인 세 단계로 구분해도 별 무리는 없을 것이다. 그 첫

---

* 학식이 있는 사람이라도 아직 학습자이므로, 이러한 대비는 상대적이며 절대적인 것은 아니라고 생각할 수도 있다. 그러나 적어도 학습의 초기 단계에서는 그러한 차이가 실제적으로 매우 중요하다.

번째 단계에서는, 지식은 지능—현명하게 행동하는 능력—의 내용으로 존재한다. 이런 종류의 교재, 즉 이미 알려진 재료는 사물에 대한 친숙함 또는 숙지(熟知)로 나타난다. 다음에, 이 재료는 전달된 지식과 정보에 의해 의미가 지나치게 부여되어 더욱 풍부해진다. 그리고 마지막으로, 그것은 확대되고 전면적으로 수정되어, 합리적이고 논리적으로 조직된 재료가 된다. 상대적으로 말해 그 학과의 전문가의 지식이 되는 것이다.

(1)사람들에게 가장 먼저 생기고 또 가장 깊이 뿌리내리는 지식은, 무엇을 어떻게 해야 하는가에 대한 지식이다. 즉, 걷기, 말하기, 읽기, 쓰기, 스케이트를 타고, 자전거를 타고, 기계를 조작하고, 계산하고, 말을 몰고, 상품을 팔고, 사람들을 관리하는 등의 수많은 일을 하는 방법에 대한 지식이다. 목적에 적합한 본능적인 활동을 일종의 신비로운 지식으로 간주하는 세상 사람들의 경향은 올바르다고 할 수 없지만, 그것은 행동의 수단을 이지적으로 제어하는 것을 지식과 동일시하는 강한 경향이 있다는 증거이다. 그런데 교육에서는 학문적으로 체계화된 사실과 진리 외에는 아무것도 인정하지 않는 학문적인 지식관의 영향을 받아, 초보적이고 일차적인 교재는 항상 몸을 움직여서 자료를 다루어 보는 것으로 존재한다는 사실을 잘못 인식하고 만다. 그러면 교육의 교재는 학습자의 필요와 목적에서 유리되어, 암기했다가 교사가 요구하면 금방 재생해야 하는 내용에 지나지 않게 된다. 이와는 반대로 자연스러운 발달과정을 인식하면, 항상 실천함으로써 배우는 상황에서 출발하게 된다. 기술과 직업은, 어떻게 하면 목적을 달성할 수 있는지를 아는 것에 그것들이 기여하는 데 따라서, 교육과정의 첫 번째 단계를 형성한다.

지식을 의미하는 통속적인 용어는, 항상 학문적인 철학이 상실해버린 행동능력과의 관련을 유지해 왔다. 지식(ken)과 할 수 있다(can)는 것은 의미상 연결된 말이다. 주의(attention)라는 말은 어떤 것에 대해 애정을 기울이고 그 자체를 배려한다는 양쪽의 의미로, 관심을 기울이는 자세를 뜻한다. 유의한다(mind)는 말은, 어린이가 어머니의 말을 듣는 것처럼 교훈을 실행하는 것과, 유모가 젖먹이에게 마음을 쓰는 것처럼 무언가를 돌보는 것을 의미한다. 사려가 깊다(thoughtful)거나 신중하다(contiderate)는 것은 타인의 주장에 귀를 기울이는 태도를 의미한다. 염려(apprehension)는 지적인 이해 외에 바람직하지 않은 결과에 대한 우려를 의미한다. 양식(good sense)이 있다거나 판단력(judgement)이 있다는 것은 어떤 정황이 요구하는 행위를 아는 것이며, 식별(discernment)은 구별을 위해 구별하는 것, 하찮고 사소한 구별로 비난 받는 쓸데없는 걱정이 아니라 행위와의 관계에서 사항을 통찰하는 것이다. 지혜(wisdom)라는 말은 생활의 올바른 방향 찾기와의 관련성을 잃은 적이 없었다. 지식이 행위를 떠나 무엇보다 정보의 축적을 의미하는 것은 교육에서뿐이며, 농부와 선원, 상인, 의사, 실험실의 실험자의 생활에서는 결코 그렇지 않다.

이지적인 방법으로 사물을 다루다보면 그것에 친숙해지고 깊이 인식하게 된다. 우리가 가장 잘 아는 것은 우리가 빈번하게 사용하는 것들이다. 이를테면, 의자, 테이블, 펜, 종이, 옷, 음식, 나이프, 포크 같은 평범한 수준의 것으로, 그것은 인생에서 사람이 종사하는 일에 따라 더욱 특수한 사물로 분화해 간다. 숙지라는 말이 암시하는 친밀하고 정서적인 의미에서의 사물에 대한 지식은, 우리가 어떤 목적을 가지고 그러한 사물을 사용하는 데서 생긴 침전물이다. 우리는 매우 빈번하게 그것을 사용하고 행동해 왔기 때문에, 그것이 어떻게 작용하고 반작용하는지 예상할 수 있다. 그것이 바로 친숙한 숙지의 의미이다. 우리는 친숙한 사물에 대해서는 사전지식이 있기 때문에, 방심하다가 실수를 하거나 예기치 않은 난관에 부딪치는 일이 없다. 우리는 익숙한 사물에는 쾌적하고 친밀한 기분, 편안하고 명쾌한 느낌을 가진다. 이에 비해 우리에게 익숙하지 않은 사물은 기이하고 이질적이며 차갑고 소원하고 '추상적'이다.

(2)그러나 지식의 이 첫 번째 단계에 대해 너무 상세하게 얘기하면, 오히려 이해를 방해할 가능성이 있다. 실제로는 이 단계에 의도적인 학술 연구의 성과가 아닌 우리의 모든 지식이 포함된다. 목적이 있는 행동 양식은 사물뿐만 아니라 사람과의 관계도 포함하고 있다. 의사소통의 충동과 교섭의 습관은 타인과 좋은 관계를 유지하는 쪽으로 향해야만 한다. 그 결과로 사회적 지식이 풍부하게 축적되는 것이다. 이 상호통신의 일부로서 우리는 다른 사람들한테서 많은 것을 배운다. 사람들은 자신의 경험과 타인에게서 들은 경험을 얘기한다. 사람들이 이러한 의사소통에 흥미와 관심을 기울이는 한, 그 내용은 그 사람 자신의 경험의 일부분이 된다. 다른 사람들과의 적극적인 관계가 우리 자신이 하는 일의 본질적이고도 중요한 부분이 되므로, "여기서

나의 경험은 끝나고, 거기서부터 당신의 경험이 시작된다"고 말할 수 있는 선명한 경계선을 긋기란 불가능하다. 우리가 공동 사업의 동료인 한, 다른 사람들이 그 사업에서 각자 맡은 역할의 결과로서 우리에게 전달하는 것은, 우리 자신의 특수한 행위의 결과인 경험에 곧바로 융합된다. 귀는 눈이나 손과 마찬가지로 경험을 위한 기관이다. 눈은 시야를 넘어선 곳에서 일어난 일에 대한 보고서를 읽을 수 있게 해준다. 공간적으로도 시간적으로도 멀리 떨어져 있는 사물이, 우리가 냄새를 맡거나 손으로 만질 수 있는 사물과 똑같이 우리가 하는 행위의 결과에 영향을 준다. 그것은 현실적으로 우리와 관련된 것이다. 따라서 그러한 것에 대한 기사가 우리에게 주어진 문제를 처리하는 데 도움을 준다면, 그 기사는 어느 것이나 모두 개인의 경험 안에 포함되는 것이다.

정보는 이런 종류의 재료에 흔히 주어지는 명칭이다. 개인의 행위 속에서 통신이 차지하는 위치는, 우리에게 학교에서의 정보적 교재에 대한 가치를 평가하는 기준을 제공한다. 즉 그것은, 학생이 관심을 기울이는 어떤 문제에서 자연히 발생하는가? 그것은 학생의 더욱 직접적인 지식과 조화를 이루어 그 효력을 높이며 그 의미를 심화시키는가? 이 두 가지 필요조건을 충족시킨다면 그 정보는 교육적인 것이 된다. 얼마나 많이 듣고 읽었는가 하는 것은 중요하지 않다. 학생이 그것을 필요로 하고, 자신이 놓여 있는 어떤 상황 속에서 그것을 응용할 수 있다는 조건하에서, 정보는 많으면 많을수록 좋다.

그러나 현실 속의 실천에서 이러한 필요조건을 채우기란 그것을 이론으로 기록하는 것만큼 쉬운 일은 아니다. 현대에 들어와 의사소통이 더욱 확대된 것, 멀리 떨어진 천체와 지나간 역사상의 사건에 대한 지식을 획득하기 위한 설비의 발명, 사실이든 소문에 불과하든 어떤 정보를 기록하고 배포하기 위한 인쇄술 같은 장치가 값이 싸진 것, 이런 것들이 전달되는 교재의 양을 막대하게 팽창시켰다. 이것을 학생의 직접적인 경험으로 다시 만들어내는 것보다 정보를 통해 학생들을 압도하기가 훨씬 더 쉽다. 정보는 정말 너무나 자주, 단순히 개인의 친숙한 지식의 세계 위에 가로누워 또 하나의 기묘한 세계를 형성한다. 학생의 유일한 문제는 학교를 위해, 암송과 진급을 위해, 이 기묘한 세계의 구성요소들을 배우는 것이다. 아마 오늘날 대부분의 사람들에게, 지식이라는 말이 내포한 가장 확실한 의미는, 타인에 의해 확인된 사실과 진리의 집합에 지나지 않는다. 즉, 도서관의 서가에 줄줄이 꽂혀 있는 지도와 백과사전, 역사와 전기, 여행기, 학술논문 속에서 볼 수 있는 자료에 지나지 않는 것이다.

이 눈이 휘둥그레질 정도로 방대한 양의 자료가 지식 자체의 성질에 대한 사람들의 생각에 무의식적으로 영향을 끼쳐 왔다. 지식, 즉 여러 가지 문제에 대한 적극적인 관심에서 나온 성과가 축적되어 있는 진술이나 명제 자체를 지식인 양 생각하고 있다. 지식이 탐구의 결과이고, 앞으로의 탐구를 위한 수단이라는 그 위치와는 상관없이, 지식의 기록 자체를 지식으로 생각하고 있는 것이다. 인간의 마음은 온통 그때까지의 승리에서 얻은 전리품의 포로가 되어 있다. 미지의 세계와 싸우는 데 필요한 무기와 전투행위가 아니라, 그 전리품 자체가 지식과 사실, 진리의 의미를 결정하는 데 쓰이는 것이다.

이렇게 지식을 정보를 표현하는 명제와 동일시하는 생각이 논리학자와 철학자에게 튼튼하게 정착해 버렸다면, 그 동일한 모범이 교육을 거의 지배해 버렸다 해도 그리 놀라운 일은 아닐 것이다. '교과과정'은 주로 여러 가지 부문의 학과로 구분된 정보로 성립되어 있고, 각 학과는 모든 축적의 여러 부분을 순차적인 단편으로 보여주는 교과로 다시 세분된다. 17세기에는 아직 축적이 그다지 크지 않았기 때문에, 사람들은 그것을 백과사전식으로 완전히 습득하는 것을 이상으로 삼았다. 지금은 그것이 너무나 방대하여, 한 사람이 그것을 전부 소유하는 것은 두말할 필요 없이·불가능한 일이다. 그러나 교육의 이상은 크게 영향을 받지 않았다. 학문의 각 부분, 또는 적어도 선택된 몇몇 부문의 정보를 소량 획득하는 것이 아직도 초등학교에서 대학까지 교육과정의 구성원리이다. 즉, 쉬운 부분은 저학년에게, 어려운 부분은 고학년에게 할당하고 있는 것이다.

학문이 체득되지 않고 행위에 영향을 주지 않는다는 교육자들의 탄식도, 암기하거나 주입하는 공부, '사실'에 대한 맹목적인 집착, 지나치게 세세한 구분, 잘못 이해된 규칙과 원리에 전념하는 것에 대한 항의도, 모두 위에 말한 사태의 결과로서 생기는 것들이다. 대부분 간접적으로 듣는 남의 지식은 단순한 언어성의 지식이 되기 쉽다. 정보가 언어로 표현되는 것을 정보의 결점으로 볼 수는 없다. 의사소통은 반드시 언어를 통해 이루어진다. 그러나 전달된 것을 학습자의 실제 경험으로 조직할 수 없다면 그것은 단순한 언어에 지나지 않게 된다. 즉, 그것은 의미가 결여된 단순한 감각자극일 뿐이다. 따라서 그것은 작용하고 기계적 반응을 불러일으키며 언어를 복창하는 음성기관이나, 쓰고 '계산'하는 손을 사용할 줄 아는 능력을 일깨울 뿐이다.

학식이 있다는 것은 그것에 통달해 있다는 뜻이다. 이는 문제를 효과적으로 처리하고, 해결법의 추구와 그 해결 자체에 더 많은 의의를 부여하는 데 필요한 자료를 자유롭게 다룰 수 있는 것을 말한다. 정보적 지식은 의심스러운 정황에서 일정하고 안정되고 확립되고 보증된 것으로서 우리가 의존할 수 있는 자료이다. 그것은 마음이 의혹에서 발견으로 나아가는 데 일종의 다리 역할을 하고, 또 지적 매개자의 역할을 수행한다. 새로운 경험의 의미를 높이는 힘으로서, 인류가 지금까지 경험한 것의 성과를 효과적인 형태로 농축하고 기록하는 것이다. 브루투스가 카이사르를 암살했고, 1년의 길이는 365일과 4분의 1이며, 원주율은 3.1415…… 라는 것을 배울 때, 그 사람은 다른 사람들에게는 확실하게 지식인 것을 받아들이지만, 그에게는 그것은 아는 것에 대한 자극에 지나지 않는다. 그가 지식을 획득하고 안 하고는 전달된 것에 대해 그가 반응하고 안 하고에 달려 있다.

3 과학, 즉 이론적으로 설명된 지식 과학이란, 그것의 가장 특징적인 형식을 갖춘 지식의 이름이다. 그것은 각각의 정도에 따라 학문이 완성된 결과인 그 극치를 구현하고 있다. 어떤 일정한 경우의 지식은 정확하고 확실하며 안정되고 처리된 것으로, 생각의 내용이라기보다는 생각의 수단이다. 좋은 의미에서의 지식은 독단, 억측, 사변, 단순한 전언과 구별된다. 지식에서 사물은 확인되어 있다. 즉 그것은 '그러한 것'이기 때문에, 어쩌면 그렇지 않은 것이 아닌가 하고 의심하지도 않는 것이다. 그러나 우리는 경험을 통해 교재의 지적 확실성과 우리의 확신 사이에 차이가 있음을 깨닫는다. 우리는 말하자면, 신앙을 위해 창조된 것이므로 쉽게 믿는 것은 자연스러운 현상이다. 훈련받지 않은 마음은 애매함과 지적 망설임을 싫어하고, 쉽게 단정하려는 경향이 있다. 그것은 정연하고 안정된 사물을 좋아하여, 그럴 만한 근거도 없는데 그런 것으로서 사물을 다룬다. 친밀함과 세상사람들의 평판과 욕망에 있어서는 쾌적한 것이 진리의 잣대가 되기 쉽다. 무지는 독단적이고, 세상에 퍼져 있는 오류—무지 자체보다 더욱 강대한 학문의 적—에 굴복한

다. 그러므로 소크라테스 같은 인물은 무지를 깨달음이 효과적인 애지(愛知)의 시작이라고 주장했고, 데카르트 같은 인물은 학문은 의심에서 나온다고 말한 것이다.

교재, 즉 자료와 관념은, 그 가치를 실험적으로 음미해야 한다는 점, 즉 그 자체로서는 시험적이고 잠정적이라는 점에 대해서는 이미 길게 논의한 바와 같다. 우리가 지레짐작이나 속단을 좋아하고 애매한 판단을 싫어하는 것은, 천성적으로 우리가 이 음미 과정을 간단하게 줄이려는 경향이 있다는 증거이다. 우리는 표면적이고 눈앞만 보는 근시적인 대응에 만족한다. 만약 이것이 순조롭게 잘 되면 우리는 만족하여 자신들의 가설이 확증되었다고 생각한다. 실패한 경우에도, 우리는 자신들의 자료와 사고의 부적당함과 부정확함이 아니라, 불운이나 불리한 정황을 탓하는 경향이 있다. 나쁜 결과를 자신들의 잘못된 계획이나 불완전한 정황 조사 때문이라 생각하지 않고(그랬다면 그 나쁜 결과를 통해 계획을 수정할 자료를 얻고, 조사를 더 자세히 하도록 자극받을 것이다) 불운 탓으로 돌리는 것이다. 더욱이 우리는 자신들의 생각이 어떤 효과를 발휘하는지 돌아보지도 않은 채 그것을 고집하는 완고함을 자랑으로 여기기까지 한다.

과학은 이러한 자연스러운 경향과 거기서 발생하는 해악에 대해 인류를 보호하는 안전장치이다. 과학은 그 순서와 결과가 음미되는 정황 속에서 더욱 깊이 사고함으로써 인류가 서서히 발전시켜 온 특수한 구조와 방법으로 성립되어 있다. 그것은 자연발생적이지 인공적(획득된 기술)이 아니다. 학습되는 것이지 타고난 것은 아니라는 얘기다. 교육에서 과학이 차지하는 독특하고 매우 중요한 위치는 바로 이 점에 따르며, 과학의 올바른 사용을 위협하는 위험도 그 때문이다. 과학적 정신이 전수되지 않으면, 사고를 효과적으로 발전시키기 위해 인류가 지금까지 고안해낸 가장 좋은 도구를 얻을 수가 없다. 또한 가장 좋은 도구를 사용하지 않고 탐구와 학습에 임할 뿐만 아니라, 지식의 완전한 의미를 이해할 수도 없다. 왜냐하면 그는 올바른 확신과 단순한 억측이나 동의를 구별짓는 여러 특징들을 알 수 없기 때문이다. 한편 과학이 고도로 전문화된 기술 조건들 속에서 인식을 완성하는 것을 의미한다는 사실은, 그 결과만을 생각한다면 그것을 일상의 경험과 동떨어진 것—일반적으로 추상적이라는 말로 표현되는, 현실과 동떨어진 성질의 것

―으로 만드는 것이다. 이 현실과 동떨어진 것이 교육 속에 나타나면, 과학의 정보는 다른 종류의 정보보다도, 기성의 교재를 제시하는 데 뒤따르는 위험에 훨씬 많이 노출된다.

우리는 과학을 탐구 및 검증 방법이라는 면에서 정의해 왔다. 언뜻 보기에 이 정의는, 과학은 조직된 또는 체계화된 지식이라는 일반적으로 인정받은 개념과 대립하는 것처럼 보일지도 모른다. 그러나 이 대립은 외관상의 것에 지나지 않으며, 일반적인 정의가 완성되면 그것은 사라진다. 단순한 조직이 아니라 발견하고 검증한다는 적절한 방법이 만들어낸 조직이 과학을 다른 것과 구별짓는다. 농부의 지식은, 그가 유능하다면 그만큼 체계화되어 있을 것이다. 그것은 수단과 목적의 관계를 바탕으로 조직되어 있다. 다시 말해 실제적으로 조직되어 있는 것이다. 지식으로서의(즉 적절하게 검증되고 확증되어 있다는 좋은 의미에서의) 그 조직은 곡물이나 가축을 획득하는 것을 목적으로 하는 조직에 뒤따르는 것에 지나지 않는다. 그러나 과학적 교재는 발견이라는 사업을 성공적으로 영위하는 것, 즉 전문화된 사업으로서의 인식과의 특유한 관계로 조직되어 있다.

과학에 수반되는 확실성의 질을 조사해보면 앞에서 말한 사실이 명백해질 것이다. 그것은 합리적인 확실성, 곧 논리적인 보증이다. 그러므로 과학 조직의 이상은, 모든 개념과 진술이 다른 것에서 생겨나 다른 것으로 연결되는 것이다. 개념과 명제는 서로 다른 것을 품고 입증한다. 이 '귀결하고 확증한다'는 이중의 관계가 논리적 및 합리적이라는 말의 의미이다. 물의 일상적인 개념은, 음료·세탁·관개 등의 일반적인 용도에 대해서는 화학자의 물의 개념보다 유용하다. 그러나 화학자가 그것을 H_2O로 기술하는 방법이 연구상의 역할과 용도라는 관점에서는 더욱 뛰어나다. 그것은 물의 성질을 다른 것에 대한 지식과 관련짓는 방법으로 얘기하고 그것을 이해하는 사람에게, 어떻게 하여 그 지식에 도달했는지, 그리고 사물의 구조에 대한 지식의 다른 부분과 그것이 어떠한 관계에 있는지 보여준다. 엄밀하게 말해, 그것은 물은 투명하고, 유동체이며, 무미무취하고, 갈증을 달래준다는 말보다 물의 객관적 관계를 더 많이 보여주는 것은 아니다. 물이 그러하다는 말은, 물이 수소분자 두 개와 산소분자 한 개로 이루어져 있다는 말과 똑같이 진실이다. 그러나 사실을 확인하기 위해 발견하는 특수한 목적을 위해서는, 후자의 관계가 기본적인 것이 된다. 따라서 과학의 특징으로서 조직을 강조하면 할수록, 우리는 과학의 정의에서 방법이 으뜸으로 중요하다는 점을 인정할 수밖에 없게 된다. 왜냐하면 방법은, 과학이 과학이기 위해 어떤 종류의 조직을 구성해야 하는지를 규정하기 때문이다.

4 교재의 사회적 성격 다음의 몇 장에서는 학교에서의 여러 가지 활동과 학과를 다루며, 그것을 지금까지 검토해온 지식 발전의 다음 단계들과 관련하여 논의할 것이다. 우리가 이제까지 살펴본 것은 주로 교재의 지적인 측면이었으므로, 교재의 사회적인 성격도 약간 언급해둘 필요가 있다. 살아가는 데 필요한 지식, 즉 현실적인 여러 문제와 관련이 있고, 목적에 의해 동기가 부여된 자료와 관념도 그 폭과 깊이에는 차이가 있다. 그것은 목적의 사회적 확대와 문제의 사회적 중요성에 차이가 있기 때문이다. 선택의 대상인 자료가 넓은 범위에 걸쳐 있을 수 있으므로, 교육은(특히 가장 전문적인 단계 이전의 모든 단계에서) 사회적 가치라는 기준을 적용해야 한다.

모든 정보와 체계화된 과학의 내용(교재)은 사회생활의 정황하에서 만들어지고 사회적 수단을 통해 전달되어 왔다. 그러나 이것이, 현재의 사회 구성원의 성향을 형성하고 필요한 능력을 부여하는 데 모든 것이 동일한 가치를 지닌다는 증거가 되지는 않는다. 교육과정은 현재 사회생활의 필요에 따라 학과를 적응시키는 것을 고려하여 계획되어야 한다. 미래가 과거보다 향상되도록 우리가 함께 사는 생활을 개선한다는 의도 아래 선택되어야 하는 것이다. 더욱이 교육 과정은 첫째로 기본적인 요소를, 둘째로 고도의 세부적인 요소를 배치하는 것을 바탕으로 계획되어야 한다. 사회적으로 가장 기본적인 것, 즉 가장 광범위한 집단이 참여하는 경험과 관계가 있는 사물이 기본 요소가 된다. 전문화된 집단의 필요와 전문적 연구의 필요를 구현하는 것은 2차적인 문제이다. 교육은 무엇보다 인간적이어야 하며, 전문적인 것은 그 다음이어야 한다는 말은 진리다. 그러나 이것을 끊임없이 거론하는 사람들은, 인간적이라는 말로 단순히 고도로 특수화된 계급, 즉 과거의 고전적인 전통을 보유한 학자들의 계급을 생각하고 있는 것이다. 자료는 그것이 인간의 인간으로서의 공통관심사와 관련을 맺고 있는 정도에 따라 인간화되는 것이라는 점을 그들은 간과하고 있다.

특히 민주주의 사회는 폭넓고 인간적인 기준을 통해 학과과정을 형성함으로써 유지해야 한다. 대중을 위한 좁은 실리적 목적과 소수인의 고등교육을 위한 전문적이고 교양 있는 계급의 전통이 교재의 선택을 좌우하는 주요 세력인 곳에서는 민주주의가 번영할 수 없다. 초등교육의 '기본적 요소'는 기계적으로 다뤄진 학문이라는 생각은, 민주주의의 이상을 실현하는 데 필요한 기본적 요소에 대한 무지에서 비롯된 것이다. 그것은 무의식적으로 그러한 이상은 실현할 수 없다고 가정한다. 여기에는 과거와 마찬가지로 미래에도, 남녀 할 것 없이 대부분의 사람들에게는, 생계수단을 얻거나 '생활을 꾸려나가는 것'은 무의미하고 자유롭지 못한 선택이며, 자기를 드높이지도 못하는 일이라는 생각이 깔려 있다. 다시 말해, 그런 일을 하는 당사자는 자신이 모르는 목적에 기여하고, 오직 타인의 지시에 따라 물질적 보수를 위해 일함을 의미한다는 것이다. 대다수 사람들을 이런 종류의 생활을 위해, 오직 그것을 위해서만 준비시키는 데는, 어느 정도의 신체적 능력과 읽기, 쓰기, 철자법, 계산의 기계적 기능이 '기본교과'가 된다. 또 그러한 사정은 일반교양으로 일컬어지는 교육에도 편협함을 불어넣는다. 그것은 인간 공통의 가장 심오한 문제에 대한 관심에서 오는 계발과 훈련을 희생시켜, 거기에서 얻은 약간의 기생적인 교양을 가르친다. 사회적 책임을 인정하는 교육과정이라면, 공동생활의 문제와 관련된 사항을 포함하여, 사회적 통찰력과 사회적 관심을 발달시키는 데 적합한 관찰과 정보가 이루어지는 정황을 제공해야만 한다.

요약 교재는 주로 현재의 사회생활에 내용을 부여하는 의미들로 성립되어 있다. 사회생활의 연속은, 과거의 집단적 경험이 그러한 의미의 대부분을 현재의 활동에 부여하는 것을 뜻한다. 사회생활이 복잡해짐에 따라, 이러한 요소는 종류에서나 의미에서나 증가한다. 그것들을 새로운 세대에 충분히 전달하기 위해서는 특별한 선택, 정식화(定式化), 조직화가 필요하다. 그러나 바로 이 과정 자체에, 미숙한 사람이 현재의 경험 속에 들어 있는 의미를 인식하는 것을 돕는 데 교재가 기여하는 기능과는 별도로, 교재를 단지 그것만으로 가치가 있는 것으로 보는 경향이 있다. 특히 교육자는 발달하는 사회의 구성원인 학생의 활동 속에 교재를 조직해 넣는 것과는 상관없이, 고정된 문장으로서 교재를 익히고 암송하는 학생의 능력이라는 면에서 자신의 직무를 생각하려는 유혹에 노출되어 있다. 올바른 교육원리의 적용은, 어린이들이 사회에서 생기고 사회에서 사용되는 활동적인 일에서 출발하여, 더욱 폭넓게 경험해 온 다른 사람들한테서 전달받은 관념과 사실을 자신들의 더욱 직접적인 경험에 동화시킴으로써, 재료와 그 속에 들어 있는 법칙을 과학적으로 통찰해 나아가도록 도와주는 것이다.

제15장
교육과정에서의 놀이와 일

1 교육에서의 활동적 작업 위치 교육개혁자들의 노력과, 더욱 높아진 아동 심리학에 대한 관심, 교실에서의 직접적인 경험의 결과로서, 지난 30여 년 동안 교육과정은 상당히 수정되어 왔다. 우선 학습자의 경험과 능력에서 출발하여 그것들을 활용해야 바람직하다는 것이 위의 세 가지 방면 모두에서 강력하게 주장된 적이 있는데, 이 교훈에 따라 학교 밖에서 어린이와 청소년들이 하는 것과 비슷한, 놀이와 일에서의 활동 양식들이 학교에 도입되었다. 또 현대 심리학은 옛날의 이론에서 생각되었던 일반적인 기성 능력 대신, 본능적이고 충동적인 경향들의 복합적 집합체를 생각하게 되었다. 그리고 어린이들에게 자신들의 자연스러운 충동을 활용하게 하는 신체적 활동을 할 기회가 주어진다면, 학교에 가는 것을 좋아하게 되고, 관리 부담은 줄어들며, 학습은 쉬워진다는 것이 경험을 통해 밝혀졌다.

아마, 순전히 위에서 말한 이유에서, 학교의 '정규' 교과의 지루함과 긴장을 경감하는 것이 강조되어, 놀이와 게임, 공작이 때때로 이용될 것이다. 그렇지만 단순히 유쾌한 기분전환을 위해 그것을 이용한다고 생각할 필요는 없다. 정신생활의 연구를 통해, 탐험을 하고, 도구와 재료를 다루고, 물건을 만들고, 기쁜 감정을 표현하는 등의 타고난 경향에 기본적인 가치가 있다는 것이 밝혀졌다. 이러한 본능적인 자극에 의해 이루어지는 활동이 학교 정규 교육의 일부가 되면 학생은 전심전력을 기울일 것이고, 학교 안팎의 생활에서의 부자연스러운 틈은 줄어들며, 실제로 교육적인 다종다양한 재료와 과정에 주의가 집중되어, 정보에 사회적 배경을 주는 협력적 공동활동이 이루어지게 된다. 요컨대, 놀이와 활동적인 일에 교육과정 속의 명확한 위치를 부여하는 것은 지적이고 사회적인 문제이지, 일시적인 편의나 잠시 동안의 쾌적함의 문제는 아니다. 그러한 것이 없으면 효과적인 학습의 정상적인 상태를 확보할 수가 없다. 즉, 지식의 획득은 학교공부가 아니라 독자적인 목적을 가진 활동의 부산물이어야 한다. 더욱 명확하게 말하면, 인식의 첫 번째 단계는 앞장에서 살펴본 것처럼 무엇을 어떻게 해야 하는지를 학습하고, 그 행위에서 얻어진 사물의 과정을 이해하는 것이며, 놀이와 일은 그러한 인식의 첫 번째 단계의 여러 가지 특징과 하나하나 정확하게 부합된다. 자각적인 철학이 일어나기 이전의 그리스인들 사이에서는, 테그네($\tau\epsilon\chi\nu\eta$)라는 말이 기술과 과학 양쪽을 나타내는 데 사용되었다는 것은 시사하는 바가 크다. 플라톤은 제화공과 목수, 악기연주자 등의 지식의 분석을 근거로 지식을 설명하였다. 그는 그들의 기술은 단순한 기계적 작업이 아닌 한 어떤 목적이 있고, 다루는 재료와 원료에 대해 잘 알고 있으며, 도구를 자유롭게 사용할 줄 아는 능력이 있고 일정한 순서가 있다고 하였다. 즉, 지적 숙련이나 기술을 얻기 위해서는 이러한 것을 모두 알고 있어야 한다는 것이다.

대부분의 교육자들은 아이들이 보통 학교 밖에서는 놀거나 일을 한다는 사실이, 의심할 여지없이 어린이들이 학교에서는 그것과 근본적으로 다른 일을 해야 하는 이유라고 생각했다. 그 귀중한 수업시간을 아이들이 어차피 하는 것을 다시 되풀이하면서 보내서는 안 된다고 생각한 것이다. 사회적 상황에 따라서는 이것도 타당할 수 있다. 이를테면 개척자 시대에는 학교 밖에서 하는 일이 확고하고 가치 있는 지적 및 도덕적 훈련을 제공했다. 한편, 책과 책에 관한 모든 것이 희소하고도 접근하기 어려운 것으로, 그것은 좁고 거친 환경에서 탈출하는 유일한 수단이었다. 상황이 그러한 곳에서는 어디서나, 학교에서의 활동을 책에 집중하는 데 찬성하는 주장이 많이 나올 것이다. 그러나 오늘날 대부분의 지역사회는 상황이 매우 달라졌다. 어린이들이 할 수 있는 일의 종류는, 특히 도시에서는 상당히 반교육적이다. 아동의 노동을 방지하는 것이 사회의 의무로 되어 있는 것이 그 증거이다. 한편, 인쇄물은 값이 매우 싸지고 널리 배포된 데다 지적인 교양을 얻을 수 있는 모든 기회가 매우 증가했기 때문에, 옛날처럼 책으로 배우는 학습은 한때 지녔던 힘을 이미 잃어버렸다.

하지만 학교 밖의 상황에서는 대부분, 교육적 효과는 놀이와 일의 부산물이라는 것을 잊어서는 안 된다. 그것은 부수적이지 주된 것이 아니다. 따라서 거기서 이루어지는 교육적 성장은 많든 적든 우연적이다. 대부분의 일은 현재 산업사회가 안고 있는 결함, 그것도 올바른 발달에 있어서 거의 치명적인 결함을 공유하고 있다. 놀이는 주변 어른들이 보여주는 생활의 장점뿐만 아니라, 그 조악한 점도 재현하고 용인하는 경향이 있다. 그러므로 바람직한 지적과 도덕적 성장을 촉진하는 방향에서 놀이와 일이 수행되는 환경을 설정하는 것이 학교가 해야 할 일이다. 단순히 놀이와 게임, 수예, 수공 등을 도입하는 것만으로는 충분하지 않다. 모든 것은 어떻게 사용되는가에 따라 결정된다.

2 효과적인 작업 이미 학교에 도입된 여러 가지 활동의 이름을 열거한 목록만 보아도, 얼마나 많은 영역이 우리 앞에 펼쳐져 있는지 알 수 있다. 종이, 마분지, 나무, 가죽, 천, 실, 점토와 모래, 금속으로 만들기하는 일이 있는가 하면, 도구를 사용하는 것도 있고 사용하지 않는 것도 있다. 만들기에서도 접어서 쌓고, 자르고, 뚫고, 재고, 반죽하고, 본을 뜨고, 모형을 만드는 것이 있고, 열을 가하거나 냉각시키고 망치와 톱과 줄 같은 도구를 다루는 독특한 조작도 있다. 헤아릴 수 없이 많고 다양한 종류의 놀이와 게임은 물론이고, 사회적 목표가 있는 활동으로서(장래에 대비하여 기능을 습득하기 위한 단순한 연습으로서가 아니라) 야외 소풍, 원예, 요리, 바느질, 인쇄, 제본, 베짜기, 채색, 소묘, 노래, 연극, 이야기, 읽기, 쓰기 등도 약간의 작업 양식을 보여주고 있다.

교육자에게 문제가 되는 것은 다음과 같은 방법으로 학생들에게 그러한 활동을 하게 하는 것이다. 즉, 수작업의 숙련과 기술적 능률을 획득함으로써 나중에 활용하기 위한 준비가 될 뿐만 아니라, 그 일에서 직접적인 만족을 찾을 수 있고, 또 그러한 일이 교육에, 즉 지적인 여러 성과와 사회화된 성향을 형성하는 데 도움이 될 수 있는 방법이다. 그런데 이러한 방침은 과연 무엇을 의미할까?

첫째로, 이 방침은 어떤 종류의 관행을 배척한다. 일정한 규정과 명령에 따르거나, 기성의 모범을 변경하지 않고 그저 모방하는 활동은 근육을 튼튼하게 해줄지는 모르지만, 여러 가지 목적을 인식하고 그것을 더욱 적절하게 다듬는 과정이 필요없고, (결국 같은 말이 되지만) 수단의 선택과 적용에 판단력을 사용할 여지를 주지 않는다. 특별히 수공이라고 불리는 훈련뿐만 아니라, 대부분의 유치원에서 해온 전통적인 활동도 이 점에서 잘못되어 있었던 것이다. 또한 실수를 저지르는 것도 부수적으로 필요하다. 그것은 결코 실수가 바람직하기 때문이 아니다. 실수를 할 여지가 없는 재료와 장치를 선택하는 데 지나치게 열중하는 것은 오히려 독창성을 제한하고 판단을 최소한으로 줄이며, 복잡한 생활 상황과 너무나 동떨어진 방법을 강제함으로써, 이미 획득한 능력을 거의 쓸모없는 것으로 만들어버리기 때문이다. 어린이들이 자신들의 능력을 과대평가하여 그 이상의 것을 하려 드는 경향이 있는 것은 틀림없는 사실이다. 그러나 능력의 한계를 아는 것도 아이가 배워야 하는 것 중의 하나이고, 그것은 다른 것과 마찬가지로 결과를 경험함으로써 학습할 수 있는 것이다. 어린이는 지나치게 복잡한 계획에 착수하면, 그저 우물쭈물하다가 실수를 저지를 뿐이며, 조잡한 결과를 만들어 내는 데 (이것은 그다지 중요하지 않다) 그치지 않고, 조잡한 규범을 익히게 될(이것은 정말 중요한 문제이다) 위험이 있다. 그러나 학생이 적절한 시기에 자신의 행위가 부적절하다는 것을 깨닫고 그에 자극을 받아 자신의 능력을 완성하기 위해 노력하지 않는다면, 그것은 교사의 잘못이다. 동시에 학생의 행동을 너무 정교하고 엄밀하게 통제되는 개개의 일에 끌어들임으로써 외면적인 완성에 이르는 것보다는, 창조적이고 건설적인 태도를 살려주는 것이 더 중요하다. 정밀하고 세부적인 완성도는 복잡한 일 가운데 학생의 능력 안에서 부분적으로 강조할 수 있는 것이다.

소박한 경험에 대한 무의식적인 불신이나, 그 결과로 외부에서 지나치게 통제를 가하는 태도는, 교사의 지시에 나타날 뿐만 아니라, 어린이에게 주어지는 교재에도 똑같이 드러난다. 가공하지 않은 원재료에 대한 불안은 실험실에서도, 공작실에서도, 프뢰벨의 유치원에서도, 몬테소리의 어린이집에서도 나타나고 있다. 정신의 작용에 의해 이미 가공된 교재가 요구되는 것이다. 이러한 요구는 책으로 공부하는 학구적인 학습뿐만 아니라, 활동적인 작업에서도 나타난다. 그러한 교재가 학생의 활동을 통제하여 시행착오를 방지하는 것은 확실하다. 그러나 그러한 교재를 사용하여 활동하는 학생이 그 교재를 최초로 형성하는 데 공헌한 지성을 흡수하게 되리라고 생각하는 것은 오산이다. 우선 원재료에서 시작하여 목적을 세우고 그것을 처리함으로써, 비로소 학생은 완성된 교재 속에 구현되어 있는 지성을 얻는 것이다. 실제로 이미 완성되어 있는 재료를 지나치게 강조하면, 수학적 여러 성질을 과장하게 된다. 왜냐하면, 지성은 물리적 사물 속에 크기, 모양, 비율 및 거기서 생기는 여러 관계라는 면에서, 자신에게 득이 되는 것을 찾아내기 때문이다. 그러나 이러한 성질은 그것에 주의할 필요가 있는 목적을 가지고 실제로 해본 결과로서 그것들을 인식해야만 '알 수 있다'. 목적이 인간적인 것일수록, 즉 그것이 나날의 경험에서 사람의 마음을 끄는 목적에 가까울수록, 지식은 훨씬 현실적인 것이 된다. 활동의 목적이 이러한 성질을 확인하는 것에만 제한될 때, 그 결과에서 나오는 지식은 단순히 학술적인 지식일 뿐이다.

활동적인 작업은 첫째로 '전체'에 관한 것이어야만 한다고 하지만, 그것은 같은 방침의 다른 표현에 지나지 않는다. 그러나 교육에서 전체는 물리적인 사항이 아니다. 지적으로는, 어떤 전체의 존재는 관심이나 흥미에 따라 결정된다. 그것은 질적인 것이며, 어떤 정황이 사람의 마음을 완전히 사로잡는다는 뜻이다. 현재의 목적과 상관없이 효과적인 기능을 형성하는 데 너무 집착하면, 항상 목적에서 동떨어진 연습을 생각해내게 된다. 실험실에서는 물리학의 중요한 단원에 대한 지식을 습득하도록 정확하게 측정하는 작업으로 구성되는데, 이것은 그 단원이 왜 중요한가 하는 점과 무관하게 측정 기술 자체에 강조를 두는 것이다. 즉, 실험기구를 능숙하게 조작할 수 있는 기술을 가르치는 셈이다. 발견과 검증만이 기술에 의미를 주는데, 그러한 발견과 검증이라는 목적과 관계없이 기술이 습득되고 있는 것이다. 유치원의 작업은 입방체와 구체 등에 대한 지식을 제공하고, 재료를 조작하는 일정한 습관을 형성하도록(왜냐하면 어떤 일이든 언제나 '완전히 똑같이' 하지 않으면 안 되므로) 연구되고 있으며, 더욱 생동감 있는 목적의 결여는 사용되는 재료의 상징적 의미가 보완하는 것으로 생각하고 있다. 수공은 여러 가지 도구들을 차례로 익혀서 공작의 모든 요소—이를테면 여러 가지 접합 같은—에 대한 기술적 능력을 획득하도록 일련의 순서에 따라 구성된 과제가 되어버렸다. 학생들은 실제로 무엇을 만드는 일을 시작하기 전에 도구의 사용법부터 알아야 한다는 것이다. 다시 말해 학생들은 무엇을 만드는 과정에서는 도구 사용법을 배울 수 없다고 생각하는 것이다. 페스탈로치가 단어를 암기하는 대신 감각을 적극적으로 사용해야 한다고 강조한 것은 옳지만, 실제로는 이 주장은 정선된 물체의 모든 성질을 학생들에게 알리기 위해 시도된 '실물교육'의 계획을 세상에 남겼다. 이것도 역시 같은 오류이다. 즉, 어느 경우에나 물건을 지적으로 사용하기 위해서는, 미리 그러한 사물 성질을 알아야 한다는 것이 전제된 것이다. 사실 사물을 지적으로(즉, 목적을 세우고) 사용하는 과정에서 감각은 정상적으로 사용되고 있다. 왜냐하면, 지각되는 여러 성질은 사물을 수행할 때 고려해야 하는 요소이기 때문이다. 그 증거로, 어떤 소년이 연을 만들 때, 나무의 결이나 그 밖의 성질, 크기와 각도, 여러 부분의 비율 문제에 대해 그가 보여주는 태도는, 한 조각의 나무에 대해 실물교육을 받는 학생의 태도와 다르다는 것을 주목하기 바란다. 후자의 경우에 나무와 그 성질들이 갖춘 유일한 기능은 수업의 교재로서 도움이 될 뿐이다.

어떤 정황의 기능적 관계들의 종합적 발전(the functional development)만이 정신에서 하나의 '전체'를 구성한다는 것을 이해하지 못했기 때문에, 단순한 것과 복잡한 것에 대한 그릇된 생각이 나오고, 그것이 교육활동 속에 널리 퍼지게 되었다. 어떤 문제에 몰두하고 있는 사람에게 단순한 것은 그의 목적이다. 수행과정이 아무리 복잡해도 그가 재료와 도구와 기술적 처치에서 이끌어내려고 하는 효용은 단순한 것이다. 목적의 단일성은 그것에 필요한 세부사항에 전념하면서 행동 과정에서 고려해야 하는 여러 가지 요소에 단순함을 준다. 그것은 그 일 전체를 수행하는 과정에서 각 요소가 하는 역할에 따라, 각각의 요소에 '단 하나'의 의미를 주는 것이다. 그 과정을 끝낸 뒤에야, 그 일을 구성하는 여러 성질과 관계는 각각 독자적인 한정된 의미를 지니는 기초가 된다. 앞에 말한 그릇된 생각은 숙련자, 즉 이미 그러한 기초가 있는 사람의 관점에서 나온 것이다. 그리고 그러한 기초를 목적이 있는 행동에서 분리하여, '단순한' 것으로서 초심자들에게 보여주는 것이다.

그러나 이제는 적극적인 제안을 해야 할 단계가 되었다. 활동적인 작업은 학문이 아니라 수행해야 할 행위를 의미한다는 것은 앞서 말한 바 있다. 그러한 활동적인 작업이 지닌 교육적 의의는 그것이 사회 정황의 전형을 보여준다는 사실에 있다. 사람들의 기본적인 공통관심사는 음식, 주거, 옷, 가구, 그리고 생산, 교환, 소비와 관련된 여러 시설에 집중된다. 이런 것들은 생활필수품과 그것을 에워싸고 있는 장식, 양쪽을 구현하고 있으므로 인간의 깊은 내면에 가라앉은 본능을 일깨워준다. 또 거기에는 사회적 성질을 지닌 사실과 원리들이 배어 있다.

이러한 기본적인 인간의 관심사를 옮겨다 놓은 학교 활동들, 즉 원예, 방직, 목공, 금속세공, 요리 등이 단순히 실용적인 가치밖에 없다고 하는 비난은 잘못된 것이다. 대부분의 사람들이 그 산업상의 작업 속에서 오직 생계를 유지하기 위해 견뎌야 하는 해악밖에 찾지 못한다면, 그 잘못은 그러한 작업에 있는 것이 아니라 그 작업이 수행되는 상황에 있다. 현대생활에서 경제적 요소의 중요성은 끊임없이 높아지고 있으므로, 교육이 그러한 과학적 내용과 사회적 가치를 명백하게 밝힐 필요가 더욱 커지고 있다. 왜냐하면 학교에서의 작업은 금전적 이익을 위해서가 아니라 그 자체의 내용을 위해 이루어지기 때문이다. 그것은 외적인 결속과 임금의 획득이라는 압력에서 자유로우므로 본질적으로 가치 있는 경험의 여러 양식을 제공한다. 즉, 그것은 질적인 면에서 진정으로 해방되어 있는 것이다.

이를테면 정원가꾸기는 장차 정원사가 될 준비를 위해 가르쳐야 하는 것도 아니고, 즐겁게 시간을 보내는 수단으로서 가르쳐야 하는 것도 아니다. 그것은 농업과 원예가 인류 역사 속에서 차지해온 위치와, 현재의 사회기구 속에서 자리한 위치에 대한 지식에 다가가는 수단을 제공한다. 교육적으로 통제된 환경 속에서 수행된다면, 그것은 성장의 실태, 토양화학, 빛과 공기와 수분의 역할, 유해한 동물과 유익한 동물의 생활 등을 연구하기 위한 수단이 된다. 식물학의 초보적 학습에서는 종자의 성장을 돌보는 것과 관련하여, 살아있는 생생한 방법으로 가르칠 수 없는 것은 아무것도 없다. 그렇다면, 그것은 식물학이라는 특수한 학문에 속하는 교재가 아니라 생활에 속하는 것이 되며, 나아가서 토양과 동물의 생활, 인간관계의 여러 사실과 자연스러운 상호관계를 맺게 될 것이다. 학생들은 성장함에 따라 최초의 정원가꾸기에 대한 직접적인 흥미에서 독립하여, 발견을 위해 추구하는 흥미로운 여러 문제, 즉 식물의 발아와 영양섭취, 결실 등과 관련된 문제들을 인식함으로써 의도적인 지적 탐구의 단계로 넘어갈 것이다.

이와 같은 실례는 물론 목공, 요리, 그 밖의 모든 과목에 걸친 다른 여러 가지 작업에도 적용될 수 있다. 그런데 여기서 주목해야 할 것은, 인류 역사에서 과학은 유용한 사회적 작업에서 서서히 성장하고 탈피해 왔다는 점이다. 물리학은 도구와 기계(machines)의 사용에서 발전해왔다. 역학(mechanics)이라는 물리학의 중요한 한 부문은 그 명칭을 통해 원래의 관계를 보여준다. 지레, 바퀴, 경사면 등은 인류 최초의 위대한 지적 발견이었다. 그것들은 실제적인 목적을 달성할 수단을 찾는 과정에서 발견되었지만, 역시 지적인 것임에는 틀림없었다. 최근 2, 30년 동안에 일어난 전기학의 커다란 진보는 통신과 수송, 도시 및 가정의 조명, 더욱 경제적인 상품생산의 수단인 전력의 응용과 결과나 원인으로서 밀접하게 관련되어 있다. 더욱이 이러한 것은 '사회적'으로 중요한 목적이다. 그것이 개인적인 이익과 지나치게 밀접하게 결부되어 있다 하더라도, 그것은 그 자체에 내재된 무언가를 위해서가 아니라, 그것이 개인적인 용도에 치우쳐서 사용되었기 때문이다. 따라서 그러한 것들과 공공적, 과학적, 사회적 관심의 관계를 다음 세대의 마음속에 올바로 회복시켜야 할 책임이 학교에 있다. 이와 마찬가지로 화학도 염색과 표백, 금속가공 등의 과정에서 성장하여, 최근에는 공업에서 무수한 새로운 용도가 발견되고 있다.

수학은 이제 고도로 추상적인 학문이 되어 있다. 그러나 기하학(geometry)은 문자 그대로 토지의 측량(earth-measuring)을 의미한다. 사물을 파악하기 위해 숫자를 세거나 측량하기 위해 숫자를 실제로 사용하는 것은, 오늘날에는 이러한 목적을 위해 숫자가 발명되었을 때보다 훨씬 중요해졌다. 그러나 이상과 같은 고찰은(어떤 학문의 역사에서도 마찬가지지만) 학교수업에서 인류의 역사를 반복하거나, 옛날의 엉성한 경험적 방법에 의존하던 단계에 언제까지나 머물러 있어야 한다는 주장에 찬성할 근거는 되지 않는다. 다만 위의 고찰은 과학 학습의 기회로서 활동적인 작업을 활용할 수 있는 가능성—그것은 과거의 어느 시대보다 오늘날에 더 크다—을 보여줄 뿐이다. 그러한 기회는 과거의 인간집단의 생활을 보든 미래의 그것을 보든, 사회적인 면에서도 똑같이 크다고 할 수 있다. 초등단계의 학생들에게 도덕과 경제학을 가르치는 가장 직접적인 길은 사회생활에서 산업상의 작업이 차지하는 위치와 역할에 대해 고찰하는 것이다. 또 상급생들에게도 사회과학은, 그러한 것들을 과학으로(정식화된 지식체계로) 다루기보다는, 그 학생들이 속해 있는 사회집단의 일상생활에서 나타나는 것과 마찬가지로 직접적인 문제로 다루는 일이 더 많다면 더욱 구체적이고 실질적인 교과가 될 것이다.

작업과 과학적 방법의 관계는 적어도 작업과 과학적 연구대상의 관계와 마찬가지로 밀접하다. 과학의 진보가 느렸던 시대에는, 학자들이 일상생활의 자료와 방법, 특히 수공업에 대한 것을 멸시했다. 따라서 그들은 일반적인 원리에서—거의 자신들의 머리에서—논리적 추리를 통해 지식을 발전시키려고 노력했다. 돌멩이 위에 산(酸)을 떨어뜨리고 무슨 일이 일어나는지 보는 것처럼, 물체에 작용을 가하거나 그것을 사용하는 행동에서 학문이 발생한다는 것은, 밀랍을 먹인 실을 송곳에 꿰어 가죽조각에 찔러 넣는 데서 학문이 발생한다는 것과 마찬가지로 터무니없다고 생각한 것이다. 그러나 실험적인 방법이 탄생함에 따라, 정황을 통제하는 힘이 주어진다면 후자의 조작법이 고립된 논리적 추리보다 올바른 인식 방법을 훨씬 잘 대표한다는 사실이 밝혀졌다. 실험은 17세기부터 발달하여, 사람들의 관심이 자연을 통제하여 인간에게 유용하게 작용하도록 하는 문제에 집중하게 되었을 때, 올바른 인식의 방법으로서 공인받은 것이다. 유익한 변화를 가져오기 위해 자연의 사물에 여러 가지 장치를 가하는 활동적인 작업이야말로, 실험적 방법의 가장 생생한 입문법이다.

 3 일과 놀이 지금까지 활동적 작업이라는 용어로 표현한 것에는 놀이와 일이 모두 포함된다. 놀이와 일은 본디, 흔히 생각하듯이 서로 완전히 상반되는 것은 결코 아니며, 명확한 대조는 모두 바람직하지 않은 사회적 상황에서 나온 것이다. 놀이와 일은 모두 의식적으로 마음에 그린 목적과, 추구하는 목적을 실현하기 위해 계획한 재료와 방법을 선택하고 적용하는 것을 포함하고 있다. 이 양자의 차이는 주로 지속시간의 차이로, 그것은 수단과 목적 사이의 관련이 얼마나 직접적인가를 좌우한다. 놀이에서 흥미는 더욱 직접적이다. 이는, 놀이에서는 활동의 목적이 장래의 결과가 아니라 활동 그 자체라는 말로 종종 지적되는 사실이다. 맞는 말이다. 그러나 놀이의 활동은 순간적이고, 미래의 전망을 기대하거나 무언가를 추구하는 요소가 전혀 없다는 의미로 받아들인다면, 그것은 잘못된 해석이다. 이를테면 사냥은 어른들의 가장 일반적인 놀이의 하나이지만, 미래에 대해 예상하고 기대하는 것에 따라 현재의 활동이 결정되는 것은 분명한 사실이다. 그 '순간의 행동'이 그 자체로서 완결된다는 의미에서 어떤 활동 자체가 그 목적이라면, 그 활동은 완전히 육체적인 것이며 어떠한 의미도 없다. 그 사람은 완전히 맹목적으로, 또 어쩌면 완전히 모방적으로 여러 가지 동작들을 되는대로 하고 있거나, 아니면 정신과 신경을 소모시키는 흥분상태에 있거나 둘 중 하나이다.

어느 쪽의 결과도, 어른들만 알 수 있을 만큼 놀이의 취향이 고도로 상징적인 어떤 종류의 유치원 놀이에서 볼 수 있다. 어린이들은 자신의 독자적인 관념에서 그 의미를 이해하지 못하면, 마치 최면에 걸린 것처럼 방심한 상태로 움직이거나 직접적인 자극에 반응할 뿐이다.

이상에서 말한 것의 요점은, 놀이는 연속되는 일련의 동작에 목표를 부여하는 지도적 관념이라는 의미에서의 목적을 지닌다는 것이다. 놀이를 하는 사람은 그냥 무언가를 하는(순전한 육체적 운동) 것이 아니라, 무언가를 이룩하려고, 또는 어떤 결과를 가져오려고 '노력'하는 것이며, 거기에는 그들을 지금처럼 반응하게 하는 미래에 대한 전망이 들어있다. 그러나 예견되는 결과는 사물 속에 어떤 특정한 변화를 불러일으키는 것이라기보다는 그 뒤에 오는 행동이다. 그러므로 놀이는 자유롭고 유연한 것이다. 어떤 정해진 외적인 결과가 요구되는 경우에는, 어느 정도 끈기 있게 그 목적을 추구해야 하며, 그 경향은 계획된 결과가 복잡하고, 상당히 긴 일련의 중간적인 적응이 필요할수록 더욱 커진다. 그러나 의도된 행위가 현재의 활동과 별개의 것일 경우에는, 먼 미래까지 내다볼 필요는 없으며, 도중에 그것을 자주, 그리고 쉽게 변경하는 것이 가능하다. 장난감 배를 만들 때, 아이는 그 한 가지 목적에 매달려, 그 단 하나의 관념에 따라 상당히 많은 동작의 방향을 정해야 한다. 그러나 아이가 그저 '뱃놀이'를 할 뿐이라면, 그는 배를 만들 만한 재료를 거의 마음대로 바꿀 수 있고, 생각이 떠오르는 대로 새로운 요소를 도입할 수도 있다. 의자든, 적목이든, 나무토막이든, 톱밥이든, 그것이 활동한다는 목적에 유용하다면, 상상력은 그것들로 뭐든지 만들고 싶은 것을 만들어낼 수 있다.

그러나 매우 어린 시절부터 놀이만 하는 시기와 일만 하는 시기의 뚜렷한 구별은 없으며, 강조의 차이가 있을 뿐이다. 유아들도 어떤 확실한 결과를 추구하고 실현하고자 노력하는 법이다. 다른 사람들이 하는 작업에 참여하는 것에 대한 어린이들의 강한 흥미는, 다만 그 자체만으로도 그들의 목적을 이룩하는 것이다. 어린이들은 '돕고' 싶어 한다. 그들은 외적인 변화를 가져오는 어른들의 일, 이를테면 식탁을 차리고 설거지를 하고 동물을 돌보는 일 같은 것을 늘 하고 싶어 한다. 놀이에서는 그들은 자신의 장난감이나 도구를 조립하길 좋아한다. 점점 성장해 감에 따라, 손으로 만지고 눈으로 볼 수 있는 결과가 나오지 않는 활동에는 흥미가 사라진다. 그러면 놀이는 장난으로 바뀌어, 늘 그것에 탐닉하는 타락의 원인이 된다. 사람이 자신의 능력을 알고 그 크기를 파악할 수 있기 위해서는 관찰할 수 있는 결과가 필요하다. '했다고 생각'한 것은 그저 '했다고 생각'한 것에 지나지 않는다는 것을 알아버리면, 단지 공상 속에서만 사물을 만드는 방법은 너무 쉬운 일이어서 긴장된 행동을 불러일으키는 자극이 되지 않는 것이다. 어린이들의 태도가 진심으로 열중해 있는 자의 그것임은, 그저 실제로 놀고 있는 아이의 표정만 관찰하면 알 수 있다. 이 진심으로 열중해 있는 태도는 사물이 적절한 자극을 주지 않으면 더 이상 유지되지 않는다.

일정한 성질을 가진, 상당히 먼 미래의 결과가 예견되고, 그것을 이룩하기 위해 지속적인 노력이 필요할 때, 놀이는 일로 바뀐다. 놀이와 마찬가지로 일도 목적이 있는 활동을 의미하지만, 일은, 활동이 외적인 결과를 위해 수행된다는 점에서가 아니라, 그 결과를 얻기 위해 더 긴 과정이 필요하다는 점에서 놀이와 다르다. 더욱 지속적인 주의가 필요하고, 수단의 선택과 결정에 훨씬 많은 지적 능력이 요구된다. 이 설명을 부연한다면, 목표와 흥미와 사고라는 표제 아래 설명한 내용을 모두 되풀이하게 될 것이다. 그러나 일에서는, 미래의 물질적 성과에 활동을 종속시켜야 한다는 생각이 왜 그렇게 널리 퍼져 있는지에 대해 묻는 것은 의미가 있는 일일 것이다.

이 종속의 극단적 형태인 단조롭고 힘든 육체노동을 생각해보면 이 문제의 단서를 얻을 수 있다. 외부로부터의 압력, 즉 강제로 수행하는 활동은, 그 행위와 결부되어 있는 어떤 의미를 위해 실행되는 것이 아니다. 그 행동의 과정 자체가 만족을 가져다주는 것이 아니라, 그 결과로서 뭔가의 처벌을 피하거나 대가를 얻기 위한 단순한 수단에 지나지 않는다. 더 싫은 것을 피하거나, 다른 사람이 제시한 이득을 얻기 위해, 싫어하는 일이지만 참는 것이다. 자유롭지 않은 경제상황하에서는 이러한 사태가 반드시 나타난다. 일과 노동은 정보와 상상력을 자극하는 것은 거의 제공하지 않으며, 많든 적든 일련의 기계적인 긴장이다. 오직 그 일을 끝내야 한다는 생각이 그를 계속 일하게 하는 것이다. 그러나 목적은 그 행동에 원래 내재되어 있어야만 한다. 다시 말해 목적은 '그 행동 자체'의 목적(종국), 즉 그 자체의 과정의 일부여야 하는 것이다. 그렇다면 그것은 중간에 일어나는 행동과는 아무 상관없이 결과에 대한 생각에서 나오는 것과는 매우 다른 노력에 대해 자극이 된다. 이미 말한 것처럼, 학교에는 경제적 압력이 없다는 것이, 작업을 그 자체를 위해 수행할 수 있는 사정하에 어른 사회의 산업상 정황을 재현할 기회를 준다. 경우에 따라서는 금전상의 대가가, 어떤 행동의 중요한 동기는 아니지만 그 행동의 결과로서 부수적으로 주어진다면, 그 작업의 가치는 좋은 의미에서 더욱 커지는 것이다.

단조로운 육체노동에 가까운 일을 수행하거나, 외부로부터 강요당한 과제를 완수해야 할 때에도, 놀고 싶다는 요구는 지속되지만 그것은 왜곡될 가능성이 높다. 일상적인 행동의 과정이 정서와 상상력에 적절한 자극을 주지 못하기 때문이다. 그래서 여가가 있을 때는 무슨 수를 써서라도 그것을 자극하고 싶은 강렬한 욕구가 일어난다. 즉 도박, 음주 등에 빠지거나, 그다지 극단적이지 않은 경우에는 사소한 오락에 의존하면서 뭔가 직접적인 쾌락을 느낄 수 있는 것으로 시간을 보내려 한다. 레크리에이션은 그 단어의 뜻 그대로 에너지를 회복하는 것이다. 인간성이 지닌 요구 가운데 이보다 더 강박적이고 억제하기 힘든 것은 없다. 그 요구를 억누를 수 있다고 생각하는 것은 절대적으로 잘못된 것이다. 그 욕구를 허용하지 않는 청교도의 전통은 필연적으로 많은 폐해를 낳았다. 교육이 건전한 레크리에이션의 기회를 제공하지 않고, 또 그 기회를 찾아낼 능력을 훈련하지 않는다면, 억압된 본능은 때로는 공공연하게, 때로는 혼자 공상에 빠짐으로서 모든 금기의 배출구를 찾는다. 교육에서 레크리에이션이 될 수 있는 여가를 즐기도록 적절히 배려하는 것보다 중요한 책임은 없다. 그것은 당장의 건강을 위해서뿐만 아니라, 만약 가능하다면 정신의 습관에 미치는 영속적인 효과를 위해서도 더욱 필요하다. 예술은 이 점에서도 역시 이 요구를 충족시킬 수 있다.

요약 앞장에서 우리는, 앎의 기초적인 내용은 직접 부딪치는 일을 배우는 과정 속에 들어 있음을 보았다. 이 원리를 교육에 적용하면, 젊은이들의 능력에 작용하면서, 사회적 활동의 일반적인 양식을 잘 보여주는 단순한 작업을 일관되게 이용하는 것이 된다. 재료와 도구와 에너지의 여러 법칙에 대한 기능과 지식은, 활동이 그 자체를 위해 영위될 때 획득된다. 그것이 사회적으로 전형적이라는 점에서, 획득된 기능과 지식을 학교 밖의 정황에도 돌려 쓸 수 있게 된다.

놀이와 일의 심리적 구별을 그 경제적 구별과 혼동하지 않는 것이 중요하다. 심리적으로는, 놀이의 결정적인 특징은 오락성도 아니고 무목적성도 아니다. 그 특징은 산출되는 결과와 관련하여 행동의 연속성을 한정하지 않고, 동일한 노선상의 더 많은 활동으로서 목표가 고려된다는 점이다. 활동은, 더욱 복잡해질수록 달성되는 특정한 결과에 더 많은 주의가 기울어짐으로써 더 많은 의미가 부여된다. 그리하여 활동은 서서히 일이 되어가는 것이다. 놀이를 부유한 사람들의 무익한 흥분으로 보고, 일을 가난한 사람들의 성미에 맞지 않는 노동으로 치부해버리는 경향이 있는 왜곡된 경제적 정황은 제쳐두고, 놀이도 일도 똑같이 자유롭고 또한 내적으로 동기부여가 되어 있는 것이다. 심리적으로, 일이라는 것은 그 자체의 일부인 여러 결과를 의식적으로 배려하는 활동에 지나지 않는다. 활동을 단순한 수단으로 보는 목적으로서, 결과가 활동 밖에 있을 때는 일은 강제노동이 된다. 놀이의 태도가 듬뿍 배어있는 일은, 평범한 의미에서는 아니지만 질에 있어서는 예술이다.

제16장
지리와 역사의 의의

1 초보적 활동의 의미 확장 단순히 물질적인 것으로서의 활동과, 그 활동이 가질 수 있는 풍부한 '의미' 사이에는 매우 뚜렷한 차이가 있다. 제3자가 볼 때, 망원경을 통해 하늘을 살펴보는 천문학자는, 똑같은 통을 들여다보는 어린 소년과 비슷하다. 어느 경우에도 유리와 금속으로 만들어진 장치와 눈과 저 멀리 반짝이는 작은 빛의 점이 있다. 그러나 어떤 결정적인 계기를 통해 어떤 천문학자의 활동은 천체의 탄생과 관련을 맺고, 별이 가득한 하늘에 대해 지금까지 알려진 모든 것을 그 활동의 의미 있는 내용으로 도입할 수도 있다. 물질적인 면에서 말한다면, 인간이 미개한 상태에서 진보하는 동안 이 지구상에 이루어 놓은 것은 그저 지구의 표면을 긁어놓은 단순한 상처에 지나지 않는다. 그것은 태양계의 확대와 비교하여 훨씬 못 미치는 거리에서 보아도 눈에 보이지 않을 정도이다. 그러나 '의미'에 있어서 인간이 이룩해온 것이야말로 문명과 미개의 차이가 얼마나 큰지 보여주는 것이다. 물질적으로 보아도 인간의 활동은 어느 정도 변화해 왔지만, 이 변화는 그 활동과 결부되는 의미의 발전에 비하면 하잘것없는 것이다. 어떤 행동이 가질 수 있는 의미에는 한계가 없다. 행동은 여러 가지 관련 속에 위치하지만, 그 의미는 모두, 인식된 그러한 관련의 맥락에 따라 결정된다. 그러한 관련을 이해하는 데 상상력이 미칠 수 있는 범위는 무한하다.

의미를 부여하고 찾아내는 점에서 인간의 활동이 우월함으로 말미암아, 교육은 도구를 제작하고 동물을 훈련시키는 것과는 뭔가 다른 것이 된다. 후자는 능률은 향상시키지만 의미를 발전시키지는 않는다. 앞장에서 살펴본 것처럼 놀이와 일에서 작업의 궁극적인 교육적 가치는, 그러한 작업이 의미 확장의 가장 직접적인 수단이 된다는 점이다. 그것은 적당한 조건 아래 수행된다면, 한없이 넓은 범위의 지적 고찰을 수집하고 보존하는 자석이 된다.

그 활동은 정보를 받아들이고 소화하는 살아있는 구심점이 된다. 정보가 단순히 그 자체를 위해 유지되어야 하는 정보의 덩어리로서 공급된다면, 그것은 살아있는 경험과 섞이지 않고 다만 그 위에 쌓여서 층을 이루는 경향이 있다. 정보는 활동 그 자체를 위해 수행되는 활동 속에 수단으로서든 목표하는 내용의 확대로서든, 한 요소로서 들어올 때 유익(informing)한 것이 된다. 직접 획득한 통찰이 남에게서 얻은 것과 융합을 이루는 것이다. 그러므로 개인의 경험은 그가 속해 있는 집단이 경험한 내용의 성과—거기에는 오랜 기간에 걸친 고뇌와 시련의 성과가 포함되어 있다—를 받아들이고 녹여서 보유할 수 있다. 더욱이 그러한 매개물에는 더 이상 흡수할 수 없는 포화점이 정해져 있지 않다. 흡수된 것이 많으면 많을수록 더 많은 것을 소화할 수 있는 더 큰 수용력이 생긴다. 새로운 수용력은 새로운 호기심의 결과로서 생기고, 새로운 호기심은 획득된 정보의 결과로서 생긴다.

여러 가지 활동에 담겨 있는 의미는 자연과 인간에 대한 것이다. 이것은 뻔한 말이지만, 교육적 의미로 번역하면 그 의미가 커진다. 거기에는 다음과 같은 의미가 있다. 지리와 역사는 원래 협소한 개인적 행동이나 단순한 전문적 기능의 여러 양식에 지나지 않는 것에 배경과 전망을 주고 지적 깊이를 더해주는 교재를 제공한다는 것이다. 우리 자신의 행동을 시간적, 공간적 관련 속에 위치를 부여하는 능력이 커질 때마다, 우리의 행동은 그만큼 의미 있는 내용을 담게 된다. 우리 자신이 사는 무대를 그 공간 속에서 확인하고, 우리 자신이 그 시간 속에서 끊임없이 이어지는 노력의 상속자요 계승자임을 알 때, 우리는 훌륭한 공동사회의 일원이라는 것을 자각한다. 그리하여 우리의 일상경험은 단순히 순간적인 것에 그치는 것이 아니라 영속적인 실체를 입는 것이다.

말할 것도 없는 일이지만, 지리와 역사가, 단지 학교에 다니기 때문에 배워야 하는 이미 완성된 학과로서 가르쳐진다면, 매일의 경험과 동떨어진 이질적인 사물에 대한 수많은 문장을 배우는 결과가 되기 쉽다. 활동은 분할되고, 분리된 두 세계가 구축되어, 그것은 분할된 각각 다른 시간에 활동의 주제가 된다. 거기에는 조금도 변질이 일어나지 않는다. 즉 일상적 경험이 여러 가지 관련을 획득함으로써 그 의미를 확대하는 일도 없고, 배운 내용이 직접적인 활동 속에 들어옴으로써 생명을 얻고 현실화되는 일도 없다. 일상적 경험은 협소하지만 생생한 이전의 상태에 머물러 있을 수도 없다. 오히려 그것은 유동성과 암시에 대한 감수성을 상당히 잃어버린다. 동화되지 않은 정보라는 무거운 짐에 짓눌려 구석으로 내몰린다. 유연한 반응력과 더 많은 의미에 대한 기민한 열의를 내버린다. 생활의 직접적인 흥미와는 별도로 정보를 단지 축적만 해서는 마음이 둔해져서 탄력성을 잃는 것이다.

그 자체를 위해 수행되는 모든 활동은 보통, 그때의 그 자신의 범위를 벗어나서 밖으로 뻗어나간다. 그것은 그 의미를 증대시키는 정보가 주어지기를 그저 수동적으로 기다리는 것이 아니라 정보를 능동적으로 찾아가는 것이다. 호기심은 우연히 마음에 달라붙어 떨어지지 않는 고립된 감정이 아니다. 그것은, 경험은 움직이고 변화하고 있으며, 다른 사물과 모든 종류의 관련을 맺는다는 사실의 필연적인 결과이다. 호기심은 이러한 관련을 인지하고자 하는 마음의 경향에 지나지 않는다. 경험의 확대가 결실을 맺고 풍요로운 대가를 얻어 그 활발한 상태가 계속 유지되도록 환경을 설정하는 것이 바로 교육자의 의무이다. 어떤 환경 속에서는 활동이 억제되어, 거기서 생기는 단 하나의 의미가 그 활동의 직접적이고 구체적인 고립된 결과에 대한 것뿐인 경우가 있다. 사람은 요리를 하고 망치질을 하고 걷기도 하는데, 그렇게 해서 생기는 결과는 문자 그대로 요리하고 망치질하고 걷는 것—즉 물질적인—의 결과 이상으로는 사람의 마음을 사로잡지 않을 수도 있다. 그런데도 그 행위의 결과는 여전히 훨씬 멀리까지 미친다. 걷는 것에는 그것에 저항하는 지면의 이동과 반작용이 뒤따르며, 그 진동은 물질이 있는 곳에서는 어디서나 느낄 수 있다. 또 보행은 팔다리의 구조와 신경계, 역학의 여러 원리와 관계가 있다. 요리는 음식 재료의 화학적 관계를 바꾸기 위해 열과 수분을 이용하는 일이고, 음식의 소화와 신체의 성장과 관련이 있다. 가장 박학한 과학자가 물리학과 화학과 생리학에 대해 알고 있는 최대한의 지식도, 이러한 결과와 관련된 모든 것을 명백하게 밝히는 데는 충분하지 않다. 교육이 하는 일은, 여기서도 또한 이러한 관련을 가능한 한 밝히는 방법과 조건하에서, 그러한 활동이 수행되도록 배려하는 것이다. '지리를 배우는 것'은 일상적 행위의 공간적·자연적 관련들을 인지하는 능력을 키우는 것이고, '역사를 배우는 것'은 본질적으로 그 인간적 관련들을 인지하는 능력을 키우는 것이다. 왜냐하면 체계적으로 설명된 학문으로서 지리학이라 불리는 것은, 바로 우리가 생활하고 있는 자연환경에 대해 다른 사람들의 경험을 통해 발견된 사실과 원리들의 체계이고, 우리 생활의 개별적인 행위가 그것과 관련하여 설명되기 때문이다. 마찬가지로, 체계적으로 설명된 학문으로서의 역사도 우리 자신의 생활과 이어져 있는 사회집단의 활동과 고난에 대해 알려진 여러 가지 사실의 체계 바로 그것이며, 그것과의 관련을 통해 우리 자신의 관습과 제도를 밝혀주기 때문이다.

2 역사와 지리의 상호보완성 역사와 지리—후자에는 이제부터 말하려는 이유에서 자연에 관한 공부가 포함된다—는 학교의 학과 가운데 특히 정보적 지식을 주는 학과이다. 교재와 그 사용법을 음미해보면, 이 정보가 생활경험 속에 스며드는가, 아니면 단순히 쌓여서 고립된 퇴적물이 되는가의 차이는, 이러한 학과에 정당성을 부여하는 인간과 자연의 상호의존 관계를 그러한 학과가 충실하게 따르고 있는지 여부에 따라 결정된다는 사실을 알 수 있다. 그러나 어떤 교재를 가르치거나 배우는 것이 관례라는 이유만으로, 그것이 적절한 교재로서 수용되는 것만큼 위험한 일은 없다. 또 경험에 의미 있는 변화를 주는 교재의 기능을 이유로 들어 교재에 철학적 근거를 부여하는 생각은 쓸데없는 공상으로 간주되거나, 이미 하고 있는 것을 지지하면서 생색을 내는 것으로 치부되기도 한다. '역사'와 '지리'라는 말은 단지 학교에서 전통적으로 인정받아온 내용을 보여주는 데 지나지 않는다. 이 내용의 양과 다양성 때문에, 그것이 실제로 무엇을 나타내는지를 알고, 그것을 어떻게 가르치면 학생들의 경험 속에서 그것이 완수해야 하는 사명을 실현할 수 있는지 알고자 하는 의욕이 꺾여버린다. 그렇지만 교육에는 다양한 것을 통일하는 사회적 지도력이 있다는 말이 우스꽝스러운 과시가 아니라면, 역사와 지리처럼 교육과정 안에서 크게 팽창한 교과는, 진정으로 사회화되고 지성화된 경험을 발달시키는 일반적 기능을 발휘해야 한다. 이 기능의 발견을, 가르쳐야 하는 사실과 사용되는 방법을 시험하고 걸러내는 기준으로 삼아야 한다.

이상으로 역사와 지리 교재의 기능에 대해 설명했지만, 그것은 개인의 삶에 배후관계, 즉 배경과 전망을 부여함으로써, 직접적으로 그 삶의 내용을 풍부하고 자유롭게 하는 것이다. 지리는 물질적 측면을, 역사는 사회적 측면을 강조하는데, 그것은 공통의 문제, 즉 인간의 공동생활을 다루고 있다. 왜냐하면 이 공동생활은, 그 안에서 이루어지는 여러 가지 실험에 있어서나, 그것의 방법과 수단에 있어서나, 또 그 성공과 실패에 있어서나, 하늘에서 진행하는 것도 아니요, 하물며 진공 속에서 진행하는 것도 아니기 때문이다. 그것은 지구상에서 이루어지고 있다. 이 자연이라는 무대장치와 사회적 활동의 관계는, 연극의 배경이 연극에 대해 가지고 있는 관계와는 다른 것이다. 그것은 역사를 형성하는 사회적 사건의 구조 자체 속에 들어온다. 자연은 사회적 사건의 매개물이다. 그것은 본원적 자극, 즉 장애와 수단을 제공한다. 문명이란 자연의 다양한 에너지를 점차 지배해 가는 것을 말한다. 인간적 측면을 강조하는 역사 연구와 자연적 측면을 강조하는 지리 연구의 이 상호의존 관계가 무시되면, 역사는 '중요'라고 쓴 쪽지가 붙은 사건 목록이 첨부된 연표의 작성으로 타락하거나, 그렇지 않으면 문학적 환상이 된다. 왜냐하면 순전히 문학적인 역사에서는 자연적 환경은 무대 배경에 지나지 않기 때문이다.

말할 것도 없이 지리는, 자연의 사실들이 사회적 사건과 그 결과에 대해 가지는, 다른 한쪽과의 관련에 있어서도 교육적 영향력을 가진다. 인간이 사는 집으로서의 지구에 대한 기술이라는, 지리에 대한 고전적인 정의에는, 교육상의 진실이 표현되어 있다. 그러나 이렇게 정의를 내리는 것처럼, 특정한 지리 교재를 인간의 생생한 문제와 관련하여 제시하기란 쉬운 일이 아니다. 인간이 거주하고 일하고 성공하고 실패한다는 사실이, 그 지리학 자료를 교재 속에 도입하는 이유가 되는 것이다. 그러나 양쪽을 결합하기 위해서는 지식과 교양을 갖춘 상상력이 필요하다. 그 매듭이 끊어지면, 지리는 흔히 볼 수 있는 것처럼 토막난 단편들이 뒤죽박죽 섞여 있는 것이 된다. 그것은 이 산의 높이와 저 강의 흐름, 또 이 도시에서 생산되는 목재의 양, 저 도시에 있는 선박의 톤수, 어떤 주의 경계선, 어떤 나라의 수도 같은 불완전한 지식들이 들어있는 완전한 잡동사니 주머니처럼 되어버린다.

인간이 사는 집으로서의 지구는 인간화되고 통일되어 있지만, 잡다한 사실의 집합으로 간주되는 지구는 뿔뿔이 흩어져 있어서 상상력을 자극하지 않는다. 지리는 원래 상상력이 필요한 과목이다—낭만적인 상상력까지 동원되는 과목이다. 그것은 모험과 여행과 탐험에 뒤따르는 경이와 장관(壯觀)

을 공유한다. 다양한 민족 및 환경과, 그들과 우리가 익숙히 보아온 광경의 대비는 무한한 자극이 된다. 정신은 습관적인 일의 단조로움에서 해방된다. 그리고 지방 내지 시골의 지리는 자연환경을 개조하고 개발하는 과정의 자연스러운 출발점인 동시에, 미지의 영역에 대한 지적인 출발점이기도 하지만, 그 자체가 목적은 아니다. 향토지리의 학습이 그것을 넘어서 넓은 세계에 도달하기 위한 기초로 인정받지 못할 때는, 그것은 익숙한 사물의 성질을 그냥 훑기만 하는 실물교육과 마찬가지로 죽은 것이 되어 버린다. 그 이유도 역시 마찬가지이다. 상상력은 자라지 않고 억제되며, 이미 아는 사실을 반복하고 목록을 작성하며 세련시키는 것에 지나지 않게 되어버린다. 그러나 마을 지주의 땅을 에워싸고 있는 눈에 익은 울타리가 큰 국가의 국경선을 이해할 수 있는 표식으로 사용될 때는, 그 울타리에도 의미의 빛이 비쳐들게 된다. 햇빛, 공기, 물의 흐름, 지면의 고저, 다양한 산업, 공무원과 그들의 임무, 이러한 것은 모두 지방의 환경 속에서 볼 수 있는 것들이다. 만약 그것의 의미가 그러한 경계의 내부에 머무르는 것으로 간주된다면, 그것은 힘들게 배워야 하는 기묘한 사실들이 될 뿐이다. 그것은 경험의 한계를 확대하여, 그때까지는 익숙하지 않은 미지의 것이었던 민족과 사물을 경험의 범위 안에 끌어들이기 위한 도구로 사용된다면, 그럼으로써 변모하는 것이다. 햇빛, 바람, 물의 흐름, 상업, 정치적 관계는 먼 곳에서 찾아와서, 우리의 사고를 먼 곳으로 이끌어간다. 그것을 따라가면, 더 많은 정보를 채워넣는 것이 아니라, 그전에는 당연한 일이었던 것에 새로운 의미를 부여함으로써 정신이 성장하는 것이다.

이와 같은 원리가 전문화되고 분화되기 쉬운 지리학 연구의 여러 분야, 즉 여러 측면을 조정하고 통합한다. 수리지리학 또는 천문지리학, 자연지리학, 지형학, 정치지리학, 상업지리학, 이 모든 것들이 제각각 자기의 권리를 주장한다. 어떻게 하면 그 주장들을 조정할 수 있을 것인가? 각각에서 그 몫만큼 채워넣는 외적인 타협에 의할 것인가? 교육의 중심이 그 학과의 문화적 내지 인문적 측면에 있다는 것을 항상 염두에 두지 않으면, 그 외에 어떠한 방법도 찾을 수 없을 것이다. 이 중심에서는, 인간의 활동과 관계의 의의를 인식하는 데 도움이 되는 한 어떠한 자료도 적절한 것이 된다. 한대지방과 열대지방의 문명의 차이, 온대지방 민족의 산업과 정치상의 특수한 발명은, 지구를 태양계의 구성요소로서 생각하지 않고는 이해할 수 없다. 경제활동은 한편으로는 사회적 교제관계와 정치기구에 깊이 영향을 미치지만, 다른 한편으로는 자연의 여러 가지 조건을 반영한다. 이러한 문제의 전문적 연구는 전문가들의 문제이지만, 그것들의 상호작용은 사회적 경험을 하는 인간에 관한 사항이다.

분명히 자연연구를 지리에 포함시키는 것에는 무리가 있는 듯 보이지만, 그것은 언어상의 문제에 지나지 않는다. 교육적으로 생각하면 단 하나의 현실이 존재할 뿐이며, 유감인 것은 우리가 사실상 두 개의 명칭을 가지고 있다는 사실이다. 왜냐하면, 명칭의 다양성이 의미의 동일성을 간과하게 하는 경향이 있기 때문이다. 자연과 지구는 같은 뜻의 말일 것이고, 지구연구와 자연연구도 마찬가지이다. 학교에서의 자연연구는, 매우 많은 고립된 지식을 다루기 때문에 교재가 단편화하고 있는 것에 대해 고심해 왔음을 누구나 알고 있다. 이를테면, 꽃의 여러 부분들은 하나의 기관인 그 꽃과는 별개로 연구되어 왔고, 그 꽃은 그 식물과는 별개로, 또 그 식물은 그 식물이 그 속에서 그것에 의해 살고 있는 흙과 공기와 햇빛과는 별개로 연구되어 왔다. 그 결과 우리의 주의를 끄는 주제는 필연적으로 죽은 것이 될 수밖에 없고, 너무나 제각각 고립되어 있어서 상상력을 불러일으키지 못한다. 너무나 흥미가 없으니 애니미즘을 부활시켜 자연의 사실과 사상(事象)이 관심을 끌 수 있도록 그것에 신화의 옷을 입히자는 의견이 진지하게 제안되었을 정도였다. 수많은 경우에 많든 적든 우스꽝스러운 의인화가 사용되었다. 그 방법은 참으로 어리석기는 하지만, 인간적인 분위기가 정말 필요하다는 것을 얘기해 주고 있다. 여러 가지 사실들은 그러한 배경에서 떨어져 나와 조각조각 찢어졌다. 그것은 더 이상 지구에 속하지 않게 되어 어디에도 있을 곳이 없어지고 말았다. 그리고 그것을 보충하기 위해 부자연스럽고 감상적인 연상(連想)이 이용되었다. 진정한 개선책은 자연연구를 '자연'에 대한 연구로 하는 것이지, 개개의 사실이 생겨나서 작용하고 있는 정황으로부터 그것을 완전히 분리함으로써 무의미하게 만들어버린 단편을 연구하는 것은 아니다. 지구가 그것이 가지고 있는 여러 관계 속에서 연구되는 것처럼 자연이 하나의 전체로서 다뤄진다면, 자연의 여러 현상은 인간생활과의 조화와 공동이라는 자연스러운 관계를 맺게 되어, 인위적인 대용품이 필요하지 않게 된다.

3 역사와 현재의 사회생활 역사를 현재의 사회생활의 여러 양식과 관심에서 분리하면 역사의 생명을 죽이는 단절이 일어난다. 순전히 과거로서의 과거는 이제 우리와 아무 상관이 없는 사항이다. 과거가 완전히 지나가 정리가 끝나버린 것이라면, 그것에 대한 적절한 태도는 오직 한 가지밖에 없다. 즉, 죽은 자로 하여금 죽은 자를 장사지내게 하는 것이다. 그러나 과거에 대한 지식은 현재를 이해하기 위한 열쇠이다. 역사는 과거를 다루지만 그 과거는 현재의 역사(유래)이다. 아메리카 대륙의 발견, 탐험, 식민과 개척자의 서부 이동, 이민 등에 대한 지적인 연구는 오늘날의 미국, 즉 우리가 지금 살고 있는 이 나라에 대한 연구여야 한다. 그 형성과정에 대해 연구하면 직접 이해하기에는 너무 복잡한 많은 것을 이해할 수 있게 된다. 발생학적 방법은 19세기 후반의 과학상의 중요한 업적이었다고 할 수 있다. 그 방법의 진수는 결과가 아무리 복잡하더라도 그 형성과정을 추적—그 성장의 여러 단계를 통해 그것을 확인하는 것—함으로써 통찰할 수 있다는 점이다. 단지 현재의 사회 상태를 과거로부터 떼어놓을 수 없다는 건 자명한 이치라는 생각만으로 이 방법을 역사에 적용한다면, 그것은 한쪽 면만 보는 셈이다. 그 것은 마찬가지로, 과거의 사건은 지금 살고 있는 현재와 떼어놓을 수 없고 계속 의미를 지닌다는 것도 의미한다. 역사의 진정한 출발점은 항상 그 자체의 문제를 가지고 있는 현재의 어떤 정황이다.

이 일반적 원리를 적용하여, 그것이 몇 가지의 논점에 대해 가지는 의미를 간단하게 고찰해보자. 전기적(傳記的) 방법이 역사연구에 입문하는 자연스러운 방식으로서 널리 장려되고 있다. 위인과 영웅과 지도자의 생애는 추상적이고 이해하기 어려운 것이 되기 쉬운 역사의 삽화적 사건을 구체적으로 생생하게 보여준다. 그것은 공간적으로나 시간적으로 너무 넓은 범위에 미치고 있어서 고도로 훈련된 사람만이 추구하고 해명할 수 있는 복잡다단한 일련의 사건들을 응축하여 생생하게 묘사한다. 이 원리의 심리학적 타당성에는 의문의 여지가 없다. 그러나 몇몇 개인의 행위를, 그것이 상징하는 사회 정황과 관계없이 과장되게 부작시키기 위해 사용한다면, 그것은 오용이다. 일정한 정황이 어떤 인물을 일어서게 했고 그의 활동은 그 정황에 대한 반응이었는데도, 전기가 그 정황은 고려하지 않고 그 인물의 행위만 화제로 삼는다면, 거기서는 역사를 배울 수가 없다. 왜냐하면 거기에는 공동생활을 하는 사람들의 문제인 사회생활이 빠져 있기 때문이다. 우리는 다만 흡수하기 쉽도록 설탕을 입힌 일정한 단편적 정보를 얻을 수 있을 뿐이다.

최근에, 역사 학습에 대한 첫 단계로 원시시대의 생활에 많은 관심이 쏠리고 있다. 이 점에서도 그 가치에 대한 올바른 생각과 그렇지 않은 생각이 있다. 현재의 상태가 이미 완전히 완성된 것처럼 보이는 데다 복잡하고, 견고하고 튼튼하게 보이는 것이, 현상의 본질을 통찰하는 것을 방해하는 거의 극복할 수 없는 장애가 되고 있다. 원시상태로 돌아가면, 현재의 정황을 형성하는 기본적인 요소가 매우 단순화된 형태로 밝혀질 것이다. 그것은 짜임새를 알 수 없을 정도로 복잡하고 올이 촘촘한 직물을, 그 짜임의 대체적인 특징이 드러날 때까지 한 올 한 올 풀어보는 것과 비슷하다. 우리는 계획적인 실험을 통해 현재의 정황을 단순화할 수는 없지만, 원시시대의 생활로 돌아감으로써 우리가 실험에서 추구하는 결과를 얻을 수 있다. 사회적 관계와 조직적 행동 양식이 그것의 가장 단순한 표현으로 환원되는 것이다. 그러나 이러한 사회적 의도가 무시되면, 원시적 생활의 연구는 사람들을 놀라게 하는 자극적인 미개상태의 여러 특징을 반복하는 것에 지나지 않게 된다.

원시시대의 역사는 산업사(產業史)를 연상시킨다. 왜냐하면, 현재를 훨씬 더 알기 쉬운 요소로 분해하기 위해 훨씬 더 원시적인 상태로 거슬러 올라가는 주된 이유의 하나는, 의식주를 얻는다는 기본적 문제가 어떻게 처리되어 왔는지를 이해하고, 인류 역사의 초기에 이러한 문제들이 어떻게 해결되어 왔는지를 앎으로써, 인류가 걸어야 했던 긴 여정과, 인류의 문화를 전진시켜 온 연이은 발명에 대해 어떤 생각을 형성할 수 있기 때문이다. 역사의 경제학적 해석에 관한 논의를 상세히 설명하지 않아도, 인류의 산업사가 역사의 다른 어떤 분야도 도저히 할 수 없는 방법으로 사회생활의 두 가지 중요한 측면을 통찰하게 해준다는 것을 이해할 수 있다. 그것은 사회생활의 안전과 번영을 위해 이론적 과학을 자연의 제어에 응용해 온 발명들에 대한 지식을 우리에게 제공한다. 따라서 그것은 사회가 끊임없이 진보해온 원인을 밝혀준다. 또 산업사는 모든 사람에게 공통으로 근본과 관련된 사항, 즉 생계를 유지하는 것과 관련된 일과 가치를 우리에게 보여주는 역할도 한다. 경제사는 역사의 다른 어떠한 분야도 다루지 않는, 서민의 활동과 경력과 재산을 다룬다. 모든 개인이 '해야만 하는' 유일한 일은 삶을 영위하는 것이고, 사회가 '해야만 하는' 유일한 일은 각 개인이 전체의 복리를 위해 각각 상응하는 공헌을 하도록 하고, 또 각자가 정당한 대가를 받도록 유의하는 일이다.

경제사는 정치사보다 인간적이고 민주적이며, 따라서 인간해방적이다. 그것은 왕국과 권력의 성쇠를 다루지 않고, 권력과 왕권하에 있는 서민의―자연을 지배함으로써 얻은―실제적 자유의 발달을 다룬다.

나아가서 산업사는 정치사보다―정치사가 젊은이들이 이해할 수 있는 수준까지 내려갈 때 그것은 군사사(軍事史)에 빠지기 쉽지만, 그러한 군사사에 대해서는 언급하지 않더라도―인간의 고투, 성공, 실패와 자연 사이의 밀접한 관계를 이해할 수 있는 훨씬 직접적인 방법이 된다. 왜냐하면, 산업사는 본질적으로, 사람들이 주로 타인의 신체 에너지를 착취하던 시대부터, 인간이 자연에 대한 공동의 지배를 확대하는 것이 가능해질 만큼 자연자원을 자유롭게 다룰 수 있게 되는―현재가 아니더라도 미래의 가능성으로서―시대에 이르기까지, 인간이 자연의 에너지를 이용하는 방법을 배워온 도정에 대한 기록이기 때문이다. 노동의 역사가 무시되고, 토양과 삼림과 광산을 이용하거나 곡물을 재배하고 가축을 키우고 물건을 제조하고 분배하는 정황이 무시되면, 역사는 단순히 문학적인 것―지구상에 살고 있는 것이 아니라 자기들끼리만 살고 있는 가공의 인류에 대한, 순서대로 전개되는 공상소설―이 되기 쉽다.

아마 일반교육에서 가장 무시되어 온 역사는 지성의 역사일 것이다. 인간의 운명을 전진시킨 위대한 영웅은 정치가와 장군과 외교관이 아니라 경험을 확대하고 통제하는 수단을 인간에게 주어온 과학상의 발견자와 발명자들이고, 인간의 고투와 승리와 패배를 그림과 조각, 문자라는 언어로 그려냄으로써 그 의미를 다른 사람들이 낱낱이 알 수 있도록 해준 예술가와 시인들이라는 것을, 우리는 이제야 겨우 깨닫기 시작했다. 인간이 자연의 힘을 사회적 용도로 점차 응용해 온 과정의 역사인 산업사의 장점의 하나는, 그것이 인식의 방법과 결과의 진보에 대해 고찰할 기회를 주는 데 있다. 오늘날 사람들은 지성과 이성을 일반적인 표현으로 찬양하는 데 익숙해져 있다. 그러한 것의 근본적인 중요성을 역설하는 것이다. 그러나 학생들은 종종 진부한 역사학습에서 더 나아가, 인간의 지적 능력은 정적(靜的)이고 한정되어 있어서, 더 나은 방법이 발명되어도 더 이상 진보하지 않는다고 생각하거나,

아니면 지능은 개인적인 영리함을 과시하는 것 외에는 쓸모가 없는 역사적 요소라고 생각한다. 확실히 생활에서 정신이 수행해야 하는 역할의 진정한 의미를 가르치는 데는, 인류가 미개에서 문명으로 진보하기 위해 지적 발견과 발명에 얼마나 의존해 왔는지를 밝히고, 역사서 속에 일반적으로 가장 크게 그려진 것이 얼마나 지엽적인 문제였는지, 또는 심지어 지성을 통해 극복해야 하는 장애이기까지 했는지를 밝혀주는 역사학습보다 더 나은 방법은 없다.

이렇게 배울 수 있다면, 역사는 지극히 자연스럽게 교육에 있어서 윤리적 가치를 지니게 될 것이다. 현재의 공동생활의 여러 영향에 대한 지적인 통찰력은, 백지상태의 천진난만함 이상의 덕성이 담긴 인격을 갖추는 데 반드시 필요하다. 역사적 지식은 그러한 통찰력을 주는 데 도움이 된다. 그것은 현재의 사회라는 직물을 이루고 있는 씨실과 날실을 분석하여, 그 무늬를 짜내려간 힘을 알게 해주는 도구이다. 사회화된 지성을 육성하기 위해 역사를 이용하는 것이 역사의 도덕적 의의이다. 온갖 미덕과 악덕에 대한 특수한 도덕적 교훈을 늘어놓기 위해 인용되는 일화의 저장고 같은 것으로 역사를 이용할 수도 있을 것이다. 그러나 그런 교육은 역사의 윤리적 이용이라기보다는, 어느 정도 근거가 있는 재료를 통해 도덕적 감명을 주고자 하는 노력에 지나지 않는다. 그것은 최선의 경우에도 일시적인 정서적 감동을 자아내는 데 그칠 뿐이다. 또 최악의 경우에도 도덕적 설교에 대한 냉담한 무관심을 낳을 뿐이다. 사람들이 참여하고 있는 현재의 사회정황을 더욱더 지적으로 공감하고 이해하는 것을 역사가 돕는 것이야말로, 영속적이고 건설적인 도덕상의 이점이다.

요약 처음에 의식적으로 깨달은 것을 훨씬 넘어서는 의미를 지니는 것이야말로 경험의 본성이다. 이러한 관련, 즉 의미를 의식하게 되면 경험의 의미가 증가한다. 어떤 경험이라도, 그것이 최초로 나타났을 때는 아무리 사소하더라도 그와 관련된 여러 가지를 깨닫게 되고, 그 깨달음의 범위가 확대됨으로써 한없이 풍부한 의미를 지닐 수 있다. 다른 사람들과의 건전한 의사소통이 이러한 발전을 가져오는 가장 손쉬운 방법이다. 왜냐하면, 그것은 집단뿐만 아니라 나아가서 인류의 경험이 낸 실질적인 성과도 개인의 직접적인 경험과 연결시켜주기 때문이다. 건전한 의사소통은 공통의 관심이 있기 때문에, 한쪽은 열심히 전달하고 싶어 하고 다른 쪽은 받고 싶어 하는 통신이다. 그것은 단순히 상대가 얼마나 기억했는지, 또 얼마나 문자 그대로 재현할 수 있는지 시험하고 조사하기 위해, 상대에게 여러 가지를 주입시키려고 가르치고 설명하는 것과는 대조적으로 다르다.

지리와 역사는 직접적인 개인적 경험의 의미를 확대시키기 위한 중요한 학교교육의 두 가지 수단이다. 앞장에서 설명한 활동적 작업이, 자연과 인간 양쪽에 관해 공간적으로도 시간적으로도 확대하는 것이다. 그러한 작업이 외적인 이유로, 또는 단순한 기능의 여러 양식으로서 가르치지 않는다면, 그 중요한 교육적 가치는, 그것이 역사와 지리에 기술되어 있는 더욱 큰 의미의 세계로 나가는 가장 직접적이고 흥미로운 길이 된다는 점에 있다. 역사는 인간적 의미를, 지리는 자연적 관련을 밝혀주지만, 이 두 교과는 살아 있는 하나의 전체의 두 가지 면이다. 왜냐하면 공동생활을 하는 사람들의 삶은, 우연한 배경이 아니라 발달의 재료 및 매개물로서의 자연 속에서 전개되기 때문이다.

제17장
교육과정에서의 과학

1 논리적인 것과 심리적인 것 이미 말한 것처럼, 과학이란 해결되고 검증된 내용을 획득하기 위해 관찰, 숙고, 검증이라는 방법들을 계획적으로 도입하여 그 결과로 얻은 지식을 의미한다. 그것은 일반적으로 믿고 있는 생각을 수정하여 잘못된 것을 배제하고, 그것을 훨씬 정밀화하며, 특히 다양한 사실의 상호의존 관계를 최대한 밝히기 위해 그것을 정리하고자 하는 지속적인 지적 노력을 요한다. 과학은 모든 지식과 마찬가지로, 환경 속에 어떤 변화를 불러일으키는 활동의 하나의 결과이다. 그러나 과학의 경우에, 그 결과로서 생기는 지식의 질은 그 부수물이 아니라 그 활동의 지배적 요소이다. 논리적으로나 교육적으로나, 과학은 지식의 완성이고 그 최후의 단계이다.

요컨대 과학은 모든 지식의 '논리적' 함의를 이해하는 것을 의미한다. 논리적 질서는 인식된 것에 강요당한 형식이 아니라, 완성된 지식의 고유한 형식이다. 왜냐하면 논리적 질서는 다음과 같은 것을 의미하기 때문이다. 즉, 지식의 내용을 설명한 진술은, 그것을 이해하는 사람에게, 그 진술이 귀결로서 나온 전제와, 그 진술이 지시하는 결론을 보여주는 성질을 가지고 있다는 것이다(210~211쪽 참조). 유능한 동물학자가 몇 개의 뼛조각에서 동물을 복원하듯이, 수학 또는 물리학 전문가는 그 학문에 관한 어떤 진술의 형식에서 그 진술이 들어 있는 진리 체계를 알 수 있다.

그러나 전문가가 아닌 사람에게는, 이 완성된 형식은 오히려 방해물이 된다. 그 자료가 목적 자체로서의 지식의 증진과 관련하여 설명되어 있기 때문에, 그 자료와 일상생활의 자료 사이의 연관성이 가려져 버리는 것이다. 비전문가에게는 그러한 뼛조각은 그저 신기한 물건에 지나지 않는다. 그가 동물학의 원리를 완전히 터득하기 전에는, 그러한 뼛조각에서 뭔가를 만들어내고자 하는 그의 노력은 무계획하고 맹목적인 것이다. 학습자의 입장에서는 과학적 형식은 도달해야 할 이상이지, 거기서 시작해야 하는 출발점이 아니다. 그런데도 교육을 약간 단순화된 과학의 기초적 원리에서 시작하는 경우를 실제로 흔히 볼 수 있다. 그 필연적인 결과로서, 의미 있는 경험에서 과학이 유리되어 버리는 것이다. 학생은 기호의 의미를 이해할 수 있는 단서가 없는 상태에서 기호를 배우게 된다. 그는 전문적인 정보체계를 습득하지만, 그것과 그가 잘 아는 대상이나 조작과의 관련을 찾아낼 능력은 없다. 그는 대부분의 경우, 단순히 특수한 어휘를 배울 뿐이다.

사람들은 교재를 완성된 형태로 보여주는 것이 배움의 지름길이라고 생각하고 싶어하는 경향이 있다. 유능한 탐구자들이 도달한 곳에서 시작하면, 처음 배우는 사람은 시간과 에너지를 절약하고 쓸데없는 시행착오를 방지할 수 있다고 생각하는 것만큼 자연스러운 일이 어디 있겠는가? 그 결과는 교육사에 대서특필되어 있다. 학생들은 그 교과가 전문가의 규칙에 따라 몇 개의 제목하에 조직되어 있는 교과서로 과학공부를 시작한다. 그리하여 전문적인 개념을 그 정의와 함께 처음부터 배우는 것이다. 매우 이른 단계에서 법칙을 배우지만, 법칙에 도달한 방법에 대해서는 고작해야 한두 마디의 지적이 있을 뿐이다. 학생들은 일상적인 경험 속의 익숙한 재료를 다루는 과학적 방법을 학습하지 않고 '과학'을 배우는 것이다. 수준 높은 연구자의 방법이 대학교육을 지배하고, 대학의 연구방법은 고등학교로 내려간다. 그리고 그 교과를 좀 더 쉽게 배울 수 있도록 생략이 가해지면서, 마찬가지로 더욱 하급 학교로 내려가는 것이다.

학습자의 경험에서 시작하여, 거기서 올바른 과학적 처리법을 발달시켜가는 방법은, 숙련가와 전문가의 논리적 방법과 구별하여 흔히 '심리적' 방법이라고 불린다. 거기에 뒤따르는 외견상의 시간적 손실은, 그것을 통해 획득되는 뛰어난 이해와 생생한 흥미에 의해 보상이 되고도 남는다. 학생은 적어도 자기가 배우는 것을 이해한다. 그리고 과학자가 그 완성된 지식에 도달한 방법을, 일상 속에 잘 알려진 자료에서 뽑아낸 문제와 관련지어서 추구함으로써, 자신의 활동범위 안에 있는 어떤 자료를 처리하는 자립 능력을 획득하여, 기호적인 의미밖에 가지지 않은 사항을 학습하는 데 뒤따르는 정신적 혼란과 지적 혐오감을 피한다. 대부분의 학생들은 결코 전문 과학자가 되려는 것은 아니므로, 과학자가 달성한 성과를 멀리서 간접적으로 흉내 내는 것보다는, 과학적 방법이란 무엇인가에 대한 약간의 식견을 얻는 것이 그들에게는 훨씬 중요하다. 아마 학생들은 '배운 범위'로 보면 얼마 되지 않지만, 그들이 배운 범위 안에서는 확실히 이해할 것이다. 과학의 전문가가 되기 위해 더 배우는 소수자도, 완전히 전문적이고 기호로 설명된 매우 많은 지식에 압도되어버리는 경우보다 더 나은 준비를 할 수 있다고 말해도 무방할 것이다. 실제로 과학자로 성공하는 사람들은, 자신의 힘으로 전통적인 학교과학의 마수에서 용케도 빠져나온 사람들이다.

한두 세대 전에 교육 속에 과학의 위치를 확립하기 위해 물결을 거스르며 노력한 사람들이 품은 기대와, 일반적으로 달성된 성과의 대비는 참담한 것이었다. 어떤 지식이 가장 가치가 있는가를 조사한 적이 있는 하버드 스펜서는, 모든 관점에서 보아 과학적 지식이 가장 가치가 있다는 결론을 내렸다. 그러나 그의 주장은, 과학적 지식은 이미 완성된 형식으로 전달할 수 있다는 것을 무의식적으로 전제한 것이었다. 그 주장은 우리의 일상 활동의 내용을 과학적인 형식으로 변형하는 방법을 간과했기 때문에, 과학을 과학이게 하는 유일한 방법을 무시한 것이다. 교육 또한 너무나 자주 이와 유사한 방법으로 전개되어 왔다. 그러나 전문적으로 과학적 형식에 맞게 진술되어 온 자료라고 해서 거기에 어떤 마력이 붙는 것은 아니다. 이러한 상태에서 배운다면, 그것은 여전히 죽은 정보의 집합에 지나지 않는다. 더욱이 그 서술형식은, 문학 특유의 서술양식 이상으로 일상경험과의 유익한 접촉으로부터 그것을 멀리 떼어놓는 것이다. 그렇다고 해서 과학교육이 필요하다는 주장이 부당하다는 것은 아니다. 왜냐하면 그렇게 배운 교재는 학생에게는 과학이 '아니기' 때문이다.

사물과의 접촉이나 실험실에서의 실습은 연역적 방법으로 정리된 교과서를 크게 개량하기는 하지만, 그것만으로는 충분하지 않다. 그것은 과학적 방법에서 없어서는 안 되는 부분이지만, 그 자체가 과학적 방법이 되는 것은 당연히 아니다. 과학장치를 사용하여 물질적 재료를 조작할 수는 있어도, 그러한 재료는 그 자체와 그것을 다루는 방법만으로는, 학교 밖에서 사용되는 재료와 방법과 동떨어진 것이 될 수도 있다. 거기서 다뤄지는 문제는 단순한 과학상의 문제에 지나지 않을지도 모른다. 즉 그 주제에 관한 과학에 이미 정통한 사람의 마음에 떠오르는 문제에 지나지 않을 수도 있는 것이다. 우리의 주의력은 실험실에서의 실습이 교재에 들어있는 문제와 어떤 연관성이 있는가 하는 것과는 상관없이, 다만 기술적 조작을 습득하는 데만 기울어질지도 모른다. 미개한 종교와 마찬가지로, 실험실의 교육에도 때로는 의식(儀式)이 수반된다.*

과학적 진술 또는 논리적 형식이 기호 내지 상징의 사용을 당연히 필요로 한다는 것은 이미 여러 번 언급했다. 그것은 모든 언어의 사용에서도 마찬가지이다. 그러나 일상어에서는 마음은 기호에서 직접 그것이 나타내는 사물로 향한다. 친숙한 재료와의 관련이 매우 밀접하기 때문에, 마음은 기호 위에 한 순간도 머물러 있을 필요가 없다. 기호는 오직 사물과 행위를 나타내는 데만 사용되는 것이다. 그런데 과학용어는 좀 더 다른 용법이 있다. 이미 살펴본 것처럼, 그것은 직접적인 경험에서 실제로 사용되는 사물을 나타내기 위해서가 아니라, 인식의 체계 속에 들어와 있는 사물을 나타내기 위해 만들어진 것이다. 물론 궁극에 있어서는 그것도 상식적으로 잘 알려진 사물을 지시한다. 그러나 그것은 직접적으로는 그러한 사물을 일반적인 문맥 속에서 나타내는 것이 아니라, 과학적 탐구의 목적에 맞게 번역된 것으로서 나타낸다. 원자, 분자, 화학식, 물리학의 연구에서 사용되는 수학적 명제, 이 모든 것들은 첫째로 지적 가치를 지닌 것으로, 오직 간접적으로만 경험적 가치를 가질 뿐이다. 그것은 과학적 연구 활동의 도구이다. 그것의 의미는 다른 도구의 경우와 마찬가지로, 그것을 사용함으로써 비로소 알 수 있다. 그 의미는 사물을 가리키는 것만으로는 이해할 수 없으며, 인식 방법의 일부로서 그것이 사용될 때의 작용을 보여주어야만 깨달을 수 있다.

기하학의 원과 정사각형 같은 것도 일상에서 잘 알려진 원이나 정사각형과는 다르다. 수학을 깊이 연구하면 할수록, 일상의 경험적 사물로부터의 거리는 더욱더 멀어진다. 공간적 관계에 대한 지식을 추구하는 데 가치가 없는 성질은 도외시되고, 이 목적에 중요한 성질은 강조된다. 나아가서 더욱 깊은 연구에 들어가면, 공간에 대한 지식에 의미 있는 성질조차 뒤로 물러나, 다른 사항에 대한 지식—아마 수의 일반적 관계들에 대한 지식—에 필요한

---

* 긍정적인 면에서는 정원이나 가게에서 작업할 때 발생하는 문제의 가치를 참고로 할 수 있다(220쪽 참조). 실험실을 이러한 문제를 더 잘 추구하기 위한 조건과 장치를 제공하는 추가적 수단으로 생각해도 무방하리라.

성질에 길을 비켜준다는 사실을 알게 될 것이다. 그 개념 규정에는 공간적 형태와 크기와 방향을 나타내는 것조차 들어있지 않게 된다. 그러나 이는 그 수학적 지식이 비현실적인 관념적 창작물이라는 것을 의미하지 않으며, 그 것이 직접적인 물리적 성질이 변하여 어떤 특수한 목적—지적 조직화라는 목적—을 위한 도구가 되었음을 뜻한다. 모든 기계에서 그 재료의 원래의 상태가 어떤 목적을 위해 쓰이도록 변형되는 일이 일어난다. 원래의 형태 그 대로 있는 재료가 아니라, 어떤 목적에 적합한 재료가 중요한 것이다. 어떤 기계의 구조 속에 든 모든 재료를 열거할 줄 안다고 해서 그 기계를 안다고 할 수는 없다. 그러한 재료의 용도를 알고 그것이 왜 그렇게 사용되는지 알 아야 비로소 그 기계에 대한 지식이 있는 것이 된다. 마찬가지로 수학의 개 념도, 그것이 도움이 되는 문제를 알고, 그러한 문제를 처리하기 위한 특유 의 유용성을 알 때만 그러한 개념의 지식이 있는 것이 된다. 정의와 규칙과 공식을 '알고 있는 것'은, 어떤 기계의 여러 부분에 대해 그것이 무엇을 하 는지는 모르면서, 다만 그것의 이름만 아는 것과 같다. 어느 경우에도 마찬 가지지만, 그 의미, 즉 지적인 내용은 그 요소가 그것을 부분으로 포함한 체 계 안에서 어떤 일을 하는가에 있다.

2 과학과 사회의 진보 사회적으로 의미 있는 작업에서 얻은 직접적인 지 식을 완성된 논리적 형태로 발전시키는 것이 과학이라면, 거기서 문제가 되 는 것은 경험 속에서의 그 지식의 위치이다. 그것에 대한 일반적인 대답은, 과학은 예전부터 전해내려 온 목적에서 정신이 해방되었음을 얘기하고, 새 로운 목적을 계획적으로 추구할 수 있게 해준다는 것이다. 그것은 행동이 진 보하는 원동력이다. 때로 진보는 이미 추구되고 있는 목적에 다가가는 것을 의미하기도 한다. 그러나 그것은 그리 중요하지 않은 진보의 양식이다. 왜냐 하면 그것은 다만 행동 수단의 개선, 즉 기술적 진보를 필요로 할 뿐이기 때 문이다. 더 중요한 진보의 양식은 지금까지의 목적을 더욱 충실히 하는 것과 새로운 목적을 형성하는 것에 있다. 욕망에는 한계가 없으며, 진보 또한 단 순한 만족의 양적 증대를 의미하는 것이 아니다. 문화가 발달하고, 자연에 대한 새로운 지배력이 생김에 따라, 새로운 욕망, 즉 새로운 질적 만족에 대 한 요구가 나타난다. 그것은 지성이 새로운 행동의 가능성을 깨닫기 때문이

다. 이 새로운 가능성의 투영이 새로운 실행수단의 탐구로 발전하여 진보가 일어난다. 그리고 지금까지 사용된 적이 없는 사물이 발견되면, 거기서 새로운 목적에 대한 암시를 얻게 된다.

과학이 행동수단의 제어를 개선하는 주요 수단인 것은, 자연의 신비를 지적으로 지배함으로써 수확한 위대한 발명에 의해 증명된다. 산업혁명으로 알려진 생산과 분배의 놀라운 변용은 실험과학의 성과이다. 철도, 기선, 전동기, 전화, 전신, 자동차, 비행기, 비행선, 이러한 것들은 생활 속에 과학을 응용한 두드러진 증거이다. 그러나 자연과학을 이용하여 우리의 일상생활을 편리하게 해준 수많은 작은 발명들이 없었다면, 그러한 화려한 발명도 그다지 중요한 의미를 지니지 못했을 것이다.

이렇게 이룩된 진보는 상당한 정도까지 단순한 기술적 진보에 지나지 않았다는 사실을 인정해야 한다. 그것은 인간의 목적의 질을 바꾼 것이 아니라, 전부터 존재하고 있었던 욕망을 채우기 위해 더 효과적 수단을 가져다주었을 뿐이다. 이를테면, 모든 점에서 그리스 문화를 능가할 만한 근대 문명은 하나도 없다. 과학은 아직 너무나 새로워서 상상력과 정서적 성향에 침투할 수 없는 것이다. 사람들은 자신들의 목적을 실현하기 위해 더 빨리 더 확실하게 행동하지만, 그들의 목적은 대부분 과학문명 이전의 상태에 머물러 있다. 이러한 사실에서 교육에는 다음과 같은 책임이 있다. 즉, 교육은 과학을 단순히 우리의 육체적 손발의 연장에 머무르게 하지 않고, 상상력과 감정의 습관적 태도를 수정하는 방법으로 과학을 이용하도록 노력해야 한다는 것이다.

과학의 진보는 인생의 목적과 행복에 대한 사람들의 생각을 이미 충분히 바꾸어 놓았고, 따라서 앞에서 말한 교육의 책임이 어떤 것이며, 또 그 책임에 응하려면 어떻게 해야 하는지에 대한 우리의 생각을 어느 정도 보여줄 수 있게 되었다. 과학은 인간의 활동에 영향을 미쳐, 옛날 사람들을 서로 갈라놓던 물질적 장벽을 제거하고, 교류의 범위를 끝없이 확대시켰다. 그리하여 지극히 거대한 규모로 사람들의 이해가 서로 의존하게 된 것이다. 아울러 인류를 위해 자연을 제어할 수 있다는 확고한 신념을 얻게 되었고, 그리하여 사람들은 과거가 아니라 미래와 마주하게 되었다. 진보의 이상이 과학의 발전과 동시에 나타난 것은 단순한 우연의 일치가 아니었다. 이렇게 과학이 진보하기 전에는 사람들은 황금시대를 먼 고대에 두었다. 그러나 이제는 지성을 올바르게 사용하면, 지금까지 피할 수 없다고 생각했던 해악을 제거할 수 있다는 확고한 신념을 품고 미래와 마주하고 있다. 과거에 맹위를 떨치던 질병을 정복하는 것은 더 이상 꿈이 아니다. 빈곤을 말살한다는 희망도 공상이 아니다. 과학은 사람들을 발전의 관념에 물들였고, 그것은 우리의 공통된 인간성이라는 유산을 참을성 있게 점진적으로 개선해가는 과정에서 실제로 효과를 나타내고 있다.

그러므로 과학을 교육적으로 사용하는 문제는, 인간이 스스로 자신의 삶을 영위할 수 있다는 신념에 찬 지성을 창조해 내는 것이다. 교육을 통해 습관 속에 깊이 스며든 과학적 방법은, 실제의 경험에서 얻은 방법과 그러한 주먹구구식 방법에서 나온 판에 박은 듯한 기계적 작업에서의 해방을 의미한다. 경험적이라는 말은 일상적 용법에서는 '실험한 결과'라는 의미가 아니라, 조잡하고 비합리적인 것을 의미한다. 실험과학이 존재하지 않았던 정황의 영향으로, 과거의 모든 유력한 철학에서는, 경험은 이성이나 합리적인 것에 대립하는 것이었다. 경험적 지식이란 어떠한 사례에서 그 원리의 지적 통찰을 얻는 것이 아니라, 다만 과거의 사례를 많이 쌓아올림으로써 축적된 지식을 의미했다. 의술이 경험적이라는 말은, 그것이 과학적이 아니라, 질병과, 그저 닥치는 대로 써본 치료의 거듭된 관찰을 통해 터득한 방법임을 의미했다. 그러한 방식은 필연적으로 무계획적일 수밖에 없고, 그 성공은 우연에 의해 좌우된다. 또 그것은 속임수와 사기를 조장할 수 있다. 경험적으로 운영되는 산업에서는 지성을 건설적으로 적용할 수 없다. 그것은 과거에 정해진 모범을 모방하고 맹종할 뿐이다. 그런데 실험과학은 과거의 경험을 정신의 주인이 아니라 그 노예로 부릴 수 있도록 한다. 그것은 이성이 경험에서 빠져나오지 않고 경험의 내부에서 작용하여, 경험에 지적 또는 이성적인 성질을 부여하는 것을 의미한다. 과학은 합리성을 획득해가는 경험이다. 따라서 과학의 결과로써, 자연에 대한 관념과 경험이 갖춘 가능성에 대한 사람들의 관념이 바뀌게 된다. 또, 같은 이유로 그것은 이성의 관념과 그 작용을 바꾸기도 한다. 이성은, 생활에서 경험하는 사실과는 아무런 관계도 없는 숭고한 영역에 대한 초경험적이고 멀리 동떨어진, 초연한 무언가가 아니라, 경험에 원래부터 들어 있는 것—즉 과거의 경험을 순화하여, 그것을 발견과 진보의 도구로 삼는 요인—임을 알게 되는 것이다.

'추상적'이라는 말은, 통속적인 어법에서는 비교적 나쁜 의미이며, 심원하고 이해하기 어려운 것을 의미할 뿐만 아니라 생활과 멀리 동떨어진 것도 뜻한다. 그러나 추상작용은 활동을 깊이 생각하여 그 방향을 정하는 데 없어서는 안 되는 일면이다. 그런데 완전히 똑같은 정황이 다시 일어나는 일은 없다. 습관은, 새로운 일을 마치 전에 있었던 일과 완전히 같은 것처럼 처리한다. 따라서 그것은, 다른 요소, 즉 새로운 요소가 당장의 목적에서 무시할 수 있는 것일 때에는 아무 상관이 없다. 그러나 새로운 요소가 특별히 주의를 요하는 경우에는, 추상작용이 일어나지 않으면, 되는 대로 아무렇게나 반응하는 수밖에 없다. 왜냐하면 추상작용은 지난 경험의 내용에서 새로운 것을 처리하는 데 도움이 되는 것을 신중하게 골라내기 때문이다. 그것은 과거의 경험 속에 저장되어 있는 의미를, 새로운 경험에 사용하기 위해 일어나는 의식적인 전이(轉移)를 의미한다. 그것은 바로 지성의 동맥, 즉 어떤 경험을 다른 경험을 지도하는 데 도움이 되도록 의도적으로 전이시키는 간선도로이다.

과학은 이처럼 지금까지 경험한 내용을 새로 만드는 일을 대규모로 하는 것이다. 그것은 완전히 개인적이고 철저히 직접적인 모든 것으로부터 경험을 해방하고자 한다. 즉 한 경험이 다른 경험의 내용과 공통으로 지닌 것, 더욱이 공통이기 때문에 '나중에' 이용하기 위해 저장해 둘 수 있는 것이라면 무엇이든 분리해 두려고 노력하는 것이다. 따라서 그것은 사회의 진보에 반드시 필요한 요인이다. 어떤 경험에도, 그것이 처음 일어났을 때의 상태 그대로는 두 번 다시 되풀이되는 일이 없는 독특한 것—그것은 그 경험에 관련된 사람에게는 중요한 의미가 있을지 모르지만—이 가득 들어 있다. 과학의 입장에서는 이러한 재료는 우연히 갖추어지는 것이고, 널리 공유되는 특징은 본질적인 것이다. 그 정황에 독특한 것은 모두 그 개인의 특수성이나 주변 사정의 우연적인 일치에 따른 것이므로, 다른 사람들에게는 아무 도움이 되지 않는다. 그러므로 공유되는 것이 추상을 통해 적당한 기호로 고정되지 않는다면, 실제적으로 그 경험의 모든 가치는 그 경험이 끝나는 동시에 소멸하게 된다. 그런데 추상작용과 추상된 것을 기록하는 언어의 사용이, 개인적 경험의 진정한 가치를 인류가 영원히 자유롭게 사용할 수 있도록 해준다. 그러나 그것이 나중에 언제 어떻게 도움이 될지는 아무도 자세히 예견할 수 없는 일이다. 추상작용을 강행하는 과학자는, 자신이 만든 도구를 누가 언제 사용할지 모르는 도구 제작자와 비슷하다. 그러나 지적인 도구는 다른 기계적인 도구보다 그 적용범위가 한없이 넓고 자유롭다.

일반화는 추상작용과 짝을 이루는 작용이다. 그것은 새로운 구체적 경험에 적용된 추상적 개념의 기능이다—새로운 정황을 밝히고, 그것에 방향을 부여하려는 추상적인 개념의 확장이다. 추상작용이 자기 완결적인 쓸모없는 형식주의가 되지 않고 실제적인 성과를 낳는 것이 되기 위해서는, 이러한 실행할 수 있는 응용과의 관계가 필요하다. 일반화는 본질적으로는 사회적 수단이다. 사람들이 자신들의 흥미를 오로지 협소한 집단의 관심사와 연관지어 생각할 때는, 그 일반화도 그것에 상응하여 좁게 한정되어 있었다. 그 관점이 넓고 자유롭게 내다보는 것을 허용하지 않았던 것이다. 사람들의 사고는 좁은 공간과 짧은 시간으로 제한되어—생각할 수 있는 모든 가치의 척도로서 확립된 그들의 독자적인 관습에 한정되어—있었다. 과학적인 추상작용과 일반화는 시간적, 공간적으로 어떤 위치에 서 있든, '어떠한' 인간의 관점에서도 서는 것과 같다. 구체적 경험의 정황과 우발적인 사건에서의 이러한 이탈은, 과학의 비일상성이나 '추상성'의 근거가 되는 한편, 과학이 넓고 자유로운 범위에서 새롭고 유익하게 실제로 응용될 수 있는 근거이기도 하다.

명사(名辭)와 명제는 추상된 것을 기록하고 고정하고 전달한다. 어떤 구체적인 경험에서 분리된 의미는 애매한 상태로 그냥 있을 수는 없다. 그것은 머물 장소를 얻어야만 한다. 명사는 추상적인 의미에 물리적인 위치와 육체를 부여한다. 그러므로 언어적 체계화는 뒷궁리나 부산물 같은 것이 아니다. 그것은 사고를 완성하는 데 반드시 있어야 하는 것이다. 사람들은 자신이 표현할 수 없는 것을 많이 알고 있다. 그러나 그러한 지식은 역시 실제적이고 직접적이며 개인적이다. 개인은 그것을 자기 자신을 위해 사용할 수 있다. 즉 그는 그것에 따라 능률적으로 행동할 수 있는 것이다. 예술가와 경영자는 종종 이런 지식을 가지고 있다. 그러나 그것은 개인적이고, 전이가 불가능하며, 이른바 본능적이다. 어떤 경험의 의미를 공식화하려면 사람은 타인의 경험을 의식적으로 고려해야 한다. 그는 자기 자신의 경험뿐만 아니라 타인의 경험도 포함하는 입장을 찾아내도록 노력해야 한다. 그렇지 않으면 그의 의

사소통은 다른 사람의 이해를 얻을 수 없다. 그는 아무도 이해할 수 없는 말을 할 뿐이다. 문예는 경험을 서술하는 데 최고의 성과를 올려, 그러한 경험이 타인에게도 진정 의미 있는 것이 되도록 하는데, 과학 용어 역시 다른 방법으로, 경험된 사물의 의미를 과학을 배우는 모든 사람이 이해할 수 있는 기호로 표현하도록 만들어져 있다. 미적(美的)인 공식화는 사람이 이미 해본 경험의 의미를 표현하고 그 의미를 높여주지만, 과학적 공식화는 다른 의미를 지닌 새로운 경험을 구성하는 도구를 사람들에게 제공한다.

요약하면, 과학은 새로운 경험을 계획하고 통제하여, 그것을 계통적, 의도적으로, 그리고 습관의 제한에서 해방됨으로써 확대된 규모로 추구하는 데 있어서 지성이 하는 역할이다. 그것은 우연한 진보와는 구별되는 의식적인 진보의 유일한 수단이다. 그리고 그 일반성, 즉 그것이 개인적인 사정에서 멀리 동떨어져 있다는 점이, 그것에 어떤 전문성과 고답성을 준다 해도, 그러한 성질은 단순한 사변적인 이론구성의 성질과는 매우 다른 것이다. 후자는 실천에서 영원히 제외되어 있지만, 전자는 그 뒤의 구체적인 행동에서 더 넓은 범위에 더 자유롭게 응용하기 위해 일시적으로 분리되어 있을 뿐이다. 실천과 상반되는 무익한 이론도 있지만, 진정으로 과학적인 이론은 새로운 가능성을 향해 실천을 확장하고, 실천에 방향을 주는 힘으로서 실천 속에 포함되는 것이다.

3 교육에서의 자연주의와 인문주의 교육에는 교육과정에서 과학을 문학과 역사에 대립시키는 전통이 있다. 양쪽 대표자들의 논쟁을 역사적으로 해설하기란 쉽다. 문학과 어학과 인문학적 철학은 실험과학이 등장하기 전에 모든 고등교육기관에 확고한 지위를 차지하고 있었다. 실험과학은 자연히 자신의 길을 개척해야만 했다. 튼튼하게 방위되는 성채 안에 들어앉은 자는 어떤 독점권이든 그것을 일단 장악하면 쉽사리 내놓으려 하지 않는다. 그러나 언어와 문학작품만이 질에 있어서 인문주의적이고, 과학은 그 의미에 있어서 전적으로 물질적이라는 생각은, 어느 쪽에서 나왔든 잘못된 것으로 양쪽 학문의 교육적 효과를 손상시키기 쉬운 생각이다. 인간의 생활은 진공 속에서 일어나는 것이 아니며, 자연은 인생극의 단순한 무대장치가 아니다(230~231쪽 참조). 인간의 생활은 자연의 과정과 강하게 연결되어 있다.

즉, 그의 생애는, 성공을 향하든 실패를 향하든 자연이 그것에 어떻게 끼어드는가에 따라 정해진다. 자신을 계획적으로 통제하는 인간의 힘은 자연의 에너지를 이용하는 능력에 의존한다. 그리고 그 능력은 또 자연의 과정에 대한 통찰에 의존하는 것이다. 전문가에게 자연과학이 무엇이든, 교육에 있어서 자연과학은 인간이 행동하는 여러 조건에 대한 지식이다. 사회적 상호교섭의 매체에 대해, 그것이 점차 발달해 가는 과정의 수단과 장애에 대해 알고 있다는 것은, 그 질에 있어서 어디까지나 인간주의적인 지식을 구사할 수 있음을 뜻한다. 과학의 역사에 대해 무지한 사람은, 인류가 관습과 즉흥적인 생각, 자연에 대한 미신적인 복종, 마법을 통해 자연을 이용하고자 하는 노력, 이 모든 것에서 벗어나서 지적인 냉철함으로 전진해온 고투에 대해 할지 못한다. 과학을 한 묶음의 형식적이고 전문기술적인 훈련으로 가르치는 경우는, 유감스럽게도 실제로 있다. 세계에 대한 지식이 목적 그 자체가 될 때는 언제나 그렇게 되는 것이다. 그러나 그러한 교육이 교양을 높이는 데 실패하는 것은, 자연에 대한 지식이 인간주의적 관심과 상반된다는 증거가 아니라, 교육하는 자의 태도가 잘못되어 있다는 증거가 된다.

과학적 지식을 작업장에서 기능하는 것과 같은 방법으로 사용하는 것, 이에 대한 혐오는 귀족주의적 문화의 잔재이다. '응용된' 지식은 아무튼 '순수한' 지식보다 가치가 낮다는 생각은, 모든 유용한 일은 노예와 농노들이 하고, 지성보다는 관습에 따라 정해진 모범이 산업을 통제하던 사회에서는 자연스러운 생각이었다. 거기서는 과학, 즉 최고의 인식은 생활에 유용한 모든 응용과는 무관한 순수한 이론과 동일시되었고, 유용한 기술에 관한 지식은 그 기술에 종사한 계층에 주어진 것과 똑같은 오명을 쓰고 있었다(제19장 참조). 그리하여 생겨난 과학의 개념은, 과학 자체가 그러한 기술 장치를 도입하여 지식을 낳고, 나아가서 민주주의가 일어난 뒤에도 존속했다. 그러나 이론을 단순히 이론으로만 생각한다면, 인간에게는 인간에 관한 것이 단순한 물질적 세계에 관한 것보다도 훨씬 더 의의가 있게 된다. 그러므로 문학적 교양은 대다수 사람들의 실제적인 필요로부터 초연하지만, 그것을 통해 설정된 지식의 판정 기준을 채택하는 한, 과학 교육을 제창하는 교육론자는 스스로 전략상 불리한 입장에 서게 된다. 그러나 실험적 방법에 적합하고, 민주적이고 산업이 발달한 사회의 움직임에 적합한 과학의 관념을 채용한다면, 그들은 자연과학 쪽이, 유한계급의 특수한 흥미를 바탕으로 교육계획을 세우는 이른바 인문주의보다 훨씬 더 인간적이라는 것을 보여주는 데 조금도 어려움을 느끼지 않을 것이다.

그것은, 이미 말했듯이 인문주의적 학과 자체가 자연연구와 대립되는 위치에 놓이면 방해를 받기 때문이다. 그런 학과는 단지 문학적이고 어학적일 뿐이기 쉽고, 나아가서 그러한 문학적·어학적인 학과는 '고전학'으로, 즉 이미 사용하지 않게 된 언어로 축소되기 쉽다. 왜냐하면 근대어는 분명하게 사용할 수 있고, 그래서 오히려 금지되기 때문이다. 역사상, '인문학'을 오로지 그리스어와 라틴어 지식과 동일시해온 교육상의 관행만큼 아이러니한 것은 없을 것이다. 그리스와 로마의 학예와 제도가 오늘날 우리의 문명에 매우 중요한 공헌을 한 것은 사실이고, 따라서 그 지식을 알 수 있도록 늘 충분한 기회를 마련해야 한다. 그러나 그것을 특별하게 뛰어난 인문적 학과로 간주하는 것은, 교육에서 대중이 배울 만한 교재가 있음을 고의로 무시하는 태도가 될 뿐만 아니라, 편협한 속물근성, 즉 극히 한정된 기회를 우연히 손에 넣은 것에 대한 훈장을 단 지식계급의 속물근성을 육성하는 경향이 있다. 지식이 질에 있어서 인간주의적인 것은, 그것이 과거의 인간의 산물에 관한 것이기 때문이 아니라, 그것이 인간의 지성과 인간의 공감을 해방하기 위해 '하는' 것이기 때문이다. 그러한 성과를 올리는 교재는 어느 것이나 인문적이지만, 그렇지 않은 교재에는 교육적이라는 이름조차 붙일 수가 없다.

요약 과학이란 경험 속 인식적 요소의 결실을 말한다. 그것은 다만 개인적인 또는 습관적인 경험에 좋은 인상을 주는 것을 가리키는 데 만족하지 않고, 어떤 신념의 근원이나 근거, 또는 귀결을 밝히는 서술을 지향한다. 이 목표를 달성하면 그 서술에는 논리적 성격이 부여된다. 교육에 있어서 과학적 방법은, 그 논리적 특징이 지적이고 고도로 정밀화된 교재에서 나타나므로 학습자의 방법—즉 경험의 지적인 성격이 조잡한 단계에서 세련된 단계로 나아가는 과정의 시간적 질서—과 다르다는 것에 주목해야만 한다. 이것이 무시되면, 과학은 다만 단순한 정보로 간주될 뿐만 아니라, 비일상적인 전문용어로 서술된 그 정보는 일반 정보보다 훨씬 재미가 없고 거리가 먼 것이 된다. 과학이 교육과정 속에서 수행해야 하는 기능은 바로, 그것이 인류를 위해 수행해온 기능이다. 즉, 경험을 국부적이고 일시적인 사건에서 해방하는 것, 그리고 개인의 습관이나 기호 같은 우연에 가려지지 않는 지적인 조망을 열어주는 것이다. 추상작용, 일반화, 명확한 공식화, 이러한 논리의 특성은 모두 이 기능과 관련이 있다. 어떤 관념을 그것이 나온 특정한 배경에서 해방하고, 거기에 훨씬 넓은 관련성을 부여함으로써, 어떤 개인적인 경험의 성과이든지 모든 사람이 자유롭게 사용할 수 있게 된다. 그리하여 궁극적으로, 또 철학적으로, 과학은 전반적인 사회진보의 도구가 되는 것이다.

제18장
교육적 가치

교육적 가치를 논할 때 고찰해야 할 사항은, 목표와 흥미에 대해 논했을 때 이미 살펴본 바 있다. 교육이론에서 흔히 논의되는 개개의 가치는, 자주 역설되고 있는 교육목표와 일치한다. 그것은 유용성, 교양, 지식, 사회적으로 쓸모 있는 능력의 준비, 지력의 단련 내지 능력 등과 같은 것이다. 이렇게 가치 있는 목표의 여러 측면에 대해서는 흥미의 본질을 분석할 때 이미 다루었다. 더욱이 흥미 또는 관심의 대상으로서 예술을 얘기하는 것과, 가치로서 그것을 언급하는 것 사이에는 아무런 차이도 없다. 그러나 사실 가치에 대한 논의는 보통 교육과정 속 개개의 교과가 달성하고자 하는 여러 가지 목적에 대한 고찰에 집중되어 왔다. 그것은 그러한 교과의 학습이 생활에 의미 있는 공헌을 한다는 점을 지적함으로써, 그러한 교과를 정당화하려는 시도의 일환이었다. 따라서 교육적 가치라는 주제에 대해 논하는 것은, 한편으로는 목표와 흥미에 대한, 다른 한편으로는 교육과정에 대한, 지금까지의 논의를 서로 관련시킴으로써 재검토하는 기회가 된다.

1 실감(realization) **내지 감상**(鑑賞, appreciation)**의 본질**　우리의 경험은 대부분 간접적이다. 그것은 사물과 우리 자신 사이에 끼어 있는 기호, 즉 사물을 대표 또는 표시하는 기호에 의존하고 있다. 전쟁에 참여한 것, 즉 전쟁의 위험과 고난을 공유한 것과, 전쟁에 대해 듣거나 읽는 것은 다른 일이다. 모든 언어, 모든 기호는 간접적 경험의 수단이다. 전문용어로 말하면, 그러한 수단을 통해 얻는 경험은 '매개된' 경험이다. 그것은 매개가 없는 직접적인 경험, 즉 우리가 상징적 매체를 통하지 않고 직접 참여하는 것과는 대조적인 경험이다. 이미 본 것처럼 개인적이고 진정으로 직접적인 경험의 범위는 매우 한정되어 있다. 만약 존재하지 않는 것이나 멀리 있는 것을 표

시하는 매개가 끼어 있지 않다면, 우리의 경험은 거의 짐승의 경험 수준에 머무르고 말 것이다. 미개에서 문명으로 가는 모든 단계는, 매개가 없는 경험의 범위를 확대하고, 또 기호와 상징을 통해 나타내는 수밖에 없는 것과 그것을 관련지음으로써, 그것에 더 넓고 더 깊은 의미를 주는 매체의 발명에 의존하고 있다. 의심할 여지없이, 이 사실이야말로 무교양과 문맹을 동일시하는 경향의 원인이다. 그토록 우리는 유효한 상징적 경험, 즉 간접적인 경험을 문자에 의존하고 있다.

그러나 (이것도 역시 이미 몇 번이나 주목했던 것이지만) 기호가 진정으로 상징 기능을 하지 않게 될 위험은 항상 존재한다. 즉, 여기에 없는 것이나 멀리 떨어져 있는 것을 상기시켜 현재의 경험에 도입하도록 하는 것이 아니라, 언어적 상징매체 자체가 목적이 되는 위험이다. 학교교육은 특히 이 위험에 빠지기 쉬운데, 그 결과 그것은 읽기 쓰기의 능력이 부가되면 흔히 학문적이라고 일컬어지는, 단순한 교과서 위주의 태도가 너무나 보편적인 현상으로 나타나게 된다. 일상에서 말하는 언어로 '의미를 실감한다 realizing sense'는 표현은, 기호를 통한 간접 경험의 낯설고 창백하며 차갑고 초연한 성질과는 대조적으로, 직접 경험의 긴박함과 따뜻함, 친밀함을 표현하는 데 사용된다. '마음으로 실감한다mental realization'거나 '음미한다 appreciation' (또는 '마음으로' 음미한다)는 표현은, 사물의 의미를 실감한다는 것의 더욱 공들인 표현이다. 이러한 관념은 '가슴에 절실하게 느낀다coming home to one'나 '진정으로 이해한다really taking it in' 등과 같은 동의어를 통해 정의할 수밖에 없다. 어떤 사물의 직접적인 경험이 의미하는 바를 실감하는 유일한 방법은 직접 경험하는 것뿐이기 때문이다. 그렇다 해도, 그것은 어떤 그림에 대한 전문적인 해설을 읽는 것과 그것을 직접 보는 것의 차이, 또는 그것을 그저 보는 것과 그것을 보고 감동을 느끼는 것의 차이, 또는 빛에 관한 수학적 방정식을 드는 것과, 깊은 안개에 싸인 풍경에서 느끼는 독특한 광채에 넋을 잃는 것의 차이에 지나지 않는다.

이처럼 우리는 전문적인 방법이나 그 밖의 순전히 상징적인 형식이 직접적인 감상의 영역을 침해하는 경향에서 오는 위험에 직면한다. 다시 말해, 학생들이 학교에서 체계적으로 배우는 기호를 통해 간접 경험이라는 상부구조를 구축할 때, 그 기초로서 직접적 정황에 대해 충분히 실감한다고 가정하기 쉬운 위험에 직면한다는 얘기다. 그것은 단순히 양이나 크기의 문제가 아니다. 그 충분하다는 것은 그보다는 질의 문제이다. 즉 기호적인 교재와 쉽게, 그리고 풍부한 성과로 이어지는 것이어야만 한다. 교육활동이 기호라는 매체를 통한 사실과 관념의 전달을 안전하게 시작할 수 있기 위해서는, 그 전에 본인 스스로 교재의 의미와 그 교재에 들어 있는 문제를 절실하게 느끼게 하는 진짜 정황에 관여하도록 해야 한다. 그 결과 생기는 경험은, 학생의 입장에서 말하면 그 자체만으로도 가치가 있는 것이고, 교사의 입장에서 말하면 기호가 수반되는 교육내용을 이해하는 데 필요한 교재를 주는 수단이요, 열린 마음이라는 태도와 기호로 표현된 교재에 대한 관심을 불러일으키는 매개체도 된다.

우리는 교재에 관한 이론을 설명했을 때, 이러한 실감 또는 감상의 배경이 필요한 문제는, 전형적인 정황을 구체적으로 나타내는 놀이와 활동적 작업이 이루어지게 함으로써 해결할 수 있다고 말했다. 거기에 다음과 같은 지적 외에는 아무것도 덧붙일 것이 없다. 즉, 거기서는 직접 경험을 위한 효과적인 배경이 확실히 필요한 초등교육의 교재에 대해 명시적으로 논했는데, 같은 원리가 모든 학과의 초보적이고 기본적인 단계에도 적용된다는 점이다. 이를테면, 고등학교나 대학에서 새로운 분야의 실험실에서 작업할 때 필요한 가장 기초적인 기능은, 어떤 범위의 사실과 문제에 학생들이 직접 친숙해지게 하는 것—다시 말해 그것에 대한 '감각'을 제공하는 것—이다. 전문적 기법을 터득하거나, 일반법칙을 파악하고 그것을 시험하는 방법을 터득하는 것은, 맨 처음에는 실감을 얻는 것에 비하면 2차적인 것이다. 초등학교의 활동에 대해서는 다음과 같은 점을 염두에 두어야 한다. 즉, 그 기본적 의도는 즐겁게 하기 위한 것도 아니고, 가능한 한 고통을 주지 않고 지식을 전달하는 것도 아니며, 또 기능을 습득하는 것도—이러한 결과는 부산물로서 생길 수는 있지만—아니다. 그것은 경험의 범위를 확대하고 풍부히 하며, 지적 향상에 대한 관심을 예민하고 효과적으로 키워주는데 있다.

감상이라는 표제는 다시 다음의 세 가지 원리를 제시하는 데 적합한 표제가 된다. 즉, (1)유효한 또는 진정한(즉 명목상의 것과는 다른) 가치기준의 본질, (2)감상적 실감에서 상상력이 하는 역할, (3)교육과정에서 미술이 차지하는 위치이다.

(1)가치기준의 본질 : 모든 성인은 지금까지 겪은 자신의 경험과 교육의 과정에서, 다양한 종류의 경험이 지닌 가치에 대한 일정한 척도를 익혀 왔다. 그는 정직·친절·인내·성실성 같은 성질을 도덕적 선(善)으로 간주하는 것과, 문학·그림·음악의 고전작품을 미적 가치로 간주하는 것을 배웠다. 뿐만 아니라, 그는 그러한 가치를 통제하는 일정한 규칙—도덕에서의 황금률('남이 자기에게 해주길 바라는 대로 남에게 하라'는 그리스도의 가르침, 마태복음 제7장 제12절), 미적 선에 있어서의 조화와 평형 등 균형을 이룬 배치, 지적 완성에서의 정의, 명료성, 체계—도 배웠다. 이러한 원리들은 새로운 경험의 가치를 판정하는 기준으로서 지극히 중요하므로, 부모와 교사들은 언제나 그것을 어린이들에게 직접 가르치려고 한다. 그러나 그들은 그렇게 가르친 가치기준이 '단순히' 상징적인, 다시 말해 매우 틀에 박힌, 언어상의 것에 불과할 수 있다는 위험은 깨닫지 못하고 있다. 실제로, 겉으로 보는 것과는 달리 실효를 지닌 가치기준은, 어떤 개인이 스스로 구체적인 정황에 매우 유익할 것으로 생각하고 하나하나 깊이 감상해온 것을 통해 정해진다. 어떤 사람은, 음악에서 어떤 특징이 관례적으로 높이 평가되고 있다는 것을 알지도 모른다. 또 그는 고전음악에 대해 상당히 깊이 있는 대화를 할 수 있을지도 모르고, 그러한 특징이 그 자신의 음악에 대한 가치기준을 형성한다고 진심으로 믿을 수도 있다. 그러나 만약 그 자신이 과거에 경험한 것 가운데 가장 친숙해지고 가장 즐겨왔던 것이 재즈라고 한다면, 그의 실효적인, 다시 말해 실제로 효력을 가지고 작용하는 가치척도는 재즈의 수준에 머물러 있을 것이다. 그 자신의 개인적인 실감을 통해 실제로 그의 마음을 끄는 매력이, 입 밖에 내어 말해야 하는 올바른 것으로서 그가 배워온 것보다, 훨씬 깊이 있게 그의 태도를 결정한다. 즉, 그렇게 결정된 그의 습관적 성향이, 그 이후의 음악 경험에서 그의 진정한 평가 '기준'을 형성하는 것이다.

음악의 취향에 대해서는, 앞에서 말한 것을 부정하는 사람은 아마 많지 않을 것이다. 그러나 그것은 도덕적 가치와 지적 가치의 판단에서도 마찬가지로 잘 적용된다. 타인에 대한 친절의 가치가 품은 충분한 의미를 여러 번 되풀이하여 경험하고, 그 경험을 자신의 성향 속에 반영시키는 젊은이는, 다른 사람에게 넉넉하게 행동하는 가치척도를 지니게 된다. 이렇게 생생하게 살아있는 감상이 없으면, 남이 그에게 가치기준으로서 강요한 공정함의 배려라는 의무와 덕목도 적절하게 현실적 의미를 줄 수 없는 단순한 상징의 문제에 머무르게 된다. 그의 '지식'은 간접적인 것이고, 그것은 다른 사람들이 공정함의 배려를 미덕으로 평가하고, 그가 그것을 보여주면 그만큼 사람들에게 존경을 받는다는 점을 아는 데 지나지 않는다. 이렇게 하여 한 사람이 공언하는 가치기준과, 그의 실제 가치기준 사이에 분열이 생긴다. 그는 자신의 심적인 성향과 이론적 견해 사이의 이 갈등이 낳을 '결과'를 알지도 모른다. 즉, 그는 자신에게 정말로 중요한 것을 하는 것과, 그것을 하면 남에게 인정받게 된다고 배운 것 사이의 상극에 대해 고민하는 것이다. 그러나 그 분열 자체는 깨닫지 못하고 있다. 그 결과, 일종의 무의식적 위선이 생겨나고 성향의 불안정이 나타난다. 마찬가지로, 학생이 어떤 혼란된 지적 정황을 극복하고 노력하여 어떤 확실한 결과를 달성함으로써 애매함을 불식하게 되면, 그는 명료성과 확실성의 가치를 인식한다. 그는 신뢰할 수 있는 가치 기준을 획득한다. 그를 외적으로 훈련시켜 교재를 분석하고 분류하는 일정한 작업을 웬만큼 이수시킬 수 있을 것이고, 또 표준적이고 논리적인 기능으로서 이러한 처치의 가치에 대한 지식을 습득하게 할 수도 있을 것이다. 그러나 그것을, 어떻게 해서든 무언가의 점에서 자기 자신의 가치 체험으로서 절실하게 느끼지 못하면, 이른바 논리적 규범의 의미는, 그에게는 중국의 강 이름과 마찬가지로 외적인 한 조각의 지식에 머무른다. 그는 그대로 따라 말할 수 있을지 모르지만 그것은 기계적인 되풀이에 지나지 않는다.

그래서 감상을 문학이나 그림, 음악 같은 것에만 한정하는 것은 크게 잘못된 생각이다. 그 범위는 교육 그 자체의 범위와 마찬가지로 넓다. 습관의 형성이 완전히 기계적이 되지 않으려면, 습관이 동시에 '취미'—좋고 싫음이나 평가의 습관적인 양식, 뛰어난 것에 대한 예민한 감각—의 수준에까지 이르러야 한다. 학교에서 외면적인 '규율', 점수와 상벌, 진급과 낙제가 매우 자주 부당하게 중시되는 것은, 여러 가지 사실과 관념·원리·문제의 의미를 생생하고 절실하게 느끼게 해주는 생활정황에 전혀 주의를 기울이지 않음을 반영한다는 주장에는 충분한 근거가 있다.

(2) 감상적 실감 : 이것은 기호적, 즉 기호에 의한 간접적 경험과는 구별되어야 하되, 지성 또는 오성의 작용과 구분되어서는 안 된다. 순전한 '사실'

의 실감도, 상상력을 수반하는 본인 자신의 반응만이 간신히 얻을 수 있다. 상상력은 모든 분야에서 감상의 매개수단이 된다. 상상력을 작용시켜야만, 어떤 활동이든 단순히 기계적인 것에 머물지 않고 그 이상의 것이 되게 할 수 있다. 유감스러운 일이지만, 상상적인 것을, 어떤 정황의 전체 범위를 진심으로 깊이 이해하기보다는 가공의 것과 동일시하는 경향이 너무나 일반적으로 퍼져 있다. 그래서 옛날이야기와 신화, 공상적 상징, 시, '미술'로 불리는 것을 상상력과 감상력을 발달시키는 것으로서 과대평가하게 된다. 그리고 그 밖의 영역에서는 상상적 통찰력을 무시함으로써, 대부분의 교육활동을 상상력이 불필요한 전문적 기술의 습득과 정보의 축적으로 끌어내리는 교수법이 이용되는 것이다. 교육이론은, 그리고 어느 정도까지는 교육실천도, 놀이 활동이 상상력의 모험이라는 것을 인정하는 데까지 진보했다. 그러나 지금도 이 활동을 어린 시절에 겪는 특별한 한 단계로 간주하고, 놀이와 진지한 일 사이의 차이가 상상력이 끼어들고 안 하고의 차이가 아니라, 상상력이 적용되고 있는 재료의 차이라는 것을 깨닫지 못하는 경우가 흔하다. 그 결과, 어린이다운 놀이의 몽상적이고 '비현실적'인 면이 불건전하게 과장되고, 또 진지한 일은 단순히 외적이고 구체적인 결과만으로 평가되는 기계적 작업능률로 무참하게 깎아내려지는 것이다. 학력이라는 것은, 잘 설계된 기계가 인간보다 능숙하게 할 수 있는 것을 의미하게 되고, 교육의 주요 효과, 즉 의미가 풍부한 삶의 달성은 도중에 소실되어버린다. 한편, 두서없는 생각과 제멋대로 날뛰는 공상은 행위와의 관계에서 해방되어 통제할 수 없는 상상에 지나지 않게 된다.

직접적인 육체적 반응이 미치는 범위를 넘어선 곳에 있는 어떤 사물에 대해서든지, 상상력이 실감하는 매개수단이 됨을 충분히 인정하는 것만이, 교육이 기계적 방법으로 전락하는 것을 면할 수 있는 유일한 방법이다. 이 책에서도 현대교육의 일반 풍조에 따라 활동을 강조했으나, 그것은 근육운동과 마찬가지로 상상력도 인간 활동의 정상적이고 불가결한 부분임을 인정하지 않는다면 오해를 낳을 것이다. 놀이뿐만 아니라, 수공 활동과 실험실 작업의 교육적 가치도, 그것이 지금 일어나고 있는 일의 '의미'를 느끼는 데 얼마나 기여하는가에 따라 결정된다. 그것은 그렇게 불리지는 않지만, 사실상 연극이다. 구체적인 성과를 얻기 위해 사용되는 기능의 습관을 형성할 때 그러한 실리적 가치가 중요한 것은 사실이지만, 그것도 감상적 측면에서 동떨어져 있지 않을 경우의 이야기이다. 상상력의 작용을 수반하는 일이 없으면, 직접적 활동에서 기호에 따른 간접적 지식으로 나아갈 길이 없는 것이다. 기호를 직접적인 의미로 번역하여 어떤 좁은 활동에 통합하고, 그 활동을 확대하여 더욱 풍요로워지게 하는 것은 상상력이기 때문이다. 이 표상적이고 창조적인 상상력이 단순히 문학적이고 신화적인 것에 지나지 않게 되어버리면, 기호는 발화기관(發話器官)의 육체적 반응에 방향성을 부여하는 수단에 그치고 만다.

(3) 지금까지 한 설명에서는, 교육과정 속에서 문학과 미술이 차지하는 위치에 대해서는 아무것도 확실하게 말한 것이 없다. 그것을 생략한 것은 의도적이었다. 원래 실용적이고 산업적인 기술과 미술에는 확실한 구별이 없다. 제15장에서 말한 활동에는, 그 자체 속에 나중에 미술과 실용적 기술로 구별되는 여러 가지 요소가 포함되어 있다. 정서와 상상력을 불러일으킨다는 점에서는, 그러한 활동은 미술에 미술성을 부여하는 성질을 가지고 있다. 또 방법과 기능, 즉 끊임없이 완성도를 가하면서 재료에 도구를 적용하는 것을 필요로 한다는 점에서는, 그러한 활동은 예술적 제작에 없어서는 안 되는, 기술이라는 요소를 포함하고 있다. 성과, 즉 예술 '작품'이라는 관점에서 보면 그것은 당연히 불완전하다. 그러나 이 점에서도 그것이 진정한 감상을 포함할 때는 종종 맹아적인 매력을 지니는 것도 사실이다. 그런데 경험으로서는, 그러한 활동의 성질은 기술적이기도 하고 미적이기도 하다. 그것이 그 성과에 의해 시도되는 활동이 되어 나타나고, 그 성과의 사회적으로 유용한 가치가 강조되면, 그것은 실용적인 또는 산업적인 기술이 된다. 또 사람들의 취향에 호소하는 직접적인 성질을 훨씬 강하게 감상하는 방향으로 발달하면, 그것은 미술로 성장하는 것이다.

감상(appreciation)은 어떤 의미에서 경시(depreciation)와 대립한다. 그것은 확대되고 '강화된' 평가를 의미하는 것이지 단순한 평가를 의미하는 것이 아니다. 하물며 경시처럼 낮추고 경멸하는 평가를 의미하는 것은 더더욱 아니다. 평범한 경험을 매력이 있는 것, 갖고 싶은 것, 즉 완전히 동화하고 누릴 수 있는 것으로 만드는 성질을 높이는 것이, 교육에서 문학과 음악, 그림

등이 해야 하는 가장 중요한 역할이다. 그것은 가장 일반적인 의미에서 감상의 유일한 수단이 아니라, 강화되고 높아진 감상의 주요 수단이다. 따라서 그 교과들은 본질적·직접적으로 누릴 수 있는 것일 뿐만 아니라, 그 자체를 넘어선 목적에도 도움이 된다. 모든 감상은 취미를 결정하고 그 뒤의 경험의 가치기준을 형성하는 역할을 하는데, 그 역할을 더욱 광범하고 깊이 있게 수행한다. 감상은 그 표준에 미달되는 상태에 대한 불만을 불러일으키고, 자기의 수준에 맞는 환경을 찾는 요구를 낳는다. 그것은 평범하고 하잘것없는 것이 될 수 있는 경험 속에 들어 있는 깊고 넓은 의미를 드러내 보여준다. 즉, 사물을 보는 안목을 주는 것이다. 그리고 그 전체로서는 보통 불완전한 상태로 뿔뿔이 흩어져 있는 선(善)의 요소들을 집중시키고 완성시킨다. 감상은 여러 가지 경험을 직접 누릴 수 있게 하는 즐거움의 가치의 요소들을 골라내어 집중시킨다. 그것은 교육의 즐거운 부분이 아니라, 어떤 교육도 받을 가치가 있는 것으로 만드는 것을 강조하는 표현이다.

2 여러 학과의 가치 교육적 가치에 대한 이론에서는, 미래의 가치판단의 척도를 결정하는 감상의 본질에 대해서뿐만 아니라, 이러한 가치 판단이 일어나는 개개의 특정한 방면에 대해서도 논의해야만 한다. 평가한다는 것은 첫째로 칭찬하는 것, 존중하는 것을 의미하지만, 두 번째로는 조사해 결정하거나 가치를 따지는 것도 의미한다. 즉, 그것은 무언가를 소중하게 여기고 아끼는 것을 의미하지만, 또 다른 무엇과 비교하여 그 가치의 성질과 크기에 대해 판정을 내리는 것도 의미하는 것이다. 이 후자의 의미에서 평가하는 것은 가치를 판단하거나 감정하는 것이다. 그 구별은 본질적인 가치와 수단적인 가치 사이에 때때로 설정되는 구별과 같다. 본질적인 가치는 판단의 대상이 되지 않는다. 그것은(본질적이므로) 비교할 수가 없다. 즉, 더 크다, 더 작다, 또는 더 좋다, 더 나쁘다고 판단할 수 없다. 그것은 평가할 수 없는(invaluable) 것이다. 어떤 것을 평가할 수 없다면, 그것은 마찬가지로 평가할 수 없는 다른 어떠한 것보다 더 뛰어나지도 않고 더 못하지도 않다. 그러나 선택이 필요한 경우, 즉 어떤 것을 택하기 위해 다른 것을 버려야 하는 경우가 생긴다. 이것이 선택의 순위와 우열, 선악 등을 확정한다. 판정된, 즉 판단이 내려진 사물은 제3의 것, 즉 그 이상의 목적과의 관계를 바탕으로

평가받아야만 한다. 그 제3의 것과의 관련에서, 그것은 수단, 즉 도구적 가치이다.

어떤 때는 친구와의 대화를, 어떤 때는 교향악을 듣는 것을, 또 어떤 때는 식사하는 것을, 아니면 책을 읽는 것을, 나아가서는 돈을 버는 것을 철저하게 즐기는 사람을 상상해 보자. 이러한 것들은 무엇이나 감상적 실감으로서는 본질적 가치를 지닌다. 그것은 생활 속에서 독자적인 위치를 차지한다. 즉, 그것은 그 자체의 목적에 봉사하는 것이며, 그 목적은 다른 것으로 대체할 수 없다. 거기에는 상대적 가치의 문제는 없으며, 따라서 평가의 문제도 없다. 그 각각은 있는 그대로 그 자체로서 특정한 선(善)이며, 말할 수 있는 것은 오직 그것뿐이다. 어느 것이나 독자적인 지위를 가지고 있는 한, 그 자체를 뛰어넘는 어떠한 것을 위한 수단이 될 수도 없다. 그러나 그것이 경쟁하거나 충돌하는 정황, 즉 선택을 해야만 하는 정황이 발생하는 경우가 있다. 바로 그때 비교가 시작된다. 선택하지 않으면 되므로, 우리는 경쟁하는 각각이 어떻게 주장하는지 알고 싶어 한다. 거기에는 어떤 주장이 있을까? 어떤 다른 가능성과 비교하면, 즉 저울에 달면 거기서 무엇을 얻을 수 있을 것인가? 이러한 물음을 제기하는 것은, 어떤 특정한 선이 이제는 목적 자체가 아님을, 본질적 선은 아님을 의미한다. 왜냐하면, 만약 그렇다면 그 주장은 비교할 수 없는 것, 즉 명령적인 것이 되기 때문이다. 따라서 문제는 뭔가 다른 것을 실현하기 위한 수단으로서 그 지위에 관한 것이 된다. 그때 이 다른 무엇은 '그' 정황에서는 평가할 수 없는 것이다. 만약 어떤 사람이 방금 밥을 먹었거나, 평소에 밥은 충분히 먹지만 음악을 들을 기회가 드물다면, 그는 아마 밥보다 음악을 더 선호할 것이고, 그 특정한 정황에서는 음악이 더 크게 공헌할 것이다. 만약 그가 굶주리거나, 아니면 그때 마침 음악을 실컷 들은 뒤라면, 그는 당연히 음식이 더 큰 가치가 있다고 판단할 것이다. 추상적 또는 일반적으로, 즉 선택해야 하는 특정한 정황이 필요할 때 외에는, 가치의 정도나 순위 같은 것은 있을 수 없는 것이다.

이상과 같은 고찰에서 교육적 가치에 대해 몇 가지 결론을 낼 수 있다. 우리는 여러 학과 사이에 가치의 서열을 정할 수 없다. 가장 가치가 낮은 것에서 시작하여 가장 가치가 높은 것으로 일정한 질서에 따라 그것을 배열하려는 노력은 부질없는 일이다. 어떤 학과라도 경험 속에서 독자적인, 둘도 없는 작용을 하는 한, 다시 말해 그 나름대로 생활을 풍요롭게 해주는 한, 그 가치는 본질적인 것이고 다른 것과 비교할 수 없는 것이다. 교육은 생활에 대한 수단이 아니라 보람 있고 의미 있는 생활을 영위하는 활동 같은 것이므로, 궁극적 가치로 내세울 수 있는 유일한 것은 생활의 과정 그 자체뿐이다. 더욱이 이 생활의 과정은 여러 학과와 활동이 종속적인 수단이 되어 봉사하는 목적이 아니라, 그것을 요소로 포함하는 전체이다. 그리고 앞에서 감상에 대해 설명한 것의 의미는, 모든 학과는 그 일면에 바로 그러한 궁극적인 의의를 가져야 한다는 것이다. 그것은 언젠가 어딘가에서 그 자체를 위해—즉 오직 즐거운 경험으로서—인식되어야 하는 선(善)이어야 하며, 시뿐만 아니라 산수에도 적용될 수 있다. 그렇지 않으면 수단이나 도구로 사용되는 시간과 장소에서 그것은 바로 그만큼 손상을 입게 될 것이다. 그 자체로서 그것을 실감하거나 감상하지 않았기 때문에, 사람은 다른 목적의 수단으로서 그것이 지닌 가능성을 뭔가 놓치게 되는 것이다.

마찬가지로 다음과 같은 귀결도 생각할 수 있다. 우리가 여러 학과의 가치를 비교할 때, 즉 그러한 학과들을 그 자체를 넘어선 뭔가의 수단으로 간주할 때, 그 정당한 평가를 통제하는 것은 그것이 사용되는 특정한 정황 속에 들어있다는 것이다. 산수의 도구적 가치를 학생에게 이해시키려면, 어떤 불확실한 먼 미래에 그것이 어떻게 도움이 되는지에 대해 설명하는 것이 아니라, 그가 흥미를 보이며 하는 일의 성패가 수를 사용할 줄 아는 능력에 달려 있음을 깨닫게 하면 된다.

또 다음과 같은 귀결도 있다. 여러 학과에 각각 다른 종류의 가치를 할당하려는 일에 최근 많은 시간이 할애되었지만, 그것은 빗나간 시도이다. 이를테면, 과학은 그것이 수단이 되는 정황에 따라 '어떤' 종류의 가치도 가질 수 있다. 어떤 면에서 과학의 가치는 군사적인 것이어서, 과학이 공격 또는 방위의 수단을 강화하기 위한 도구일지도 모른다. 또 과학은 기술적 가치를 지녀서 공학의 도구가 될지도 모른다. 그것은 사업을 경영하는 데 도움이 되는 상업적 가치를 지닐 수도 있다. 나아가서 다른 사정에서는 그 가치는 인류애적일지도 모른다. 그리하여 인간의 괴로움을 제거하는 데 도움을 줄 수도 있는 것이다. 또 그것은 완전히 인습적일지도 모른다. 즉 '교육을 받은' 사람이라는 사회적 지위를 확립하는 가치를 가질지도 모르는 것이다. 사실

과학은 이러한 모든 목적에 도움이 되며, 과학의 그러한 것들 가운데 '진정한' 목적으로서 하나를 골라내려고 노력하는 것은 임의적인 작업이 될 것이다. 교육상 우리가 확신할 수 있는 것은 다음과 같은 점에 불과하다. 그것은 과학 자체가 학생들의 생활에서 목적이 되도록 가르쳐야 한다는 것—삶의 경험에 그 자체의 본질적인 기여를 하기 때문에 가치가 있는 것으로 가르쳐야 한다는 것이다. 첫째로, 그것은 '감상적 가치'를 지녀야 한다. 시처럼 과학과 정반대의 극에 있는 듯 보이는 것을 예로 들어도, 같은 말을 할 수 있다. 오늘날 시의 중요한 가치는 그것이 여가의 즐거움에 공헌하는 데 있다고 할 것이다. 그러나 그것은 시에 필요한 것이라기보다는 오히려 시의 타락한 상태를 얘기하는 듯하다. 역사적으로 종교나 도덕과 결부되어 있었던 시는 사물의 심오한 내면을 통찰하는 데 도움을 주었다. 시에는 매우 큰 애국적 가치도 있었다. 호메로스는 그리스인에게는 성서이자 도덕 교과서이며 역사이고 국민정신의 원천이었다. 어쨌든 시를 여가뿐만 아니라 살아가는 데도 도움이 되게 할 수 없는 교육은 뭔가 잘못되었다고 할 수 있다. 그러한 시는 가짜이다.

이와 같은 고찰은 어떤 학과, 또는 어떤 학과의 어떤 과목이 그 학습 동기에 대해 지닌 가치에도 적용된다. 학과 과정의 입안과 수업에 책임이 있는 사람들은, 그 과정에 들어가는 학과와 과목이 학생들의 생활을 더욱 풍요롭게 하는 데 직접 기여할 뿐만 아니라, 학생들이 직접 흥미를 느끼는 다른 사항에도 이용할 수 있는 재료도 제공할 수 있도록 배려해야 한다. 교육 과정은, 단지 계승되기만 한 전통적 내용과, 어떤 유력한 인물이나 단체가 자신들의 이익을 위해 중요하다고 역설한 내용을 주로 반영시킨 교과에 의해 언제나 왜곡되기 때문에, 끊임없이 점검하고 비판하고 개정하여, 그것이 그 목적을 달성하고 있음을 확인해야만 한다. 또 교육과정에는 항상 아동과 청년의 가치보다는 어른들의 가치가, 오늘날의 학생보다는 한 세대 전의 학생들의 가치가 반영되기 쉽다. 그래서 더욱 비판적인 견지와 조사가 필요한 것이다. 그러나 이러한 고찰은, 어떤 교과가 학생에게 동기를 부여하는 가치(본질적 가치이든 도구적 가치이든)를 지닌다는 것이, 학생이 그 가치를 안다거나, 그 학과의 목적이 무엇인지 말할 수 있다는 것과 같음을 의미하지는 않는다.

첫째로, 어떤 과목이든지 직접적인 매력을 발산하는 한, 그것이 무엇을 위한 것인지 물을 필요는 없다. 이 질문은 단지 도구적 가치에 대해서만 할 수 있다. 어떤 선(善)은 무언가를 위한 선이 아니라 그냥 선일 뿐이다. 이것을 인정하지 않는 다른 생각은 모두 불합리에 빠진다. 왜냐하면, 본질적으로 선한 것, 즉 그 자체로서 선인 것이 어딘가에 존재하지 않는다면, 우리는 도구적 선에 대해, 즉 무언가를 위한 선이라는 점에 가치가 있는 것에 대해, 그것이 어떤 도움이 되는가 하는 질문을 계속해야 하기 때문이다. 배가 고픈 건강한 아이에게 음식은 그 정황에서의 선이다. 우리는 음식을 먹는 동기를 부여하기 위해, 음식이 어떤 도움을 주는지 그에게 인식시킬 필요는 없다. 그의 식욕을 자아내는 음식이 바로 그 동기이다. 다른 많은 사항에 대해서도, 진심으로 열심히 공부하는 학생들에게 같은 말을 할 수 있다. 학생들도 교사도, 학습이 장차 어떤 목적을 달성하게 되는지, 그 목적을 정확하게 예언하기란 도저히 불가능한 일이다. 또 그 열성이 계속되는 한, 거기서 어떤 선한 결과가 나올지 그 특정한 선을 하나하나 밝히려고 노력하는 것은 현명한 일이 아니다. 선의 증거는 학생이 반응한다는 사실 속에서 발견할 수 있다. 즉, 학생의 반응이야말로 결과적으로 생기는 선이다. 교재에 대한 그의 반응은 그 교과가 그의 생활 속에서 작용하고 있음을 얘기하는 것이다. 이를테면, 라틴어를 가르치는 것을 정당화하는 충분한 이유로, 라틴어가 추상적으로 그 자체로서, 즉 단순히 하나의 학과로서 가치를 지닌다고 주장하는 것은 타당하지 않다. 마찬가지로 교사와 학생이 라틴어를 장차 어떻게 사용할지 명확하고 구체적으로 지적할 수 없으면, 그것은 교과로서의 정당성을 보증하는 가치가 없다는 것도 불합리하다. 학생이 라틴어 학습에 진심으로 열중해 있을 때는 그 자체가 그것이 가치를 지닌다는 증거이다. 여기서 우리가 던질 수 있는 물음은 기껏해야, 시간이 부족하다는 점을 고려하여, 라틴어 외에도 본질적인 가치를 지녔고, 또 더 큰 도구적 가치도 가진 것이 없을까 하는 것이다.

이것은 우리를 도구적 가치의 문제로 이끈다. 즉 그 이상의 어떤 목적을 위해 배우는 학과의 문제이다. 어떤 어린이가 병에 걸려 식욕을 잃어버렸기 때문에, 음식을 주어도 먹으려 하지 않거나, 편식이 심하여 고기나 채소보다 과자를 더 좋아한다면, 그 결과에 대해 인식하게 하는 것이 필요하다. 어떤 대상의 옳고 그름에 대한 가치의 근거로서 결과를 깨닫게 해주어야 하는 것이다. 또 사태는 충분히 정상이라도, 어떤 본질적인 선의 획득이 눈앞의 사항에 적극적으로 개입할지 여부에 얼마나 의존하는지 알지 못하기 때문에, 어떤 문제가 사람의 마음을 움직이지 않는 일이 있다. 그런 경우에는 명백하게 그 둘 사이의 관련을 의식하도록 해주는 것이 현명한 조치이다. 일반적으로 말해, 학과의 주제를 제시하려면, 그것이 직접적 가치를 지녀서 어떠한 정당화도 필요하지 않은 방법이나, 그렇지 않으면 그것이 본질적 가치를 지닌 무언가를 달성하기 위한 수단임을 알게 하는 방법을 취하는 것이 바람직하다. 그러면 도구적 가치는 어떤 목적을 달성하는 수단이라는 본질적인 가치를 지니게 되는 셈이다.

오늘날 일부 교육학이 여러 학과의 가치문제에 보내고 있는 관심은, 너무 지나치거나 아니면 너무나 편협하지 않나 하는 생각이 든다. 때로 그것은 학생들의 생활에서, 직접적인 목적이든 간접적인 목적이든, 이미 어떠한 목적에도 도움이 되지 않는 과목을 어떻게든 변호하고자 하는 부자연스러운 노력을 하는 것처럼 보인다. 그러나 또 다른 경우에는, 도움이 되지 않는 잡동사니 교재에 대한 반발이 지나쳐서, 학과 과정을 만드는 자 또는 학생 자신이 그야말로 명확한 장래의 효용을 지적할 수 없다면, 어떠한 학과나 어떠한 과목도 가르쳐서는 안 된다는 생각까지 하게 된다. 따라서 생활은 그 자체의 존재이유가 된다는 사실을 잊은 것처럼 보인다. 그리고 확실하게 지적할 수 있는 학과와 과목의 확실한 효용 자체가, 사실은 그러한 학과와 과목이 생활에서 경험하는 내용을 증대시킨다는 이유에 의해 비로소 정당화된다는 것조차 망각하고 있는 것처럼 보이는 것이다.

3 여러 가치의 분립과 통합 생활 속의 다양하게 가치 있는 측면을 일반적인 방법으로 분류하는 것은 물론 가능하다. 그러한 분류는 교육목적을 충분히 넓은 범위에서 살펴보아 교육사업에 넓은 폭과 유연성을 주기에(125~126쪽 참조) 매우 편리하다. 그렇지만 이러한 가치를 궁극 목적으로 여기고, 구체적인 경험적 만족이 그것에 종속한다고 생각하는 것은 큰 잘못이다. 그것은 구체적인 선을 어느 정도 적절하게 일반화한 것에 지나지 않는다. 건강과 재산, 능률, 사교성, 유용성, 교양, 행복, 이러한 것 자체도 다수의 개

별적 사례를 요약하는 추상적인 용어에 불과하다. 그러한 것을 교육의 구체적인 과목과 과정을 평가하는 기준으로 본다면, 추상적 개념은 구체적 사실에서 나오는 데도, 반대로 구체적 사실을 추상적 개념에 종속시키게 된다. 그것은 어떠한 의미에서도 진정한 평가기준은 아니다. 진정한 평가기준은 앞에서 살펴본 것처럼, 취미와 취향의 습관을 형성하는 특수한 실감 속에서 찾을 수 있다. 그러나 그것은 생활 속의 사소한 일들이 쌓여 높이 올라간 관점이며, 거기서 생활의 무대를 내려다보며 그것을 구성하는 세부가 어떻게 배치되어 있는지, 또 그것이 균형을 잘 이루고 있는지 바라볼 수 있다는 의미를 지닌다.

어떠한 분류도 잠정적인 타당성밖에 없다. 그러나 다음에 말하는 것은 약간 도움이 될지도 모른다. 학교 교육이 조장해야 하는 경험은, 다음과 같은 점들이 특색을 만든다고 할 수 있다. 첫째는, 눈앞에 나타난 수단과 장애를 처리하는 실행력(실제적 수완)이다. 둘째는 사교성, 즉 타인과 직접 교제하는 것에 대한 흥미다. 셋째는 미적 감상력, 다시 말해 적어도 고전적인 양식의 몇몇 예술 걸작품을 감상할 줄 아는 능력이다. 넷째는 훈련된 지적 방법 또는 어떠한 과학적 업적에 대한 흥미다. 마지막으로 타인의 권리와 요구에 대한 민감성, 즉 성실함이다. 그리고 이러한 점들은 가치기준은 아니지만, 현재 이루어지는 교수법이나 교재를 훑어보고 비판하며 더욱 잘 조직하는 데 도움이 되는 판단기준이다.

생활의 다양한 활동들을 서로 고립시킴으로써, 여러 가지 교육적 가치를 분리하려는 경향이 있기 때문에, 이상과 같은 일반적 관점이 더욱 필요해진다. 여러 학과들은 각각 다른 종류의 가치를 반영하며, 따라서 교육과정은 여러 가지 학과들을 모아서, 다양한 종류의 각각 독립된 가치가 충분히 배려되도록 구성되어야 한다는 생각이 널리 보급되어 있다. 다음에 인용한 말에는 가치라는 말이 사용되지는 않았지만, 달성되어야 하는 개별적인 목적이 많이 있고, 또 다양한 학과의 가치는 각 학과를 각자의 목적과 결부시킴으로써 평가받는다는 생각을 토대로 구성된 교육과정관(敎育課程觀)이 들어 있다.

"기억력은 대부분의 학과에서도 그렇지만 어학과 역사를 통해 가장 잘 훈련된다. 감상력은 더욱 발달한 언어학습에서도 그렇지만, 영문학을 통해 더욱 잘 훈련된다. 상상력은 모든 고급 언어학습에서도 훈련되지만 그리스와 라틴의 시가 중요하다. 관찰력은 라틴어와 그리스어의 초보 단계에서도 약간 얻을 수 있지만, 실험실에서의 과학 학습을 통해 길러진다. 표현력에서는 그리스어와 라틴어 작문이 첫째이고, 영어 작문은 그 다음이다. 추상적 추리력에서는 거의 수학만이 유효하다. 구체적 추리력에서는 과학이 첫째이고 다음은 기하학이다. 사회적 추리력에서는 그리스와 로마의 역사가와 웅변가가 첫째이고, 일반역사가 그 다음이다. 따라서 적어도 전면적인 교육을 주장하려면 최소한 라틴어, 근대어 한 과목, 약간의 역사, 약간의 영문학, 그리고 과학 한 과목은 가르쳐야 한다.”

여기에 인용한 글의 언어 사용은 우리의 논점과는 관계가 없으며, 그것을 분명히 하기 위해서는 제외해야 하는 쓸데없는 것들이 많이 포함되어 있다. 그 표현에는 의외로, 이 글을 쓸 때 저자가 얽매여 있었던 특수하고 편협한 전통이 나타나 있다. 훈련되어야 하는 ‘여러 능력’이라는 생각이 아직 의심을 받지 않았고, 고대어에 대한 관심이 지배적으로 강했다. 그런데 인간이 살고 있는 이 지구와, 인간이 자신과 함께 걷고 있는 이 육체에 대해서는 비교적 무관심하다. 그러나 그런 점을 제외하면(아니, 그것을 완전히 무시하고 돌아보지 않으면), 우리는 분리된 여러 학과에 특수한 가치를 분배한다는 기본적인 생각과 유사한 생각을 현대의 교육철학 속에도 많이 찾아볼 수 있다. 사회적 능력이나 교양 같은, 어느 한 가지 목적을 가치기준으로 설정하는 경우에도, 그것이 사실은 다양하게 흩어져 있는 요소를 모아서 붙인 언어상의 제목일 뿐임을 깨닫는 일이 많다. 그리고 전반적인 경향으로서는 이 인용문보다 더 다양한 가치를 어느 한 학과에 주려고 하지만, 각 학과에 속한 많은 가치의 목록을 작성하거나 한 학과가 지닌 각각의 가치의 양을 정하고자 하는 이 시도는, 행간에 암시되어 있는 교육의 분열을 더욱 분명하게 얘기해주고 있다.

사실은 학과의 가치를 이렇게 분류하는 것은 대부분, 평소에 익숙해져 있는 교육과정의 무의식적인 정당화에 지나지 않는다. 우리는 대개 현행 과정 속의 여러 학과를 용인하고, 그 다음에 그것을 가르치는 충분한 이유로서 거기에 가치를 할당하고 있다. 이를테면 수학은 정확한 논술과 엄밀한 추론을 학생들에게 습득시킨다는 점에서 훈련적 가치를 지닌다고 한다. 또 그것은 상업과 기술에 필요한 계산능력을 준다는 점에서는 실리적 가치가 있고, 사물의 가장 일반적인 관계를 다루는 상상력을 키운다는 점에서는 교양적 가치가 있으며, 나아가서 무한하다는 개념이나 그것과 관련이 있는 여러 관념에서는 종교적 가치까지 있다고 말한다. 그러나 수학이 가치라는 신비로운 힘을 지녔기 때문에 그러한 결과를 달성하는 것이 아님은 분명하다. 수학이 그러한 결과를 달성했을 때 그런 가치를 가지게 되는 것이지 그 반대는 될 수 없다. 수학의 가치에 대한 위의 주장은 교사들에게, 수학의 여러 주제를 가르침으로써 얻을 수 있는 결과에 대한 훨씬 넓은 시야를 제공해줄지도 모른다. 그러나 유감스럽게도, 그 주장은 그 교과에 원래 갖춰져 있는 힘을—효과를 발휘하든 하지 않든—나타내는 것으로 생각되기 쉬우며, 따라서 그 교과가 완강한 비호를 받기도 하는 것이다. 뿐만 아니라, 그러한 힘이 효과를 발휘하지 않는 경우에는, 책임은 그 교과에 있는 것이 아니라 학생의 무관심과 태만에 돌아간다.

교과에 대한 이러한 태도는 경험 또는 생활을, 서로 병존하면서 서로 제한하는 개개의 독립된 관심사의 집합으로 여기는 생각의 다른 일면이다. 정치학을 공부하는 학생은 정치권력에 관한 억제균형의 이론을 잘 알고 있다. 그것은 입법·행정·사법·관리 같은, 독립된 별개의 기능들이 존재하는데, 그 각각이 서로 다른 것을 견제함으로써 이상적인 균형을 유지하면 모든 것이 순조롭게 돌아간다는 이론이다. 그런데 경험의 억제균형 이론이라고 할 수 있는 철학이 있다. 삶은 다양한 관심을 드러낸다. 이 관심들은 내버려두면 서로 침투하기 쉽다. 이상적인 것은, 각각에 전용 영역을 지정하여 경험의 전 영역에 판도를 구성하고, 그곳에서 각각 자신의 경계를 벗어나지 않도록 주의하는 것이다. 정치, 실업, 오락, 예술, 과학, 학문적 직업, 품위 있는 교제, 여가, 이러한 것들은 그러한 관심의 발현이다. 그 각각은 다시 많은 분야로 갈라진다. 즉 실업은 수공업, 관리직, 부기, 철도업, 농업, 무역, 상업 등으로 갈라지고, 다른 것들도 각각 마찬가지이다. 그러므로 이상적인 교육은 자잘하게 분류된 이러한 관심들을 만족시킬 수단을 제공하는 것이다. 그리고 학교에 주목하면, 학교가 성인의 생활은 이런 것이라는 생각을 용인하고, 그 요구를 만족시키는 임무를 자신에게 부과하고 있다는 인상을 받기 쉽다. 각각의 관심은, 학과 과정 속에 뭔가 그것에 대응해야만 하는 일종의 고정된 제도 같은 것으로 일반적으로 인식되고 있다. 그러므로 학과과정은 정치적·애국적 관점에서 본 윤리와 역사를 포함하고, 실용적인 학과·과학·예술(주로 문학인 것은 말할 것도 없다)·오락 활동·도덕교육 등을 어느 정도 포함해야 한다. 그리고 학교에 관해 현재 일반적으로 이루어지는 논의의 대부분은, 이러한 관심의 각각에 당연히 주어야 하는 승인에 대한 외침이나 논쟁에 관한 것으로, 각각의 관심에 학과 과정 안에서 정당한 영역을 확보해 주거나, 만약 현재의 학교제도에서 그것을 실용할 수 없을 것 같으면 그 필요를 채워주는 새로운 종류의 학교교육을 신설하고자 하는 노력에 관한 것임을 알 수 있다. 여러 가지 교육에 마음을 빼앗겨 교육 자체가 망각되고 있는 것이다.

그 명백한 결과는 교과과정의 과밀이고, 학생의 부담가중과 마음의 혼란이며, 교육의 이념 자체에 치명적인 좁은 전문화이다. 그러나 이 나쁜 결과는 보통 그 개선책으로 인해 같은 종류의 사태를 더 많이 초래한다. 생활 경험 전체의 요구는 결국 채워지지 않는다는 점을 인식하는 경우, 현행 교과를 각각 고립적으로 가르치는 것과 편협하다는 것에 그 결함이 있는 것은 아니며, 또 교육제도를 개조하는 데 기초가 된 이 인식 자체에 결함이 있는 것도 아니다. 오히려 이 결함은 다른 학과를 도입하거나, 필요하면 다른 종류의 학교를 신설함으로써 보충할 수 있다. 그리고 지금 일어나고 있는 교육과정의 과밀화와, 그 결과 생기는 천박함과 혼란에 반대하는 사람들도, 일반적으로 단순히 양적인 기준에 의존하는 것이 보통이다. 즉 개선책은, 매우 많은 학과를 일시적인 유행이나 겉치레라 하여 잘라내고, 초등교육에서는 읽기·쓰기·산수의 훌륭한 옛날식 교육과정으로, 고등교육에서도 고전과 수학의, 마찬가지로 훌륭하고 마찬가지로 구식인 교육과정으로 복귀하는 것이다.

물론, 이러한 사정에는 역사적 설명이 있다. 과거의 여러 시대에는 그 시대 특유의 고투와 관심이 있었다. 그러한 위대한 시대는 각각, 지질학상의 지층과 비슷한 일종의 문화적 퇴적을 남겼다. 이러한 퇴적은 여러 학과와 독특한 학과과정, 독특한 학교라는 형태로 교육제도 속에 들어왔다. 지난 세기에 일어난 정치적, 과학적, 경제적 관심의 급격한 변화로 말미암아 새로운 가치에 대비해야만 하게 되었다. 낡은 학과과정은 저항했지만, 적어도 이 나라에서는 그러한 낡은 과정은 그 독점권을 내놓을 수밖에 없었다. 그러나 그것은 내용과 목표는 개조되지 않고, 다만 양적으로 축소되었을 뿐이다. 새로운 학과는 새로운 관심을 반영했으나, 모든 교육방법과 목표를 변혁하는 데 활용되지는 않고, 다만 삽입되고 부가되었을 뿐이다. 그 결과는 한낱 잡동사니의 집합이고, 그것을 하나로 통합하고 있는 힘은 학교행사 예정표나 시간표에 지나지 않는다. 거기서 우리가 이미 살펴본 가치분류표와 가치기준이 생기는 것이다.

교육에서의 이러한 상황은 사회생활에서 널리 볼 수 있는 분열과 분립을 반영하고 있다. 모든 풍부하고 균형 잡힌 경험의 특징인 흥미의 다양성은 갈가리 찢어져, 온갖 독립된 목적과 방법을 좇는 별개의 제도 속에 배치되었다. 실업은 실업, 과학은 과학, 예술은 예술, 정치는 정치, 사교는 사교, 도덕은 도덕, 오락은 오락 등이 되었다. 각각은 그 목표와 방법이 독자적이고 특수한 별개의 독립된 영역을 가지고 있다. 저마다 다만 외적으로, 또 우연적으로 다른 것에 기여할 뿐이다. 그러한 모든 것이 오직 병립과 부가를 통해 함께 삶 전체를 이루고 있다. 돈을 벌고, 그 돈으로 더 많은 돈을 벌기 위해, 자신과 가족의 생활을 영위하기 위해, 교양을 주는 책과 그림과 음악회 입장권을 사기 위해, 세금과 자선적 기부와 그밖의 사회적·윤리적 가치가 있는 것에 지불하기 위해 사용하는 것 외에, 직업에서 우리가 기대하는 바는 도대체 무엇이 있단 말인가? 직업에 종사하는 것 자체가 폭넓고 세련된 상상력을 수련하는 기회가 된다거나, 직업은 그것을 통해 버는 돈이 아니라 사회봉사를 그 직접적인 원동력으로 하고, 사회조직을 위한 사업으로 영위된다고 생각하는 것은 얼마나 터무니없는 기대란 말인가? 뿐만 아니라, 필요한 변경을 가하면 예술, 과학, 정치, 종교의 활동에 대해서도 같은 말을 할 수 있다. 이러한 활동은 각각 단순히 그 설비와 거기에 필요한 시간에 있어서 전문화되어 있을 뿐만 아니라, 그 목표와 그것에 동기를 부여하는 정신에서도 전문화되어 있다. 학과과정과 학과의 교육적 가치에 대한 우리의 이론은 무의식적으로 이러한 관심의 분열을 반영하고 있다.

그러므로 교육적 가치에 대한 이론의 문제점은 경험의 통일성과 완전성에 있다. 어떻게 하면 그것은 정신의 통일성을 잃지 않고, 완전하고 또 다양할 수 있을까? 어떻게 하면 그것은 단일하고 또한 자기 통일성을 유지하면서, 좁고 단조로워지지 않을 수 있을까? 결국 가치와 가치기준의 문제는 생활의 여러 관심의 조립이라는 도덕적 문제이다. 교육적으로 그 문제는 경험의 넓이와 풍부함을 낳는 효과가 있는, 학교와 교재와 교수법의 조직에 관한 문제이다. 어떻게 하면, 우리는 실행력을 희생하지 않고 넓은 시야를 획득할 수 있을까? 어떻게 하면 관심을 따로따로 고립시키는 대가를 치르지 않고 다양한 관심을 기울일 수 있을까? 어떻게 하면 사람은 자신의 지성을 희생하지 않고 그 지성을 실천할 수 있을까? 어떻게 하면 예술과 과학과 정치는 서로 다른 것을 희생하여 추구되는 목적이 되지 않고, 훨씬 대범하게 서로를 강화하게 될까? 어떻게 하면 생활의 관심과, 그러한 관심을 밀고 나가는 학과가 사람들을 서로 분열시키지 않고 공동의 경험을 풍부하게 누릴 수 있을까? 우리는 이상과 같이 제시된 재편성의 문제를 이 책의 마지막 몇 장에서 살펴볼 것이다.

요약 가치에 대한 고찰에 들어있는 여러 가지 요소는, 기본적으로는 목표와 흥미에 대해 지금까지 살펴본 것 속에 이미 포함되어 있었다. 그러나 교육적 가치는 일반적으로 교육과정 속의 여러 학과의 자격과 관련하여 논의되는 것이므로, 목표와 흥미에 대한 고찰을 여러 가지 특수한 학과의 관점에서 다시 살펴본 것이다. '가치'라는 말에는 전혀 다른 두 가지 의미가 있다. 한쪽에서는, 그것은 어떤 것을 존중하는 태도, 즉 그 자체를 위해 본질적으로 그것에 가치가 있다는 것을 아는 태도를 의미한다. 이 말은 충실한, 즉 완전한 경험을 가리키는 이름이다. 이런 의미에서 평가하는 것은 그것을 음미하는 것이다. 그러나 가치를 안다는 것은 또한 평가한다는 지극히 지적인 행위—비교하고 판단하는 작용—도 의미한다. 이 행위는 직접적이고 충실한 경험이 결여되어, 그리하여 충실한 실감, 즉 생생한 경험에 도달하기 위해서는 어떤 정황의 다양한 가능성 가운데 무엇을 선택할 것인가 하는 문제가 생길 때 일어난다.

그러나 교육과정 속의 학과를 감상적인 것, 즉 본질적 가치에 관한 학과와, 도구적인 것, 즉 그 자체를 넘어선 가치 또는 목적을 가진 것에 관한 학과로 분리해서는 안 된다. 어떠한 교과에서도 올바른 가치기준의 형성은, 그 교과가 경험의 직접적인 의의에 기여한다는 것을 실감하는 것, 즉 직접적인 감상에 의존하는 것이다. 문학과 미술이 독특한 가치를 가지는 것은, 그것이 감상을 최고의 형태로—정선과 농축을 통해 강화된 의미의 실감을—대표하기 때문이다. 그러나 모든 교과는 그 발전의 어느 단계에서, 그것과 관련된 개인에게 일종의 심미적인 성질을 지닌 것이 되어야만 한다.

경험 속에 나타나는 다양하고 직접적이고 본질적인 모든 가치에 대한 공헌이, 여러 학과의 도구적, 파생적 가치의 값을 결정하는 유일한 기준이다. 각 학과에 각각의 가치를 부여하고, 전체적인 교육과정을 분립한 여러 집합으로 이루어진 일종의 합성물로 간주하는 경향은, 사회집단과 계급이 분립한 결과이다. 따라서 다양한 관심들이 서로 강화하고 더불어 살도록, 이 고립상태에 반대하고 싸우는 것이 민주적 사회집단에서 교육이 해야 할 임무이다.

제19장
노동과 여가

1 그 대립의 기원 이제까지 고찰해온 여러 목표와 가치의 고립은 결국, 그것들 사이의 대립이 된다. 이제까지 교육사에 나타난 가장 뿌리 깊은 대립은 아마 유용한 노동에 대한 준비로서의 교육과, 여가생활을 위한 교육의 대립일 것이다. 여러 가지 가치의 분립과 충돌은 그 자체만으로 성립되진 않으며, 사회생활 내부의 분열을 반영한다고 이미 말했는데, '유용한 노동'과 '여가'라는 말은 단지 그것만으로 이 점을 뒷받침하고 있다. 노동으로 생계의 방편을 세우는 것과 여가의 기회를 교양 있는 방법으로 즐기는 것, 이 두 가지 기회가, 만약 한 사회의 다양한 구성원들 사이에 평등하게 미치고 있다면, 여러 교육기관과 그러한 목표 사이에 뭔가의 충돌이 일어나리라고는 아무도 생각하지 못할 것이다. 문제는 교육이 어떻게 하면 이 두 가지 목적에 가장 효과적으로 기여할 수 있는가 하는 것임은 자명하다. 또 어떤 교재는 주로 한쪽의 결과를, 다른 교재는 다른 쪽의 결과를 달성한다는 것이 밝혀졌을지 모르지만, 사정이 허락하는 한, 이 두 가지가 서로 많이 중복되도록 유의해야 한다는 것도 명백한 사실이다. 즉, 여가를 으뜸으로 보는 교육은 간접적으로 노동의 능률과 즐거움을 가능한 한 강화하도록 해야 하는 한편, 노동을 지향하는 교육은 여가를 의미있는 것으로 높여주는 정서와 지성의 습관을 형성해야 한다는 것이다.

이러한 일반적인 고찰은 교육철학의 역사적 발전을 통해 충분히 뒷받침되어 있다. 교양교육이 직업교육과 산업교육에서 분리된 것은 그리스 시대까지 거슬러 올라갈 수 있는데, 생계를 위해 일을 해야만 하는 사람과, 그럴 필요가 없는 사람에 대한 계급의 분열을 바탕으로 확실하게 공식화된 것이다. 유한계급의 사람들이 받은 교양교육이 노동계급에 주어진 노예적 훈련보다 본질적으로 고급이라는 생각은, 한쪽 계급은 자유로운 신분이고 다른 쪽은 노예적 신분이라는 사실이 반영된 것이다. 이 노예계급은 자신의 생존을 위해 일을 했을 뿐만 아니라, 상류계층을 위해서도 노동을 해야 했다. 그들 덕분에 상류계층은, 거의 온종일 시간을 빼앗기면서 특별히 지성을 활용할 필요도 없고 그 지성에 대가도 주어지지 않는, 그런 일에 직접 종사하지 않고도 생활할 수 있었다.

어느 정도 노동을 해야만 한다는 것은 말할 필요도 없다. 인간은 살아가야만 하고, 그러려면 생활을 꾸릴 수 있는 노동이 필요하다. 생계를 세우는 것에 대한 흥미는 물질적인 것에 지나지 않고, 그래서 노동에서 해방된 시간을 즐기는 것에 대한 흥미보다 본질적으로 저급하다는 주장이 있다. 또 물질적 흥미에는 사람을 몰두하게 하는 반항적인 뭔가가 있어서, 그것은 더욱 고급스러운 관념적 흥미의 지위를 빼앗으려고 노력하게 된다고 한다. 하지만 이러한 주장들을 인정한다 하더라도, 그것이—사회가 계급으로 분열되어 있는 경우는 다르지만—유용한 일을 위해 사람들을 훈련하는 교육을 무시하는 이유는 되지 않는다. 오히려 유용한 일에 세심한 주의를 기울이게 되어, 사람들을 훈련시켜 그러한 일에 유능하게 만들 뿐만 아니라, 또한 그러한 일이 본디 자리를 지키게 할 것이다. 즉, 교육은 무시라는 어둠 속에서 그것을 널리 퍼뜨리는 데서 나오는 나쁜 결과를 회피하려고 주의할 것이다. 이러한 흥미의 분열이 하류계층과 상류계층에 대한 분열과 일치할 때만, 유용한 일에 대한 준비가 하등한 것으로서 멸시의 대상이 된다. 이것이야말로 노동을 물질적 흥미에, 여가를 관념적 흥미에 굳게 결부시켜 생각하는 것 자체가 사회적 산물이라는 결론에 대한 바탕이 된다.

2천여 년 전에 그때의 사회적 정황을 반영한 교육 이론은 매우 영향력이 있을 뿐만 아니라, 노동계급과 유한계급의 분열이 지닌 의미에 대해 매우 명쾌하고 논리적인 인식을 주기 때문에 특별히 주목할 만한 가치가 있다. 그에 따르면, 인간은 생물계에서 가장 높은 지위를 차지한다. 인간은 어느 정도는 식물이나 동물의 구조와 기능—즉 영양, 생식, 운동, 실용에 대한 것—을 공유하고 있다. 그러나 인간만이 가진 독특한 기능이 있으니, 바로 우주의 모습을 바라볼 수 있는 이성이다. 그러므로 참으로 인간적인 목적은 이 인간만의 특권의 가능성을 가장 완전하게 발휘하는 것이다. 목적 자체로서 수행되는 관찰, 명상, 사유, 사변의 생활이 인간의 올바른 삶이다. 또한 이성에서 인간성의 낮은 차원의 요소들—즉 여러 가지 욕망과 능동적, 운동적인 충동—에 대한 올바른 억제가 작용한다. 그 자체로서는 탐욕과 불복종, 지나친 선호, 오직 그 자체의 만끽만을 지향하지만, 그것이 이성의 지배에 복종할 때는 절도—즉 중용의 법칙—를 지키며 바람직한 목적에 기여하게 된다.

이상이 이론적 심리학에서 본 인간의 상황이며, 그것을 가장 적절하게 설명한 사람은 아리스토텔레스이다. 그러나 이 상황은 인간의 계급적 구조에 반영되며, 따라서 사회기구에도 반영되고 있다. 이성은 비교적 소수의 사람들에게만 삶의 법칙으로서 작용할 수 있을 뿐이다. 대다수의 사람들에게는 식물적이고 동물적인 작용이 우세하다. 그들이 가진 지성의 힘은 매우 약하고 변하기 쉬워서 육체적 욕망과 정념에 끊임없이 끌려다닌다. 그런 사람들은 사실 목적 자체는 아니다. 왜냐하면 이성만이 궁극의 목적이기 때문이다. 물론 그들은 식물이나 동물, 물질적 도구와는 달리, 분별력을 발휘해 맡겨진 일을 수행하기에 충분한 지성이 있다. 하지만 식물과 동물 또는 물질적 도구처럼, 윗사람의 목적을 달성하기 위한 수단과 장치에 불과하다. 그리하여 사회의 관습에 의해서만이 아니라 나면서부터 노예—즉 다른 사람들의 목적을 위한 수단—인 사람들이 있다.* 많은 장인(匠人)들은 어떤 중요한 점에서 노예보다 더 비참한 생활을 하고 있다. 그들은 노예처럼 자기 외적인 목적에 대해서만 봉사하지만, 가사에 종사하는 노예들이 경험하는, 자유로운 상류계층과 친밀한 공동생활을 누리지 못하므로 훨씬 낮은 수준에 머물러 있다. 그리고 여자들도 자유로운, 즉 이성적인 생활을 위한 수단을 생산하거나 재생산하는 살아있는 도구의 요소로서 노예와 장인과 함께 분류된다.

개인적으로나 집단적으로나 그냥 사는 것과 의미 있는 삶을 사는 것 사이에는 큰 차이가 있다. 사람이 의미 있게 살기 위해서는 먼저 살아있어야만 한다. 그것은 집단적인 사회에서도 마찬가지이다. 단순한 생존을 위해, 즉 생계를 얻기 위해 사용되는 시간과 정력은 원래 이성적으로 의미 있는 활동에 도움이 되는 시간과 정력을 빼앗아간다. 더욱이 전자는 후자에 어울리지도 않는다. 수단은 비천하고, 유용한 것은 노예적이다. 진정한 생활은 노력

---

* 아리스토텔레스는 실제로 노예인 계급과, 나면서부터 노예인 계급이 반드시 일치한다고는 생각하지 않았다.

과 주의를 기울이지 않고 물질적인 필수품을 얻을 수 있는 수준에서만 가능하다. 그러므로 노예와 장인과 여자들은 다른 사람, 즉 지성을 충분히 갖춘 사람들이 본질적으로 가치 있는 일에 유연하게 종사하는 삶을 영위할 수 있도록 생활수단을 공급하는 것이다.

노예의 생활과 자유민의 활동(즉 '학예')으로 구분되는 이 두 가지 양식의 삶에는 두 종류의 교육이 상응한다. 즉, 저급하고 기계적인 교육과 교양적이고 지적인 교육이다. 어떤 사람들은 뭔가를 할 줄 아는 능력, 즉 물질적 재화를 생산하거나 남에게 봉사하는 데 필요한 기계적 도구를 사용하는 능력을 얻기 위해, 적절한 실제 연습을 통해 훈련을 받는다. 이 훈련은 단순한 습관과 기술적 숙련의 문제에 지나지 않는다. 그것은 사고를 환기하고 양성함으로써가 아니라 실제적인 반복과 근면을 통해 이루어진다. 그런데 교양교육은 지성을 그 원래의 역할—즉 아는 것—을 위해 훈련하려고 한다. 이 인식은 실제적인 일, 즉 만들거나 생산하는 것과 관련이 적으면 적을수록 훨씬 풍부한 지성을 끌어들인다. 아리스토텔레스는 비천한 교육과 교양교육을 철저히 구별하여, 오늘날 '미'술이라 불리는 것, 음악, 그림, 조각을 그러한 실제적인 활동과 관계를 가지는 한 비천한 기술과 함께 같은 부류에 넣었다. 그것은 물질적 작용과 근면한 연습, 외적인 결과를 필연적으로 수반한다. 이를테면 음악교육을 논할 때, 그는 어린이들은 악기연습을 어느 정도까지 해야 하는가 하는 문제를 제기했다. 그의 대답은, 그러한 연습과 숙달이 감상에 도움이 되는 한, 즉 노예와 전문가들이 연주하는 음악을 이해하고 즐기는데 도움이 된다면 허용할 수 있다는 것이었다. 전문적인 능력이 목표가 될때는, 음악은 교양적 수준에서 직업적 수준으로 하락한다. 그럴 바에는 차라리 요리를 배우는 편이 낫다고 아리스토텔레스는 말한다. 미술작품에 대한 교양적 관계에서도, 기계적 기술의 획득에 자신의 인격 발달을 바쳐온 직업적 전문가들인 고용인 계급에 의존하고 있다. 활동이 고급일수록 그것은 더욱 순수하고 정신적이며, 물질적인 사물과 육체의 관계는 약해진다. 더욱 순수하고 정신적일수록 그것은 더욱 독립적이고 자기만족적이다.

위의 마지막 말에서, 아리스토텔레스가 이성적인 삶을 영위하는 사람들의 내부에서도 다시 상하의 구별을 두고 있음을 알 수 있다. 그것은, 어떤 사람의 삶이 단지 이성을 수반할 뿐인가, 아니면 이성을 자신의 근본적인 생활환경으로 삼는가에 따라, 목적과 자유로운 행동에 어떤 구별이 존재하기 때문이다. 다시 말해 공동체의 공적인 생활에 전념하고, 공적, 사적인 운영에 참여하며, 자신의 영예와 명성을 널리 얻는 자유시민은 이성을 수반하는 삶을 영위한다. 그러나 사상가, 즉 과학적 탐구와 철학적 사변에 전념하는 자는 말하자면 이성 '속에서' 일을 하는 것이지, 단순히 이성에 '의해서' 일을 하는 것은 아니다. 다시 말해, 공적인 관계에서 하는 시민의 활동조차도 실무, 즉 외적 또는 단순히 수단적인 행위의 오염을 어느 정도 남기는 것이다. 이 오염은 시민으로서의 활동과 시민으로서의 탁월성이 다른 사람들의 도움을 필요로 한다는 것, 즉 사람은 완전히 자기 혼자서는 공적인 생활을 영위할 수 없다는 사실을 통해 설명할 수 있다. 그러나 아리스토텔레스의 철학에서는 모든 필요, 모든 욕망은 물질적 요소를 필연적으로 수반한다. 즉 그것은 결여와 궁핍을 포함하고, 그 자신을 넘어선 무언가에 그 충족을 의존하고 있다. 그러나 순수하게 지적인 생활은 우리가 혼자서만 자기 속에서 영위하는 것이고, 다른 사람들로부터 얻을 수 있는 도움은 본질적이기보다는 우연적인 것이다. 이성은 '아는 것'에서, 즉 이론적 생활에서, 자기 자신의 완전한 발현에 도달한다. 어떠한 응용에도 불구하고, 그저 아는 것을 위해 아는 것만이 자주적이고 독립적이며 또 자기만족적이다. 따라서 시민으로서 의무를 실천하는 것과도 상관없이, 아는 능력을 목적 자체로서 조장하는 교육만이 진정으로 교양적이고 자유로운 교육이다.

2 현재의 정황 아리스토텔레스의 생각이 단순히 아리스토텔레스 개인의 견해를 나타내는 것이라면, 그것은 제법 흥미로운 역사적 에피소드에 지나지 않을 것이다. 그것은 비범한 지적 재능에 뒤따르기 쉬운 배려의 결여, 또는 학자인 척하며 거만한 태도의 한 예로 치부될 수도 있다. 그러나 아리스토텔레스는 추호의 혼란도 없이, 또 지적 혼란에 늘 뒤따르는 얼버무리는 태도도 없이, 다만 눈앞에 전개되고 있는 삶을 그대로 기술했을 뿐이다. 현실의 사회정황이 그의 시대부터 크게 변화한 것은 말할 것도 없는 사실이다. 그러나 그러한 변화에도 불구하고, 즉 법률상 농노제가 폐지되고, 과학과 일반교육이(학교뿐만 아니라 책과 신문, 여행, 전체적인 상호교섭에 의해서도) 널리 퍼지고 민주주의가 보급되었음에도 불구하고, 지식계급과 비지식

계급, 유한계급과 노동계급으로 사회가 분열되는 현상은 여전히 남아 있기 때문에, 그의 관점은 아직도 현재의 교육에서 교양과 실용의 분리를 비판하는 관점으로서 가장 유익한 시사를 주고 있다. 그리하여 교육론에 나타나는 지적이고 추상적인 구별의 배후에, 최소한의 자율적 사고와 미적 감상밖에 요구하지 않는 일에 종사하는 사람들과, 지적인 문제와 다른 사람들의 활동을 지배하는 일에 더욱 직접적으로 관여하는 사람들 사이의 사회적 차별이 있음을 알게 된다.

아리스토텔레스는 "어떠한 일이나 기술, 학문이든지, 만약 그것이 자유인의 육체와 정신, 지성을 탁월성의 발휘와 실천에 도움이 되지 않게 하는 것이라면 기계적이라고 불러 마땅하다."고 했는데, 그것은 확실히 그리고 영원히 옳은 말이다. 오늘날의 우리는 비교적 소수의 사람이 아니라 모든 사람이 자유롭다고 생각하는데, 진심으로 그렇게 생각한다면 위의 말이 가진 설득력은 거의 무한하다고 할 수 있다. 왜냐하면 대부분의 남자와 모든 여자들이 육체와 정신의 본성 자체 때문에 자유가 없는 것으로 여겨졌던 시대에는, 가치 있는 생활에 참여하는 그들의 능력에 장차 어떤 효과가 나타날 것인가 하는 문제와는 상관없이, 다만 기계적인 능력을 익히게 하는 훈련만 시켰다 해도, 그 일에는 지적 혼란도 도덕적 위선도 없었기 때문이다. 그는 계속해서 "돈을 벌 목적으로 종사하는 모든 직업은 지성에서 여가와 존엄성을 빼앗기 때문에, 육체의 상태를 저하시키는 일과 마찬가지로 기계적이다."라는 말도 했는데, 그 점에서도 그의 말은 영원히 옳았다. 돈을 버는 일이, 실제로 지성으로부터 그것이 발휘될 수 있는 조건을 빼앗고, 또 그로 말미암아 그 존엄성을 빼앗는다면 그의 말은 영원히 옳은 셈이다. 그의 주장이 틀렸다면, 그것은 그의 주장이 사회적 습관의 어떤 일면을 자연적인 필연성과 동일시한 것이기 때문이다. 그러나 정신과 물질, 정신과 육체, 예지와 사회봉사의 관계에 대해 아리스토텔레스의 생각보다 뛰어난 다른 견해가 있다면, 그 견해는 사실상, 즉 삶과 교육을 실제로 영위하는 데 있어서 낡은 생각을 버리는 데 도움이 되는 것이어야 한다.

단순한 일의 기술과 단순한 외적 성과의 업적은, 이해와 감상적 공감, 관념의 자유로운 활동보다 하등한 것으로, 그것에 종속한다고 본 아리스토텔레스의 생각은 영원히 타당했다. 만약 거기에 잘못이 있다면, 그것은 양자 사이에 필연적인 괴리를 가정한 점일 것이다. 다시 말해 재화를 생산하거나 남을 위해 일하는 능력과 자율적 사고 사이에, 즉 의의 있는 지식과 실제적인 업적 사이에 필연적인 분열이 있다고 상정한 점이다. 우리가 그의 이론적 오류만 바로잡고, 그가 그런 생각을 하고 그것을 시인한 사회적 상황을 허용한다면, 상황은 거의 개선되지 않는다. 농노 신분에서 자유시민 신분으로의 변화라는 가장 존중받는 성과가, 인간이라는 생산도구의 기계적 능률의 증대에 지나지 않는다면, 이 변화로 얻는 이익보다는 오히려 손해가 더 클 것이다. 그러므로 자연을 이용하는 일에 직접 종사하는 사람들은 여전히 지성과 자유를 얻지 못하는 상태에 머물고, 지성의 통제력은 여전히 현장에서 멀리 떨어진 과학자나 산업 우두머리의 독점물이 된 현실에 만족한다면, 우리는 지성을 행동을 통해 자연을 지배하는 기관으로 생각하게 된 점에서 분명 얻는 것보다 잃는 것이 더 많을 것이다. 삶이 여러 기능으로 나뉘고 사회가 여러 계층으로 나뉜 현실을 당당하게 비판할 수 있으려면, 단순한 생산기술직을 위해 많은 사람들을 훈련시키고 소수에게만 문화적 장식품으로서의 지식을 가르치는 교육관행을 영속시키는 장본인은 되지 말아야 한다. 요컨대 자유나 이성, 가치 등을 나타내는 이론적 용어들을 이리저리 바꾸어 본다고 해서 삶과 교육에 관한 그리스 철학을 극복할 수는 없다. 또한 노동의 존엄성, 초연하고 자기충족적인 자주독립 생활보다 남에게 봉사하는 사람이 우월하다고 인식하는 감정 변화로도 극복할 수 없다. 이러한 이론적, 정서적 변화도 물론 중요하지만, 그보다 더 중요한 것은 참된 민주적 사회, 즉 모든 사람이 유익한 봉사에 참여하고 가치 있는 여가를 즐길 수 있는 사회로 발전시키기 위해 그것들이 이용될 수 있어야 한다는 점이다. 교육의 재조직이 요구되는 것은 단순히 교양—즉, 자유로운 정신—의 개념과 사회봉사의 개념이 변화했기 때문이 아니다. 이미 사회생활에 반영되어 있는 변화를 더욱 완전하고 확실하게 실현시키기 위해 교육을 변화시킬 필요가 있다. '대중'의 정치적, 경제적 해방의 확대는 교육에서도 나타나고 있다. 그것은 공립, 무상교육의 초등학교제도를 발달시켰고, 학문은 사회를 지배하기 위해 태어난 소수의 전유물이라는 사고를 타파했다. 그러나 이 혁명은 아직 미완성이다. 참된 문화적인 교육, 즉 교양교육은 산업적인 것과 적어도 직접적으로는 아무런 연관이 없고, 대중에게 적합한 교육은 감상력의 육성이나 자유로운 사고의 배양과 대립되는 유용하고 실제적인 교육이어야 한다는 생각이 여전히 널리 퍼져 있다.

그 결과 오늘날 우리의 교육제도는 일관성 없이 여러 요소들이 뒤섞인 혼합물이 되었다. 교육 내용과 방법 중 일부는 약간 특이한 자유라는 이름 아래 용인되는 것으로 간주되어 그대로 유지되고 있다. 그 '자유'라는 말의 주된 내용은 실제적인 목적에는 도움 되지 않는다는 것이다. 이러한 현상은 주로 고등교육이라 불리는 대학교육과 그 준비과정에서 볼 수 있다. 그러나 그것은 초등교육에까지 침투하여 그 과정과 목적을 크게 지배하고 있다. 그런 한편으로, 생계를 위한 직업에 종사해야 하는 대중에 대해, 그리고 현대생활에서 비중이 커진 경제활동의 역할에 대해 일종의 타협이 이루어졌다. 그 타협은 직업과정과 그 준비과정에서의 직업과 공학·수공·상업을 위한 전문적인 학교와 과정에 나타나며, 읽고 쓰고 계산하기 같은 일련의 초보적 교과를 가르치는 정신에도 나타난다. 결국 '교양적' 교과와 '실용적' 교과가 함께 공존하면서, 중요한 목적에 있어서는, 전자는 사회적으로 공헌하지 못하고 후자는 상상력이나 사고력이 자유롭게 발휘될 수 없는 교육체제가 완성되는 것이다.

이와 같이 우리가 물려받은 교육 상황에서는, 동일한 학교 속에서도, 유용성에 대한 타협과 한때는 순전히 여가를 위한 준비교육의 특색으로 생각되었던 요소들이 기묘하게 뒤섞여 있다. '실리'적 요소는 그 학과를 배우는 동기로서 강조되고, '교육'적 요소는 가르치는 방법에서 강조된다. 이 혼합의 결과는 어느 한쪽의 원리만을 순수하게 신봉할 때보다 아마 만족스럽지 못할 것이다. 가령 처음 4, 5년 동안의 학과는 대부분 읽기와 철자법·쓰기·산수만으로 구성되는데, 그 이유는 정확하게 읽고 쓰고 계산하는 능력이 출세하는 데 반드시 필요하기 때문이라고들 한다. 이들 학과는 학생이 학교에 계속 남아서 공부를 하는가 아닌가에 따라, 학문 연구를 계속하거나 유리한 직장을 얻기 위한 수단에 불과한 것으로 취급된다. 이러한 태도가 반영되어, 자동적 기술을 습득하기 위한 반복적인 연습과 실습이 강조된다. 그리스의 학교교육을 살펴보면 예부터 기술의 습득이, 심미적·도덕적 의의를 지닌 문학적 내용의 습득보다 가능한 한 낮게 억제되어 있었음을 알 수 있다. 나중에 사용할 도구를 손에 넣기보나 눈앞의 대상을 강조했던 것이다. 그러나 역시 이러한 학과가 실제적 응용으로부터 분리되어 순전히 기호적인 장치로 전락해버린 것은, 실용성으로부터 분리된 교양적 훈련이라는 관념이 아직 남아있음을 뜻한다. 유용성의 개념을 철저하게 존중한다면 학과를, 그것이 직접 필요해지고, 간접적이 아니라 직접 도움이 되는 상황과 결부하여 가르치는 교육이 이루어지게 될 것이다. 그러나 오늘날 교육과정의 교과 가운데, 이 두 가지 상반되는 이상을 절충해서 나온 나쁜 결과가 나타나지 않는 교과는 찾아보기 어렵다. 자연과학은 실제적 유용성으로 인해 장려되기는 하지만, 응용에서 동떨어진 특수한 완성품이 되고 말았다. 또한 음악과 문학은 그 교양적 가치를 근거로 이론적으로 정당화하면서도, 주로 전문적 기법의 형성을 중시하여 가르치고 있다.

만약 우리가 절충과 그로 인한 혼란을 줄이고 교양과 유용성의 의미를 더욱 주의 깊게 분석한다면, 유용하면서도 교양적인 학과과정을 구성하는 것이 더 쉬움을 알 수 있을 것이다. 우리는 그저 미신적인 습관에 의해, 이 두 가지가 필연적으로 적대관계에 있으며, 그래서 어떤 교과는 유용하기 때문에 비교양적이고 또 어떤 것은 쓸모없기 때문에 교양적이라고 믿게 된 것에 불과하다. 실리적인 성과를 추구하기 위해 상상력의 발전과 세련된 취향, 지적 통찰의 심화 같은 교양적 가치를 희생시키는 교육은 그만큼 학습된 내용의 용도를 좁게 제한하게 된다는 사실이 일반적으로 인정받게 될 것이다. 그러한 교육이 학습된 내용을 완전히 쓸모없게 만든다는 것은 아니지만, 그 응용범위가 다른 사람의 감독하에 이루어지는 판에 박은 활동에 국한된다는 뜻이다. 좁게 제한된 기술은 그 자체의 범위를 넘어설 수 없다. 깊이 있는 지식과 완벽한 판단으로 습득된 기술은 새로운 상황에서도 언제든지 사용할 수 있을 뿐 아니라, 그 소유자 자신이 직접 지배할 수 있게 된다. 그리스인들이 특정한 활동을 노예적이라고 생각한 것은 단순히 그것이 사회적, 경제적으로 유용했기 때문이 아니다. 그들이 살았던 시대에는 생계유지와 직접적으로 관련된 활동은 훈련된 지성의 발로도 아니요, 그 활동의 의미를 스스로 음미하기 위해 이루어지는 것도 아니었다. 농작업과 수공업이 조잡한 경험적 방법에 의존하는 작업이고, 거기에 종사하는 농부와 장인들이 스스로 단순히 외적인 결과 때문에 하는 것으로 생각하는 한, 그것은 비교양적인 노동에 불과하다. 그러나 오직 그러한 경우에 한해서만 그런 것일 뿐이다. 오늘날에는 지적, 사회적 배경이 달라졌다. 단순한 관습이나 획일적인 일상의 업무에서 유래하는 산업의 여러 요소는, 오늘날의 경제와 관련된 대부분의 직업에서는 과학적 탐구로 도출된 요소들에 종속하게 되었다. 오늘날 가장 중요한 현상은 응용수학과 응용물리학, 응용화학의 등장으로, 우리는 거기에 많은 의존을 하고 있다. 생산 활동의 영향을 받고 소비생활에 영향을 미치는 인간의 생활권 범위가 한없이 확대되자, 무한하게 넓은 범위의 지리적, 정치적 고찰이 끼어들게 되었다. 플라톤이 실제적 목적에서 기하학과 수학을 배우는 것을 비난한 것은, 그것이 이용되는 실제적 범위가 좁고 내용이 부족하며 주로 돈벌이의 수단이었기 때문에 극히 당연한 일이었다. 그러나 기하학과 수학의 사회적 용도가 증가하고 확대됨에 따라, 그것의 교양적 또는 '지적'인 가치와 실제적 가치는 거의 동일한 비중을 차지하게 되었다.

이처럼 두 가지의 가치가 일치하는 것을 충분히 인식하고 그 일치를 활용하는 것을 방해하는 주된 요인은, 의심할 여지없이 오늘날에도 대부분의 일을 제약하는 조건들이다. 기계의 발명은 인간이 일을 하는 동안에도 여가를 즐길 수 있도록 여가의 양을 확대시켰다. 습관이 될 정도로 기술이 숙달되면, 정신이 해방되어 더욱 고차원적인 사고를 할 수 있다는 것은 누구나 아는 사실이다. 산업에 기계적 자동작업을 도입해도 그와 같은 결과가 나타난다. 이러한 작업은 정신을 해방시켜 다른 문제를 생각할 수 있게 한다. 그러나 직접 손을 써서 일하는 노동자들의 교육을 제한하여, 과학·문학·역사 훈련 대신 대부분 초보적 기호 사용법을 습득시키는 겨우 몇 년의 학교교육만으로 국한한다면, 이러한 기회를 이용할 수 있도록 노동자들의 정신을 육성시키기란 불가능하다. 더욱 중요한 것은, 대다수의 노동자가 자신이 하는 일의 사회적 목적을 깨닫지 못하고, 자신의 일에 스스로 직접적인 흥미를 느낄 수 없다는 점이다. 그러면 현실적으로 그들 자신의 행동의 목적이 아니라, 그들을 고용한 사람의 목적이 달성될 뿐이다. 그들은 자신들이 하는 일을 자유롭고 지적으로 하는 것이 아니라, 그 대가로 받는 임금을 위해 할 뿐이다. 바로 이 사실이 행동을 비교양적으로 하고, 그러한 기술만을 가르치도록 계획된 교육이 비교양적이고 부도덕한 것이 되는 이유이다. 그 활동은 자유롭게 참여하는 것이 아니기 때문에 자유롭지 않은 것이다.

그럼에도 불구하고 노동의 주된 특성에 유의하면서 교양교육을 사회에 기여하는 능력, 즉 생산적인 일에 능률적으로 기꺼이 참여하는 능력의 훈련과 조화시키려는 교육이 이루어질 수 있는 조건은 이미 마련되어 있다. 그러한 교육은 스스로 현존하는 경제적 상황에서 생기는 폐단을 제거하게 될 것이다. 사람들이 자신들의 활동을 통제하는 목적에 능동적인 관심을 보인다면 그만큼 그들의 활동은, 비록 행동의 물질적 외형은 그대로더라도 자유와 자발성을 띠게 되며, 외적으로 강요받은 노예적 특성을 떨쳐버리게 된다. 정치면에서는 민주적인 사회조직이 통제에 대한 이 직접적인 참여를 가능하게하지만, 경제 영역에서의 통제는 여전히 외적이고 독재적이다. 이로 인해 교양적인 것과 실리적인 것 사이의 전통적 구별에 반영되어 있는 내면적이고 정신적인 행동과 외면적이고 물질적인 행동의 분열이 생긴다. 사회 구성원의 성향을 통일하는 교육은 사회 자체를 통일하는 데 크게 공헌할 것이다.

요약 앞 장에서 고찰한 교육적 가치의 분열 가운데, 교양과 유용성의 분열이 가장 근본적인 것이라고 할 수 있다. 그 구별은 흔히 본질적이고 절대적이라고 생각되지만, 실은 역사적이고 사회적이다. 이 구분의 의식적 도입은 그리스에서 시작되었는데, 타인의 노동성과에 힘입어 살아온 소수만이 진정으로 인간적인 삶을 살았다는 사실에 기초를 둔 것이다. 이 사실은 지성과 욕망, 이론과 실천의 관계에 대한 심리학 이론에 영향을 주었다. 또한 자신의 목적을 가지고 이성적인 삶을 살 수 있는 사람과, 오직 욕망만을 가지고 다른 사람이 제시하는 목적에 따라 일해야 하는 사람으로 인간을 영구히 구분하는 정치이론으로 구현되었다. 이 두 가지의 심리적·정치적 구별은 교육용어로 번역되어, 그저 알기 위해 알려고 하는 자기만족적 여가생활에 관한 교양교육과, 지적·미적 내용이 결여된 기계적 작업에 대한 유용한 실제적 훈련의 분열을 가져왔다. 오늘날의 상황은 이론도 근본적으로 다르고 사실도 크게 변화했지만, 옛날의 역사적 상황의 요소들이 지금도 많이 남아 있어, 교육사업의 효력을 종종 약화시키는 절충안과 함께 교육상의 차별을 유지하고 있다. 이 이원론적 대립을 없애고 모든 사람들에게 사고가 자유로운 실천의 지침이 되며, 또한 여가는 봉사를 면제받은 상태가 아니라 봉사의 책임을 맡은 것에 대한 대가가 되는 학과과정을 구성하는 것이야말로 민주사회의 교육이 안고 있는 과제이다.

제20장
이론적 학과와 실제적 학과

1 경험과 참된 지식의 대립　생계와 여가가 대립하는 것처럼 이론과 실천, 지성과 실행, 지식과 활동도 대립한다. 이러한 대립도 물론 생계와 여가의 대립을 일으킨 사회적 조건과 같은 상황에서 발생한다. 그러나 어떤 명확한 교육문제가 이러한 대립에 관련되어 있기 때문에, '아는 것'과 '하는 것'의 관계와, 사람들이 주장하는 양자의 분리에 대해 다시금 고찰해 볼 필요가 있다.

지식은 실제적 활동보다 더 고급 근원에서 나오며, 더욱 고급이고 더욱 정신적인 가치를 지닌다는 생각에는 오랜 역사가 있다. 그 역사는 의식적으로 진술된 것에만 한정하더라도 플라톤과 아리스토텔레스가 이론화한 경험과 이성에 대한 생각으로 거슬러 올라간다. 이 두 사상가는 많은 부분에서 큰 차이를 보였지만, 경험을 순전히 실제적인 것과 동일시한 점에서는 일치된 의견을 보였다. 그들은 경험의 목적은 물질적 이익에 있고 그 기관은 우리의 몸이라고 보았다. 한편, 지식은 실제적 관계로부터 자유로우며 그 자체를 위해 존재하고, 그 근원과 기관은 순전히 비물질적인 정신 속에 있다. 즉 지식은 정신적 또는 이데아적 흥미에 관한 것이었다. 또한 경험은 항상 결핍과 필요와 욕망을 동반하며 결코 자기충족적이지는 않았다. 그런데 이성적 인식은 그 자체 안에서 완전하고 포괄적이었다. 따라서 실제적 삶은 끊임없는 유동상태에 있으며, 지적 인식은 영원불변의 진리와 관련되는 것이었다.

이 첨예한 대립은 아테네의 철학이 지식과 행위의 기준이었던 습관 및 전통에 대한 비판에서 시작되었다는 사실과 관계가 있다. 그것은 풍습과 전통을 대신할 것을 찾다가, 신념과 활동의 유일하고 타당한 지침으로서 이성을 생각해낸 것이다. 관습과 전통이 경험과 동일시되었으므로 곧 이성은 경험보다 우월하다는 결론이 도출되었다. 그러나 경험은 그린 종속적 지위에 만족하지 않았고, 이성의 권위를 승인하는 것에 강력하게 반대했다. 이성이 그 정당한 패권쟁탈전에서 이기기 위해서는, 관습과 전통적 신념은 사람들을 속박하기 때문에 경험이 본질적으로 불안정하고 충분하지 않은 것이라고 증명하는 길밖에 없었다.

철학자가 왕이 되어야 한다는 플라톤의 주장은, 습관과 욕망·충동·정서가 아니라 합리적인 예지가 인간사를 다스려야 한다는 뜻으로 이해해야 가장 타당할 것이다. 전자가 다양성과 불화, 종잡을 수 없이 변화하는 것을 나타낸다면, 후자는 통일성과 질서, 법칙을 나타낸다.

경험을 불만족스러운 상태, 단순한 관습의 지배를 얘기하는 것과 결부지어 생각하기 위한 근거를 찾는 것은 그리 어려운 일이 아니다. 상업과 여행, 식민지 개척, 이주와 전쟁 등이 점점 빈번해짐에 따라 그들의 지적 시야도 넓어졌다. 사회마다 관습과 신념이 서로 현저하게 다르다는 사실이 알려졌다. 내란은 아테네의 일상이 되었고, 그 도시국가의 운명은 당파 싸움에 내맡겨진 꼴이 되었다. 시야의 확대와 함께 여가가 증가하자, 자연계의 수많은 새로운 사실들이 시야에 들어와 호기심과 사변을 자극하였다. 이러한 정황은 자연과 사회에 항구적이고 보편적인 것이 존재하는가라는 질문을 제기하게 되었다. 이성은 보편적인 원리와 본질을 파악하는 능력이지만, 감각은 변화—불변하고 획일적인 것에 대립하는 불안정하고 다양한 것들—를 지각하는 기관이었다. 감각 작용의 결과는 기억과 상상 속에 보존되어, 습관을 통해 얻는 기술로 적용되면서 경험을 구성하는 것이다.

그리하여 가장 좋은 경험은 여러 가지 손재주의 숙련—평시와 전시의 여러 기술—으로 나타난다. 제화공과 피리 연주가, 군인은 각각의 기술을 얻기 위해 경험적 훈련을 받아 왔다. 이것은 신체의 여러 기관 특히 감각기관이 몇 번이고 반복하여 사물과 접촉해 왔음을 뜻하며, 그 접촉의 효과가 보존되고 강화되어 통찰하거나 실천하는 능력을 얻을 수 있게 되었음을 말한다. '경험적'이란 말의 본질적인 의미가 바로 이것이다. 원리의 통찰에 기초하는 것이 아니라 제각각인 많은 시행의 성과를 나타내는 지식과 능력을 암시하며, 그 시행에 나타나는 약간의 우연적인 성격을 특히 강조하여 오늘날 '시행착오법'이라고 말하는 관념을 표현한 것이다. 그것은 제어하거나 조작하는 등의 능력에 관한 한, 결국 경험에서 얻은 주먹구구식 방식이나 판에 박은 듯이 고정된 작업과 같다. 새로운 상황이 과거와 유사한 경우에는 충분히 유용하게 작용되지만, 다른 경우에는 그만큼 실패할 가능성이 커진다. 오늘날에도 어떤 의사를 가리켜 '경험주의자', 즉 돌팔이의사라고 부를 때는, 그가 과학적 훈련을 통해서가 아니라, 단순히 과거의 시술에서 우연히 얻은 지식을 기초로 치료함을 의미한다. '경험'에 과학, 즉 이성이 결여되어 있다는 바로 그것 때문에, 경험을 빈약하나마 가장 좋은 상태로 유지하기가 어려운 것이다. 경험에만 의존하는 자는 사기꾼으로 전락하기 쉽다. 그는 자신의 지식이 어디서 시작되며 어디서 끝나는지 알지 못하므로, 늘 접하던 것과 다른 상황에 부딪치면 '허세'를 부리기 시작한다. 아무 근거 없는 주장을 펼치고 요행을 바라며 남을 속일 수 있다고 생각하기도 한다. 또한 한 가지를 깨우친 것을 가지고 다른 것도 안다고 착각한다. 그것은 바로 아테네의 역사가 말해주듯이, 평범한 장인들이 자기 직업의 특수한 기술을 배웠으니 가정과 교육, 정치까지 할 수 있다고 생각했던 것과 마찬가지이다. 그러므로 경험은 이성이 진실을 파악하는 것과는 달리, 거짓과 가짜·겉치레·외양의 주변을 언제까지나 떠돌고 있는 것이다.

철학자들은 이러한 사태에서 곧 어떤 일반론을 끌어냈다. 감각은 갈망과 욕망 같은 육욕에 관계된 것이므로 사물의 진실을 파악하는 것이 아니라 사물과 우리의 쾌락이나 고통, 욕망의 충족이나 육체적인 안락이 어떻게 관련되는가를 파악한다. 감각은 육체적 생활에서 중요할 뿐이며, 육체적 생활은 더 높은 수준의 삶을 위한 안정된 토대에 지나지 않는다. 그러므로 경험은 분명히 물질적인 것이고, 육체와 관계된 물리적 사물과 관계를 가진다. 이에 비해, 이성 또는 과학은 비물질적인 것, 이데아적인 것, 정신적인 것을 파악한다. 관능적·육욕적·물질적·현세적 흥미라는 말에서 암시되는 것처럼, 경험에는 도덕적으로 위험한 어떤 것이 있지만, 순수한 이성과 정신은 도덕적으로 찬양할 만한 것을 나타낸다. 뿐만 아니라 경험은 변화하는 것, 종잡을 수 없이 바뀌는 것, 그리고 잡다한 것, 다양한 것과 끊을 수 없는 관계를 맺고 있다. 경험의 재료는 본질적으로 변하기 쉽고 믿을 수 없는 것이다. 그것은 불안정하기 때문에 무질서하다. 경험을 신뢰하는 사람은 자신이 무엇에 의지하는지 알지 못한다. 경험은 사람에 따라, 또 날마다, 그리고 말할 것도 없이 나라마다 달라지는 것이기 때문이다. 또한 '다수', 즉 여러 가지 특수한 것과의 관계도 결국은 같은 것이 되며, 마찬가지로 모순을 동반한다.

단일, 획일만이 일사불란한 관계와 조화를 보장한다. 경험에서는 불화가 생기며, 개인의 내부나 사람들 사이에서 의견과 행동의 갈등이 발생한다. 경험에서는 신념의 기준이 나올 수 없다. 지방마다 풍속이 다른 것에서 알 수 있듯이, 온갖 종류의 상반된 신념을 일으키는 것이 경험의 본성이기 때문이다. 그 논리적 귀결은, 특정한 개인이 자신의 경험에 따라 어떤 특정한 시간과 장소에서 참되고 선하다고 믿게 되는 것은 무엇이나 그 개인에게는 참되고 선하다는 것이다.

결국 실천은 필연적으로 경험 속에 포함된다. 행동은 필요에서 시작되며 변화를 목적으로 한다. 생산하고 제작하는 일은 무언가를 바꾸는 것이며, 소비 또한 무언가를 변화시키는 것이다. 이처럼 행동에는 변화와 다양성의 온갖 불쾌한 성격이 뒤따르지만, 인식은 그 대상과 마찬가지로 영구불변하다. 인식하는 것, 무언가를 지적 또는 이론적으로 파악하는 것은 변화와 우연성, 다양성의 영역을 초월한 것이다. 진리에는 모자라는 것이 없다. 그것은 감각 세계의 동요 때문에 손상되는 일이 없다. 그것은 영원함과 보편성에 관계된다. 경험의 세계는 그 이성의 법칙에 복종함으로써 비로소 통제할 수 있고, 안정시키고 질서를 부여할 수 있다.

물론 이 모든 구분들이 완전한 학문적 명확함을 계속 유지해 왔다고는 할 수 없지만, 이후의 사람들의 교육에 대한 사색과 관념에 깊은 영향을 끼쳤다. 수학과 논리학에 비해 자연과학을 멸시하고 감각 및 감각적 관찰을 경멸했으며, 지식은 구체적인 것이 아니라 관념적 표상에 관한 것일수록 고상하고 가치가 있다고 느꼈다. 연역을 통하여 보편이라는 그물 속에 들어오는 것 이외의 모든 특수한 것을 업신여기고, 육체를 경시하며, 지적 수단으로서의 기술과 기예를 과소평가했다. 이러한 생각들은 경험과 이성—결국 같은 말이 되지만, 실체적인 것과 지적인 것—의 상대적 가치를 매기는 철학적 사상에서 그 근거를 찾고 지지를 얻었다. 중세 철학은 이 전통을 계승하고 보강했다. 진실을 안다는 것은, 최고의 실재(實在)인 신과 관계를 맺고 그 관계에서 오는 영원한 축복을 누리는 것을 의미했다. 최고의 실재에 대한 명상은 인간의 궁극적인 목적이고, 행동은 그것에 종속하는 것이었다. 경험은 현세적이고 비속하며 세속적인 일에 관계되는 것이었다. 정말 그것은 실제로는 필요했지만, 지식의 초자연적인 대상에 비하면 크게 중요하진 않았다. 여기에 또 로마의 교육과 그리스의 철학적 전통이 지닌 문학적 성격의 영향력을 생각하고, 아울러 하층계급과 귀족계급을 명확하게 구별하는 증거가 된 학문을 선호한 것을 고려하면, 우리는 교육철학에서뿐 아니라 모든 고등교육 기관에서도 '실제적인 학과'보다 '지적인 학과'가 얼마나 강력하게 존중되어 왔는지 쉽게 이해할 수 있다.

2 경험과 인식에 관한 근대 이론 뒤에 다시 말하겠지만, 인식의 방법으로서 경험이 발달하면 앞에서 서술한 사고의 근본적인 변혁이 가능해지고 또 필요해진다. 그러나 그 문제를 다루기 전에 우리는 17~18세기에 발달한 경험과 인식에 관한 이론에 먼저 주목해야 한다. 그것은 경험과 이성의 관계에 대한 고전 학설을 거의 완벽하게 뒤집어 놓았다. 플라톤에게 경험은 습관화, 즉 과거의 수많은 우연적 시행에서 도출된 성과를 보존하는 것을 의미하고, 이성은 개혁과 진보, 통제력을 확대하는 원리를 뜻했다. 이성을 위해 헌신하는 것은, 관습의 한계를 돌파하여 진정한 본연의 실체에 도달하는 것을 의미했다. 근대의 개혁가들에게 상황은 완전히 반대였다. 이성과 보편적 원리, 선험적 관념 등은 공허한 형식이고, 의미와 진실성을 얻기 위해서는 경험, 곧 감각적 관찰을 통해 내용이 채워져야 했다. 그렇지 않으면 단순히 완고한 선입관이나, 권위에 강요된 독단적 주장이고, 거창한 이름으로 가장하여 그 비호 아래 행세하는 것에 지나지 않았다. 가장 필요한 태도는 베이컨이 말한 것처럼 '자연을 앞질러서', 자연에 단순한 인간의 억측을 강요하는 생각에 사로잡힌 상태에서 벗어나, 경험을 통해 자연이 어떠한지를 발견하는 것이었다. 경험에 호소하는 것은 권위와의 절연을 뜻하는 증거이며, 새로운 인상에 대한 개방된 태도를 의미했다. 즉, 이미 인정받은 관념을 정리하고 체계화하거나, 그것이 서로 유지하는 관계를 통해 '증명'하는 데 전념하는 대신, 발견과 발명에 열중하는 것을 의미했다. 이는 실체를 뒤덮은 선입견의 베일을 벗기고, 진정 있는 그대로의 실체를 마음속에 받아들이는 것이었다.

이중의 변화가 일어났다. 경험은 플라톤 시대부터 가지고 있던 실천적인 의미를 잃고 말았다. 그것은 무슨 일을 한다든가 무슨 일이 일어나는 방법을 뜻하는 것이 아니라, 지적이고 인식적인 것을 가리키는 이름이 되었다. 추리 작용을 안정시키거나 검증하는 자료를 감지하는 것을 뜻하게 되었다. 근대 경험론적 철학자나 그것을 반대하는 철학자들에게도 경험은 인식의 방법 그 자체로 간주되었다. 유일한 문제점은 그것이 얼마나 좋은 방법인가 하는 것이었다. 그 결과로, 고대철학에서 나타난 것보다 더 강한 '주지주의'—'주지주의'라는 말을 고립된 지식에 대한 거의 절대적인 관심을 표시하는 데 사용한다고 해도—가 나타났다. 실천은 지식에 종속하는 것이 되었다기보다는 지식의 단편이나 여파 정도로 생각되었다. 그 교육상의 결과는, 훈련을 통해 일정한 습관을 형성하는 실용적 목적을 위해 이용되는 경우 외에는, 활동적 작업을 학교에서 배제하는 것을 확정하는 것밖에 되지 않았다. 둘째로, 진리의 기초를 객관 또는 자연에서 확립하는 수단으로서의 경험이 강조되자, 그 결과 마음을 완전히 수동적인 것으로 간주하는 관점에 도달했다. 마음이 수동적이면 수동적일수록, 객관은 훨씬 올바르게 마음에 인상을 남기게 될 것이다. 마음이 이른바, 인식 과정 자체에 관여한다면, 진정한 인식을 방해하여 그 자체의 목적을 망치게 될 것이기 때문이다. 이상은 최대한의 수용성이었던 것이다.

객관이 마음에 남긴 인상은 일반적으로 감각이라는 용어로 불리기 때문에, 경험론은 감각론, 즉 지식을 감각적 인상의 수용이나 연합과 동일시하는 학설이 되었다. 경험론자 가운데 가장 영향력 있는 사상가인 존 로크의 학설 속에서, 식별 또는 분별·비교·추상·일반화 같은 심적 능력을 인정함으로써 완화된 감각론을 찾아볼 수 있다. 이는 감각적 자료를 한정되고 조직된 여러 형식으로 정리하고, 나아가 도덕이나 수학의 기본개념 같은 새로운 관념들까지 스스로 전개하는 것이다(74~75쪽 참조). 그러나 그의 계승자들, 특히 18세기 후반 프랑스에서 로크의 사상을 이어받은 사람들은 그의 학설을 극한까지 밀고 나갔다. 즉 그들은 식별과 판단도 다른 감각들과 마찬가지로 존재함으로써 우리의 마음속에 형성되는 특수한 감각이라 본 것이다. 로크는 관념의 내용에 관한 한, 마음은 태어났을 때는 백지 또는 아무것도 새겨져 있지 않은 밀랍판(타불라라사)이라고 생각했지만, 받아들인 자료를 처리할 수 있는 활동능력이 마음에 있는 것은 인정했다. 그러나 프랑스의 후계자들은 이 활동능력마저 수용된 인상에서 나온 것으로 보고 마음에서 제거해 버렸다.

앞에서 말한 것처럼, 이러한 생각은 사회개혁의 방법으로서 새롭게 교육에 관심을 갖게 되면서 더욱 조장되었다(107쪽 참조). 출발점인 원래의 마음이 백지상태일수록 그것에 올바른 영향을 미침으로써, 무엇으로든 원하는 대로 만들 수 있는 것이다. 이리하여 가장 극단적이고 철저한 감각론자인 엘베시위스는, 교육은 모든 것을 할 수 있다는 교육만능론을 주장했다. 학교교육의 영역에서, 경험론은 단순한 교과서 학습에 반대하는 것에서 자신의 직접적인 사명을 발견했다. 지식이 실물에 의해 우리에게 주어지는 인상을 통해 형성된다면, 마음에 인상을 주는 사물을 사용하지 않고 지식을 얻기란 불가능하게 된다. 단어와 그 밖의 모든 언어적 기호는 그것과 관련된 실물이 사전에 제시되지 않으면, 그 기호 자체의 모양이나 색깔의 감각—크게 도움이 되지 않는 지식인 것은 확실하다—외에는 아무것도 나타내지 못한다. 또한 감각론은 전통과 권위에 전적으로 의존하는 학설이나 의견과 싸우기 위한 매우 편리한 무기였다. 그러한 모든 의견과 주장에 대해 그것은 다음과 같은 검사법을 설정했다. 이 관념과 신념이 나온 실재하는 사물은 어디에 있는가? 만약 그러한 사물을 제시할 수 없다면 관념은 잘못된 연합이나 결합에서 나온 결과라고 설명한 것이다. 뿐만 아니라 경험론은 직접적인 요소를 강조했다. 인상은 바로 '나에게', 나의 마음에 새겨져야 한다는 것이다. 자신이 직접 경험한 지식의 근원에서 멀어지면 멀어질수록 오류의 근원이 많아지며, 결과적으로 거기서 생기는 관념은 애매한 것이 된다.

그러나 짐작할 수 있듯이, 이 철학은 적극적인 면이 부족했다. 물론 실물이나 직접적인 지식의 가치가 이 이론의 진리성 여하로 정해지는 것은 아니다. 비록 그 작용 방식에 대한 감각론적 이론이 완전히 잘못되었다 하더라도 학교에 도입된다면 나름의 효과를 발휘했을 것이다. 여기까지는 아무런 문제가 없다. 그러나 감각론의 강조는 실물을 사용하는 방법에도 영향을 미치고, 그것으로부터 충분한 이익을 얻지 못하도록 방해하는 작용을 한 것이다. '실물 교육'은 단순한 감각활동을 따로 떼어내어 그 자체를 목적으로 삼는 경향이 있었다. 대상이 고립될수록 그 감각적 성질은 고립되고, 지식의 단위로서의 감각인상은 더욱 특수한 것이 된다. 이 이론은 이러한 기계적 고립화를 진행시키는 방향으로 작용하게 되었다. 고립화는 수업을 일종의 감각기관을 단련하는 훈련—신체 기관을 단련하는 체육과 같은 효과 그 이상은 없다—으로 만들을 뿐만 아니라, 사고를 소홀히 하는 결과를 가져왔다. 이 이론에 따르면 감각적 관찰에서 사고는 필요하지 않았다. 사실 엄밀하게 따지면, 그러한 사고는 나중에 가서야 할 수 있는 것이라고 보아야 했다. 왜냐하면 사고는 조금의 판단도 끼어들 여지없이 그저 받아들여진 개개의 감각단위들을 결합하거나 분리하는 작용에 불과하기 때문이다.

따라서 사실 순전한 감각적 기초 위에 성립된 교육계획이 실제로 조직되고 실시된 적은, 적어도 유아기의 초기 이후에는 지금까지 한 번도 없었던 것이다. 게다가 명백한 결함이 있었기 때문에 단순히 '합리론적' 지식(즉 기호를 통해 나타난 정의와 규칙, 분류, 적용방식에 대한 지식)에 내용을 채워넣기 위해 이용되거나, 따분한 기호에 좀 더 '흥미'를 불어넣는 수단으로 사용되었을 뿐이다. 교육적 인식론으로서의 감각론적 경험론에는 적어도 다음 세 가지의 심각한 결함이 있다.

(1)그 이론의 역사적 가치는 비판적인 점에 있었다. 다시 말하면, 그 무렵의 세계와 정치제도에 관한 일반적인 신념을 부정하는 사상이었다. 그것은 완강한 독단론을 파괴하는 비판의 무기였던 것이다. 그러나 교육이 하는 일은 건설적이지 비판적인 것이 아니다. 교육은 낡은 신념을 제거하고 개정하려고 하지는 않지만, 처음부터 새로운 경험을 가능한 한 올바른 지적 습관으로 만들어내야만 한다는 것이다. 감각론은 이 건설적인 일에는 조금도 적합하지 않다. 지력 또는 오성이란 직접적인 육체적 자극에 대한 반응이 아니라, 의미에 감응하는 능력을 말한다(41쪽 참조). 그리고 의미는 어떤 전후관계 속에서만 존재하며, 지식을 감각적 인상의 결합과 동일시하는 구상은 무엇이나, 그러한 전후관계를 도외시하고 만다. 이 이론이 교육에 응용된다면, 단순한 육체적 흥분을 과장하거나, 고립된 대상이나 성질을 의미 없이 쌓아올리는 결과만을 가져올 것이다.

(2)직접적인 인상은 자신이 직접 손에 넣은 것이라는 장점이 있는 반면, 시야가 제한되어 있다는 단점이 있다. 익숙한 환경의 자연적인 사물들과 직접 접촉함으로써, 감각이 미치지 않는 지구의 다양한 부분에 관한 관념에 현실성을 주고 지적 호기심을 일으키는 수단으로 삼는 것도 물론 중요한 일이다. 그러나 그것은 완결된 전체로서의 지리적 지식으로서는 치명적으로 제

한을 받고 있다. 이와 마찬가지로 콩이나 바둑돌은 수의 관계를 쉽게 이해하기 위한 유용한 보조도구가 되지만, 사고—즉 의미의 파악—의 도구 이상으로 사용되면 오히려 수학적 이해 발달을 방해하게 된다. 그것은 성장을 낮은 수준, 즉 특수한 물리적 상징의 수준에 묶어 놓는다. 인류가 처음에 손가락을 수를 헤아리는 부호로 쓰다가 불편을 느껴 계산과 수학적 추리의 도구로서 특별한 기호를 발달시킨 것과 마찬가지로, 사람은 구체적인 것에서 추상적인 기호로—개념적 사고를 통해서만 의미를 파악할 수 있는 기호로—나아가야만 한다. 그러므로 처음부터 감각의 물질적 대상에 지나치게 전념한다면 이 발달을 방해하게 된다.

(3)감각론적 경험론은 정신 발달에 관한 철저하게 그릇된 심리학을 기초로 하고 있다. 경험이란 사실 사물과 상호작용을 하는 본능적 및 충동적인 '활동'을 말한다. 유아의 '경험'조차도 어떤 대상을 통해 인상을 받고 수동적으로 수용되는 성질이 아니다. 손으로 잡거나 던지고 두드리고 찢는 등의 활동이 대상에 미치는 효과와, 그 결과 활동의 방향에 그 대상이 미치는 효과이다(156~157쪽 참조). 기본적으로는(뒤에 자세히 설명하겠지만) 경험을 실천적인 것으로 본 고대의 개념이, 그것을 감각에 따른 인식 방법으로 본 근대의 경험개념보다 사실에 더 가깝다. 경험의 근본에 있는 능동적, 운동적 요소를 무시한 것은 전통적인 경험론 철학의 치명적인 결함이다. 다양한 대상을 사용하여 무언가를 이루려고 노력하는 과정에서, 그것들을 사용함으로써 그러한 성질들에 대해 학습하려는 자연스러운 경향을 무시하고 가능한 한 배제하는 실물교육만큼, 무미건조하고 기계적인 것은 없을 것이다.

따라서 설령 근대의 경험론이 대표하는 경험 철학이 이제껏 받아온 것 이상으로 넓은 범위에서 이론적 동의를 받았다 하더라도, 학습과정에 대한 흠잡을 데 없는 철학이 되지 못한 것은 분명하다. 그것이 교육에 끼친 영향은 옛 교육과정에 새로운 요소를 추가하고, 그에 따라 약간씩 기존의 교육내용과 방법을 수정하는 것에 불과했다. 그럼으로써 직접 혹은 그림이나 도해를 통해 사물을 관찰하는 것이 훨씬 중시된 반면, 언어에 의한 기호적 표현의 중요성은 약화되었다. 그러나 이 이론 자체의 시야가 워낙 빈약했으므로, 감각 지각 이외의 것에 관한 정보나 더욱 직접적으로 사고에 관여하는 정보로 교육내용을 보충해야 했다. 따라서 추상적인 정보, 즉 '합리론적'인 교과 내용에는 손을 대지 못한 채 그대로 남겨둔 것이다.

3 실험으로서의 경험 이미 간접적으로 언급했지만, 감각적 경험론은 현대 심리학에서 옳다고 증명된 경험의 관념은 물론, 현대과학의 방법이 암시한 지식의 관념도 설명하지 않는다. 경험의 관념에 대해 살펴보면, 감각적 경험론은 사물을 사용하고 그 결과에 따라 사물에 대해 배우는 능동적 반응이 차지하는 근본적인 위치를 간과하고 있다. 가령, 유아가 지식을 습득하는 방법을 5분 동안만 선입견 없이 관찰해보면, 그 아이가 소리·색깔·단단한 정도 같은 고립된 성질의 인상을 수동적으로 받아들이고 있다는 사고가 틀렸음을 이내 알 수 있다. 유아는 팔을 뻗거나 손에 쥐어보는 활동으로 자극에 반응하면서, 어떤 감각적인 자극에 대한 운동적 반응에 어떤 결과가 이어지는지 관찰한다. 아이는 개개의 고립된 성질이 아니라, 한 사물에 작용했을 때 나타나는 전체적인 반응, 그 활동이 야기하는 사물과 자신의 변화를 배우는 것이다. 다시 말하면 그 아이가 배우는 것은 다양한 '관련'이다. 예를 들어, 빨간색이나 높은 소리 같은 성질조차도, 그러한 성질이 불러일으키는 활동과 그 활동에 따라 발생하는 결과에 기초하여 식별되고 확인되어야만 한다. 우리가 어떤 것이 단단하고 어떤 것이 부드러운지 아는 까닭은, 그것이 각각 무슨 일을 하는가, 그것을 사용하여 무엇을 할 수 있고 무엇을 할 수 없는가를 능동적인 실험을 통해 발견하기 때문이다. 마찬가지로 아이가 사람에 대해 알아볼 때도, 상대방이 자신에게 어떤 반응 활동을 요구하며, 자기의 활동에 반응하여 그가 어떤 행동을 보이는가를 찾아내는 것이다. 따라서(수동적인 마음에 여러 성질들을 인상 짓기 위해서가 아니라) 우리의 행동 가운데 어떤 것은 조장하고 어떤 것은 억제하면서 우리의 행동을 수정하기 위해, 사물이 우리에게 '하는' 일과, 새로운 변화를 일으키기 위해서 우리가 그 '사물'에 대해 할 수 있는 일, 이 양자의 결합이 경험을 구성하는 것이다.

17세기 이후 세계에 관한 우리의 지식에 혁명을 가져온 과학적 방법이 주는 교훈도 바로 이런 것이다. 이 방법이 계획적으로 통제된 조건 아래 이루어지는 실험에 지나지 않기 때문이다. 예를 들어 그리스인들에게, 제화공이 가죽에 구멍을 뚫고 밀랍을 바른 실과 바늘을 사용하는 따위의 활동이 세계에 관한 적절한 지식을 가져다줄 수 있다는 것은 언어도단이었다. 참된 지식을 얻기 위해서는 경험을 초월한 이성에서 나온 개념에 의거해야 한다는 것이 명백한 공리였다. 그러나 실험법의 도입은, 통제된 조건하에서 이루어지는 실험적 작업이야말로 자연에 관한 의미 있는 관념을 획득하고 검증하는 방법임을 분명히 보여주었다. 다시 말하면, 이제 자연에 관한 과학적 지식의 토대가 될 원리를 파악하기 위해서는 영리를 위해서가 아니라 지식을 얻기 위해, 예를 들어 금속판에 산을 들이붓는 등의 작업을 해 보이면 된다는 것이다. 물론 감각지각은 없어서는 안 되지만, 옛날 과학에서 응당 해야 한다고 생각하거나 실제로 했던 것보다 그것에 의존하는 정도가 훨씬 줄어들었다. 감각적 지각은, 이성적 사고로 벗길 수 있는 감각의 가면을 쓰고 있는 어떤 보편적인 '형상(form)', 즉 '종(種, species)'을 내장하고 있다는 생각은 이제 설득력을 잃게 되었다. 반대로 가장 중요한 것은 감각적 지각의 자료를 개조하고 확대하는 것, 즉 망원경과 현미경의 렌즈나 다른 여러 종류의 실험 장치를 통해 '주어진' 감각대상에 영향을 끼치는 것이었다. 새로운 관념(가설, 이론)을 일으키는 데는, 고대의 과학이 다루었던 것보다 한층 더 일반적인 관념(수학의 여러 관념 같은)이 필요했다. 그러나 이제 이러한 일반적 관념은 그 자체만으로 지식을 주는 것으로는 생각되지 않았다. 그것은 어디까지나 실험적 연구를 설정하고 운영하고 해석하여 그 결과를 체계화하기 위한 도구였던 것이다.

그 논리적 귀결은 경험과 지식에 관한 새로운 철학, 즉 경험을 합리적인 지식이나 설명에 대립되는 것으로 보지 않는 철학이었다. 경험은 더 이상 단순히 과거의 우연한 방식으로 얻은 결과를 요약한 것이 아니다. 그것은 우리에게 일어나는 일, 우리가 사물에 대해 하는 일이 가능한 한 많은 것을 시사하고, 또 그 시사의 타당성을 시험하기 위한 수단이 되도록 고려하면서, 우리가 하는 일을 계획적으로 통제하는 것이다. 그러한 시행, 즉 실험은 충동이나 관습으로 가려진 것이 아니라, 목표의 지도를 받고 기준과 방법을 통해 유도될 때 이성적이고 합리적인 것이 된다. 우리가 사물로부터 받는 것, 사물의 작용으로 우리가 겪게 되는 것이 그냥 우연한 사정에 따른 것이 아니게 될 때, 다시 말해 그것이 이전에 우리 자신이 한 의도적인 노력의 결과로 바뀔 때, 그것은 합리적으로 의미가 있는 것, 계몽적이고 교육적인 것이 된다.

경험론과 합리론의 대립은 한때 그 대립에 의미와 상대적 정당성을 부여하던 사회 상황이라는 배경을 잃은 것이다.

이러한 변화가 순수하게 실천적인 학과와 순수하게 이론적인 학과의 대립과 어떤 관계에 있는지는 자명하다. 이 구별은 본질적인 것이 아니라 상황에 따른 것, 그것도 통제할 수 있는 상황에 의한 것이다. 실천적 활동은 지적으로는 편협하고 하잘것없는 것일지도 모른다. 그것은 판에 박은 듯한 일로서, 권위자의 명령에 맹목적으로 따르며 단순히 외적 결과를 의도하는 한, 편협하고 하잘것없는 것이 될 것이다. 그러나 학교교육의 시기인 아동기 및 청년기야말로 그러한 활동을 다른 정신으로 할 수 있는 기간이다. 앞의 여러 장에 걸쳐 사고에 대해서나, 유치한 일과 놀이에서 논리적으로 조직된 교재로 발전하는 과정에 대해 논한 내용을 여기서 되풀이하는 것은 적절하지 않다. 그러나 이 장과 바로 앞 장의 논의는 그러한 성과에 더욱 의미를 부여해줄 것이다.

(1) 경험 자체는 원래 인간과 그 자연적 및 사회적 환경 사이에 존재하는 '활동적' 관계로 이루어져 있다. 어떤 경우에는 활동의 주도력이 환경 쪽에 있어서, 인간의 노력이 다소 제지당하거나 왜곡되기도 한다. 또 어떤 경우에는 주위의 사물이나 사람들의 행동이 개인의 활동적인 경향을 좋은 결말로 이끌어, 결국 그 자신이 이룩하고자 했던 결과를 얻기도 한다. 어떤 사람에게 일어나는 일과 그것에 대한 반응으로서 그 사람이 하는 일 사이와, 그가 자신의 환경에 대해 하는 일과 그 환경이 그에게 반응하여 하는 일 사이의 관계가 확립되면, 꼭 그만큼 그의 행동과 주위의 사물은 의미를 얻게 된다. 그 사람은 학습을 통해 자기 자신을 이해하고, 인간과 사물의 세계까지 이해하게 된다. 의도적인 교육 또는 학교교육은 적절한 환경을 제공하여 그 상호작용에 따른 중요한 의미를 획득하고, 그 의미가 앞으로 더 진보된 학습 도구가 될 수 있도록 해야 한다(제11장). 앞에서 누누이 지적한 바와 같이, 학교 밖에서의 활동이 이루어지는 정황은 오성의 작용이나 효과적인 지적 성향을 형성하는 데 적합하도록 계획적으로 조직된 것이 아니다. 그 결과 그것이 통용되는 범위 안에서는 생명이 있고 진짜이지만, 그것은 온갖 종류의 사정에 의해 제한되어 있다. 어떤 능력은 전혀 발달하지 않은 채 방향성을

잃은 상태로 방치되고, 어떤 것은 우연적이고 충동적인 자극밖에 받지 못하며, 또 어떤 것은 목적, 기지로 넘치는 자발성, 그리고 창조성을 희생하면서 틀에 박힌 기능의 습관으로 형성된다. 젊은이를 활동의 장에서 타인의 학습 기록에 불과한 옹색한 학문의 장으로 몰아넣는 것이 학교의 임무는 아니다. 그들을 비교적 우연한 활동—우연히 통찰과 사고로 이어지는 활동—이 일어나는 환경에서, 학습지도와의 관계를 고려하여 특별히 선정된 활동의 장으로 이끄는 것이 바로 학교의 임무이다. 이미 교육에서 성과를 거두고 있는 개선된 지도법을 약간만 조사해 보면 그 방법들이, '지적' 학과는 활동적인 일과 대립하는 것이 아니라 실제적인 일의 '지성화'를 의미한다는 사실을 다소나마 의식적으로 이용해 왔음을 명백히 알 수 있다. 남은 문제는 이 원리를 더욱 확고하게 파악하는 것이다.

(2)사회생활의 내부에 일어나는 변화로 인해, 학교의 놀이와 작업을 지성화하는 활동을 선택하는 것은 매우 쉬워진다. 그리스인과 중세 사람들의 사회 환경에서는, 그들이 성공적으로 영위할 수 있었던 실제적 활동은 대부분 틀에 박힌 외면적인 것이고 본질적으로는 노예적인 것이었으므로, 그러한 사회 환경을 고려하면 당시의 교육자들이 지성을 육성하기에 적합하지 않다고 판단하고 등을 돌린 것은 오히려 당연한 일이었다. 그러나 운수와 교통은 물론 가사와 농업, 제조업에 이르기까지 응용과학이 넘쳐흐르는 오늘날은 사정이 다르다. 물론 이러한 실제적 활동에 종사하는 사람들의 대다수가 그들의 활동 기초가 되는 지적 내용을 모르는 것은 사실이다. 그러나 이 사실은 오히려 학교교육이 이러한 활동을 이용하여 다음 세대로 하여금 오늘날 일반적으로 부족한 이해를 얻을 수 있도록 하고, 그럼으로써 사람들이 자신의 일을 맹목적이 아니라 지적으로 영위할 수 있도록 해 주어야 하는 이유가 되었다.

(3)그러나 행동과 인식의 전통적 분리 및 순수하게 '지적'인 학과에 주어져 온 전통적 위광에 가장 직접적인 타격을 가한 것은 실험과학의 발전이었다. 이 발전이 분명히 한 점이 있다면, 행동의 결과물 외에는 진정한 지식이나 결실 있는 이해 따위가 존재하지 않는다는 것이다. 지식의 발달과 설명하고 분류하는 능력의 발달에 없어서는 안 되는 여러 사실들의 분석 및 재배치는, 순전히 정신적으로, 즉 머릿속에서만 이루어질 수 있는 것이 아니다. 인간이

사물에 대해 무언가를 알아내기 위해서는 그 사물에 무언가를 해야 한다. 상황을 변경시켜야 하는 것이다. 이는 실험실의 연구방법이 주는 가르침이며, 모든 교육이 배워야 할 교훈이다. 실험실(laboratory)은 '노동(labor)'이 단순히 외적 결과를 내는 것이 아니라 지적으로도 결실을 맺을 수 있는 조건임을 우리에게 예시해주고 있다. 현재 너무나 많은 상황에서, 실험실 작업이 단지 더 많은 전문적 기술을 습득하는 데 그친다면, 그것은 실험실이 여전히 너무나 고립된 수단에 불과하기 때문이며, 학생들 대부분이 나이가 너무 많아 그것을 충분히 이용할 수 없게 되기 전에는 사용하지 못하기 때문이다. 또한 실험실 작업을 한다 하더라도, 전통적 방법에 따라 지성을 활동에서 분리하는 다른 학과들이 그것을 에워싸고 있기 때문이다.

요약 그리스인들이 철학에 관심을 기울이게 된 까닭은 그들의 전통적인 관습과 신념만으로는 삶을 통제하기가 점점 어려워졌기 때문이다. 따라서 반대로 그들은 관습을 비판하고 생활과 신념을 이끌어줄 다른 권위의 원천을 추구하게 되었다. 그들은 그러한 권위의 원천으로 이성적 기준을 구하고, 또 더 이상 도움이 되지 않는다고 판명된 관습을 경험과 동일시했기 때문에, 이성과 경험을 노골적으로 대립시키게 되었다. 이성을 높이 떠받들수록 경험은 더욱 경멸의 대상이 되었다. 경험은 변화하는 생활 정황 속에서 인간이 하는 일과 당하는 일을 뜻하는 것이었기 때문에, 행동은 철학에서 멸시받게 되었다. 이 영향은 다른 많은 요인들과 합쳐져서, 고등교육에서 감각적 관찰이나 신체적 활동을 가장 적게 사용하는 방법과 과목 모두를 과대평가하게 되었다. 근대는 이러한 관점에 대한 반항에서 시작되었다. 경험에 호소하며, 이른바 순수하게 이성적인 개념은 구체적 경험의 성과를 쌓아올림으로써 안정시켜야 한다거나, 아니면 합리적이라는 미명하에 자기를 변호하는 편견과 제도화된 계급적 이익의 표현에 지나지 않는다는 것을 근거로, 그러한 이성적 개념을 공격함으로써 앞서 말한 관점에 반항한 것이다. 그러나 여러 가지 사정으로 인해 경험은 그 본질적인 능동적, 정서적 측면은 무시되고 단순한 인식작용으로 간주되어, 하나하나 고립된 '감각'의 수동적 수용과 동일시되기에 이르렀다. 그로 인해 이 새로운 이론에 입각한 교육상의 개혁은 주로 이전의 방법인 책 중심주의를 약간 수정하는 정도에 그쳤을 뿐, 철저하게 개조하지는 못한 것이다.

　이윽고 심리학, 산업의 방법들, 또 과학에서의 실험적 방법의 진보는 경험의 개념을 또 다른 방식으로 정립해야 할 필요성과 가능성을 제시했다. 이 이론은 본디 경험이 실천적인 것이며 인식적인 것—행하는 것과 행한 결과를 받아들이는 것—이 아니라는 고대 사람들의 관념을 부활시켰다. 그러나 고대의 이론은, 행동은 사고가 나타내는 모든 것을 그 자체의 내용에 흡수하여 결국 확실하게 검증된 지식으로 귀착하도록 이끌 수 있음이 이해됨으로써 변형된다. 그리하여 '경험'은 경험적인 것이 아니라 '실험적'인 것이 되었다. 이성은 현실과 동떨어진 관념적 능력이 아니라, 활동에 풍부한 의미를 부여하는 모든 수단을 의미하게 되었다. 교육상의 관점에서 보면, 이 변화는 지금까지 여러 장에서 전개해온, 학과와 교수법의 계획을 가리킨다.

제21장
자연과와 사회과 : 자연주의와 인문주의

　　교육과정에서의 위치에 관한 자연과학과 문학적 교과 사이에 갈등이 있다는 점에 대해서는 이미 언급한 바 있다. 이제까지 제시된 해결책의 본질은, 자연을 주제로 하는 과학과 인간을 주제로 하는 과학으로 영역을 이분하는 기계적인 타협안에 지나지 않았다. 따라서 이 사태 또한 교육적 가치의 표면적 조정을 얘기하는 또 하나의 실례로, 우리의 관심을 자연과 인간사의 관계에 대한 철학으로 돌렸다. 일반적으로 교육상의 분열은 이원론 철학에 그 뿌리를 두고 있다. 마음과 세계는 서로 몇 개의 접촉점을 지닌 두 개의 독립된 존재 영역으로 여겨진다. 이 관점에서 보면, 각각의 존재 영역에 독자적이고 독립된 학과군(學科群)이 포함되는 것은 당연하며, 유물주의 철학이 정신의 영역을 침해한다는 이유로 자연과학 학과의 성장에 의혹의 눈초리를 보내는 것도 당연한 일이다. 현존하는 것보다 더욱 통일적인 교육 방안을 제시하려는 교육이론이라면, 인간과 자연의 관계에 대한 문제를 직시해야만 한다.

　　1 인문학의 역사적 배경　한 가지 주목할 만한 사실은, 고전 그리스 철학은 위와 같은 문제를 근대적인 형식으로 제시하지 않았다는 것이다. 실제로 소크라테스는, 자연학은 성립될 수 없으며 크게 중요하지도 않다고 생각했다. 우리가 알아야 할 가장 중요한 것은 인간의 본성과 그 목적이고, 깊은 의의를 가진 모든 것—모든 도덕적, 사회적 위업—은 이 지식에 달려 있다. 그러나 플라톤은 인간 및 사회에 대한 올바른 지식은 자연의 본질적 특징에 대한 지식에 의존하고 있다고 보았다. 그의 저서 《국가》는 도덕과 사회 조직에 대한 논문이면서 동시에 형이상학과 자연학에 대한 논문이었다. 그는 도덕과 사회의 올바른 업적은 이성적 인식에 의존한다는 소크라테스의 주장을 인정했으므로, 지식의 본질에 대해 논해야만 했다. 인식의 궁극적인 목표는

인간의 선(善), 즉 목적의 발견에 있다는 것은 인정해도, 우리가 아는 것은 우리 자신이 무지하다는 것뿐이라는 소크라테스의 확신에는 만족할 수 없었기 때문에, 인간의 선에 대한 논의를 자연 그 자체의 본질적 선, 즉 목적에 대한 고찰과 연결시킨 것이다. 자연을 지배하고 그것에 법칙과 통일을 부여하는 목적에 대한 지식도 없이 인간의 목적을 결정하려는 것은 불가능하다. 그러므로 플라톤이 문학적 학과(그것은 음악이라는 명칭하에 있었다)를 논리학이나 형이상학뿐 아니라 수학과 자연학에도 종속시킨 것은 그의 철학과 완전히 일치하는 것이었다. 그러나 자연에 대한 지식이 목적 그 자체는 아니었다. 그것은 인간의 마음을, 단체나 개인으로서 인간 행동을 규정하는 법칙인 존재의 최고목적을 깨닫도록 이끄는 데 반드시 있어야 하는 한 단계였다. 현대 용어로 표현하자면, 자연학적 학과는 인문학적·이념적 목적을 위해 반드시 필요한 것이었다.

한편, 아리스토텔레스는 플라톤보다 더욱 자연과학 쪽으로 나아갔다. 그는 시민적 관계를 순수한 인식적 생활보다 하위에 두었다(276~277쪽 참조). 인간의 최고 목적은 인간적인 것이 아니라 신적인 것, 즉 신적인 생활을 구성하는 순수한 인식으로의 참여이다. 그러한 인식은 보편적·필연적인 것을 대상으로 하며, 따라서 무상한 인간사 속에서가 아니라, 최선의 상태에 있는 자연 속에서 더욱 적절한 대상을 발견한 것이다. 이러한 철학자의 세부적인 주장보다 그리스인의 생활에 대한 그들의 묘사에 중점을 두면 다음과 같이 요약할 수 있다. 즉, 그리스인은 자연계의 사실을 자유롭게 탐구하는 것과 자연을 심미적으로 감상하는 것에 큰 흥미를 보였고, 사회가 자연에 깊이 뿌리박고 그 법칙에 지배 받고 있음을 깊이 자각했으므로, 인간과 자연을 대립시키는 일은 생각지도 못했던 것이다. 그러나 고대 후기에 이르면, 다음의 두 가지 요인이 겹쳐서 문헌적, 인문학적 지위가 높아지게 된다. 하나는 문학이 점차 복고적, 모방적 성격을 띠게 되었다는 것이고, 또 하나는 로마인의 정치와 수사학을 중시하는 경향이었다.

그리스 문명의 업적은 그리스에서 자생적으로 나온 것이지만, 알렉산드리아와 로마의 문명은 외국에서 이어받은 것이었다. 따라서 자연과 사회를 직접 관찰하는 것이 아니라, 과거의 기록을 통해 자료와 정신을 끌어내려고 했다. 이것이 교육의 이론 및 실천에 어떤 결과를 가져왔는지에 대해서는 헤치의 말을 인용하는 것이 가장 좋을 것이다. "그리스는 정치적인 힘을 잃어버렸지만, 한편으로는 그 찬란한 고전 속에 누구도 빼앗아가지 못할 유산을 소유하고 있었다. ……그리스가 고전에 의지한 것은 당연한 일이었다. 또한 고전 연구가 변론에 반영된 것 역시 당연한 일이었다. ……그리스 세계의 대다수 사람들은 지나간 세대의 고전문헌에 대한 지식과 문화적 언어 습관을 강조하는 경향이 있었다. 그리고 그 뒤 줄곧 그것이 바로 교육이라고 일반적으로 여겨져 왔다. ……우리의 교육도 이 전통에서 직접적으로 유래했으며, 그것이 최근에 이르기까지 문명세계 전체에 획일적으로 널리 퍼져 있는 방식을 유행시킨 것이다. 우리가 자연보다 고전문헌을 공부하는 것은 그리스인들이 그렇게 했기 때문이며, 로마인과 로마 속주 사람들이 자식을 교육시킬 때 그리스인 교사를 고용하고 그리스인들이 걸어온 길을 따랐기 때문이다."*

로마인의 실천적 성향도 이와 같은 방향으로 향했다. 기록으로 남겨진 그리스인의 사상을 통해 문화 발전의 지름길을 찾았을 뿐 아니라, 그들의 행정적 재능에 아주 적합한 재료와 방법을 손에 넣은 것이다. 이는 그들의 실천적 재능이 자연의 정복과 지배보다 인간을 정복하고 지배하는 데 적합했기 때문이다.

앞에서 인용한 글에서 헤치는, 우리가 자연보다 고전문헌을 공부해온 것은 그리스인과 그들이 가르쳤던 로마인이 그렇게 했기 때문이라고 했는데, 여기서 그는 상당 부분의 역사를, 논할 필요도 없다하여 생략해 버렸다. 그 사이의 긴 세월을 연결시켜 주는 끈은 무엇일까? 이 질문은 미개한 유럽이 단순히 로마의 상황을 대규모로 더욱 철저하게 반복한 것에 불과함을 암시하고 있다. 유럽은 그리스 로마 문명에서 가르침을 얻어야 했고, 그 문화를 발전시키기보다 모방하는 데 급급했다. 일반적인 사상과 예술적 표현뿐만 아니라 법률의 정비까지 이민족의 기록에 의존했다. 그 전통에 대한 의존도는 당시 지배적이었던 신학에 대한 관심으로 인해 한층 더 심화되었다. 교회가 의존했던 권위가 외국어로 작성된 문헌이었기 때문이다. 다양한 영향이 복합적으로 작용하여 학문은 곧 언어 훈련을 뜻하게 되었고, 지식인의 언어

---

* Hatch, "The Influence of Greek Ideas and Usages upon the Christian Church," pp. 43~44.

는 모국어가 아닌, 문헌에 쓰인 언어여야 한다고 생각하게 되었다.

그러나 이 사실의 전모를 명확히 밝히기 위해서, 이러한 문헌적 내용을 다루는 데는 아무래도 변증법(dialectical method)에 의존할 수밖에 없음을 인정해야 한다. 문예부흥시대 이후 스콜라철학이란 말은 흔히 비난조로 사용되어 왔다. 그러나 그것이 의미하는 바는 중세 대학의 방법, 즉 스콜라철학자들의 방법에 지나지 않는다. 그것은 본질적으로 권위 있는 진리체계를 전달하는 데 적합한, 고도로 효과적인 수업과 학습 방법을 체계화한 것이다. 당시처럼 자연과 사회보다 문헌이 학문의 중심 재료가 되는 경우에는, 탐구와 발견, 발명보다 오히려 수용된 재료를 정의하고 해설하고 해석하는 데 알맞은 방법이 강구되어야만 한다. 그런데 스콜라철학이란 사실, 교재를 학생들이 직접 발견해야 하는 것이 아니라 이미 완성된 것으로서 받아들일 때, 그것을 가르치는 데 적합한 방법을 진지하고 일관성 있게 체계화하고 응용하는 것을 말한다. 여전히 학교가 교과서 위주로 가르치고, 발견과 탐구가 아닌 권위와 습득을 교육 원리로 삼는다면, 그 방법은—전성기 스콜라철학의 논리적 정확성과 체계가 결여되어 있기는 하지만—스콜라주의라고 부를 수 있다. 방법과 논술의 정확성이 부족한 점 외에 유일한 차이는, 오늘날에는 지리와 역사·식물학·천문학이 습득해야 할 권위 있는 문헌의 일부가 되었다는 점뿐이다.

결과적으로 인문학적 관심을 자연에 대한 관심의 기초로 삼고, 자연에 대한 지식이 인간의 독자적인 목적을 지탱했던 그리스 전통은 사라져 버렸다. 삶은 그 바탕을 자연이 아니라 권위에서 찾아냈다. 자연은 적지 않은 의심의 대상이 되었고, 자연을 깊이 응시하는 것은 위험한 일로 취급되었다. 왜냐하면 생활의 규칙을 이미 완성된 형태로 담고 있는 문서에 대한 신뢰로부터 인간을 떼어놓으려는 경향을 지녔기 때문이다. 게다가 자연은 관찰을 통해서만 알 수 있다. 그것은 감각에 호소하는 것이며, 그 감각이란 순수하게 비물질적인 정신에 비하면 단순히 물질적인 것에 지나지 않기 때문이다. 뿐만 아니라, 자연에 대한 지식의 유용성은 완전히 물질적이고 세속적이었다. 그것은 인간의 육체적이고 일시적인 행복에 관계되는 것이지만, 인문학적 전통은 인간의 정신적인 영원한 행복에 관한 것이었기 때문이다.

2 자연에 대한 근대과학의 관심 르네상스 또는 문예부흥이라 불리는 15
세기 운동의 특징은, 인간의 현세적 삶과, 그에 따른 인간과 자연의 관계에
대한 새로운 관심이다. 그것은 그 무렵 지배적이었던 초자연적인 관심에 저
항했다는 점에서 자연주의적이었다. 고대 그리스의 이교적 문헌으로의 복귀
가 이 정신의 변화에 끼친 영향이 과대평가되지 않았다고는 할 수 없다. 사
실 이 변화는 주로 그 무렵 상황의 산물이라고 보아야 한다. 그러나 새로운 관
점을 가슴 가득 품은 지식인들이 자신들에게 적합한 마음의 양식과 원조를
찾아서 그리스 문헌을 열심히 조사한 것은 의심할 여지가 없다. 게다가 상당
부분, 이 그리스 사상에 대한 관심은 문헌 그 자체를 위한 것이 아니라 문헌
이 표현하는 정신에 있었다. 그리스 문화의 표출로 생기를 얻은 정신의 자유
와 자연의 질서, 미에 대한 의식에 힘입어, 사람들도 마찬가지로 자유롭게
사고하고 관찰할 수 있었다. 16세기의 과학사는 여명기의 자연과학이 그리
스 문헌에 대한 새로운 흥미로부터 출발했음을 말해주고 있다. 빈델반트가
말한 바와 같이, 새로운 자연과학은 인문주의의 딸이었던 셈이다. 그 당시에
널리 퍼져 있던 생각에 따르면, 우주가 인간의 확대판인 것과 마찬가지로 인
간은 우주의 축소판이었다.

이 사실은, 나중에 자연과 인간이 분리되고, 언어 및 문헌과 자연과학이
엄격하게 구별된 이유는 무엇인가라는 의문을 새롭게 제기한다. 여기에는
네 가지 이유를 들 수 있다.

(1)옛 전통이 제도를 통해 견고하게 지켜지고 있었다. 필연적으로 정치와
법률 및 외교는 여전히 권위 있는 문헌의 일부였다. 이는 생물학은 물론 물
리학과 화학의 과학적 방법이 훨씬 발달할 때까지 사회과학은 발달하지 않
았기 때문이다. 역사학도 대체로 비슷하다. 게다가 언어를 효과적으로 가르
치기 위한 방법은 충분히 발달해 있었고, 대학 관습의 타성도 이 방향으로
유리하게 작용했다. 문헌, 특히 그리스 문헌에 대한 새로운 관심은 처음에는
스콜라철학을 중심으로 조직된 대학 속에 거점을 만드는 것이 허용되지 않
았지만, 그만큼 그 새로운 관심이 일단 대학에 발을 들여놓자 오히려 옛날의
학문과 손을 잡고 실험과학의 영향을 최소한으로 억제할 수 있었다. 대학에
서 가르치는 사람들은 거의 과학적 훈련을 받지 않았다. 과학적 능력을 지닌
사람들은 자신들의 실험실에서 연구하거나, 연구를 장려하되 교육적 단체로

조직되지 않은 학회 등을 통해 활동했다. 결국 물질적인 것과 감각 그리고 수공업을 멸시한 귀족주의의 전통이 여전히 강한 세력을 누렸던 것이다.

(2) 프로테스탄트의 반란을 통해 신학적 토론과 논쟁에 대한 관심은 상상을 초월할 정도로 높아졌다. 논쟁의 양 진영은 그 주장의 근거를 문서 자료에서 찾았다. 각 진영은 자신들이 내세운 기록을 연구하고 해설할 수 있도록 사람들을 훈련시켜야 했다. 반대 진영에 대항하여 자신들이 선택한 신앙을 옹호하고, 포교하고, 반대편의 침입을 막아낼 수 있는 사람들을 육성하는 일이 절실히 필요했다. 따라서 17세기 중반까지는 김나지움과 대학의 어학훈련이 그 무렵 부활된 신학적 관심의 노예로 전락하여, 종교교육과 교회적 논쟁의 도구에 불과했다고 해도 과언이 아니다. 따라서 오늘날의 교육에 나타나는 어학교육은 문예부흥의 직계자손이 아닌 신학상의 목적으로 사용된 어학의 자손인 것이다.

(3) 자연과학 자체가 인간과 자연의 대립을 강조하는 것으로 이해되었다. 프란시스 베이컨은 자연주의와 인문주의의 관심을 하나로 통합한 거의 완벽한 실례를 보여주었다. 과학은 관찰과 실험이라는 방법을 채택하여, 자연을 '예상'하려는—선입견으로 자연을 규정하려는—생각을 버리고 겸허한 자연 해석자가 되어야 한다. 인간은 지성에 입각하여 자연에 복종하면서 실천적으로는 자연을 지배하는 것을 배워야 한다. '아는 것이 힘이다.' 이 말의 의미는, 인간은 과학을 통해 자연을 제어하고 그 에너지를 인간 자신의 목적 달성에 활용해야 한다는 것이다. 베이컨은 옛 학문과 논리학은 논쟁에서 이기는 도구가 되긴 하지만, 미지의 것을 발견하는 데는 아무런 도움도 되지 않는 단순한 논쟁의 기술에 지나지 않는다고 공격했다. 그의 새로운 논리학에 나타난 새로운 사고법을 통해 방대한 발견의 시대가 출현할 것이며, 이 발견은 인류에게 유익한 발명으로 결실을 맺으리라고 예상했다. 사람들은 서로 상대방을 지배하려는 무익하고 덧없는 투쟁을 멈추고, 인류를 위해 자연을 지배하는 협동적 작업에 종사해야 한다는 것이다.

베이컨은 이후의 발전에 대한 대략적인 방향을 예언했다. 그러나 그것은 진보를 '예상'한 것에 불과했다. 그는 새로운 과학이 이후 상당히 오랫동안 인간을 착취하는 옛날의 목적을 위해 사용될 운명에 놓이리라고는 생각하지 못했다. 그는 새로운 과학이 낭장 인간에게 새로운 목적을 부여할 것이라고 믿었다. 그런데 오히려 과학은 다른 계급을 희생하여 자기의 힘을 불린다는 예부터 전해져 온 목적을 달성하는 수단을, 한 계층의 자유에 위임한 것이다. 그가 예견한 대로, 과학적 방법의 혁명은 산업혁명을 몰고 왔다. 그러나 이 혁명이 새로운 정신을 창출하기까지는 더 많은 세기가 필요했다. 봉건제도는 새로운 과학의 적용으로 붕괴되었다. 이로 인해 토지귀족으로부터 공업 중심으로 권력이 이동했기 때문이다. 그러나 사회적 인도주의가 아닌 자본주의가 봉건제도를 대신하게 되었다. 마치 새로운 과학은 어떠한 도덕적 의미도 없으며, 그저 생산과 이용에서의 이익 증대라는 경제에 대한 기술적 교훈밖에 내포하지 않은 것처럼, 생산과 상업이 운영되었다. 당연히 이러한 자연과학의 응용(가장 두드러지게 나타난 현상이었으므로)을 본 자칭 인문주의자들은, 과학이 유물주의적 경향을 보인다는 자신들의 주장을 한층 강화시켰다. 이 과학의 적용은 돈을 벌고 저축하고 쓰는 것을 초월한 인간 특유의 인간적 관심사에 대해서는 결국 아무것도 하지 못했기 때문에, 어학과 문학이 인류의 도덕적, 이상적 관심을 대표할 권리를 지닌다고 주장한 것이다.

(4)뿐만 아니라 스스로 과학에 기초를 두었다고 공언하고, 과학의 엄밀한 의미를 대변할 자격이 있다고 나선 철학은, 인간을 특징짓는 정신과 자연을 구성하는 물질을 엄격하게 구분하는 이원론적 성격을 지니거나, 그렇지 않으면 인간 삶의 특징적인 면을 환상에 불과한 것으로 보는 기계론적 입장을 공공연히 표방하였다. 이원론적 철학은 몇몇 특정한 학문이 특별히 정신적 가치를 담당하고 있다는 주장을 인정하고 그런 학문의 우월성을 간접적으로 지지하게 되었다. 왜냐하면 인간은 인간에 관한 일이 적어도 인간 자신에게는 무엇보다 중요하다고 생각하는 경향이 있기 때문이다. 기계론적 철학은 오히려 자연과학의 가치에 대한 의심과 불신을 자아냈고, 자연과학을 인간의 더욱 고상한 관심에 대한 적으로 간주하는 계기가 되었다.

그리스와 중세의 지식은 세계를 질적 다양성을 지닌 것으로 인정하고, 자연의 과정은 목적에 따라 진행된다는, 이른바 객관적 존재의 다양한 성질의 실재성을 부정하는 것으로 해석되었다. 선악은 물론 소리·색깔·목적도 완전히 주관적인 것, 즉 마음속에 찍힌 단순한 인상으로 간주되었다. 그래서 객관적 존재는 오직 양적 측면만을 가진 것으로 여겨졌는데, 그것은 운동하고 있는 약간의 질량이며, 그 유일한 차이는 공간 속의 어떤 장소에는 다른 장소보다 큰 질량의 집합이 있다는 것과, 어떤 지점에는 다른 지점보다 더 큰 운동의 비율이 있다는 것에 불과하다고 생각한 것이다. 자연은 질적 차이가 없었으므로, 의미 있는 다양성도 결여되어 있었다. 다양성이 아닌 획일성이 강조되었다. 즉 이상은 현실의 모든 외적 다양성을 끌어낼 수 있는, 전 우주에 동시에 적용 가능한 단일한 수학 공식을 발견하는 것이라고 생각되었다. 이것이 바로 기계론 철학의 생각이다.

그러나 이러한 철학은 과학의 진정한 의미를 나타내지 못했다. 그것은 기술을 사물 그 자체로 착각하고 있다. 즉 장치와 용어를 실재로, 방법을 그 연구 대상으로 착각한 것이다. 과학은 스스로 진술의 범위를, 사건의 방향을 예언하고 통제할 수 있는 조건에 불과하다고 한정하고, 그 질적 측면을 도외시했다. 과학이 기계적이고 양적인 성격을 띠는 것은 이 때문이다. 그러나 과학이 질적인 측면을 무시한다고 해서 실재에서 질을 제외하는 것은 아니며, 그것을 완전한 정신적인 영역으로 몰아넣는 것도 아니다. 그것은 목적을 위해 이용할 수 있는 수단을 제공할 뿐이다. 그러므로 사실 과학의 진보는 자연에 대한 인간의 지배력을 증대시키고, 인간이 중요하게 생각해 온 목적을 이전보다도 더욱 견고한 기초 위에 세울 수 있게 했을 뿐 아니라, 자신의 활동을 거의 의도한 대로 변화시킬 수 있게 했다. 그러나 과학의 성과를 체계화한다고 자칭한 철학이 세계를 분해하고, 그것을 공간에 무미건조하고 단조롭게 배열된 물질에 불과한 것으로 만들어 버렸다. 그리하여 근대과학은 물질과 정신의 이원론을 역설하고, 자연학적 학문과 인문학적 학문을 두 개의 분리된 학문으로 확립시키는 결과를 낳게 되었다. 더 좋은 것과 더 나쁜 것의 차이는 경험의 질과 깊이 관련된 만큼, 실재하는 진정한 내용에서 질을 배척하는 과학철학은 어느 것이나, 반드시 인류에게 가장 흥미가 있고 가장 중요한 것을 도외시하게 된다.

3 현재의 교육문제 사실 경험은 인간의 관심사와 완전히 기계적인 물질적 세계를 구별하지 않는다. 인간의 보금자리는 자연이며, 인간의 계획이나 목표의 달성 여부는 자연적 조건에 달려 있다. 이러한 조건에서 분리되면, 인간의 목적은 헛된 꿈이나 의미 없는 공상이 된다. 인간의 경험이라는 관점

과 그에 따른 교육적 노력이라는 관점에서 보면, 자연과 인간을 구분하는 타당한 방법은 우리의 실천적 목표를 형성하고 실행하는 과정에서 고려해야 할 조건과, 그 목표 자체로 양자를 구분하는 것이다. 인간은 자연과 연속해 있고, 외부로부터 그 과정으로 들어오는 이방인이 아님을 나타내는 생물학상의 발달에 대한 학설이 이 철학을 입증한다. 또한 이 철학은, 자연의 사물을 사회에 도움이 되도록 처리할 때 암시된 여러 관념에 따라 물질적 에너지를 관리하려는 기도에 의해 지식이 생긴다는 과학의 실험적 방법을 통해서도 보강되고 있다. 역사학·경제학·정치학·사회학 등 사회과학의 진보를 이룬 각 단계는 모두 자료를 모으고 가설을 구성하고 행동을 통해 그 가설을 시험하는, 자연과학의 특징적인 방법을 우리가 사용하면 할수록, 또한 사회복리의 증진을 위해 물리학과 과학으로써 확인한 전문적 지식을 우리가 이용하면 할수록, 그만큼 사회의 여러 문제에 현명하게 대처할 수 있음을 이야기하는 것이다. 정신이상·무절제·빈곤·공중위생·도시계획·자연자원의 보존·개인의 독창력을 약화시키지 않으면서 공공복지를 조장하기 위해 정부의 여러 기관을 건설적으로 이용하는 것 등의 복잡한 문제를 처리하기 위한 진보된 방법들은, 이미 우리의 중요한 사회적 관심사가 자연과학의 방법과 성과에 직접적으로 의존하고 있음을 예증하는 것이다.

따라서 인문학적 학과와 자연학적 학과에 대한 교육은 이와 같은 밀접한 상호의존관계에서 출발해야 한다. 자연을 연구하는 학문인 과학을 인간이 이룬 사업의 기록인 문헌에서 분리하는 것이 아니라, 자연과학과 역사학·문학·경제학·정치학 등의 다양한 인간적 학문을 교배시키려고 노력해야 한다. 방법론상으로도 한쪽에서 단순히 전문적인 정보의 집성과 전문적인 물리적 조작 방식으로서의 과학을 가르치고, 다른 쪽에서 독립된 교과로서 인문학을 각각 따로 가르치려는 기도보다 더 간단하다. 이 후자의 방법은 학생들의 경험 속에 인위적인 분열을 만들어 내기 때문이다. 학교 밖에서 학생들은 다양한 인간의 행동양식과의 관계를 통해 자연의 여러 사실과 원리에 대처하고 있다(42~43쪽 참조). 그들은 자신들이 참여해 온 모든 사회적 활동에 필요한 재료와 방식을 이해해야 하기 때문이다. 학교에서 이 밀접한 결합을 분리시켜 교육한다면 발달의 연속성이 파괴되어, 학생들은 자신의 학습에 막연한 비현실성을 느끼고, 배움의 흥미를 불러일으키는 자연스러운 동기를 잃게 된다.

물론, 교육은 과학의 전문적인 능력을 발달시킬 수 있는 모든 사람에게 기회를 제공하고, 그들이 각자의 생업인 특정한 직업에서 자신의 연구에 전념할 수 있도록 해야 한다는 데는 의문의 여지가 없다. 그러나 현재를 보면, 대부분의 학생은 일상적인 경험과는 동떨어진 내용으로 된 전문가들의 연구 결과를 공부하는 것으로 시작하든가, 그렇지 않으면 주먹구구식 교재를 통해 결국 어떠한 성과도 얻지 못하는 잡다한 자연연구로 시작하는, 두 가지 길 중에서 하나를 선택할 수 있을 뿐이다. 과학을 분야별로 분리하여 가르치는, 어떤 일정한 분야의 전문가가 되려는 대학생에게나 적절한 방법이 중고등학교에까지 도입된 것이다. 중고등학교 학생들은 대학생들이 배우는 것과 똑같은 내용을, 그저 어려운 부분을 그들의 수준에 맞게 수정한 초보적인 교육을 받고 있을 뿐이다. 이런 교육이 이루어지는 이유는 의식적으로 이원론 철학을 고집해서라기보다 전통을 추종하기 때문이다. 그러나 그 결과는, 자연을 다루는 과학은 인간과 아무런 관계가 없으며 그 반대의 경우도 마찬가지라는 생각을 반복적으로 주입하려는 목적을 지닌 경우와 같다. 과학 수업이 과학전문가가 되지 않을 사람들에게 큰 효과를 보이지 못하는 것은 대부분, 전문적으로 조직된 교재로 학습을 시작할 경우에 피할 수 없는 교재의 분리의 결과이다. 모든 학생들이 전문적인 과학자가 될 사람이라고 가정한다 해도, 이것이 가장 효과적인 방법인지는 의심스럽다. 하물며 대다수의 학생들이 과학을 공부하는 이유는 오직 과학이 정신적 습관에 미치는 효과—정신적으로 더욱 기민하고 개방적이 되게 하여, 제안되고 암시된 생각을 시험적으로 승인하고 검증하려는 경향을 더욱 강하게 품도록 한다는 점—를 위해서이며, 그들의 일상 환경을 더욱 깊이 이해하기 위한 것에 지나지 않음을 생각하면, 이런 방식은 확실히 무분별한 것이다. 대부분의 경우, 학생들은 과학적이라기에는 너무 얕고, 일상생활에 적용시키기에는 지나치게 전문적인 수박 겉핥기식의 지식을 공부하고 있다.

오늘날, 과학의 내용과 방법에 일상의 인간적 관심사를 관련시키면서, 학습을 진행시키기 위해 통상적인 경험을 이용하기는 전보다 더욱 쉬워졌다. 현대 문명사회를 살고 있는 모든 사람들의 통상적인 경험은 산업의 과정이나 결과와 밀접한 관련을 맺고 있다. 또한 이 산업의 과정과 결과는 살아있는 과학의 수많은 사례이다. 고정(固定) 증기기관과 견인(牽引) 증기기관차, 휘발유 엔진, 자동차, 전신과 전화, 전기모터 등은 거의 모든 사람들의 생활 속에 직접 들어와 있다. 어린 학생들도 실제로 이러한 것들을 잘 알고 있다. 그들 부모의 직업이 과학의 응용에 의존하고 있을 뿐 아니라, 집안에서 하는 일, 건강 유지, 거리에서 보게 되는 광경이 모두 과학적 업적을 구현하고 있어, 관련된 과학 원리에 대한 흥미를 자극한다. 과학 교육의 명백한 출발점은 과학이라 불리는 것을 가르치는 데 그치는 것이 아니라, 학생들 스스로가 잘 아는 실제적인 작업 속에 있는 어떤 기본적인 원리를 이해함으로써 그 원리의 인식에 도달할 때까지, 다양한 일과 장비를 활용하여 관찰과 실험을 지도하는 것이다.

이론적 과학을 이론적 추상개념에서가 아니라 그 생생하고 구체적인 모습을 통해 가르치는 것은 과학의 '순수성'을 타락시킨다는 의견이 이따금 나오나 이는 오해이다. 사실 어떤 교과든지 그것이 가진 가장 넓은 범위의 의미를 이해한다면 그것은 그만큼 교양이 된다. 의미의 이해는 관련의 이해, 배경의 이해에 의존한다. 과학상의 사실 또는 법칙을 그 물질적이고 전문적인 배경뿐만 아니라 인간적 배경에서도 아는 것은, 과학의 의미를 확대하고 더 많은 교양적 가치를 부여하게 된다. 경제적이라는 단어가 금전적 가치를 의미한다면, 그 직접적, 경제적인 응용은 부수적이고 부차적인 것이며 현실적 관계의 일부에 지나지 않는다. 중요한 것은 그 사회적 맥락에서—생활 속의 기능과 관련하여—이해되어야 한다는 점이다.

한편 '인문주의'란 근본적으로 인간적 관심에 대한 지적 감각을 지녔음을 의미한다. 사회적 관심의 가장 깊은 뜻은 도덕적 관심과 동일한 것으로서, 이는 당연히 인간에게 가장 중요한 것이다. 인간'에 대한' 지식, 인간의 과거에 대한 정보, 문헌 즉 문서기록에 대한 정보는 자연에 대한 상세한 기술의 축적과 마찬가지로 전문적인 지식이다. 사람들은 돈을 벌거나 실험실 작업을 능숙하게 조작하는 능력을 지니거나, 또는 언어학의 여러 문제나 문학작품의 연대학에 대한 많은 사실을 모으는 등 다양한 분야에서 분주하게 활동하고 있다. 그러나 만약 그러한 활동이 삶에 대한 상상력을 키우지 못한다면, 그것은 아이들이 쉬지 않고 부산하게 움직이는 것과 같은 수준에 불과하다. 활동의 형식은 갖추었지만 그 정신이 결여된 것이다. 이는 단순한 구두

쇠의 저축이 되기 쉽다. 사람은 자신이 삶의 여러 가지 사건에서 발견한 의미가 아니라, 자신이 가지고 있는 것에서 자부심을 느낀다. 인생의 여러 가치에 대한 관심을 높이기 위해 추구되는 학문, 사회의 복지에 대한 한층 예민한 감수성과 그 복지를 증진시키는 더욱 우수한 능력을 길러주는 학문은 모두 인문학적 학문이다.

그리스인의 인문주의 정신은 그리스에서 발생하여 열렬함을 지니고는 있었지만, 그 시야가 좁았다. 그리스 문화권 밖에 있는 것은 모두 야만이고, 상황에 따라서는 적이 될 수 있다는 점 외에는 하잘것없는 것이었다. 그리스 사상가들의 사회에 대한 관찰과 사색은 날카롭기는 했으나, 그들의 저작 속에서 그리스 문명이 자기폐쇄적이고 자기충족적이어선 안 된다는 말은 한마디도 찾아볼 수 없다. 그리스 문명의 장래가 그들이 멸시하던 외부인에 의해 좌우될지도 모른다는 생각은 꿈에도 하지 못한 것이다. 그리스 사회 내부의 열렬한 사회적 정신도 노예제도와 신분제—아리스토텔레스가 단언했듯이, 국가의 존속을 위해 필요하지만 그 국가의 진정한 부분은 될 수 없는 계급—의 토대 위에 고도의 문화가 세워졌다는 점에 그 한계가 있었다. 그러나 과학의 발달로 일어난 산업혁명은 식민지 개척과 무역을 통해 서로 다른 민족을 밀접하게 접촉시켰고, 그로 인해 가령 한 민족이 다른 민족을 여전히 깔본다 한들, 어떤 나라도 운명이 전적으로 그 나라 안에서만 결정된다는 환상에 젖지 못하게 되었다. 산업혁명은 또한 농노제를 철폐하고, 많든 적든 조직된 공장노동자 계급을 만들어 냈다. 그들은 공인된 정치적 권리를 가지고, 산업의 관리에서도 책임있는 역할을 맡겠다고 요구했다. 계급간의 장벽이 붕괴되면서 부유층은 경제적으로 가난한 계층과 더욱 밀접한 관계를 맺게 되었으므로, 노동자 계급의 이 같은 요구는 부유층으로부터 많은 공감을 이끌어냈다.

이러한 상황을 정리해 보면, 옛날의 인문주의는 경제적 및 산업적 조건이라는 중요한 고려사항을 빠뜨렸다는 점에서 한쪽으로 치우친 인문주의였다. 그러한 상황에서의 교양은 필연적으로 사회를 직접 지배하는 계급의 지식과 도덕적 견해를 반영할 수밖에 없다. 교양에 관한 그러한 전통은 앞에서 말한 바와 같이(281~282쪽 참조) 귀족주의적인 것이다. 그것은 기초적인 공통 관심사보다, 한 계급을 다른 계급과 구별하는 것을 강조한다. 그 문화의 표준은 과거에 있었다. 그 목적이 교양의 범위를 널리 확장하기보다는 이미 획득한 것을 보존하는 데에 있었기 때문이다.

산업 그리고 생계유지와 관련된 모든 것을 훨씬 중시하여 문화를 수정하는 것은, 흔히 과거로부터 전해져 온 문화에 대한 공격이라는 비난을 받는다. 그러나 더욱 폭넓은 교육적 관점에서 보면, 산업 활동은 대중으로 하여금 지적 재산을 더 쉽게 접하도록 하고, 더 많은 자산을 지닌 사람들의 교양을 한층 견실하게 만드는 힘이라고 생각할 수 있다. 요컨대 한편으로 과학과 산업 발달의 밀접한 관련을 생각하고, 다른 한편으로 문학적 및 미적 교양과 귀족주의적 사회조직의 긴밀한 관련을 생각한다면, 우리는 전문적인 과학적 학문과 세련된 교양을 위한 문헌적 학문의 대립이 무엇을 의미하는지 이해할 수 있을 것이다. 사회가 정말 민주적이어야 한다면, 우리는 교육에서의 이와 같은 분리를 극복해야 한다.

요약 인간과 자연을 대립적인 것으로 보는 이원론적 철학은 자연학적 학문과 인문학적 학문에 대한 학과의 분열에 투영되어, 인문학적 학과를 단순한 과거의 문헌적 기록에 불과하다고 보는 경향이 있다. 이 이원론은 그리스 사상의 특색을 나타내는 것은 아니다(이미 살펴본 것처럼 다른 사상의 특색을 나타내기는 하지만). 그것이 발생한 첫 번째 이유는 로마와 야만적인 유럽 문화가 자국의 산물이 아니라 직간접적으로 그리스에서 빌려온 것이기 때문이며, 또 어느 정도는 정치 및 교회적 상황에 따라 과거의 지식이 문헌으로 전해지면서 그 과거의 지식이라는 권위에 대한 의존이 강조되었기 때문이다.

근대과학의 발생은 처음에는 자연과 인간의 긴밀한 관계의 회복을 예고했다. 자연에 대한 지식을 인간의 진보와 행복을 획득하기 위한 수단으로 보았기 때문이다. 그러나 더욱 직접적인 과학의 응용은, 사람들의 공통된 이익보다는 특정한 계급의 이익을 위해 이루어졌다. 과학이론에 대한 철학적 해석은 그것을 단순히 물질적인 것이라고만 정의하여, 정신적이며 비물질적인 인간과 구분하려고 하거나, 그렇지 않으면 정신을 주관적인 환상에 불과하다고 보았다. 따라서 교육에서는 과학을 물질계에 대한 전문적 정보로 이루어진 개별적인 학문의 집대성으로 보고, 옛날부터의 문헌적 학문을 특별히 인문주의적인 것으로서 보존하려고 노력하게 되었다. 앞에서 기술한 지식의 발달이나 그것에 기초한 교육적 학과 편성에 대한 내용은, 이 분열을 극복하고, 나아가서 인간에 대한 문제 중에서 자연과학의 교재가 차지하는 위치를 확인하는 데 그 의도가 있었다.

제22장
개인과 세계

1 순전히 개인적으로서의 정신 지금까지 우리는 노동과 여가, 인식과 행위, 인간과 자연의 분열을 초래한 사상적 영향을 고찰하였다. 이러한 영향은 교재를 여러 개의 다른 학과로 분열시키는 결과를 낳았다. 또 육체와 정신, 이론적 인식과 실천, 물질적 기구와 이념적 목적을 서로 대립시킨 다양한 철학 속에서 이론적으로 정립되어 왔다. 철학이론상으로 보면 이러한 다양한 이원론은 개인의 정신을 세계로부터 엄격하게 구별하고, 그로 인해 각 개인의 정신을 서로 엄격하게 구별하게 된다. 이러한 철학적 입장과 교육방법 사이의 관련은 앞의 세 장에서 고찰한 여러 문제와의 관련만큼 명백하지는 않아도, 그 관련에 대응하는 몇 가지 교육상의 문제점이 있다. 예를 들어 교재(세계에 대응하는 것)와 방법(정신에 대응하는 것) 사이에 존재한다고 여겨지는 대립이나, 흥미를 학습되는 교재와 본질적으로 관련이 없는, 완전히 개인적인 것으로 보는 경향 등이다. 이 장에서는 교육적 의미에 대해 부수적으로 언급하는 것 외에, 정신과 세계에 대한 이원론 철학이, 지식과 사회적 문제의 관계, 그리고 개성 또는 자유와 사회통제 및 권위의 관계에 대한 잘못된 생각을 포함하고 있음을 다루고자 한다.

정신을 개인적 자아와 동일시하고 또 개인적 자아를 한 개인의 심적 의식과 동일시한 것은 비교적 현대의 일이다. 그리스 시대나 중세에는 개인을 보편적이며 신적인 지성의 작용을 매개하는 통로로 보는 것이 일반적인 경향이었다. 개인은 결코 진정한 의미에서의 '앎의 주체'가 아니며, 앎의 주체는 개인을 통해 작용하는 '이성'이었다. 개인은 위험을 감수하고 개입하여 진리를 훼손시킬 뿐이다. 이성이 아닌 개인이 '인식'한다면 그만큼 독단과 오류, 억측이 진정한 지식을 대신할 뿐이다. 그리스인의 생활에서 관찰은 예민하고 빈틈이 없었지만, 사고는 거의 무책임한 사변이라고 할 수 있을 정도로 자유로웠다. 따라서 이론의 귀결은 실험적 방법의 결여로 인해 당연히 발생하는 것에 지나지 않았다. 실험적 방법이 없으면 개인은 인식을 할 수 없고, 타인의 탐구 결과로 검증받을 수도 없다. 타인의 검증을 받을 수 없으면 정신은 지적으로 책임 있는 것이 될 수 없다. 탐구의 성과를 받아들이는 기준은 미적 조화나 쾌적한 성질, 저자의 높은 명성이었다. 야만적인 시대의 사람들은 진리에 대해 훨씬 겸허한 태도를 보였다. 중요한 지식은 신의 계시를 통해 내려지는 것이었고, 개인의 정신이 할 수 있는 것이라고는 권위로부터 지식을 받아들인 뒤에 그것을 이리저리 재창조하는 것뿐이었다. 이러한 태도에 대한 더욱 본격적인 철학적 분석은 그만두고라도, 신념이 관습을 통해 전달되는 곳에서 마음을 개인적 자아와 동일시하는 것은 꿈에도 생각할 수 없는 일이었다.

중세에는 종교적인 개인주의가 있었다. 인생의 가장 깊은 관심사는 개인 영혼의 구원이었다. 이 잠재적 개인주의는 중세 후기에 와서 유명론(唯名論) 철학이라는 형태로 자각적인 이론의 정립을 보았다. 이는 지식이라는 구성물을 개인이 자신의 행동과 정신 상태를 통해 자기 내부에 쌓아올린 것으로 여겼음을 뜻한다. 16세기 이후 경제적·정치적 개인주의가 일어나고 신교가 발전하면서, 개인이 스스로 지식을 획득할 권리와 의무가 강조되기 시작했다. 그것은 결국, 지식이란 완전히 본인 스스로의 개인적인 경험을 통해 획득되는 것이라는 견해에 도달했다. 그 결과 정신 즉, 지식의 근원이자 소유자는 순전히 개인적인 것으로 생각되었다. 그리하여 교육적인 측면에서 몽테뉴와 베이컨, 로크 같은 교육개혁자들이 이때부터 전해 들음으로써 얻게 된 모든 학식을 격렬하게 공격하며, 비록 그 신념이 우연히 참이라 할지라도 본인의 경험에서 발생하고 경험을 통해 검증되지 않으면 지식이 될 수 없다고 주장했다. 삶의 모든 영역에서의 권위에 대한 반대, 행동과 탐구의 자유를 위한 치열한 투쟁은 본인의 관찰과 생각을 크게 강조한 나머지, 급기야 앎의 대상인 세계로부터 정신을 분리하고 고립시키는 결과를 초래했다.

정신의 고립화는 인식론—지식에 관한 이론—이라는 철학 분야의 현저한 발달로 나타났다. 정신을 자아와 동일시하는 것, 그리고 독립적으로 존재하는 실체로서 자아를 정립하는 것은 인식의 주체인 정신과 그 대상인 세계 사이에 깊은 균열을 만들었고, 그로 인해 도대체 인식은 어떻게 가능한가 하는 것이 문제로 떠올랐다. 주관―인식의 주체―과 객관―인식의 대상―이 완전히 분리되어 있음을 전제한다면, 양쪽이 서로 어떻게 관련되어 확실한 지식이 생기게 되는가를 설명하는 이론체계가 필요해진다. 이 문제는 세계가 정신에 작용하고 정신이 세계에 작용하는 가능성에 대한 문제와 함께, 철학적 사색을 거의 독점하는 중심 과제가 되었다. 우리는 세계를 진정 있는 그대로는 인식할 수 없으며 그저 정신에 찍히는 인상만을 알 수 있을 뿐이라든가, 개인의 정신을 초월한 세계는 존재하지 않는다든가, 지식이란 정신 내부의 상태 사이의 연합에 불과하다는 이론은 그러한 철저한 사색의 산물이었다. 그 이론의 진위에 대해서는 직접 언급하지 않겠지만, 그러한 절망적인 해결책이 널리 용인되었다는 사실은, 정신이 얼마나 실재하는 세계보다 상위에 놓여 있었는가를 보여주는 증거이다. 자연이나 사회와의 관계와는 아무런 상관없이 의식상태 및 의식과정이라는 내적 세계가 존재하며, 그 내적 세계야말로 다른 어떠한 것보다 더 올바르게 직접 인식된다는 가정 아래, 마음의 동의어로서 '의식'이라는 용어를 점점 더 빈번하게 사용하게 된 점 또한 동일한 사실의 증거이다. 말하자면 실천적 개인주의, 즉 행동에서 더욱 큰 사상의 자유를 추구한 투쟁은 철학상의 주관주의로 나타나게 되었다.

2 재조직하는 주체로서 개인의 정신 이러한 철학적 주관주의 운동이 실천적 개인주의의 의의를 잘못 파악했다는 것은 의심의 여지가 없다. 올바르게 표현한 것이 아니라 그것을 곡해했던 것이다. 사실 인간은 자연과의 관계나 그들 상호간의 관계로부터 자유로워지려고 노력하는 어리석은 행동은 하지 않았다. 그들은 자연과 사회 '속에서' 더 큰 자유를 얻기 위해 싸웠다. 사물과 인간들 사이의 세계에 변화를 일으키는 더 큰 힘, 즉 더 넓은 활동 범위와 그 활동에 내포된 관찰과 착상의 더 큰 자유를 원했던 것이다. 인간은 세계로부터의 고립을 원한 것이 아니라 세계와의 한층 더 밀접한 관련을 원했다. 인간은 전통을 통한 간접적인 방법에 의해서가 아니라 직접 자기 스스로 세계에 대한 신념을 형성하기를 원했다. 인간은 서로에게 더욱 효과적으로 영향을 끼쳤고, 서로의 목표를 위해 각자의 행동을 결합할 수 있도록, 동료들과 더욱 밀접하게 연합하기를 바랐던 것이다.

인간은 그들의 신념에 대해, 지식으로 통용되고 있는 많은 것은 단순히 누적된 과거의 억측에 지나지 않으며, 그 대부분은 불합리하고, 그 중 옳은 부분조차 권위로부터 받아들여진 경우는 제대로 이해되지 못한다고 생각했다. 사람들은 직접 관찰하여 자신의 이론을 구성하고 그 이론을 스스로 검증해야 한다. 이러한 방법이야말로 독단설을 진리인 양 주입하고, 정신을 진리에 승복시키는 형식적 행위를 강제하는 방법을 대신할 유일한 대안이었다. 때로 인식의 연역적 방법에서 귀납적, 실험적 방법으로 전환되었다고 일컬어지는 것의 의미가 여기에 있다. 어떤 의미에서 사람들은 직접적이고 실제적인 일을 처리할 때는 언제나 귀납적 방법을 사용해 왔다. 건축·농업·제조업 등은 자연의 사물이 하는 작용에 대한 관찰에 기초해야 하며, 그러한 사항에 관한 관념은 어느 정도까지 결과로써 검증되어야만 했다. 그러나 그러한 일에서도 인간은 단순한 관습을 지나치게 신뢰하여, 그것을 이해하면서 따른 것이 아니라 맹목적으로 신봉했다. 더욱이 이 관찰과 실험적 방법은 이러한 '실제적'인 사항에 국한되었고, 실천과 이론적 지식 또는 진리 사이의 엄격한 구별이 유지되고 있었다(제20장 참조). 자유도시의 발흥, 여행과 탐험, 통상의 발전, 상품 제조와 기업 경영의 새로운 방법의 발달은, 인간으로 하여금 자기 자신을 의지하여 문제를 해결해나가도록 하는 데에 결정적인 계기를 마련했다. 갈릴레오와 데카르트, 그리고 그들의 후계자들과 같은 과학의 개혁자들은 이와 같은 방법을 자연에 대한 사실을 밝혀내는 작업에도 도입했다. 과거로부터 물려받은 신념을 체계화하거나 '증명'하는 일에 대한 관심이 발견에 대한 흥미로 교체된 것이다.

이러한 움직임이 철학적으로 올바르게 해석되었더라면, 아무리 대단한 권위에 의해 지식과 신념이 보장되어 있다 하더라도, 지식을 획득하고 스스로 신념을 검증하는 개인의 권리와 책임을 강조했을 것이다. 그러나 개인을 세계로부터 고립시키거나, 그 결과 개인을—이론상으로—서로 고립시키지는 않았을 것이다. 그러한 단절, 그러한 연속성의 파괴가 그러한 노력의 성공 가능성을 미리 부정한다는 것을 깨달았을 것이다. 사실 모든 개인은 사회적 환경 속에서 성장해 왔고 또 앞으로도 성장해 나가야 한다. 그의 반응이 점차 지적으로 되는 것은, 다시 말해 의미를 획득하는 것은 바로, 일반적으로 받아들여진 의미와 가치라는 매개물 속에서 그가 생활하고 행동하기 때문이다(42~43쪽 참조). 사회적인 교류를 통해 다양한 신념을 구현하는 활동에 참여함으로써 개인은 점차 자기 자신의 정신을 획득해 가는 것이다. 정신이 완전히 고립된 자아의 소유물이라는 개념은 전적으로 진실에 반하는 생각이다. 자아는 그의 주변 생활 속에 사물에 대한 지식이 구현되고 있다면 그만큼 정신을 '획득'하는 것이며, 자기 스스로 지식을 새롭게 구축하고 있는 각각 독립된 정신은 아니다.

그럼에도 객관적이고 비개인적인 지식과, 주관적이고 개인적인 사고 사이에는 분명한 차이가 있다. 어떤 의미에서 지식은 우리가 당연하다고 생각하는 것을 말한다. 그것은 또 해결되고, 처리되고, 확증되고, 통제되고 있는 것이다. 충분히 아는 것에 대해서는 생각할 필요가 없다. 흔히 쓰는 말로 표현하자면, 지식은 확실한 것이고 보장된 것이다. 이는 단순히 확실하다는 느낌을 갖는다는 뜻이 아니다. 어떤 종류의 감정을 가리키는 것이 아니라 실천적인 태도, 미루거나 발뺌하지 않고 행동하려는 준비가 되어 있는 상태를 가리킨다. 물론 우리가 틀렸을 수도 있다. 어떤 시점에서 지식—사실이나 진리—이라고 믿는 것이 사실은 그렇지 않을 수도 있다. 하지만 의심의 여지가 없는 것, 우리가 서로서로, 또 자연과 상호작용하는 가운데 당연하다고 생각하는 것은 모두, 그 시점에서 지식이라고 '불리는' 것이다. 그러나 반대로 사고는 의혹과 불확실성에서 출발한다. 사고는 지식처럼 정통하거나 소유하는 것이 아니라, 탐구하고 탐색하고 추구하는 태도의 특징이다. 사고의 비판 과정을 통해 참된 지식이 수정되고 확장되며, 사태에 관한 우리의 확신이 재조직된다.

분명히 지난 몇 세기는 신념의 수정과 재조직이 나타난 전형적인 시대였다. 사람들은 실재하는 진실에 대해 전수된 모든 신념을 버리고, 그들의 개인적이고 독자적인 감각과 사고에 입각하여 새롭게 출발한 것은 아니었다. 그들이 그렇게 하고 싶었어도 불가능했을 것이고, 설사 가능하다 한들 모두가 우둔해지는 결과로밖에 이어지지 않았을 것이다. 사람들은 이제껏 지식으로 통용되어 온 것에서 출발하여, 그 지식의 기초를 이루던 근거를 비판적으로 연구하고 예외를 기록했으며, 새로운 기계장치를 사용하여 지금까지 믿어온 내용과 일치하지 않는 자료를 밝혀내고, 자신들의 상상력을 통해 선조들이 신뢰했던 것과 다른 세계관을 만들어 냈다. 이 작업은 조금씩 소규모로 이루어졌다. 한 번에 한 가지 문제만 파고들었을 뿐이다. 그러나 그 모든 수정작업의 결과는 결국 이전 세계관의 혁명적 변혁으로 나타났다. 이전의 지적 습성에 대한 재조직이 일어났고, 그것은 모든 관련에서 해방된 경우보다 상상도 할 수 없을 만큼 효과적이었다.

이상의 고찰은 인식에서의 개인 또는 자아의 역할에 대한 하나의 정의를 암시한다. 일반적으로 인정받는 신념의 방향을 전환하고 재조직하는 것이다. 다양한 '새로운' 관념, 즉 사물에 대한 일반적인 신념을 통해 권위를 얻은 사고와는 다른 여러 관념은 개인에 그 기원을 둔다고 볼 수밖에 없다. 새로운 사고는 물론 언제나 나타나게 마련이지만, 관습에 지배되는 사회는 새로운 관념의 발달을 촉진시키지 않는다. 오히려 그러한 사고가 현재의 신념에 어긋난다는 단순한 이유만으로 그것을 억압한다. 그러한 사회에서는 대부분의 사람들과 다른 방식으로 사물을 보는 사람은 요주의 인물로 취급되며, 그가 자신의 생각을 굽히지 않으면 결국 치명적인 결과를 맞닥뜨리게 된다. 신념에 대한 사회적 규제가 크게 엄격하지 않은 경우에도, 사회는 새로운 사고가 형성되고 발전하는 데 필요한 설비를 제공하지 않을 수 있고, 그러한 뜻을 마음속에 품고 있는 사람들에게 어떠한 물질적 지원이나 보상도 제공하지 않을 수 있다. 그리하여 그러한 사고는 여전히 단순한 공상 또는 비현실적인 공중누각이며 의미 없는 사변에 머물고 마는 것이다. 근대 과학혁명의 바탕이 되었던 관찰과 상상의 자유는 쉽게 얻어진 것이 아니다. 그것은 투쟁의 결과로 쟁취되었고, 지적 독립을 얻기 위해 많은 사람들이 고통을 받았다. 그러나 전체적으로 보면, 근대유럽 사회는 관습의 명령으로부터 일탈하려는 개인적 반응을 처음에는 묵인했고, 그 다음에는 몇몇 분야에 한해 적극적으로 장려기도 했다. 발명과 발견·연구·새로운 방향으로의 탐구는 마침내 사회 풍조가 되었으며, 적어도 용납 가능한 것으로 받아들여지게 되었다.

그러나 이미 지적한 바와 같이 철학적 인식론은, 개인의 정신을 신념의 재구성의 중심축으로 생각하고, 개인과 자연 및 인간 사이에 세계와의 연속성을 유지하려는 생각에는 만족하지 않았다. 개인의 정신을 각 개인별로 완전하며, 자연으로부터 고립되고, 그로 인해 타인의 정신으로부터도 분리된 개개의 독립적인 실체로 보았던 것이다. 따라서 정당한 지적 개인주의, 즉 이전의 신념을 비판적으로 수정하는 진보에 반드시 필요한 태도는 도덕적 및 사회적 개인주의로서 명확한 이론 체계를 세웠다. 정신 활동이 관습적 신념에서 출발하여 그 신념에 변화를 불러일으키고, 그 변화가 나아가 구성원의 확신을 얻기 위해 노력할 때는, 개인적인 것과 사회적인 것 사이에 아무런 대립이 일어나지 않는다. 습관에 따르는 것이 사회를 유지시키는 힘인 만큼, 관찰력과 상상력·판단력·창조력에서의 지적 개인차는 바로 사회진보의 원동력이다. 그러나 지식이 개인의 내부에서 생기고 발달하는 것으로 생각될 때는, 한 개인의 정신활동을 그 동료들의 정신활동과 연결시키는 유대가 무시되고 부정된다.

개개의 구별된 정신작용의 사회성이 부정되면, 개인을 그 동료들과 결합시키는 관계들을 어디서 찾을 것인가 하는 문제가 대두된다. 다양한 생활의 중심을 의식적으로 분리함으로써 도덕적 개인주의가 제창된다. 이는 각 개인의 의식은 전적으로 개인적이며, 다른 여러 사고와 희망과 목적으로부터 원래 독립되어 있는 하나의 자폐적 대류이라는 생각에 기초한다. 그러나 사람들의 행동은 공통된 공공의 세계 속에서 이루어지는 것이다. 의식을 지닌 정신은 따로따로 고립되고 독립되어 있다는 이론은 다음과 같은 문제를 불러일으켰다. 다양한 감정과 관념, 욕망이 있고 그것이 서로 아무런 관계도 없다고 하면, 그로부터 발생하는 행동을 대체 어떻게 사회, 즉 공공을 위해 통제할 수 있는가? 자기본위의 의식이 있다고 전제한다면 타인을 존중하는 행동이 어떻게 일어날 수 있는가?

이러한 전제에서 출발한 도덕철학은 그 문제를 해결하기 위해 네 가지의 대표적인 방법을 이용해 왔다.

(1) 첫 번째는 기존의 권위주의 입장의 잔재를 대표하는 것으로, 일이 진전됨에 따라 절대로 피할 수 없게 된 양보와 타협을 수반한다. 개인적인 일탈은 여전히 의심의 대상이다. 원칙적으로 그것은 외적 권위의 지도로부터 떨어진 개인의 내부에 존재하는 동요와 반항, 타락의 증거이다. 이러한 원칙과는 별도로, 실제로는 특정 전문 분야—수학과 물리학, 천문학 같은 분야와 여기에 기초를 두고 있는 기술 발명—에서 개인주의는 용납된다. 그러나 이 방법이 도덕적, 사회적, 법률적, 정치적 문제에 적용될 수 있다고는 보지 않았다. 이들 문제에서는 여전히 교리가 최고의 권위를 누리며, 계시나 직관 또는 조상들의 지혜로 알게 된 어떤 영원한 진리로 인해 개인의 관찰과 사변

으로는 절대 넘을 수 없는 한계가 생기는 것이다. 사회를 괴롭히는 해악은 잘못 인도된 개인이 이러한 한계를 돌파하려고 하기 때문에 생긴다고 여겨졌다. 자연과학과 정신과학 사이에 중간적인 생활과학이 존재하는데, 거기서 기성사실의 압력 아래 마지못해 탐구의 자유가 허용될 뿐이다. 과거의 역사는 탐구 과정 속에 형성된 책임을 신뢰함으로써 인간 행복의 가능성이 확대되고 더욱 확실해짐을 증명해 왔는데, 이 '권위' 이론은 신념의 변동이라는 침입자를 막음으로써 진리의 성역을 격리시킨다. 교육에서는 영원한 진리를 강조하지 않더라도, 책과 교사라는 권위가 강조되며 개인적인 변동은 저지된다.

(2) 두 번째 방법은 때때로 합리주의 또는 추상적 주지주의라 불리는 것이다. 형식적인 논리적 능력이 전통과 역사, 그리고 모든 구체적인 내용으로부터 구별되어 높이 추켜세워진다. 이 이성의 능력에는 행위에 직접적으로 영향을 끼칠 수 있는 힘이 부여되어 있다. 그것은 전적으로 일반적이며 비개인적인 형식을 취하기 때문에, 여러 사람들이 논리적인 판단대로 행동한다면 그들의 활동은 외면적으로 조화를 이루게 된다. 이 철학에 매우 유용한 점이 있음은 의심할 여지가 없다. 그것은 전통과 계급적 이익밖에 대표하지 못하는 학설에 대해 부정적이고 파괴적으로 비판하는 강력한 요소였다. 이로 인해 사람들은 토론의 자유에 익숙해졌고, 신념은 합리성이라는 기준에 따라야 한다는 생각을 깨우치게 되었다. 사람들은 논의와 토론, 설득을 신뢰하는 데 익숙해지면서 편견, 미신, 폭력의 토대를 붕괴시켰다. 그것은 생각을 명료하고 질서정연하게 제시할 수 있도록 도움을 주었다. 그러나 인간 사이의 새로운 유대와 결합을 이루는 것보다, 낡은 위선의 타파에 더 큰 영향력을 발휘했다. 이성을 논의의 내용에서 독립된, 그 자체로서 완전한 것으로 생각했던 점, 역사적 제도에 대해 적대적인 태도를 취한 점, 생활 속에 작용하는 요소로서의 습관과 본능·정서의 영향력을 무시한 점, 이러한 것에서 나타난 그 형식적이고 공허한 성격으로 인해, 그것은 특정한 목표와 방법을 시사하는 데는 무력했다. 단순한 논리만으로는 그것이 현존하는 내용을 정리하고 비판하는 데 아무리 중요하다 해도, 그 자체로부터 새로운 내용을 창출해 내지는 못한다. 교육에서 이와 비슷한 태도는, 학생의 관념들이 서로 진정한 조화를 이루도록 노력하는 것이 아니라, 조화를 확보하기 위해 일반적인 기

성의 규칙이나 원리를 신뢰하는 것이다.

(3)이 합리주의 철학이 프랑스에서 발전하고 있을 때, 영국에서는 개개의 고립된 의식의 흐름에서 생기는 여러 행동에 외면적인 통일성을 부여하기 위해 개인의 지적인 이기심을 이용했다. 법적인 여러 제도, 특히 형벌 행정 및 정치적 통제는, 자신의 개인적 감정을 위한 행동이 타인의 감정을 상하게 하는 일을 방지하는 것이어야 했다. 교육은 타인에게 해를 입히지 않고, 타인의 복리를 위한 어느 정도 적극적인 배려가 자기 자신의 복리 추구를 위해 필요하다는 인식을 사람들에게 가르치는 것이라 생각했다. 그러나 여기서 주의할 점은, 한 개인의 행위를 다른 사람들의 행위와 조화시키기 위한 거래의 수단으로 이용했다는 점이다. 상거래에서는 각자가 자신의 욕망 충족을 지향하는데, 남에게 어떤 물품 또는 조력을 제공해야 비로소 자기 자신의 이익을 얻을 수 있다. 이처럼 각자는 자신의 개인적인 쾌적한 의식 상태를 증진시키려는 목적으로 타인의 의식에 공헌하는 것이다. 이 견해가 의식생활의 다양한 가치에 대한 더욱 높은 인식을 표현하고 증진했다는 점, 그리고 여러 제도적 장치는 결국 그것이 의식적 경험의 시야를 강화하고 확대하는 데 얼마나 공헌했는가에 의해 평가되어야 한다는 인식을 명백히 했다는 점에는 의심의 여지가 없다. 또한 유한계급의 지배에 기초한 사회 속에서 천시받던 노동, 산업, 기계업을 구해내는 데 크게 기여했다. 이 철학은 위의 두 가지 결과로 인해 더욱 폭넓고 더욱 민주적인 사회적 관심을 조장했다. 그러나 이는 그 기본적 전제—다양한 개인은 단순히 자신의 쾌락과 고통을 고려하여 행동할 뿐이며, 여러 가지 관대하고 사려 깊은 행동도 자신의 안락을 확보하려는 간접적인 방법에 불과하다는 이론—가 편협하다는 결함이 있다. 다시 말하면 이 철학은 공동 사업의 방향을 수정하거나 재적응시키려 하지 않고 정신생활을 자폐적인 것으로 만들어버리는 모든 주장이 필연적으로 맞이할 귀결을 명시한 셈이다. 그것은 인간 사이의 결합을 외적인 손익계산 문제로 바꾸어 버렸다. 이는 보안관이 딸린 무정부 상태의 학설이며, 인간 사이에 '현금거래 관계'밖에 인정하지 않는 것이라는 칼라일의 경멸에 찬 말을 들어 마땅하다. 교육상에서 이 학설과 같은 입장에 선 주장이 쾌락을 주는 칭찬과 고통을 주는 벌을 이용했음은 너무나도 명백한 사실이다.

(4)대표적인 독일 철학은 또 다른 길을 따랐다. 그것은 데카르트를 비롯하

여 그의 프랑스 후계자들의 합리주의 철학과 본질적으로는 동일한 입장에서 출발했다. 그러나 전체적으로 볼 때, 프랑스 사상이 개인의 내부에 존재하는 신적인 정신이라는 종교적인 사고에 반대하여 이성이라는 관념을 발전시킨데 반해, 독일의 사상은(헤겔에게서 알 수 있듯이) 이 두 가지를 종합하였다. 이성은 절대이고, 자연은 구현된 이성이다. 역사는 이성이 인간 안에서 점진적으로 발현되는 과정이다. 개인은 자연과 사회 제도에 구현된 합리성의 내용을 그 마음속에 흡수해야 비로소 이성적이 된다. 즉 절대 이성은 합리주의에서 말하는 이성처럼 순전히 형식적이고 공허한 것이 아니라 절대적인 것이기 때문에, 다양한 내용을 그 자체 속에 내포해야만 한다. 그러므로 진짜 문제는 어느 정도의 사회질서와 조화가 발생하도록 개인의 자유를 통제하는 것이 아니라, 객관적 이성으로서의 국가조직에 나타난 보편적인 법칙에 맞도록 개인의 확신을 발달시킴으로써 개인의 자유를 성취하는 것이다. 이 철학은 보통 절대적 관념론 또는 객관적 관념론이라 불리지만, 적어도 교육론에서는 제도적 관념론이라 부르는 편이 더 적절할 것이다(72~73쪽 참조). 이 철학은 역사적 제도를 내재적 절대 정신의 구현으로 이상화했다. 19세기 초에 프랑스와 영국에서 고립적인 개인주의에 빠진 철학을 구해내는 데 이 사상이 강력한 영향력을 끼쳤다. 또한 국가조직이 공공사업에 더욱 건설적으로 관여하도록 기여하기도 했다. 이 철학은 우연이나 단순한 개인의 논리적 확신, 사적인 이기심의 작용에 의존하지 않았다. 사업의 운영에 지력을 집중하고, 통일국가를 위해 국가적으로 조직된 교육이 필요함을 강조했다. 자연 및 역사 현상의 모든 전문적인 세부사항에 이르기까지 탐구의 자유를 인정하고 장려했다. 그러나 궁극적인 도덕 문제에서는 권위주의를 부활시키려는 경향이 있었다. 앞에서 서술한 어떤 종류의 철학보다 조직의 효력에는 기여했지만, 이 조직을 자유롭게 실험적으로 수정하는 데는 조금도 공헌하지 못했다. 사회의 기본적인 구조를 수정하는 과정에 개인의 욕망과 의도가 참여할 수 있다고 믿는 정치상의 민주주의와는 아무런 관련도 없는 것이었다.

3 교육에의 적용 위의 여러 종류의 철학에서 발견되는 갖가지 결점에 대응하는 교육상의 문제점을 자세히 고찰할 필요는 없을 것이다. 일반적으로

완전한 개인주의적 학습방법과 사회적 행동, 그리고 자유와 사회 통제가 상반된 것이라고 여겨지는 경우, 그 대립을 가장 극명하게 나타내는 제도가 학교이다. 이 대립은 학습의 사회적 분위기나 동기 결여로 나타나며, 그 결과 학교 경영에 있어 가르치는 방법과 관리 방법의 분열을 야기하고, 학생 개개인의 특성을 배려하지 못하게 된다. 학습이 경험의 상호교환을 필요로 하는 활동적 사업의 일면으로 이루어지면 사회통제는 그 학습 과정 속으로 들어오게 된다. 그러나 사회적 요소가 결여되어 있는 경우의 학습은 제시된 교재를 순전히 개인적인 의식 속으로 옮기는 과정에 지나지 않게 된다. 또한 지적, 정서적 성향을 더욱 사회화된 방향으로 이끌어야 하는 본디 이유가 사라져 버린다.

학교에서의 자유를 지지하는 사람이나 반대하는 사람 모두, 자유를 사회적 지도의 결여나 때로 단순히 신체적인 제약이 없는 상태와 동일시하는 경향이 있다. 그러나 자유를 추구하는 근본 취지는 개인이 집단의 이익을 위해 독자적인 공헌을 할 수 있게 하고, 그러한 행동이 단순한 명령적 지도에 따른 것이 아니라 그 자신의 정신적 태도에서 우러나오는 상태에서 집단 활동에 참여할 수 있도록 하는 사회적 지도가 필요하다는 점에 있다. 흔히 규율이나 '관리'로 불리는 것은 행위의 외적 측면에만 관여하기 때문에 그 반동으로 자유 역시 외적인 의미를 가진 것으로 생각되었다. 그러나 규율과 자유라는 개념이 행동으로 표출되는 정신의 질을 의미함을 깨닫는다면, 그들 사이에 존재한다고 여겨지는 대립은 사라질 것이다. 본질적으로 자유란 학습에서 사고—그것은 본인 자신의 것이다—가 차지하는 역할을 의미한다. 즉 지적 자발성, 관찰에서의 자주성, 명민한 창조력, 결과를 예견하는 힘, 그 결과에 적응하는 능력을 뜻하는 것이다.

그러나 이런 특징들은 행동의 정신적 측면이므로, 개성의 발휘—자유—는 신체적인 동작의 자유로운 활동 기회와 분리할 수 없다. 신체적 정숙을 강요하는 것은 문제를 실감하고 그 문제의 의미를 명확하게 규명하는 데 필요한 관찰을 하거나 가설을 검증하는 실험을 하는 데는 적합하지 않다. 교육에서의 '자기활동'의 중요성이 많이 거론되어 왔는데, 이것이 단순히 내적인 것—감각기관과 운동기관의 자유로운 사용을 배제하는 것—에 한정된 경우가 너무나 많았다. 기호부터 배우는 단계에 있는 사람, 세밀히 계획된 활동을 위한 준비 단계로서 문제 또는 관념에 들어있는 의미를 꼼꼼히 분석하는 사람에게는 겉으로 드러나는 활동이 거의 필요하지 않을지도 모른다. 그러나 자기활동의 모든 과정에는 조사와 실험을 할 기회가 필요하며, 자신의 관념을 실제 사물에 비추어 검증하고, 재료와 설비를 사용하여 무엇을 할 수 있는지 발견할 기회가 주어져야 한다. 게다가 이는 엄격하게 제한된 신체적 활동과 양립할 수 없다.

개성적인 활동은 때로 학생을 혼자 공부하도록 시키거나 방치하는 것을 의미한다고 여겨져 왔다. 다른 사람이 하는 일에 일일이 마음 쓰지 않고 거기서 벗어나는 것은 마음의 평정을 유지하고 매사에 집중하기 위해 분명히 필요하다. 아이들도 어른처럼 적당한 혼자만의 시간이 필요하다. 그러나 그처럼 혼자서 공부하는 시간과 장소, 분량은 사소한 문제일 뿐, 원칙에 관한 것이 아니다. 누구와 함께 공부하는 것과 혼자서 공부하는 것은 본디 대립관계가 아니다. 오히려 그 반대로 개인의 능력은 다른 사람들과 함께 일할 때 생기는 자극을 받아서 발휘되는 것이다. 아이가 자유롭게 개성을 발달시키려면 집단 활동에 참여하지 않고 혼자 공부해야 한다는 생각은, 개성을 공간적 거리로 측정하고 물질적인 것으로만 파악하는 사고방식이다.

교육에서 존중되어야 할 요소로서의 개성은 두 가지 의미를 지닌다. 첫째로, 인간은 자신의 목적과 문제를 가지고 있을 때만 정신적으로 한 개인이며 자신의 사고를 할 수 있다. '스스로 생각하라'는 군더더기 표현이다. 인간이 스스로 생각하는 것이 아니라면 그것은 이미 사고가 아니다. 학생 스스로 관찰하고 숙고하여 다양한 가설을 구상하고 그것을 검증해야만, 그는 자신이 아는 내용을 넓혀 보충하고 수정할 수 있다. 사고는 음식물의 소화와 마찬가지로 개인적인 영역이다. 둘째로, 사람마다 관점이나 관심의 대상, 접근 방법이 다르다. 이 차이를 획일적인 규율을 위해 억압하고 학습과 수업 방법을 하나의 틀 속에 가두려 하면, 필연적으로 정신적 혼란과 부자연스러움이 발생한다. 독창성은 점차 파괴되고, 자기 자신의 정신활동에 대한 신뢰가 무너지며, 타인의 의견에 무조건 복종하는 태도가 길러지거나, 그렇지 않으면 제멋대로의 사고가 형성된다. 그 폐단은 관습적인 신념이 사회 전체를 지배하던 때보다 오늘날에 더욱 크게 나타난다. 왜냐하면 학교에서의 학습 방법과 학교 밖에서 이용되는 학습 방법의 차이가 더욱 커졌기 때문이다. 사람들의 독창성을 활용하여 연구대상에 반응하도록 허용되고 장려되었을 때부터 과학적 발견이 체계적으로 착실한 진보를 이루기 시작했음은 아무도 부정할 수 없을 것이다. 그러나 만약 학교에 다니는 학생들은 그러한 독창성을 조금도 발휘할 수 없으므로 그들보다 더 많은 지식을 갖춘 사람들이 이미 밝혀낸 사실을 그대로 흡수하고 재현하기만 하면 된다고 이의를 제기한다면, 다음의 두 가지 내용을 들어 반론할 수 있다.

(1) 우리가 논하는 것은 태도의 독창성, 다시 말하면 독자적인 개성에 따른 자발적인 반응이며, 결과로써 측정되는 독창성이 아니다. 아이들이 자연과 인간에 관한 여러 학문에 포함되어 있는 것과 똑같은 사실이나 원리를 독창적으로 발견하기를 기대하는 사람은 아무도 없다. 그러나 학습자의 입장에서 진정한 발견이 일어날 수 있는 그러한 상황에서 학습이 진행되어야 한다는 기대는 터무니없는 것이 아니다. 높은 수준의 학생의 시선에서 보면 미숙한 학생은 발견 같은 것을 할 수 없겠지만, 진정한 학습이 이루어지는 곳에서는 언제나 그들 자신의 관점에서 보아 발견을 하고 있는 것이다.

(2) 다른 사람들에게 이미 알려진 교과내용을 배우는 통상적인 학습과정에서는 나이 어린 학생들까지 생각지도 못한 방향으로 반응하는 경우가 있다. 그들이 과제에 접근하는 방식이나 사물이 그들의 마음에 끼치는 독특한 인상에는, 가장 노련한 교사들조차 전혀 예상하지 못하는 어떤 신선한 것이 있다. 그러나 이러한 것들은 언제나 부적절한 것으로 무시되어 왔다. 즉 학생들은 어른들이 생각하는 것과 똑같은 형식으로 교재를 외우도록 의도적으로 억압된다. 그 결과는 개성이 원래 지닌 독창성, 개인을 타인과 구별하는 특징이 활용되지도 못하고 올바른 방향으로 지도되지도 못한다는 것이다. 게다가 교사에게도 가르치는 일이 교육적인 과정이 되지 못한다. 교사는 기껏해야 자신이 현재 아는 기법을 활용하는 방법을 배우는 것일 뿐, 새로운 관점을 얻지 못하고 어떠한 지적 교류도 경험하지 못한다. 따라서 가르치는 일과 배우는 일 모두 정신적 긴장감을 수반한 인습적, 기계적인 것으로 전락하고 만다.

학생이 점점 더 성숙해지고 새로운 문제를 받아들일 수 있는 배경 지식을 더욱 갖춰감에 따라, 마구잡이식의 신체적 실험 범위는 축소된다. 활동은 일정한 경로로 한정되고 특수화된다. 학생의 에너지는 신경조직, 눈과 발성기관이라는 서로 연결된 기관들에 국한되므로, 다른 사람의 눈에는 그가 신체적으로 완전한 평정을 이룬 상태로 보일지도 모른다. 그러나 이런 태도는 훈련된 인간에게 나타나는 강한 정신적 집중의 증거이므로, 아직 지적 탐색 단계에 있는 학생들에게 본보기로 제시할 수는 없다. 심지어 성인에 있어서도 그러한 집중상태가 정신 에너지의 회로 전체를 지배하는 것은 아니다. 그것은 언제나, 초기의 더욱 일반적이고 현저하게 두드러지는 신체적 행동의 단계와 이해한 내용을 이용하는 후기 단계 사이에 들어가는 중간 단계에 해당하며, 어떤 문제에 대해 점차 정통해감에 따라 그 단계를 길게 늘일 수는 있다.

그렇지만 교육을 할 때 지식을 얻는 과정에는 몸과 마음이 함께 작용한다는 점을 염두에 둔다면, 외적인 자유를 노골적으로 강조하지 않아도 된다. 가르치고 배우는 데 필요한 자유는 우리가 이미 알거나 믿는 내용을 확대하고 세련되게 다듬기 위해 이루어지는 사고와 같은 것이라고 인정한다면 그것으로 충분하다. 효과적인 사고를 위한 효과적인 정황을 확보하기 위해 갖춰야 할 조건에 주목한다면 자유는 저절로 달성될 것이다. 호기심을 자극하는 의문을 처리하기 위해 정보를 구하려는 열정을 키울 수 있을 정도의 의문을 품고, 또 그러한 관심이 효력을 발휘하도록 지식과 기술을 자유자재로 사용할 수 있는 사람이 지적으로 자유로운 사람이다. 그가 가진 독창성과 상상력이 총동원되어 그의 충동과 습관을 통제하고, 그 자신의 목적이 그의 행동을 이끌어야 한다. 그렇지 않으면 그의 표면에 불과한 주의력과 순종, 암기와 암송 모두가 지적 노예근성에 불과한 것이 된다. 그러한 지적 종속상태는 많은 사람들에게 자신의 목표와 사상을 기대하지 않고, 권위 있는 소수의 지도에 얌전히 따르도록 요구하는 사회에서 대중을 길들이는 데 필요한 방법이다. 민주주의를 지향하는 사회에는 적합하지 않다.

요약 진정한 개인주의는 신념의 규범인 관습과 전통의 권위적인 지배가 느슨해질 때 생긴다. 그리스 사상의 절정기 같은 몇몇 예외를 제외하면 개인주의는 비교적 근대적인 현상이다. 개인의 다양성이 언제나 존재했던 것은 사실이지만, 보수적인 관습이 지배하는 사회에서는 그것을 억압하거나, 적어도 활용하고 장려하지는 않았다. 그러나 여러 가지 이유에서 이 새로운 개인주의는 철학적으로, 이제까지 일반적으로 인정받아 온 신념을 수정하고 변화시키는 힘의 발달을 의미하는 것이 아니라, 각 개인의 마음은 다른 모든 것으로부터 고립된 완전한 것이라는 주장으로 해석되었다. 철학의 이론적인 측면에서 이는 인식론적 문제, 즉 개인과 세계 사이의 어떤 인식적 관계가 있을 수 있는가 하는 문제를 낳았다. 그 실천적 측면에서는, 완전히 개인적인 의식이 전반적인 사회의 이익을 위해 작용하는 것이 어떻게 가능한가라는 문제—사회적 지도의 문제—를 제기했다. 이런 문제를 해결하기 위해 고심하며 만들어진 철학은 교육에 직접적인 영향을 끼치지는 않았지만, 그 이론의 밑바탕에 깔려 있는 가정은, 학습과 관리, 개성의 자유와 타인에 의한 통제 사이에 일어나는 분열로 나타났다. 자유에 관해 명심해야 할 중요한 사항은 자유란 외면적인 행동을 구속하지 않는 상태라기보다 정신적인 태도를 가리킨다는 점, 그러나 이 정신적 태도는 탐험과 실험, 응용을 비롯한 충분한 행동의 여지가 없으면 발전할 수 없다는 점이다. 관습에 기초한 사회는 관례에서 벗어나지 않는 한도 안에서만 개인의 특이성을 이용한다. 획일성이 각 계층 내부의 중요한 이상인 것이다. 진보적인 사회는 개인의 특이성을 사회가 성장하는 수단으로 삼기 때문에 그것을 매우 소중하게 생각한다. 따라서 민주사회는 그 이상에 따라 지적 자유 및 다양한 재능, 관심의 발현을 고려하여 교육정책을 세워야 한다.

제23장
교육의 직업적 측면

1 직업의 의미 현재, 철학의 여러 이론들 사이의 충돌은 교육에서 직업적 요소가 차지하는 올바른 위치와 기능에 대한 논의에 집중되어 있다. 철학의 기본적인 이론의 중요한 차이가 주로 이 점에서 비롯된다니 이상하게 들릴지도 모른다. 즉, 철학상의 관념들을 체계화하는 추상적이고 일반적인 용어와, 직업교육의 구체적인 세부사항 사이에는 너무나도 큰 간극이 있는 듯 생각될 것이다. 그러나 교육에서의 노동과 여가, 이론과 실천, 신체와 정신, 정신의 상태와 외계의 대립에 깔려있는 논리적 가정들을 머릿속에서 다시 음미해보면, 그러한 대립은 결국 직업교육과 교양교육의 대립에 도달한다는 사실을 알 수 있을 것이다. 전통적으로 일반교양은 여가와 순수하게 정관적(靜觀的)인 인식, 신체 기관들을 적극적으로 사용하지 않는 정신활동이라는 개념과 결부되어 왔다. 그리고 교양은 최근에 순수하게 개인적인 취미, 즉 사회적 지도 또는 봉사에서 동떨어진 특정한 의식 상태와 그 태도를 육성하는 것과 결부하여 생각하는 경향이 있었다. 그것은 사회적인 지도를 회피하는 것이고, 해야 할 봉사를 하지 않은 것에 대한 자기합리화였다.

이러한 철학상의 이원론은 직업교육의 문제 전체와 매우 깊이 얽혀 있기 때문에, 직업에 중점을 두는 교육이 단순히 돈벌이를 위한 것만은 아니라 하더라도 좁은 의미에서 실제적이라는 인상을 피하기 위해, 직업의 의미를 어느 정도 상세하게 정의할 필요가 있다. 직업(vocation)이란, 우리가 성취하는 결과로 인해 우리에게 분명히 의미있는 것이 되고, 또 다른 사람들에게도 유익한 것이 되는 생활 활동의 한 방면을 의미하는 데 지나지 않는다. 본업의 반대는 여가도 아니고 교양도 아니다. 그것은 본인 자신에게 있어서는 목표가 없고 방종하며 경험에 축적된 성과가 없는 것이고, 사회에 있어서는 쓸데없는 허세나 다른 사람에 대한 기생적 의존이다. 일(occupation)은 연속성을 나타내는 구체적인 용어이다. 거기에는 기계적인 노동이나, 수입이 있는 직업에 종사하는 것은 말할 필요도 없고, 전문적인 일과 실업적인 일뿐만 아니라 모든 종류의 예술적 재능, 전문적이고 과학적인 능력, 유능한 시민으로서의 권능의 발휘도 포함된다.

우리는 직업이라는 개념을 직접 눈에 보이는 재화를 생산하는 일에 한정하는 것뿐만 아니라, 직업이 배타적으로 각자에게 단 하나만 할당되어 있다는 생각도 피해야 한다. 그렇게 한정된 전문화란 있을 수 없다. 사람들을 단한 방면의 활동만을 위해 교육시키는 것만큼 어리석은 일은 없을 것이다. 첫째로, 각 개인은 반드시 다양한 직분을 맡으며, 그러한 각각에 대해 이지적으로 유능해야 한다. 둘째로, 어떤 일이든지 그것이 다른 관심사로부터 고립되어 있으면 그만큼 그 의미를 잃어버리고, 단지 기계적으로 그 한 가지 일에만 바쁘게 매달릴 뿐이다.

(1) 예술가이기만 하고 그 밖에는 아무것도 아닌 사람은 아무도 없다. 게다가 어떤 사람이 그러한 상태에 다가가면 갈수록, 그는 그만큼 인간으로서 발달하지 않은 일종의 괴물이 된다. 그는 생애의 어떤 시기에 어떤 가족의 일원이어야 한다. 친구와 동료들 사이에서 살며, 스스로 벌어서 먹거나 아니면 다른 사람의 부양을 받아야 한다. 그는 어떤 직업에 종사하고, 어떤 조직된 정치적 단위의 일원이다. 그 사람이 다른 모든 사람들과 공통으로 가진 직분보다는, 그에게 특색을 부여하는 한 가지 직분의 '이름을 따서' 그의 직업'의 이름으로 삼는' 것은 당연한 일이다. 그러나 교육의 직업적 측면을 고찰할 때는, 그의 다른 직분들을 무시하거나 사실상 부정할 정도까지 직업의 이름에 구애되어서는 안 된다.

(2) 어떤 사람의 예술가란 직업은 그의 다양한 직업 활동 가운데 두드러지게 특수화된 측면에 지나지 않는다. 따라서, 그 직업에서의 그의 능력—능률이라는 말의 인간적인 의미에서의 능력—은 그것과 다른 여러 직분과의 관련을 통해 결정된다. 그의 예술적 수완이 기술적 완성보다 높아야 한다면, 그는 경험을 해야 한다. 즉 '생활'을 해야 한다는 뜻이다. 그는 자신의 예술 활동의 주제를 자신의 예술 안에서 찾을 수 없다. 그것은 그가 다른 여러 관계들 속에서 괴로워하고 즐거워하는 감성의 표현—그것은 그의 예민한 흥미와 공감을 통해 결정된다—이어야만 한다. 예술가에게 적용되는 것은 다른 모든 전

문적 지식에도 적용된다. 확실히 특수한 직업은 모두 너무나 지배적이고 배타적이며 그 특수화한 면에만 치중하는 경향이 있다. 이것은 습관의 기본적인 성질과 대략 일치한다. 이런 점에서 의미를 희생시키고 숙련과 전문기술적인 방법이 강조되는 것이다. 그러므로 이러한 경향을 조장하는 것은 교육의 의무가 아니다. 교육의 의무는 오히려 그것을 방지하여, 과학의 탐구자가 단순한 과학자가 되지 않도록 하고, 교사가 단순한 교육자가 되지 않도록 하며, 목사가 단순히 예복을 걸친 성직자가 되지 않도록 하는 것이다.

2 교육에서의 직업적 목표 위치 직업은 매우 다양하고 그 내용이 서로 관련되어 있다는 점과, 어떤 특정한 직무가 두드러지게 드러나는 이면에는 넓은 배경이 깔려 있다는 것을 염두에 두고, 개인의 독자적인 활동에 대한 교육을 고찰해보자.

(1)직업은 개인의 독특한 능력을 그의 사회적 봉사에 조화시키는 유일한 고리이다. 자신에게 적합한 일을 찾아내고 그 일을 할 기회를 얻는 것은 행복의 열쇠이다. 자신이 일생동안 진정으로 해야 할 일을 잘못 선택하는 것, 즉 주위의 사정에 떠밀리거나 강요당하거나 하여, 자신이 적성에 맞지 않는 직업에 종사해왔음을 뒤늦게 깨닫는 것만큼 비극적인 일은 없다. 올바른 직업이란 어떤 사람의 재능이 충분히 발휘되고, 최소한의 마찰과 최대한의 만족으로 일할 수 있는 직업을 말한다. 이 행동의 타당성은 사회의 다른 성원에게는, 물론 그 사람으로부터 최선의 봉사를 받고 있다는 것을 뜻한다. 예를 들어, 노예노동은 순전히 경제적인 관점에서 보아도 결국 낭비가 많은 것이었다—노예의 활동력을 끌어내는 충분한 자극이 없고, 그로 인해 낭비가 생겼다—고 보통 생각한다. 노예는 명령받은 일정한 직무만 하도록 되어 있으므로, 그들이 지닌 많은 재능이 사회에서 활용되지 못한 채 방치되었고, 따라서 쓸데없는 손실이 생긴 것이다. 그러나 노예제도는, 사람이 자신의 천직을 찾지 못한다면 언제나 어느 정도는 일어나게 되어 있는 현상을 노골적으로 예시하는 데 지나지 않는다. 자신의 직업이 멸시를 받고, 본질적으로 교양은 모든 사람에게 동일하다는 인습적인 이상이 유지될 때는, 사람은 자신이 있어야 할 곳을 쉽게 찾을 수가 없다. 플라톤은(102~103쪽 참조) 각자가 무엇에 적합한지를 찾아내어 그러한 탁월성에 도달하도록 훈련하는 것

이 교육의 임무라고 했다. 또 그 까닭은 그러한 발달이 가장 조화로워 사회의 필요를 확실하게 충족시키게 되기 때문이라고 주장하며, 교육철학의 근본적인 원리를 내세웠다. 그의 오류는 인간을 질적으로 분류한 원리에 있었던 것이 아니라, 사회에 필요한 직업의 범위를 좁게 생각한 것에 있었다. 이 좁은 시야가 다양한 개인에게서 찾아볼 수 있는 능력의 무한한 다양성에 대한 그의 이해를 방해한 것이다.

(2) 직업은 목적이 있는 연속적인 활동이다. 따라서 직업적 활동을 '통한' 교육은 다른 어떤 방법보다 학습의 동기를 부여하는 요소를 그 내부에 많이 지닌다. 그런 교육은 본능과 습관을 활동하게 만들고, 수동적으로 수용하는 것은 용납하지 않는다. 그것은 어떤 목적을 세우고 결과를 얻고자 한다. 그러므로 사고를 자극한다. 이를 위해서 그런 교육은 목적의 관념을 반드시 보존하여, 활동이 틀에 박힌 것이 되거나 변덕에 좌우되는 일이 없도록 해야 한다. 활동의 진행은 전진적으로 어떤 단계에서 다른 단계로 나아가야 하므로, 각 단계에서 장애를 극복하고 실행수단을 발견하거나 재조정하기 위해 관찰력과 독창성이 필요하다. 요컨대 직업적 활동은 단순한 외적인 성과보다 활동의 실현에 목표를 두는 정황에서 이루어지므로, 앞에서 목적과 흥미, 사고에 대해 논했을 때 제시한 필요조건을 충족시키는 것이다(제 8, 10, 12장 참조).

직업적 활동은 또한 필연적으로 정보와 관념, 지식과 지적 성장을 조직하는 원리도 된다. 그것은 매우 다양한 세부사항을 꿰뚫는 세로축이 된다. 즉, 여러 가지 경험과 사실과 각종 정보가 서로 질서정연하게 배열되도록 한다. 변호사, 의사, 화학의 특정분야에 대한 연구자, 부모, 자신이 살고 있는 지방에 관심을 기울이는 시민은, 자신의 관심사와 관계가 있는 것이라면 무엇이든 눈여겨보고, 그것에 대해 얘기하고 싶어지는 끊임없는 자극을 받는다. 그는 무의식적으로 자신의 직업에 동기를 부여받고, 적절한 정보를 모두 획득하려고 노력하며 그것을 확실하게 기억해 둔다. 직업은 그것을 끌어당기는 자석으로, 또 그것을 붙이는 풀로 작용한다. 그러한 지식의 조직은 욕구와 직결되어 있으므로 생생하게 살아 있다. 즉, 행동으로 표출되고 재조정되기 때문에 결코 정체하는 일이 없다. 순전히 추상적인 목적을 위해 의식적으로 만들어 놓은 분류 및 사실들의 선택과 배열은, 그 확실성과 효과에 있어서 직업상의 필요를 통해 조직된 것과는 도저히 비할 바가 못 된다. 양쪽을 비교한다면, 전자의 지식은 형식적이고 표면적이며 게다가 차가운 것이다.

(3) 직업'에 대한' 유일하게 적절한 훈련은 직업을 '통한' 훈련이다. 이 책의 앞서 설명한, 교육의 과정은 그 자체가 목적이며, 장래의 책임 있는 입장에 대한 충분한 준비는 오직 지금 직면한 생활에 되도록 충실한 것이라는 원리는(제6장 참조), 교육의 직업적인 면에도 충분히 유효하게 적용된다. 모든 시대의 모든 인간의 가장 중요한 사명(직업)은 살아가는 것—지적, 도덕적 성장—이다. 아동기와 청년기에는 경제적 압박에서 비교적 자유롭기 때문에, 이 사실이 가장 여실하게 나타난다. 장래의 직업을 미리 결정하고 그것에 대비하여 엄격하게 교육하면 현재의 발달 가능성을 해치게 되며, 그로 인해 장래의 적합한 직업에 대한 준비도 적절히 할 수 없게 된다. 지금까지도 매우 자주 인용해야 했던 원리를 다시 말하면, 그러한 훈련은 틀에 박힌 일에서는 기계적인 기술을 발달시킬지도 모른다(그런 일은 혐오와 반감과 태만을 길러주므로, 그런 기술을 발달시킨다는 것도 매우 의심스럽다). 그러나 그것은 어떤 일을 지적이고 의미 있는 것이 되게 해주는 기민한 관찰력과 논리정연하고 독창적인 계획성 같은 뛰어난 소질을 희생시킬 것이다. 독재적으로 관리되고 있는 사회에서는, 종종 의식적인 목적을 가지고 자유와 책임의 발달을 저지하려고 한다. 즉, 몇몇 사람들이 계획을 세우고 명령을 내리면, 나머지 사람들은 그 명령에 따라 좁게 규정된 길만 걸어갈 수밖에 없도록 계획적으로 통제하는 것이다. 그런 체제는 어떤 계급의 위신이나 이익에는 도움이 될지 모르지만, 피지배계급의 발달을 제한하고, 한편으로는 지배계급이 경험을 통해 학습할 기회도 묶어두고 제한함으로써, 양면에서 전체 사회의 생명을 해치게 되는 것은 자명한 일이다(281~282쪽 참조).

이에 대한 유일한 대안은 초기의 직업에 대한 준비교육을 모두 직접적이 아닌 간접적으로 하는 것, 즉 학생의 그때의 요구와 흥미가 필요로 하는 활동적 작업에 종사하게 함으로써 수행하는 것이다. 이 방법을 통해서만 교육자 쪽도 피교육자 쪽도 자신의 진정한 적성을 찾아내어, 그 이후의 삶에서 전문화된 직업을 올바르게 선택할 수 있다. 이 소질과 적성의 발견은 성장이 계속되는 한 '끊임없이' 계속되어야 한다. 어른이 된 뒤의 생활을 위해 직업을 선택하는 일이, 어떤 특정한 시기에, 단 한 번만에 최종적으로 결정되어야 한다고 생각하는 것은 인습적인 독단적 견해이다. 이를테면 어떤 사람이 자신은 공학과 관련된 일에 지적으로 또 사회적으로 흥미가 있음을 깨닫고, 그것을 자신의 직업으로 삼기로 결정했다고 가정하자. 그것은 고작해야 그 이후 자신이 성장해야 할 분야를 개략적으로 그려보는 것에 지나지 않는다. 그 뒤의 활동을 지도하는 데 이용될 대충 그린 약도 같은 것이다. 이를 가리켜 적합한 직업을 발견했다고 하는 것은, 콜럼버스가 아메리카 대륙 해안에 도착했을 때, 아메리카를 발견했다고 한 것과 같다. 그의 앞에는 더욱 자세하고 더욱 광범한 탐험을 하는 일이 남아있었다. 교육자들이 직업 지도를 최종적이고 번복할 수 없으며 완전한 선택에 도달하는 것으로 생각할 때는, 교육과 그 선택된 직업은 고정되어 버려 그 뒤의 계속적인 성장을 방해하기 쉽다. 그러면 그 선택된 직무는 그 사람을 영원히 종속적인 지위에 머무르게 하여, 더욱 유연하게 활동하고 재조정할 수 있는 직무를 맡은 다른 사람들의 지성 밑에서 허드렛일이나 하게 만들 것이다. 일반적인 어법에서는, 더욱 진보한 새로운 직업을 선택하는 것을 재조정이나 유연한 태도라는 말로 표현할 수 없겠지만, 사실대로 말하면 바로 그런 것이다. 어른들도 자신의 직업에 갇혀 화석화되지 않도록 늘 주의하고 조심해야 한다면, 젊은이의 직업을 준비시키는 교육자들이 그들로 하여금 목표와 방법을 끊임없이 재조정하도록 하는 데 주의해야 하는 것은 너무나 당연한 일이다.

3 오늘날 직업교육의 기회와 위험성 옛날의 교육은 단지 직업교육이라는 이름을 붙이지 않았다 뿐이지 사실상 훨씬 더 직업교육의 성격을 띠고 있었다.

(1)대중의 교육은 확실히 실리적이었다. 그것은 교육이라기보다 도제수업(徒弟修業)으로 불렸고, 다르게 말하면 단순히 경험을 통한 학습에 지나지 않았다. 읽기·쓰기·계산을 할 줄 아는 능력이 모든 노동의 공통된 요소가 됨에 따라, 학교에서는 읽기와 쓰기, 산수에 전념하게 되었다. 이 교육이 학교 밖에서는 타인의 지도하에 어떤 특수한 방면의 일에 참여하는 형태로 나타났다. 이 두 가지는 서로를 보완하고 있었다. 즉, 좁고 형식적이었던 학교 공부도, 분명하게 도제수업이라는 이름으로 불리던 것과 마찬가지로 어떤 직무에 대한 도제수업의 일부분이었다.

(2) 지배계급의 교육도 상당한 정도까지 본질적으로는 직업교육이었다. 지

배하거나 향락을 누리는 그들의 일이 어쩌다가 직업이라는 이름으로 불리지 않았을 뿐이다. 그것은 육체노동이나, 생활비 즉 노동에 대한 대가로 받는 임금을 위한 노동, 그리고 특정한 사람에게 하인으로서 봉사하는 일에만 직업이나 직무라는 이름이 붙어 있었기 때문이다. 이를테면, 오랫동안 외과의사나 내과의사도 하인이나 이발사와 거의 같은 부류에 위치해 있었는데, 그것은 의사의 일이 어느 정도는 육체와 깊게 관련되고, 또 어느 정도는 보수를 위해 특정한 사람에게 직접 봉사할 필요가 있었기 때문이다. 그러나 언어의 이면에 있는 사실을 생각해 본다면, 정치적이든 경제적이든, 또 전시이든 평시이든, 사회적인 일을 지휘하는 것도 다른 것과 마찬가지로 하나의 직업이다. 또 교육이 완전히 인습의 억압 속에 갇혀있지 않은 곳에서는, 과거의 고등교육기관들은 전체적으로 봐서 이러한 일에 대한 준비 교육을 제공하도록 되어 있었다. 뿐만 아니라 자기과시, 겉치레, 신망을 얻기 위한 사교와 향응, 돈을 쓰는 것까지 어엿한 직무처럼 되어 있었다. 고등교육기관은 모르는 사이에 이러한 직무에 대한 준비교육에 기여해 왔다. 오늘날에도 고등교육이라 불리는 것은, 특정한 계급(옛날보다는 훨씬 소규모이기는 하지만)에서는 주로 이러한 일에 효과적으로 종사하기 위한 준비교육이다.

또 다른 점에서 보면, 특히 가장 고급 직업에서, 고등교육은 주로 교수와 전문 연구원이라는 직업을 위한 훈련이다. 일종의 기묘한 미신에서, 누가 봐도 빈둥빈둥 노는 생활, 교육활동, 창작, 지도적 지위에 오르기 위한 준비와 주로 관련된 교육은, 비직업 교육으로서 특별히 교양교육으로 간주되어 왔다. 책이든 신문논설이든 잡지논문이든, 저술업에 간접적으로 적합한 문학적 훈련은 특히 이 미신에 빠지기 쉽다. 즉, 많은 교사와 저술가들은 자기 자신의 교육을 교양교육이라 부르며, 그것이 주로 자기 자신의 특수한 직업에 대한 훈련이었음을 인정하지 않고, 교양적·인문학적 교육을 두둔하여 전문적이고 실제적인 교육의 침입에 반대하는 글을 쓰거나 논한다. 그들은 자신이 하는 일을 본질적으로 교양적인 것으로 여기고, 다른 일도 교양적일 수 있다는 것은 도외시하는 습관에 빠져 있을 뿐이다. 이러한 차별의 밑바탕에는 의심할 여지 없이, 사람이 궁극적인 고용, 즉 사회에 대해서가 아니라 어떤 특정한 고용주에 대해, 자신이 하는 일에 책임을 지는 일만 직업으로 인정하는 전통이 있다.

그러나 오늘날 직업교육이 의식적으로 강조되고 있는 것—지금까지는 암묵적으로 인정되고 있었던 직업교육적 성격을 명시하고 계획적인 것으로 하려는 경향—에는 명백한 원인이 있다.

(1)첫 번째로, 민주적인 사회에서는 육체노동과 상업활동, 사회에 대한 구체적인 봉사활동과 관련된 모든 것이 점차 존중을 받게 되었다. 이론적으로 보아, 오늘날에는 남자나 여자나 할 것 없이 사회에서 받은 지적·경제적 원조에 대해 뭔가 보답해야 하는 것으로 되어 있다. 노동은 칭찬받고 봉사는 크게 찬양받는 도덕의 모범이다. 지금도 아무 일도 하지 않고 화려하게 과시하는 생활을 할 수 있는 사람들이 여전히 커다란 존경과 선망의 대상이 되고 있기는 하지만, 건전하고 도덕적인 감정은 그러한 생활을 비난한다. 그리하여 시간과 인적 능력을 활용하는 사회적 책임이 전보다 훨씬 널리 인정받고 있다.

(2)두 번째로, 특히 공업에 관한 직업은 지난 1세기 반 동안 무서울 정도로 그 중요성이 커졌다. 제조업과 상업은 더 이상 가내공업의 형태로 지방에 머물러 있지 않고, 따라서 약간 산발적인 상태에서 벗어나서 세계적인 규모로 발전했다. 그것은 갈수록 많은 사람들의 가장 좋은 에너지를 사용한다. 제조업자, 은행가, 기업주가 사회적 문제의 직접적인 지도자로서 실제로 세습적인 지주계급을 대신하고 있는 것이다. 사회의 재조정이라는 문제는 명백하게 산업상의 문제이고, 자본과 노동의 관계에 관한 사항이다. 사람들의 주의를 끄는 산업과정의 사회적 중요성이 몹시 커짐에 따라, 학교교육과 산업생활의 관계에 대한 문제가 불가피하게 전면에 대두되었다. 그러한 대규모 사회의 재조정이 일어나면, 다른 사회적 상황에서 계승된 교육은 반드시 도전을 받게 되고, 따라서 교육에 새로운 문제가 제기된다.

(3)세 번째로, 이미 여러 번 언급한 바와 같이, 산업은 관습을 통해 전해진, 본질적으로 경험적이고 조잡한 방법에서 벗어나게 되었다. 산업기술은 지금은 과학기술이다. 즉 그것은 수학과 물리학, 화학, 세균학 등의 발견에서 태어난 기구에 기초를 두고 있다. 경제혁명은 해결해야 할 문제를 제기하거나, 기계를 훨씬 존중하는 지적 태도를 낳음으로써 과학에 활기를 불어넣었다. 그리고 산업은 과학으로부터 그 대가를 복리로 쳐서 받았다. 그 결과, 산업과 관련된 직종은 전보다 훨씬 많은 지적 내용과 교양적 가능성을 지니

게 되었다. 근로자들에게는 그들이 가진 직업의 과학적, 사회적 기초와 의미를 가르치는 교육이 반드시 필요하다. 왜냐하면 그런 교육을 받지 않은 사람은 반드시 자신들이 조작하는 기계의 부속품 역할을 하는 신세로 전락하기 때문이다. 낡은 제도하에서는 하나의 동업자였던 모든 기술자들은 거의 같은 지식과 견해를 가지고 있었다. 그들의 작업은 그 기술자가 직접 지배할 수 있는 도구를 사용했기 때문에, 적어도 좁은 범위 안에서나마 자신의 지식과 기량을 개발할 수 있었다. 그러나 오늘날의 공장노동자들은 그의 도구를 자신의 목적에 맞추는 것이 아니라, 그의 기계에 자신을 맞추어야만 한다. 산업의 지적 영향력의 '가능성'은 증대했으나, 산업의 상태는 마을에 내다 팔기 위해 손으로 물건을 만들던 시대보다 대중에게 그리 큰 교육적 효과를 주지 못하고 있다. 그리하여 학교에는 일에 내재해 있는 지적 영향력의 가능성을 실현할 임무가 부과된다.

(4) 네 번째로, 과학에서 지식의 추구는 훨씬 실험적이 되어 고전의 전통에 의존하는 일이 적어졌고, 변증법적 유물론이나 기호와의 연관도 줄어들었다. 그 결과, 산업과 관련된 직업은 과학의 내용을 전보다 더 많이 제시할 뿐만 아니라, 지식을 만들어내는 방법에 익숙해질 수 있는 기회도 더 많이 제공하게 되었다. 물론 일반 공장노동자는 너무나 절박한 경제적 압력하에 놓여 있기 때문에, 실험실의 연구자처럼 지식을 생산할 기회를 얻을 수가 없다. 그러나 학교에서는 학생들이 주로 사물의 진상을 파악하는 데 의식적인 관심을 기울이도록 조건이 갖춰져 있어서, 기계와 생산과정의 관련을 유지할 수 있다. 공작실과 실험실에서는 이러한 조건이 충족되지만, 이 두 가지는 관습적으로 분리되어 있어 실험실은 어떤 문제가 시사하는 지적 흥미를 얼마든지 추구할 수 있도록 하는 장점이 있고, 공작실은 많은 학생들에게 활기찬 흥미를 불러일으킬 뿐만 아니라, 과학 원리의 사회적 의미를 강조하는 장점이 있다.

(5) 마지막으로, 일반적으로 학습심리학, 특히 아동심리학에서 지금까지 이루어진 진보는, 생활에서 산업이 점점 중요해진 것과 보조를 같이 하고 있다. 왜냐하면 최근의 심리학은 탐험하고 실험하고 '시험 삼아 해보기도' 하는 원초적이고 생득적인 본능의 근본적인 중요성을 강조하기 때문이다. 즉 학습은 정신이라는 기성물(旣成物)의 작용이 아니라, 정신 그 자체가 의미

있는 활동으로 발전하는 근본적 소질의 조직이라는 것이다. 이미 살펴본 것처럼(224쪽 참조), 어린아이에게 놀이가 생득적인 활동력을 교육적으로 발달시키는 기회가 되듯이, 나이 든 학생에게는 일에 그런 의미가 있다. 뿐만 아니라 놀이에서 일로 나아가는 추이는 점진적이어야 하며, 태도를 급격하게 바꾸거나 하지 않고 놀이의 요소들을 일 속으로 옮기면서, 더 큰 통제력을 얻을 수 있도록 연속적인 개조가 이루어지도록 해야 한다.

이 글을 읽는 독자는 이러한 다섯 가지 사항이 사실 이 책의 앞부분에 나온 주요 논점을 다시 한 번 거론한 것임을 눈치챌 것이다. 실제적으로나 철학적으로 현재의 교육 정황을 해결하는 단서는, 사회적 직분의 전형인 다양한 형식의 일을 이용하여, 그러한 지적·도덕적 내용을 명시하도록, 학교의 교재와 교수법을 서서히 개조하는 데 있다. 이 개조는 순수하게 문헌적인 방법—교과서를 포함한다—과 변증법적 방법을 연속되고 누적되는 활동의 지적 발달을 위해 필요한 보조적 수단의 위치로 끌어내려야 한다.

그러나 이 책의 논의에서는, 이 교육의 개조가 단순히 현재 활동하는 그대로의 산업과 직업을 위한 전문적인 준비교육을 제공하려고 노력하는 것만으로는, 더욱이 단순히 현존하는 산업의 상태를 학교 속에 재현하는 것만으로는 성취될 수 없다는 것을 강조해 왔다. 문제는 학교를 제조업이나 상업에 대한 종속물로 만드는 것이 아니라, 학교에서의 생활을 훨씬 더 활동적이 되도록 하고, 직접적인 의미가 훨씬 풍부하게 하며, 학교 밖의 경험과 더 많이 연관되게 하기 위해 산업의 여러 요소들을 활용하는 것이다. 이 문제는 물론 쉽게 해결할 수 있는 것은 아니다. 교육이, 선택받은 소수를 위해 낡은 전통을 고수하고, 우리의 불완전한 산업제도 가운데 개선되지 않고 합리화되지 않고 사회화되지 않은 측면을 묵묵히 받아들여, 그것을 많든 적든 기초로 삼아 새로운 경제적 정황에 스스로 맞추게 될 위험은 항상 있다. 구체적으로 말하면, 직업교육이 이론에 있어서나 실천에 있어서 장인교육으로 해석되는, 즉 미래의 특수한 분야의 전문 기술적 능력을 획득하는 수단으로 해석될 위험이다.

만약 그렇게 되면, 교육은 사회의 현존하는 산업적 질서를 바꾸는 수단이 아니라 영속시키는 수단이 될 것이다. 원하는 변화의 의미를 형식적인 표현으로 분명하게 나타내기란 어려운 일이 아니다. 그것은 모든 사람이 다른 사람의 생활에 훨씬 큰 가치를 주는 일에 종사하고 있고, 따라서 사람들을 하나로 묶어주는 끈이 훨씬 더 확실하게 드러나는—사람들 사이를 갈라놓는 벽을 무너뜨리는—, 그런 사회를 의미한다. 그것은 각자가 자신의 일에 쏟는 흥미가 강요된 것이 아니라 이지적인 것인 상태, 즉 각자의 일이 자신의 적성에 맞다는 것을 토대로 하는 상태를 의미한다. 우리는 그러한 사회 상태에서 멀리 떨어져 있으며, 문자 그대로의 의미에서, 또는 양적인 의미에서 결코 그런 사회에 도달할 수 없다는 것은 말할 필요도 없는 일이다. 그러나 대체적으로, 이미 이루어진 사회변화의 성질은 그러한 방향을 향하고 있다. 지금 그것을 달성하기 위한 수단은 전보다 훨씬 더 많다. 그것을 실현하고자 하는 현명한 의지만 있다면, 그것을 방해하는, 극복할 수 없는 장애는 하나도 없다.

그것을 실현할 수 있는지 없는지는 다른 무엇보다도 그 변화를 초래하도록 계획된 교육방법의 채용 여부에 달려 있다. 왜냐하면 그 변화는 본질적으로 심적 경향의 질적 변화, 즉 교육적 변화이기 때문이다. 이것은 우리가 산업과 정치상태의 변화와는 상관없이 직접적인 교육과 권고를 통해 성격과 정신을 변화시킬 수 있다는 뜻은 아니다. 그런 생각은, 성격과 정신은 사회의 다양한 활동에 참여하는 동안 나타나는 태도를 가리킨다는 우리의 기본적인 생각과 모순된다. 그러나 위에 말한 것은 우리가 실현하고자 하는 사회의 모형을 학교 안에 만들고 거기에 맞춰 정신을 형성함으로써, 성인사회의 더 크고 더 완고한 특징을 서서히 수정할 수 있음을 의미한다.

감정적으로는 언짢게 들릴지도 모르지만, 현 제도의 가장 큰 해악은 빈곤이나 그것이 필연적으로 동반하는 고통에 있는 것이 아니라, 너무나 많은 사람들이 스스로 아무런 매력도 느끼지 못하는 직업에 종사하고, 그러한 직업이 오직 금전적 대가 때문에 유지된다는 사실에 있다. 왜냐하면, 그러한 직무는 끊임없이 사람에게 혐오와 악의를 심어주고, 일을 게을리 하거나 도피하고 싶은 욕망을 불러일으키기 때문이다. 그들의 정신과 마음은 일에 있지 않다. 한편 재산이 월등히 많을 뿐만 아니라, 많은 사람들의 활동을 독점까지는 아니라 하더라도 부당하게 지배하는 사람들은, 평등하고 전반적인 사회적 인간관계에서 분리되어 있다. 그들은 유흥과 허영을 추구할 수밖에 없으며, 권력과 엄청난 재산, 향락을 과시함으로써 다른 사람들로부터 떨어진

거리를 메우려고 노력한다.

좁은 의미로 해석한 직업교육의 계획이 이 분열을 고정된 형태로 영속시킬 가능성은 충분히 있다. 그 계획은 사회적 예정설을 토대로 하고, 현재와 같은 경제적 사정하에서는 어떤 사람은 언제까지나 임금노동자로 살아야 할 운명이라는 것을 전제로 하여, 그들에게 직업교육이라 불리는 것—즉 훨씬 능률이 높은 기술적 능력—만 제공하려고 할 것이다. 기술적 숙련이 종종 몹시 결여되어 있어서, 아무리 생각해도 그것은 확실히 바람직한 일이다. 그리고 단순히 더 나은 상품을 더 적은 비용으로 생산하기 위해서뿐만 아니라, 일 속에서 더 큰 행복을 찾기 위해서도 바람직한 일이다. 누구든 자신이 전혀 할 수 없는 일을 원하지는 않기 때문이다. 그러나 당면한 일에 국한된 숙련과 그 일의 사회적 의미의 통찰에까지 미치는 능력 사이에는 큰 차이가 있고, 타인의 계획을 수행하는 능력과 자신의 계획을 형성하는 능력 사이에도 큰 차이가 있다. 현재는 고용자 계급이나 피고용자 계급 모두 지적·정서적인 한계가 있으며, 그것이 두 계급의 공통된 특징이다. 피고용자 계급은 자신들이 하는 일에 돌아오는 금전적 대가 외에는 아무런 관심도 없는 경우가 많고, 고용자 계급의 시야도 이윤과 권력에 한정되어 있다. 임금에 대해 관심이 있는 사람은 일정한 육체운동만 하지만, 고용자 측의 사업은 일반적으로 훨씬 큰 지적 훈련과 대규모의 정황조사를 필요로 한다. 그도 그럴 것이, 그들은 매우 많고 다양한 요소들을 일정한 방향으로 결합해야 하기 때문이다. 그러나 그 일에 사회적 의미가 들어있지 않다면, 지성은 기술적이고 비인간적이며 비교양적인 방면으로만 한정된다. 더욱이 활기를 부여하는 동기가 사적인 이익이나 개인적 권력을 원하는 욕망인 경우에는, 이와 같이 한정되는 현상은 불가피한 것이다. 사실 직접적인 사회적 공감이나 인간미 있는 성향은 흔히 경제적으로 혜택 받지 못한 자 쪽에서 더 뛰어나며, 그들은 다른 사람들의 일을 일방적으로 지배하는 데서 발생하는 마음이 굳어지는 경험을 하지 않는다.

현존하는 산업제도를 출발점으로 하는 직업교육의 방안은 어느 것이나, 그 제도의 분열과 약점을 당연한 일로 여겨 그것을 영속시킬 가능성이 있고, 그로 인해 사회적 예정설이라는 봉건적인 독단을 실현하는 수단이 되기 쉽다. 자신들의 희망을 실현할 수 있는 입장에 있는 사람들은, 교양적이고 문화적인 일을 원할 것이고, 또 그들이 직접적인 관심을 보내는 젊은이들에게 지도력을 길러주는 교육을 요구할 것이다. 체제를 분열시켜, 그다지 혜택 받지 못한 입장에 있는 다른 사람들에게 주로 특수한 직업 준비로 생각되는 교육을 제공한다면, 학교를, 노동과 여가, 교양과 봉사, 정신과 육체, 지도받는 계급과 지도하는 계급 등과 같은 옛날의 구분을 명목상의 민주적인 사회에 도입하는 기관으로 취급하게 된다. 그러한 직업교육은 거기서 반드시 다루는 재료와 방법의 과학적이고 역사적이며 인간적인 관련을 경시한다. 그러한 사항을 좁은 직업교육 속에 포함시키는 것은 시간낭비가 될 것이다. 그러한 사항에 대한 배려는 '실제적인 일'이 되지 않는다. 그런 일은 자유롭게 누릴 수 있는 여가—남보다 나은 경제력에서 생기는 여가—를 확보한 사람들에게 남겨진 문제이다. 그것은 남의 지시하에 일하는 사람들의 '신분을 넘어선' 불만과 야심을 불러일으키므로, 지배계급 쪽에서도 위험한 것이 될지도 모른다. 그러나 직업의 지적·사회적 의미를 충분히 인정하는 교육은, 현재 정황의 역사적 배경에 대한 지식 교육을 포함하고, 생산 자료와 그 작용을 처리하는 지성과 독창력을 길러주는 과학 훈련을 포함하며, 나아가서 미래의 노동자들을 그 시대의 문제와, 그것을 개선하기 위해 제안된 다양한 방법들을 접할 수 있게 하기 위한 경제·공민·정치 학습도 포함할 것이다. 특히, 그것은 미래의 노동자들이 그들에게 강요받은 운명에 맹목적으로 복종하지 않도록, 변화하는 정황에 재적응하는 능력을 훈련시킬 것이다. 이 이상은 현존하는 교육의 전통적인 타성과 싸워야 할 뿐만 아니라, 산업기구를 지배하는 자리를 지켜온 사람들, 그리고 만약 그러한 교육제도가 일반화된다면 자신의 목적을 위해 다른 사람을 이용할 수 있는 자기 지위가 위협받게 될 것임을 아는 사람들의 반대와도 싸워야만 할 것이다.

그러나 바로 이 사실이야말로 더욱 공정하고 계발된 사회질서의 전조이다. 이 사실은 사회의 재건이 교육의 개조에 의존한다는 증거이기 때문이다. 따라서 그것은 더 나은 사회질서를 믿는 사람들을 격려하여 젊은이들을 현 체제의 요구와 기준에 복종하게 하지 않고, 현 체제의 과학적·사회적 요소를 이용하여 용감한 지성을 육성하고, 그 지성을 실제적이고 실행력 있는 것으로 만드는 직업교육의 진흥에 착수한다.

요약 직업이란 다른 사람들에게 봉사를 하고, 여러 가지 성과를 얻기 위해 개인의 능력을 사용하는 모든 연속적인 활동을 말한다. 직업과 교육의 관계에 대한 문제는, 사고와 신체적 활동의 관련, 개인의 의식의 발달과 공동생활의 관련, 이론적 교양과 명확한 결과를 보이는 실제적 행동의 관련, 생계를 유지하는 것과 여가를 의미 있게 즐기는 것의 관련에 대해 지금까지 논한 다양한 문제들에 시선을 돌리게 한다. 일반적으로, 생활의 직업적 측면을 교육 속에 인정하는 것에 반대하는(초등학교 교육에서 실리적인 목적으로 가르치는 읽기, 쓰기, 산수는 제외하고) 사람들은 옛날의 귀족주의적인 이상을 그대로 보존하고 있는 자들이다. 더욱이, 지금 직업훈련을 지지하는 움직임이 일어나고 있는데, 그것이 만약 실행된다면 이러한 관념을 현존하는 산업제도에 맞추어 더욱 강화하게 될 것이다. 이 운동은 한편으로는 전통적인 일반교양, 즉 교양교육을 경제적으로 그러한 교육을 받을 수 있는 소수를 위해 그대로 유지할 것이고, 다른 한편으로는, 타인의 지배 아래 특수화한 분야의 기술적인 일을 할 수 있도록 세분된 직업교육을 대중에게 제공하게 될 것이다. 이 기획은 물론, 옛날부터의 사회적 분열을 그것에 대응하는 지적·도덕적 이원론과 함께 영속시키는 것밖에 되지 않는다. 그러나 그것은 존재이유가 훨씬 줄어든 상황에서 그것을 계속 유지하겠다는 것이나 다름없다. 오늘날의 산업생활은 과학에 매우 크게 의존하고, 사회적 인간관계의 모든 형태에 매우 깊은 영향을 끼치므로, 정신과 성격의 발달을 위해 산업생활을 이용할 기회가 얼마든지 있기 때문이다. 또 산업생활을 교육에 올바르게 이용하면, 지성과 흥미에 영향을 미치게 되고, 입법이나 행정과 관련하여 현재의 산업과 상업의 질서에서 사회적으로 중요한 특징들을 수정할 수 있다. 그것은 점점 증대하는 사회적 공감이라는 자본을 일종의 맹목적인 동정심의 수준에 머물러 있게 두지 않고 건설적으로 이용할 것이다. 올바른 직업교육은 산업과 관련된 직업에 종사하는 사람들에게, 사회통제에 참여하고자 하는 의욕과 능력, 그리고 산업계의 운명을 이끌어갈 주인으로서의 능력을 부여하게 된다. 이러한 능력을 얻으면, 그들은 현재의 생산과 분배의 기계조직에서 매우 두드러진 특색을 이루고 있는 기술적·기계적 특징에 의미를 부여할 수 있게 된다. 현재 경제적으로 기회를 거의 얻지 못하고 있는 사람들에 대해서는 이 정도에서 그치고자 한다. 사회에서 좀 더 특권적인 계층을 대표하는 사람들의 경우에, 그것은 노동자들에 대한 공감을 높이고, 유용한 활동 속에 교양을 높이는 요소를 발견할 수 있는 심적 경향을 유발시켜 사회적 책임의식을 강화할 것이다. 다시 말하면, 현재의 직업교육 문제의 중대성은, 그것이 두 가지의 기본적인 문제를 하나의 특수한 논점에 집중시킨다는 데 있다. 그 첫 번째 문제는, 지성은 자연을 인간적으로 이용하는 활동을 떠나서 가장 잘 훈련되는가, 아니면 그 활동 안에서 가장 잘 훈련되는가이다. 두 번째 문제는, 교양은 자기중심의 정황 속에서 가장 잘 획득되는가, 아니면 사회적 정황 속에서 가장 잘 획득되는가이다. 이 결론은 바로 앞의 제15장 부터 제22장까지의 논의를 요약한 것이므로, 이 장에서는 세부사항에 대해서 언급하지 않았다.

제24장
교육철학

1 비판적 재검토 우리는 교육철학을 논하면서, 아직 철학의 어떠한 정의도 얘기하지 않았고, 또 교육철학의 성질에 대해 특별히 고찰한 적도 없다. 여기서 지금까지 논의한 것에 들어있는 철학적 논점을 밝히기 위해 거기에 포함되어 있는 논리적 질서를 간단하게 살펴보는 것을 시작으로 이 문제를 다뤄보고자 한다. 그런 다음, 실제로 영향을 미치는 한에서 여러 가지 교육 이상에 들어있는 인식과 도덕이론에 대해, 더욱 명확한 철학적 면에서 간단하게 검토해볼 생각이다.

지금까지 이 책의 장들은 논리적으로 세 부분으로 나뉜다.

⑴ 처음 몇 장에서는 사회적 필요와 기능으로서의 교육을 다루었다. 그 목적은 사회집단이 계속 존속해 나가는 데 필요한 과정으로서의 교육의 전반적인 특징을 설명하는 것이었다. 교육은 어느 정도는 성인과 젊은이의 일반적인 교제 즉 상호교섭에 뒤따르는 것이며, 또 어느 정도는 사회의 연속성을 유지하기 위해 의도적으로 계획된 전달 과정을 통해, 경험의 의미를 새롭게 하는 과정임이 밝혀졌다. 이 과정은 미숙한 개인과 그가 생활하는 집단, 이 양쪽의 통제와 성장을 이끌어준다.

그러나 이러한 고찰은 거기서 논한 사회집단의 성질—교육을 통해 그 자체를 영속시키려는 사회가 어떤 '종류'의 사회인지—을 특별히 고려하지는 않았다는 점에서 형식적이었다고 할 수 있다. 따라서 그 일반론은, 그저 확립되어 있는 관습을 보존하는 것만 지향하는 사회집단과는 달리, 진보적인 것을 의도하며 서로가 공유하는 훨씬 다양한 이익을 지향하는 사회집단에 적용함으로써 특수화된 것이다. 그러한 사회는 상층계급의 지배하에서 작용하는 관습의 힘에 주로 의지하지 않는다. 구성원에게 훨씬 큰 자유를 허용하여, 각 개인이 의식적으로 사회화된 관심을 품게 해야 할 필요를 의식하고 있으므로, 질적으로 민주적인 사회이다. 따라서 민주적인 사회의 발전에 대응한 교육이야말로 교육을 더욱 상세하게 분석하는 판단기준이 된다.

(2) 민주적인 기준에 근거한 이 분석은 경험의 연속적 개조 또는 재편성이라는 이상을 제시했고, 이 개조 또는 재편성은 일반적으로 인정받는 경험의 의미, 즉 경험의 사회적 내용을 증가시키고, 경험의 재편성을 지도하는 관리자로서의 개개인의 능력을 증가시키는 성질을 지녔음을 알았다(제6, 7장 참조). 이 특질은 교재와 방법의 각 특성을 설명하는 데 사용되었다. 또, 이두 가지가 하나로 통일되는 것도 분명히 밝혔다. 왜냐하면, 이 기초에 근거한 연구와 학습 방법은 다름 아닌, 의식적으로 지도된 경험의 내용을 재편성하는 움직임이기 때문이다. 이러한 관점에서 학습 방법과 교재의 중요한 원리를 전개한 것이다(제13, 14장).

(3) 이 단계의 논의에서는 대비를 통해 여러 가지 원리를 설명하기 위해 의도적으로 비판한 경우도 있었지만, 그 민주적인 기준과 그 기준이 현재의 사회생활에서 타당하게 적용되고 있다는 것을 의심 없이 받아들였다. 그 뒤의 여러 장(제18장~제23장)에서는 그 기준이 현실적으로 어디까지 실현되고 있는가 하는 현재의 한계를 살펴보았다. 그 한계는 다음과 같은 생각에서 나오는 것으로 분석되었다. 경험은 다양하게 서로 분리된 영역 또는 관심으로 성립되고, 그러한 영역 또는 관심은 각각 그 자체의 독자적인 가치·재료·방법을 가지며, 또 각각이 다른 모든 것을 억제하고 마찬가지로 각각이 다른 것에 의해 적절하게 통제된다면, 교육에서의 '힘의 균형'이 형성된다는 생각이다. 그래서 우리는 이 분리의 기초가 되는 다양한 생각을 분석했다. 실제적인 면에서 보면 그러한 생각은 상당히 엄격하게 구분된 계층과 집단으로 사회가 분열되어 있는 것, 다시 말해 풍부하고 유연한 사회적 상호작용과 인간관계가 저해되고 있는 것에서 나온다. 이러한 사회적 연속성의 단절이 다양한 이원론이나 대립—이를테면 노동과 여가, 실천적 활동과 지적 활동, 인간과 자연, 개성과 공동생활, 교양과 직업의 대립—이라는 지적인 표현으로 나타나는 것을 보았다. 이 논의에서 이러한 여러 가지 논점이 고전적 철학체계 안에서 구성되어 온 이론적 표현들과 짝을 이루고 있다는 것, 그리고 그것이 철학의 중요한 문제, 이를테면 마음(또는 정신)과 물질, 육체와 마음, 마음과 세계, 개인과 그 타자에 대한 관계 등을 수반한다는 것이 밝혀졌

다. 이러한 다양한 분리의 기초를 이루는 기본적인 전제는 물질적 조건과 신체적 기관, 물질적 장치, 자연적 사물을 품고 있는 활동에서 마음을 분리하는 데 있다. 그 결과, 환경을 제어하는 활동 '속에' 마음의 기원과 위치와 기능을 인정하는 철학이 제시된 것이다. 이로써 우리는 논의의 전체 과정을 한 바퀴 돌아보고 이 책의 처음에 제시된 생각으로 되돌아왔다. 그것은 이를테면, 인간의 충동과 본능은 자연의 에너지와 이어져 있다는 생물학적인 생각, 마음의 성장이 공통의 목적을 가진 공동활동에 대한 참여에 의존하고 있다는 것, 물질적 환경은 사회적 생활환경 속에서 사용되는 것을 통해 작용하고 있다는 것, 점차 발전해가는 사회를 위해서는 욕망과 사고의 개인적 편차를 활용할 필요가 있다는 것, 방법과 내용은 본질적으로 통일되어 있다는 것, 목적과 수단은 원래 연속되어 있다는 것, 마음은 행동의 의미를 인식하고 검증하는 사고라고 생각하는 것 등이다. 이러한 생각은, 지성은 행동을 통해 경험의 재료를 유목적적으로 재편성하는 것이라고 보는 철학과 일치하지만, 지금까지 논의한 각각의 이원론적 철학과는 모순된다.

2 철학의 본질 우리가 이제 해야 할 일은 지금까지 고찰한 것에 들어있는 철학의 관념을 추출하여 명시하는 것이다. 우리는 철학에 정의를 내리지는 않았지만, 이미 철학이 어떤 문제를 다루는가에 대해 얘기했다. 그리고 이러한 문제는 사회생활 속에서의 충돌이나 갈등에서 생긴다는 것을 지적했다. 그러한 문제는 정신과 물질, 육체와 영혼, 인간성과 물질적 자연, 개인적인 것과 사회적인 것, 이론—또는 인식—과 실천—또는 행위—의 관계와 같다. 이러한 문제를 계통을 세워 다루는 철학체계는 현대의 사회적 실천의 중요한 특징과 갈등에 대해 얘기한다. 그러한 철학체계는 자연, 인간 자신, 실재—자연과 인간, 양자를 포함 또는 지배하는 사람들이 생각하고 있는—를 사람들이 그 시대의 일반적인 경험의 특질로 규정하여 어떻게 생각하게 되었는지 분명히 의식하게 해준다.

따라서 철학은 일반적으로 그 내용과 방법에 있어서, 어떤 총체성, 일반성, 궁극성을 나타내는 방식으로 정의되어 왔다. 내용에 관해서는, 철학은 '파악'—즉 세계와 생활의 다양한 세부사항을 일괄하여 하나의 총괄적인 전체로 모으고, 또 그 총괄적인 전체는 단일체가 되거나, 그렇지 않으면 이원론의 체계에서처럼 다원적인 세부사항을 소수의 궁극적 원리로 환원한다—
하고자 하는 것이다. 철학자와 그의 결론을 수용하는 자의 태도에는, 경험에
대해 가능한 한 통일하여 일관성을 유지하는 완전한 견해에 도달하고자 하
는 노력이 있다. 이런 면은 '철학'—애지(愛知)—이라는 말에 표현되어 있
다. 철학을 진지하게 생각할 때는, 그것은 언제나 생활의 행위에 영향을 주
는 지혜에 도달하는 것을 의미한다고 생각되어 왔다. 이를테면, 옛날의 거의
모든 철학 유파는 그 자체가 조직된 생활방식이었고, 그러한 교의를 수용한
사람들은 일정한 행위양식에 따를 것을 맹세했다는 사실, 철학은 중세에 와
서 로마교회의 신학과 밀접한 관계를 맺었고 종교적 관심과 빈번하게 결합
한 것, 국가가 위기에 처했을 때 철학이 정치적 투쟁과 결합한 것 등이 그
증거이다.

철학과 인생관의 이 직접적이고 밀접한 관련은 철학을 과학과 명확하게
구분해준다. 과학의 개별적인 사실과 법칙이 행위에 영향을 미치는 것은 분
명하다. 그것은 도움이 되는 것과 도움이 되지 않는 것을 알려주고, 실행 수
단을 제공한다. 과학이, 세계에 대해 발견한 개개의 사실에 대한 보고뿐만
아니라, 세계에 대한 '일반적인 태도'—구체적인 행동지침과는 다른—도 보
여준다면, 그것은 철학과 융합한다. 왜냐하면 기초를 이루는 성향은 이것저
것 잡다한 사물에 대한 태도나, 이미 알고 있는 사물의 집단에 대한 태도가
아니라, 행위를 지배하는 일반적인 고려에 대한 태도를 의미하기 때문이다.

그러므로 철학을 내용 면에서만 정의하기란 불가능하다. 그렇기 때문에
일반성, 총체성, 궁극성이라는 개념의 정의에 도달하려면, 그것이 암시하는
세계에 대해 나타내는 태도와 성향이 어떤 것인지 생각해 보면 가장 쉽게 이
해된다. 이러한 말들은 문자 그대로의 양적인 의미에서는, 어떠한 의미에서
도 지식의 내용에는 적용되지 않는다. 완전성과 궁극성이라는 것은 있을 수
없는 것이기 때문이다. 늘 진행되고 변화하는 과정에 있는 경험의 본성 자체
가 그것을 용납하지 않는다. 그리 엄밀하지 않은 의미에서는, 그것은 철학보
다 오히려 '과학'에 적용된다. 왜냐하면 우리가 세계에 관한 여러 가지 사실
을 발견하는 데 이용해야 하는 것은, 철학이 아니라 명백하게 수학·물리학·
화학·생리학·인류학·역사 등이기 때문이다. 세계에 관한 법칙이 타당한 것
이 되려면 어떤 기준을 갖추어야 하는가, 그리고 그러한 기준을 갖춘 법칙에

는 무엇이 있는가 하는 것은 과학의 영역이다. 그러나 과학상의 발견들이 세계에 대해 어떤 '종류'의 영속적인 행동성향을 우리에게 요구하느냐고 묻는다면, 그것은 철학적인 질문이다.

이러한 관점에서 보면 '총체성'은 양적 총화라는, 도저히 해결될 전망이 없는 과제를 의미하지는 않는다. 그것은 오히려 우리에게 일어나는 수많은 일들과 관련된 반응양식의 '일관성'을 의미한다. 그러나 일관성은 문자 그대로 동일성을 뜻하는 것은 아니다. 그것은 똑같은 일은 두 번 다시 일어나지 않는 법이므로, 똑같은 반응의 엄밀한 되풀이에는 반드시 약간의 부적응이 따르기 때문이다. 총체성은 연속성—이전의 행동 습관을, 그것이 살아서 성장하는 상태로 유지하는 데 필요한 재적응을 하면서 계속하는 것—을 의미한다. 그것은 기성의 완전한 행동방식이 아니라, 수많은 다양한 행동들 사이에 균형을 유지하면서 각 행동이 다른 모든 행동과 서로 의미를 보완해 주는 것을 의미한다. 열린 마음으로 새로운 인식에 대해 민감하게 반응할 뿐만 아니라, 그러한 인식을 관련짓는 일에 전념하며 그 일에 책임을 느끼는 사람은 누구나, 그만큼 성향이 철학적인 것이다. 철학의 통속적인 의미의 하나는, 난관과 실패에 직면했을 때의 냉철함과 인내력이며, 심지어 철학은 불평하지 않고 묵묵히 고통을 견디는 것이라고 생각하는 사람들도 있다. 이러한 의미 부여는 철학 일반의 특질이라기보다는 스토아학파 철학의 영향에서 오는 것이다. 그러나 그것이, 철학에 특유한 전체성은 학습하는 능력이라는 것, 즉 불쾌한 경험에서도 의미를 이끌어내고, 학습한 것을 체득하며, 나아가서 학습을 계속해나갈 수 있게 하는 힘이라는 것을 시사한다는 점에서, 그것은 어떤 체계에서도 정당한 것이 된다. 철학의 일반성과 궁극성에 대해서도 비슷한 생각을 적용할 수 있다. 문자 그대로 해석하면, 그것은 이치에 맞지 않는 주장이고 정신 나간 헛소리이다. 그러나 궁극성이 의미하는 바는 경험이 끝나고 고갈되는 것이 아니라, 훨씬 깊은 의미까지 통찰하는—표면보다 아래로 내려가 모든 사건 또는 사물의 관련들을 늘 추구하며 계속하는—마음의 태도이다. 마찬가지로 철학적 태도는 모든 것이 고립되었다는 생각에 반대한다는 의미에서 일반적이다. 그것은 어떤 행위를 그 전후관계—그 의미를 구성하는 것—속에서 파악하고 의미를 부여하려고 노력한다.

철학을 사고와 관련짓는 것은 철학을 지식과 구별하는 데 도움이 된다. 지식—근거가 밝혀진 지식—은 과학이다. 그것은 합리적으로 해결되고 정리되고 처리된 사물을 나타낸다. 한편, 사고는 미래와 연관되어 있다. 그것은 불안정한 상태에 의해 야기되며, 동요의 극복을 지향한다. 철학은 이미 아는 사실이 우리에게 무엇을 요구하는지, 어떤 반응 태도를 요구하는지 사고하는 일이다. 그것은 완성된 사실의 기록이 아니라 가능한 것에 대한 관념이다. 따라서 철학은 모든 사고와 마찬가지로 가설적이다. 그것은 해야 할 일—시도해야 할 일—을 지시한다. 그 가치는 해결책을 제공하는 것(그것은 행동을 통해서만 이루어질 수 있다)이 아니라, 문제를 밝혀내고 그것을 처리하는 방법을 보여주는 데 있다. 말하자면 철학이란 자각적인 사고—경험 속에서의 자기 위치와 기능, 가치를 일반적으로 규정한 사고—라고 할 수 있다.

더욱 구체적으로 말하면, '총체적' 태도가 필요한 것은, 생활 속에서 서로 충돌하는 다양한 관심을 행동을 통해 통합해야 하기 때문이다. 다양한 관심들이 너무나 표면적이어서 쉽게 서로 다른 것으로 옮겨가거나 충돌할 정도로 조직되어 있지 않은 경우에는, 철학의 필요성이 느껴지지 않는다. 그러나 과학적 관심이 이를테면 종교적 관심과 충돌하거나, 경제적 관심이 과학적·미적 관심과 충돌할 경우, 또는 질서에 대한 보수적인 관심이 자유에 대한 진보적인 관심과 대립할 경우, 또 제도주의가 개인의 이익과 충돌할 경우에는, 분립한 것을 결집하여 경험의 정합성과 연속성을 회복시키는 훨씬 포괄적인 관점의 발견에 대한 자극이 일어난다. 이러한 충돌을 개인이 혼자 힘으로 해결하는 일이 있다. 여러 목표 사이의 투쟁의 범위가 한정되어 있어서, 개인이 자신의 생각으로 양자를 적당히 조화시키는 경우이다. 그러한 개인적인 철학은 진짜 철학으로서 타당한 경우가 많다. 그러나 그것은 철학의 체계에까지 이르지는 못한다. 철학체계가 이루어지는 것은, 다양한 행위의 이상에 대한 엇갈린 요구가 사회 전체에 영향을 미쳐 재조정할 필요가 일반적으로 느껴질 때이다.

이상과 같은 상황은 철학에 대한 불신의 이유로 자주 제시되는 몇 가지 사실, 이를테면 철학은 거의 똑같은 문제를 말만 바꿔서 늘 되풀이하며, 그 똑같은 문제에 매달려 있는 것처럼 보인다는 것뿐만 아니라, 그러한 철학 속에서 개인적인 사변이 역할을 맡고 있다는 것, 또 그것이 다양하게 대립을 보여서 논쟁거리가 되고 있다는 것을 밝혀준다. 말할 것도 없이 그러한 것은 모두 많든 적든 역사상의 철학의 특색을 나타내고 있다. 그러나 그것은 철학에 대한 불만이라기보다는 인간성에 대한 불만이며, 인간성이 만들어내는 세계에 대한 불만이기도 하다. 만약 삶이 진정으로 불확실한 것이라면, 철학은 그 불확실성을 반영할 것이 틀림없다. 어떤 문제의 원인에 대해 다양한 진단이 있고, 그 문제의 해결에 대해 다양한 제안이 있다면, 즉 이해의 충돌이 다소나마 다른 인간 집단의 형태로 나타난다면, 서로 갈등을 일으키는 다양한 철학이 생기는 것은 불가피하다. 무슨 일이 일어났는가에 대해서는 충분한 증거만 있으면 동의와 확실성을 얻을 수 있다. 그 사실 자체는 확실한 것이다. 그러나 복잡한 정황 속에서 무엇을 하는 것이 현명한가에 대해서는 논의가 불가피한데, 그것은 바로 그 사실 자체가 아직 확정적이지 않기 때문이다. 안락하게 살고 있는 지배계급이 생존을 위해 처절하게 투쟁하는 사람들과 인생철학이 같을 거라고 생각하기는 어렵다. 유산계급과 무산계급이 세계에 대해 같은 기본적 성향을 가지고 있다면, 그것은 불성실하다거나 진지하지 않다는 것을 보여주는 것이라고 할 수 있다. 생산 활동에 전념하며 실업과 상업을 활발하게 영위하는 사회는, 고도로 미적인 문화를 가지고 자연의 힘을 기계적으로 이용하는 사업은 조금밖에 하지 않는 나라와, 똑같은 방식으로 생활의 필요와 가능성을 보지는 않을 것이다. 상당히 지속적인 역사를 가진 사회집단이 위기에 정신적으로 대처하는 방법은, 급격한 변동의 충격을 계속 받아온 사회집단의 그것과는 매우 다르다. 똑같은 자료도 다르게 평가하는 것이다. 더욱이 다른 유형의 삶에 수반되는 다른 종류의 경험은, 다른 유형의 가치체계에 도달할 뿐만 아니라, 완전히 똑같은 자료가 발견되는 것도 방해한다. 같은 문제가 되풀이되는 것은 대부분의 경우, 사실상 그렇다기보다는 겉으로 보기에 그런 것뿐이며, 옛날의 낡은 논의가 현대의 복잡한 정황 속에서 다시 다뤄지는 데서 일어나는 현상이다. 더욱이 어떤 기본적인 점에서는 생활이 같은 경우에는, 단지, 과학의 발달도 포함하여 사회적인 배경이 바뀜에 따라 일어나는 변화만 수반하여 때때로 되풀이된다.

철학의 문제는 사회적인 관행에 어려운 문제점들이 널리 퍼져있어 많은 사람들이 그것을 느끼기 때문에 발생하는데, 사람들이 그 사실을 이해하지 못하는 것은 철학자들이 전문가 집단을 이루어, 직접적인 어려움들을 얘기하는 용어와는 다른 전문 용어를 사용하기 때문이다. 그러나 어떤 철학체계가 영향력을 지니게 될 때는, 언제나 어떤 사회적 조정을 필요로 하는 여러 이익의 충돌과 이 체계의 관련을 반드시 찾아낼 수 있다. 이 점에서 철학과 교육의 밀접한 관련이 나타난다. 실제로 교육은 철학적 논의가 지닌 전문기술적인 의의와는 다른 인간적 의의를 통찰하는 데 유리한 지반이 된다. 철학을 '오직 그 자체로서' 연구하면, 언제나 단순히 그만큼 기민하고 엄격한 훈련—어떤 철학자들이 어떤 말을 했는지 따위만 공부하는 것—으로 여길 위험이 있다. 그러나 철학상의 문제들을, 그것이 대응하는 심적 경향은 무엇인가, 즉 그것에 따라 행동할 때 그것이 교육실천에서 어떻게 다르게 나타나는가 하는 관점에서 다룬다면, 철학이 관련을 맺고 있는 구체적인 삶의 정황을 보기란 그리 어려운 일이 아닐 것이다. 만약 어떤 이론이 교육의 노력에 아무런 차이도 가져오지 않는다면, 그것은 틀림없이 인위적인 것이다. 교육적 관점은, 철학상의 문제들이 발생하고 발전하는 곳, 그러한 문제가 원래 존재하는 곳, 나아가서 그것을 용인하는가 거부하는가에 따라 실천에서 차이가 나는 곳에서, 우리가 그러한 문제에 직면할 수 있도록 한다.

만약 우리가 교육을 자연과 인간 동포에 대한 지적·정서적인 기본적 성향이 형성되는 과정으로 생각하길 거부하지 않는다면, 철학을 '교육의 일반적 이론'으로 정의해도 될 것이다. 철학이 기호적인—즉 언어만의—것 또는 소수자의 감정적 탐닉, 그렇지 않으면 단순한 독단에 머물러서는 안 된다고 한다면, 그 철학에 의한 과거 경험의 결산보고와 가치체계는, 구체적인 행위에서 효력을 나타내야만 한다. 공적인 선동이나 선전, 입법활동과 행정활동은, 철학이 바람직하다고 제시하는 성향의 변화를 낳는 데 유효하지만, 그것은 오직 교육을 통해, 다시 말하면 지적 및 도덕적 태도에 영향을 줌으로써만 가능하다. 게다가 이러한 방법은 아무리 좋은 경우에도 습관이 이미 거의 굳어버린 사람들에게 적용된다는 점에서 제약이 있지만, 이에 비해 젊은이를 대상으로 하는 교육은 활동영역이 훨씬 유망하고 훨씬 자유롭다. 한편 학교가 하는 일은, 현대생활에서 학교교육이 차지하는 위치를 폭넓게 또 공감적인 관점에서 바라보게 해주는 철학의 도움을 받아 그 목적과 방법을 늘 활기차게 하지 않으면, 주먹구구식으로 판에 박은 일을 되풀이하게 될 가능성이 있다.

실증과학은 항상 사회가 달성하고자 노력하는 목적을 '실제로' 내포하고 있다. 그러한 목적에서 분리된다면, 그 발견이 질병을 치료하는 데 사용되는가, 그것을 만연시키는 데 사용되는가, 생명을 유지하는 수단을 늘리는 데 사용되는가, 생명을 절멸시키는 전쟁 물자를 제조하는 데 사용되는가 하는 문제와는 아무 상관도 없는 것이 된다. 만약 사회가 이러한 일 가운데 선택적으로 특정한 일에 관심을 기울인다면, 과학이 그것을 달성하는 방법을 보여준다. 따라서 철학은 이중의 과제를 떠안게 된다. 하나는 과학의 현상에서 현존하는 목표를 비판하는 것, 즉 새로운 수단을 이미 지배하고 있기 때문에 시대에 뒤떨어져버린 가치를 지적하고, 어떤 가치가 아직 그것을 실현할 수단이 없어 감정적인 것에 지나지 않는지를 보여주는 것이다. 또 하나는 장차 사회가 나아갈 방향과 관련하여 과학의 전문적인 연구결과를 해석하는 것이다. 그러나 이러한 일에서 철학이 무엇을 해야 하고 무엇을 하지 말아야 하는지에 대해, 그 철학에 상당하는 교육론이 없으면 어떠한 성공도 거둘 수 없다. 왜냐하면 철학 이론에는 머리에 그린 가치들을 그 자리에서 실현시켜주는 알라딘의 램프가 없기 때문이다. 기계기술에서 과학은 사물을 조작하고 널리 인정받는 목표를 위해 그러한 힘을 이용하는 방법이 된다. 교육기술에 의해 철학은 진지하고 사려 깊은 인생관과 합치하여 인간의 힘을 이용하는 방법을 제공할 수 있다. 교육은 철학의 차이가 구체화되고 시험되는 실험실이다.

유럽의 철학이 교육적 문제에 답을 내야 하는 필요에 쫓겨(아테네인들 사이에서) 발생했다는 것은 중요한 의미를 암시한다. 소아시아와 이탈리아에서 그리스인이 전개한 초기 철학사는, 그 논제의 범위에 관한 한 오늘날 철학이라는 말로 이해되는 철학이라기보다는 주로 과학사의 한 부분이다. 그것은 자연을 주제로 하여 사물이 어떻게 만들어지고 어떻게 변화하는가에 대해 사색했다. 나중에 소피스트라고 불리게 되는 순회교사들이 자연철학자의 성과와 방법을 인간의 행위에 적용하기 시작한 것이다.

유럽 최초의 직업적인 교육자집단이었던 소피스트들이 젊은이들에게 덕과 정치기술, 국가와 가정의 관리에 대해 가르쳤을 때, 철학은 개별적인 것과 보편적인 것, 즉 어떤 포괄적인 계층 또는 사회집단과의 관계, 인간과 자연, 전통과 반성, 지식과 행동의 관계를 다루기 시작했다. 그들은 다음과 같이 물었다. 덕, 또는 모든 길에서 인정된 탁월성은 배울 수 있는 것인가? 배운다는 것은 무엇인가? 그것은 지식과 관련된 일이다. 그럼 지식이란 무엇인가? 그것은 어떻게 해서 달성되는가? 감각을 통해서인가, 아니면 어떤 행동양식을 실제로 보고 익혀서인가, 그것도 아니면 예비적인 이론적 훈련을 받은 이성에 의해서인가? 그리스인의 표현방식에 따르면 배움은 앎에 '도달하는 것'이므로, 그것은 무지에서 지혜로, 결핍에서 충족으로, 결함에서 완성으로, 비존재에서 존재로 넘어가는 추이를 포함하고 있다. 그러한 추이는 어떻게 해서 가능한가? 변화, 생성, 발전은 정말로 가능한가? 가능하다면 어떻게 해서 가능한가? 그리고 그러한 질문에 대답이 주어진다면, 지식을 가르치는 것은 덕에 대해 어떠한 관계를 맺게 되는가?

덕이란 명백하게 행위에 깃드는 것이므로, 이 마지막 질문은 이성과 행위, 이론과 실천의 관계에 대한 문제를 제기하기에 이르렀다. 아는 것은 이성의 활동이고, 그것은 인간의 가장 고귀한 속성이 아닌가? 따라서 순수하게 지적인 활동 자체는 모든 탁월성 가운데 최고의 것이며, 거기에 비하면 이웃에 대한 사랑의 덕이나 시민생활의 덕은 이차적인 것이 아닐까? 또는 이에 반해, 과시되는 지적 인식은 공허하고 무익한 허식이 문제가 아니라, 성격을 타락시키고, 사람들을 사회생활에서 묶어 주는 사회적 유대를 위태롭게 하는 것은 아닌가? 가장 도덕적이기 때문에 가장 진실한 생활은, 그 사회의 오랜 관습에 순순히 적응함으로써 달성할 수 있는 것은 아닌가? 그리고 새로운 교육은 그 사회의 확립된 전통에 대항하는 모범을 설정하는 것이므로 선량한 시민성의 적이 아닌가?

2, 3대 지나는 동안, 그러한 문제는 그것이 처음에 지녔던 교육과의 실제적인 관계를 떠나서, 그것 자체가 독립하여, 즉 독자적 탐구영역인 철학 문제로서 논의되었다. 그러나 유럽 철학사상의 흐름이 교육실천의 이론에서 출발했다는 사실은, 여전히 철학과 교육의 밀접한 관련을 웅변으로 증명하고 있다. '교육철학'은 기성의 관념들을 외부에서, 그것과는 근본적으로 다른 기원과 목적을 지닌 실천 체계에 적용한 것은 아니다. 다시 말해 그것은 그 시대의 사회생활이 안고 있는 여러 가지 문제점과 관련하여 올바른 지적과 도덕적 습관을 형성하는 문제를 명료하게 보여준 이론적 표현에 불과하다. 그러므로 철학에 대해 내릴 수 있는 가장 철저한 정의는, 철학은 교육이

론의 가장 일반적인 측면이라는 것, 바로 그것이다.

따라서 철학의 개조, 교육의 개조, 사회의 이상과 질서의 개조는 함께 보조를 맞춰서 진행되는 과정이다. 오늘날 특별히 교육을 개조할 필요가 있다고 한다면, 그리고 이 필요가 전통적인 철학체계의 기초적 관념들을 다시 생각하길 요구한다면, 그것은 과학의 진보와 산업혁명과 민주주의의 발전에 수반되는 사회생활의 철저한 변화 때문이다. 그러한 실체적인 변화가 일어나면 반드시 그것에 대처하는 교육개혁이 필요해져서, 사람들은 이러한 사회변화 속에 어떠한 관념과 이상이 내재해 있는지, 오래된 다른 문화권에서 계승된 관념과 이상에 대해서는 어떠한 수정이 필요한지 묻게 된다. 우리는 이 책 전체를 통해 부수적으로, 지금까지 살펴본 몇 장에서 명백하게, 바로 이러한 문제를, 그것이 정신과 신체, 이론과 실천, 인간과 자연, 개인적인 것과 사회적인 것 등의 관계에 영향을 미치는 것으로서 논의해 왔다. 그래서 마지막 두 장에서, 우리는 이상의 논의를 처음에는 인식의 철학에 대해, 이어서 도덕의 철학에 대해 정리해 볼 것이다.

요약 지금까지의 논의 속에 내재하는 철학적 논점을 밝히기 위해 재검토를 가한 뒤, 우리는 철학을 일반화된 교육이론으로 정의했다. 그리고 철학은 사고의 한 양식이며, 그것은 모든 사고와 마찬가지로 경험 대상 속의 불확실한 것에 그 기원을 두고 난처한 사태의 본질을 밝힌 뒤, 그것을 해결하기 위한 가설을 구성하고 행동으로 그것을 시험하는 것을 목표로 한다고 얘기했다. 철학적 사고와 다른 것의 차이점은, 철학적 사고가 다루는 불확실성은, 전반적인 사회 상태와 그 목표 속에서 발견할 수 있으며, 조직적 이해와 제도적 요구의 충돌에서 기인한다는 사실이다. 대립되는 경향들을 조화롭게 재조정할 수 있는 유일한 방법은, 정서적 또는 지적인 성향의 수정을 통해서이므로, 철학은 생활의 다양한 이해의 명확한 이론적 표현인 동시에, 이해의 더 나은 조화를 가져올 수 있는 관점과 방법의 제시이기도 하다. 교육은 무엇이 바람직한가에 대한 단순한 가설에 머무르지 않고, 그것을 통해 필요한 변화가 이루어지는 과정이다. 그러므로 우리는, 철학은 계획적으로 수행되는 실천적인 교육이론이라는 진술을 정당화할 수 있다.

제25장
인식의 이론

1 계속성과 이원론 지금까지 인식에 관한 많은 이론들에 대해 비판해 왔다. 그 이론들은 서로 많이 다르면서도, 우리가 지금까지 적극적으로 주장해 왔던 이론과 근본적인 면에서 대조를 이룬다. 한편 제시한 이론은 '계속성'을 전제로 하지만, 이 책에서 비판된 다른 이론들은 기본적인 분열, 분리, 대립, 전문적인 용어로는 이원론을 분명히 말하거나 암시하고 있다. 우리는 이 분열의 원인이 집단 내부에서 몇 개의 사회집단과 계급을 구분하는 단단한 장벽, 즉 부자와 가난한 자, 남성과 여성, 귀족과 서민, 지배하는 사람과 지배를 받는 사람, 이러한 계층들 사이에 놓여 있는 장벽에 있음을 알아냈다. 이 장벽이 집단이나 계층 사이의 자유로운 교류를 가로막는 것이다. 이는 집단 저마다의 생활경험 유형이 서로 다르고, 또 그 주제와 목적과 가치 기준이 각각 고립되어 있음을 뜻한다. 만약 철학이 경험을 있는 그대로 정확하게 설명하는 것이라면, 그러한 사회적 조건에서 나오는 철학은 무엇이든지 당연히 이원론적 성격일 수밖에 없다. 설사 철학이 이원론적 성격을 탈피하더라도—많은 철학이 형식상으로는 거기서 벗어났다—그것은 경험보다 더 높은 그 무엇에 의존함으로써, 다시 말해 초월적인 영역으로 도피함으로써 그것을 극복할 수 있다고 생각한다. 그러한 철학은 명목상으로는 이원론을 부정하면서 사실상 그것을 복원시킨다. 왜냐하면 그 이론은 결국 이 세계를 단순한 외양으로 보고, 우리가 도달할 수 없는 실재의 본질과 그 외양을 구분하는 것이기 때문이다.

오늘날까지 이 구분은 끈질기게 전해 내려왔고, 거기에 몇 가지가 더 추가되어 교육체계에 그 흔적을 남겨 놓았다. 그래서 오늘날의 교육체계는 전체적으로 보면 목적과 방법이 서로 다르다. 그 결과, 이미 말했듯이 서로 분리된 모든 요인들과 가치들이 서로 견제하며 균형을 이루는 것이다(제18장 참조). 지금 여기서 하고자 하는 논의는 인식론에 관련된 여러 가지 대립적인 견해들을 철학적인 용어로 정리하는 것에 불과하다.

첫째로, 경험적 인식과 그보다 이성적인 인식의 대립이 있다. 전자는 일상과 관련된 것으로 전문적인 지적 활동이 아닌 보통 사람들의 목적에 도움이 되고, 그들의 욕구를 즉각적인 환경에 조화롭게 관련짓는 일을 한다. 이러한 종류의 인식은 실용적인 것으로, 교양적 의미가 결여되어 있어 경멸까지는 아니더라도 경시되고 있다. 이성적 인식은 궁극적으로, 또 지적으로 직접 파악하는 것으로 생각되고 있다. 이 지식은 그것을 추구하는 것 자체가 목적으로서, 이론적인 통찰을 얻는 것으로 끝나야 하며, 행동에 적용된다든가 하는 식으로 비하되어서는 안 된다. 사회적으로 이 차이는 노동계급이 사용하는 지성과, 생활수단에 대한 관심과는 거리가 먼 지식계급이 사용하는 지성의 차이이다.

철학적인 관점에서 보면, 이 차이는 특수적인 것과 보편적인 것으로 구별된다. 경험은 고립된 특수 사례의 집합으로서, 그 각각에 대한 지식은 따로따로 접함으로써 알게 된다. 이성은 보편적인 것, 일반적인 원리, 법칙을 다루며, 구체적인 세부사항들의 혼란에 영향을 받지 않는 높은 곳에 자리잡고 있다. 이 구분이 교육에 적용될 때, 학생들은 한편으로 수많은 정보들을, 또 한편으로는 일정한 수의 법칙과 일반적 관계를 배워야 한다. 보통의 수업방법을 생각해보면 지리는 전자에 해당하고, 수학은 셈하기와 같은 초보 단계를 제외하고는 후자에 속한다. 거의 모든 점에서 이 두 가지는 완전히 독립된 별개의 세계를 나타낸다.

또 하나의 대립은 '학습'이라는 단어의 두 가지 의미에 나타나 있다. 한편으로 학문이란 책이나 학자들을 통해 전해 내려오는 것, 즉 알려진 지식의 총화이다. 그것은 외적인 것으로, 마치 물건을 창고에 넣어 두듯이 지적 활동의 결과를 쌓아 두는 것이다. 진리는 이미 완성된 것으로서 어딘가에 존재하고 있다. 따라서 학습은 축적되어 있는 것을 꺼내어 익히는 과정이다. 다른 한편으로 학습은 공부할 때 하는 '활동'을 가리킨다. 그것은 활동적인 것으로 개인이 하는 개인의 일이다. 이 점에서 이원론은 외적인, 즉 객관적인 지식과 순전히 내적인, 즉 주관적이고 정신적인 인식의 대립이다. 한쪽에는 이미 완성된 진리 체계가 있고, 다른 한쪽에는 인식능력을 갖춘 이미 완성된 마음—마음이 그 능력을 행사하려고만 하면 지식을 얻을 수 있지만, 이상하게도 하기 싫어하는 경우가 많다—이 있다. 이따금 거론되는 교육 내용과 방법의 분리는 교육에서의 이원론의 반영이다. 사회적으로 이 구별은 권위에 의존하는 삶과 개인이 자유롭게 영위하는 삶의 구분에 해당한다.

또 하나의 이원론은 인식에 있어서 능동성과 수동성의 이원론이다. 단순히 경험적이고 물질적인 사물은 흔히 인상을 받아들임으로써 인식된다고 생각된다. 물질적인 사물은 어떤 방식으로든 마음에 각인을 시키고, 감각기관을 통해 의식에 전달된다. 이와는 반대로 이성적인 인식이나 정신적인 사물에 대한 지식은 마음의 내부에서 발동되는 활동에서 나오며, 이 활동은 감각이나 외적 사물과의 접촉으로 훼손되지 않고 거기서 멀리 떨어져 있을수록 더 잘 수행된다. 이 구별은 교육에서는 감각훈련·실물교육·실험실에서의 실습과, 책 속에 들어 있으며 어떤 신기한 정신 에너지의 투입을 통해 내면화되는—적어도 그런 식으로 내면화된다고 생각되는—순수한 관념과의 구별로 확실하게 나타난다. 사회적으로 이 구분은 사물과의 직접적인 관계에 지배되는 사람들과, 교양과 인격을 쌓은 사람들의 구분에 상응한다.

일반적으로 보이는 또 하나의 대립으로 지성과 정서의 대립을 들 수 있다. 정서는 순전히 사적이고 개인적인 것으로, 사실과 진리를 파악하는 단순한 지성과는 아무 관계가 없는 것으로 생각된다. 예외가 있다면 오직 지적 호기심이라는 정서가 지성과 관계가 있다고 보는 정도이다. 지성은 순수한 빛이고, 이에 비해 정서는 마음을 어지럽히는 열병 같은 것이다. 지성은 진리를 향해 밖으로 눈을 돌리고, 정서는 안으로 개인적인 득실을 따진다. 따라서 이미 말했듯이 교육에서 고의로 흥미가 경시되는 동시에, (마치 옷에 호주머니가 붙어 있는 것과 같이) 알아야 할 진리에 그 지성을 적용하고자 하는 마음이 들도록 교육내용과는 무관한 외적 상벌의 힘을 빌리는 것이 대부분의 학생들에게 실제로 필요해진다. 따라서 직업적 교육자들이 흥미를 존중해야 한다고 주장하면서도 한편으로는 시험과 점수, 진급과 낙제, 우등상 등에 의존할 필요가 있다며 상벌의 중요성을 역설하는 웃지 못할 광경이 벌어진다. 이러한 사태가 교사의 유머 감각을 짓밟고 있다는 사실은 아직까지 당연히 받아야 할 주목을 받지 못하고 있다.

이러한 모든 분열은 결국 인식과 행위, 이론과 실천, 행동의 목적이자 정신인 마음과 행동의 기관이자 수단인 신체의 구분이 된다. 이 이원론이, 물질적인 생활수단을 얻기 위해 노동을 하는 계층과, 경제적 압박에서 해방되어 표현예술과 사회지도에 전념하는 계층으로 사회가 구분되어 있다는 사실에 기원을 두고 있음은 앞에서 이미 여러 차례 말했으므로 되풀이하지 않아도 될 것이다. 또한 이 분리에서 오는 교육적 폐단에 대해서도 다시 말할 필요가 없다. 다만 이러한 이원론적 사고가 타당하지 않다고 보는 근거와, 그것이 계속성의 원리에 의해 대치되어야 하는 이유를 요약해서 제시하고자 한다.

(가) 생리학의 발달, 그리고 그것과 관련된 심리학의 발달은 정신활동과 신경계 사이의 밀접한 관계를 잘 보여준다. 이 관련이 무엇을 의미하는가 하는 문제에 대해서는 더 이상 깊이 들어가지 않고, 옛날의 정신과 육체의 이원론이 뇌와 나머지 신체의 이원론으로 바뀌는 정도에 그쳤다. 그러나 사실 신경계는 모든 신체활동이 공동으로 계속 움직이도록 하기 위해 특수화된 기구에 불과하다. 신경조직은 인식기관이 운동반응의 모든 기관으로부터 분리되어 있듯이 다른 신체 기관과 분리되어 있는 것이 아니라, 여러 신체 기관들이 서로 상호작용하여 반응하도록 하는 기관이다. 뇌는 본질적으로 환경으로부터 받아들인 자극과 그것에 대한 반응에 대해 각각 상호적인 조절을 할 수 있도록 하는 기관이다. 여기서 상호적인 조절이라는 말에는 특별히 주의가 필요하다. 뇌는 단순히 감각적 자극에 대한 반응으로서, 유기체의 활동이 환경의 물체에 어떤 조치를 가하도록 해줄 뿐만 아니라, 이 반응이 다음에 어떤 자극이 올지를 결정한다. 예를 들면 목수가 나무판자를 다룰 때, 판화가가 동판을 다룰 때, 즉 일련의 연속적인 활동을 할 때 어떤 일이 일어나는지를 생각해보면 쉽게 이해할 수 있다. 각각의 운동반응은 감각기관을 통해 전달된 상황에 맞게 조절되는데, 그 운동반응이 다시 그 다음의 감각 자극을 형성하는 것이다. 이 실례를 일반화하면, 뇌는 활동이 연속성을 띨 수 있도록 끊임없이 활동을 재조직하는 생리적 기관이라고 할 수 있다. 즉 이미 한 일에 비추어 앞으로 행동을 어떻게 수정해 나가야 할지 알려주는 것이다. 목수의 일은 하나하나 연속적이어서, 똑같은 일을 그대로 반복하거나 축적되는 것 없이 닥치는 대로 하는 활동과는 구분된다. 목수 일이 연속적, 지속적 또는 집중적인 이유는 이전의 각각의 행위가 다음 행위를 위해 길을

준비할 뿐만 아니라, 나중의 행위는 이미 달성된 결과를 고려하고 계산에 넣기―이것이 책임의 기초가 된다―때문이다. 인식이 신경조직과 관련되어 있고, 신경조직이 새로운 상황에 대처하기 위해 활동을 끊임없이 재조정하는 것과 관련이 있다는 사실의 의미를 진정으로 이해하는 사람이라면 누구든지, 인식이 모든 활동과 고립되어 그 자체로서 완전한 것이 아니라 활동의 재조직과 관련되어 있음을 의심하지 않을 것이다.

(나) 생물학의 발달은 진화론의 출현과 더불어 위의 주장을 한층 더 확실하게 뒷받침해준다. 진화론의 철학적 의의는, 단순한 유기체에서 복잡한 유기체, 그리고 인간에 이르기까지 유기체의 형태 사이에 연속성이 있음을 강조한다는 데 있다. 유기체의 발전은 환경과 유기체의 조정기구가 명백하고, 마음이라고 부를 만한 것이 최소한으로 있는 단계에서 시작된다. 활동이 더욱 복잡해지고 공간적으로나 시간적으로나 더 많은 요소들을 동시에 고려해야 함에 따라 지성이 더욱 중요한 역할을 하게 된다. 이것은 더 넓은 미래를 바라보고 계획하게 되기 때문이다. 인식론에서 인식은 세계의 단순한 구경꾼, 즉 방관자에 지나지 않는 자의 활동이라는 생각, 인식을 그 자체만으로 완전한 것으로 보는 인식관에 따르는 개념을 몰아내게 되었다. 유기체의 진화 이론은 생물도 세계의 한 부분으로서 세계와 함께 변해가고 운명을 같이한다는 것, 그리고 그 주위에 있는 사물과 자신을 지적으로 동일시하며, 현재 진행되는 일이 앞으로 어떤 결과를 가져올지 예상하고 그에 따라 활동을 조정해 나가야 한다는 것을 말해 준다. 만약 살아 있어서 경험하는 존재가 자신이 속해 있는 세계의 활동에 깊이 관여한다면, 인식은 참여의 방식이며 그것이 유효한 정도에 따라 가치 있는 것이 된다. 인식은 결코 냉담한 방관자의 나태한 관조가 될 수 없다.

(다) 지식을 얻고, 또 그 지식이 단순한 의견이 아닌 확실한 지식임을 보장하는 방법으로서의 실험적 방법―발견과 증명의 방법―은 인식론에 변화를 가져온 또 하나의 중요한 힘이다. 실험적 방법에는 두 가지 측면이 있다. (1) 그 하나는, 우리의 활동이 실제 사물에 물리적 변화를 일으키고, 그 변화가 우리의 생각과 일치하여 그것을 확인해주는 경우가 아니면 그 무엇도 지식이라고 부를 수 없다는 것이다. 그러한 명확한 변화가 없다면 우리들의 신념은 단순한 가설, 이론, 착상, 억측에 지나지 않는다. 그것들은 시험적으로

받아들여지고 시험되어야 하는 실험의 지침으로서 이용해야 한다. (2) 한편 사고의 실험적인 방법은 사고가 도움이 된다는 것, 그리고 그 도움은 현재의 상황을 철저하게 조사한 것을 근거로 앞으로 일어날 결과를 예측하는 데 있음을 의미한다. 바꿔 말하면 실험은 맹목적으로 반응하는 것과는 다르다. 그러한 여분의 활동—지금의 관찰과 예상에서 필요없는 것—은 실제로 우리의 모든 행동에서 피할 수 없는 요소이지만, 우리가 하는 행동의 결과를 주시하고 앞으로 일어날 비슷한 상황에서 예측과 계획을 세우기 위해 이용되지 않는 한 그것은 실험이 되지 않는다. 실험적 방법의 의미를 잘 이해할수록 우리가 직면하는 물질적 수단과 장애를 다루는 일정한 방법을 시험하는 과정에, 이전에 지성을 사용한 경험이 더 많이 포함되는 것이다. 우리가 마법이라고 부르는 것은 많은 점에서 미개인의 실험적 방법이었지만, 그에게 시험하는 것은 그의 운을 시험하는 것으로, 그의 생각을 시험하는 것은 아니었다. 반대로 과학적인 실험 방법은 생각의 시험이고, 따라서 실제로는, 즉 직접적으로는 실패했다 해도 지적이고 유익하다. 이것은 우리의 노력이 진지하고 사려 깊다면, 실패에서도 배우는 것이 있기 때문이다.

　실험적 방법은 실제적인 방책으로서는 삶과 마찬가지로 오래되었지만, 과학적 수단으로서는—지식을 만드는 체계적 방법으로서는—새로운 것이다. 따라서 사람들이 그 전체 범위를 인식하지 못하는 것도 놀라운 일이 아니다. 대개 실험적 방법의 의의는 일정한 전문기술적이고 물질적인 문제에 국한된다고 여겨짐에 지나지 않는다. 그것이 사회적이고 도덕적인 문제에 대한 모든 관념을 형성하고 시험하는 데도 마찬가지로 유효하다는 사실이 인정을 받으려면 말할 필요도 없이 오랜 시간이 걸릴 것이다. 사람들은 생각한다는 번거로움이나 사고를 통해 자신들의 활동을 이끌어야 하는 책임에서 벗어나기 위해 독단론, 권위가 정한 신념에 아직도 의존하고 싶어한다. 그들은 서로 경쟁하는 독단설의 여러 체계 가운데 어느 것을 받아들일지를 생각하는 데만 자신의 사고를 국한시키는 경향이 있다. 따라서 존 스튜어트 밀이 말한 것처럼, 학교는 탐구자를 양성하는 것보다 제자를 양성하는 데 훨씬 더 적합하다. 하지만 실험적 방법의 영향력이 커짐에 따라 과거의 학교를 지배했던 문헌적·변증적·권위적인 신념형성의 방법을 추방하는 세력이 강해지고, 시간적으로는 더욱 먼 미래에 미치고, 공간적으로는 더 넓은 범위의 사물을 전개하는 목표에 이끌려, 학교의 위신이 사물과 인간의 활동적 관계를 얻는 방법으로 옮겨갈 것은 확실하다. 결국 인식론은 지식을 만들어내는 데 가장 유효한 실천에서 나와야 하며, 따라서 그 인식론은 더욱 효과적인 방법을 개선하는 데 이용될 것이다.

2 방법에 관한 모든 학파들 인식 방법에 대해 특징적으로 달리 생각하는 여러 철학 체계가 있다. 스콜라 철학, 감각론, 합리론, 관념론, 실재론, 경험론, 선험주의 등이 그것이다. 그 대부분은 앞에서 교육문제에 대해 논의할 때 비판한 바가 있다. 우리는 여기서 이러한 이론들이 지식을 달성하는 데 가장 효과적인 방법에서 어떻게 이탈해 있는가를 생각해 보고자 한다. 그 이탈에 대한 것을 깊이 고찰해 보면, 경험에서 지식이 차지하는 위치가 분명하게 드러나기 때문이다. 한마디로 말하면 지식의 기능은 어떤 경험을 다른 경험에서도 자유롭게 이용할 수 있는 것이다. 이 '자유롭게'라는 말은 지식의 본질과 습관의 본질의 차이를 드러낸다. 습관은 개인이 경험을 통해 변화하여 같은 상황에서 더 쉽고 더 효율적인 행동을 하게 되는 것을 의미한다. 이렇게 습관은 경험을 다음 경험에 도움이 될 수 있도록 하는 기능이 있다. 일정한 한계 안에서는 습관은 이 기능을 잘 수행한다. 그러나 지식이 결여된 습관은 상황의 변화나 새로운 것을 받아들일 여지가 없다. 습관의 시야 안에는 변화에 대한 예견이 없다. 습관은 새로운 상황이 예전 상황과 본질적으로 비슷하다는 것을 전제로 하기 때문이다. 그 결과 그것은 사람을 종종 혼란에 빠뜨린다. 즉 그 일을 잘 수행하는 데 방해가 되는 것이다. 이는 마치 그 기술이 순전히 습관적인 기계 기술자가 기계를 운영하는 데 뭔가 예기치 못한 일이 일어나면 어쩔 줄 몰라 하는 것과 같다. 그러나 기계를 이해하는 사람은 자신이 무엇을 해야 할지 안다. 그는 일정한 습관으로 충분히 해낼 수 있는 일이 어떤 일인지 알고, 그 습관을 새로운 상황에 재적응시키도록 변화를 줄 수 있다.

바꿔 말하면, 지식은 어느 일정한 상황에서 어떤 대상의 적용가능성을 결정할 때, 그 대상이 지닌 모든 관련성을 파악하는 것이다. 한 극단적인 예로 미개인은 불꽃을 그리며 지나가는 혜성을 보면, 그들의 생명의 안전을 위협하는 다른 사건을 내할 때와 똑같이 반응한다. 그들은 고함을 지르고 징을 치고 무기를 휘둘러 동물이나 적을 위협하여 쫓아내기 때문에 혜성에 대해서도 그렇게 한다. 우리에게 이 방법은 정말 바보 같은 짓이다. 너무나 바보 같아서, 우리는 미개인들이 습관에 의존하는 그 방법 자체가 습관의 한계를 드러내고 있다는 점을 깨닫지 못하고 간과해버린다. 우리가 그와 똑같은 방법으로 행동하지 않는 까닭은 다만, 혜성을 고립된, 아무 관련이 없는 사물로 보지 않고 다른 사건들과 관련하여 파악하기 때문이다. 말하자면 그것을 천문학 체계 속에서 파악하는 것이다. 우리는 단순히 그 사건만이 아니라 그 사건과 연결된 모든 관련에 대해 반응한다. 따라서 거기에 대한 우리의 태도는 자유롭다. 우리는 말하자면 그 관련이 제시하는 여러 시각 중에서 어떤 것을 선택해서 다가가도 상관없다. 우리는 발명, 창의, 온갖 재능으로써 직접적이 아니라 간접적으로 새로운 사물에 대응한다. 이상적이고 완전한 지식은, 과거의 어떤 경험도 새로운 경험에 나타난 문제들을 해결하는 데 유리한 입장을 제공하는, 상호관련의 망조직을 상징한다. 결국 지식이 없는 습관은 우리에게 단일하고 고정된 공격방법을 주지만, 지식은 넓은 범위의 습관에서 선택할 수 있는 것을 의미한다.

이전의 경험이 나중의 경험에 일반적으로, 그리고 더 자유롭게 도움을 줄 수 있다는 이 가능성에는 두 가지 측면이 있다(90~91쪽 참조). (가) 하나는 실질적인 면으로, 제어력의 증대이다. 직접 조작할 수는 없는 것도 간접적으로는 다룰 수 있을 것이다. 즉 우리는 좋지 않은 결과가 우리에게 영향을 미치지 못하도록 그 사이에 장벽을 칠 수 있다. 또는 극복할 수 없을 때는 피할 수도 있다. 진정한 지식은 효율적인 습관이 지닌 것과 같은 실제적인 가치가 있다. (나) 그뿐만이 아니라, 지식은 경험에 들어있는 의미, 또는 경험된 의의를 증대시켜 준다. 기분 내키는 대로 반응한다든지 틀에 박힌 방식으로 반응하는 경우에는 최소한의 자각적 의의밖에 없다. 그러한 상황에서는 정신적으로 아무것도 얻을 수 없다. 그러나 지식이 새로운 경험을 결정하기 위해 활동하게 될 때는 언제나 정신적 대가를 얻을 수 있다. 예를 들어 필요한 제어에 실제적으로는 실패했다 하더라도, 우리는 단순히 육체적으로 반응하는 것이 아니라 의미를 경험하는 데서 만족을 얻는다.

지식의 내용은 '이미' 일어난 일, 이미 끝나거나 완전히 해결되어 확실하다고 생각되는 것이지만, 지식의 착안점은 미래 즉, 앞으로 일어날 일에 있다. 지식은 현재 진행 중인 일과 앞으로 해야 할 일을 이해하고 의미를 주는 수단을 제공하기 때문이다. 의사의 지식은 본인이 직접 체험하거나 다른 사람이 확인하고 기록한 내용을 배워서 알아낸 것들이다. 그러나 그것이 그에게 지식이 되는 까닭은 그가 직면한 미지의 일을 해석하고, 부분적으로 명확한 사실을 그것과 관련된 현상에서 보충하며, 그러한 사실이 일어날 수 있는 미래를 예견하고, 그것에 맞추어 계획을 세우는 데 도움이 되는 수단을 제공하기 때문이다. 지식이 이해할 수 없는 것에 의미를 주는 데 도움이 되지 않는다면, 그것은 의식에서 완전히 탈락해버리거나 그저 미적인 관점의 대상이 되어버린다. 자신이 아는 지식의 균형이나 질서를 바라보는 것에서는 많은 정서적 만족을 얻을 수 있다. 게다가 그 만족은 정당한 만족이다. 그러나 이 관조적인 태도는 심미적인 것이지 지적인 것은 아니다. 이는 마치 좋은 그림이나 멋진 풍경을 바라볼 때 느끼는 기쁨과 같다. 그것들은 조화롭게 잘 짜여져만 있다면 그 내용이 무엇이더라도 아무 상관없는 것이다. 실제로 모두 지어내어 그린 것이나 상상을 그린 것이라도 상관없다. 지식의 세계에 대한 응용가능성은 과거의, 이미 지나간 것에 대한 응용가능성을 의미하지 않는다. 그것은 우리가 얽혀 있는 움직이는 장면에서 아직 진행 중인 것, 아직 해결되지 않은 것에 대한 응용가능성을 의미한다. 우리가 이 특색을 쉽게 간과하고, 이미 지나가 버려서 우리의 손에 닿지 않는 것에 대해 말하는 내용을 지식이라고 보는 것 자체가, 우리가 과거와 미래의 연속성을 당연한 것으로 생각하기 때문이다. 과거에 대한 지식이 그 미래를 예상하고 거기에 의미를 부여하는 데 전혀 도움이 되지 않는 세계를 상상하기란 불가능하다. 우리가 그 미래에 대한 관련을 무시하는 것은, 그것이 너무나 확고하게 들어 있어서 따로 말할 필요가 없기 때문이다.

그러나 지금까지 언급한 방법론의 많은 학파들은 그것을 무시할 뿐 아니라 부정하고 있다. 그들은 아직 존재하지 않는 일을 처리하는 데 지식이 도움이 되는 것과는 관계없이, 지식을 단지 그 자체만으로 완전한 것으로 본다. 그들이 내세우는 교육방법이 올바른 지식을 가진 사람들로부터 비난을 받는 이유가 바로 그 점 때문이다. 학교에서 지식의 습득이라고 말하는 것을 생각해보면, 그 지식이라는 것이 과연 학생들이 늘 마주치는 경험과 얼마나 의미 있는 관련을 맺었는가, 어쩌다가 책에 실리게 된 내용을 그냥 받아들이는 것이 바로 지식이 아닌가란 식의 생각이 얼마나 널리 퍼져 있는지 알 수 있다. 학생들이 배우는 내용이 그것을 발견한 사람이나 거기서 도움을 얻은 경험이 있는 사람에게는 아무리 진실한 것이라도, 학생들에게도 그것이 올바른 의미의 지식이 되는 것은 아니다. 자신의 삶에 결실을 가져오지 않는 한, 그것은 화성이나 어떤 상상 속 나라의 일과 다름이 없다.

스콜라 철학의 방법이 발달했던 그 무렵에 그것은 사회적 상황과 적절한 관계를 맺고 있었다. 그것은 권위로부터 인정을 받은 교재를 체계화하고, 이성적인 승인을 얻는 방법이었다. 이 교재는 정의와 체계화에 생기를 불어넣는다는 의미까지 지니고 있었다. 현재의 상황에서 스콜라 철학 방법은 대부분의 사람들에게 '어떠한' 특수적 주제와도 아무런 특별한 관련이 없는 인식의 형식을 의미한다. 그 방법은 분별하고 정의하고 구분하고 분류하는 일을, 경험과 관련된 어떠한 목적도 없이 그저 그 일 자체를 하기 위해서 하는 것이다. 사고는 그 자체의 형식을 갖춘 순수하게 정신적인 활동이고, 그 모든 형식은 마치 가소성이 있는 물질에도 도장을 찍을 수 있는 것처럼 어떠한 재료에도 적용될 수 있다고 보는 견해, 즉 형식논리라 불리는 것의 토대를 이루는 이 생각은 본질적으로 일반화된 스콜라 철학의 방법이다. 교육에서 형식도야설(形式陶冶說)은 이 스콜라 철학의 방법에서 자연적으로 파생되어 나오는 한 부분이다.

감각론 및 합리론이라는 이름으로 불리는 대립되는 두 이론은 특수적인 것과 일반적인 것, 즉 단순한 사실과 단순한 관계를 배타적으로 강조하는 입장에 각각 해당한다. 진정한 지식에는 특수화와 일반화의 기능이 함께 작용한다. 상황이 혼란에 빠졌으면 그것을 해결해야 한다. 그것은 세부적으로 분해되고 가능한 한 확실하게 정의되어야 한다. 특수화된 모든 사실과 성질이 처리되어야 하는 문제의 모든 요소를 구성한다. 그리고 그 특수화는 우리의 감각기관을 통해 이루어진다. 문제를 제기하는 데 사용되는 이러한 성질과 사실들은 단편적이며 그 점에서 특수한 것이라고 부를 수 있다. 우리가 해야할 일은 그것들 사이의 관련을 찾아내고 그것을 다시 결합하는 일이므로, '그때의 우리에게는' 그것은 부분적이다. 우리는 여기에 의미를 부여해야 한다. 그대로는 의미가 결여되어 있기 때문이다. 이와 같이 알려져야 할 것, 이제부터 그 의미를 해명해야 하는 것은 무엇이나 특수한 것으로 나타난다.

그러나 이미 알려진 것은, 새로운 특수한 사실들을 지적으로 지배하기 위해 그것을 응용할 목적으로 다시 처리된다면, 기능상 일반적인 것이 된다. 일반성은 아직 관련을 맺지 않은 것을 서로 관련짓는 기능이 있다. 새로운 경험의 모든 요소에 의미를 주기 위해 사용된다면, 어떠한 사실도 일반적인 것이 된다. '이성'은 이전의 경험 내용이 새로운 경험 내용의 의의를 인식하는 데 집중하는 능력이다. 자신의 감각을 직접 자극하는 사상(事象)을 고립된 것이 아니라, 인류 공동의 경험과 관련지어서 보려는 태도를 언제나 유지하는 사람은 그만큼 이성적이다.

감각기관의 적극적 반응을 통해 식별되는 특수한 사례가 없으면 지식도 없고 지식의 성장도 없다. 이러한 특수한 사례를 과거의 더욱 넓은 경험에서 나온 의미의 맥락 속에 놓지 않으면—즉 이성이나 사고를 사용하지 않으면—특수한 사례는 단순한 자극이나 흥분에 지나지 않는다. 감각론 학파와 합리론 학파의 오류는 모두, 오래된 경험을 새로운 경험에 적용하기 위한 경험의 재조직에 감각적 자극과 사고, 양쪽의 기능이 관계하고 있고, 이것으로 생활의 계속성 즉, 일관성이 유지된다는 점을 인정하지 않았다는 것이다.

앞에서 제시한 인식 방법에 대한 이론을 실용주의라 부를 수 있을 것이다. 그 본질적인 특징은 의식과 환경을 의도적으로 변형시키는 활동과 연속성을 유지하고 있다는 것이다. 지식은, 우리가 소유한 것이라는 엄밀한 의미에서 우리의 지적수단—우리의 행동을 지적이게 하는 모든 습관—으로 이루어진다. 우리가 환경을 자신의 필요에 맞게 적응시키고, 우리의 목표와 욕망을 우리가 살고 있는 상황에 맞춰 적응시킬 수 있도록 우리의 성향 속에 조직되어 있는 것만이 진정한 지식이다. 지식은 우리가 지금 의식하는 것만이 아니라 지금 일어나고 있는 것을 이해하는 데 우리가 의식적으로 사용하는 여러 성향으로 성립된다. 작용으로서의 인식은 우리 자신과 우리가 사는 세계와의 관련을 마음에 그림으로써, 혼란을 바로잡으려는 목적을 위해 우리가 지닌 성향 몇 가지를 의식에 떠올리는 행위이다.

요약 자유롭고 충분한 교류를 저해하는 사회의 분열은, 분리된 각 계급 구성원의 지성과 인식이 어느 한쪽으로 치우치도록 반작용을 일으킨다. 유용한 사물은 그 자체를 뛰어넘는 것보다 큰 목적에 도움이 되지만, 그러한 목적에서 분리된 사물을 다루는 경험을 하는 사람들은 사실상 경험주의자이고, 자신은 그것을 구체적으로 낳는 활동에 아무런 역할도 하지 않으면서, 의미의 영역을 관조하는 것을 즐기는 사람들은 사실상 합리주의자이다. 사물에 직접 접촉하고, 자신들의 활동을 그러한 사물에 직접 적응시켜야 하는 사람들은 실질적으로는 현실주의자이고, 이러한 사물의 의미를 고립시켜, 사물에서 분리된 종교적 또는 정신적 세계 속에서 그러한 의미에 위치를 부여하는 사람들은 관념론자이다. 진보에 관여하는 사람들은 일반적으로 용인되는 신념을 바꾸기 위해 노력하면서 인식에서의 개인적 요소를 강조하지만, 변화를 거슬러 널리 용인되고 있는 진리를 보존하는 것을 주요 임무로 삼는 사람들은 보편적인 것과 고정적인 것을 강조한다. 이러한 구분은 얼마든지 열거할 수 있다. 여러 철학 체계는, 대립하는 인식론에서 벗어나 한쪽으로 치우친 경험의 단편적 부분—한쪽으로 치우친 까닭은 교류를 방해하는 장벽이, 어떤 자의 경험을 다른 입장에 선 사람들의 경험을 통해 풍부해지게 하고 보충하는 것을 방해하기 때문이다—에 관계되는 특징만을 이론적으로 정립해 왔다.

이와 마찬가지로 민주주의는 원칙적으로 자유로운 교환, 사회의 연속성을 지지하기 때문에, 어떤 경험을 다른 경험에 방향과 의미를 주는 데 도움이 되도록 하는 방법이 지식 안에 들어 있음을 인정하는 인식론을 발전시켜야 한다. 생리학·생물학·실험과학의 논리에서 볼 수 있는 최근의 진보는, 그러한 이론을 달성하고 체계화하는 데 필요한 특수한 지적수단을 제공한다. 이 이론을 교육에 적용해 보면, 학교에서의 지식 습득은 공동생활의 환경에서 일어나는 활동, 즉 직업 활동과 연관을 맺어야 한다는 결론이 나온다.

제26장
도덕의 이론

1 내적인 것과 외적인 것 도덕은 행위에 관한 것이기 때문에 정신과 활동을 갈라놓는 모든 이원론이 도덕론에 반영되는 것은 분명한 사실이다. 철학적 도덕론에서의 분열의 이론적 표현은 도덕적 훈련에서 사용되는 실천을 정당화하고 이상화해왔기 때문에 여기서 간단하게 비판적 검토를 할 필요가 있다. 인격함양이 학교에서의 수업과 훈련의 종합적인 목표라는 것은 교육이론의 상식이다. 따라서 우리는 이 목표 실현을 방해하는 지성과 성격의 관계에 대한 생각을 경계하고, 그 목표가 잘 실현되도록 하려면 어떤 조건을 갖추어야 하는가에 신경을 써야 한다.

우리가 직면한 최초의 걸림돌은 활동 방향을 대립되는 두 요소, 즉 흔히 내적인 것과 외적인 것, 정신적인 것과 육체적인 것이라 부르는 두 요소로 분열시키는 도덕관의 유포이다. 이 분열은 이미 몇 번이나 주목받아 왔는데, 마음과 세계, 정신과 신체, 목적과 수단의 이원론을 표현하고 있다. 도덕에서 이원론은 행동 동기를 그 결과로부터, 또 성격을 행위로부터 엄격하게 구별한다. 동기와 성격은 단순히 '내적인 것'으로 오직 의식 속에서 존재하는 것으로 간주된다. 이에 비해 결과와 행위는 마음의 바깥에 있는 것으로, 행위는 동기를 실행하는 행동에만 관계하고 있으며 결과는 그 과정에서 일어난 일에 관계하는 것으로 생각된다. 다른 여러 학파는 마음의 내적인 상태, 또는 외적인 행동과 결과를 각각 분리해 놓고, 도덕성을 어느 한쪽과 동일한 것으로 규정하고 있다.

목적이 있는 행동은 계획적이다. 그것은 의식적으로 예견된 목적과, 그 옳고 그름의 이유를 마음속에서 비교하는 것, 그리고 그 목적에 대한 동경이나 욕망 같은 의식상태를 포함하고 있다. 어느 하나의 목표나 어느 하나의 안정된 욕망의 경향을 신중하게 선택하는 데는 시간이 걸린다. 그리고 그 동안에는 모든 행동이 중지된다. 결심이 서지 않은 사람은 어떻게 할지를 모른다. 그래서 되도록이면 확실한 행동을 미룬다. 그의 상태는 마치 도랑을 건널지 말지 망설이는 사람과 같다. 만약 그가 건널 수 있다, 또는 건널 수 없다고 확신한다면 어느 쪽이든 확실한 행동을 취할 것이다. 그러나 그가 아직 생각을 하며 망설이는 동안에는 머뭇거리게 된다. 어느 한 방향으로의 행동이 아직 정해지지 않았을 때, 그의 활동은 확고한 행동의 진로를 준비하기 위해 신체 내부의 힘을 재분배하는 것에 국한되어 있다. 그는 도랑을 눈으로 잰 뒤 자신이 낼 수 있는 힘을 파악하기 위해 몸을 긴장시키고, 다른 방법이 없는지 둘러보면서 건너는 일이 정말 중요한지 생각해 보기도 한다. 이 모든 것은 의식 속에서 일어나는 일이며, 그것은 그 자신의 태도와 능력, 희망 등을 의미한다.

그러나 이와 같이 개인에 관련된 요소들이 의식적으로 인식되기까지 눈에 띄는 과정은 시간적으로 발전하는 활동 전체의 일부분에 지나지 않는다. 처음에 정신적인 과정이 일어나고, 그 뒤에 갑자기 그것과는 근본적으로 다른 신체적인 과정이 이어지는 것은 아니다. 하나의 연속적인 행동이 있고, 그것이 불확실하고 불완전한 상태에서 확실하고 완전한 상태로 나아가는 것이다. 처음의 활동은 주로 유기체 내부의 긴장과 조절로 구성되고, 이것이 조절되고 통일된 상태가 됨으로써 전체로서의 유기체가 어떤 명확한 행동을 시작하는 것이다. 우리는 물론 그 연속적인 활동 속의 좀 더 의식적인 측면을 지적인 것 또는 정신적인 것으로 식별할 수 있을 것이다. 하지만 지적이라든가 정신적인 것이란, 전체로서는 환경을 수정하기 위해 외부적인 에너지를 발휘하는 단계 이전의 불확실한 형성기에 있음을 말하는 것에 지나지 않는다.

우리의 의식적인 사고, 관찰, 희망, 반감 등이 중요한 이유는 그것이 발생기의 활동을 의미하기 때문이다. 그것은 나중에 눈에 보이는 특정한 행동이 되어 나타남으로써 그 운명을 마치게 된다. 게다가 유기체의 재조정의 이러한 발단이 중요한 까닭은, 그것이 고정된 습관과 맹목적 충동에서 벗어나는 유일한 탈출 방법이기 때문이다. 그것은 발달 과정에서 새로운 의미를 얻는 활동이다. 따라서 보통 우리의 본능이나 이미 형성된 습관이 새로운 사정에 방해받는 것을 느낄 때는 언제나 우리 자신의 의식에 의존할 수밖에 없다.

이런 경우에 우리는 돌이킬 수 없는 행동을 하기에 앞서 우리 자신을 돌아보며 우리의 태도를 재조직한다. 무조건 밀고나가려고 하지 않는다면 우리는 처한 상황의 특징에 맞게 우리를 적응시키기 위해 그것들을 바꿔야 한다. 그러므로 행동에 앞서는 의식적인 고찰과 욕구는 불안정한 상황에서의 활동에 필요한 인간의 조직적인 재적응이다.

그러나 의식적인 활동에서 마음이 하는 이 역할은 항상 동일한 방향을 유지하는 것은 아니다. 활동이 방해를 받아 잘 되지 않으면 다른 것에 대한 욕망이나 일정한 사태에 대한 혐오감이 생기고 그것이 상상력을 자극한다. 다른 상황을 마음에 그려보는 것은 해결법이나 방침을 찾아내는 현명한 관찰과 회상을 촉진하는 데 도움이 되지 않는 경우가 많다. 훈련된 성향이 있는 경우 외에는 멋대로 상상하기 쉽다. 상상은 실제로 실행에 옮길 수 있는가 없는가 하는 관점에서 그 내용이 현재의 상황보다 더 현실적인 것으로 바뀌는 것이 아니라, 상상이 가져다주는 정서적 만족 때문에 마음대로 엉뚱한 방향으로 나아간다. 좋지 않은 자연환경이나 사회환경 때문에 우리의 힘을 제대로 발휘할 수 없을 때 가장 쉬운 해결책은, 공중누각을 지어 그것으로 사고라는 수고가 수반되는 현실적인 성취를 대신하는 것이다. 따라서 우리는 아무런 행동을 하지 않으면서 마음속으로는 상상의 세계를 만들어낸다. 이 사고와 행위의 분열은, 내적인 것인 마음과, 단순히 외적인 것에 지나지 않는 행위나 결과를 엄격하게 분리하는 이론에 반영된다.

안과 밖의 분리는 특정한 개인의 경험에만 해당되는 것은 아니다. 사회적인 정황은, 정연한 고찰에 빠지는 계층의 사람들에게 환경을 재조직하기 위해 자신들의 생각이나 포부를 이용할 수 있게 하는 수단을 주지 않고, 그들을 오직 자신의 사상이나 욕망 속으로 빠뜨려버리게 될지도 모른다. 이러한 조건에 있는 사람들은 적대적인 환경을 멸시하는 마음을 품고 그것에 오명을 씌움으로써 말하자면 그런 환경에 복수하는 것이다. 그들은 자신의 마음 상태, 자신의 상상과 소망 속에서 도피와 위안을 찾으며, 그것을 멸시하는 바깥 세계보다도 한층 실재적이고 이성적이라고 찬양한다. 그러한 시대는 역사상 여러 번 되풀이하여 나타났다. 기원후 초기의 몇 세기에 걸쳐서 스토아주의, 수도원 및 민간 그리스도교, 그 무렵의 다른 종교운동, 영향력 있는 도덕체계는 그러한 영향 아래에서 형성된 것이다. 세상에 널리 보급된 이상을 표출하는 행동이 방해를 받을수록 이상의 내적인 소유와 육성은 자기충족적인 것—도덕의 본질—으로 간주되었다. 활동이 속한 외적인 세계는 도덕적으로는 아무래도 상관없는 것으로 생각되었다. 중요한 것은 동기가 올바른 것, 설령 그 동기가 이 세계에서는 사물을 움직이는 힘이 되지 못한다 하더라도 그러한 것이었다. 거의 같은 상황이 18세기 후기와 19세기 초기에 독일에서 되풀이되었다. 칸트를 통해 유일한 도덕적 선으로서 선한 의지가 강조되었다. 의지는 행동과 세계에서 일어난 변화나 결과와는 상관없이 그 자체로서 완전한 것으로 생각되었다. 그 뒤 그것은 현존하는 모든 제도를, 그 자체가 이성을 체현하는 것으로서 모든 형태로 이상화하기에 이르렀다.

'선의를 가지는 것', 거기서 어떤 결과가 나오든지 선한 성향을 가지는, 이 순수하게 내적인 도덕은 당연히 반동을 불러일으켰다. 이 반동은 일반적으로 쾌락주의 또는 공리주의로 불린다. 요컨대 도덕적으로 중요한 것은 한 사람이 그 의식 안에서 어떤 사람인가 하는 것이 아니라, 그가 무슨 일을 '하는가'—다시 말하면 그가 실제로 일으키는 변화—에 있다는 것이다. 내적 도덕은 감정적·임의적·독단적·주관적인 것으로서, 사람들은 그것을 직관적인 진리니 양심의 모범이니 하고 부르지만, 이는 이기심과 변덕을 얼버무리고 변호한 데 지나지 않는다는 공격을 받았다. 결과와 행위는 가치 있는 것이며 그것만이 도덕의 유일한 척도가 된다는 것이다.

일상에서의 도덕, 따라서 교실에서의 도덕은 위의 두 가지 도덕성이 타협된 것이다. 한편으로는 감정이 중시된다. 사람은 선의를 가져야 한다. 그의 의도가 선하고, 정서적 의식이 올바르다면, 그는 행위에 나타나는 모든 결과에 대한 책임을 면할 것이다. 그러나 한편으로는 다른 사람들의 편의와 필요를 위해, 전반적으로는 사회질서의 편의와 필요를 위해 무슨 일인가 해야 하기 때문에, 그가 그 일에 관심이나 정보를 가지고 있건 없건 일정한 일을 해야 한다는 것이 크게 강조된다. 그는 규칙을 지켜야 하고, 공부를 해야 하고, 명령에 복종해야 하며, 유용한 습관을 길러야 하고, 자제하는 것을 배워야 한다. 이 모든 교훈은, 그 행동의 배경을 이루는 사고나 욕망의 진의와는 상관없이, 또 그로 인해 그다지 눈에 띄지 않는 다른 행위에 그것이 미치는 효과와도 상관없이, 현실적으로 일어난 직접적인 행위만을 강조하는 방법으로 이해되고 있다.

지금까지의 논의로 위의 두 가지 폐해를 피할 수 있는 방법을 충분히 살펴보았다고 생각한다. 어른이건 아이건, 사람들이 그들의 흥미를 끌고 또 그들의 깊은 생각을 필요로 하는 상황에서 점차 축적되어가는 일에 종사할 수 없는 경우에는, 언제나 위에서 말한 두 가지 폐해 가운데 적어도 한 가지는 반드시 나타난다. 오직 개인의 관심과 사고가 개입된 상황에서만, 개인이 품은 욕망과 사고의 성향이 바깥으로 드러나는 행동에 유기적인 요인으로 작용할 수 있는 것이다. 학생 자신의 흥미를 구체적으로 표현하고 명확한 결과를 얻으려 할 때, 틀에 박힌 습관이나 명령과 지시에 대한 복종, 또는 기분에 좌우되는 즉흥적인 반응만으로는 일이 이루어질 수 없을 때, 의식적인 목적과 의식적인 욕망, 그리고 신중한 사고가 반드시 일어난다. 이런 것들은 특정한 결과를 낳는 활동의 정신 및 특질로서 필연적으로 일어나는 것이지, 내적 의식이라는 고립된 영역의 형성으로서 필연적으로 일어나는 것은 아니다.

2 의무와 흥미의 대립　도덕상의 논의에서 '원리'에 따른 행동과 '흥미'에 따른 행동 사이의 대립만큼 자주 거론되는 것은 아마 없을 것이다. 주의(主義)에 따라 행동하는 것은 사심 없이 일반적인 법칙에 따라 행동하는 것이고, 그 법칙은 모든 개인적 고려를 초월한다. 사심에 따라 행동하는 것은 자신의 개인적 이익을 위해 이기적으로 행동하는 것이다. 그것은 그때그때 바뀌는 개인적 편의로 확고한 도덕률에 대한 헌신을 대신한다. 이 대립의 기초를 이루는 흥미에 대한 그릇된 생각은 이미 비판한 바 있지만(제10장 참조), 여기서는 이 문제의 도덕적인 측면을 몇 가지 생각해보겠다.

이 문제에 대한 단서는, 이 논쟁에서 '흥미' 쪽에 서는 사람들이 늘 '사리(私利)'라는 말을 사용한다는 사실에서 찾을 수 있다. 그들은 어느 대상이나 관념에 흥미가 없으면 동기가 되는 힘은 존재하지 않는다는 전제에서 출발하여, 어떤 사람이 원리 또는 의무로 행동한다고 주장하더라도 실제로 자신에게 이익이 되는 그 무엇이 있기 때문에 그런 행동을 한다는 결론을 내린다. 이 전제는 타당하지만 결론은 그렇지 않다. 반론하는 다른 학파는, 인간은 사심 없는 관대한 행동뿐만 아니라 자기를 희생하는 행동도 할 수 있기 때문에 인간은 흥미가 없어도 행동할 수 있다고 주장한다. 이것 또한 전제는 타당하지만 결론은 그렇지 않다. 이 양쪽의 오류는 흥미와 자기와의 관계에 대한 잘못된 생각에 있다.

서로는 모두, 자아라는 것은 고정되어 있고, 따라서 고립된 일정한 양이라고 생각한다. 그 결과로서 자신의 이익을 위해 행동하는 것과 이익이 없이 행동하는 것 사이에 엄격한 딜레마가 생기는 것이다. 만약 자아가 행동에 앞서서 존재하는 고정된 그 무엇이라면 이익을 위해 행동하는 것은 자기의 소유물로서—명성, 타인의 승인, 다른 사람을 지배하는 권력, 금전적 이익, 쾌락, 그 어느 것이든—더 많이 소유하려고 하는 것을 의미한다. 그래서 이 견해를 인간성에 대한 냉소적인 멸시라고 보는 반작용으로서, 품위 있게 행동하는 사람들은 조금의 사심도 없이 행동한다는 견해가 나오는 것이다. 그러나 편견 없이 판단을 해본다면 사람은 자기가 하는 일에 흥미를 가져야 하며, 그렇지 않으면 그 일을 하는 까닭이 없다. 생명의 위험을 무릅쓰면서 전염병 환자를 돌보는 의사는 자신의 일을 수행하는 데 틀림없이 흥미가 있다. 아마 자신의 육체적 생명의 안전보다 여기에 더 많은 흥미가 있을 것이다. 이 흥미는 자기가 늘 하는 일에서 얻는 다른 어떤 것—이를테면 돈, 좋은 평판, 선행—에 대한 흥미의 가면에 지나지 않는다, 즉 그것은 이기적인 목적을 위한 수단에 불과할 뿐이라고 한다면, 그것은 사실을 왜곡하는 말이다. 자아란 이미 만들어져 있는 것이 아니라 행동의 선택을 통해 끊임없이 형성되는 과정임을 인정하면 모든 문제는 사라진다. 생명의 위험을 무릅쓰면서 자신의 일을 계속하는 데 흥미가 있다면, 그 흥미는 그 사람의 자아가 그 일을 하는 가운데 나타난다는 것을 의미한다. 만약 그가 일을 포기하고 개인적인 안전이나 안락을 택한다면 이것도 역시 이런 종류의 자아를 선택했다는 의미이다. 흥미와 자아를 분리하여 자아는 목적이고, 사물이나 행위, 타인에 대한 흥미는 그 수단이라고 생각하는 데 오류가 있다. 실제로 자아와 흥미는 동일한 사실의 두 가지 이름이다. 한 사물에 대한 적극적인 흥미의 종류와 양이 곧 그 사람의 자아의 질을 나타내며 그 척도가 된다. 흥미는 자아와 일정한 대상의 활동적, 즉 움직이는 '동일성'을 의미한다는 점을 염두에 둔다면 딜레마라고 표현한 것은 모두 사라져버린다.

예를 들어, 몰아성(沒我性), 즉 이기심이 없는 것은 자기가 하는 일에 흥미가 없는 상태(그것은 기계와 같은 무관심을 의미할 것이다)를 의미하는 것도 아니고, 또 자아가 없는 상태를 의미하는 것도 아니다. 이기심이 없다

는 말은 위에서 말한 대로 특수한 이론적 논쟁 외의 모든 경우에 사용될 때
는, 항상 사람에게 흥미를 불러일으키는 목표나 대상과 관련이 있다. 그리고
이 몰아적이라는 형용사를 사용하고 싶은 흥미의 종류를 마음속으로 생각해
보면, 우리는 그것이 서로 밀접하게 관련된 두 가지 특징을 지녔음을 알게
된다. (가) 관대한 자아는 자신과, 자신과는 이질적인 또는 관계가 없는 것
으로서 제외되는 사항 사이에 확실한 경계선을 긋지 않고, 자신의 활동 속에
들어 있는 모든 관계와 자기 자신을 의식적으로 결부하여 생각한다는 것,
(나) 그것은 새로운 모든 결과가 인식할 수 있는 것이 되면, '과거'의 자신
의 관념을 재조정하고 확장하여 그러한 새로운 결과들을 흡수한다는 것이
다. 의사는 처음에 개업했을 때는 페스트에 대해서는 생각하지 못했을지도
모른다. 자신을 그러한 상황에서 일하는 것과 결부하여 생각하지 않았을지
도 모른다. 그러나 그가 정상적으로 성장하고 있다면, 즉 그의 자아가 활동
적이라면, 그는 자신의 직업에 그런 위험이 따른다는 것을 알았을 때 스스로
그러한 위험을 자기 활동의 중요한 부분으로서 받아들인다. 모든 관계를 거
부하는 것이 아니라 포용하고자 하는 더 넓고 큰 자아는, 그때까지 예측하지
못했던 것을 자신의 것으로 받아들이고 확대해 가는 자아와 완전히 같은 것
이다.

그러한 재조정의 전환기—그 전환기는 중대할 뿐만 아니라 사소한 것일
수도 있다—에는 '원리'와 '흥미'의 과도적인 충돌이 일어나는 일이 있다. 습
관은 본질적으로 익숙한 방면의 활동에서는 편안함을 느낀다. 습관의 재조
정은 힘든 노력—사람이 신중하게 계속해야 하는 것—을 필요로 한다. 바
꿔 말하면 사람은 익숙한 일에서 자아를 확인하며—흥미를 가지고—, 예기
치 않게 습관을 수정해야 하는 불쾌한 일이 생기면 화가 나고 성가신 생각이
들어 외면하려는 경향이 있다. 이때까지는 그러한 불쾌한 상황에 직면할 필
요 없이 자신의 의무를 잘 수행해 왔는데, 왜 이때까지 해오던 대로 해서는
안 되는 것인가? 이러한 유혹에 빠지면 곧 자아에 대한 관념을 좁게 한정하
고 고립시키게—그것을 완전한 것으로 간주하게—된다. 고정된 습관은, 그
것이 과거에 아무리 유효한 것이었다 하더라도 언제든지 이런 유혹을 불러
올 수 있는 것이다. 그러한 비상시에 원리에 따라 행동하는 것은 추상적인
원리, 즉 일반적인 의무에 따라 행동하는 것은 아니다. 그것은 행동이 벌어

지고 있는 상황의 세부적인 조건에 따라서가 아니라, 행동이 나아가야 할 원리에 따라 행동하는 것이다. 의사가 하는 행위의 원리는 그것을 고무하는 목표와 정신—환자를 돌보는 것—이다. 그 원리가 활동을 정당화하는 것은 아니다. 왜냐하면 그 원리는 그 활동의 연속성을 다른 이름으로 부르는 것에 지나지 않기 때문이다. 만약 활동이 바람직하지 않은 것이면 원리에 따라 행동하는 것은 결과를 더욱 나쁘게 할 뿐이다. 원리에 따라 행동하는 것을 자랑으로 생각하는 사람은, 뭐가 더 나은 방법인지 경험에서 배우려 하지 않고 자기가 옳다고 생각하는 그대로 밀고 나가는 경향이 있다. 그는 어떤 추상적 원리가 자기 행동의 진로를 정당화한다고 생각하지만, 그 자신의 원리가 정당화를 필요로 한다는 사실은 인정하지 않는다.

그러나 학교의 모든 조건은 학생들에게 바람직한 일을 제공하는 것이어야 한다면, 학생들로 하여금 그 일을 계속하도록 하는 추진력은 그 일 전체에 대한 흥미, 즉 일의 계속적인 발전에 대한 흥미이다. 점차 증대해가는 의미를 가진 활동이 없다면, 원리에 호소하더라도 그것은 순전히 언어상의 구호이거나, 완고한 자존심의 한 형태, 또는 그럴듯한 명분을 내건 외적인 이유에 호소하는 것밖에 되지 않는다. 의심할 것도 없이 순간적인 흥미가 사라지고, 주의력이 떨어지며, 보강이 필요해지는 경우가 있다. 그러나 이러한 어려운 기간을 견딜 수 있게 해주는 것은 추상적인 의무감이 아니라 일에 대한 흥미이다. 의무는 여러 가지 '역할'—어느 일을 수행하는 데 필요한 특정한 행동—즉 쉬운 말로 하면 자신이 맡은 일을 하는 것이다. 자신의 일에 진심으로 흥미가 있는 사람은 일시적인 좌절을 견디고 장애에도 굴하지 않으며 즐거운 일도 힘든 일도 극복할 수 있는 사람이다. 그는 난관과 혼란에 직면하여 그것을 극복하는 데 흥미를 느끼는 것이다.

3 지성과 인격 도덕을 논하는 데 흔히 따라오는 한 가지 역설이 있다. 한편으로, 도덕적인 것은 이성적인 것과 동일시된다. 이성은 도덕적 직관의 궁극적인 원천이 되는 능력이라고 주장된다. 또 때로는 칸트의 이론에서처럼 그것은 유일하게 올바른 도덕적 동기를 제공하는 것으로 생각된다. 다른 한편으로, 구체적이고 일상적인 지성의 가치는 과소평가되고 경멸되기도 한다. 도덕은 흔히 일반 지식과는 아무 상관없는 사항이라고 여겨진다. 도덕상

의 지식은 다른 것과는 별개의 것으로, 도덕의식은 의식과 근본적으로 다른 것으로 생각되는 것이다. 이 구분은 만약 타당하다면 교육에서 매우 중요한 의미를 지닌다. 우리가 인격 함양에 궁극적인 목적을 두면서, 동시에 수업시간의 주요 부분을 차지하는 지식의 습득과 이해력 발달이 인격과는 아무런 관계가 없다고 본다면, 학교에서의 도덕교육은 사실상 바람직하지 않은 것이 되고 만다. 그러한 근거를 바탕으로, 도덕교육은 불가피하게 일종의 교리 문답식 수업, 즉 도덕에 대한 설교가 되어 버린다. '도덕에 관한' 설교는 당연히 덕과 의무에 대해 다른 사람이 생각한 것에 대한 설교를 의미한다. 그것은 학생들이 타인의 감정에 대한 공감과 존경을 통해 이미 마음이 움직였을 때, 그저 그만큼의 효과가 있을 뿐이다. 그러한 존경이 없으면 그것은 마치 아시아의 산에 관한 지식과 마찬가지로 인격에 영향을 주지 못한다. 맹목적인 존경이 있으면 그것은 다른 사람에 대한 의존심을 키우고, 행위의 책임을 권위 있는 사람에게 의탁하게 한다. 실제로 직접 가르치는 도덕 수업은 몇몇 소수가 다수의 사람들을 권위적으로 지배하는 사회에서만 유효했다. 다만 그렇게 가르치는 것만이 아니라, 그것이 그러한 교육이 부수적으로 따르는 제도 전체에 의해 보강됨으로써 효과를 얻었다. 민주적인 사회에서 이런 도덕수업으로 비슷한 효과를 얻으려고 시도하는 것은 감상적인 마술의 힘에 의지하려는 것이나 다름없다.

이와 정반대로 지와 덕을 동일시하는 소크라테스·플라톤식의 교수법이 있다. 그들은 누구도 알면서 악을 행하는 것이 아니라 선에 대해 무지하기 때문에 악을 행하는 것이라고 생각한다. 이 학설은, 선을 알면서도 악을 행하는 사람들이 얼마든지 있다는 것 때문에 공격을 받고 있다. 즉 필요한 것은 지식이 아니라 습관과 동기라는 것이다. 실제로 아리스토텔레스는, 도덕은 의술과 마찬가지로 기술이라는 것을 근거로 플라톤식 교수법을 공격했다. 즉 경험이 있는 의사가, 이론적인 지식은 있으나 병이나 치료에 대한 실제적인 경험이 없는 사람보다 더 낫다는 것이다. 그러나 논점은 지식이 무엇을 의미하는가에 있다. 아리스토텔레스의 반대론은, 장기간에 걸쳐 실천적 습관과 엄격한 훈련을 거치지 않으면 선에 대한 이론적 통찰에 도달할 수 없다는 취지의 플라톤의 주장을 무시하고 있다. 선에 대한 지식은 책이나 다른 사람에게서 얻을 수 있는 것이 아니라 오랜 기간 교육을 걸쳐 달성된다. 그것은 성숙한 인생 경험이 주는 최고의 은총이다. 플라톤의 입장과 상관없이 지식이라는 말은, 자신이 직접 체험한 인식—경험으로 얻은 확신—및 사람들이 일반적으로 이러이러하다고 믿는 간접적이고 주로 기호적인 인식—생명을 잃은 정보—이라는, 전혀 다른 두 가지를 나타내는 데 사용된다는 것을 쉽게 알 수 있다. 후자는 행위를 보증하지 않으며, 성격에 깊이 영향을 미치는 일이 없는 것은 말할 필요도 없다. 그러나 지식이, 설탕은 달고 키니네는 쓰다는, 시행과 검증을 통해 얻은 우리의 확신과 같은 종류의 것을 의미한다면 사정은 달라진다. 사람이 난로보다 의자 위에 앉고, 비가 올 때는 우산을 쓰고, 아플 때는 의사에게 가는 등, 말하자면 일상생활을 구성하는 무수한 행동을 할 때마다 우리는 어떤 지식이 행위 속에 직접적인 결과를 낳는 것을 입증하는 것이다. 선에 대한 지식도 마찬가지로 표출된다. 실제로 선은, 위에서 말한 것과 같은 상황에서 경험할 수 있는 만족이 들어 있지 않다면, 공허한 용어에 불과하다. 다른 사람이 뭔가를 알고 있다고 생각하는 지식은 어떤 행동에 타인이 부여하는 승인이나 칭찬을 얻기 위해, 또는 다른 사람들에게 그들의 의견에 동의한다는 것을 보이기 위해 행동하도록 이끌수는 있을지 모른다. 그러나 그것이 타인의 자발성을 일으킨다든지, 다른 사람들이 지닌 신념에 대한 충성심으로 연결된다고 볼 이유는 없다.

따라서 지식이라는 용어의 올바른 의미에 대해 논의할 필요는 없다. 교육을 위해서는 한 가지 용어가 여러 가지 의미를 나타낸다는 점을 염두에 두고, 여러 가지로 경험하면서 직접 얻은 지식이 행동에 중요한 영향을 미친다는 것을 알면 충분하다. 학생이 단지 학교 수업과 관련하여 지명을 받았을 때 자신이 배운 것을 암송하기 위해 책에서 사물을 배운다 하더라도, 지식은 '무언가의 행위'에 대해서—즉 다른 사람의 요구에 응하여 문장을 재현한다는 행위에 대해서—는 영향을 미친다고 볼 수 있다. 그러한 '지식'이 학교 밖의 생활에 많은 영향을 미치지 않는다는 것은 조금도 놀라운 일이 아니다. 그렇다고 해서 이것이 지식과 행위를 분리해도 되는 이유는 되지 않는다. 그 것은 다만 이런 종류의 지식을 그다지 존중하지 않아도 되는 이유가 될 뿐이다. 마찬가지로 고립된 전문적 기술에만 관련된 지식에 대해서도 같은 말을 할 수 있다. 그것은 단지 독자적이고 좁은 범위에서만 행동을 수정하는 것에 지나지 않는다. 실제로 학교에서의 도덕교육의 문제는 지식—충동과 습관의 체계에 관한 지식—의 획득이라는 문제를 수반한다. 그 까닭은, 이미 알고 있는 어떤 사실의 효용성은 그 사실이 가진 여러 가지 관련에 의존하기 때문이다. 금고털이가 다이너마이트에 대해 알고 있는 지식은 언어형식으로서는 화학자의 지식과 완전히 같을지도 모른다. 그러나 사실은 그렇지 않다. 왜냐하면 그것은 다른 목표와 습관의 관련 속에 조직되어 있고, 따라서 다른 의미를 지니고 있기 때문이다.

우리는 앞에서 교재에 대해, 당면한 목표를 가진 직접적인 활동에서, 지리와 역사 속에서 볼 수 있는 의미의 확대로 나아가 거기서 다시 과학적으로 조직된 지식으로 발전한다고 논했는데, 그것은 지식과 활동의 생생한 관련을 유지한다는 관념을 바탕으로 한 것이었다. 목표를 가지고 다른 사람들과의 협조를 필요로 하는 작업에서 학습되고 사용되는 것은 의식적으로 도덕적 지식으로 보이든 보이지 않든 간에 도덕적 지식이다. 이것은 사회적 관심을 확립하고, 그 관심을 실제적인 면에 효과를 나타나는 데 필요한 지성을 주기 때문이다. 교육과정 중의 모든 학과는 사회생활의 표준적인 모든 요소를 대표하기 때문에 그야말로 사회적 가치를 전수하는 기관이다. 단순한 학교 학과로는 단순한 전문적 가치를 가지는 데에 그친다. 그러한 사회적 의의를 실감할 수 있는 상황에서 습득된다면 그것은 도덕적 관심과 분별력을 발달시킨다. 게다가 학습 방법이라는 주제에서 논했던 마음의 성질은 모두 본질에 있어서 도덕적이다. 열린 마음, 성실함, 진심, 넓은 시야, 철저함, 수용한 모든 관념의 결과를 실현시키는 책임을 받아들이는 것, 이 모든 것들이 도덕적 특성이다. 도덕적 특징을 권위 있는 법칙에 외면적으로 복종하는 것과 동일시하는 습관은 우리에게 이러한 지적 태도의 윤리적 가치를 무시하게 만든다. 또 그 습관은 도덕을 생기가 없는 기계처럼 틀에 박힌 행동으로 보는 경향이 있다. 따라서 그러한 태도는 도덕적 결과를 가져오지만, 그 결과는 도덕상 바람직하지 않다. 특히 개인적인 성향에 많은 것을 의존하고 있는 민주사회에서는 더욱 그렇다.

4 사회적인 것과 도덕적인 것 우리가 비판해 온 모든 분리, 그리고 앞의 여러 장에서 설명한 교육관이 해결하려 했던 모든 분리는 도덕을 지나치게 좁게 파악하는 데서 생기는 것들이다. 다시 말해, 이 좁은 도덕관은 한편으

로는 사회적으로 필요한 일을 하는 실제적 능력과는 상관없이 감정적인 선의를 내세우고, 다른 한편으로는 도덕을 명확하게 규정된 행동의 목록에 한정할 정도로 인습과 전통을 지나치게 강조하는 데서 생긴다. 실제로 도덕은 우리와 다른 사람의 관계에 대한 행동과 마찬가지로 광범위하다. 설령 행동을 할 때는 그러한 것들의 사회적 의미를 생각하지 않을지 모른다고 해도, 잠재적으로 도덕은 우리 모두의 행동을 포함하고 있다. 이것은 모든 행동이 습관의 본성을 통해 성향을 수정하기 때문이다. 모든 행동은 모종의 경향과 욕망을 불러일으킨다. 그리고 이렇게 강화된 습관이, 언제 우리와 다른 사람들의 공동생활에 직접적으로 감지할 수 있는 영향을 미칠지 말하는 것은 불가능한 일이다. 인격의 몇 가지 특성은 특별히 '도덕적'이라고 강조해서 부를 만큼 우리의 사회적 관계와 명백한 관련을 맺고 있다. 바로 성실, 정직, 정절, 온후함 같은 것들이다. 그러나 이것은 다른 태도와 비교하면 중심적인 것—즉 다른 태도를 수반하는 것—을 의미하는 데 지나지 않는다. 그것을 강조적인 의미로 도덕이라고 부르는 까닭은 그것이 고립된 배타적인 것이기 때문이 아니라, 우리가 확실히 인지하지 않은—어쩌면 이름조차 없는—다른 무수한 태도와 그것이 매우 밀접하게 관련되어 있기 때문이다. 그것을 고립시켜 덕성이라고 부르는 것은 마치 해골을 살아있는 신체로 잘못 생각하는 것과 같다. 뼈는 확실히 중요하지만, 그 중요성은 일정한 방법으로 신체의 다른 기관을 지탱하여, 몸 전체가 효과적인 활동을 할 수 있도록 하는 데 있다. 우리가 특별히 덕성이라 부르는 성격의 모든 특성도 마찬가지이다. 도덕은 인격 전체와 관련이 있고, 그 전체는 사람의 모든 구체적인 성질과 언동을 포함한 그 사람 자체이다. 덕성이 있다는 것은 소수의 독자적인 특성만을 따로 기른다는 것을 의미하지 않는다. 그것은 생활의 모든 직무에서 다른 사람들과의 공동생활을 통해 나타나는 그 사람의 인간됨이 원만하고 적절하다는 뜻이다.

결국 행위의 도덕적 성질과 사회적 성질은 서로 동일하다. 그리고 이 책 처음의 여러 장에서 교육의 사회적 기능에 대해 말한 내용, 즉 학교에서의 교육 관리와 교육 과정, 교육 방법의 가치 척도는 그것이 사회정신에 의해 어느 정도까지 활기를 얻고 있는가 하는 것이라고 한 말의 의미를 다시 한번 분명히 강조한 것에 지나지 않는다. 학교의 운영을 위협하는 커다란 위험은 사회정신의 침투를 가능하게 하는 모든 조건이 결여되어 있다는 것이며, 이것은 또한 효과적인 도덕적 훈련의 큰 적이다. 그 정신은 일정한 조건이 갖추어졌을 때만 활발하게 발휘될 수 있기 때문이다.

(가) 첫째로, 학교 자체가, 사회생활이라는 것이 의미하는 모든 점에서, 사회생활과 동일한 모습을 띠어야 한다. 사회적 인식과 관심은 진정한 사회적 환경—공동의 경험을 축적하기 위해 대등한 입장에서 교류가 이루어지는 환경—에서만 발달할 수 있다. 사물에 대한 정보는, 학자의 용어를 배울 정도로 다른 사람들과 충분히 교류한 사람이라면 누구라도 비교적 고립된 상태에서 배울 수 있다. 그러나 언어적 기호의 '의미'를 아는 것은 별개의 문제이다. 그것은 다른 사람들과의 공동생활 속에서 함께 일하고 노는 사회적 배경을 필요로 한다. 이 책에서 교육은 계속적인 건설적 활동을 통해 이루어져야 한다고 강력히 주장한 것은, 그러한 활동이 사회적 분위기를 조성할 기회를 준다는 사실에 근거하고 있다. 우리는 단순히 수업을 받는 장소로서 생활에서 동떨어진 학교 대신, 학업과 성장이 현재 공유된 경험에 뒤따라 일어나는 사회집단의 축소판 같은 학교를 만들어야 한다. 운동장과 공작실, 작업실, 실험실은 단지 젊은이들의 자연적인 활동적 경향을 이끌 뿐만 아니라 상호교류, 통신, 협동—그 모든 것은 관련의 인식을 확대한다—도 필요로 한다.

(나) 학교에서의 학습은 학교 밖에서의 학습과 연장선상에 있어야 한다. 또 이 양자 사이에는 자유로운 상호작용이 있어야 한다. 이것은 한쪽의 사회적 관심과 다른 쪽의 사회적 관심 사이에 다수의 접촉점이 있어야 가능하다. 중간의식과 공유된 활동은 존재하지만, 그 사회활동이 수도원의 생활과 마찬가지로, 울타리 밖 세계의 사회활동과 공통점이나 관련이 전혀 없는 경우는 충분히 상상할 수 있다. 이 경우 사회적 관심과 이해력은 발달하겠지만, 그것은 밖에서는 통용되지 않아 아무 쓸모가 없다. 널리 알려진 시민 측과 대학 측의 분열, 학구적 은둔생활의 추구는 바로 이 상황을 가리킨다. 회고적인 사회 정신을 낳는, 과거의 문화에 대한 집착도 마찬가지이다. 이것은 사람들로 하여금 자신이 살고 있는 시대보다 과거 시대의 삶에 안주하도록 만든다. 특히 교양적이라고 자처하는 교육이 이 위험에 처해 있다. 이상화된 과거가 그 정신의 도피와 위안을 구하면서, 현대적 관심사는 비열하고 신경

쓸 가치가 없는 것으로 치부되는 것이다. 그러나 일반적으로는 그것과 관련하여 학습에 필요성을 부여하고 보람을 안겨주는 사회적 환경이 없는 점이, 학교가 고립되는 가장 주된 이유이다. 이 고립은 학교 지식을 생활에 적용할 수 없게 하고, 인격에 대해서도 아무런 영향을 미칠 수 없게 한다.

도덕에 대한 편협한 도덕주의적 견해는 교육에서 바람직한 모든 목표와 가치 그 자체가 도덕적이라는 것을 인식하는 데 방해가 된다. 훈련, 자연스러운 발달, 교양, 사회적으로 유익한 능력이 도덕적 특성—이러한 성향을 조장하는 것이 교육의 임무인 사회에서 훌륭한 구성원의 모든 특징—이다. 사람은 그저 선량하기만 해서는 안 되며 무언가를 위해 선량해야 한다는 의미의 오래된 속담이 있다. 사람이 무언가를 위해 선량해야 한다는 것은, 그가 다른 사람과의 공동생활에 얻는 만큼 공헌하는 능력이 있어야 한다는 뜻이다. 인간 즉, 욕망과 정서와 관념을 지닌 존재로서 그가 얻기도 하고 주기도 하는 것은 외면적인 소유물이 아니라 의식생활의 확장과 심화이다. 더욱 강하게 훈련받고 확대해 가는 의미를 터득하는 것이다. 그가 물질적으로 주고받는 것은 의식생활의 발전을 위한 기회와 수단이다. 만약 그렇지 않으면 그것은 주는 것도 받는 것도 아니고, 오직 막대기로 물이나 모래를 휘젓듯이 물건을 이쪽에서 저쪽으로 옮기는 것에 지나지 않는다. 훈련, 교양, 사회적으로 유용한 능력, 인격의 함양, 성격의 개량은, 그러한 균형을 이룬 경험에 훌륭하게 참여할 수 있는 능력 성장의 여러 측면에 지나지 않는다. 교육은 그러한 생활에 대한 단순한 수단이 아니다. 교육 자체가 바로 그러한 생활이다. 그러한 교육을 받아들일 수 있는 능력을 유지하는 것이 도덕의 본질이다. 의식생활은 끊임없이 새로 시작하는 것이기 때문이다.

요약 학교 도덕교육에서 가장 중요한 문제는 지식과 행위의 관계에 관한 것이다. 이는 교육과정에서 생기는 학습이 인격에 영향을 미치지 않는다면, 도덕적 목적을, 교육을 통일하는 최고의 목적으로 생각하는 것이 무익하기 때문이다. 지식의 방법이나 내용, 그리고 도덕적 성장 사이에 밀접한 유기적 관련이 없을 때는, 특별한 학과와 훈련 방식에 의지할 수밖에 없다. 그리하여 지식은 일반적인 행동의 동기와 인생관에 통합되지 않고, 도덕은 도덕적 지식으로 구별된 개별적인 덕목의 체계를 나타내게 된다.

  학습을 활동에서, 따라서 도덕에서도 분리하는 두 가지 이론은, 내적인 성향과 동기—의식적인 개인적 요소—를 순전히 물질적인 외적인 것으로서의 행위로부터 분리하는 것과, 흥미에 입각한 행동과 원리에 입각한 행동을 대립시키는 것이다. 이 두 가지 분리를 극복하는 길은, 학습이 사회적 목적을 세우고 전형적인 사회적 상황의 자료를 활용하는 연속적인 활동, 즉 작업의 부산물이 되도록 교육 방안을 마련하는 것이다. 이러한 상황에서는 학교 자체가 사회생활의 한 형태, 사회의 축소판, 학교 울타리를 넘은 다른 공동경험의 양식과 밀접한 상호작용을 하기 때문이다. 사회생활에 효과적으로 참여하는 능력을 발전시키는 교육은 모두 도덕적이다. 그것은 사회적으로 필요한 개별 행위를 하는 것뿐만 아니라, 성장에 꼭 필요한 연속적인 재적응에 흥미를 보이는 인격도 형성한다. 생활의 모든 장면에서 일어나는 학습에 대한 관심은 본질적으로 도덕적인 관심이다.

Reconstruction in Philosophy
철학의 개조

제1장
철학관의 변화

　인간은 자신의 과거 경험을 보존한다는 점에서 다른 동물들과 다르다. 과거에 일어난 일은 다시 한 번 기억 속에서 경험된다. 오늘 일어난 일의 주위에는, 과거에 발생했던 비슷한 일의 막연한 기억이 감돈다. 동물의 경우 경험이란 생겨나서 곧 사라지는 것이다. 동물의 행위는 그것이 능동적이든 수동적이든 간에 하나하나 고립되어 있다. 그런데 인간은 하나하나의 사건이 과거에 발생했던 사건의 여운 및 회상을 포함하고 있는 세계, 개별적인 사건이 다른 것을 상기시키는 세계에 살고 있다. 그러므로 단순한 물리적 세계에서 살아가는 야생 동물과는 달리, 인간은 기호와 상징의 세계에서 살아간다. 돌은 그저 단단하고 우리가 부딪칠 만한 물체가 아니다. 그것은 우리 선조의 기념비일 수도 있다. 불은 그저 따뜻하고 타오르는 무언가가 아니다. 그것은 가정의 영원한 생명의 상징, 즉 마음 내키는 대로 방랑하던 인간이 최종적으로 되돌아갈, 마르지 않는 위안과 음식과 보호의 샘을 나타내는 상징이다. 그것은 찌르는 듯한 날카로운 불꽃이 아니라, 인간이 예배를 드리고 지키려 하는 대상인 화롯불이다. 이처럼 동물과 인간, 단순한 물리적 자연과 문화 사이의 차이를 나타내는 이 모든 것은, 인간이 경험을 보존하고 기록함으로써 기억한다는 점에서 유래한다.

　그런데 기억이 정확히 재생되는 일은 드물다. 당연히 우리는 자신에게 흥미로운 것을, 흥미롭다는 이유로 기억한다. 과거는 그것이 과거이기 때문에 기억나는 것이 아니라, 과거가 현재에 무언가를 던져 주기 때문에 기억난다. 이처럼 기억은 본디 지적·실용적이라기보다도 정서적으로 작용한다. 미개인이 어제 동물과 벌였던 싸움을 기억해 내는 이유는, 어제의 긴장감을 되살려서 오늘의 지루함을 달래기 위함이다. 즉 그 동물의 특성을 과학적으로 연구할 목적도, 앞으로 더 잘 싸우는 방법을 궁리할 목적도 아니다. 이 기억에는 위험과 불안을 제외한 싸움의 흥분이 고스란히 담겨 있다. 그가 그 기억을 되살려서 즐기는 것은, 실제 싸움이나 과거의 의미와는 다른 새로운 의미를 통해 현재의 순간을 풍요롭게 하기 위해서이다. 기억이란 실제 경험에 수반되는 긴장, 불안, 고뇌를 제외한 경험의 모든 정서적 가치를 내포하는 대리적(代理的) 경험이다. 싸움에서의 승리는 승리한 순간보다도 승전 축하 파티를 벌일 때 더 강렬해지는 법이고, 사냥은 인간이 모닥불 주위에서 그것을 이야기하고 흉내 낼 때 처음으로 의식적이고 진정 인간적인 경험이 된다. 싸운 그 자리에서는 실제적인 세부 사항이나 불안한 긴장감에 주의가 쏠리게 마련이다. 그 수많은 세부 사항은 시간이 지난 뒤에야 비로소 모여들어 하나의 이야기로 구성되고, 서로 어우러져 하나의 전체적 의미를 이룬다. 인간은 실제로 뭔가를 경험할 때 순간에서 순간으로, 그 순간의 사건에 쫓기듯 이동하며 살아간다. 그리고 그가 모든 순간을 사색 안에서 다시 음미할 때, 발단과 중간 과정과 성공 또는 실패라는 절정으로의 흐름을 다 갖춘 드라마가 생겨난다.

인간이 과거의 경험을 되살리는 이유는, 그 자체로는 공허한 현재의 여가에 흥미를 붙이기 위해서이다. 그러므로 기억은 본디 정확한 상기(想起) 작용이라기보다는 공상 또는 상상의 작용이다. 결국 중요한 것은 이야기요 드라마다. 상상 속에서 반복하든, 공감하면서 들어 줄 상대에게 이야기하든, 인간은 현재의 이야기를 강화하기 위해 현재 정서적 가치를 지닌 사건만을 선택해 되살린다. 싸움의 긴장감을 더해 주지 못하는 요소, 성공이나 실패라는 종착점과 무관한 요소는 배제된다. 온갖 사건은 그 이야기의 가락에 맞을 때까지 몇 번이고 정리된다. 이런 식으로 미개인은 일거리가 없을 때, 즉 실제 생존을 위해 싸울 필요가 없을 때에는, 암시의 세계인 기억의 세계 속에서 살아가고 있었다. 암시란 누구도 그 정확성을 판가름할 수 없다는 점에서 상기와 구별된다. 암시의 경우 정확성은 거의 문제가 되지 않는다. 한 구름이 낙타나 사람 얼굴 모양을 암시한다고 해 보자. 확실히 우리가 낙타나 사람 얼굴을 경험 속에서 만난 적이 없다면, 구름이 그것들을 암시할 수는 없을 것이다. 그러나 구름이 그것들과 정말로 닮았는지 안 닮았는지는 문제가 아니다. 낙타의 모습을 더듬고 또 생겨났다가 사라지는 인간 얼굴의 변화를 좇는, 우리의 그런 정서적인 흥미가 문제인 것이다.

원시인류 역사의 연구자들은 동물과 관련된 이야기, 신화, 숭배가 수행했던 매우 커다란 역할에 대해 말한다. 때로는 이 역사적 사실로부터 하나의 미스터리가 생겨나는데, 이 사실은 마치 원시인이 오늘날 인류와는 다른 심리에 따라 행동했음을 보여 주는 것처럼 간주되기도 한다. 그러나 이 설명은 너무 단순하다. 농업 및 고도의 기술이 발달하기 전까지는 길고도 공허한 여가 기간과, 식량 확보와 공격 방어에 힘을 쏟는 비교적 짧은 기간이 교대로 나타났다. 우리는 우리 자신의 습관을 바탕으로 원시인도 무척 바빴을 것이라고, 즉 행동할 때 이외에도 최소한 사색이나 계획 때문에 쉴 틈이 없었을 것이라고 추측한다. 그러나 당시 사람들은 오직 수렵, 어로, 원정 활동을 할 때에만 바빴다. 하지만 인간의 정신은 깨어 있는 한 무언가로 채워져야만 했다. 신체가 놀고 있는 경우에도 정신이 말 그대로 공허한 상태에 머무를 순 없는 법이다. 이때 동물에 관한 경험을 제외하고, 즉 수렵에서 일어나는 사건에 한층 생명과 줄거리를 부여하려는 극적인 흥미에 의해 만들어진 경험을 제외하고, 대체 어떤 사고가 인간의 정신을 채워 줄 수 있었겠는가. 인간이 실생활의 흥미로운 부분을 공상 속에서 극적으로 다시 경험하려다 보니, 동물 자체가 드라마화되는 일을 피하기는 어려웠다.

　동물들은 각각 하나의 등장인물이었다. 따라서 그들은 인간의 특징을 띠게 되었다. 그들도 욕망, 희망, 공포를 지녔으며 애착, 애정, 증오 행위를 보였고 승리, 패배를 겪었다. 더욱이 그들은 공동체의 존속에 필요했으므로, 과거를 극적으로 되살리는 상상 속에서 그들은 그 활동과 운명을 통해 진정으로 공동체 생활을 함께 하는 존재가 되었다. 동물들은 사냥 당했다 한들 결국에는 자진해서 잡힌 셈이므로 우리의 친구이자 동료였다. 그들은 자신이 속한 공동체의 존속과 행복을 위해 말 그대로 몸을 바쳤다. 바로 그렇기에 애정을 담아 동물의 활동 및 특징을 상술하는 이야기와 전설이 많이 생겨났으며, 또한 동물을 선조, 영웅, 부족의 상징 또는 신으로 보는 훌륭한 제례와 숭배도 탄생했던 것이다.

　이것을 철학의 기원이라는 이 책의 본제(本題)와 동떨어진 이야기라고 생각하지 않았으면 한다. 왜냐하면 이런 문제를 좀 더 길고 자세하게 논하지 않으면, 우리는 철학의 역사적 기원을 이해할 수 없기 때문이다. 아무 일거리도 없는 상태에서 보통 인간이 지니는 일반적인 의식은, 지적인 연구, 탐구, 사색의 산물이 아니라 온갖 욕망의 산물에 해당한다는 사실을 우리는 인정해야 한다. 인간은 인간성에 있어 이질적인 훈련, 즉 자연적 인간의 눈에는 인위적으로 보이는 훈련을 받아야지만 비로소 희망과 공포, 애정과 증오에 크게 좌우되는 상태를 벗어나게 된다. 물론 우리가 보유한 서적, 우리의 과학서와 철학서는 고도의 지적 훈련 및 교양을 쌓은 사람들이 쓴 것이다. 그들의 사고는 대체로 이성적이다. 그들은 공상을 사실로써 검증할 줄 알며, 관념을 정서적·극적 방법 대신 이론적인 방법으로 조직할 줄 안다. 이 사람들은 환상이나 백일몽에 빠지는 경우에도—이런 일은 생각보다 자주 일어난다—, 자신이 무엇을 하는지 알고 있다. 그들은 그것을 탈선으로서 구별하고 그 결과를 객관적 경험과 따로 취급한다. 그런데 사람은 아무래도 자신을 기준으로 타인을 판단하게 마련이다. 따라서 과학서와 철학서를 쓰는 사람은 대개 이성적, 논리적, 객관적인 정신 습관에 지배되는 사람들이므로, 평범한 일반인도 자신들과 마찬가지로 합리적일 것이라고 생각하게 되었다. 이리하여 다음 요소들이 간과되고 말았다. 즉 합리성이니 비합리성이니 하는 것은, 지적 훈련을 받지 않은 인간성에 있어서는 전혀 상관도 없고 중요하지도 않다. 또 인간은 사고보다도 기억에 지배되며, 그 기억도 실제 사실을 떠올린 것이 아니라 연상, 암시, 극적인 공상에 해당한다. 정신 내부에 생겨나는 암시의 가치를 측정하는 데 사용되는 기준은, 사실과의 일치성이 아닌 정서적 적합성이다. 그것이 감정을 자극하여 심화시킬 수 있느냐 없느냐, 극적인 이야기에 어울리느냐 안 어울리느냐가 문제다. 일반적인 분위기에 조화되느냐, 공동체의 전통적 희망이나 공포로 번역될 수 있느냐가 중요한 것이다. 꿈이라는 단어를 조금 넓은 뜻으로 사용하자면, 인간은 실제로 노동하거나 싸우거나 하는 특별한 경우를 제외하고는 현실 세계가 아닌 꿈의 세계에서 살아가고 있다 해도 과언이 아니다. 여기서 꿈의 세계란 욕구를 중심으로 삼고, 그 만족이나 욕구 불만을 재료로 하여 조직된 세계다.

그러므로 "인류의 오랜 신앙과 전통은 세계를 과학적으로 설명하려는 시도, 그것도 아쉽지만 옳지 않은 불합리한 시도이다"라는 생각은 커다란 잘못이다. 훗날 철학을 낳는 재료가 된 것은, 과학과도 설명과도 무관한 것이었다. 그 재료는 지적으로 확인된 객관적인 사실 세계를 의미하는 것이 아니라, 상상 및 암시에서 생겨난 공포와 희망을 표현하고 상징하는 것이었다.

그것은 과학이라기보다도 오히려 시이자 드라마이다. 그것은 시가 과학적 진위나 사실의 합리성 또는 비합리성과 무관하듯이, 그런 것들과는 별개의 것이다.

그런데 이처럼 독창적인 재료는 철학 그 자체가 되기까지 최소한 두 단계를 거쳐야 한다. 하나는 이야기와 전설과 그에 따른 드라마화를 통일하는 단계이다. 경험의 정서적인 기록은 처음에는 매우 변덕스럽고 일시적인 것이었다. 한 개인의 감정을 자극한 사건이 선별되고, 그것이 이야기나 팬터마임으로 재현된다. 그러나 어떤 종류의 경험은 대단히 자주 반복된 결과 그 집단 전체의 문제로 발전한다. 즉 그것은 사회적으로 일반화된다. 한 개인의 개별적인 모험은, 그 부족의 감정생활의 표현이 되고 상징이 되기까지 계속 손질된다. 그리고 어떤 종류의 사건은 집단 전체의 화복을 좌우하기 때문에 특히 강조되고 고양된다. 이리하여 전통이라는 일종의 구조가 만들어지고 이야기는 사회의 유산이자 재산이 되며 팬터마임은 정규 의식으로 발전한다. 이와 같이 형성된 전통은 개인의 공상이나 암시를 구속하는 하나의 규범이 된다. 상상의 영속적인 틀이 구성되는 셈이다. 공동체적 인생관이 발달하고 개인은 교육에 의해 그 관점으로 유도된다. 명확한 사회적 요구에 따라 무의식적으로, 개인의 기억은 집단의 기억 또는 전통에 동화되고, 개인의 공상은 공동체의 고유한 신앙 속으로 편입된다. 시는 형식적으로 정돈되고 체계화된다. 이야기가 사회적 규범이 된다. 독창적인 드라마는 정서적으로 중요한 경험을 재연하는 것이었는데, 이것이 제도화되어 제례가 된다. 과거에 자유로웠던 암시는 굳어져서 교의(敎義)로 변한다.

이런 교의가 지니는 체계적인 강제적 성격은, 정복과 정치적 통일에 의해 촉진되고 강화된다. 통치 지역이 넓어질수록, 자유롭고 유동적이었던 옛 신앙을 체계화해서 통일하려는 명확한 동기가 발생한다. 교제나 상호 이해의 필요성에서 생겨나는 자연적 순응 및 동화와는 별개로, 지배자는 자신의 위신과 권위를 확대하고 강화하기 위해 전통 및 신앙의 중앙집권화를 실시할 필요성을 자주 느끼게 된다. 유대, 그리스, 로마뿐만 아니라 역사가 오래된 다른 모든 국가도 마찬가지일 터인데, 모든 나라는 이전의 지방적인 의식 및 교의가, 좀 더 대규모의 사회적 통일체와 좀 더 광대한 정치권력에 적합한 방향으로 끊임없이 개조되어 간 기록을 보여 주고 있다. 인류의 웅대한 우주

창조설 또는 우주론이든, 웅대한 윤리적 전통이든, 전부 이런 식으로 창조되어 왔다고 생각하길 바란다. 이것이 정확히 사실인지 아닌지는 살펴볼 필요 없으며, 하물며 증명할 필요도 없다. 우리의 목적에 비춰 보아 중요한 것은 다음 사실들뿐이다. 즉 사회적 영향 아래에서 교의 및 제례의 고정화와 조직화가 이루어졌으며 그것이 상상에는 일반적인 특성을 주고 행위에는 일반적인 규칙을 부여했다는 점, 그리고 전체적으로 볼 때 이런 통일이야말로 우리가 이해하는 의미의 철학이 형성되는 데 필요한 전제조건이었다는 점이다.

그런데 여러 가지 관념 및 신앙의 원리의 이러한 조직화 및 일반화가 철학 형성에 필요한 전제조건이라고는 해도, 그것이 철학을 낳는 유일하고도 충분한 힘인 것은 아니다. 논리적 체계 및 지적 증명에 대한 동기가 아직 부족하다. 그 동기는 전통적인 법도에 포함된 도덕적 규칙과 이상을, 점차 발달하는 실제적인 실증적 지식과 조화시킬 필요성이 대두되면서 생겨났다고 할 수 있다. 인간은 암시와 공상만으로는 결코 살아갈 수 없기 때문이다. 인간이 계속 생존하려면 세계의 현실적인 사실에 다소 주의를 기울일 수밖에 없다. 아무리 불합리한 관념이라도 그것을 받아들이는 민족이 있었다는 사실을 보면, 환경이 관념의 형성에 실제로는 거의 관여하지 않는다는 점에 놀랄 수밖에 없는데, 그래도 환경은 이를 무시하면 사멸한다는 형벌 아래 최소한의 정확성을 강제한다. 어떤 무언가는 음식물이라는 것, 그것은 어느 장소에 위치한 것, 물에는 빠지고 불에는 데이는 것, 날카로운 물건은 찌르거나 자르는 것, 무거운 것은 지지대가 없으면 떨어지는 것, 낮밤의 변화나 한서와 건습의 교차에는 어느 일정한 규칙이 존재한다는 것. ―이런 산문적 사실에 대해서는 원시인도 주의를 기울일 수밖에 없었다. 그중 몇 가지는 공상이 작용할 여지가 거의 없을 만큼 명백하고 중요하다. 오귀스트 콩트는 어딘가에서 이렇게 말했다. "어지간한 자연의 성질 및 힘이 전부 신격화되는 가운데, 오직 중력만큼은 미개인들 사이에서 신격화되지 않았다." 관찰된 자연적 사실 및 자연적 경과에 관한 인류의 지혜를 보존하고 전달하는, 일군의 수수한 일반화는 점점 발달해 간다. 이 지식은 산업, 기술, 공예와 특별히 결합되어 있다. 왜냐하면 이런 분야에서는 재료와 과정에 대한 관찰이 행위의 성공에 필요하며, 또 그 행위가 연속적이고 규칙적이므로 발작적인 마술은 이에 도움이 안 되기 때문이다. 여기에서 터무니없는 공상적 관념은 쫓겨나고 만다.

실제 사건의 눈앞에 끌려 나온 셈이니까.

뱃사람은 오늘날 미신이라 불리는 것을 직공(織工) 등에 비해서 잘 믿는 편이다. 뱃사람이 하는 일은 갑작스런 변화나 예측불허의 사건에 쉽게 좌우되기 때문이다. 그러나 어느 위대한 신의 변덕이 감당할 수 없는 형태로 나타난 것이 곧 바람이라고 믿는 뱃사람들도, 바람에 대항하는 보트나 돛이나 노의 조정 등 순전히 기계적인 원리를 반드시 익혀야 한다. 한편 불이 초자연적인 용이라고 생각된 적도 있었다. 민첩하고 색이 선명하며 인간을 멸망시키기도 하는 불꽃이, 날래고 위험한 뱀을 연상시켰기 때문이다. 하지만 화롯불을 피우거나 불로 요리하는 주부라면, 역시 통풍이나 연료의 보급 등 기계적인 사실과 더불어 장작이 재가 되는 과정도 관찰할 수밖에 없다. 또한 대장장이는 열작용의 조건과 결과에 대해 확실한 구체적 지식을 축적하게 된다. 그는 분명 전통적인 신앙을 특별한 의식용으로 보존하고 있다. 그러나 불이 실제적 인과관계로써 조절될 수 있는 일정한 산문적 움직임을 보인다고 생각되는 많은 경우, 일상적인 평범한 불의 사용으로 인해 불의 전통적 관념이 쫓겨나게 된다. 기술 및 공예가 발달하여 정밀해질수록, 이미 검증된 실증적 지식 내용은 더 많아지고, 전후관계의 관찰은 더욱 복잡해지며 범위가 커진다. 그리고 이런 종류의 기술이 과학의 모태가 되는 상식적인 자연지식을 낳는다. 이 기술은 실증적인 사실을 집적하는 데 그치지 않는다. 그것은 더 나아가 재료와 도구의 능숙한 처리 방법을 가르쳐 주고, 기술이 단순한 습관적 규칙의 영역에서 벗어나자 정신의 실험적인 습관의 발달을 촉진한다.

상상적 신앙 내용은 공동체의 도덕적 습관, 그 정서적인 만족 및 위로와 굳게 결합한 채, 계속 성장하고 있던 사실적 지식 내용과 오랫동안 병존해 왔다. 가능할 경우 이 둘은 서로 결합된다. 가능하지 않을 경우 이 둘은 모순되어 결합이 불가능해진다. 따라서 양자는 각각 나뉘어 격리된다. 이때에는 한쪽이 다른 한쪽 위에 겹쳐질 뿐이므로 모순도 느껴지지 않고 조화의 필요성도 생겨나지 않는다. 대개 이런 두 종류의 정신적 산물이 서로 격리되는 이유는, 양자가 각기 다른 사회계층에 속하기 때문이다. 확정된 사회적·정치적 가치와 기능을 지닌 종교적·시적 신앙은, 사회 지배층과 직결되는 상류계급의 소유물이다. 한편 산문적·사실적 지식을 가진 노동자들이나 직인들의 사회적 지위는 대체로 낮다. 이런 지식은, 먹을 것을 생산하는 활동에 힘쓰는 육체노동자에 대한 사회적 멸시의 여파를 받는다. 아테네인이 달성한 날카로운 관찰력과 뛰어난 논리적 추리력과 자유분방한 사고력에도 불구하고, 그리스는 실험적 방법의 일반적이고 조직적인 사용을 오히려 방해했다. 그것도 아마 위와 같은 사정 때문이었으리라. 직인의 사회적 지위는 노예보다 약간 높을 뿐이었다. 따라서 직인의 지식 및 그에 바탕을 둔 방법은 위엄과 권위가 부족했다.

그러나 사실적인 지식이 점점 커지고 확장되면서, 그것은 이윽고 단순한 전통적·상상적 신앙의 세부 사항뿐만 아니라 그 정신 및 태도와도 직접 충돌하게 되었다. 과정이나 이유 같은 시시콜콜한 문제는 제쳐 두자. 분명 이 현상은 그리스의 이른바 소피스트 운동 속에서 발생했으며, 바로 여기에서 서구 세계가 생각하는 의미의 철학 그 자체가 탄생했다. 소피스트들은 플라톤과 아리스토텔레스로부터 악평을 받았으며, 그 악평은 끝내 사라지지 않았다. 이 사실은 소피스트들의 경우 두 종류의 신앙 갈등이 현저하게 나타났으며, 이 투쟁이 종교적 신앙의 전통적 체계 및 이와 결합한 도덕적 행위규범에 대해 교란적인 영향을 미쳤다는 증거이다. 확실히 소크라테스는 양측의 조정에 힘을 기울였다. 그러나 그가 사실을 중시하는 방법으로부터 문제에 접근하고, 이 방법의 규범과 규준을 우위로 보았다는 점은, 그가 신들을 업신여기고 청년들에게 해를 끼친다는 죄목으로 사형을 선고받기에는 충분한 이유였다.

소크라테스의 운명과 소피스트들이 받은 악평은, 전통적·정서적 신앙과 산문적·사실적 지식 사이에 존재하는 현저한 대조의 한 단면을 나타내는 것으로 간주되어 왔다. —즉 이러한 비교의 목적은, 이른바 과학이라는 것의 장점은 모두 후자에 속해 있었던 반면, 사회적 존경 및 권위라는 장점, 인생에 깊고 근본적인 가치를 부여하는 것과의 내적 접촉이라는 장점은 전통적 신앙 측에 속해 있었다는 점을 분명히 보여 주는 것이었다. 환경에 관한 상세하고 확실한 지식은 어디까지나 좁은 기술적 범위 안에 국한되어 있었다. 그것은 기술에 관한 것이었으며, 직인의 목적과 능력은 결국 그렇게 광범위한 것이 아니었다. 그것은 종속적인 것, 아니, 노예적인 것에 가까웠다. 어느 누가 구두 만드는 기술을 국가 통치 기술과 같은 위치에 두겠는가. 육체를 치료하는 의사의 기술은 물론 어느 정도 고급이긴 하다. 하지만 그 누가 영혼을 치료하는 사제의 기술과 의사의 기술을 동급으로 치겠는가? 플라톤은 대화편에서 이런 식의 비교를 되풀이하고 있다. 구두공은 좋은 신발 한 켤레에 대해 판단을 내릴 순 있다. 하지만 그는 구두를 신는 게 옳은 일인지, 또 언제 신으면 좋은지 등등 더욱 중요한 문제에 대해서는 결코 판단할 수 없다. 의사는 건강에 대해 훌륭한 판단을 내릴 수 있다. 하지만 그는 건강의 선악 여부나, 죽는 편이 나은지 어떤지 하는 문제에 대해서는 모른다. 매우 좁은 영역의 기술적 문제에 관한 한 직인은 전문가이다. 그러나 정말로 중요한 문제, 즉 가치와 관련된 도덕적 문제에는 손도 못 댄다. 따라서 직인 유형의 지식은 본디 하등하므로 고급 지식의 지배를 받아야 한다. 고급 지식은 궁극의 목표나 목적을 분명하게 밝힘으로써 기술적·기계적 지식을 원래 장소로 되돌려 놓기 때문이다. 또한 플라톤의 뛰어난 극적 센스 덕분에 그의 저작에는, 순수한 지적 인식의 새로운 주장과 전통의 갈등으로부터 생겨나는 개인 내부의 충격이 생생하게 묘사되어 있다. 보수적인 인간은 추상적 규칙을 통해, 즉 과학을 통해 군사기술을 가르친다는 생각에 큰 충격을 받는다. 그저 싸우는 것이 아니라 조국을 위해 싸우는 것이다. 추상적인 과학이라는 것은 애정이나 충절을 가르치지 못하며, 또 기술적 측면에서도 조국에 대한 헌신의 구체적 표현에 해당하는 전통적인 전투방법을 대신할 수 없다.

전투기술의 습득이란 조국 방위 방법을 스스로 배운 사람들과의 접촉을 통해, 조국의 이상과 관습을 체득하는 것이다. 요컨대 그것은 전투에 관한 그리스의 전통을 실제로 배워 익히는 것이다. 아군의 전투방법과 적의 전투방법을 비교하여 추상적인 규칙을 도출하려는 행위는, 적의 전통 및 신들에게 굴복하는 것과 마찬가지다. 다시 말해 그것은 조국을 배신하는 행위다.

위와 같은 견해의 생생한 묘사를 보면, 우리는 실증적 견지가 전통적 견지와 충돌하기 시작했을 때 발생한 적의라는 것을 이해할 수 있게 된다. 전통적 견지는 사회적 습관이나 충성심에 깊이 뿌리내리고 있었다. 다시 말해 거기에는 인생이 추구하는 도덕적 목표와, 인생을 통제하는 도덕적 규칙이 충만해 있었다. 고로 전통적 견지는 인생 그 자체와 마찬가지로 기초적이고 포괄적이며, 그 안에는 인간의 자기실현 무대인 공동체 생활의 따뜻하게 타오르는 색채가 살아 숨 쉬고 있었다. 반대로 실증적 지식은 단지 도움이 되는 물건에 관한 것으로, 선조가 지불했던 희생이나 동시대인들이 행하는 숭배에 의해 권위를 부여받은 신앙과는 별 인연이 없었다. 실증적 지식은 그 좁고 구체적인 성격 때문에 메마르고 딱딱하고 차가웠다.

그러나 플라톤 본인의 정신과 같이 예민하고 활발한 정신은, 당시의 보수적 시민들처럼 오래된 신앙을 오래된 방법으로 받아들이는 것으로는 만족하지 못했다. 실증적 지식과 비판적이고 탐구적인 정신이 성장하여 낡은 형식의 신앙을 점점 무너뜨리고 있었다. 명확성, 정밀성, 검증 가능성은 모두 새로운 지식에 속하는 장점이었다. 전통의 경우 목표 및 범위는 훌륭해도 기초가 약했다. 인간은 이성을 가진 존재이므로 의심을 하며, 따라서 의심 없는 인생이란 살 가치가 없는 인생이라고 소크라테스는 말했다. 그러므로 인간은 사물의 근거를 탐구해야지, 습관이나 정치적 권위가 설명해 주는 내용 그대로 사물을 받아들여서는 안 된다. 그러면 어떡하는 것이 좋을까. 우선 전통적 신앙의 본질적인 요소들을 확고한 기초 위에 올려놓을 합리적 연구 및 증명 방법을 개발해야 한다. 또 한편으로 전통을 순화하면서 다른 한편으로는 전통의 도덕적·사회적 가치를 그대로 보존하는, 아니 순화에 의해 가치와 권위를 끌어올리는 사색 및 지식 방법을 개발해야 한다. 요컨대 지금까지 관습에 의존해 왔던 것을 재건하되, 더 이상 과거의 습관에 의거하지 말고 존재와 우주와의 형이상학 그 자체를 기초로 삼아야 한다. 여기서 형이상학이란 높은 도덕적·사회적 가치—이것이 플라톤 및 아리스토텔레스에게서 시작된 유럽 고전 철학의 주요 테마다—의 원천이자 보증인인 관습을 대신하는 것이며, 중세 유럽의 기독교 철학에 의해 경신되고 다시 기술된 철학이다. 특히 후자의 사실은 잘 기억해 둬야 한다.

철학의 기능과 역할에 관한 모든 전통은 최근까지도 체계적·건설적 서양 철학을 지배해 왔다. 내 오해가 아니라면 이 전통은 위와 같은 상황에서 생겨난 것이다. "철학의 기원은 서로 다른 두 종류의 정신적 산물을 조화시키려는 시도이다"라는 나의 주된 주장이 만약 옳다면, 부정적이거나 이단적인 것은 별개로 치고, 그 뒤의 철학의 주요 특징을 분명히 밝힐 열쇠는 우리 손안에 있는 셈이다.

첫째로 철학은 자유롭고 구속받지 않는 기원에서 직접 발달한 것이 아니었다. 철학에는 처음부터 부과된 일이 있었다. 철학은 달성해야 할 사명을 지녔으며, 이 사명에 이미 충성을 바치고 있었다. 철학은 위기에 처해 있던 과거의 전통적 신앙 속에서 본질적인 도덕적 핵심을 추출해야만 했다. 이것까지는 그래도 괜찮았다. 왜냐하면 이것은 비판적인 일이며, 유일하게 옳은 보수주의—인류가 만들어 낸 가치를 지키고 보존하려는 보수주의—에 도움이 되었기 때문이다. 그런데 철학은 이런 도덕적 핵심을 추출할 때, 옛 신앙의 정신에 합치되는 정신에 따라야 한다는 제약을 처음부터 받고 있었다. 상상력 또는 사회적 권위와의 결합은 너무나 강해서 근본적으로 끊어지는 일이 없었다. 사회제도의 내용을, 과거에 존재했던 사회제도의 형식과 근본적으로 다른 형식으로 생각하기란 불가능했다. 결국 수용되어 온 신앙과 전통적 관습의—형식은 아니지만—정신을 합리적 근거에 따라 정당화하는 것이 철학의 임무였다.

이리하여 생겨난 철학은 그 형식과 방법이 기존과 달랐으므로, 일반 아테네인들에게는 대단히 급진적이고 위험한 것으로 간주되었다. 확실히 쓸데없는 것을 잘라내고, 일반 시민의 기초적인 신앙과 결합된 요소들을 제거했다는 의미에서 철학은 급진적이었다. 그러나 역사적 견지에서 관찰하고 이후 온갖 사회적 환경 속에서 발전해 온 여러 가지 사상들의 유형과 비교해 보면, 플라톤과 아리스토텔레스도 결국 그리스의 전통 및 습관의 의미를 매우 강하게 반영하고 있었다는 점을 오늘날에는 쉽게 알 수 있다. 그렇기에 그들의 작품이 저 위대한 극작가들의 작품과 더불어, 그리스 특유의 생활 밑바닥에 존재하는 이상 또는 소망을 알고자 하는 이들에게 지금도 더없이 좋은 길잡이가 되고 있는 것이다. 그리스의 종교, 그리스의 예술, 그리스의 시민생활이 없었다면 그들의 철학은 불가능했을 것이다. 반면 철학자들이 커다란 자랑거리로 삼았던 과학의 영향은 표면적이었으며, 무시할 수 있는 수준에 불과했다. 철학의 이런 호교적(護教的) 정신은, 12세기 전후의 중세 기독교가 스스로를 체계적·합리적으로 표현하기 위한 이성적 변호 도구로서 고대 철학, 특히 아리스토텔레스 철학을 이용했을 때 한층 명백하게 드러났다. 19세기 초에는 이와 비슷한 일이 독일의 주요 철학체계를 특징지었다. 당시 교의와 제도는 과학 및 민주정치의 새로운 정신에 위협받고 있었는데, 헤겔이 이를 합리적 관념론의 이름 아래 변호했던 것이다. 그 결과 위대한 체계들은 기존의 신앙을 옹호하는 당파적 정신으로부터 벗어나지 못하게 되었다. 그런데 한편으로 그 체계들은 완전한 지적 독립성과 합리성을 내세우고 있었다. 따라서 철학은 대개 약간의 오류를 내포하게 되었으며, 심지어 철학의 신봉자들이 이를 전혀 눈치 채지 못했기에 그것은 점점 더 음험하게 변해 갔다.

이리하여 우리는 그 기원에서 유래하는 철학의 두 번째 특징과 마주친다. 과거에는 정서적 적합성 또는 사회적 권위 때문에 수용되던 사항을 이제 합리적으로 변호하는 것이 철학의 목적이었으므로, 여기서는 추론과 증명이라는 도구가 중시될 수밖에 없었다. 철학이 다루는 사항 자체에는 본디 합리성이 결여되어 있었다. 따라서 철학은 거꾸로 논리적인 형식을 과시했다. 사실 문제를 다룰 때에는 가장 단순하고 조잡한 논증 방법을 사용하면 된다. 그 사실을 제시하고 그것을 지적하기만―이것이 모든 논증의 기본 형식이다―하면 된다. 그런데 더 이상 관습이나 사회적 권위의 힘만으로는 수용될 수 없으며 또한 경험적으로 검증될 수도 없는 교의의 정당성을 사람들에게 이해시키려면, 과장스럽게 엄밀한 사고나 정밀한 논증을 해 보이는 수밖에 없다. 이로부터 추상적 정의 및 초과학적 논증 체재가 생겨났다. 이것은 철학 귀의자들의 입장에서 보자면 주된 매력이지만, 대부분의 사람들을 철학으로부터 멀어지게 한 원인이기도 하다.

그러므로 최악의 경우 철학은 정교하고 치밀한 용어들의 쇼, 하찮은 논리, 포괄적이거나 사소한 논증 등의 순전히 외적인 형식에 대한 거짓된 헌신이 되고 말았다. 최선의 경우에도 그것은 체계를 위한, 체계에 대한 병적인 애착, 그리고 확실성에 대한 법외(法外)의 요구를 낳는 경향을 보였다. "개연성은 인생의 안내인"이라고 버틀러 주교는 선언했는데, "철학은 단순히 개연적인 것으로 만족할 수 있다"라고 용감하게 공언할 철학자는 거의 없었다. 전통 및 욕망의 명령에 따르는 관습이 자신의 궁극성과 불변성을 주장했던 것이다. 관습은 확고부동한 행위규범을 부여한다고 자처했다. 철학도 초기에는 그와 비슷한 결정적인 성격을 자부하고 있었으며, 이후에는 이런 성격의 일부가 고전적 철학과 완전히 결합하였다. 고전적 철학은 자신이 과학보다도 더 과학적이라고―결국 특수과학은 궁극의 완전한 진리에 도달할 수 없으므로 아무래도 철학의 도움이 필요하다고―주장하기 시작했다. 윌리엄 제임스처럼 "철학은 비전이다", 즉 철학의 주된 기능이란 인간 정신을 편견이나 선입견으로부터 해방시켜 주위 세계에 대한 관점을 넓히는 것이라고 주장하는 소수의 이단자들도 있었다. 그러나 대체로 철학은 좀 더 야심찬 주장을 해 왔다. "철학은 가설밖에 제공하지 못하며, 게다가 그 가설의 가치는 인간의 정신을 주위 생활에 대해 민감해지도록 만드는 것뿐이다"라고 탁 터놓고 말한다면, 이것은 곧 철학 자체를 부정하는 말일 것이다.

셋째로 욕망과 상상에 의해 규정되고 공동체의 권위의 영향에 의해 권위적 전통으로 발전한 신앙 내용은, 침투적(浸透的)이고 포괄적이었다. 말하자면 그것은 집단생활의 구석구석에 널리 퍼져 있었다. 그 압력은 끊임없이 존재했으며 그 영향력은 미치지 않는 곳이 없었다. 그러므로 이 신앙에 대항하는 원리로서의 반성적 사고가, 그와 같은 보편성과 포괄성을 지향한 것도 당연한 일이었으리라. 전통이 사회적인 의미에서 포괄적이고 원대했던 데 반해, 반성적 사고는 형이상학적 의미에서 포괄적이고 원대한 모습을 지니고자 했다. 그리고 여기에, 완전한 논리적 체계 및 확실성이라는 주장과 모순되지 않게끔 위의 요구를 충족시키는 유일한 길이 존재했다.

모든 고전적 유형의 철학은 두 가지 존재 영역 사이에 하나의 확고하고 근본적인 선을 그어 왔다. 그중 하나는 민족적 전통의 종교적·초자연적 세계인데, 형이상학적으로 표현하자면 이 세계는 최고로 궁극적인 실재의 세계에 해당한다. 공동체 생활의 모든 중요한 진리 및 행위규범의 궁극적 원천과 승인이 초월적이고 명백한 종교적 신앙 속에서 발견되는 이상, 철학의 절대적 최고의 실재야말로 경험적인 사항에 관한 진리의 유일하고도 확실한 보증을 제공할 수 있으며, 또 올바른 사회제도 및 개인행동의 유일한 합리적 지침을 부여할 수 있는 것이었다. 그리고 철학 자체의 체계적인 훈련을 거쳐야만 이해될 수 있는 이 절대적·예지적 실재의 반대편에 있는 것이, 일상적 경험 즉 일반적이고 경험적이며 상대적 실재성만 지니는 현상적 세계였다. 인간의 실제적인 문제나 효용과 결합한 것은 바로 이 세계였다. 사실적, 실증적 과학과 관련된 것도 이 불완전하고 멸망해 가는 세계였다.

생각건대 이 특징이 철학의 본질에 관한 고전적인 견해에 매우 깊은 영향을 끼쳤을 것이다. 철학은 초월적이고 절대적이며 내적인 실재의 존재를 증명하고, 동시에 이 궁극적이고 원대한 실재의 본성과 특징을 인간에게 보여주는 임무를 띠고 있다. 그래서 철학은 실증과학이나 일반적인 실제 경험에서 사용되는 것보다도 고급인 인식 기관을 가졌다고 주장하며, 수준 높은 위엄과 의의를 특징으로 삼는다고 말했다. —만약 철학이 일상생활이나 특수과학에서 알 수 있는 것을 뛰어넘는 실재의 증명 및 직관을 인간에게 제공한다면, 우리는 위 주장을 부정할 수 없을 것이다.

물론 이 주장은 종종 많은 철학자들에 의해 부정되었다. 하지만 그런 부정의 대부분은 불가지론과 회의론의 성격을 띠고 있었다. 철학자들은 "절대적인 궁극의 실재는 인간의 지력을 초월한다"고 주장함으로써 만족하고 있었다. 그러나 그들에게는 "이런 실재는 인간 지성의 범위 내에 있기만 하다면 철학적 지식 활동의 영역에 놓일 수 있다"라는 점까지 부정할 용기는 없었다. 철학의 본디 역할에 대한 다른 관념은 비교적 최근에 생겨났다. 이 제1장에서 우리가 고전적 관념이라고 이름붙인 것과 상이한 몇 가지 중요한 점에 대하여, 이런 새로운 관념을 분명히 밝히는 것이 이 책의 목표다. 여기서는 이 새로운 철학의 관념을 미리 간단하게 살펴보기만 하겠다. 이 관념은, 철학이 권위적 전통—즉 본디 애정과 증오의 영향 아래에서, 정서적 흥분과 만족을 목표로 작용하는 인간의 상상력에 의해 규정된 전통—을 배경으로 태어났다는 앞의 설명에 포함되어 있다. 솔직히 말해, 절대적 존재를 체계적으로 논한다고 자부하는 철학의 기원을 위와 같이 설명한 데에는 다소 악의가 섞여 있다. 이런 유형의 철학을 무너뜨리려면, 이처럼 발생적인 방법으로 일을 진행해 나가는 것이 어떤 논리적 반박보다도 효과적이기 때문이다.

다행히도 제1장에서 "철학은 지적 재료가 아닌 사회적·정서적 재료에서 생겨났다"는 관념을 합리적인 가설로 인정할 수 있었던 사람은, 전통적 철학에 대해서도 새로운 태도를 취할 수 있을 터이다. 그러면 전통적 철학은 새로운 각도에서 조명되고 새로운 빛 속에 놓일 것이다. 전통적 철학에 대해 새로운 문제가 제기되고 새로운 평가 기준이 암시될 것이다.

만약 누군가가 철학의 역사를 고립된 사항이 아닌 문명 및 문화 발전의 일부로서 객관적 태도로 연구한다면, 즉 철학의 역사를 인류학, 원시인의 생활, 종교사, 문학, 사회제도 등의 연구와 아울러 살펴본다면, 그는 내가 이 제1장에서 한 설명의 가치를 그의 독자적인 판단으로써 깨닫게 될 것이다. 그런 태도로 보면 철학의 역사는 새로운 의미를 갖게 된다. 자칭 과학의 입장에서 볼 때 결여되었던 요소가, 인간성의 입장에서 보면 다시 채워진다.

실재의 본성에 관한 적대자들의 논쟁 대신, 사회적 목적 및 소망을 둘러싼 인간의 충돌이 드러난다. 경험을 초월하고자 하는 불가능한 시도 대신, 매우 깊고 강한 인간적 집착의 대상인 경험적 사항을 밝히고자 하는 귀중한 노력의 기록이 나타난다. 먼 곳에서 바라보는 느낌으로 절대적 물자체의 본성을 관찰하는 냉정한 순수 사변적 노력 대신, 인간의 이상적인 삶은 무엇이며 지적 활동의 목적은 무엇인가 하는 문제에 대한 사색적인 사람들의 선택이 생생하게 드러난다.

누구든 과거의 철학을 위와 같이 본다면, 미래의 철학의 범위 및 목적에 대해 매우 명확한 관념을 가지게 될 것이다. 그는 과거의 철학이 저도 모르는 새 그럴 의도조차 없이 무의식적으로 암암리에 행해 왔던 일, 그 일이 앞으로는 공공연하게 의식적으로 행해져야 한다는 견해를 지지하게 될 것이다. 궁극적 실재를 논하는 것은 결국 표면적인 모습이었을 뿐 철학의 실제 관심사는 사회적 전통 속에 존재하는 귀중한 가치였다는 점이 인정되고, 또 전통적 제도와 그에 모순되는 시대적 경향 사이의 투쟁 및 사회적 목적들끼리의 충돌에서 철학이 탄생했다는 점이 인정된다면, 미래의 철학이 할 일이란 그 시대의 사회적·도덕적 투쟁에 대해 사람들의 관념을 명확하게 밝히는 것이라는 점도 이해될 터이다. 철학의 목적은 인간에게 가능한 범위 내에서 이런 투쟁을 처리하는 기관(器官)이 되는 것이다. 형이상학적인 구별에서는 비실재적인 것으로 간주되는 것도, 사회적 신앙이나 이상의 투쟁이라는 드라마와 결합하면 대단히 깊은 뜻을 지니게 된다. 철학이 궁극적·절대적 실재에 대한 논의라는 다소 비생산적인 독점권을 포기한다면, 그 보상은 인류를 움직이는 도덕적인 힘을 밝힘으로써, 더욱 건강하고 더욱 지적인 행복을 얻고자 하는 인간의 소망에 이바지함으로써 얻어질 것이다.

제2장
철학 재구성의 몇 가지 역사적 요인

엘리자베스 왕조의 프란시스 베이컨은 근대생활정신의 위대한 선구자이다. 베이컨은 완성한 것은 별로 없지만, 새로운 경향의 예언자였으므로 세계의 지적 생활의 거인이라 불릴 만하다. 다른 많은 예언자들처럼 그도 기존의 것과 새로운 것의 혼합으로부터 벗어나지는 못했다. 그의 가장 중요한 주장은 이후의 사정에 의해 어느 정도 평범해져 버렸다. 한편 어떤 면을 보아도, 베이컨이 그 스스로는 벗어났다고 생각했던 과거에 속하는 내용으로 가득 차 있다. 쉽게 모멸당할 만한 두 가지 원인 사이에서, 베이컨은 과학에서 쓰이는 일종의 '귀납법의 창시자'라는 그 자신과 별 상관없는 공적으로 칭송받으면서도, 근대 사상의 진정한 건설자로서 정당하게 평가받는 일은 거의 없었다. 우리가 베이컨을 기억해야 하는 이유는, 새로운 세계에서 불어오는 미풍이 그의 돛을 부풀려 새로운 바다에서의 모험으로 그를 인도했기 때문이다. 그 자신은 결국 약속의 땅을 발견하지 못했지만, 베이컨은 새로운 목적지를 사람들에게 알리고 그 지형을 먼 곳에서나마 확신하면서 묘사했다.

베이컨 사상의 주요 특징은, 지적 재구성을 목표로 작용하였던 하나의 새로운 정신의 윤곽을 우리에게 보여준다. 그것은 이 새로운 정신을 낳은 사회적·역사적 힘들을 나타낸다고도 할 수 있다. 베이컨의 가장 유명한 격언은 '아는 것(지식)이 힘이다'인데, 그는 이 실용적인 기준에 따라 그 시대에 남아 있던 학문의 거대한 체계를 판단하여 탄핵했다. 그에 따르면 그 체계는 지식이 아닌 것, 즉 사이비 지식, 거짓된 지식이었다. 이런 학문은 힘을 주지 못하기 때문이다. 그것은 활동적이지 못하고 게으르기 때문이다. 베이컨은 그의 가장 위대한 저작에서 당시의 학문을 셋으로 나눠 현학적 학문, 공상적 학문, 논쟁적 학문이라 불렀다. 그는 르네상스 시대의 지적 생활에서 매우 중요한 위치를 차지했던 고대의 언어 및 문학의 부활로부터 영향 받은 문예 연구를, 현학적 학문의 범주에 집어넣었다. 베이컨은 문예 연구가 전하려 하는 모든 우아함과 세련됨에 통달해 있었으며 고전도 잘 알고 있었다. 그런 만큼 그의 탄핵은 효과적이었다. 실제로 베이컨은 이후의 교육개혁자들이 일면적인 문예적 교양에 가했던 대부분의 공격에 있어 선구자 역할을 했다. 그런 교양은, 장식이 될 순 있어도 힘이 될 순 없었다. 그것은 화려하고 사치스러운 것이었다. 베이컨이 공상적 학문이라고 부른 것은, 16세기 유럽 전체를 풍미했던 반(半)마술적 과학—연금술, 점성술 등의 맹렬한 발달—이었다. 베이컨이 이를 가장 강하게 비난했던 이유는 선의 타락이야말로 최대의 악이기 때문이었다. 한편 현학적 학문은 게으르고 공허한데 비해, 공상적 학문은 참된 지식의 형태를 흉내 내고 있었다. 그것은 지식의 참된 원리 및 목적—자연력의 지배—을 파악하고 있었다. 하지만 그것은 이 지식의 획득에 꼭 필요한 조건과 방법을 무시했으므로, 결국 고의로 사람들을 타락시키고 말았다.

그런데 우리의 목적에 비춰 본다면, 논쟁적 학문에 관한 베이컨의 발언이 가장 중요하다. 왜냐하면 논쟁적 학문은 고대로부터 스콜라철학을 거쳐—그것도 매우 적은 부분만이 왜곡된 형태로—전해져 온 전통적 학문이기 때문이다. 그것이 논쟁적이라고 불리는 까닭은, 그에 사용된 논리적 방법 및 그에 부과된 목적 때문이다. 어떤 의미로는 그것은 힘을 지향했다. 하지만 그 힘은 특정 계급, 종파, 개인의 이익을 위해 다른 사람들을 지배하는 힘이었지, 만인의 공통된 이익을 위해 자연력을 지배하는 힘은 아니었다. 고대로부터 전해 내려온 학문의 논쟁적이고 과시적인 성격을 베이컨은 확신하였다. 이는 물론 그리스 과학 그 자체의 책임이라기보다는, 하찮은 논리, 남에게 이기기 위한 궤변이나 속임수, 그런 것들에만 집착하는 논쟁적인 신학자들이 철학을 주물럭거렸던 14세기의 스콜라철학이 남긴 타락한 유산의 책임이라 할 수 있다.

그런데 베이컨은 아리스토텔레스의 방법 자체도 공격했다. 아리스토텔레스의 방법은 철저한 형식에서는 논증을 추구하고, 느슨한 형식에서는 설득을 추구하는 것이었다. 그러나 논증이든 설득이든 그것이 추구하는 목표는, 자연의 정복보다도 정신의 정복이었다. 게다가 논증도 설득도 이미 누군가가 진리나 신앙을 소유하고 있음을 전제하며, 따라서 다른 인간을 설득하고 가르치는 것만이 문제임을 전제하고 있다. 이에 반해 베이컨의 새로운 방법은 기존의 진리의 양을 매우 적다고 보았으며, 앞으로 획득해야 할 진리의 거대함과 무게를 생생하게 느끼고 있었다. 그것은 논증, 증명, 설득의 논리학이 아니라, 발견의 논리학이어야 했다. 베이컨이 보기에 과거의 논리학은 기껏해야 이미 알고 있는 내용을 가르치는 논리학이었다. 여기서 가르친다는 것은 교화와 훈련을 가리킨다. "인간은 이미 알고 있는 것만을 배울 수 있으며, 지식의 성장이란 이전에는 따로따로 생각되던 이성의 보편적인 진리와 감각의 개별적인 진리를 하나로 결합시키는 것에 불과하다"는 것이 아리스토텔레스의 공리였다. 모든 학습은 지식의 성장을 의미하는데, 성장은 생성 및 변화의 영역에 속한다. 따라서 그것은, 이미 알고 있는 내용의 삼단논법 형식의 자기 전개적(展開的) 조작—논증—에 의한 지식 획득보다 뒤처지는 것으로 간주되었다.

이런 견해와는 대조적으로 베이컨은, 과거의 사실 및 진리의 논증에 비해 새로운 사실 및 진리의 발견이 더 우월하다고 웅변적으로 선언했다. 그리고 발견에 이르는 길은 오직 하나, 바로 자연의 비밀을 간파하는 탐구이다. 과학적 원리 및 법칙은 자연의 표면에 드러나 있지 않다. 그것은 숨어 있다. 고로 우리는 적극적이고 정밀한 탐구 기술을 통해 원리 및 법칙을 자연으로부터 끄집어내야 한다. 논리적 추론을 해도, 또 아무리 많은 관찰을 수동적으로 해도—고대인은 이를 경험이라고 불렀다—그것을 포착할 수는 없다. 적극적 실험을 통해 자연의 표면적인 사실을, 우리에게 익숙한 형식과는 다른 형식 안에 밀어 넣어야 한다. 즉 우리는 증인을 고문함으로써 그가 숨겨왔던 비밀을 자백하게 만들듯이, 사실이 그 자신의 진리를 자백하게 만들어야 한다. 진리에 도달하는 수단으로서의 순수한 추론이란, 자기 내부에서 실을 자아 거미집을 짓는 거미와 비슷하다. 거미집은 질서 정연하고 정묘하지만 하나의 함정에 불과하다. 경험의 수동적 축적—전통적인 경험적 방법—은, 바쁘게 돌아다니면서 수많은 원료를 모으는 개미와 비슷하다. 그리고 베이컨이 처음 시도하려 했던 참된 방법은 벌의 움직임과 비슷하다. 벌은 재료를 외부에서 모은다는 점에서는 개미와 같지만, 모은 재료를 변화시켜 숨겨진 보물을 만들어 낸다는 점에서는 이 근면한 동물과 구별된다.

자연 정복과 타인의 정신 정복의 이러한 대비와, 논증 방법에 대한 발견

방법의 우월성과 더불어, 베이컨에게는 참된 지식의 목적 및 시금석에 해당하는 진보의 관념이 존재했다. 베이컨의 비판에 따르면, 아리스토텔레스의 형식까지 포함한 고전적 논리학은 불가피적으로 게으른 보수주의의 아군이었다. 왜냐하면 고전적 논리학은, 진리는 이미 알고 있는 것이라는 생각에 정신적으로 길들여져 과거의 지적 업적에 만족하고 이를 비판적 검토 없이 받아들이는 버릇을, 사람들에게 심어 줬기 때문이다. 고대를 지식의 황금시대라고 회고하는 경향은 중세 사람들뿐만 아니라 르네상스 시대의 사람들 사이에도—사실 전자는 성서, 후자는 비종교적인 문서가 그 근거였지만—존재했다. 물론 이런 태도를 무조건 고전적 논리학의 책임으로 돌릴 순 없을 것이다. 그러나 "정신이 이미 소유하고 있는 진리의 논증을 인식의 기술과 동일시하는 논리학은, 연구 의욕을 저해하여 정신을 전통적 학문의 범위 안에 틀어박히게 만든다"는 베이컨의 견해는 옳았다.

　논리학의 이런 두드러지는 특징은, 아무래도 이미 알고 있는(또는 그렇다고 생각되는) 사항의 정의와, 정통파가 인정하는 기준에 따른 그것의 체계화가 될 수밖에 없었다. 한편 발견의 논리학은 미래에 신경을 쓴다. 이 논리학은 현재 진리로 받아들여지고 있는 사항을, 무조건 가르쳐져야 하는 것이나 순순히 받아들여져야 하는 것으로 간주하지 않고, 새로운 경험에 의해 검증되어야 하는 것으로 간주해 비판적으로 고찰한다. 기성의 지식이 아무리 엄격한 검증을 거쳤다 한들 이 논리학이 그에 대해 갖는 일차적 관심은, 그 지식이 장래의 탐구 및 발견에 어떻게 이용되느냐 하는 문제에 집중된다. 옛 진리의 주된 가치는 새로운 진리의 발견을 돕는 데 있다. 사실 베이컨 본인은 귀납법의 본질을 제대로 이해하지 못했다. 하지만 그럼에도 불구하고, 과학이란 이미 알고 있는 사항을 논리적 형식으로 되풀이하는 것이 아니라 미지의 사항을 공략하는 것이라는, 베이컨의 날카로운 감각이 그를 귀납법의 아버지로 만들었던 것이다. 쉬지 않고 꾸준히 미지의 사실 및 원리를 밝히는 것—이것이 귀납법의 참된 정신이다. 지식의 부단한 진보야말로, 옛 지식이 권위로써 받아들여지는 독단적 교의로 추락하거나 모르는 새에 미신으로 퇴화하는 일을 막는 유일하고 확실한 길이다.

　베이컨의 이론에서는 끊임없는 진보가 진정한 논리학의 시금석이자 목적이다. 베이컨은 계속해서 묻는다. 옛 논리학의 업적이나 성과가 대체 어디 있는가. 인생의 불행을 제거하고 결함을 보완하고 조건을 개선하기 위해 옛 논리학은 무엇을 했는가. 진리를 소유한다는 그 주장을 변호해 줄 만한 발명이 어디 있었는가. 그들이 한 발명이라고는 법정, 외교, 행정에서의 인간에 대한 인간의 승리 외에는 전혀 없었다. 인류가 자연력을 지배함으로써 낳은 귀중한 업적, 성과, 결과를 알려는 사람은 숭고한 '학문'에서 비천한 기술로 눈을 돌려야 했다. 확실히 그때까지의 기술 진보는 단속적이고 변덕스러우면서 우연적이었다. 그러나 탐구의 진정한 논리학과 기술이 탄생하면, 공업, 농업, 의학 기술의 진보는 지속적, 누적적인 것으로 변함과 동시에 조직적인 것이 되려 할 것이다.

학자들이 무기력하게 묵종하고 앵무새처럼 암송하던 기성 지식 체계를 생각해 보라. 그러면 이것이 두 부분으로 구성됨을 알 수 있다. 그 가운데 하나는 우리 선조들이 저질렀던 오류―고대의 곰팡내를 풍기는 그것은, 고전적 논리학의 이용을 통해 사이비 학문으로 조직되어 있다―에서 유래했다. 이 '진리'는 사실 우리 선조들의 오해와 편견을 체계화한 것에 불과하다. 그 중 상당수는 우연히 생겨났으며, 또 상당수는 계급적 이익과 편견에서 유래했으므로 권위에 의해 영원한 생명을 얻었다. ―이것이 훗날 생득관념의 학설에 대한 로크의 공격을 낳은 사고방식이다. 그리고 전통적 신앙의 다른 부분은, 의식적인 비판적 논리학의 공격을 받기 전까지 정신에 위험한 편견을 계속 주입하는 인간 정신의 본능적 경향에서 유래했다.

인간의 정신은 실제로 존재하는 것 이상의 단순성, 획일성, 통일성을 모든 현상에서 찾아내려 한다. 인간의 정신은 표면적인 유사성을 더듬어 결론으로 비약한다. 그것은 세부적 다양성 및 예외의 존재를 간과한다. 이리하여 인간의 정신은 완전히 자기 내부에서 형성된 거미집을 자연에 억지로 적용한다. 과거에 학문이라 불리던 것은, 인간이 만들어서 억지로 적용한 거미집으로 구성되어 있다. 사람들은 자신의 정신이 낳은 작품을 감상하면서, 자연 속의 실재를 보고 있다고 착각했다. 사람들은 스스로 만든 우상을 학문이란 이름으로 숭배하고 있었다. 이른바 학문도 철학도, 자연에 관한 이런 '예단(豫斷)'으로 성립되었다. 그리고 전통적 논리학의 가장 큰 결함은, 이런 오류의 자연적 원천으로부터 인간을 구해 내는 대신, 통일성, 단순성, 보편성이라는 거짓된 합리성이 자연에 존재한다고 믿음으로써 이러한 망상의 원천을 승인해 버렸다는 점에 있다. 새로운 논리학의 역할은 정신을 정신 자체로부터 보호하는 것이다. 무한히 다양하고 특수한 사실로부터 오랫동안 참을성 있게 배우는 법을 가르치는 것이다. 즉 사실상의 자연 지배를 위해, 지식 분야에서는 자연에 복종하는 법을 가르치는 것이다. 이것이 아리스토텔레스의 오르가논과 의식적으로 대립되어 학문의 새로운 도구, 즉 새로운 오르가논이라 불리게 된 새로운 논리학의 의미였다.

그 밖에도 몇 가지 중요한 차이점이 포함되어 있다. 이성은 단독으로 합리적 진리와 하나가 될 수 있다고 아리스토텔레스는 생각했다. "인간은 정치적 동물이다"라는 그의 유명한 말의 배후에는, 지성(누스, nus)은 동물적이지도 인간적이지도 정치적이지도 않다는 생각이 존재한다. 그것은 신과 같이 단일하며 자기 완결적이다. 베이컨의 말에 따르면 오류는 사회적인 힘에 의해 태어나고 지속되어 왔으므로, 진리도 그것을 위해 조직된 사회적 기관에 의해 발견되어야 한다. 개인 혼자서 할 수 있는 일은 매우 적거나 아예 없다. 그는 아마 스스로 만들어 낸 오해라는 거미집에 붙들려 버릴 것이다. 따라서 인간이 집단으로 자연을 공략하고, 그런 탐구 임무를 대대로 계속 물려주기 위한 협동 연구 조직이 꼭 필요하다. 베이컨은 인간의 천부적인 능력 차이를 무시할 수 있으며, 또 새로운 사실과 새로운 진리의 생산 활동에서 만인이 같은 수준에 놓일 수 있는 완전한 방법이라는 터무니없는 것까지 구상하고 있었다. 그러나 이 당치않은 점은, 현대의 특징인 과학의 종합적 협동 연구에 관해 베이컨이 남긴 위대한 적극적 예언의 한 소극적인 측면에 불과했다. 집단적 연구를 목표로 조직된 국가, 즉 뉴아틀란티스에서 그가 묘사한 광경을 떠올린다면, 우리는 기꺼이 그의 과장을 허락할 수 있을 것이다.

자연을 지배하는 힘은 개인적인 것이 아니라 집단적인 것이어야 했다. 베이컨이 말한 대로 인간을 지배하는 인간의 제국 대신, 자연을 지배하는 인간의 제국이 세워지게 되는 것이다. 그림처럼 아름다운 비유로 가득한 베이컨 본인의 말을 인용해 보자.

"사람들은 학문과 지식을 추구하게 되었지만…… 이성이라는 선물이 사람들의 행복과 이익을 위해 참으로 올바르게 사용되는 일은 드물었다. 사람들은 지식 안에서, 탐구하고 방랑하는 마음의 휴식처를 찾고, 방랑하는 변덕스런 정신이 오르락내리락할 수 있는 전망 좋은 테라스를 찾고, 오만한 정신이 올라갈 탑을 찾고, 투쟁 및 논쟁을 위한 보루와 요충지를 찾고, 이윤과 판매를 위한 점포를 찾기만 할 뿐, 조물주의 영광과 인생의 행복을 위한 풍요로운 창고를 찾을 생각은 없는 모양이다."

윌리엄 제임스는 실용주의(pragmatism)를 '낡은 사고방식을 위한 새로운 명칭'이라고 이름 지었다. 이때 그가 프란시스 베이컨을 명확히 의식했는지 어떤지는 알 수 없지만, 지식 추구의 정신과 분위기에 관한 한 베이컨은 실용주의적 지식관의 예언자라고 할 수 있다. 지식 추구에 대해서도 지식의 목적에 대해서도, 베이컨이 사회적 요인을 강조했다는 점이 주목받았더라면, 그 정신과 관련된 많은 오해는 피할 수 있었을 것이다.

베이컨의 사상 요약이 좀 길어졌는데, 그렇다고 역사적 회고를 시도했던 것은 아니다. 이 요약에서는 오히려 지적 혁명의 사회적 원인을 뚜렷이 보여 주는 새로운 철학의 확실한 기록을 제시하려고 했다. 여기서는 소묘에 가까운 설명밖에 할 수 없지만, 그래도 유럽에서 시작된 산업상, 정치상, 종교상의 변화의 방향을 깨닫는 데에는 이것이 어느 정도 도움이 될 것이다.

산업 분야에서 여행, 탐험, 새로운 무역이 미친 영향은 아무리 강조해도 부족할 정도다. 그것들은 새로운 것을 지향하는 모험이라는 낭만적인 감각을 키우고 전통적인 신앙의 속박을 완화했으며, 우리가 조사하고 정복해야 할 새로운 세계의 생생한 감각을 낳고, 제조·무역·금융·재정의 새로운 방법을 만들어 냈다. 또한 그것들은 발명을 자극하거나 실증적 관찰과 적극적 실험을 학문에 도입하거나 하는 반응을 각 방면에서 불러일으켰다. 십자군, 고대 현세적 학문의 부활, 더 나아가 이슬람교의 진보된 학문과의 접촉, 아시아 및 아프리카와의 무역 확대, 렌즈와 컴퍼스와 화약의 도입, 남북아메리카—이는 의미심장하게도 신세계라 불렸다—의 발견과 개척 등, 이 모든 것들은 명료한 외적 사실의 한 부분이다. 생각건대 과거에는 고립되어 있었던 민족들 및 인종들 사이에 비교가 이루어지는 것은, 심리 변화와 산업 변화가 동시에 발생해 서로를 강화할 경우, 항상 변화에 있어 몹시 효과적이고 큰 영향력을 지니게 된다. 어떤 경우에 사람들은 교제를 통해 정서적 변화를 경험한다. 이는 형이상학적 변화라고도 할 수 있다. 이때 정신의 내적 태도, 특히 종교적 문제에 관한 태도가 바뀐다. 다른 경우에는 재화의 활발한 교환, 외래 도구와 학문과 기술의 채용, 의복·주거·물품 생산에 있어서의 외국 습관의 모방 등이 이루어진다. 심도 있는 지적 발전을 낳기에는 이런 변화의 방향이, 하나는 너무 내적이고 다른 하나는 너무 외적이다. 그런데 새로운 정신적 태도의 창조와 광범위한 물질적·경제적 변화가 일치할 경우에는 중대한 일이 발생한다.

바로 이 두 가지 변화의 동시적인 발생이, 16~17세기의 새로운 접촉이 지녔던 특징일 것이다. 여러 가지 관습 및 전통적 신앙이 충돌하여 정신적 게으름이나 무기력함을 몰아내고, 기존과 다른 새로운 관념에 대한 활기찬 호기심을 불러일으켰다. 여행과 탐험이라는 실제 모험은, 낯선 것이나 미지의 것에 대한 공포를 정신 밖으로 추방했다. 즉 지리상·무역상 새로운 토지가 개척됨에 따라 정신도 개척되어 갔다. 새로운 접촉은 더 많은 접촉을 원하는 욕망을 부채질했고, 새로움과 발견에 대한 욕구는 충족되면 될수록 강렬해져 갔다. 새로운 토지를 향한 새로운 항해, 이국의 풍습에 관한 새로운 보고가 이루어질 때마다, 낡은 신앙과 방법에 대한 보수적인 집착이 점점 마멸되어 갔다. 정신은 탐험과 발견에 점차 익숙해졌다. 정신은 낡은 관습적인 것에서는 더 이상 얻을 수 없는 만족과 흥미를, 새롭고 신기한 것의 발견을 통해 얻었다. 게다가 탐험과 원정이라는 행위 그 자체, 즉 머나먼 무언가를 목표로 모험을 시도하는 과정이 독특한 즐거움과 긴장감을 사람들에게 선사했다.

이 심리적 변화는 과학 및 철학 분야에서 새로운 견지가 탄생하는 데 불가결한 요소였다. 하지만 오직 그것만으로는 인식의 새로운 방법이 창조될 수 없었다. 그런데 생활 습관 및 목적의 적극적인 변화가 이 정신적 변화에 객관적인 형식과 지지물을 제공했다. 또한 새로운 정신이 작용할 방향도 결정했다. 새로 발견된 부(富), 남북아메리카의 금, 소비와 향수(享受)를 위한 새로운 재화 등은 형이상학적인 것 또는 신학적인 것에 대한 열정에 찬물을 끼얹고, 새로이 싹튼 관심을 가진 사람들을 자연스럽게 현세적 기쁨의 방향으로 인도했다. 아메리카와 인도의 새로운 물적 자원 및 새로운 시장은, 지방적이고 좁은 시장에 어울리는 가내공업 및 수공업에 대한 과거의 의존 상태를 파괴하고, 확대되는 국외시장에 어울리는 증기기관 방식의 대규모 대량생산을 낳았다. 그리고 자본주의, 고속 운송, 더 나아가 재화와의 교환 및 소비를 위한 생산 대신에 화폐와의 교환 및 이윤을 위한 생산이 그 뒤를 이었다.

이상은 거대하고 복잡한 사건을 간단하게 표면적으로 메모한 것에 불과하지만, 그래도 과학혁명과 산업혁명의 상호 의존관계를 보여 주기는 할 것이다. 한편으로 근대산업이란 동시에 응용과학이기도 하다. 돈을 벌고 새로운 재화를 향수하려는 욕망이 아무리 커도, 또 실천적 에너지나 기업심이 아무리 강해도, 그것만으로는 과거 수 세기, 수 세대에 걸친 경제적 변모는 일어나지 않았을 것이다. 수학, 물리학, 화학, 생물학의 진보가 그 필요조건이었다. 실업가나 과학자가 자연의 숨은 에너지에 대해 얻은 새로운 지식을, 각종 기술자를 통해 입수하고 이용했다. 근대의 광산, 공장, 철도, 기선, 전신, 온갖 생산 기구 및 장치, 수송 등은 모두 과학적 지식을 표현한다. 이들은 경제활동에 수반되는 금전적 일반 사정에 근본적인 변화가 일어나도 아무 문제없이 존속해 간다. 요컨대 아는 것이 힘이라는 베이컨의 금언도, 자연과학에 의해 자연력을 영속적으로 지배하고자 한 베이컨의 꿈도, 발명을 매개로 실현된 것이다. 증기와 전력으로 이루어진 산업혁명은 베이컨의 예언에 대한 답변이다.

한편으로 근대산업의 필요가 과학적 연구에 큰 자극제로 작용한 것도 진실이다. 발전하는 생산 및 수송의 필요로부터 새로운 연구 과제가 생겨나고, 산업에 쓰이는 방법으로부터 과학의 새로운 실험적 응용 및 조작 힌트가 얻어지고, 사업으로 획득된 부의 일부가 연구 자금으로 사용되었다. 과학상의 발견과 산업상의 응용의 부단하고 광범위한 상호작용은 과학과 산업 모두를 풍요롭게 했으며, 과학적 지식의 진수가 자연적 에너지의 지배에 있음을 당시 사람들에게 가르쳐 주었다. 자연과학, 실험, 지배, 진보, 이 4가지 사실은 서로 매우 단단하게 결합되어 있었다. 현재까지로 보아 새로운 방법의 응용 및 성과에 영향 받은 대상은, 인생의 목적보다도 오히려 인생의 수단이었다. 다시 말해 지금까지 인간의 목적은 지적으로 인도된 방법보다는 우연한 방법으로 결정되어 왔다. 이 사실은 종래의 변화가 인간적·도덕적 변화가 아닌 기술적 변화였음을, 또 광범위한 사회적 변화가 아니라 경제적인 변화였음을 의미한다. 베이컨의 표현을 빌리자면, 우리의 과학은 과학에 의한 자연 지배라는 점에서는 상당히 성공했지만, 인생의 행복을 위해 그 지배를 훌륭하게 조직적으로 응용하는 데에는 아직 이르지 못했다. 그런 응용은 확실히 이루어지고 있으며 그 수도 많지만, 결국 우연적이고 산발적이며 외적이다. 그리고 이 협소함이 오늘날 철학의 재구성이라는 특별한 문제를 규정하고 있다. 왜냐하면 이 협소함은, 목적 및 방법의 지적 진단과 고안을 필요로 하는 커다란 사회적 결함을 분명히 드러내는 것이기 때문이다.

그래도 새로운 과학과 그 산업상의 응용에 이어서 이미 두드러지는 정치적 변화가 발생했으며, 그런 의미에서 사회적 발전의 어떤 방향이 적어도 계획되어 있었다는 점은 다시 말할 필요도 없을 것이다. 새로운 산업기술이 성장한 결과, 농업과 군사로 사회를 구성하던 봉건제도가 곳곳에서 붕괴되었다. 근대적인 의미의 사업이 발전할 때, 권력은 반드시 토지에서 금융자본으로, 시골에서 도시로, 농지에서 공장으로, 개인적인 충성과 봉사와 보호에 바탕을 둔 사회적 지위에서 노동 관리와 재화 교환에 바탕을 둔 지위로 옮겨가는 경향이 있었다. 정치적 중심이 변화하자 개인은 계급과 관습의 속박으로부터 벗어나게 됐으며, 높은 권위보다는 주로 자발적 선택에 의한 정치조직이 탄생하게 되었다. 다시 말해 근대국가는 이전과는 달리, 신이 창조하신 것이라기보다도 인간이 창조한 것으로 여겨지게 되었다. 즉 궁극적인 고압적 원리의 필연적 표현이라기보다는, 인간 남녀가 자신의 욕망을 실현하기 위해 안출한 것으로 여겨지게 된 것이다.

국가의 기원에 관한 계약설은 철학적으로나 역사적으로나 그 오류가 쉽게 증명될 수 있는 학설이다. 그러나 이 학설은 크게 유행했으며 커다란 영향력을 발휘했다. 형식으로 볼 때 계약설이란, 과거에 사람들이 자발적으로 모여 일정한 법을 준수하고 일정한 권위에 복종한다는 계약을 서로 맺은 결과 국가 및 지배자·피지배자의 관계가 생겨났다고 주장하는 것이다. 철학상의 많은 것들과 마찬가지로 이 학설도, 사실에 대한 보고로서는 가치가 없지만 인간 욕망의 방향을 보여 주는 징후로서는 큰 가치가 있다. 계약설은 "국가는 인간의 욕구를 충족시키기 위해 존재하며, 인간의 의도와 의지에 따라 형성될 수 있다"라는 신앙의 발전을 입증하는 것이었다. 국가는 자연적으로 존재한다는 아리스토텔레스의 학설은, 17세기의 사상을 만족시킬 수 없었다. 왜냐하면 그 학설은, 국가를 자연의 산물로 봄으로써 국가의 정체(政體)를 인간의 선택 범위에서 벗어나게 만든 이론으로 간주되었기 때문이다. 개인이 개인적인 소망을 드러내는 개인적인 결단을 통해 국가를 만들어 낸다는 계약설의 가설도 마찬가지로 중요했다. 이 계약설이 순식간에 서유럽 전체를 석권하기에 이른 것만 봐도, 관습적인 제도의 지배가 얼마나 약해져 있었는지 알 수 있다. 이 사실은 사람들이 커다란 집단으로부터 해방되어, 단순한 계급, 길드, 신분의 일원이 아니라 자신의 책임 아래 권리와 요구를 갖는 개인으로서 자각하기에 이르렀음을 증명해 준다.

이런 정치상의 개인주의와 더불어 종교상·도덕상의 개인주의가 진행되었다. 개체에 대한 종의 우위, 변화하는 특수에 대한 영원한 보편의 우위를 주장하는 형이상학적 학설은, 정치제도 및 교회제도의 철학적 기초였다. 봉건적 상하관계 조직이 현세적인 일에 관한 개인 행동의 기초, 법칙, 부동의 한계였던 것처럼, 보편적 교회는 종교적인 문제에 관한 개인 신앙 및 행위의 근거, 목적, 한계였다. 북방 야만족은 고전적인 사상 및 관습의 지배에 완전히 복종하는 법이 없었다. 근본적으로 라틴계 생활이 이루어지는 토지에서는 토착적인 사항이, 게르만적 유럽에서는 빌린 물건처럼 생각되었다. 즉 그것은 많든 적든 외부로부터 강요된 것이었다. 프로테스탄티즘은 로마 사상의 지배로부터 정식으로 벗어남을 의미했다. 프로테스탄티즘은 영원 또는 보편임을 자처하는 조직적 제도에 의한 통제로부터, 개인의 양심과 예배를 해방시켰다. 그러나 솔직히 말해 이 새로운 종교운동이 사상 및 비판의 자유를 촉진하는 데에서, 또 개인의 지성을 절대적으로 구속하는 지고의 권위라는 관념을 부정하는 데에서, 처음부터 커다란 성과를 냈던 것은 아니다. 또한 초기에 도덕적·종교적 신념의 차이에 대한 관용 및 존중을 퍼뜨리는 데에 성공했던 것도 아니다. 그러나 사실상 이 운동은 기성 제도를 붕괴시키는 역할을 했다. 그것은 많은 종파와 교회를 낳음으로써, 최소한 궁극적인 문제를 개인이 스스로 판단할 권리에 대한 소극적 관용을 장려했다. 그리고 이윽고 개인의 양심은 신성하다는 신앙과, 의견·신앙·예배의 자유에 대한 권리라는 신조(信條)가 공식화되었다.

이런 확신의 보급이 정치상의 개인주의를 얼마나 강화했는지, 또 그것이 과학 및 철학의 전통적 관념들에 의문을 품는—스스로 사고하고 관찰하고 실험하는—태도를 얼마나 촉진시켰는지는 굳이 논할 필요 없으리라. 종교상의 개인주의는 모든 영역에 걸쳐 사고의 자발성과 독립성에—그런 자유가 일정 한도를 초월해, 종교운동이 공식적으로는 이에 반대하는 경우에도—귀중한 승인을 내려 준다는 의미를 갖고 있었다. 그러나 프로테스탄티즘 최대의 영향력은 자기목적으로서의 인간의 인격이라는 관념을 발전시킨 데에서 나타났다. 교회 같은 조직의 매개 없이도 인간이 신과 직접 관계를 맺을 수 있다고 간주됐을 때, 또 죄니 속죄니 구원이니 하는 도그마는 개인의 가장 내적인 영혼 내부의 사건이지 개인을 종속적 일부로서 포함하는 인류 내부의 사건은 아니라고 간주됐을 때, 인격의 종속을 가르쳐 온 모든 학설은 치명적인 타격을 입었다. 이것은 민주주의의 촉진에 있어 많은 정치적 반향을 불러일으킨 타격이었다. 왜냐하면 모든 영혼 그 자체의 본질적 가치라는 관념이 종교에서 선언되었을 경우, 이 관념이 현세적인 관계들 속으로 이른바 흘러 들어가는 것을 막기란 어렵기 때문이다.

산업, 정치, 종교 분야의 여러 운동의 영향은 지금까지도 사라질 줄을 모르며 이에 대한 책도 수두룩한데, 이러한 운동을 몇몇 문장으로 요약하려는 것은 분명 난폭한 시도다. 그러나 내가 이런 문제를 건드린 까닭은, 새로운 관념의 수로를 만드는 데 공헌한 몇 가지 힘을 나타내기 위해서일 뿐이니, 이 점을 생각해서 참아 주길 바란다. 첫째로, 영원한 보편적인 것으로부터 변화하는 특수한 것, 즉 구체적인 것으로의 관심의 이동이 있다. ─내세에서 현세로, 중세 특유의 초자연주의에서 자연과학, 자연적 활동, 자연적 교섭의 기쁨으로 주의 및 사고를 옮기는 형태로 나타난 운동이 있다. 둘째로, 고정된 제도, 계급 차별, 계급 관계 등의 권위가 점차 약해지고, 그 대신 관찰, 실험, 반성의 방법에 따르는 한 개인도 인생 지도(指導)에 필요한 진리에 도달할 수 있다는 신앙이 증대했다. 높은 권위로부터 부여받은 원리가 쇠퇴하는 반면, 자연 연구의 조작 및 성과는 위신과 힘을 더해 갔다.

그 결과 원리도 또 진리라고 자처하는 것도, 이제는 일상적 경험을 초월하여 경험적 성과와는 상관없는 숭고한 기원보다도, 경험적 기원이나 경험상의 화복이라는 결과를 기준으로 판단된다. 고상하고 고귀하고 보편적이고 오래된 것이 무조건 원리가 될 수는 없다. 원리는 자신의 출생증명서를 제출해야 하고, 인간 경험의 어떤 조건 아래에서 태어났는지를 정확히 밝혀야 하며, 그 현재 및 장래의 성과에 의해 자신의 정당성을 입증해야 한다. 이상이 근대에 있어 가치 및 타당성의 궁극적 기준을 경험에서 찾으려 했던 것의 내적인 의미이다. 셋째로, 진보 관념의 존중이 있다. 과거보다는 미래가 상상력을 지배하게 된다. 황금시대는 우리의 앞쪽에 있을 뿐 뒤쪽에는 없다. 온갖 분야에서 새로운 가능성이 용기와 노력을 자극하고 환기한다. 18세기 말 프랑스의 위대한 사상가들은 베이컨에게서 빌려 온 진보의 관념을, 지상 인류의 무한 완성 가능성이라는 학설로 발전시켰다. 필요한 용기, 지성, 노력을 발휘하기만 한다면, 인간은 자신의 운명을 창조할 수 있다. 육체적 제약은 극복할 수 없는 장애물이 아니다. 넷째로, 착실한 실천적 자연 연구는 자연을 거느려 제어하고 자연력을 사회적 이익에 종속시키는 발명의 결실을 맺음으로써, 진보의 방법이 된다. 지식은 곧 힘이며, 지식은 정신을 자연이라는 학교에 보내 자연의 변화 과정을 배우게 함으로써 얻어진다.

앞 장과 마찬가지로 이 장도, 철학에 부과된 새로운 책임과 철학에 주어진 새로운 기회를 살펴보면서 끝맺는 것이 가장 나을 듯하다. 전체적으로 볼 때 앞서 서술한 변화가 지금까지 낳은 가장 큰 결과는, 고전적 고대 형이상학에 기초를 둔 관념론 대신, 인식론 즉 지식론에 기초를 둔 관념론을 낳았다는 점이다.

근대 초기의 철학은(스스로는 의식하지 않았다 해도), 우주의 이성적·관념적 근거, 우주의 소재 및 목적에 관한 전통적 이론을, 개인의 정신에 대한 새로운 관심이나 개인의 정신 능력에 대한 새로운 신뢰와 조화시킨다는 과제를 끌어안고 있었다. 철학은 딜레마에 빠져 있었다. 한편으로 철학은—인간과 정신이 실제문제에 있어 정말로 자연 지배를 달성하기 시작했을 때인 만큼—인간을 물리적 존재에, 정신을 물질에 복종하게 만드는 유물론을 신봉할 생각이 없었다. 그러나 다른 한편으로, 있는 그대로의 세계를 부동(不動)한 포괄적 정신 및 이성의 표출로 보는 견해도, 세계의 결함 및 그 교정에 주로 관심을 쏟는 사람들의 성미에는 맞지 않았다. 고전적인 형이상학적 관념론에서 발생한 객관적인 신학적 관념론의 결과는, 정신을 순순하고 순종적인 존재로 만드는 것이었다. 새로운 개인주의는, 자연과 운명을 한꺼번에 형성했다는 보편적인 이성의 관념이 덮어씌운 구속 아래에서 안달하고 있었다.

그래서 근대 초기의 사상은 고대 및 중세 사상으로부터 벗어났을 때에도, 세계를 창조하고 구성하는 이성이라는 낡은 전통을 계승하면서, 이 이성이 인간의 정신—개인의 정신이든 집단의 정신이든—을 통해 작용한다는 관념을 위의 전통과 결합시켰던 것이다. 이것이 로크, 버클리, 흄 등의 영국파나 데카르트 등의 대륙파를 불문하고 17~18세기 철학자들이 노래했던 관념론의 공통된 선율이었다. 잘 알려진 사실처럼 이 두 가지 흐름은 칸트에 이르러 합류했고, 인간적 인식 주체를 통해서만 작용하는 사유에 의해 인식 가능한 세계를 구성한다는 테마가 분명히 드러났다. 관념론은 형이상학적·우주적인 모습을 버리고 인식론적·개인적인 것이 되었다.

이 발전은 그저 하나의 과도적 단계를 보여 주는 것임에 틀림없다. 이것은 결국 새로운 술을 낡은 병에 담는 행위였다. 지식을 통해 자연력을 지배하는 힘―즉 신앙 및 제도를 다시 만드는 목적적·실험적 행위―의 의미를 자유롭고 솔직하게 정식화하는 데에는 이르지 못했다. 오래된 전통은 여전히 강력했으며 그것은 사람들의 사고방식 속에 은밀히 침투해서, 진정으로 근대적인 힘과 목적이 드러나지 못하게 방해했다. 철학의 근본적 재구성이라는 것은 이런 원인과 결과를, 서로 모순되는 유전적 인자에 얽매이지 않는 방법으로 서술하려는 시도이다. 이 재구성에서 지성은, 사물의 근원적 제작자나 목적인이 아니라, 사회 복지를 방해하는 자연 및 인생의 모든 측면을 목적적·정력적으로 다시 만드는 것으로 간주된다. 여기서는 개인도 어떤 마법으로써 세계를 창조하는 병적으로 자족적인 자아가 아니라, 창의적이고 발명적이고 지적인 활동을 통해 세계를 다시 만들어 그것을 지성의 도구 및 소유물로 바꿔 갈 책임이 있는 주체로 간주된다.

위와 같이 "아는 것이 힘이다"라는 베이컨의 말로 상징되는 하나의 관념체계는, 자유롭고 독립적인 표현을 얻는 데에는 이르지 못했다. 그것은 자신과 완전히 대립되는 사회적·정치적·학문적 전통을 나타내는 견지 및 선입관속에 절망적으로 엉켜 들어가 있다. 근대철학의 애매함과 혼란스러움은, 논리적으로도 윤리적으로도 결합이 불가능한 두 가지를 결합시키려는 시도가 낳은 결과였다. 그러므로 철학의 재구성이란, 당장은 이 엉킴을 풀고 베이컨의 소망을 자유롭게 표현시키려는 노력이라고 할 수 있다. 이후의 장에서는 경험과 이성, 실재적인 것과 관념적인 것 등등 고전적인 철학적 대립 개념에 있어 필요한 재구성을 고찰해 볼 것이다. 다만 우리는 과학의 진보에 의한 자연관의 변화―생물계, 무생물계를 불문하고―가 철학에 미친 수정적(修正的) 효과를 먼저 생각해 봐야 한다.

제3장

철학 재구성의 과학적 요인

철학은 인생에서 마주치는 장해에 대한 어느 깊고도 넓은 반응에서 시작된다. 그리고 철학의 발달은, 이 실제상의 반응을 자각적이고 명료하고 전달 가능한 것으로 만들어 주는 재료가 주위에 있을 때에만 이루어진다. 제2장에서 살펴본 경제, 정치, 교회의 변화와 더불어, 자연—물리적이든 인간적이든—에 관한 신앙을 송두리째 바꿔 버릴 만한 대규모 과학혁명이 일어났다. 이런 과학의 변모의 어떤 부분은, 확실히 실제 태도 및 심정의 변화에 의해 생겨난 것이다. 그러나 이 변모는 점점 진행될수록, 태도 및 심정 변화의 필요에 맞는 적절한 어휘를 그런 변화에 부여함으로써 그것을 명확한 형태로 만들어 갔다. 과학이 진보하고 커다란 일반화가 발생하고 사실에 대한 개별적인 기술(記述)이 생겨나면서, 새로운 정신적 태도의 정식화·응결·전달·보급에 필요한 지적 장비—관념과 구체적 사실—가 확실히 주어졌다. 따라서 제3장에서는 자연의 구조 및 구성에 관한 대조적인 견해에 대해 논할 것이다. 이 견해들은 과학(거짓된 과학이든 진정한 과학이든)의 권위에 의거하여 받아들여질 경우, 철학의 지적 구조를 형성한다.

여기서는 고대과학과 근대과학이라는 대조적인 개념을 선택해 보겠다. 근대과학이 묘사하는 세계상(世界像)의 참된 철학적 의미를 평가할 방법은, 고전적 형이상학을 지적인 근거 및 확증으로 삼는 과거의 세계상과 그것을 대비(對比)하는 것뿐이기 때문이다. 과거에 철학자들이 믿었던 세계는 닫힌 세계였다. 그것은 내적으로는 제한된 수의 고정적 형상으로 구성되고, 외적으로는 명확한 경계를 가진 세계였다. 반면 근대과학의 세계는 열린 세계이다. 그것은 내적으로는 한계가 정해질 수 없는 무한히 변화하는 세계이고, 외적으로는 정해질 수 있는 모든 경계선을 초월해 펼쳐지는 세계이다. 또한 과거에는 최고의 지성을 지닌 사람들마저 자신이 고정적 세계, 즉 정지와 영원이라는 부동의 한계 내부에서만 변화가 일어나는 영역에서 살아가고 있다고 생각했다. 그 세계란 앞서 살펴봤듯이, 고정적이고 부동인 것이 움직이고 변화하는 것에 비해 질로 보나 권위로 보나 뛰어나다고 간주되던 세계였다. 셋째로 옛날 사람들이 그들의 눈으로 봤던 세계, 그들의 상상 속에서 만들어지고 행동계획에 있어 반복되던 세계는, 질적으로 다르고(여러 종과 부류들은 서로 달라야 한다) 우열 순서에 따르는 한정된 수의 계급, 부류, 형상의 세계였다.

세계의 전승들 속에서 널리 인정받고 있었던 우주의 이미지를 떠올리는 것은 쉬운 일이 아니다. 옛 우주의 이미지는 극적으로 표현되어 있어도(단테의 경우처럼), 또 아리스토텔레스나 성 토마스에 의해 논리적으로 완성되어 있어도, 그것이 300년 전까지는 사람들의 마음을 사로잡고 있었으며 그 붕괴에 의해 종교상의 대변동이 일어났다 해도, 지금은 이미 퇴색되어 애매하고 희미한 것이 되어 버렸다. 그것은 이론상 고립된 추상적인 것으로서도 부활하기 어렵다.

우주의 이미지를 모든 상세한 반성과 관찰, 행동 계획과 규칙이 포함된 형태로 되돌리는 일은 불가능하다. 하지만 우리는 윤곽이 확실한 우주라는 것을 어떻게든 떠올려 볼 필요가 있다. 즉 지구를 불변·부동의 중심으로 삼고, 성스러운 에테르의 불멸한 원환 안에서 움직이는 항성의 장려한 아치를 부동의 원주로 삼고, 모든 것을 포함하고 모든 것을 영원히 같은 장소에 정연히 보존하는 우주, 다시 말해 시각적인 의미에서 우주라고 부를 만한 것을 우리는 떠올려 봐야 한다. 이때 지구는 확실히 중심에 있다. 그러나 이 닫힌 세계의 모든 부분들 중 지구는 가장 저급하고, 가장 조잡하며, 가장 물질적이고, 중요성과 선(또는 완전성)이 가장 적은 부분이다. 그것은 최대한의 변동과 전변(轉變)이 일어나는 무대다. 합리성이 가장 부족하므로 주의 또는 인식에 가장 어울리지 않는 부분이다. 그것은 관상(觀想)에 보답하는 일도, 찬미하는 마음을 불러일으키는 일도, 행위를 인도하는 일도 매우 드물다. 이처럼 대단히 물질적인 중심과, 비물질적이며 영적이며 영원한 천공 사이에는 달, 유성, 태양 등 한정된 수의 천체가 존재한다. 그것들은 지구로부터 멀어져 천공에 가까워질수록 순위, 가치, 합리성, 실재성이 높아진다. 이들 천체 하나하나는 흙, 물, 공기, 불이라는 고유 원소를 주요 성분으로 삼아 이루어져 있다. 그리하여 최후에 우리는 이 모든 원소를 초월하여, 에테르라 불리는 비물질적인 영원한 에너지로 이루어진 천공에 도달한다.

물론 이 굳게 닫힌 우주에도 변화는 일어난다. 그러나 그 변화는 소수의 고정된 종류에 불과하며, 고정된 한계 내부에서 작용할 뿐이다. 각종 원소에는 고유의 작용이 있다. 지상의 존재는 하등하므로 그 본성은 무거움, 즉 하강이다. 불 및 뛰어난 것은 가벼우므로 그 본디 장소를 향해 상승한다. 공기는 상승하여 유성의 평면까지는 도달할 수 있지만, 거기서는 공기의 본성인 전후 운동을 시작한다. 이런 본성은 바람이나 호흡을 보면 알 수 있다. 에테르는 모든 물리적인 것들 가운데 최고의 존재이므로 순수한 순환 운동을 한다. 매일 반복되는 항성의 운동은 영원성에 가장 가까우며, 또 정신이 이성이라는 자신의 이념적인 축을 중심으로 실시하는 자기 반성적 회전에 가장 가깝다. 지구상에서는 그 지상적인 힘 때문에—아니, 그보다는 힘이 없기 때문에—단순한 변화밖에 일어나지 않는다. 목적도 없고 의미도 없는 유동에 불과하므로, 명확한 지점에서 출발하는 일도 없고 뭔가에 도달하는 일도 없다. 요컨대 그것은 무(無)다. 단순한 양적 변화, 순전히 기계적인 모든 변화는 이런 종류에 속한다. 그것은 바닷가에 있는 모래의 움직임과도 비슷하다. 우리는 이를 느낄 순 있어도, 이해하거나 그것에 '관심'을 둘 수는 없다. 이런 변화에는 그것을 통제하는 확실한 한계가 결여되어 있다. 이 변화는 천한 것이다. 변덕스러운 것이며 우연의 장난이다.

어떤 확정된 형태를 결과로서 낳는 변화. 그것만이 어떤 의미를 지니며, 또 어떤 의미—어떤 로고스(logos)와 이유—를 지닐 수 있다. 식물과 동물의 성장은 달 아래의 천체, 즉 지구에서 가능한 최고의 변화에 속한다. 식물과 동물은 어느 확정된 형태에서 다른 확정된 형태로 변해 간다. 떡갈나무는 떡갈나무만, 굴은 굴만, 인간은 인간만 낳는다. 기계적인 생산과 같은 물질적 요인이 끼어드는 일도 있지만 이는 우연일 뿐이다. 그런 요인은 그 종의 형태의 완전한 표현을 막거나, 무의미한 변동을 초래해 다른 종류의 떡갈나무와 굴을 낳거나, 극단적인 경우에는 기형, 돌연변이, 괴물, 손이 3개인 인간, 발가락이 4개인 인간 등을 만들어 낸다. 우연하고 불행한 변종을 별개로 친다면, 각 개체에는 더듬어 나아가야 할 경로, 전진해야 할 진로가 주어져 있다. 아리스토텔레스의 사상에는 가능성이나 발전 등 근대적인 느낌이 나는 용어가 많다. 그래서 어떤 사람들은 아리스토텔레스 사상에서 근대적 의미를 찾아내는 실수를 저질렀다. 그러나 고대 및 중세 사상에서는 이 용어들의 의미가 그 문맥에 따라 엄밀히 규정되어 있다. 발전이라고는 해도, 그것은 그 종에 속하는 개별적인 것들의 내부에서 발생하는 변화 과정을 의미할 뿐이다. 도토리가 떡갈나무가 된다는 식의 예정된 운동을 나타내는 명칭에 불과하다. 발전은 사물 안에서 일반적으로 일어나는 것이 아니라, 떡갈나무라는 종에 속하는 소수의 사물 중 어느 하나에서만 일어난다. 발전이나 진화라는 것은 근대과학의 경우와 달리, 결코 새로운 형태의 발생이나 기존 종의 돌연변이라는 의미가 아니라, 예정된 변화의 순환 과정을 단조롭게 더듬어 간다는 의미에 불과하다. 마찬가지로 가능성이라는 것도 근대의 경우와 달리, 결코 새로움, 발명, 근본적 일탈 등의 가능성을 의미하는 것이 아니라, 도토리가 떡갈나무로 자라나는 식의 원리를 의미하는 데 지나지 않는다. 말하자면 가능성이란 대립물 사이의 운동 능력을 뜻한다. 차가운 것만이 뜨거워질 수 있고, 마른 것만이 축축해질 수 있고, 어린이만이 어른이 될 수 있고, 씨앗만이 성숙한 밀이 될 수 있다. 이처럼 가능성이란 새로운 것의 출현을 의미하는 게 아니라, 개별적인 것이 그가 속한 부류의 순환적 과정을 반복하는 경향이다. 즉 그것은 영원한 형상—모든 것은 이 영원한 형상 속에서, 또 그 형상을 통해 구성되어 있다—의 특수한 한 사례가 되는 경향을 의미할 뿐이다.

개체의 수는 거의 무한히 많은데도 불구하고 종과 부류는 제한된 수밖에 존재하지 않는다. 그리고 세계라는 것은 본질적으로 몇 가지 부류로 구성된 세계이며, 서로 다른 계급들로 미리 정리되어 있다. 이런 상황에서 우리는 보통 식물이나 동물을 하등한 것에서부터 고급스런 것으로 이어지는 계통, 등급, 단계 등에 따라 배열하는데, 이와 같은 일이 우주의 모든 사물에 대해 이루어진다. 사물이 자신의 본성에 따라 속하는 여러 가지 계급들은, 하나의 상하관계 질서를 형성하고 있다. 자연 속에 카스트가 존재한다. 우주는 귀족정치적인, 아니, 봉건적인 계획을 바탕으로 구성되어 있다. 뜻밖의 사정으로 혼란이 발생한 경우를 제외하고는, 종이나 계급이 뒤섞이는 일은 없다. 그런 경우 외에는 모든 것이 미리 특정한 계급에 소속되고, 이 계급은 존재의 상하관계 안에서 고정된 위치를 차지하고 있다. 이 우주는 실로 정연한 장소이다. 그 청정함을 더럽히는 것은, 규칙 및 형상에의 완전한 복종을 거부하는 고집스런 물질의 존재에서 유래하는 개체의 불규칙한 변화뿐이다. 그런 변화가 일어나지 않는 한, 모든 것은 우주 속에서 각기 고정된 위치를 차지하며 자신의 위치, 신분, 계급을 알고 또 지킨다. 그러므로 목적인 또는 형상인이라는 술어로 표현되는 것이 최고로 간주되며 작용인은 낮은 위치로 내몰린다. 이른바 목적인이란, 사물의 계급 및 부류에는 고유한 어떤 고정적 형상이 존재하며, 이 형상이 변화의 진행을 지배함에 따라 사물이 자기 본성의 실현이라는 목적 및 목표로서의 형상으로 향하게 된다는 사실을 나타내는 명칭에 불과하다. 달보다 위에 있는 천체는 공기 및 불의 고유한 운동의 목적이자 목적인이다. 지구는 둔하고 무거운 사물의 운동의, 떡갈나무는 도토리의, 일반적으로 성숙한 형태는 새싹 형태의 목적이자 목적인이다.

운동을 일으키고 촉진하는 '작용인'이란, 미숙하고 불완전한 존재에게 우연히 일종의 충격을 주어 그것을 완전한 형태, 실현된 형태로 향하게 하는 것이다. 따라서 이는 외적인 변화에 불과하다. 목적인이란 선행된 변화의 설명 또는 이유로서 보자면 완성된 형태다. 변화가 완료된 휴지 상태와의 관계에 있어서가 아니라 그 자체로 보자면, 목적인은 '형상인'이다. 다시 말해 그것은 사물을, 그것이 참으로 존재하는 한 그것인 것, 즉 변화하지 않는 한 그것인 것'이게 해 주는', 또는 그런 것을 구성하는 고유의 본성 또는 특질이다. 위에 설명한 특징들은 모두 논리적으로도 실제적으로도 결합되어 있다. 하나를 공격하면 전체를 공격하는 셈이 된다. 하나가 무너지면 전체가 붕괴된다. 이것이야말로 과거 수 세기에 걸친 지적 수정이 혁명이라 불리는 이유다. 그러한 지적 수정은 종래의 세계관과 모든 점에서 다른 하나의 세계관을 낳았다. 이 차이를 어디서부터 살펴보는가는 별로 중요하지 않다. 어디에서 시작하든지 결국 다른 모든 점으로 인도되기 때문이다.

현재의 과학이 닫힌 우주 대신 우리에게 보여 주는 것은, 공간적으로도 시간적으로도 무한하며 이쪽에도 저쪽에도, 즉 이쪽 끝에도 저쪽 끝에도 한계 따위 존재하지 않는 우주이다. 그것은 범위에 있어서도 무한하며 내적 구조에 있어서도 무한히 복잡한 우주이다. 고로 그것은 열린 세계이며 무한한 변화로 가득 찬 세계이다. 과거의 의미로는 결코 우주라 불릴 수 없는 세계이다. 그것은 복잡하고 광대하므로, 이를 어떤 방식으로 개괄하여 파악하는 일은 불가능하다. 그리고 지금은 고정성이 아닌 변화가 '실재'의 척도, 존재의 에너지의 척도다. 변화가 널리 존재한다. 근대 과학자들이 관심을 갖는 법칙은 운동의 법칙, 발생과 결과의 법칙이다. 고대인이 부류나 본질을 운운할 때 과학자는 법칙을 운운한다. 과학자가 추구하는 것은 변화의 상관관계이며, 또한 다른 변화와 대응하여 발생하는 어떤 변화를 발견하는 것이기 때문이다. 과학자는 변화 속에서 항상 일정한 것을 정의하거나 그 한계를 정하거나 하지 않는다. 그는 변화의 일정한 질서를 기술한다. '일정하다(constant)'라는 말이 두 명제 모두에 사용되고 있는데, 이 말의 의미는 같지 않다. 앞의 명제에서는 자연적이든 형이상학적이든 간에 존재에 있어 일정한 것이, 뒤의 명제에서는 기능 및 작용에 있어 일정한 것이 문제가 되고 있다. 전자는 독립적인 존재의 형상이고, 후자는 상호 의존적인 변화의 기술 및 계산 방식이다.

요컨대 고전적인 사상이 받아들이고 있었던 것은 계급 및 부류의 봉건적 질서였다. 이 질서에서는 각자가 자신보다 상위인 것으로부터 행위와 봉사의 규제를 '받고', 그것을 또 하위인 것에게 부과했다. 이 특색은 앞서 설명한 사회적인 상황을 반영한 것이었으며 또 그런 상황에 매우 적합한 것이었다. 우리는 봉건적인 토대 위에서 조직된 사회에 대해 상당히 명료한 개념을 갖고 있다. 가족의 원리와 혈연의 원리가 강하고, 특히 사회적 신분이 높아질수록 이런 경향이 강하다. 최하층의 경우에는, 정도의 차이는 있어도 대개 개인이 사라지고 모두 대중이 되어 버린다. 너도나도 한 무리의 부분이므로, 그들의 출생을 구별해 줄 특별한 것은 하나도 없다. 그런데 특권적 지배계급의 사정은 전혀 다르다. 혈연이 대외적으로 하나의 집단을 구별하여 그 특색을 나타냄과 동시에, 대내적으로 그 구성원 전원을 뭉치게 한다. 혈연, 부류, 계급, 속(屬)은 사회적인 구체적 사실로부터 술어적인 추상적 사실에 있어서까지 동의어이다. 혈연이란 공통된 성질을 갖고 있다는 증거이며, 또 모든 개인 속에 흐르면서, 그들에게 진실의 객관적인 통일성을 부여하는 보편적이고 영원한 것을 갖고 있다는 증거이기 때문이다. 어떤 사람들이 혈연 관계를 가지고 있다면, 그 사람들은 실재적으로—단순히 편의적으로가 아니라—어떤 독특한 것을 가진 하나의 계급으로서 구별된다. 현존하는 모든 구성원은, 선조와 자손을 포함한 다른 혈연 및 부류에 속하는 모든 인간을 제외한 하나의 객관적 통일체로서 결합된다. 세계가 개별적인 부류로 나뉘고 그 각자는 다른 종과 질적으로 다른 성격을 가지며, 제한된 수의 개체를 결합시켜 개체의 다양성이 고정적 한계를 넘지 못하게끔 한다는 것은, 분명 가족의 원리를 세계 전체에 투사한 생각이라 해도 과언이 아니다.

더구나 봉건적으로 조직된 사회에서는 혈족 집단 및 종이 각각 일정한 지위를 차지한다. 그들은 다른 등급보다 높거나 낮은 특정 등급을 지님으로써 구별된다. 이 지위는 그들에게 어떤 특권을 부여하고, 하위 사람들을 향해 어떤 요구를 강요할 힘을 부여하며, 동시에 상위 사람들에 대해 봉사하고 복종해야 할 의무를 부과한다. 말하자면 인과관계가 상하관계인 셈이다. 세력과 권력은 위에서 아래로 작용하고, 하위 사람들의 활동은 말 그대로 상위 사람들에 대한 존경을 바탕으로 이루어진다. 작용과 반작용은 같기는커녕 반대되는 방향으로 나아간다. 모든 작용은 전부 같은 종류이며, 지배라는 성질을 가지고 높은 것에서 낮은 것으로 작용한다. 반작용은 예속과 복종이라는 성질을 가지며 낮은 것에서 높은 것을 향한다. 세계의 구성에 관한 고전적인 학설은 위계 및 권력을 잣대로 삼는 계급적 질서와 완전히 대응한다.

역사가가 인정한 봉건제도의 세 번째 특징은, 위와 같은 신분제도의 중심이 군대이며 또한 군사적 방위와 군사적 보호 사이의 관계라는 점이다. 앞서 고대의 우주론과 사회조직의 평행관계에 대해 설명했던 내용이 기발한 유추라고 받아들여지지는 않을까 염려하는 만큼, 더 나아가 위와 같은 점까지 비교한다면 그것은 분명 무리한 비유로 받아들여질 것이다. 비교란 말을 문자 그대로 이해하면 확실히 그러하다. 그러나 양쪽에 포함된 지배 및 명령의 관념만 살펴본다면 이야기는 달라진다. 현재 법칙이라는 말에 부여된 의미— 변화 사이의 일정한 관계—에 대해서는 이미 설명한 바 있다. 하지만 그럼에도 불구하고 우리는 모든 사상(事象)을 '지배하는' 법칙이라는 말을 자주 들으며, 또 질서를 만들어 주는 법칙 없이는 모든 현상이 완전히 무질서해진다고 생각하는 경우가 많은 듯하다. 이런 생각은 자연 속에 사회관계—봉건적 관계뿐만 아니라 지배자와 피지배자 사이의 관계, 군주와 신민 사이의 관계여도 상관없다—를 투영하려던 시도의 잔재다. 법칙이 명령 및 지령과 같은 것으로 간주되었던 것이다. 인격적 의지라는 요인이 (그리스의 가장 뛰어난 사상의 경우처럼) 배제된다 해도 법칙 및 보편이라는 관념에는, 상위의 것이 본성상 하위의 것에 대해 실시하는 지도 및 지배의 힘이라는 의미가 여전히 배어 있다. 보편적인 것이 지배하는 것은, 직인의 마음속에 있는 목적 및 모델이 직인의 행동을 '지배하는' 것과 마찬가지다. 중세에는 이 통어 (統御)라는 그리스적 관념에, 하나의 높은 의지에서 나오는 명령이라는 관념이 더해졌다. 그 결과 자연의 모든 작용은, 행위 지도의 권위를 가진 존재가 정한 임무의 수행이라고 여겨지게 되었다.

이와 대비할 경우, 근대과학이 묘사하는 자연의 모습의 특징은 매우 명확해진다. 대담한 천문학자들이 천상에 작용하는 고급스럽고 숭고한 이념적 힘과, 지상의 사상을 움직이는 저급하고 물질적인 힘 사이의 차별을 제거했을 때, 근대과학은 첫걸음을 내디뎠다. 천상과 지상 사이에 존재한다던 실체 및 힘의 차이는 부정되었다. 같은 법칙이 어디에서나 통용된다는 주장, 자연 전체에 걸쳐 어디에서나 물질 및 과정은 똑같다는 주장이 제기되었다. 대단히 아름답고 숭고한 것도, 익숙하고 평범한 사상 및 힘에 의해 과학적으로 기술되고 설명되어야 한다. 직접 만지거나 관찰할 수 있는 물질이 가장 확실한 것이며 더 잘 알려진 것이다. 멀리 떨어진 천상에 있는 것에 관한 조잡하고 표면적인 관찰을, 바로 우리 눈앞에 있는 것의 요소와 같은 요소로 전환할 수 없는 이상, 천상의 것은 분명히 밝혀지지도 이해되지도 못한 상태이다. 그런 관찰은 그저 문제를 보여 줄 뿐, 높은 가치를 보여 주진 않는다. 도전의 수단일 순 있어도 계몽의 수단은 될 수 없다. 이는 태양, 달, 별에 비해 지구의 등급이 높다는 뜻이 아니다. 그 가치는 같지만, 지상의 일이 천상의 존재를 이해하는 열쇠가 된다는 뜻이다. 지상의 일은 우리 가까이에 있으므로 바로 손댈 수 있다. 그것은 우리가 조종할 수 있으며, 과거의 형태로든 새로운 형태로든 우리 마음대로 결합시킬 수 있다. 솔직히 말해 위와 같은 결과는, 등급이 다른 계급들의 상하 질서라는 봉건제도가, 등급이 같은 개별적 사실들이라는 민주주의로 교체된 것이라고도 말할 수 있다.

새로운 과학에 수반된 중요한 사건이 하나 있다. 그것은 지구를 우주의 중심이라고 보는 관념의 파괴였다. 고정된 중심이라는 관념이 붕괴되자, 그와 더불어 닫힌 우주니 천상의 고리 모양의 경계니 하는 관념도 무너져 갔다. 그리스인의 지식론은 미적 동기에 지배되고 있었으므로, 그들의 감각으로는 유한한 것이 완전한 것이었다. 말 그대로 유한한 것은 완결된 것, 완료된 것, 완성된 것, 일관성 없는 관계나 불가해한 작용이 전혀 포함되지 않은 것이었다. 무한한 것 또는 제한 없는 것은, 한계가 없으므로 성격도 없는 것이었다. 그것은 무엇이든 될 수 있었으므로 그 무엇도 아니었다. 그것은 형태가 없고 혼돈스러우며 제어도 되지 않고 법칙에 따르지도 않는다. 따라서 예측 불가능한 일탈 및 사고의 원천이었다. 무한하다는 것을 한없는 힘, 끝없는 발전 능력, 외적 한계가 없는 진보의 기쁨 등과 관련짓는 우리의 현재 감각은, 미적인 것에서 실용적인 것으로 관심이 이행하지 않았더라면, 즉 조화로운 완성된 광경을 바라보는 일에서 부조화한 광경을 변형하는 일로 관심이 옮겨가지 않았더라면 있을 수 없었을 것이다. 과도기 저작가들―이를테면 브루노(Giordano Bruno)―의 글을 보라. 그러면 닫혀 있는 유한한 세계가 얼마나 좁고 답답하게 느껴지고 있었는지, 또 바깥은 시간적·공간적으로 한없이 펼쳐져 가고 안쪽은 한없이 작고 한없이 많은 요소들로 구성된다는 세계관이 얼마나 상쾌하고 광대하고 제한 없는 가능성의 감각을 낳았는지 알 수 있다. 그리스인이 혐오하고 기피했던 것을, 과도기 사람들은 모험이라는 도취적 감각으로 환영했다. 확실히 무한한 것은 사유의 힘으로도 영원히 완전하게는 파악될 수 없는 것, 고로―학문이 아무리 크게 진보해도―영원히 알 수 없는 것을 뜻했다. 그러나 이 '영원히 알 수 없는 것'도 이제는 차갑고 비인간적인 것이 아니라, 끊임없는 탐구를 자극하는 도전 및 진보의 한없는 가능성을 보증해 주는 것이 되었다.

역사를 연구하는 사람은, 그리스인이 기하학과 마찬가지로 역학 분야에서도 매우 진보해 있었다는 점을 잘 알고 있다. 역학이 그렇게 진보했는데도 근대과학을 향한 진보는 거의 이루어지지 않았다는 사실은 일견 기묘해 보인다. 이 역설적인 듯한 사실로부터 다음 의문이 나온다. 왜 역학은 고립된 과학에 머물러 있었는가, 왜 역학은 갈릴레오나 뉴턴과 달리, 자연현상의 기술 및 설명에 이용되지 않았는가 하는 의문이다. 그 답은 앞서 설명한 사회적 평행관계에서 찾을 수 있다. 사회적으로 볼 때 기계 및 도구라는 것은 직인이 사용하는 것이었다. 역학은 기계공이 사용할 만한 것을 논해야만 하는데, 기계공은 날 때부터 비천한 사람이었다. 기계공의 사회적 신분은 가장 낮은데, 어떻게 지고의 천체를 밝히는 빛을 그들로부터 얻을 수 있겠는가. 게다가 역학적 고찰을 자연현상에 적용하는 일은, 그 현상을 실용적으로 제어하고 이용하려는 관심을 포함하게 마련인데, 이런 관심은 자연의 영원한 결정자인 목적인이 갖는 의미와 절대 병존할 수 없었다. 16~17세기 과학 개혁자들은 이구동성으로, 목적인 학설이야말로 과학 쇠퇴의 결정적 원인이라고 말했다. 왜냐하면 목적인 학설이, 자연의 모든 과정은 어떤 고정된 목적에 구속되어 그 목적 실현을 향해 나아가야 하는 것이라고 가르쳤기 때문이다. 자연은 그를 조종하는 실에 묶여, 한정된 수의 형태에 따른 결과를 낳도록 구속되어 있었다. 여기서 태어날 수 있는 것은 비교적 소수의 결과뿐으로, 이것은 또 과거에 비슷한 변화 과정이 낳은 목적과 같아야 했다. 결국 탐구 및 이해의 범위란 관찰된 세계가 보여 주는, 고정된 목적으로 귀결되는 모든 과정의 자그마한 고리로 한정되어 있었다. 기계나 도구 사용에 의한 새로운 결과의 발명 및 생산도 고작 순간적인 의미밖에 갖지 못했으며, 그것도 육체에—지식이 아니라—도움이 되는 것들로 제한될 수밖에 없었다.

고정적 목적이라는 단단한 잠금쇠가 자연에서 제거되자, 관찰 및 상상이 해방되고 과학적·실용적인 목적을 위한 실험적 조작이 두드러지게 활기를 띠게 되었다. 자연현상은 더 이상 고정된 수의 부동(不動)한 목적이나 결과에 제한받지 않으므로, 무슨 일이든 일어날 수 있다고 생각되었다. 어떤 요소를 결합하면 상호작용이 발생하느냐 하는 것만이 문제였다. 이내 역학은 고립된 과학이 아닌, 자연을 공략하는 한 기관(器官)이 되었다. 지레, 바퀴, 도르래, 빗면의 역학은, 일정한 시간 및 공간 속의 사물을 상호작용시킬 경우 어떤 결과가 발생하는지를 정확히 알려주었다. 자연 전체는 미는 힘과 당기는 힘, 톱니바퀴와 지레, 누구나 알고 있는 기계가 실시하는 운동 방식이 직접 적용될 수 있는 부분 또는 요소의 운동, 그런 것들의 무대가 되었다.

우주로부터 목적과 형상을 추방하는 것은, 많은 사람들의 눈에 이념과 정신을 잃어버리게 만드는 일로 비춰졌다. 자연이 하나의 기계적 상호작용으로 여겨지게 됐을 때, 분명 자연은 모든 의미 및 목표를 잃어버렸다. 그 영광은 사라졌다. 질적 차이가 배제되면서 자연은 아름다움을 빼앗겼다. 이념적 목적에 대한 내재적인 동경과 거기에 도달하려는 경향, 그런 모든 것들이 자연으로부터 제거되면서, 자연 및 자연과학은 시, 종교, 성스러운 것과는 무관해져 버렸다. 그곳에는 기계적인 힘들의 거친 모습, 무참하게도 정신을 잃어버린 모습만이 남아 있는 듯했다. 그 결과 많은 철학자들이 보기에는,

이 순전히 기계적인 세계의 존재와, 객관적 합리성 및 목표에 대한 신앙을 서로 조정(調停)하는 일―천한 물질주의로부터 생명을 보호하는 일―이 자신들의 주요 문제 중 하나인 듯했다. 그래서 많은 철학자들은 고대에 우주론이라는 기초로 뒷받침되던 이념적 존재의 우월성이라는 신앙을, 지식 과정의 분석, 즉 인식론으로써 회복하려 했다. 그러나 기계론적 견해가 자연 에너지의 실험적 조작이라는 요구에 의해 규정되고 있음을 깨닫게 되면, 더 이상 이 조정 문제로 고민할 필요도 없어진다. 생각해 보면 고정적인 현상 및 목적은 변화에 고정적인 한계를 부여한다. 그러므로 형상 및 목적이란 좁고 시시콜콜한 한계 밖에서는, 변화를 생성하고 통제하려 하는 인간의 노력을 전부 물거품으로 만들어 버린다. 그것은 미리 실패를 선고하는 듯한 이론에 의해 건설적·인간적 발명을 마비시켜 버린다. 인간에게 가능한 활동이라고는, 자연이 이미 정해 둔 목적에 순응하는 것뿐이다. 존재를 개조할 능력이 있는 인간정신의 한 요소로서 목표가 중요성을 띠게 된 것은, 자연에서 목적이 추방된 뒤의 일이었다. 자연적 세계가 몇 개의 고정된 목적을 실현하기 위해 존재하는 것이 아니라면, 그것은 어느 정도 신축성과 가소성이 있는 것으로 변한다. 이 목적에도 쓰이고 저 목적에도 쓰이게 된다. 역학적인 방식의 적용에 의해 자연을 인식할 수 있다는 것이, 인간을 위해 자연을 이용하는 기본조건이다. 도구 및 기계는 이용되어야 할 수단이다. 우리가 자연을 기계적인 것이라고 생각할 때, 비로소 기계의 계통적 발명 및 구성이 자연의 활동과 관계를 맺게 된다. 이제 자연은 인간의 의지에 따른다. 자연은 더 이상 형이상학적·신학적 의지의 노예가 아니기 때문이다.

인간은 호모 파베르라 불려야 한다고 베르그송은 말했다. 인간은 도구를 만드는 동물이라는 특징을 갖고 있다. 인간이 인간인 이상 이는 틀림없다. 그러나 자연을 공략하고 자연을 바꾸는 식의 도구 제작은, 자연이 역학적으로 해석되지 않는 동안에는 산발적이고 우연적이었다. 그런 상황이었으므로 베르그송도, 도구를 만든다는 인간 능력이 인간의 정의에 쓰일 만큼 중요한 근본적인 것이라고는 생각지 않았을 것이다. 물리학자의 자연을 미적으로는 무미건조하게 만드는 이런 사정이, 자연을 인간의 조작에 순종하게 만드는 사정이다. 질이 양적·수학적 관계보다 하위에 놓였을 때, 색, 음악, 형태는 그 자체로는 과학자의 연구 대상에서 제외되었다. 하지만 중량이나 길이나 계산 가능한 운동 속도 등 다른 속성은 그야말로 어느 하나를 다른 하나로 치환하는 데 적합하고, 또 에너지의 한 형식을 다른 형식으로 전환하는 데 적합했다. 즉 그것은 형식의 변화를 낳는 데 적합한 질이었다. 동물성 비료 대신 화학비료를 사용할 수 있을 때, 질이 떨어지는 동물과 풀을 개량해 만든 가축과 곡물을 계획적으로 기를 수 있을 때, 기계적 에너지를 열로 바꾸고 전기를 기계적 에너지로 바꿀 수 있을 때, 인간은 자연을 조작할 힘을 얻는다. 특히 새로운 목적 및 목표를 창조하는 힘, 그 실현을 향해 일정한 방향으로 나아가는 힘을 얻는다. 자유로운 치환, 그리고 질과 무관한 변화 가능성에 의해서만 자연은 조종 가능한 것이 된다. 자연의 기계화는 실용적·진보적 이상주의가 활동하기 위한 조건이다.

이처럼 물질에 대한 오래된 공포 및 혐오에 의해 물질은, 정신에 적대적이며 정신을 위협하는 것, 최저한으로만 승인되어야 하는 것, 이념적 목표를 해치고 결국에는 현실 세계에서 이를 축출해 버릴 수 있으므로 극력 부인되어야 하는 것으로 간주되어 왔다. 그러나 이 공포 및 혐오는 이미 지적으로 무력해졌을 뿐만 아니라 실제로도 불합리하다는 사실이 밝혀졌다. 물질이 무엇을 이루고 어떻게 작용하느냐 하는 유일한 과학적 견지에서 보자면, 물질이란 여러 조건을 의미한다. 물질을 중시하는 것은 성공의 여러 조건을 중시하는 것이다. 저지하고 방해하는 조건, 바뀌야 할 조건, 조장하고 촉진하는 조건, 방해물 제거 및 목적 달성에 도움이 되는 조건 등을 중시하는 것이다. 물질, 즉 소극적으로든 적극적으로든 온갖 노력의 성공을 좌우하는 여러 조건들에 대해 진지하고 영속적인 관심을 기울이는 법을 배웠을 때, 사람들은 비로소 목적과 목표에 대해 진지하고 효과적인 관심을 보이게 되었다. 목적을 가진다고 말하면서 목적 달성 수단을 무시한다는 것은 더없이 위험한 자기기만이다. 화학공업이나 의학 등이 스스로 찾아냈던 것과 같은 진보의 길을 교육과 도덕이 걷기 시작하는 것은, 역시 수단 및 조건에 대해—다시 말하자면 인류가 오랫동안 물질적이니 기계적이니 하는 이유로 경멸해 왔던 것에 대해—성실하고 착실하게 주의를 기울이는 훈련을 충분히 했을 때의 일이다. 수단을 목적으로 생각한다면, 우리는 확실히 도덕적 물질주의에 빠지게 된다. 그러나 수단을 무시하고 목적을 생각한다면, 우리는 감상주의로 타락하고 만다. 이념적인 것이라는 이름 아래 단순한 운명, 기회, 마법, 훈계, 설교로 도망가든지, 아니면 미리 세워 둔 목적의 실현을 위해 뭐든 희생해 버리는 광신주의로 도망가게 된다.

이 장에서는 많은 사항을 가볍게 살펴보았다. 그러나 내가 계속 생각해 온 것은 단 하나다. 바로 우리의 자연관 및 자연 인식 방법의 혁명이, 상상과 소망의 한 새로운 자세를 길러냈다는 점이다. 이 혁명은 그런 태도에 명확한 지적 소재를 부여함으로써 그것의 정식화(定式化)와 정당화를 낳았다.

제1장에서 설명했듯이 그리스인의 생활에서 산문적인 사실적 또는 경험적 지식은, 특수한 제도나 도덕상의 습관과 결합한 상상력으로 가득 찬 신앙에 비해 훨씬 불리한 입장에 놓여 있었다. 그러나 지금은 그 경험적 지식이 성장하여, 적용 및 평가에 있어서의 낮고 좁은 경계를 돌파하기에 이르렀다. 한없는 가능성, 무한한 진보, 자유로운 운동, 고정적 한계를 모르는 평등한 기회, 이런 관념들의 도입을 통해 경험적 지식은 상상력을 배양하는 하나의 기관이 되었다. 경험적 지식은 사회제도를 다시 만들고 그로써 새로운 도덕을 발전시켰다. 그것은 이념적 가치를 성취했다. 경험적 지식은 창조적·건설적인 철학으로 전화(轉化)할 수 있는 것이다.

그러나 전화할 수 있다 뿐이지 이미 전화했다는 말은 아니다. 사고와 행위의 관습 속에 고대철학이 얼마나 깊이 침투해 있는지, 또 그것이 인간의 자연적 신앙에 얼마나 적합한지를 생각하면, 창조적·건설적 철학을 낳는 일이 고통스러운 것도 당연하다. 오히려 이런 혁명적·파괴적인 견해의 발전이 이 정도의 박해, 순교, 혼란만 일으키고 끝났다는 점이 놀라울 정도다. 이 견해가 철학 속에서 완전하고 정합적인 형태로 정식화되기까지 매우 오랜 시간이 걸렸던 것도 결코 신기한 일이 아니다. 당연히 사상가들은 주로 변화의 충격을 최소한으로 줄이는 일, 전환의 긴장을 완화시키는 일, 중개하고 조정하는 일에 노력을 기울였다. 17~18세기의 거의 모든 사상가들, 공공연한 회의론자나 혁명가를 제외한 모든 사상가들을 회고해 보라. 그러면 우리는 최첨단을 걷는 듯 보이던 사람들 사이에도 수많은 전통적 문제와 방법이 존재했다는 사실에 놀랄 것이다. 인간은 오랜 사유의 습관을 쉽게 버리지 못하며, 단번에 모든 것을 버릴 수도 없다. 우리는 새로운 관념을 발전시키고 가르치고 수용해 갈 때, 몇 가지 오래된 관념을 이해 및 전달 도구로 사용해야만 한다. 새로운 과학의 완전한 의미는 조금씩 천천히 파악되어 갈 수밖에 없었다. 거칠게 말하자면 새로운 과학의 적용은, 17세기에는 천문학과 일반 우주론, 18세기에는 물리학과 화학, 19세기에는 지질학과 생물학에서 발견되었다.

앞서 말했듯이 17세기까지 전 유럽을 지배하던 세계관을 떠올리기란 지금으로선 매우 어려운 일이다. 하지만 결국 사람들의 마음을 완전히 휘어잡았던 과거의 관념적 질서를 알려면, 다윈 이전의 동식물학, 지금도 도덕문제 및 정치문제에 영향을 미치고 있는 모든 관념들을 생각해 보면 될 것이다. 고정적·불변적인 형식과 종이 존재한다든가, 상하 계급으로 배열되어 있다든가, 일시적인 개체는 보편이나 부류에 종속된다든가 하는 도그마가 생명과학 분야에서 영향력을 잃기 전에는, 새로운 관념 및 방법이 사회생활과 도덕생활 속에 뿌리내릴 수 없었다. 이 최후의 한 걸음을 내딛는 것이 20세기의 지적 과제가 아닐까. 이 한 걸음을 내딛는다면 과학적 발전의 고리는 완결되고, 과학의 재구성은 하나의 기성사실이 될 것이다.

제4장
경험 관념 및 이성 관념의 변화

　경험이란 무엇인가. 이성, 정신이란 무엇인가. 경험의 범위는 어디까지이며 그 한계는 어디에 있는가. 경험은 어느 정도까지 신념의 확실한 근거, 행위의 믿을 만한 지침이 될 수 있는가. 과학 및 행동에 있어 우리는 경험을 신용할 수 있는가. 아니면 경험이란, 우리가 몇 가지 저급한 물질적 관심을 뛰어넘는 순간 수렁으로 변해 버리는 것일까. 그것은 견고한 토대와 비옥한 토지로 이어지는 안전한 길을 우리에게 제시하는 대신, 우리를 혼란시키고 속이고 심연에 던져 넣어 버리는, 믿음직스럽지 못하고 변하기 쉬운 천박한 것일까. 과학 및 행위에 확실한 원리를 부여하려면, 경험 밖에 있으며 경험 위에 있는 이성이 필요한 것일까. 이런 질문들은 어떤 의미로는 난해한 철학의 전문적인 문제처럼 보이지만, 다른 의미로는 인생과 관련된 매우 진지한 의문을 내포하고 있다. 즉 인간이 신념을 형성하는 데 사용해야 할 기준, 다시 말해 인간이 자신의 생활을 통제할 때 따르는 원리 및 추구하는 목적과 관련되어 있다. 인간은 초경험적인 것으로 인도해 주는 독자적 성격을 가진 어떤 기관에 의해 경험을 초월해야만 하는 것일까. 또 이에 실패하면 회의와 환멸을 품고 방황해야만 하는 것일까. 아니면 인간의 경험은 그 목표와 지도 방법에 있어 독자적인 가치를 갖는 것일까. 경험은 안정된 길로 자신을 조직해 갈 수 있는가. 아니면 외부의 도움을 받아야만 하는가.

　전통적인 철학의 대답은 알고 있다. 그 대답들은 서로 완전히 일치하지는 않지만, 경험이 개별적, 우연적, 개연적인 것 수준을 결코 뛰어넘지 않는다는 점에서는 일치한다. 기원으로 보나 내용으로 보나 모든 경험을 초월하는 힘만이, 보편적·필연적인 확실한 권위와 지도력에 다다를 수 있다. 경험론자도 이런 주장의 정당성을 인정했다. 경험론자는 "인류는 순수이성이라는 능력을 갖고 있지 않으므로 우리가 가진 것으로, 즉 경험으로 만족하고 되도록 경험을 이용해야 한다"고 말하는 데 그쳤다. 경험론자는 선험론자에게 회의의 공격을 가하는 데 만족하고, 일시적인 의미와 선(善)을 가장 잘 붙잡는 방법을 지시하는 데 만족했다. 또한 로크 같은 사람은, 경험에는 한계가 있지만 그것은 인간 행위의 걸음걸음을 조심스럽게 인도하기 위해 필요한 빛을 던져 준다고 주장했다. 실제로는 고차적인 능력에 의한 이른바 권위 있는 인도가 인간을 구속하고 있다는 점을, 경험론자들도 인정했던 것이다.

과거의 경험론자는 경험을 과학 및 도덕생활의 안내자라고 주장하지 않았으며 사실 그럴 수도 없었다. 반면 지금은 그런 주장이 가능해졌다. 그렇게 된 과정과 이유를 밝히는 것이 이 장의 목적이다.

상당히 기묘한 이야기지만, 문제의 열쇠는 과거의 경험 관념 자체가 경험—당시 사람들에게 알려져 있던 유일한 경험—의 산물이었다는 사실에서 찾아낼 수 있다. 현재 그와 별개의 경험 관념이 존재하는 것은, 현재 이루어지는 경험의 질이 과거의 경험의 질과는 달리 중대한 사회적·지적 변화를 거쳐 왔기 때문이다. 플라톤이나 아리스토텔레스에게 볼 수 있는 경험의 설명은, 실제 그리스인의 경험이었던 것에 대한 설명이다. 그것은 현대의 심리학자가 관념에 의한 학습법과 구별해, 시행착오에 의한 학습법이라 해석하고 있는 것과 매우 흡사하다. 인간이 어떤 행동을 시도하고 어떤 고통이나 만족을 맛보았다고 하자. 이들 고통 및 만족 하나하나와 그것이 생겨난 시간은, 고립된 개별적인 것이다. —이에 대응하는 것은 일시적 욕망, 일시적 감각이다. 그런데 기억은 이 독립된 사건들을 보존하고 축적한다. 사건이 축적되어 갈수록 불규칙한 편차가 제거되고, 공통적인 특징이 선택돼 강화되고 결합된다. 점점 행위의 어떤 습관이 형성되고, 이 습관에 따라 대상과 상황의 어떤 일반적인 모습이 만들어져 간다. 엄밀히 말해 개별적인 것은, 개별적인 것으로서는 우리가 전혀 알 수 없는 것이지만(분류되어 있지 않으므로 특징을 찾는 일도 판별하는 일도 불가능하다), 이 개별적인 것을 우리는 점점 알게 되며 신경 쓰게 된다. 아니, 더 나아가 그것을 인간, 나무, 돌, 가죽으로서—즉 그 종 전체의 특징인 한 보편적 형식에 의해 구별되고 어떤 종에 속하는 개체로서—인정하게 된다. 이런 상식적 인식이 발전함에 따라 행위의 한 규칙성이라는 것도 발전해 간다. 개별적인 사건이 융합한다. 그리고 가능한 한 일반적인 행위 방법이 만들어진다. 직인, 구두공, 목수, 체육가, 의사

등, 문제를 처리하는 규칙적인 방법을 익힌 사람들에게서 볼 수 있는 기술의 발달이 진행된다. 물론 이런 규칙성은 개별적인 사례를 하나의 고립된 개별적인 것으로 다루지 않고, 어떤 종에 속하는 하나의 개별적인 것, 즉 어떤 부류의 행위를 요구하는 것으로서 다룸을 의미한다. 의사는 서로 다른 수많은 병과 접하는 동안, 어떤 병을 소화불량으로 분류하는 법을 배우고, 또 이에 속하는 많은 사례를 공통된 일반적 방법으로 처치하는 법을 배운다. 특정 음식물을 권하고 특정 약을 처방하는 규칙을 만든다. 이 모든 것은 우리가 경험이라 부르는 것을 형성하고 있다. 위의 예에서 알 수 있듯이 경험은 어떤 일반적인 통찰과 어떤 조직적인 행위 능력을 낳는다.

하지만 당연하게도 이런 일반성과 조직성은 범위가 좁고 오류의 여지가 많다. 아리스토텔레스가 자주 지적했듯이 이러한 일반성과 조직성은 대부분의 보통 상황에서 하나의 규칙으로서 통용될 뿐, 보편적·필연적으로 하나의 원리로서 통용되지는 않는다. 의사가 오진을 피할 수 없는 까닭은, 개별적인 경우가 엄청나게 다양하다는 현실 때문이다. 개별적인 경우란 그런 것이다. 이런 어려움은 어떤 경험이 불완전하기 때문에 일어나는 것이 아니며, 더 나은 경험으로써 피할 수 있는 것도 아니다. 경험 그 자체가 불완전한 것이며, 따라서 결함은 피할 수도 없고 고칠 수도 없다. 유일한 보편성 및 확실성은 경험을 뛰어넘은 영역에 있다. 합리적인 것과 개념적인 것의 영역에 있다. 개별적인 것이 이미지와 습관에 대한 디딤돌이었다면, 이번에는 이미지와 습관이 개념과 원리에 대한 디딤돌이 된다. 그런데 개념과 원리는 경험을 그냥 두고 가 버린다. 즉 경험을 수정한다는 반작용을 행하지 않는 것이다. 우리가 어떤 건축가나 의사의 방법을 가리켜 과학적이지 않고 경험적이라고 말할 때, 이 '경험적'과 '합리적'이라는 대비에서 그 흔적을 찾아볼 수 있는 관념은 바로 위와 같은 것이다. 그러나 고전적 경험 관념과 근대적 경험 관념의 차이는, 그런 말이 현재는 어떤 특정한 건축가나 의사에 대한 비난이자 규탄으로 쓰인다는 사실에 나타나 있다. 플라톤, 아리스토텔레스, 스콜라철학자의 경우에는, 그런 말은 직업 자체에 대한 비난이었다. 이들 직업은 경험의 한 형태였기 때문이다. 그것은 개념적인 관상(觀想)과 대립하는 실천적 행위 전체에 대한 고발이었다.

스스로 경험론자를 자처하는 근대 철학자들은 대개 비판적인 의도를 마음속에 품고 있었다. 예컨대 베이컨, 로크, 콩디야크, 엘베시위스 같은 경험론자들은 일군의 신앙 및 제도에 깊은 의문을 품고 있었다. 경험론자의 문제는, 인류가 헛되이 짊어지고 있는 막대한 짐, 인류를 짓눌러 찌부러뜨리고 있는 이 짐을 공격하는 문제였다. 이를 무너뜨려 해체하는 가장 손쉬운 방법은, 최종적인 시험 및 기준으로서의 경험에 의존하는 것이었다. 적극적인 개혁가는 언제나 철학적 의미에 있어서는 '경험론자'였다. 그들은 다음 사실을 밝히는 일을 자신들의 임무로 보았다. 즉 스스로가 생득 관념 및 필연적 개념에 의해 승인되어 있으며 또 이성의 권위적인 계시에서 유래했다고 자처하는 현행 신앙 및 제도도, 실은 경험적인 저급한 것에서 유래했으며, 그저 우연히 계급적 이익이나 편중된 권위 등에 의해 확증됐을 뿐이라는 사실을 밝히는 일이었다.

　로크에게서 시작된 철학적 경험론은 이처럼 파괴적인 의도를 갖고 있었다. 어리석은 관습, 강요된 권위, 우연한 연상(聯想)이라는 짐이 제거되면, 과학과 사회조직의 진보가 저절로 이루어질 것이라는 낙천적인 신념을 경험론은 갖고 있었다. 그 역할은 이런 짐의 제거를 돕는 것이었다. 인간을 짐으로부터 해방시키는 최상의 방법은, 바람직하지 않은 신앙 및 습관과 관련된 관념들이 정신 내부에서 발생하고 성장하는 자연사(自然史)를 이용하는 것이었다. 산타야나는 이 학파의 심리학을 악의(惡意) 있는 심리학이라 불렀는데, 이는 정확한 평가다. 그 심리학은 어떤 종류의 관념이 형성된 역사를, 그 관념이 가리키고 있는 사물의 설명과 동일시하려는 것이었다. —물론 그것은 그 사물에 불리한 결과를 낳는 동일시였다. —그런데 산타야나는 그 악의 밑에 잠긴 사회적 정열과 목적에 제대로 주의하지 않았다. 그는 이 '악의'가 이미 유용성을 잃어버린 제도 및 전통에 대한 것임을 간과했다. 또한 그는 이러한 제도 및 전통에 관한 한, 그 심리학적 기원의 설명이 이들 사물의 파괴적인 설명과 실제로 등가임을 간과했다. 그러나 "신념을 감각 및 연합으로 분석하는 것은, '자연적' 관념 및 제도를, 개혁자들이 '인위적' 관념 및 제도에 부여한 것과 같은 지위에 놓는 것이다"라고 흄이 명쾌하게 설명한 뒤로 사정은 바뀌었다. 합리주의자가 감각주의적 경험론의 논리를 이용해 보여 주려 했던 것은 다음과 같다. 즉 경험은 질서도 연관도 없는 수많은 개별적인 것을 우리에게 그저 부여할 뿐이므로, 그것은 바람직하지 않은 제도에 치명적일 뿐만 아니라 과학, 도덕률, 의무에도 치명적이라는 점이었다. 그리고 그들은, 경험에 구속력 및 결합력을 지닌 원리를 부여해야 한다면 결국 '이성'에 의지할 수밖에 없다고 결론지었다. 칸트와 그 후계자들의 새로운 합리주의적 관념론은, 새로운 경험론적 철학이 완전히 파괴적인 결과를 낳았기에 필요해진 것으로 생각된다.

두 가지 사정이 경험의 새로운 관념을 가능하게 했으며 또 이성과 경험의 관계의 새로운 관념, 아니, 경험에 있어서 이성이 갖는 지위라는 새로운 관념을 가능하게 했다. 첫 번째 요인은 경험의 실제 성질, 실제 경험의 내용 및 방법에 일어난 변화이다. 두 번째 요인은 생물학에 기초를 둔 심리학의 발달이다. 이는 경험의 본성에 관한 새로운 과학적 정식화를 가능하게 했다.

먼저 기술적 측면—심리학에서 일어난 변화—부터 살펴보자. 18~19세기에 걸쳐 철학을 지배해 온 심리학이 어떤 식으로 완전히 뒤집혔는지를, 현재의 우리는 겨우 알기 시작한 참이다. 이 이론에 따르면 정신생활은 수동적으로 받아들여진 별개의 감각에서 시작되며, 그 감각은 파지(把持) 및 연합의 법칙에 의해 이미지, 지각, 개념의 모자이크로 구성되어 간다. 감각은 인식의 입구이자 통로로 간주되었다. 정신은 원자적 감각들을 결합시킬 뿐, 인식 작용에 있어서는 완전히 수동적이고 순종적인 것으로 여겨지고 있었다. 의지, 행위, 감정, 욕구는 감각 및 이미지보다 뒤에 발생한다. 최초에 지적·인식적 요인이 나타나며, 감정 및 의지의 생활이란 나중에 관념과 즐거움·괴로움의 감각이 결합한 것에 불과하다.

생물학이 발달하자 상황은 변했다. 생명이 있으면 반드시 활동이 있다. 생명이 이어지려면, 이 활동은 지속적이어야 하며 또 환경에 적응해 있어야 한다. 게다가 이 적응은 완전히 수동적인 것은 아니다. 단순히 유기체가 환경에 의해 형성된다는 문제가 아니다. 한낱 대합도 환경에 영향을 미쳐 어느 정도 환경을 바꾼다. 먹을 재료를 선택하고, 몸을 지키는 껍질에 쓸 재료를 선택한다. 대합은 자신에 대해 무언가를 할 때와 마찬가지로 환경에 대해서도 무언가를 행한다. 조건에 그저 순응하는 모습—기생생물은 이에 가까울지도 모르지만—은 생물에게는 없다. 생명 유지를 위해서는 환경의 어떤 요소를 변형하는 일이 필요하다. 생명의 형태가 고급일수록 환경의 능동적 재구성이 중요해진다. 이러한 조작의 증대는 문명인과 미개인을 비교해 보면 알 수 있다. 그들이 황야에 살고 있다고 해 보자. 미개인은 주어진 조건에 최대한 순응한다. 그에게는 최소한의 반격만이 존재한다. 미개인은 '있는 그대로' 사물을 받아들여 동굴, 나무뿌리, 웅덩이 등을 이용해 비참하고 불안정한 생활을 한다. 문명인은 먼 산까지 찾아가서 물의 흐름을 막는다. 저수지를 만들고 수로를 파서 사막으로 물을 끌어들인다. 여기서 자랄 거라 생각되는 식물과 동물을 찾아 주위를 헤맨다. 자연의 식물을 채집하고, 도태와 타가수정을 통해 그것을 개량한다. 경작 및 수확 기계를 도입한다. 그는 이런 방법으로 황야에 장미 같은 꽃을 피워 낼 수도 있다.

우리는 그 의미를 간과해 버릴 정도로 이런 변형에 익숙해져 있다. 거기에 생명 고유의 힘이 드러나 있음을 잊어버린다. 위와 같은 견해가 전통적인 경험 관념에 어떤 변화를 초래할지 생각해 보라. 우선 경험은 능동적인 행위가 된다. 유기체라는 것은, 미코버(디킨스의 《데이비드 코퍼필드》에 나오는 인물)처럼 수수방관하며 일이 진행되는 꼴을 보고 있지만은 않는다. 외부에서 자신에게 주어지는 것을 수동적으로 멍하니 기다리기만 하지는 않는다. 유기체는 자신의 구조─단순하든 복잡하든─에 맞는 방법으로 환경에 작용한다. 그 결과 환경에 발생한 변화가 유기체 및 그 활동에 반작용을 가한다. 이리하여 생물은 자기 행동이 낳은 결과와 만나며 그 결과를 받아들인다. 이런 능동과 수동의 밀접한 결합이 경험이라 불리는 것을 형성하고 있다. 고립된 능동, 고립된 수동, 그중 무엇도 경험은 아니다. 이를테면 잠자던 사람이 화재를 당했다고 하자. 그래서 신체의 일부가 화상을 입었다. 분명 이 화상은 그가 한 행위의 결과는 아니다. 아무리 교육적으로 생각해 봐도 이것은 경험이라 부를 수 없다. 좀 더 설명하자면, 이것은 발작할 때 일어나는 근육의 경련과도 같은 운동의 연속에 불과하다. 이 운동은 없는 거나 마찬가지이며 생활에 대해 어떤 결과도 낳지 않는다. 설령 결과를 낳는다 해도, 그것은 앞서 한 행동과 상관이 없다. 거기에는 아무런 경험도 없고 아무런 학습도 없으며 아무런 누적적 과정도 없다. 한편, 돌아다니던 아이가 손가락을 불속에 집어넣었다고 해 보자. 이 행위는 충동적인 것으로, 여기에는 목표도 없고 의도도 반성도 없다. 하지만 그 결과 무언가가 발생한다. 아이는 뜨거운 것과 접촉하여 아픔을 느낀다. 능동과 수동이, 손을 뻗는 행위와 화상이 결합된다. 하나가 다른 하나를 암시하고 의미한다. 이때는 살아 있는 깊은 의미를 지닌 경험이 존재한다.

여기에서 철학에 있어 중요한 의미 몇 가지가 나온다. 우선 유기체와 환경의 상호작용이 환경의 이용을 보증하는 적응을 낳는다는 점은, 하나의 근본적 사실이며 기초적 범주이다. 인식이라는 것은 그것이 확립된 경우의 중요성이 얼마나 압도적이든 간에, 발생적으로 볼 때는 이차적인 파생적 지위로 쫓겨난다. 인식은 독립된 자족적인 것이 아니라, 생명의 유지 및 발전 과정에 포함되는 것이다. 감각은 인식의 입구라는 지위를 잃고, 행위에 대한 자극이라는 정당한 지위를 얻는다. 동물의 경우 눈에 보이는 것이나 귀에 들리는 것은, 세계에서 제멋대로 일어나는 사건에 관한 정보의 무의미한 단편이 아니다. 그것은 필요한 방법으로 행동하게끔 인도하고 유도해 주는 것이다. 그것은 행동의 계기이자, 환경에서의 생명의 적응을 지도하는 요인이다. 절박한 것이지 인식적 성질을 띤 것은 아니다. 감각의 지적 가치를 둘러싼 경험론과 합리론의 모든 논쟁은 매우 시대착오적인 것이 되고 말았다. 감각에 관한 의론은 인식이라는 항(項)이 아니라, 직접적인 자극과 반응이라는 항에 속해 있다.

의식적 요소로서의 감각은 이미 시작되어 있는 행위의 과정이 중단됨을 의미한다. 홉스 시대 이후로 많은 심리학자들은 감각의 상대성이라는 것을 논해 왔다. 우리가 차갑다고 느끼거나 그런 감각을 갖는 것은, 절대적이라기보다는 따뜻함의 변화에서 나왔다고 할 수 있다. 또 딱딱함도, 저항이 적은 사물을 바탕으로 느껴지는 것이다. 색깔도 순수한 밝음이나 순수한 어둠과의 대비, 또는 무언가 다른 색과의 대비를 통해 느껴진다. 언제까지고 변치 않는 소리나 색깔은 우리의 주의를 끌지 못하며 느껴지지도 못한다. 이처럼 단조롭게 이어지는 감각이라고 우리가 생각하고 있는 것은, 실은 다른 요소들의 침입에 의해 끊임없이 중단되고 있는 것으로, 앞뒤로의 일련의 일탈 운동을 보이고 있다. 그런데 이 사실은 그만 인식의 본성에 관한 하나의 학설이 되고 말았다. 합리주의자는 이 사실을 이용해 감각으로부터 사물 인식의 확실한 방법, 고급스런 방법이라는 신용을 빼앗아 버렸다. 감각에 의존하는 이상 우리는 그 무엇도 그 자체로는, 즉 본질적으로는 결코 파악할 수 없다는 것이다. 감각주의자도 이 사실을 이용해 절대적 인식 따위의 야심을 비웃었다.

그러나 이 감각의 상대성이라는 사실은, 본디 인식의 영역에 속하는 것이 전혀 아니다. 이런 종류의 감각은 인식적, 지적이라기보다는 감정적, 실용적이다. 감각이란 지금까지의 적응이 중단됨으로써 생겨나는 변화의 충격이다. 행동 방향을 바꾸라는 신호인 것이다. 가까운 예를 들어 보자. 필기하는 사람은 연필이 잘 움직이는 동안에는, 연필이 종이나 손에 가하는 압력을 느끼지 않는다. 그 압력은 신속하고 유효한 적응을 촉진하는 자극으로서 작용할 뿐이다. 감각적 활동은 적절한 운동 반응을 자동적·무의식적으로 자극한다. 이에는 미리 형성된 하나의 생리학적 결합이 존재한다. 이 결합은 습관에 의해 얻어졌지만, 궁극적으로는 신경계통에 있어서의 근본적 결합으로까지 소급해 올라간다. 한편 연필심이 부러지거나 뭉툭해지거나 해서 필기한다는 습관적 행위가 매끄럽게 이루어지지 않게 되면, 의식적 충격이 발생한다. 무언가가 있다, 무언가 상태가 안 좋다 하는 식의 감각이 발생한다. 이런 감정 변화가 필요한 행동 변화에 대한 자극으로 작용한다. 그는 연필을 보고는 그걸 깎든가, 아니면 주머니에서 다른 연필을 꺼낸다. 감각은 행동의 재적응의 중심점 역할을 한다. 이 감각은 필기라는 지금까지의 기계적 조작이 중단되었음을 알리고, 다른 행동양식의 시작을 알린다. 감각이란 행동 습관에 있어 한 경로에서 다른 경로로의 전환을 알린다는 의미에서 '상대적'이다.

그러므로 감각 그 자체가 인식의 진정한 요소라는 견해를 부정했다는 점에서 합리주의자는 옳았다. 그러나 합리주의자가 이 결론에 덧붙인 이유 및 거기서 끌어낸 결론은 전부 잘못되었다. 감각은 선악, 우열, 완전함과 불완전함을 막론하고 그 어떤 인식의 부분도 아니다. 오히려 감각이란, 마지막에는 인식으로 끝날 탐구 행위에 대한 도발이자 자극이며 도전이다. 감각은 반성적인 방법보다, 사고와 추리를 필요로 하는 방법보다 가치가 낮은 사물 인식 방법이 아니다. 애초부터 감각은 인식의 방법이 아니기 때문이다. 그것은 반성 및 추리에 대한 자극이다. 중단으로서의 감각은 다음과 같은 문제를 제출한다. 이 충격은 무엇을 의미하는가. 무슨 일이 일어났는가. 문제는 무엇인가. 나와 환경의 관계는 어떻게 흐트러져 있는가. 어떡해야 좋을까. 환경에 일어난 변화에 응하려면 내 행동 경로를 어떻게 바꿔야 하는가. 그에 응하려면 내 행동을 어떻게 재조정해야 하는가. 이처럼 감각주의자가 주장한

대로 감각은 인식의 시작임에 틀림없지만, 그것은 변화의 충격의 경험이 마지막에는 인식을 낳는 데 대한 연구 및 비교에 있어 필요한 자극이라는 의미에 불과하다.

경험이 생명 과정의 일부로 간주되고 감각이 재적응 지점으로 생각되면, 이른바 감각의 원자설은 완전히 모습을 감추게 된다. 이와 더불어 모든 감각을 결합한다는 초경험적 이성의 종합 능력의 필요성도 사라진다. 철학은 더 이상 낱낱의 모래알로 튼튼한 밧줄—또는 그런 밧줄의 환상이나 가면—을 꼬는 방법을 발견한다는 절망적인 문제에 직면하지 않아도 된다. 로크나 흄의 이론에 나오는 고립된 단순한 존재라는 것이, 참으로 경험적인 것이 결코 아니라 그들의 정신론의 어떤 필요에 응하는 것임을 깨닫는다면, 이른바 경험의 소재를 종합하는 선험적 개념과 범주라는 칸트 및 칸트학파의 정밀한 기구(機構)는 불필요해진다. 경험의 진정한 '소재'는 행위, 습관, 능동적 기능, 능동 수동의 결합이라는 적응 과정이며, 감각-운동적 조정 작용임이 인정된다. 경험은 결합 및 조직의 원리를 내포하고 있는 것이다. 이들 원리가 인식론적이기보다는 생명적·실용적이라고 해서 그 가치가 낮아지는 것은 아니다. 어느 정도의 조직은 가장 하등한 생명에게도 불가결하다. 아메바조차 자신의 활동에서 어느 시간적인 연속성을 가져야 하며, 공간적 환경에 대한 어느 적응성을 가져야 한다. 아메바의 생명 및 경험이 한순간의 원자적인 자기-폐쇄적 감각들로 구성될 수는 없다. 아메바의 활동은 환경과 관련되어 있으며, 또 과거 및 미래의 일과 관련되어 있다. 이 생명 고유의 조직은 초자연적이고 초경험적인 종합을 필요로 하지 않는다. 이 조직이 바로 경험 내부의 조직적 요인인 지성의 적극적인 발달에 기초와 재료를 제공해 준다.

그러면 생물학적 조직 외에 사회적 조직이 인간의 경험 형성에 얼마나 관계하고 있는지 밝혀 보자. 이것도 그리 심한 탈선은 아닐 것이다. "정신은 인식에 있어 수동적이고 수용적이다"라는 관념의 강화에 기여했던 한 사정은, 아마 인간의 아이가 무력하다는 관찰이었을 것이다. 그러나 사실 이 관찰은 전혀 다른 방향을 우리에게 제시한다. 어린아이는 신체적으로 의존 및 무력 상태에 놓여 있으므로 다른 사람의 매개를 통해 자연과 접촉한다. 어머니나 유모, 아버지, 그보다 연상인 어린애들이, 그 아이가 가져야 할 경험을 결정한다. 그들은 그 아이가 하는 일과 겪는 일의 의미를 끊임없이 가르친다. 아이가 자기 스스로 의식적으로 행동을 조절하게 되기 훨씬 전부터, 사회적 효용과 의의를 지닌 관념들이 그 아이의 해석 및 평가의 원리가 된다. 아이가 접하는 사물은 알몸이 아니다. 그것은 언어를 몸에 두르고 있다. 이 의사소통의 옷은 그 아이를 주위 사람들의 신념에 동조하게 한다. 이들 신념은 그가 접하는 많은 사실들처럼 그 아이의 정신을 형성한다. 그것은 아이가 스스로 하는 탐험이나 지각을 정리하는 데 중심점을 제공한다. 여기에 결합 및 통일의 '범주'가 있다. 이것은 칸트의 범주와 마찬가지로 중요하지만, 신화적이지는 않고 경험적이다.

이상의 초보적이지만 어느 정도 전문적인 고찰을 떠나, 이번에는 고대 및 중세 생활에서 근대 생활로의 전환 속에서 경험 자신이 겪었던 변화를 살펴보자. 플라톤에게 있어 경험은 과거 및 관습에 대한 예종을 의미했다. 경험이란 기성의 관습—이성이나 지적 제어가 아닌, 반복과 어림짐작에 의해 형성된 관습—과 거의 같은 말이었다. 오직 이성만이 과거의 우연에 대한 복종으로부터 우리를 구해 줄 수 있다. 그런데 베이컨과 그의 후계자들에 이르러서는 기묘한 역전 현상이 나타난다. 이성 및 그것을 보좌하는 일반적 관념들이 이번에는 정신을 예속시키는 보수적 요인이 되고 경험이 해방의 힘이 된다. 경험은 새로운 것을 뜻한다. 과거에 대한 집착으로부터 우리를 불러들이는 새로운 것, 신기한 사실 및 진리를 우리에게 보여 주는 새로운 것을 뜻한다. 경험에 대한 신뢰는, 관습의 신봉이 아니라 진보에 대한 노력을 낳는다. 이런 마음가짐의 차이는 무의식적으로 승인되어 있던 만큼 의미심장하다. 뭔가 구체적인 생생한 변화가 실제 경험에서 일어났다고 봐야 한다. 왜냐하면 결국 경험 사상이라는 것은, 실제로 발생한 경험에 뒤따르는 것을 모델 삼아 만들어지기 때문이다.

수학 및 다른 합리적 과학이 그리스인들 사이에서 발달하던 시대에도, 과학적 진리가 일상적 경험에 반작용을 가하는 일은 없었다. 과학적 진리는 일상적 경험에서 고립되고 그로부터 떨어져, 그 위쪽에 머물러 있었다. 의술은 아마 실증적 지식을 가장 대량으로 획득한 기술이었을 테지만, 과학으로서의 권위를 얻지는 못했다. 의술은 하나의 기술에 불과했다. 게다가 실용적인 기술에는 의식적 발명 및 의도적 개량이 존재하지 않았다. 직인은 전해 내려오는 모범을 그대로 답습했다. 기존의 기준 및 모델에 거스르는 생산은 실패하게 마련이었다. 개량이란 완만하고 점차적인 변화가 모르는 새에 축적된 결과이든지, 또는 새로운 기준을 단숨에 세워 버릴 만한 뜻밖의 영감이 낳은 결과였다. 그것은 의식적인 방법이 낳은 결과가 아니었으므로 당연히 신들의 은혜라고 여겨졌다. 한편 사회적 기술의 경우, 플라톤 같은 급진적 개혁자는 "현재의 좋지 않은 상황은, 직인의 생산을 규제하는 확고한 모범이 없기 때문에 발생했다"고 생각했다. 철학의 윤리적인 의미는 이 모범을 제공하는 데 있었다. 모범이 정해지면 그것은 종교에 의해 신성화되고 예술에 의해 치장되고 교육에 의해 주입되고 행정관에 의해 실시되어, 변경이 불가능한 것으로 굳어졌다.

실험과학의 성과가 환경을 계획적으로 조작하는 능력을 인간에게 부여했다는 점은, 지금까지도 몇 번인가 논해 왔으므로 또 설명할 필요는 없을 것이다. 하지만 이 조작이 전통적인 경험 관념에게 준 충격은 간과되는 경우가 많으므로, 경험이 경험적이기를 포기하고 실험적으로 변했을 때 근본적으로 중대한 일이 일어났다는 점은 여기서 밝혀 둬야 할 것이다. 옛날 사람들은 그저 관습을 만들기 위해 옛 경험의 결과를 이용했다. 그 뒤에는 관습을 맹목적으로 지키거나 맹목적으로 어기거나 할 뿐이었다. 그런데 이번에는 과거의 경험이 새로 개량된 경험을 길러 내기 위한 목표 및 방법을 암시하는 것으로 이용된다. 그러므로 이런 의미에서 경험은 구성적인 자기 조정을 행한다. 셰익스피어는 "어떤 수단을 써도 자연은 나아지지 않으며, 나아질 수단은 자연 스스로 만든다"는 의미심장한 말을 했는데, 이는 경험에도 적용될 수 있다. 우리는 과거를 단순히 되풀이해서는 안 되며, 우연이 우리에게 변화를 강요하기를 마냥 기다려서는 안 된다. 우리는 훗날 새롭고 보다 뛰어난 경험을 구성하기 위해서 과거의 경험을 이용한다. 이처럼 경험이라는 사실 그 자체는, 경험이 스스로의 개량을 향해 나아가는 과정을 포함하고 있다.

따라서 과학도 '이성'도 경험 위에 위치한 것이 아니다. 이들은 경험 속에서 착상되고 검증되는 것이며, 더 나아가 발명을 통해 무수한 방법으로 경험을 넓히고 살찌우는 데에 사용되는 것이다. 몇 번이나 되풀이한 이야기지만, 경험의 이러한 자기 창조 및 자기 조정은 아직 다분히 기술적이지, 참으로 예술적이거나 인간적이지는 않다. 그러나 지금까지 달성되어 온 결과 중에는, 경험의 지적 관리의 가능성을 보증하는 것이 포함되어 있다. 한계는 도덕적·지적인 것으로, 이는 우리의 선의나 지식에 결함이 있기 때문에 그러하다. 한계는 경험의 본성 그 자체에 형이상학적으로 포함되어 있는 것이 아니다. 경험과 구별된 하나의 능력으로서 우리를 보편적 진리라는 초월적인 영역으로 인도하는 '이성'도, 이제는 존재감이 없고 흥미롭지 않으며 의미도 없는 것으로 우리 눈에 비치게 되었다. 경험 속에 일반성과 규칙성을 도입한다는 칸트적 능력으로서의 이성은 더욱 쓸데없는 것—전통적 형식주의와 정교한 술어에 푹 빠진 사람들의 공허한 창작—으로 여겨지게 된다. 구체적인 착상이 과거의 경험에서 생겨나고, 그것이 현재의 필요와 부족이라는 빛 속에서 발전하고 성숙해진다. 그것은 특정한 재구성의 목표 및 방법으로 사용되고, 재적응이라는 임무의 수행에 성공하느냐 실패하느냐에 따라 검증된다. 이것으로 충분하다. 이 새로운 목적을 위해 구성적으로 사용되는 경험적 착상에 우리는 지성이라는 명칭을 붙일 수 있다.

경험의 과정 그 자체 내부에서 능동적·계획적 사유의 위치를 인정한다면, 개별과 보편, 감각과 이성, 지각적인 것과 개념적인 것 등 전문적인 문제의 전통적 지위가 크게 변하게 된다. 그런데 이 변화는 전문적 중요성을 훨씬 뛰어넘는 것을 가지고 있다. 이성이란 실험적 지성이며, 과학을 모범으로 생각되고 또 사회생활의 기술을 만드는 데 사용되기 때문이다. 즉 이성에게는 해야 할 일이 있기 때문이다. 이성은 관습으로 굳어진 무지(無知)와 우연에 바탕을 둔 과거의 굴레로부터 인간을 해방시킨다. 그것은 보다 나은 미래를 그리며, 인간이 그것을 실현하도록 돕는다. 그리고 그 활동은 항상 경험에 의해 검사를 받는다. 작성되는 계획이나, 인간이 재구성 행위의 길잡이로서 만든 원리는 도그마가 아니다. 그것은 실천 속에서 만들어지는 가설로, 우리의 현재 경험에 필요한 길잡이를 제공하느냐 못하느냐에 따라 거부되고 수정되고 확장된다. 그것은 행동 계획이라고 불릴 수도 있겠지만, 본디 우리의 미래의 행위를 맹목적이지 않고 방향이 뚜렷한 것으로 만들기 위해 이용되는 것이므로 유연하다 할 수 있다. 지성은 단숨에 얻어지는 것이 아니다. 지성은 부단한 형성 과정에 놓여 있다. 이런 지성을 온전하게 지켜 지탱해 나가려면 끊임없이 주의하면서 결과를 관찰하는 태도, 순수한 학습 의욕, 재적응할 용기가 필요하다.

이 실험적인 재적응적(再適應的) 지성에 비하면, 역사상의 합리주의가 말하는 이성은 경솔하고 오만하며 무책임하고 완고한 구석이—요컨대 절대주의적인 구석이 분명 있었다. 어느 현대 심리학 학파는, 우리가 무의식적으로 자신의 행위나 경험을 실제보다 더 좋게 표현하는 심적 메커니즘을 가리켜 '합리화'라는 학술어를 쓰고 있다. 우리는 자신이 은근히 부끄러워하는 것에 목적과 질서를 부여해 스스로를 변호한다. 그와 마찬가지로 역사상의 합리주의는 이성을 변명 기관(機關)이자 호교론으로서 종종 이용하는 경향이 있었다. 현실적인 경험의 결함 및 폐해는 사물의 '합리적 전체' 속으로 사라져 버리고, 사물이 나쁘게 보이는 것은 전적으로 편향되고 불완전한 경험의 성질 때문이라고 주장되었다. 즉 베이컨이 지적했듯이, '이성'은 거짓된 단순성, 통일성, 보편성을 가정하고 있으며 과학을 위해 가공의 안이한 길을 열어 준다. 이 길은 지적인 무책임과 게으름을 낳는다. —우선 이성 관념은 자족적이고 초경험적이므로 경험에 의한 확인이 불필요하고 또 불가능하다는 합리주의의 주장으로부터 무책임이 생겨난다. 그리고 이와 같은 주장은 인간을 구체적인 관찰과 실험에 대해 무관심해지게 하므로 여기서 게으름이 생겨난다. 경험을 경멸하는 태도는 경험 분야에서 비극적인 복수를 당하게 되었다. 즉 경험의 경멸은 사실의 무시를 낳았으며 사실의 무시는 실패, 비참한 상황, 전쟁으로써 보복을 받았다.

그 자체로는 혼돈스러운 경험을 순수개념에 의해 지지하려 했던 칸트의 시도로부터 생겨난 모든 결과에는, 합리주의의 도그마적 독단성이 가장 잘 드러나 있다. 확실히 칸트는 경험에 대해 독립적인 이성의 터무니없는 권리 요구를 제한하려는 훌륭한 의도에서 출발하였다. 그는 자신의 철학을 비판적이라고 불렀다. 그러나 경험을 결합함으로써 알려진 대상을 가능하게 하기(모든 성질의 안정된 규칙적 관계) 위해, 오성(悟性)은 고정된 선험적 개념을 이용한다고 칸트는 주장했다. 이로써 그는 독일 사상 내부에, 경험의 생생한 다양성에 대한 기묘한 경멸과 체계, 질서, 규칙성 그 자체에 대한 기묘한 과대평가를 낳았다. 거기에 실제적인 원인도 더해지면서 훈련, 규율, '질서', 순종에 대한 독일 특유의 존경심이 생겨나게 되었다.

그런데 칸트 철학은 고정적인 기존의 보편 개념, '원리', 법칙에 대한 개별적인 것의 종속을 지적으로 변명하여 '합리화'하는 역할을 했다. 이성과 법칙이란 동의어로 취급되었다. 그리고 이성이 바깥의 위쪽으로부터 경험에 가해졌던 것처럼, 법칙도 바깥의 위쪽에 존재하는 권위로부터 생활 속에 침투해야 했다. 실제로 절대주의에 대응하는 것은 완고함, 경직성, 그리고 융통성 없는 기질이다. 칸트는 이렇게 주장했다. "어떤 개념—이것이 중요한 개념이다—은 선험적인데 그것은 경험에서 생겨나지 않고 경험에 의해 검증될 수도 시험받을 수도 없으며, 그런 기성의 주입물이 없는 한 경험은 무정부적이고 혼돈스러울 뿐이다." 이런 식으로 그는 기술적(技術的)으로는 절대자의 가능성을 부정하면서 절대주의의 정신을 육성했다. 칸트의 후계자들은 그의 말보다도 그의 정신에 충실했으므로 절대주의를 철저히 주장하게 되었다. 독일인이 과학적 재능과 숙련된 기술을 가지고도 사유 및 행동에 있어서 슬플 정도로 고집스럽고 '고압적인' 태도를 취하게 돼 버렸다는 사실은(그들이 사는 세계를 이해 불가능하게 만들었기 때문에 슬프다고 표현한 것이다), 지성과 그 착상의 실험적인 성격을 철저히 부정한다는 것이 무엇을 의미하는지 우리에게 충분히 가르쳐 준다.

널리 인정되고 있다시피, 독일 합리주의의 성과가 호교적이었던 반면 영국 경험론의 성과는 회의적이었다. 전자는 변명했지만 후자는 파고들었다. 독일의 합리주의적 관념론이 절대적 이성의 필연적인 전개에 바탕을 둔 심각한 의미를 발견한 반면, 영국의 경험론은 자기 자신 및 계급의 이익에 의해 관습으로 변한 우연적인 연합을 발견했다. 철학은 그저 많은 문제에 대해, 그 작용을 파악할 수 없는 대립물 중 무언가를 제멋대로 선택하게 할 뿐이었으므로, 근대 세계는 계속 고통을 겪어야 했다. 파괴적인 분석이냐 완고한 종합이냐. 역사적 과거를 무의미하고 유해한 것으로 보아 무시하고 공격하는 완전한 급진주의냐, 아니면 모든 제도를 영원한 이성의 결정으로 보아 이상화하는 완전한 보수주의냐. 안정된 조직을 지탱하기에는 부족한 원자적 요소로 경험을 분해하느냐, 아니면 모든 경험을 고정적인 범주 및 필연적 개념에 의해 통합하느냐. —이것이 서로 대립하던 학파들이 제시한 양자택일이었다.

이는 감각과 사유, 경험과 이성이라는 전통적인 대립의 논리적 귀결이다. 상식은 어느 이론에 대해서도 마지막 결론까지 나아가기를 거부하고, 신앙, 직관, 실제적 타협의 필요성 등으로 만족했다. 그러나 상식은 직업적 지식층

이 제공하는 철학 이론에 의해 계발되고 지도되기보다는, 오히려 혼란을 겪고 방해를 받기 일쑤였다. 어떤 일반적인 길잡이를 철학에서 얻으려 하다가 '상식'으로 도로 떠밀린 사람들은, 관행, 어떤 인격적인 힘, 강한 지도력, 그 때그때의 상황의 압력 등에 의존하게 된다. 18~19세기 초의 자유주의적·진보주의적 운동이 그 실제 소망에 어울리는 지적 명료화 방법을 갖지 못해서 발생했던 피해는 이루 헤아릴 수 없을 정도다. 운동의 취지는 좋았다. 그 의도는 인도적이고 사회적이었다. 그러나 이 운동에는 구성적인 힘을 가진 이론적 수단이 결여되어 있었다. 지적인 측면에 큰 결함이 있었다. 그 학설이라 칭하는 것들 대부분의 논리적 취지는, 원자론적인 개인주의라는 점에서 거의 반사회적이었으며, 동물적인 감각을 중시한다는 점에서 반인간적이었다. 이 결함은 보수주의자들과 반(反)계몽주의자들에게 유리하게 작용했다. 초경험적인 고정적 원리 및 실험적 검증이 불가능한 도그마에 바탕을 두는 근거도, 경험에서의 성과나 결과에 의존하지 않았으며, 선험적인 진리의 규범 및 도덕 기준에 따르는 근거도, 이른바 철학적 경험론자들이 생각하고 주장했던 경험 관념에 창조력이 부족하였다는 점에 있었다.

빈약하고 불완전한 경험이냐, 아니면 인위적이고 무능한 이성이냐. 이런 양자택일의 필요성으로부터 인간을 해방시키는 철학적 재구성은 인간의 노력을, 그것이 할 수 없이 짊어지고 있는 무거운 지적 임무에서 해방시켜 줄 것이다. 그것은 선의를 지닌 사람들이 적대적인 두 진영으로 갈라져 있는 상태를 타파할 것이다. 그것은 과거 및 제도화된 것을 중시하는 사람들과, 더 자유롭고 행복한 미래를 만들려고 노력하는 사람들이 서로 협력할 수 있게 해 줄 것이다. 왜냐하면 축적된 과거의 경험과, 미래를 그리는 발명적인 지성 사이의 유효한 상호작용이 이루어지기 위한 조건을 철학적 재구성이 정해 주기 때문이다. 이 철학적 재구성은 초경험적 권위에 혼을 빼앗기지 않고 또 현존하는 사물을 억지로 '합리화'하지 않으면서도, 이성의 권리를 찬미하는 법을 인간에게 가르쳐 줄 것이다.

제5장
관념적인 것과 실재적인 것의 관념의 변화

앞서 설명했듯이 인간의 경험이란 연상과 회상의 존재를 통해 인간의 소유물이 되는데, 그 연상과 회상도 감정의 요구에 맞게끔 상상력의 체로 걸러진 것이다. 인간에게 있어 재미있는 삶이란—훈련 결과는 별개로 치고—아무런 할 일도 없는 지루한 여가가, 흥분과 만족을 주는 이미지로 채워져 있는 삶을 뜻한다. 그렇기에 인간의 경험을 보면 시가 산문보다 앞서고, 종교가 과학보다 빨리 탄생하고, 별 쓸모도 없는 장식 기술이 실용 기술과는 비교도 안 될 만큼 빨리 발전했던 것이다. 우리에게 만족과 기쁨을 가져다주기 위해, 또 현재의 감정을 충족시켜 의식적인 생명의 흐름을 강화하고 풍요롭게 하기 위해, 과거의 경험에서 생겨난 착상은 그 불쾌한 부분이 줄고 즐거운 부분이 늘어나도록 다듬어진다. 일부 심리학자들은 불쾌한 것을 잊어버리는 자연적 경향이 존재한다고 주장한다. 즉 인간은 행동에 있어서 좋지 않은 것을 피하려고 하듯이, 사고 및 회상에 있어서도 불쾌한 것을 피한다는 말이다. 성실한 사람이라면 누구나 알고 있는 사실이지만, 도덕적인 수양에 필요한 노력의 대부분은 자신의 과거 및 현재의 행위가 낳은 불쾌한 결과를 인정하는 데 필요한 용기와 관련된 것이다. 우리는 발버둥치거나 외면하거나 얼버무리고, 시치미를 떼거나 숨기거나 구실 또는 변명거리를 찾거나 한다. 요컨대 우리는 마음의 풍경을 조금이라도 기분 좋게 만들어 주는 것을 찾으려 한다. 즉 자연 발생적인 착상은 경험을 이상화하고, 이에 실제로는 없는 성질들을 의식 안에서 부여하는 경향이 있다. 시간과 기억은 진정한 예술가이다. 그것은 실재를 자기 취향대로 바꿔 버린다.

상상력이 자유로워져서 구체적 사실의 구속으로부터 점점 벗어나게 되면,

이상화의 경향은 산문적 세계의 그물에서 벗어나 높이 비약한다. 경험을 다시 만들 때 상상 속에서 가장 강조되는 것은, 실제로 존재하지 않는 사물이다. 생활이 안정되고 편안하다면 그만큼 상상력은 녹슬고 둔해진다. 생활이 힘들고 괴롭다면 그만큼 공상이 자극되어, 현재 상태와는 반대되는 모습을 떠올리게 된다. 누군가의 공상의 독자적 특징을 파악하면, 그 밑바닥에 있는 충족될 수 없는 욕망을 온전히 추측할 수 있다. 현실 생활에서의 어려움과 실패가 공상 속에서는 당당한 성공과 승리로 변한다. 실제로는 부정적인 것이 공상의 이미지에서는 긍정적으로 변한다. 행동에 있어서의 고뇌가, 그것을 이상화하는 상상력 속에서는 아름답게 보상된다.

위의 고찰은 단순히 개인 심리에만 들어맞는 것이 아니다. 이는 고전 철학의 가장 현저한 특징 중 하나—본질적으로 관념적인 성질을 지닌 최고의 궁극적 실재라는 관념에 있어서도 결정적인 사실이다. 그리스 종교에서 번영했던 올림포스 신들과 플라톤 철학의 이데아계 사이의 의미심장한 유사성을 역사가들은 거듭해서 주장해 왔다. 그 혈통과 본디 성질이 어떻든 간에 그 신들은, 그 죽음에서 벗어난 자들에 대하여 그리스인이 아낌없이 칭찬했던 저 완성되고 원숙한 공적의 이상화된 투영이었다. 신들도 죽음에서 벗어나지 못하는 인간과 비슷하면서도 다만 강한 힘과 완전한 아름다움과 원만한 지혜를 가지고, 인간이 살아가고자 하는 그대로 살아가는 것이었다. 아리스토텔레스는 그의 스승 플라톤의 이데아론을 비판하여 "이데아란 결국 영원해진 감각적 사물에 불과하다"고 말했다. 사실 아리스토텔레스는 우리가 위에서 살펴본 철학과 종교 및 예술 사이의 유사성을 밝혔던 것이다. 그리고 순전히 기술적인 의미만 지니는 사항을 제외한다면, 플라톤의 이데아에 대해 아리스토텔레스가 한 말은 그대로 아리스토텔레스의 형상에도 적용될 수 있으리라. 수세기에 걸쳐 과학과 신학의 진로를 크게 결정지었던 형상 및 본질이라는 것이, 일상적 경험의 대상들로부터 오점과 결함을 제거하고 부족함을 메우고 그에 함축과 힌트를 부여한 것이 아니라면 대체 무엇이겠는가. 요컨대 이데아든 본질이든 간에 전부 일상생활의 대상들이 신격화된 것, 다시 말해 현실의 경험이 좌절된 부분에서 욕구를 충족시킬 목적으로 이상화적(理想化的) 상상력에 의해 다시 만들어진 것이 아니겠는가.

플라톤, 조금 맥락은 다르지만 아리스토텔레스, 더 나아가 플로티노스, 마르쿠스 아우렐리우스, 성 토마스 아퀴나스, 스피노자, 헤겔 등이 이구동성으로 "궁극적 실재는 본성에 있어 완전히 관념적이고 합리적이거나, 또는 절대적 관념성과 합리성을 그 필연적인 속성으로 지닌다"고 주장했다는 점은 철학 연구자들 사이에서는 주지의 사실이다. 여기서 설명할 필요는 없을 것이다. 그런데 이 위대한 체계적 철학들은 완전한 관념성을 규정할 때, 삶을 충족될 수 없는 복잡한 존재로 만드는 것과 반대되는 것을 나타내는 개념을 사용했다. 이 점은 확실히 밝혀야 할 터이다. 시인들과 도덕가들이 재물, 경험적 가치 및 만족에 관해 한탄했던 주된 원인은 어디에 있는가. 이런 것들이 존재하지 않는다는 한탄은 드물며, 존재하긴 해도 일시적이고 변덕스러운 덧없는 것이라는 한탄이 대부분이다. 이것들은 머물러 있지 않는다. 최악의 경우 이것들은 나타났다 사라져 버릴 가능성을 풍겨 우리를 고뇌하고 괴로워하게 만들 뿐이며, 최선의 경우에도 순간적으로 보다 참된 실재를 우리에게 살짝 보여 줘서 감격과 교훈을 줄 뿐이다. 감각적 향락은 물론이고 명예도 정치적 공적도 헛된 것으로 보는 시인 및 도덕가들의 이런 낡은 사고방식은, 특히 플라톤과 아리스토텔레스에게서 의미심장하게 나타났다. 그리고 그들의 사색에서 태어난 것이 서양사상의 구조 그 자체를 이루게 되었다. 시간, 변화, 운동이란 그리스인들의 이른바 비존재(非存在)가 우연히 참된 존재를 침해하는 일을 나타내는 것이었다. 지금은 이런 표현은 낯설겠지만, 이 비존재라는 개념을 비웃는 많은 근대인들도, 유한한 것이나 불완전한 것이라는 명칭을 써서 같은 생각을 되풀이하고 있다.

변화가 있는 곳에는 반드시 불안정이 존재하며, 불안정은 뭔가 문제가 있으며 결여되고 부족하고 불비한 부분이 있다는 증거이다. 이는 변화, 생성, 소멸을 비존재, 유한, 불완전과 결합시킬 경우 공통되는 사고방식이다. 따라서 완전한 참된 실재는 불변하고 불역하며 존재로 충만하고, 항상 변치 않는 부동의 정지와 안정 속에 머물러 있어야 한다. 당대에 변증으로 첫째가던 절대주의자 브래들리는 "완전히 실재적인 것은 운동하지 않는다"는 설을 주장했다. 또한 어느 쪽인가 하면 플라톤은 "변화란 유출에 불과하다"는 염세적인 견해를 가졌던 반면 아리스토텔레스는 "변화란 실현으로 향하는 경향이다"라는 긍정적인 견해를 품었지만, 완전히 실현된 실재 즉, 신적이고 궁극적인 실재는 변화하지 않는다는 믿음에선 아리스토텔레스도 플라톤과 다를 바 없었다. 아리스토텔레스의 실재는 능동성이니 에네르게이아니 하고 불리는데, 그것은 변화하지 않는 능동성이며 아무것도 하지 않는 에네르게이아였다. 언제까지나 제자리걸음만 할 뿐 절대 어디에도 출동하지 않는 군대의 능동성과도 같았다.

영원한 것과 변하는 것의 이러한 대비에서, 궁극적 실재를 실제 생활의 불완전한 실재와 구별하는 다른 특징들이 나타난다. 변화가 존재하는 곳에는 반드시 복수성(複數性)과 다수성이 있고, 다양성에서는 대립과 항쟁이 태어난다. 변화란 '다른 존재가 되는 것'이며 이는 상이하다는 뜻이다. 상이함은 분열을 뜻하고 분열은 두 가지 측면 및 그 투쟁을 의미한다. 변화하는 세계는 불화의 세계일 수밖에 없다. 왜냐하면 안정이 결여되어 있으므로 절대자의 지배가 존재하지 않기 때문이다. 절대자의 완전한 지배가 존재한다면 하나의 불변하는 전체만이 존재할 것이다. 변화하는 것에는 여러 부분이 있고 부분적인 편중이 있는데, 이런 것들은 절대자의 지배를 인정하지 않고 제멋대로 자기주장을 하여 인생을 투쟁과 불화의 무대로 만들어 버린다. 이와 반대로 궁극적인 참된 실재는 변화하지 않으므로 전체적인 것, 포괄적인 것, 하나인 것이다. 그것은 하나이므로 항상 조화로우며, 따라서 완전하고 영원한 선을 누린다. 그것은 완전성이다.

인식 및 진리의 모든 단계는 하나하나 실재의 단계에 대응한다. 실재가 높고 완전할수록, 그에 관한 인식은 더 많은 진리와 중요성을 지니게 된다. 생성의 세계, 즉 발생 및 소멸의 세계는, 참된 존재가 결여되어 있으므로 가장 뛰어난 의미에서의 인식은 불가능하다. 이런 세계를 인식한다는 것은, 그 유동과 변화를 무시하고 시간적 변화 과정에 한계를 부여해서 어떤 영원한 형상을 발견함을 뜻한다. 도토리는 연속적인 변화를 거친다. 나무의 수와 상관없이 떡갈나무 종 전체에 걸쳐 변함없는 떡갈나무의 고정적 형상을 생각할 때, 우리는 비로소 그 변화를 인식할 수 있다. 그리고 이 형상은 성장의 흐름의 양 끝에 한계를 설정한다. 도토리는 떡갈나무에서 생겨나고, 떡갈나무가 된다. 이렇게 통일과 한계를 부여하는 영원한 형상이 인정될 수 없는 곳에서는, 목표 없는 변화와 유동만이 존재할 뿐 인식은 문제가 되지 않는다. 반대로 전혀 운동하지 않는 대상을 연구할 경우에는, 인식은 참된 의미에서 논증적이고 확실하고 완전한 것이 된다. 즉 순수하고 무구한 진리가 된다.

하늘은 땅보다도 올바르게 인식될 수 있으며, 스스로 움직이지 않고 움직이게 하는 신은 하늘보다도 올바르게 인식될 수 있다.

이런 사실은 실천적 인식에 대한 관상적(觀想的) 인식의 우위를 낳는다. 그리고 실험에 대한, 또 사물의 변화에 의존하고 그런 변화를 낳는 모든 인식에 대한 순수 이론적 사변의 우위를 낳는다. 순수한 인식이란 순수하게 조망하는 것, 보는 것, 눈길을 주는 것이다. 이것은 그 자체로 완전하다. 자신의 외부에서 그 무엇도 구하려 하지 않는다. 부족한 것이 없으므로 목표도 목적도 없다. 순수 인식 자체가 그것의 가장 유력한 존재이유이다. 실제로 순수한 관상적 인식은 우주 안에서 가장 자기—완결적이고 자기—충족적이다. 따라서 그것은 존재의 단계에서 최고의 존재인 신에게만 귀속될 수 있는 최고의 속성, 아니 유일한 속성이다. 인간 자신은 드물게도 순전히 자기—충족적인 이론적 통찰에 도달하는 순간, 신적인 존재가 된다.

이런 인식에 비하면 이른바 직인의 인식은 수준이 낮다. 그는 나무나 돌 같은 물체를 변형하는 일을 하는데, 이 사실만 봐도 그의 재료에는 존재가 결여되어 있음을 알 수 있다. 직인의 인식을 더욱 불행하게 만드는 것은, 그것이 이해관계를 떠난 자기목적이 아니라는 점이다. 그 인식은 의식주처럼 그가 획득해야 할 결과와 관련되어 있다. 신체 및 그 필요라는 소멸해 가는 존재와 관련되어 있다. 고로 이 인식에는 암묵적인 목표가 있으며, 이 목표 자체가 그것의 불완전함을 증명해 준다. 왜냐하면 욕구, 욕망 등 온갖 종류의 심적 움직임은 무언가 결여된 것이 있다는 증거이기 때문이다. 필요 또는 욕망이 있는 경우에는 반드시—모든 실천적 인식 및 활동의 경우처럼—불완전함과 부족함이 존재한다. 정치적·도덕적 인식은 직인의 사고방식보다 지위가 높긴 하지만, 본질적으로는 수준이 낮고 오류를 지녔다. 도덕적·정치적 행위는 실천적이다. 다시 말해 그런 행위는 필요를 포함하며, 그 필요를 충족시키려는 노력을 포함한다. 그 목적은 외부에 존재한다. 게다가 사회라는 사실 그 자체가, 자기 충족이 결여되어 있음을 보여 준다. 즉 타인에 대한 의존을 보여 준다. 순수 인식은 홀로 고독한 것으로, 완전히 자기—충족적인 독립 안에서 이루어질 수 있다.

요컨대 여기서는 아리스토텔레스의 견해를 요약해 보았는데, 그에 의하면 인식이 지닌 가치의 척도는, 그것이 순수하게 관상적인 정도와 일치한다. 최고 단계는 궁극의 이데아적 존재, 순수한 정신의 인식에 있어 다다를 수 있다. 그것이 이데아이자 형상의 형상인 까닭은, 그것에는 결여된 것이나 필요한 것이 없고 어떤 변화도 변양도 없기 때문이다. 그것은 욕망을 갖지 않는다. 모든 욕망이 충족되어 있기 때문이다. 그것은 완전한 존재이므로 완전한 정신이며 완전한 행복이다. —합리성과 관념성의 극치다. 한 걸음 더 나아가면 이 의론은 끝난다. 이 궁극적 실재성(이는 동시에 궁극적 관념성이다)을 취급하는 종류의 인식이 철학이다. 그러므로 철학은 순수한 관상에 있어 최후이자 최고의 경지이다. 다른 종류의 인식이야 어떻든 간에, 철학은 자기—완결적이다. 그것은 자기 외부에서 할 일이 없다. 철학으로서 있는 것 이외에—즉 궁극적인 실재를 순전히 자기—충족적으로 바라보는 것 이외에—목표도 목적도 기능도 갖지 않는다. 물론 이런 완전성에 도달하지 않은 철학적 연구도 있다. 학습이 이루어지는 경우에는 변화와 생성이 있다. 그러나 철학의 연구 및 학습의 기능이란 플라톤이 말했듯이, 사물의 이미지 또는 태어나서 죽어가는 저급한 실재로 가득 찬 상태로부터 영혼의 눈을 돌려, 천상의 영원한 존재를 직관하는 것이다. 이리하여 인식자의 정신은 변한다. 정신은 그 자신이 인식하는 것에 동화된다.

이 사상은 수많은 길을 통해—특히 신플라톤주의와 성 아우구스티누스를 통해—기독교 신학으로 유입되었다. 그리고 위대한 스콜라 사상가들은 이렇게 가르쳤다. "인간의 목적은 참된 존재의 인식이고, 인식은 관상이며, 참된 존재는 순수한 비물질적 정신이고, 그것의 인식은 행복이자 구제다." 이런 인식은 현세에서는 불가능하며 초자연적인 도움 없이는 이루어질 수 없지만, 그것이 성취된 새벽에는 인간의 정신이 신의 본질에 동화된다. 이것이 곧 구제이다. 이처럼 인식을 관상이라고 생각하는 견해가 유럽의 유력한 종교에 계승되면서, 이론적 철학을 전혀 모르는 많은 사람들이 그 영향을 받게 되었다. 인식이란 본디 그저 실재를 바라보는 것이라는 관념—방관자적 인식 관념—이 하나의 자명한 공리로서 수 세대에 걸쳐 사상가들에게 전해져 내려왔다. 이 관념은 매우 깊숙이 침투해 있었다. 그래서 지식이 세계를 바꾸는 힘이라는 사실이 현실의 과학적인 진보에 의해 입증된 뒤에도, 또 유효한 인식 활동에 실험이라는 방법을 채용하게 된 뒤에도, 이 관념은 수 세기 동안 위력을 떨쳤다.

그러면 참된 인식의 척도 및 참된 철학의 본성에 관한 위와 같은 사고방식은 이 정도로만 살펴보고, 현재 이루어지고 있는 인식을 고찰해 보자. 오늘날 어떤 사람, 예컨대 물리학자나 화학자는 무언가를 알아내려고 할 때, 단순한 관상은 결코 하지 않는다. 대상의 불변하고 고유한 형상이 발견되기를 기대하며 언제까지고 열심히 대상을 바라보는 일 같은 건 하지 않는다. 아무리 냉정한 눈으로 바라본들 그것으로 무슨 비밀이 밝혀질 것이라고 기대하지는 않는다. 그는 무언가 활동을 시작한다. 그 물질의 반응을 보기 위해 적당한 에너지를 가하기 시작한다. 뭔가 변화가 일어나게끔 물질을 특별한 조건 아래에 둔다. 멀리 있는 별을 바꾸진 못하는 천문학자도 오늘날에는 별을 그저 바라보기만 하지는 않는다. 별 자체를 바꿀 순 없어도, 최소한 렌즈나 프리즘을 써서 지상에 도달하는 별빛을 바꿀 순 있다. 그러지 않으면 간과되어 버릴 변화를 발견하기 위해서 그는 계략을 짜낼 수 있다. 변화를 적대시하지 않고, 별이 성스럽고 훌륭하다는 이유로 변화를 부정하거나 하지도 않고, 무언가 변화를 발견하기 위해 끊임없이 주의 깊게 관측하고 또 이를 바탕으로 별과 성계(星系)의 형성을 추정하는 일이 가능한 것이다.

요컨대 변화는 더 이상 타락, 실재의 유출, 존재의 불완전성의 증거로 간주되지 않는다. 근대과학은 이제 개별적인 변화 과정의 배후에 있는 어떤 고정적 형상이나 본질을 발견하려고 하지 않는다. 오히려 실험적인 방법은 고정적인 듯한 것을 파괴하고 변화를 일으키려 한다. 씨앗이나 나무의 형태처럼 감각적으로 불변한 형태는 사물 인식의 열쇠가 아니라, 파괴되어야 할 벽이자 장해물로 생각된다. 그래서 과학자는 무언가가 일어날 때까지, 즉 어떤 활동이 일어날 때까지, 일정한 조건에 일정한 작용을 가하면서 실험한다. 그의 가정에 따르면 변화는 항상 일어나고 있으며, 정지한 듯 보이는 사물의 내부에도 운동이 존재한다. 하지만 그 운동 과정을 우리는 지각할 수 없으므로 이를 인식하기 위해, 변화가 분명해질 때까지 그 사물을 새로운 상황 아래에 두는 것이다. 요컨대 우리가 이해하고 주의해야 할 대상은 처음부터 주어져 있는 것이 아니라, 우리가 그 사물의 움직임을 보기 위해 그것을 여러 가지 상황 아래에 둔 끝에야 나타난다.

그런데 이런 사실은 겉보기보다 훨씬 전반적인 변화가 인간의 태도에서 일어났음을 보여 준다. 이는 특정 시간에 보이는 세계든지 그 부분이든지 간에, 그것이 그저 변화의 소재로서만 이해되고 인정될 수 있음을 뜻한다. 이런 이해 방식은, 이를테면 목수가 자신이 본 사물을 이해하는 방식과 매우 비슷하다. 만약 그 사물을 관찰하고 주목하는 것이 자기목적인 양 누군가가 사물을 본다면, 그는 결코 목수가 아니다. 그는 그 사물이 보여 주는 구조, 형태, 변화를 관찰하고 기술하고 기록할 뿐, 그것에 손대지는 않을 터이다. 우연히 어떤 변화가 일어나서 그에게 오두막이라도 한 채 지어 준다면 참 좋은 일일 것이다. 이와는 달리 목수가 건축가인 이유는, 그가 사물을 단순히 대상 자체로서 보지 않고 자신이 그것에 대해 행하려는 일과 관련지어, 즉 그의 목적과 관련지어서 보기 때문이다. 그가 원하는 어떤 특수한 변화를 보다 쉽게 일어나도록 하는 조건이, 그가 관찰하는 목재, 돌, 철 속에 그의 관심을 붙들어 매는 것이다. 그의 주의는 그것들이 겪는 변화, 그것들이 다른 사물에게 초래하는 변화에 쏠린다. 그리고 그는 자신이 원하는 결과를 낳는 변화의 조합을 선택할 수 있다. 목표 실현을 위해 사물을 적극적으로 조작하는 과정을 통해서만 그는 사물의 속성이 무엇인지를 발견한다. 만약 그가 자신의 목표를 버리고 '참으로 있는' 그대로의 사물에 얌전하고 겸허하게 따르겠다면서, '있는' 그대로의 사물을 자기 목표에 따르게 하려고 들지 않는다면, 그는 결코 자신의 목표를 달성하지 못할뿐더러 사물 자체가 무엇인지조차 결코 알지 못할 것이다. 사물이란 그 사물이 할 수 있는 것, 될 수 있는 것과 같다. 즉 그것은 의도적인 시도에 의해 발견될 수 있는 사물이다.

올바른 인식 방법에 관한 이런 관념은, 자연적 세계에 대한 인간의 태도에 하나의 근본적인 변화를 낳는다. 과거의 고전적인 관념은 사회적 조건의 차이에 따라, 때로는 단념과 굴종을 낳고 또 때로는 경멸과 도피 욕구를 낳았으나, 때로는 특히 그리스인의 경우처럼 주어진 대상의 모든 특성에 대한 예민한 감득으로서 나타나는 강렬한 미적 관심을 낳았다. 실제로 관조니 감득이니 하는 인식 관념은 모두 근본적으로, 아름다운 환경과 평화로운 삶 속에서는 미적인 향수(享受) 및 감상과 결합하고, 힘든 삶과 어둡고 황폐한 자연 속에서는 미적인 혐오 및 경멸과 결합한다. 그러나 적극적인 인식 관념이 점점 퍼지고, 또 환경을 진정으로 알려면 그것을 변화시켜야 한다는 사고방식이 확산되면, 인간에게는 용기가 생겨나고 자연에 대한 공격적 태도 비슷한 것이 생겨난다. 자연은 유연하고 인간에게 도움 되는 것이 된다. 변화에 대한 정신적 태도도 근본적으로 변한다. 변화는 부정적인 느낌을 잃고, 쇠망과 상실만을 뜻한다는 우울함으로부터 해방된다. 변화는 새로운 가능성과 달성해야 할 목적을 뜻하게 된다. 보다 나은 미래를 예언하는 것이 된다. 변화는 유출이나 타락이 아닌 진보를 연상시킨다. 어쨌든 변화는 끊임없이 진행되고 있으므로, 변화를 충분히 배우고 그것을 지배해서 우리가 원하는 방향으로 향하게 할 힘을 기르는 것이 중요하다. 조건 및 사건이란 우리가 피하거나 수동적으로 따라야 할 대상이 아니다. 그것은 우리가 이용하고 관리해야 할 대상이다. 그것은 우리의 목적을 방해하는 장애물이거나 목적 달성을 위한 수단이다. 깊은 의미에서 인식은 관상적인 성격을 잃고 실천적인 것이 된다.

불행하게도 사람들은, 특히 학력이 높고 교양 있는 사람들은 오늘날에도 초월적이고 자기—충족적인 이성과 인식이라는 낡은 관념에 사로잡혀 위와 같은 학설의 의의를 인정하지 않는다. 그들은 전통적 주지주의 철학—인식을 자기—충족적이고 자기—완결적인 것으로 보는 철학—을 고집하면서, 자신들이 공정하고 투철하고 사심 없는 반성이라는 이상을 신봉하고 있다고 생각한다. 그러나 사실 이 역사상의 주지주의 즉, 방관자적인 인식관은, 지적 경향을 가진 사람들이 헌신하는 사상적 직업이 현실적·사회적으로 무력하다는 점을 그들 스스로 위로하려고 만들어 낸 순전히 대상적(代償的)인 학설이다. 조건으로 인해 방해받았든 용기 부족으로 인해 스스로 그만두었든 간에, 자신의 지식이 사태의 발전을 결정짓는 한 요소로서 작용하지 못할 경우, 그들은 "지식은 변화하는 것이나 실용적인 것과의 접촉으로 더럽히기에는 너무나 숭고한 것이다"라는 관념을 기분 좋은 피난처로 삼았다. 그들은 인식을 도덕적으로 무책임한 유미주의로 바꾸었다. 인식과 지성의 조작적·실천적 성격을 주장하는 학설의 참된 의의는 객관적인 것이다. 즉 과학 및 철학이 구체적인 일상적 경험의 사물 또는 현상과의 대립에서 설정하는 구조와 대상은, 합리적인 관상이 기분 좋게 설 수 있는 별천지가 아니라는 것이다. 그것들은 언젠가 일어날 변화에 있어서의 특별한 장해, 물적 수단, 방향을 제시하는 이상적 방법 등을 나타내고 있다는 것이다.

세계에 대한 인간의 태도에 이런 변화가 일어난다 해도, 인간이 이상을 품지 않게 된다든가 근본적으로 상상의 동물이 아니게 돼 버리는 것은 아니다.

그게 아니라 인간이 자신을 위해 만드는 관념적인 영역의 성격 및 기능이 근본적으로 바뀌는 것이다. 고전 철학의 경우 관념적 세계란, 본디 인간이 인생의 폭풍우를 피해 쉬어 가는 항구이다. 오직 이것만이 최고로 실재적인 것이라는 평화로운 안도감을 품고, 우리가 생활의 괴로움으로부터 벗어날 수 있는 피난처이다. 그러나 인식은 활동적이고 조작적이라는 신념이 지배적으로 변하면, 관념적 영역은 더 이상 초월적이고 고립된 것이 아니게 된다. 오히려 인간을 새로운 노력과 실현으로 향하게 하는 상상적 가능성의 집합이 된다. 인간이 경험하는 괴로움은, 여전히 보다 나은 사태의 모습을 그리게 하는 추진력일 것이다. 그러나 고전 철학에서는 이데아가 기성의 존재로서 본체의 세계에 속해 있었던 반면, 보다 나은 사태의 모습은 행동에 도움이 되게 만들어져 있다. 따라서 이데아는 개인의 소망과 위로의 대상에 불과하지만, 근대인에게 있어 관념이란 이뤄야 할 일과 활동의 길을 시사하는 것이다.

이런 차이를 잘 보여 주는 예가 있다. 거리라는 것은 하나의 장해로서 불편함을 낳는다. 그것은 친구들을 떨어뜨려 놓아 서로 오가기 힘들게 한다. 그들을 떼어 놓음으로써 접촉과 상호 이해를 어렵게 만든다. 이런 상태는 불만과 불안을 초래한다. 그것이 상상력을 자극하여, 공간이 인간의 왕래를 부당하게 가로막지 않는 상태의 모습을 떠올리게 한다. 이때 해결책은 두 가지다. 하나는 무슨 마법 덕분에 거리가 사라져서 모든 친구들이 언제나 직접 교제할 수 있는 천국 같은 세계를 그저 꿈꾸는 데에서 출발하여, 즉 게으른 공상에서 출발하여 철학적 고찰로 나아가는 방법이다. 이 경우에는 공간도 거리도 현상적인 것에 불과하다. 이는 좀 더 근대적으로 말하자면 주관적인 것이며, 형이상학적으로 말하자면 실재적이지 않은 것이다. 고로 거기서 발생하는 장해 및 불편함도 실재의 형이상학적 의미로 본다면 결국 '실재적'이지 않은 셈이다. 순수한 정신은 공간의 세계에서 살아가지 않는다. 순수한 정신에게 있어 거리란 존재하지 않기 때문이다. 참된 세계에서 순수한 정신 사이의 관계는 결코 공간의 문제에 좌우되지 않는다. 그 사이의 상호 교통은 직접적이고 자유롭고 거침없다.

이 예는 우리에게 익숙한 철학의 방법을 희화화한 것일까. 그러나 이것이 바보스러운 희화화가 아니라면, 이는 관념적이고 본체적이고 매우 실재적인 세계라는 것에 대한 철학의 수많은 설명이 결국 그럴듯한 학술용어를 써서 꿈을 정교하게 변증적 형식으로 포장한 것에 불과하다는 사실을 보여 주는 게 아닐까. 곤란함과 불편함은 실제로 남아 있다. '형이상학적'으로야 어떻든 간에 사실상 공간은 여전히 실재하면서 달갑지 않은 작용을 하고 있다. 그런데 또 인간은 보다 나은 상태를 꿈꾼다. 골치 아픈 사실에서 공상으로 도망친다. 그러나 이번 피난처는 더 이상 세속에서 영원히 벗어난 은신처가 아니다.

관념은 하나의 발판이 되고, 우리는 그곳에서 현재의 사건을 음미하게 된다. 그 안에서는 먼 곳과의 통신을 가능케 하는 방법의 힌트, 원거리 회화에 이용할 만한 수단 등에 대한 검토가 이루어진다. 착상과 공상은 아직 관념적이긴 하지만, 구체적인 자연적 세계에서 실현될 수 있는 가능성으로서—이 세계를 떠난 초월적 실재로서가 아니라—취급된다. 이리하여 그것은 자연현상을 연구하는 발판이 된다. 이 가능성이라는 입장에서 관찰할 경우, 사물은 지금까지 우리가 눈치 채지 못했던 성질들을 보여 준다. 이것이 확인됨에 따라, 먼 곳과 대화할 방법이라는 관념에서 애매함과 부동성(浮動性)이 사라지게 된다. 그 관념은 적극적인 모습을 띠게 된다. 이런 작용과 반작용이 진행되어 간다. 가능성과 관념은 현실의 존재를 관찰하기 위한 방법으로 사용되고, 발견된 사실에 인도되어 그 가능성은 구체적인 존재가 된다. 단순한 관념, 공상, 희망적 가능성은 줄어들고, 현실적인 사실이 늘어난다. 발명이 이루어져서 우리는 마침내 전신과 전화를 갖게 된다. 그것도 처음에는 유선이지만 나중에는 무선이 된다. 구체적인 환경이 바람직한 방향으로 변형된다. 이는 단순히 공상에서 이상화된 것이 아니라 실제로 이상화된 것이다. 관념적인 것은 구체적인 자연 작용의 검사, 실험, 선택, 결합의 도구 및 방법으로 이용됨으로써 현실화된다.

여러 가지 결과에 대한 논평은 이쯤 해 두자. 세계를 두 가지 존재로 나누어, 하나는 뛰어나고 오직 이성으로만 파악될 수 있으며 본질적으로 관념적인 존재라 하고, 다른 하나는 그보다 못하고 물질적이며 가변적이고 경험적인 감성적 관찰로 파악될 수 있는 존재라 한다면, 아무래도 인식은 그 본질상 관상적인 것이라는 견해가 나올 수밖에 없다. 이 견해는 이론과 실천의 대립을 인정하는 것이었으며, 이 대립에서는 실천이 매우 불리한 위치에 놓였다. 그런데 과학의 발달이 실제로 이루어지는 동안 커다란 변화가 일어났다. 실제 인식이 변증적인 성격을 잃고 실험적인 것이 되었다. 뭔가를 알려는 작업은 변화를 중심으로 이루어지고, 어떤 변화를 낳는 능력의 유무가 인식을 검사하는 것이 되었다. 실험적인 과학에 있어 안다는 것은 지적으로 관리된 일종의 행위를 의미한다. 그것은 관상적인 성격을 버리고 참된 의미에서 실천적인 것이 된다. 그런데 이 사실은, 정통 과학적 정신과 완전히 절연하지 않는 한 철학도 그 성질을 바꿔야 함을 의미한다. 철학은 실천적 성질을 가져야 한다. 즉 조작적이고 실험적인 것이 되어야 한다. 앞서 말했듯이 철학의 이런 변화는, 역사상 철학 사상에 있어 최대의 역할을 맡아 온 두 가지 관념─'실재적', '관념적'이라는 관념에서 각각 매우 커다란 변화를 낳았다. 전자는 더 이상 기성의 궁극적인 것이 아니게 되었으며, 변화의 재료, 어떤 기대되는 변화의 장해 및 수단으로서 해석되게끔 되었다. 관념적인 것과 이성적인 것도, 더 이상 현실의 경험적 세계를 바꿀 힘이 없는 고립된 기성 세계가 아니게 되었으며, 우리를 경험적인 결함에서 그저 벗어나게 해 주는 단순한 은신처가 아니게 되었다. 이들 관념은 현존하는 세계가 포함한 가능성의 지적인 결정(結晶)이다. 이들은 현존하는 세계의 개조 및 개량 방법으로 사용될 수 있다.

철학적으로 말하자면 이것은, 인식 및 철학에서 발생한, 관상적인 것에서 조작적인 것으로의 변화에 포함된 커다란 차이이다. 그러나 이 변화는 철학의 권위가 높은 단계에서 하등한 공리주의 단계로 떨어졌음을 의미하진 않는다. 그것은 경험, 특히 인간이 집단적으로 겪는 경험의 가능성의 이성화가 곧 철학의 첫째가는 기능임을 의미한다. 이 변화의 규모는 그것이 완료되기까지 얼마나 오래 걸리는지를 생각하면 쉽게 알 수 있다. 자연의 에너지를 인간의 목적에 이용하게끔 하는 발명은 많지만, 그래도 우리는 아직 인식을 '자연 및 경험을 적극적으로 조작하는 방법'으로 보는 습관을 가지지는 못했다. 인식을 생각할 때 우리는 그림 그리는 예술가를 모델로 삼지 않고, 오히려 완성된 그림을 바라보는 구경꾼을 모델로 삼기 쉽다. 이 때문에 전문적인 철학 연구자들이 잘 알고 있는 온갖 인식론적 문제들이 발생하는데, 이 문제들로 인해 특히 근대철학은 보통 사람들과도, 과학의 성과 및 절차와도 거리가 먼 것이 되고 말았다. 왜냐하면 그저 바라보기만 하는 정신을 한쪽에 가정하고, 또 그 정신의 주목을 받는 멀리 떨어진 대상을 다른 한쪽에 가정할 때, 이런 문제들이 발생하기 때문이다. 이는 정신과 세계, 주관과 객관이 따로 독립된 것이면서, 우연히도 참된 인식을 가능하게 하는 관계 속에 들어가는 그 과정을 문제 삼는 것이다. 만약 가설에 인도된 실험이나 어떤 가능성의 상상에 인도된 발명을 통한 유추에 의해, 인식의 작용을 적극적이고 조작적인 것으로 보는 습관이 있었더라면, 아마 철학은 지금도 고민의 씨앗인 모든 인식론적 문제들로부터 해방될 수 있었을 것이다. 이는 결코 과언이 아니다. 왜냐하면 위와 같은 문제는, "인식이란 이미 존재하고 있는 대상을 포착하는 것이다"라는 식으로 인식에 있어서의 정신과 세계, 주관과 객관의 관계를 생각하는 사고방식에서 나오기 때문이다.

근대 철학사상은 위와 같은 인식론적 문제와 더불어, 실재론자와 관념론자, 현상주의자와 절대주의자 사이의 논쟁에 정신을 온통 빼앗겨 왔다. 그러므로 본체의 세계와 현상의 세계를 구별하는 형이상학의 임무와, 고립된 주관이 독립된 객관을 어떻게 알 수 있는가를 설명하는 인식론의 임무가 사라질 경우, 철학에는 무엇이 남는가 하는 문제 때문에 많은 연구자들이 골머리를 썩여야 했다. 그런데 이런 전통적 문제가 제외된다면, 철학은 보다 생산적이고 긴급한 일에 전념할 수 있게 되지 않을까. 또한 인류를 괴롭히고 있는 중대한 사회적·도덕적인 결함과 문제를 직시할 용기, 이런 장해들의 원인 및 진정한 성질을 밝힘으로써 보다 나은 사회적 가능성에 관한 명료한 관념을 발전시키는 일에 전념할 용기가 철학에게 주어지지 않을까. 요컨대 다른 세계니 실현 불가능한 머나먼 목표니 하는 것에 관한 견해를 주장하는 게 아니라, 구체적인 사회악을 이해하고 치료하는 방법으로서 이용될 만한 관념 및 이상의 구성에 전념할 용기가 주어지지 않을까.

이는 애매한 표현이다. 하지만 여기서 주의할 점은 다음 두 가지이다. 첫째, 철학이 공허한 형이상학이나 도움이 안 되는 인식론에서 해방되었을 경우의 철학 고유의 영역이라는 관념은, 우리가 제1장에서 묘사한 철학의 기원과 합치한다. 둘째, 오늘날 전 세계의 사회는, 실제로 주어져 있는 것보다 전반적이고 근본적인 계몽과 지도를 절실히 필요로 하고 있다. 지금까지 나는 관상적인 것에서 활동적인 것으로 진행된 인식 관념의 근본적인 변화가, 현재의 탐구 및 발명 방법이 낳은 불가피한 결과임을 밝히려고 해 왔다. 하지만 그와 동시에 인정해야 할 것은, 아니 주장해야 할 것은, 현재로선 이 변화는 대개 인간 생활 가운데 기술적인 성격이 강한 측면에만 영향을 미쳐 왔다는 점이다. 확실히 과학은 새로운 공업적 기술을 창조했다. 자연 에너지에 대한 인간의 물리적인 지배력은 한없이 증대했다. 물질적인 부와 번영의 원천에 대한 조작이 진행되고 있다. 과거에는 기적이라 불리던 일이 지금은 매일 증기, 석탄, 전기, 공기에 의해, 또 인체에 의해 이루어지고 있다. 그러나 이와 마찬가지로, 인간의 사회적·도덕적 복지를 좌우하는 능력을 지배하는 데 성공했다고 선언할 정도로 낙천적인 인간은 아마 없을 것이다.

우리의 경제적인 업적에 대응할 만한 도덕적 진보는 어디에 존재하는가. 경제적 업적은 자연과학에서 이루어진 혁명이 직접 낳은 성과이다. 그러나 이에 대응하는 인간의 과학 및 기술은 어디에 존재하는가. 인식 방법의 개선이라고는 해도 현재까지는 주로 기술과 경제 문제에 국한되어 있을 뿐만 아니라, 이 진보 자체가 새로운 중대한 도덕적 혼란을 낳고 있다. 과거의 세계 대전, 노사문제, 경제적 계급 관계, 새로운 과학이 내과와 외과 방면에서는 기적을 일으키면서도 한편으로는 오히려 질병과 허약의 원인을 만들어내고 퍼뜨렸다는 사실 등, 이런 예만 들어도 충분할 것이다. 이렇게 생각하면 현재의 정치가 얼마나 발달이 덜 되었는지, 현대의 교육이 얼마나 변변하지 못하고 원시적인지, 현대의 도덕이 얼마나 무기력하고 생기가 없는지 알 수 있다. 철학은 생활 및 행위의 길잡이였던 맹목적인 관습과 행동을 대신할 지적 대체물을 발견하려는 시도로서 탄생했지만, 이를 낳은 원인은 오늘날에도 여전히 존재하고 있다. 이 시도가 아직 제대로 성공하지 못했기 때문이다. 철학에게서 문제와 내용을 빼앗는 것이 아니라, 비생산적인 형이상학과 인식론의 무거운 짐으로부터 철학을 해방시킴으로써, 더없이 번거로우면서도 더없이 유의미한 문제로 향하는 길이 열리는 것은 아닐까.

그러면 이번 장의 몇 가지 논점으로부터 바로 밝혀지는 하나의 문제를 살펴보자. 앞서 설명했듯이 관상적인 관념이 정말 효과적으로 사용되는 분야는 과학이 아니라 예술이다. 세계의 형태와 운동에 대해, 그 용도에 전혀 아랑곳없이 호기심이 넘치고 애정으로 가득 찬 관심이 없는 곳에서, 미술이 고도로 발달하는 모습을 상상하기란 어려운 일이다. 그리고 특히 강조해 둘 점은, 미술 분야에서 고도의 발전을 이룬 민족은 예외 없이 관상적인 태도가 발달한 민족—예를 들면 그리스인, 힌두교도, 중세 기독교도—이었다는 사실이다. 반대로 실제 과학의 진보에서 나타난 과학적인 태도는 이미 말했듯이 실천적인 태도였다. 이 태도에서 형태란 과정을 숨기는 가면으로 간주된다. 이 태도가 변화에 대해 갖는 흥미는, 변화가 어떤 결과를 낳고 어디에 도움이 될까, 또 변화를 어떻게 다루면 좋을까 하는 식의 흥미다. 과학적 태도는 자연을 정복했다. 그러나 자연에 대한 그 태도에는 세계의 미적 향수와 대립하는, 비정하고 공격적인 면이 있다. 실천적인 과학의 태도와 관상적·미적인 감상의 태도를 융화시킬 가능성 및 방법이라는 문제보다 더 중요한 문제란 분명 없을 것이다. 전자가 없으면 인간은 이용도 통제도 불가능한 자연력에게 농락당하고 희생된다. 또 후자가 없으면 인간은 경제적인 괴물의 일족이 된다. 이 경우 인간은 자연과도 인간과도 끊임없이 차가운 거래를 하고, 여가가 생겨도 지루해하거나 아니면 화려한 파티와 엄청난 낭비로만 그 시간을 보내게 된다.

다른 도덕적 문제들과 마찬가지로 이것도 사회적 문제, 아니 정치적 문제이기도 하다. 실험적인 과학 및 자연 지배에서의 그 응용이라는 점에서는, 동양인에 비해 서양인이 일찍부터 앞서 나가고 있었다. 동양인의 생활습관에는 미적이고 관상적인 성질과 명상적인 종교적 성질이 많이 포함되어 있는 데 반해, 서양인의 경우에는 과학적, 산업적, 실천적인 성질이 많이 포함되어 있다고 봐도 틀린 이야기는 아니다. 이런 차이와 그 주위에 생겨난 그밖의 차이는, 원활한 상호이해에 있어서 하나의 장벽이자 오해의 한 원인이다. 이때 이러한 태도들의 관계를 균형 있게 이해하려고 성실히 노력하는 철학이 있다면, 아마 모든 민족이 서로 상대의 경험을 통해 더 많이 배우게 되고, 또 풍요로운 문화 건설에 있어 서로 더 효과적으로 협력하게 될 것이다.

'실재적'인 것과 관념적인 것 사이의 관계라는 문제가 지금까지 철학 고유의 문제라고 생각되어 온 것은 참으로 믿기 어려운 사실이다. 그러나 인간의 모든 문제들 중 가장 중대한 이 문제를 철학이 점유해 왔다는 사실 자체는, 동시에 인식과 지성을 자기—충족적인 것으로 볼 때 생겨나는 불행을 증명해 준다. '실재적'인 것이나 '관념적'인 것이 현재만큼 논란이 된 적은 달리 없다. 또 세계 역사상 이 둘이 이토록 동떨어진 적도 없다. 세계대전은 순전히 관념적인 목적들—인도(人道), 정의, 강자와 약자 모두의 평등한 자유

—을 위해 벌어졌다. 동시에 이 세계대전은 응용과학에 의거한 사실적인 수단, 즉 고성능 화약, 폭격기, 놀라운 봉쇄 기구에 의해 이루어졌다. 그 결과 세계의 대부분이 폐허가 돼 버렸고, 진지한 사람들은 문명이라는 귀한 가치의 존속을 염려하기에 이르렀다. 인간의 가장 깊은 감정을 자극하는 이상(理想)이라는 이름으로 평화의 확립이 소리 높여 주장되고 있지만, 훗날 혼란을 야기할 수 있는 군사력에 맞춰서 분배되는 경제적 이익의 세부 사항에 대해, 대단히 사실적인 배려가 이루어지고 있는 상황이다.

일부 사람들이 "모든 이상주의는 물질적인 이익 추구를 한층 유효하게 하기 위한 연막이다"라고 생각하여 유물론적 역사 해석으로 전향하게 된 것도 놀라운 일이 아니다. 이 경우 '사실'이란 군사력으로, 또 권력·이익·향락의 감각으로 여겨지며, 그 밖의 요인을—그것이 교묘한 선전 활동의 일환이거나, 사실적인 시각을 갖지 못한 사람들을 통제하는 수단일 경우를 제외하고—고려하는 정책은 모두 환상에 바탕을 둔 것이 된다. 또한 다른 사람들은, "인류는 자연과학을 개발하고 생활수단—공업과 상업—의 개선에 과학의 성과를 사용하기 시작한 순간 사도(邪道)로 접어드는 첫걸음을 떼었다"는 것이 전쟁의 진정한 교훈이라고 확신하고 있다. 이 사람들은 많은 인간이 짐승처럼 태어나고 죽어간 한편, 소수의 선택된 인간이 과학이나 생활의 물질적 윤택함 및 쾌적함 따위가 아니라 '관념적'인 것, 즉 정신의 문제에 몸 바쳤던 시대가 다시 돌아오기를 바랄 것이다.

그러나 가장 명백한 결론은, 대규모의 추상적 형태로 선언된 모든 이상의 무력함과 유해함, 즉 개개의 구체적인 존재—그 운동의 가능성을 이상은 나타내고 있다—에서 떨어져 나와 독립된 존재의 무력함 및 유해함일 것이다. 진정한 도덕이란, 독립적으로 존재하는 정신적 세계를 믿는 관념론의 비극과, 힘과 결과에 대한 매우 사실적인 연구—이른바 현실 정책 같은 것보다 과학적으로 정확하고 완전한 방법으로 이루어지는 연구—의 비극적인 필요를 분명히 밝히는 데 있을 것이다. 왜냐하면 근시안적인 것, 눈앞의 필요에 쫓겨 미래를 희생하는 것, 불쾌한 사실이나 힘을 무시하는 것, 절박한 욕망에 어울리는 존재라 해서 그 영속성을 과장해 버리는 것, 이 모든 것들은 사실적이지도 과학적이지도 않기 때문이다. 이상의 결여가 현재의 모든 악을 낳았다는 견해는 잘못되었다. 잘못된 이상이 그 모든 악을 낳는 것이다. 게다가 이 잘못된 이상은, '사실적'이고 '조작적'인 조건들에 대한 계통적이고 조직적이고 공평하고 비판적이며 세심한 탐구—이것이야말로 우리가 과학이라 부르는 것으로, 기술적인 영역에서 인간을 자연 에너지의 지배자로 만들어 준 것이다—가 사회문제에 결여되어 있다는 사실에 근거하고 있다.

거듭 말하지만 철학은 관념적인 것과 실재적인 것의 관계라는 문제를 '해결'하지 못한다. 이것은 인생의 영원한 문제다. 그러나 철학은 적어도, 위와 같은 문제의 처리라는 인류의 무거운 짐을 가볍게 만들 수는 있다. 이는 철학 자신이 키워 온 오류—새로운 다른 것으로의 운동과는 무관하게 실재하는 조건이 존재한다든가, 물질적인 것 또는 물리적인 것의 가능성과는 상관없는 독립적 이상, 정신, 이성이 존재한다든가 하는 오류—로부터 인간을 해방시킴으로써 가능하다. 이 근본적으로 잘못된 선입관에 사로잡혀 있는한, 인류는 눈가리개를 하고 손발을 묶인 채 걸어가는 셈이기 때문이다. 그리고 원하기만 한다면, 철학은 이런 소극적인 것보다 더 많은 일을 할 수 있다. 사회의 구체적인 사상(事象)과 힘에 대한 관찰 및 이해에 적용된 공감적이고 종합적인 지성이야말로, 환상도 아니고 단순한 감정적 대상(代償)도 아닌 이상—즉 목적—을 만들어 낼 수 있다는 점을 분명히 밝힘으로써, 철학은 인류의 올바른 전진을 도울 수 있다.

제6장
논리학 재구성의 의의

논리학은—철학과 마찬가지로—기묘한 동요로 인해 어려움을 겪고 있다. 그것은 최고의 입법적인 학문으로 추대되는가 하면, 순식간에 "A는 A다" 같은 명제의 파수꾼이라는 수상한 신분이나 삼단논법의 규칙을 위한 스콜라적 운문으로 전락한다. 논리학은 자신이 우주의 궁극적인 구조의 법칙을 밝히는 힘을 가졌다고 주장한다. 논리학이 다루는 사유의 법칙은 곧 세계의 형성에 있어 이성이 따른 법칙이기 때문이라는 것이다. 그런가 하면 논리학은 그 권리를 올바른 추론 법칙의 영역으로만 한정한다. 심지어 이 올바른 추론이란 어떤 사실도 낳지 않는 경우, 아니 실질적인 허위를 낳는 경우에도 올바르다는 것이다. 근대의 객관적인 관념론자들은 논리학을 고대의 존재론적 형이상학의 완전한 대용품이라고 생각하지만, 다른 사람들은 논의 기술을 가르쳐 주는 수사학의 부문으로서 이를 취급하고 있다. 중세 사람들이 아리스토텔레스에게서 얻은 형식적 증명의 논리가, 밀이 과학자의 연구에서 얻은 진리 발견의 귀납적 논리에 의해 보충되었을 때, 당분간은 표면적 타협이라는 균형 상태가 유지되었다. 그러나 독일의 철학자, 수학자, 심리학자들은—그들끼리도 격렬하게 충돌했지만—연역적 증명과 귀납적 발견이라는 정통적인 논리의 쌍방을 공격하는 데 있어 서로 협력했다.

논리학은 혼돈스러운 모습을 나타내고 있다. 그 내용, 범위, 목적에 관한 일치는 거의 찾아볼 수 없다. 이런 불일치는 형식적이고 명목적인 것에 그치지 않고 모든 문제의 취급에도 영향을 미치고 있다. 판단의 성질이라는 기본적인 사항을 살펴보자. 그런데 우리는 학설을 어떤 식으로 조합하든, 훌륭한 권위를 증거로 내세울 수 있다. 판단은 논리학의 중심 문제로 취급되는가 하면, 전혀 논리적이지 않은 인간적·심리적인 것으로 간주된다. 게다가 판단은 논리적인 것으로 간주될 경우에도, 개념 및 추론보다 우위인 근본적 기능이거나, 개념 및 추론의 산물이거나 한다. 주어와 술어의 구별이 필요해진다 싶으면 또 전혀 무의미해진다. 또한 어떤 경우에는 구별이 존재해도 별로 중요하지 않게 여겨진다. 주어-술어 관계를 기본적으로 생각하는 사람들 중에서도 어떤 이들은 "판단이란 선행하는 무언가를 주어 및 술어로 분석하는 것이다"라고 생각했는데, 다른 이들은 "판단이란 주어 및 술어를 어떤 다른 것으로 종합하는 것이다"라고 주장했다. 실재는 항상 판단의 주어라고 생각하는 사람이 있는가 하면, '실재' 따위는 논리적으로 무의미하다고 생각하는 사람도 있다. 판단이 주어에 대한 술어의 귀속임을 부정하고, 이것을 요소들 사이의 관계라고 인정하는 사람들도 다 똑같지는 않다. 그중에도 그 관계를 '내적'이라 보는 사람, '외적'이라 보는 사람, 또 상황에 따라 다르다고 보는 사람이 있다.

논리학이 실제적 가치를 갖지 않는다면, 이런 대립의 수가 많고 광범위하며 비타협적이라는 사실은 일종의 골계에 지나지 않을 것이다. 그러나 논리학이 실제로 중요하다면 이런 모순도 중대해진다. 이것은 지적 불일치 및 혼란이라는 깊은 뿌리가 있다는 증거이다. 사실 오늘날의 논리학은 철학상의 온갖 차이 및 논쟁이 집결되는 중심지이다. 경험과 이성, 실재적인 것과 관념적인 것 사이의 관계에 있어 전통적인 사고방식의 변화는, 대체 논리학에 어떤 영향을 미치는 것일까.

첫째로 그것은 논리학 그 자체의 성질에 영향을 준다. 사유와 지성이 경험의 의식적인 재구성을 위한 수단이라면, 사유 과정에 대한 설명으로서의 논리학은 순수하게 형식적인 것일 수 없게 된다. 논리학은 내용의 진리와 상관없이 형식적으로 올바른 추론 법칙으로는 한정되지 않는다. 또한 반대로 논리학은, 헤겔 논리학의 주장처럼 우주에 내재하는 사유 구조에 관한 것도 아니며, 로체, 보즌켓, 그 밖의 인식론적 논리학자들의 주장처럼 이 객관적 사유 구조에 대한 인간적인 사유의 부단한 접근에 관한 것도 아니다. 사유가 경험의 계획적인 재조직을 확보하기 위한 방법이라면, 논리학이란 바람직한 재구성이 한층 경제적·효과적으로 이루어질 수 있도록 사유 과정을 명확하고 조직적으로 정식화하는 것에 해당한다. 학생들에게 익숙한 표현을 빌리자면, 논리학은 과학이며 기술이다. 즉 실제 사유가 어떻게 이루어지는가에 대해 계통적이고 정확한 기술적(記述的) 설명을 제공한다는 점에서는 과학이며, 이 기술(記述)을 토대로 장래의 사유에 성공적인 조작을 적용케 하고, 또 실패할 조작을 적용하지 않게 하는 방법을 궁리한다는 점에서는 기술이다.

이로써 나는 논리학이 경험적이냐 규범적이냐, 심리학적이냐 통제적이냐 하는 논쟁에 대해 답하였다. 논리학은 양쪽 모두에 해당된다. 논리학의 기초에는 경험적 재료의 명확하고 현실적인 공급이 꼭 필요하다. 인간은 많은 시대에 걸쳐 사유 활동을 해 왔다. 인간은 여러 가지 방법으로 관찰하고 추리하고 추론하여 온갖 결과에 도달해 왔다. 인류학, 신화와 전설과 제례의 기원에 대한 연구, 언어학과 문법, 수사학과 전통적인 논리 구성, 이 모든 것들은 인간이 어떻게 사유해 왔으며 또 온갖 사유 활동의 목적 및 결과가 어땠는지를 우리에게 가르쳐 준다. 심리학—실험심리학이든 이상심리학이든—은, 사유 활동이 어떻게 이루어졌으며 어떤 결과를 낳았는가에 관한 우리의 지식에 큰 도움이 된다. 특히 과학의 발전 기록은, 탐구 및 실험의 구체적인 방법이 인간을 혼란에 빠뜨리거나 도와주었던 점에 대해 가르쳐 준다. 수학에서 역사에 이르기까지 각종 과학들은 각자의 전문적인 문제를 통해, 잘못된 방법의 전형과 유효한 방법의 전형을 보여 준다. 이처럼 논리학에는, 경험적인 연구의 광대하고 거의 무한한 영역이 속해 있다.

"경험은 인간이 어떻게 사유해 왔으며 또 어떻게 사유하고 있는지를 가르쳐 줄 뿐이지만, 논리학은 규범, 즉 인간이 어떻게 생각해야 하는지를 논한다"는 기존의 주장은 터무니없이 잘못된 견해다. 어떤 종류의 사유가 아무 것도 낳지 않았다는 점, 그러기는커녕 이른바 망상 체계나 오해를 낳았다는 점은 경험이 증명해 주고 있다. 또한 다른 종류의 사유가 훌륭한 불후의 발견을 낳았다는 점도, 확실한 경험이 증명해 주고 있다. 서로 다른 연구법이나 추리법이 낳는 서로 다른 결과도, 바로 경험에 있어서 분명하게 드러난다. 무언가에 대한 경험적 기술(記述)과 당위적인 것에 대한 규범적 설명의 차이를 앵무새처럼 반복해 말하는 것은, 경험적인 한계 안에서의 사유와 관련된 매우 현저한 사실, 바꿔 말해 성공과 실패—즉 좋은 사유와 나쁜 사유—가 명명백백한데도 불구하고 이를 무시하는 행위다. 이 경험적인 현상을 중시하는 사람이라면, 통제적인 기술을 구성할 재료가 부족하다고 한탄할 필요는 없을 것이다. 실제 사유의 경험적인 기록에 대한 연구가 점점 진행될

수록, 실패 또는 성공을 낳은 사유의 특징들의 관련성이 분명해진다. 이 경험적으로 확인된 인과관계에서 사유 기술(技術)의 규범 및 통제가 생겨나는 것이다.

수학은 선험적인 기준 및 초경험적인 소재에 의거한, 순전히 규범적인 사유의 예로서 이용되는 경우가 많다. 그러나 이 문제를 역사적으로 다루는 연구자라면, 수학의 지위가 야금학처럼 경험적이라는 결론을 피하지 못할 것이다. 야금학은 사물을 부수거나 태우거나 하는 일에서 시작되었다. 이와 마찬가지로 수학은 사물을 세거나 측정하는 일에서 시작되었다. 의미심장한 어느 속담처럼, 하나는 전체로 통한다. 어떤 방법은 성공했다. 그것도 직접적인 실천적 의미뿐만 아니라, 흥미를 유발하고 주의를 끌며 개량에 대한 노력을 자극한다는 의미에서도 성공했다. 오늘날의 수학적 논리학자들은, 수학의 구조가 순수논리와 같이 해부학적인 성질을 띤 제우스 같은 존재의 뇌수에서 단숨에 뛰쳐나왔다고 설명하고 싶어 한다. 그러나 이 구조 자체는 오랜 역사적 성장의 산물이다. 이 성장 과정에서는 온갖 종류의 실험이 시도되었다. 어떤 사람들은 이 방향으로, 다른 사람들은 저 방향으로 나아갔다. 어떤 계산은 혼란만 낳았고, 다른 계산은 훌륭한 명료화(明瞭化)와 풍성한 결과를 낳았다. 즉 그것은 경험적인 성공 및 실패를 바탕으로 끊임없이 소재와 방법이 선택되고 수정되어 온 역사인 것이다.

이른바 규범적이고 선험적인 수학의 구조란, 실은 오랫동안의 힘겨운 경험 끝에 얻어진 영광스러운 결과이다. 야금학자가 최고로 발달한 광석 처리법에 대해 글을 쓴다면, 그의 방법은 사실 수학의 경우와 조금도 다르지 않을 것이다. 야금학자도 과거에 최고의 성과를 낳는다고 확인된 방법을 선택해서 다듬고 조직한다. 논리학이 인간에게 매우 중요한 문제인 까닭은, 이것이 경험에 의거해서 실험적으로 적용되기 때문이다. 이렇게 생각하면 논리학 문제란, 경험의 의식적 재구성에 대한 탐구에서의 지적 방법 개발 및 사용 가능성이라는 문제와 똑같다. 그리고 이미 일반적인 형태로 설명한 내용을 좀 더 특수하게 다시 말하는 것에 불과하겠지만, 수학 및 물리학에 관한 이런 논리학은 개발되어 왔으나, 도덕문제 및 정치문제의 경우에는 지적 방법으로서의 논리학은 아직 매우 부족하다는 점을 부언해 두겠다.

그러면 이 논리 개념을 분명한 것으로 받아들인 상태에서 그 주된 특질 몇 가지를 논해 보자. 우선 우리는 사유의 기원을 생각함으로써, 경험의 지적 지도 방법으로서의 논리학을 밝힐 수 있다. 경험이 우선적으로 행동의 문제, 감각-운동의 문제임은 앞서 말한 그대로인데, 그와 더불어 우리를 혼란시키고 당혹케 하는 특정한 충돌이 경험 속에 존재한다는 점에서 사유는 출발한다. 자연 상태에서의 인간은 처리해야 할 장해물이나 극복해야 할 어려움이 없으면 생각을 하질 않는다. 안락한 삶, 노력하지 않아도 성공하는 삶이란 곧 생각이 없는 삶이다. 따라서 전능한 신의 삶도 아마 그럴 것이다. 생각하는 사람이란, 삶이 답답하게 짓눌려 있는 탓에 목적 달성을 향해 일직선으로 나아가지 못하는 사람이다. 궁지에 몰려 있으나 행동이 권위에 속박되어 있는 경우에도, 인간은 생각하려 들지 않는다. 병사에게는 장해 및 구속이 많이 존재한다. 그러나 그들은 병사인 한(아리스토텔레스가 자주 말했듯이), 생각하는 사람으로서 명성을 얻지 못한다. 상관이 그들 대신 생각하기 때문이다. 현재의 경제적 조건 아래에 놓인 수많은 노동자들에 대해서도 같은 말을 할 수 있다. 장해가 사유를 낳는 것은, 사유가 절대적이고 긴급한 출구일 때뿐이다. 그것이 해결로 가는 길임을 알고 있을 때뿐이다. 외적인 권위가 지배하고 있을 때에는, 사유는 필연적으로 의심을 사고 미움 받는다.

그러나 사유는 장해를 개인적으로 해결하는 유일한 방법은 아니다. 이미 살펴봤듯이 꿈, 공상, 감정적 이상화 등도 혼란이나 충돌의 긴장으로부터 도망치는 길이다. 현대의 심리학에 의하면 많은 망상 체계, 정신 장애, 그리고 아마 히스테리 그 자체도, 서로 충돌하는 복잡한 요인들로부터 자유로워지기 위한 방법으로서 생겨난다고 한다. 이렇게 생각하면, 장해에 대처하는 반응의 한 방법으로서 사유가 갖는 본질적인 특성 몇 가지가 분명해진다. 위에서 말한 손쉬운 '해결'은, 충돌이나 문제를 제거하는 것이 아니라 그 느낌만을 제거하는 것이다. 그 의식(意識)을 숨기는 것이다. 실제로는 충돌이 남아 있는데도 사유에 있어서는 그로부터 도망치고 있으니 정신 장애가 생겨 버린다.

그러므로 사유의 가장 두드러지는 특징은 사실과 직면하는 것—탐구, 면밀하고 광범위한 조사, 관찰—이다. 사유 활동을 효과적으로 실시하는 데(또한 이 일을 반성하고 정식화하는 논리학에 있어서) 가장 유해했던 것은, "관찰은 사유 밖에 존재하며 사유보다 앞서는 것이므로, 사유는 새로운 사실의 관찰을 그 일부로서 포함하지 않고도 머릿속에서 이루어질 수 있다"고 생각하는 습관이었다. 사실 이런 '사유'에 가까워질수록, 그것은 위에서 언급한 도피 및 망상이라는 방법에 가까워진다. 그것은 장해를 낳는 상황의 특징을 탐구하는 대신, 감정적으로 즐겁고 논리적으로 모순이 없는 의미의 연쇄를 만들어 낸다. 그것은 교묘하게 지적 몽유병이라 불리던 유형의 관념론과 통해 있다. 그것은 실천에서 멀어진, 따라서 적용을 통해 자신의 사상을 검사하는 일과도 멀어진 '사상가'라는 계급—사회를 얕잡아 보는 무책임한 계급—을 만들어 낸다. 이것이 이론과 실천의 비극적인 분열을 낳는 조건이자, 한편으로는 부당한 이론 존중을 낳고 다른 한편으로는 부당한 이론 경시를 낳는 조건이다. 사유와 이론을 다른 고귀한 영역으로 옮겨 버림으로써, 그것은 현재의 실천이 지닌 심각한 야만성과 생명 없는 기계성을 점점 굳어져 버리게 만들고 있다. 이처럼 관념론자는 유물론자와 공모하여, 현실 생활을 부족하고 부정한 것으로 만들었던 것이다.

사유가 사실과의 대결로부터 멀어지면, 단순한 사실을 그저 모으고 사소한 일에만 부지런히 신경 쓸 뿐 그 의미나 결과는 전혀 연구하지 않는 관찰이 조장된다. —이는 안전한 작업이다. 관찰된 사실을 이용해서 상황을 바꿀 계획을 결정하느니 하는 문제는 아예 생각하지 않기 때문이다. 이와 반대로 경험을 재구성하는 방법으로서의 사유는, 문제를 분명히 밝히고 장해가 어디 있는지 확인하고 어려움이 무엇이며 또 어디 있는지에 대한 명확한 의식—그저 막연한 감정적인 의식이 아니라—을 제공하기 위해 꼭 필요한 단계로서, 사실의 관찰을 다룬다. 이런 사유는 목적 없고 계획도 없는 어지러운 것이 아니라, 목표가 있고 특수하며 그 장해의 성질에 의해 한정된 것이다. 그 목표란 동요하고 혼란스러운 상황을 정리해 합리적인 처리법을 제시하는 것이다. 과학자가 목적도 없이 관찰하는 듯 보이는 경우도 있긴 하지만, 그는 탐구의 원천이자 지침인 문제를 너무 좋아하기 때문에, 표면적으로는 전혀 나타나 있지 않은 문제를 찾아내려 하고 있을 뿐이다. 그는 장해를 극복할 때 얻어지는 만족감을 위해서 장해를 찾아내려 하는 것이다.

그러므로 구체적인 사실에 대한 특수하고 광범위한 관찰에는 항상, 문제와 어려움의 의식이 대응되고 있을 뿐만 아니라, 어려움의 의미 즉, 이후에 이어질 경험 속에서 그것이 무엇을 의미하는가에 관한 막연한 의식도 대응되고 있다. 관찰이란 다가올 것에 대한 일종의 예상이자 예측이다. 사실 우리는 눈앞에 닥쳐온 장해에 대해 말하고, 장해의 징후를 관찰하면서 동시에 예기하고 예측하고 있다. 즉 관념을 조합해 그 의미를 눈치 채고 있다. 장해가 닥쳐와 있다는 단계를 뛰어넘어서 그 장해가 완전히 현실적이고 현재적인 것이 되면, 우리는 어쩔 줄을 모르게 된다. 우리는 생각하기를 포기하고 우울에 빠져 버린다. 사유를 낳는 종류의 장해란 지금 실현되고 있는 불완전한 장해이다. 이는 앞으로 일어날 일을 추리하기 위해, 이미 존재하고 있는 것을 징후로서 이용할 수 있는 경우이다. 우리는 지적인 관찰을 할 때 이해와 염려를 동시에 하고 있는 셈이다. 다가올 일을 경계하고 있는 것이다. 호기심, 탐구, 조사는 이미 일어난 일에 대해서와 마찬가지로 다음에 일어날 일에 대해서도 관심을 보인다. 전자에 대한 지적 관심은 후자를 추리하기 위한 증거, 지표, 징후를 손에 넣고자 하는 관심이다. 관찰은 진단이며, 진단은 예상과 준비에 대한 관심을 내포한다. 관찰이란 우리로 하여금, 기습당하지 않도록 미리 그에 반응할 태도를 준비하게 해 준다.

아직 존재하지 않는 것, 그저 예상되고 추리되는 것을 우리는 관찰할 수 없다. 그것은 사실이니 주어진 것이니 소여(所與)니 하는 지위는 갖고 있지 않으며, 의미니 관념이니 하는 지위를 갖고 있다. 관념이 도피나 피난을 위한 감정적인 기억에 의해 창조된 공상이 아닌 한, 그것은 앞으로 다가올 일에 대한 예상—이는 발전하고 있는 상황의 여러 사실들에 대한 관찰에서 나온다—이다. 대장장이가 철, 그 색깔, 촉감에 신경 쓰는 이유는 그 철이 어떻게 변할지에 대한 증거를 얻기 위함이다. 의사가 환자를 진찰하는 이유는 어떤 명확한 방향으로의 변화 징후를 찾아내기 위해서이다. 과학자가 실험 재료에 끊임없이 주의하는 이유는, 특정 조건 아래에서 일어날 터인 무언가에 관한 단서를 얻기 위함이다. 관찰이란 자기목적이 아니라 증거와 징후에 대한 탐구이며, 이 사실은 관찰과 함께 추리, 예상, 예측—즉 관념, 사상, 개념—이 작용한다는 점을 보여 준다.

관찰된 사실과 구상된 관념 및 의미 사이의 이러한 논리적 대응이 전통적인 철학상의 문제와 수수께끼 중 몇 가지—판단에 있어서의 주어와 술어, 인식에 있어서의 객관과 주관, 일반적으로는 '실재적인 것'과 '관념적인 것' 등이 여기에 포함된다—를 해명해 준다는 점은, 좀 더 전문적인 문맥에서는 우리가 생각해 볼 가치가 있을 터이다. 하지만 지금은 관찰된 사실과 구상된 관념이 경험 속에서 상관적인 기원 및 기능을 가진다는 위의 견해가, 관념·의미·개념—이 특수한 정신적 기능을 나타내는 데에는 무슨 용어를 써도 좋다—의 본성에 대해 매우 중요한 몇 가지 결론으로 우리를 인도한다는 점을 지적하는 데 그치겠다. 관념, 의미, 개념은 앞으로 생겨나고 일어날 무언가를 시사하므로, 그것은(관념적인 것에 대해 일반적인 형태에서 봤듯이) 진행 중인 무언가에 대한 반응의 발판이다. 돌진해 온 자동차가 화재 원인임을 깨닫는다 해도 그 사람의 안전은 보증되지 않는다. 관찰—예상을 너무 늦게 실시한 것이다. 그러나 그의 예측—지각이 때늦지 않게 이뤄진다면, 그는 무서운 불행을 피할 수 있는 행동의 기초를 얻을 것이다. 그는 눈앞에 다가온 결과를 예견하고 있으므로, 다른 결과가 생겨날 만한 상황을 지향하여 행동할 수 있다. 지적으로 생각한다는 것은 행위상의 자유의 증대—우연과 운명으로부터의 해방을 뜻한다. '사상'이란, 지적 관찰이 미래를 추리하지 않는 경우에 생겨나는 것과는 다른 반응 방법을 시사하는 것이다.

그런데 어떤 결과를 낳는—즉 대장장이가 뜨거운 철에 어떤 형태를 부여하고, 의사가 환자의 빠른 회복을 위해 그를 치료하고, 과학 실험자가 다른 경우에도 적용되는 결론을 낼 수 있는—것을 의도한 행동 방법 및 반응 방식은, 문제의 성질로 볼 때 그 결과에 의해 검사되지 않는 동안에는 시험적이고 불확실하다. 이 사실이 진리의 이론에 대해서 갖는 의의는 다음 기회에 논하겠다. 여기서는 개념, 이론, 체계가 아무리 교묘하게 수미일관한 모습을 보여도 결국 가설에 불과하다는 점을 주의하기만 하면 된다. 우리는 이것들을, 그 자체를 검사할 행동의 토대로서 이해해야지 궁극적인 것으로 이해해서는 안 된다. 이 사실을 인정한다는 것은, 고집스런 도그마를 이 세상에서 일소해 버림을 의미한다. 이것은 곧 개념, 이론, 사상 체계가 사용됨으로써 항상 발전될 수 있다는 점을 확인하는 일이다. 이것은 우리에게 다음과 같은 교훈을 준다. '우리는 개념, 이론, 사상 체계를 주장하는 데 대해 주의하듯이, 이를 변경할 필요성에 대해서도 주의해야 한다.' 개념, 이론, 사상 체계는 도구이다. 다른 모든 도구처럼 이것들의 가치도 그 자신 내부에 존재하는 것이 아니라, 그 사용 결과에서 드러나는 작업 능력 속에 존재한다.

그런데 인식에 대한 관심이 매우 발달하여 사유가 독립된 가치, 즉 미적·

도덕적으로 유의미한 독자적인 것을 포함하는 경우에 한해서 탐구는 자유롭다. 인식이 자기-완결적·궁극적인 것이 아니라 상황의 재구성 도구인 만큼, 인식이 미리 성립된 목적 및 편견의 유지에 종속돼 버릴 위험은 항상 존재한다. 그렇게 되면 반성은 완전성을 잃는다. 불충분해진다. 이런 반성은 정직하지 못하다. 어떤 특별한 결과에 도달할 것이라고 미리 정해져 있기 때문이다. 모든 인식이 자기 외부에 목적을 가진다는 것과, 인식의 행위가 도달하기로 예정된 특별한 목적을 가진다는 것은, 별개의 사항이며 반대되는 일이다. 더구나 "사유의 도구적 성질이란, 누군가가 원하는 어떤 사적이고 일방적인 이익을 얻기 위해 사유가 존재한다는 의미이다"라고까지 하는 주장은 이미 진실에서 벗어나 있다. 목적이 한정되어 있다는 것은 사유 과정 그 자체가 한정되어 있음을 뜻한다. 그것은 사유 과정이 충분히 성장하거나 운동하거나 하지 못한 채 속박되고 방해받고 간섭받고 있음을 뜻한다. 인식이 충분히 자극되는 유일한 상황은, 탐구 및 검사가 진행되는 과정에서 목적이 발전하는 상황이다.

그러므로 공평무사한 연구란, 그 인식이 자기-완결적이고 무책임하다는 뜻은 아니다. 그것은 관찰, 관념의 형성, 적용 등의 활동을 방해하는 특별한 목적이 미리 정해져 있지 않다는 뜻이다. 탐구가 해방되어 있다는 뜻이다. 우리는 문제나 필요를 명확히 밝히는 데 관련된 사실이라면 어떤 것에든 주의를 기울이고, 단서가 될 만한 암시라면 어떤 암시든 받아들여야 한다. 자유로운 탐구를 가로막는 장해물이 매우 많고도 튼튼한 만큼, 연구 활동 그 자체가 즐거운 매력을 지닌 작업이 됨으로써 인간의 유희 본능을 아군으로 삼을 수 있다는 점은, 인류로서는 경하할 만한 일이다.

사상이 사회적 관습에 따라 정해진 목적의 속박으로부터 벗어나면, 사회적 분업이 진행된다. 그리고 연구는 어떤 사람들에게는 평생의 주된 직업이 되었다. 그러나 이로 인해서 이론 및 인식이 자기목적이라는 관념이 확인되었다는 것은 그저 표면적인 이야기일 뿐이다. 상대적으로 본다면 이론 및 인식은 어떤 사람들에게는 자기목적이다. 그러나 이 사람들은 하나의 사회적인 분업을 나타내고 있으며, 다른 사회적 직업과 원만히 협력하고 타인의 문제에 민감하며 자신의 성과가 널리 활용될 수 있도록 타인에게 전하는 경우에 한해, 그 분야의 전문가로 인정받고 있는 것이다. 특히 인식 작업에 종사하는 사람들의 이런 사회적 관계가 망각되고 그 계급이 고립되면, 탐구는 자극과 목적을 잃어버리게 된다. 이 작업은 결실이 없는 전문화, 그리고 사회적 관심이 없는 인간이 실시하는 일종의 지적 사업으로 타락하고 만다. 자질구레한 지식이 학문이란 이름 아래 쌓여만 가고, 체계의 심원한 변증법적 발전이 등장한다. 그리고 이 작업은 진리 그 자체에 대한 헌신이라는 원대한 명목으로 '합리화'된다. 그러나 올바른 학문의 길이 회복된다면 이런 것은 무시되고 기억에서 사라지게 된다. 그것은 허영심이 강한 무책임한 사람들이 갖고 놀던 장난감이었다는 사실이 드러난다. 공평무사한 연구를 보증하는 유일한 것은, 자기 동료들의 필요 및 문제에 대한 연구자의 사회적 감수성이다.

　도구설은 공평무사한 연구를 높이 평가하는 데 찬성한다. 고로 그것은 일부 비평가들의 인상과는 반대로, 연역이라는 장치를 크게 존중하고 있다. 누군가가 "개념, 정의, 일반화, 분류, 내포된 의미의 논리적 전개 등이 가지는 인식적인 가치는 자기−내재적이지 않다"고 주장한다 하여, 그 사람이 연역의 기능을 경시한다든가 그 유효성 또는 필요성을 부정한다고 보는 것은 참 이상한 일이다. 도구설은 가치가 어디에 있는가에 대해 다소 신중하게 말하고, 그 가치가 잘못된 곳에서 추구되는 것을 막으려고 시도할 뿐이다. 도구설은 인식이 문제를 명확히 밝히는 특정 관찰에서 시작되고, 문제 해결을 위한 가설을 검사하는 특정한 관찰로 끝난다는 점을 주장한다. 그러나 최초의 관찰이 암시하고 최후의 관찰이 검사하는 관념 및 의미가 그 자체로서 세심한 음미와 장기적인 개발을 요한다는 이론은 부정될 수 없다. "기관차는 하나의 수단이다. 그것은 경험적인 요구와 그 만족 사이에 있다"고 주장한다 해서, 면밀하고 정교한 기관차 제작의 가치를 무시하거나, 그 구조를 개량하는 데 쓰이는 보조적인 도구와 방법의 필요성을 경시할 수는 없다. 오히려 기관차가 경험에 있어 중간적일 뿐 일차적이지도 최종적이지도 않기 때문에, 우리는 그 제작을 발달시키는 데 많은 노력을 기울여야 한다고 주장해야 한다.

　수학처럼 연역적인 학문은 방법의 완성이라는 것을 가르쳐 준다. 방법 연구자의 경우에 방법이 하나의 자기목적으로 보인다는 사실은, 어떤 도구를 만드는 데에도 독립된 직업이 있는 것과 마찬가지이므로 전혀 놀라운 일이 아니다. 도구를 발명하고 완성하는 인간과, 그것을 사용하는 인간이 같은 경우는 드물다. 물론 물적 도구와 지적 도구 사이에는 하나의 분명한 차이가 있다. 지적 도구는 직접적인 분명한 용도를 훨씬 뛰어넘어 발달한다. 방법을 위한 방법의 완성에 대한 예술적인 관심이 강하여, 문명의 이기 그 자체가 매우 뛰어난 예술 작품이 될 정도다. 그런데 실천적 입장에서 보면 이 차이는, 지적 도구가 도구로서의 장점을 가졌음을 보여 준다. 지적 도구는 특정한 사용을 의식해서 만들어진 것이 아니라, 고도로 일반적인 도구이다. 따라서 지적 도구는 예기치 않았던 용도로 적용될 때 한층 유연성을 발휘한다. 그것은 예기치 않았던 문제를 처리하는 데 쓰일 수 있다. 정신은 미리 온갖 종류의 지적 비상사태를 각오하고 있는 셈이며, 고로 새로운 문제가 일어나도 특별한 도구의 완성을 기다릴 필요가 없다.

좀 더 명확히 말하자면, 하나의 경험이 다른 경험에 적용되려면 추상이라는 것이 꼭 필요하다. 모든 구체적인 경험은 그 전체성에 있어 유일무이하다. 독자적인 것, 반복되지 않는 것이다. 그것은 그 완전한 구체성으로 볼 때 어떤 지식도 제공하지 않으며, 어떤 빛도 던져 주지 않는다. 추상이라 불리는 것은, 구체적인 경험의 어떤 측면을 다른 측면의 파악에 도움이 되도록 골라내는 것을 의미한다. 그것만 본다면 추상은 무의미한 파편이며, 추출의 모태인 살아 있는 전체의 빈약한 대용품에 불과하다. 그러나 목적론적·실천적으로 본다면, 추상은 하나의 경험이 다른 경험에 도움이 될 수 있는 유일한 길—어떤 빛을 제공할 수 있는 유일한 길이다. 잘못된 추상주의 또는 나쁜 추상주의란, 우리가 분리한 단편의 기능을 잊어버리고 무시함으로써, 그 단편을 떼어 낸 혼탁하고 불규칙적인 구체성보다도 단편을 고급스러운 것으로서 따로 생각하는 것을 의미한다. 구조적·정적(靜的)으로가 아니라 기능적으로 본다면, 추상이란 무언가가 하나의 경험에서 해방되어 다른 경험으로 옮겨졌다는 것을 뜻한다. 추상은 해방이다. 추상이 더욱 이론적이고 추상적인 성격을 띨수록, 즉 구체적으로 경험된 것으로부터 멀어질수록, 그것은 앞으로 나타날 무한하게 다양한 사물들 중 무언가를 처리하기에 적합해진다. 고대 수학과 물리학은 근대의 그것에 비해 삶의 구체적인 경험에 대단히 가까웠다. 예견되지 않은 새로운 형태로 나타나는 구체적인 사물에 대한 통찰 및 지배를 낳는 힘이 부족했던 것도 바로 이 때문이었다.

추상과 일반화란 언제나 가까운 친척처럼 생각되어 왔다. 이 둘은 같은 기능의 소극적인 면과 적극적인 면이라고 할 수 있다. 추상은 어떤 요인을 해방시켜서 사용될 만한 것으로 만든다. 일반화란 그것을 사용하는 일이다. 일반화는 그것을 확장하고 확대한다. 어떤 의미에서 일반화는 항상 암흑 속으로 뛰어드는 일 즉, 모험이다. 어떤 구체적인 사례에서 도출된 것이 다른 개별적인 경우에 쓰일 만큼 유효하게 확대된다는 보증이 미리 주어져 있는 것도 아니다. 다른 경우가 개별적이고 구체적인 것인 이상, 당연히 그것은 이전 사례와 다르다. 난다는 특성이 구체적인 새로부터 분리된다. 이제 이 추상은 박쥐로 확장되고, 난다는 성질이 그에 들어맞는다면 박쥐에게는 새의 다른 특성도 갖춰져 있을 거라고 예상된다. 이 사소한 예는 일반화의 본질을 보여 줌과 동시에 이 방법의 위험성도 알려 준다. 일반화는 어떤 선행된 경험의 결과를 새로운 경험의 수용 및 해석으로 확장하고 확대하여 적용하는 것이다. 연역 과정은 이 생산적·지도적 활동에 사용되는 개념들을 정의하고, 규정하고, 순화하고, 질서 있게 만든다. 하지만 이 과정이 아무리 완전해도 그 결과를 보증할 수는 없다.

　현대 생활에서는 조직화라는 것의 실용주의적인 가치가 눈에 띄게 강조되고 있다. 그러므로 분류 및 체계화가 가진 도구로서의 중요성을 자세히 논할 필요는 거의 없을 것이다. 질적으로 고정적인 종류의 존재가 인식의 최고 대상이라는 견해가 부정된 뒤부터는, 특히 경험주의 학파가 분류를 단순한 언어적인 장치로 보는 일이 많았다. 많은 특수한 것을 요약하는 언어가 있으면 그만큼 기억 및 의사소통이 편해진다. 종과 부류는 언어로서만 존재하는 것으로 간주되고 있었다. 그 뒤로 관념은, 사물과 언어 사이에 있는 일종의 중간적 존재로 여겨지게 되었다. 종과 부류는 순수하게 정신적인 것으로서 정신 속에 존재하도록 허락받았다. 여기서 경험론의 비판적인 경향이 유감없이 드러나고 있다. 종이나 부류에 어떤 객관성이 존재한다고 인정하는 것은, 영원한 종이나 신비적인 본질에 대한 신앙을 부채질하는 것이며, 바람직하지 못한 퇴폐적인 학문의 무기를 강화하는 것이다―이는 로크가 밝혔던 견지이다. 일반 관념은 노력(勞力)을 절약하고, 특수한 경험들을 단순히 다루기 쉬운 한 묶음으로 묶고, 새로운 관찰의 확인을 간단하게 만든다는 점에서 유익하다.

여기까지 본다면 유명론과 개념론—부류는 언어상 또는 관념상에만 존재한다는 학설—은 잘못되지 않았다. 그 학설은 체계 및 분류의 목적론적 성격을 강조하고, 그것이 목적 달성에 있어서의 절약과 능률을 위한 것이라고 주장했다. 그런데 이 진리가 잘못된 관념으로 변해 버렸다. 왜냐하면 경험의 적극적인 행동적 측면이 부정되고 무시되었기 때문이다. 구체적인 사물에는 여러 가지 작용 방식, 다른 사물과 상호작용하는 점과 같은 수만큼의 작용 방식이 있다. 한 사물은 다른 어떤 사물에 대해서는 무감각하고 반응이 없고 둔감한 태도를 보이면서도, 또 다른 사물에 관해서는 기민하고 열정적이고 공격적이며, 제3의 경우에는 수용적이고 순종적이다. 그런데 행동 방식은 무한히 많다 해도, 하나의 목적에 대한 공통된 관계라는 점에서는 하나로 분류될 수 있다. 분별 있는 사람이라면 아무거나 다 하려고 들진 않는다. 그는 어떤 주요한 관심과 중심적인 목표를 가지고, 그에 따라 자신의 행동을 일관성 있는 효과적인 것으로 만든다. 하나의 목표를 가진다는 것은, 한정하고 선택하고 집중하고 분류하는 것이다. 이리하여 사물의 작용 방식이 작업의 진행 방법과 관련됨에 따라, 사물을 선택하고 조직하기 위한 토대가 마련된다. 벚나무는 소목장이, 과수원 주인, 예술가, 과학자, 행락객에 의해 서로 다르게 분류될 것이다. 다른 목적을 달성하는 데에는, 나무의 다른 작용 및 반작용 방식이 중요하다. 목적의 차이라는 것을 염두에 둔다면 어떤 분류도 타당하다 할 수 있다.

그렇다고는 해도 온갖 분류의 가치를 결정하는 참으로 객관적인 기준이 존재한다. 어떤 분류는 소목장이의 목적 달성을 돕고, 다른 분류는 이를 방해할 것이다. 어떤 분류는 식물학자가 연구 활동을 유효하게 진행하는 데 도움이 될 테고, 다른 분류는 그 연구를 늦추거나 혼란시킬 것이다. 고로 분류의 목적론적 이론은, 종이나 부류가 단순히 언어적인 것, 단순히 정신적인 것이라는 생각으로 우리를 인도하지는 않는다. 백화점이나 철도에 있어서의 조직과 마찬가지로, 연구 기술을 포함한 어떤 기술에서도 조직은 단순히 명목적인 것이나 정신적인 것이 아니다. 실행의 필요성이 객관적인 기준을 제공하는 것이다. 사물은 분류가 행위의 목적 달성을 촉진하게끔 선별되고 정리되어야 한다. 편리, 절약, 능률은 분류의 기초인데, 이들은 타인과의 언어적 의사소통이나 내적 의식에 한정되는 것이 아니다. 그것은 객관적인 작용과 관련된 것으로, 세계 안에서 효과를 거둬야 하는 것이다.

　그와 동시에 분류란, 처음부터 자연 속에 존재하는 어떤 완성된 기성 배열을 단순히 모사하거나 복제한 것이 아니다. 오히려 분류는 미래와 미지의 무언가를 공략하기 위한 무기 창고이다. 성공하려면 과거의 인식의 세부 사항을, 단순한 사실에서 의미로 바꿔야 한다. 그것도 수가 적고 단순하고 외연(外延)이 넓을수록 좋다. 그것의 범위는, 아무리 예상할 수 없는 현상에도 연구가 대처할 수 있을 정도로 넓어야 한다. 또한 중복이 없도록 정리되어 있어야 한다. 안 그러면 그것이 새로운 사건에 적용될 때 문제를 일으키거나 혼란을 초래할 수 있다. 발생하는 사건이 너무나 다양할 때 이를 처리하는 운동이 쉽고 효율적으로 이루어지려면, 우리는 어떤 공격용 도구로부터 다른 도구로 신속하고 적확하게 이동해야 한다. 다시 말해 우리가 가진 갖가지 종 및 부류 그 자체가, 일반적인 것에서 특수한 것으로 이어지는 단계로 분류되어 있어야 한다. 그저 도로만 있으면 되는 게 아니라, 한 도로에서 다른 도로로 옮겨 가기 쉽도록 설계되어 있어야 한다. 분류는 경험에 있어서의 이리저리 뒤얽힌 좁은 길들을 정연한 도로 체계로 바꾸고, 탐구에서의 수송 및 의사소통을 촉진한다. 인간이 미래에 대해 예상하고 그 미래를 교묘하게 효과적으로 맞이할 준비를 미리 하게 된다면, 연역적인 조작과 그 결과의 중요성은 점점 커진다. 모든 실제 사업에서는 생산해야 할 재화가 있다. 따라서 폐물을 제거하는 것, 생산의 절약 및 능률을 높이는 것이라면 뭐든지 중요하다.

　실험적이고 기능적인 유형의 논리학이 진리의 성질을 어떻게 설명하는가에 대해 논할 여유는 거의 없다. 그러나 이 설명은 사유와 관념의 성질에서 필연적으로 도출되게 마련이므로 아쉬워할 필요는 없다. 사유와 관념에 대한 관점이 이해된다면 진리에 대한 관점도 자연스럽게 도출될 테니까. 우리가 그것을 이해하지 못한 상태라면, 아무리 진리의 이론을 밝히려고 노력해 봤자 혼란만 낳을 뿐이며, 또한 이 이론 그 자체도 자의적인 엉터리 이론으로만 보일 것이다. 만약 관념, 의미, 개념, 의견, 이론, 체계가 주어진 환경의 적극적인 재조직에 쓰이는 도구이자 특정한 장해나 혼란을 제거하는 도구라면, 이들의 타당성과 가치는 그 일을 해내느냐 못하느냐에 따라 검사받는다. 그 역할을 다한다면 그것은 믿을 만하고 건전하고 타당하고 좋으며 참된 것이다. 그것이 혼란의 정리 및 결함 제거에 실패한다면, 즉 그것이 행동의 기초에 적용된 결과 혼란, 애매함, 폐해 등이 오히려 늘어났다면, 이는 잘못된 것이다. 확인, 확증, 검증은 작용과 결과 안에 존재한다. 행동이 훌륭한 사람이 정말 훌륭한 것이다. 그대여, 열매를 보고 그 나무를 알라. 우리를 참으로 인도하는 것이 바로 참된 것이다. 그리고 이처럼 지도 능력이 증명된 것이야말로 이른바 진리의 의미이다. '참으로'라는 부사는 '참되다'라는 형용사나 '진리'라는 명사보다도 더 근본적이다. 부사는 행위 방식과 양식을 나타내기 때문이다. 그런데 관념과 개념이란 특정한 상황의 정리에 성공할 만한 어떤 방식으로의 행동을 요구하고, 명령하고, 계획하는 것이다. 요구, 주장, 계획이 실행될 경우, 그것은 우리를 참으로 인도하기도 하고 잘못 인도하기도 한다. 우리를 목적까지 데려다 주기도 하고 또 목적에서 멀어지게 만들기도 한다. 가장 중요한 것은 그 적극적이고 역동적인 기능이며, 따라서 그 진위는 그것이 낳는 작용의 질에 달려 있다. 도움이 되는 가설이 참된 가설이다. 그리고 진리란 작용 및 결과에 의해 확증되는 수많은 경우 —현실적, 예상적, 희망적—의 집합에 사용되는 추상명사이다.

이 진리 관념의 가치는 전적으로 앞서 이야기한 사유에 대한 설명의 타당성에 달려 있다. 그러므로 이 관념 자체를 설명하기보다는, 왜 그것이 사람들을 분노하게 만드는가에 대해 생각하는 편이 상책이다. 그것이 미움 받은 이유 중 하나로는 그 새로움과 설명 부족을 들 수 있다. 예를 들어 진리가 만족이라고 생각될 경우, 그것은 흔히 단순한 감정적 만족, 개인적 안락, 오직 자신만의 필요에 대한 충족이라고 생각되었다. 그러나 여기서 만족이란 관념, 즉 행위의 목적 및 방법을 낳는 문제의 요구와 조건을 만족시킨다는 뜻이다. 그것은 공적이고 객관적인 조건을 포함하고 있다. 이는 변덕이나 당사자의 특징에 좌우되는 것이 아니다. 또한 진리가 효용이라고 규정될 경우, 그것은 오직 자신만의 목적이나 특정 개인이 원하는 이익에 있어서의 효용이라는 의미로 해석되는 일이 많다. 진리를 사적인 야심이나 세력 확장에 쓰이는 단순한 도구라고 보는 진리 관념은 매우 불쾌한 것이다. 정상적인 사람이 이런 사고방식을 가진다고 비평가들이 생각해 왔다니 그저 놀라울 뿐이다. 사실 효용으로서의 진리란, 관념과 이론의 임무인 경험의 재조직에 공헌하는 데 도움이 된다는 것이다. 도로의 유효성은 그것이 그 길에 출몰하는 노상강도의 목적에 도움이 되느냐 마느냐에 따라 결정되지는 않는다. 그것은 실제 도로로서, 즉 편리하고 효과적인 공공 수송 및 교류 수단으로서 제대로 기능하느냐 마느냐에 따라 결정된다. 관념과 가설의 진리성을 측정하는 잣대인 유용성도 마찬가지다.

위와 같이 약간 표면적인 오해와는 별개로 이런 진리 관념의 수용을 방해하는 주된 장해는, 사람들의 마음속에 깊이 스며들어 있는 고전적인 전통의 유물일 것이다. 존재가 두 개의 영역, 즉 완전한 존재라는 높은 영역과 표면적이고 현상적이고 결함이 있는 실재라는 낮은 영역으로 분할됨에 따라, 진위는 사물 그 자체에 주어지는 고정적이고 정적인 기성의 속성으로 여겨지게 된다. 최고의 실재는 참된 존재이며, 하위의 불완전한 실재는 거짓된 존재이다. 그것은 실재임을 주장하거나 입증할 수 없다. 그것은 사기와 기만으로 가득 차 있으므로 처음부터 신용이나 신앙을 얻을 만한 가치가 없다. 신앙이 잘못된 이유는, 그것이 우리를 잘못되게 만들기 때문이 아니다. 그것은 잘못된 사고방식이 아니다. 그것이 잘못된 이유는, 잘못된 존재나 실체를 인정하고 그에 집착하기 때문이다. 다른 여러 관념들이 타당한 이유는 참된 존재—완전하고 궁극적인 실재와 관련되어 있기 때문이다. 고대 및 중세의 전통을 받아들인 사람들의 마음속에는 간접적인 형태로나마 이런 사고방식이 깔려 있다. 이 같은 관점에 근본적으로 도전한 것이 실용주의의 진리 관념이다. 그리고 조정 및 타협의 여지가 전혀 없다는 점이, 이 새로운 이론이 불러일으킨 충격의 원인이었다고 나는 생각한다.

하기야 이 대립은 확실히 새로운 이론을 받아들이는 데 있어 무의식적으로 장해물 역할을 하지만, 동시에 이 이론의 중요한 특징을 이루기도 한다. 사실 과거의 사고방식에서는 결과적으로 진리와 권위적 도그마가 동일시되었다. 오로지 질서를 존중하고 발전을 고통이라 느끼며 변화를 싫어하는 사회는 아무래도 의지할 만한 초월적 진리의 고정적인 체계를 원하게 된다. 진리의 원천 및 승인을 얻기 위해, 이미 존재하고 있는 것을 돌아본다. 전에 있었던 것, 선행하는 것, 독창적인 것, 선험적인 것에게서 보증을 얻고자 한다. 미래와 우연적인 것과 결과를 바라보는 사상은 불안 및 공포를 낳는다. 그것은 기존의 고정적인 진리라는 개념에 속하는 평온한 느낌을 해친다. 그것은 조사, 끈기 있는 관찰, 신중한 가설 개발, 철저한 검사 등의 책임이라는 무거운 짐을 우리에게 지운다. 사람들은 물리적인 사항에 관한 한, 참된 것과 검증된 것을 동일시하는 매우 특수한 신앙에 조금씩 익숙해져 왔다. 그러나 이 동일시에 내포된 의미를 인정하고 거기서 진리의 정의를 도출하는 데에는 아직 주저하고 있다. 왜냐하면 그것은 "정의란 우리가 대충 발명해서 개별적인 대상에게 억지로 밀어붙이는 것이 아니라, 구체적이고 특수한 경우에서 생겨나는 것이어야 한다"라는 상식과는 명목상 일치하지만, 진리를 정의할 때 위의 준칙을 실행하기란 어쩐지 껄끄러운 일이었기 때문이다. 참된 것이란 검증된 것을 뜻할 뿐 다른 무엇도 뜻하지 않는다는 인식을 일반화하는 것은, 사람들에게 정치적·도덕적 도그마를 버릴 책임과, 그들이 가장 사랑하는 편견을 결과라는 검사대에 올릴 책임을 지우는 것이다. 이런 변화는 권위의 지위 및 사회에서의 결정 방법의 커다란 변화를 의미한다. 뒤에 이 변화의 어떤 특정한 것을 새로운 논리학의 최초의 성과로서 고찰하겠다.

과학적 사고에서의 방법의 변화가 도덕관념에게 준 충격은 전체적으로 분명하다. 선(善)도 목적도 그 수가 늘었다. 규칙은 전화(轉化)하여 원리가 되고, 원리는 이해의 방법으로 변했다. 그리스인들 사이에서 시작된 윤리학은, 관습에 좌우되지 않는 합리적인 기초 및 목적을 지닌 삶의 방식의 규칙을 찾아내려던 그들의 시도에서 비롯됐다. 그러나 이성이 관습을 대신하게 되긴 했지만, 관습의 경우와 마찬가지로 이성도 고정적인 대상 및 법칙을 제공할 의무를 지게 되었다. 그 뒤로 윤리학은 최종적인 목적, 선, 최고의 궁극적 법칙 등을 발견하는 것이 자신의 임무라는 사고방식에 푹 빠져 있었다. 이는 여러 가지 학설에 공통된 요소이다. 어떤 학설은 높은 힘과 권위에 대한 충성 또는 복종을 목적으로 보았으며, 이 높은 원리를 신의 의지, 현세의 지배자의 의지, 초월자의 목적을 체현한 제도의 유지, 합리적인 의무감 등, 온갖 것들에게서 발견해 냈다. 그런데 이처럼 학설들이 서로 차이가 났던 것도, 법칙의 단일하고 최종적인 근원이라는 점에서는 모든 학설이 일치했기 때문이다. 또한 다른 학설은 "입법적인 권력에 대한 순응에서 도덕을 찾아내기란 불가능하며, 도덕은 선으로서의 목적에서 구해져야 한다"고 주장했다. 게다가 어떤 자는 자기실현에서, 어떤 자는 성스러운 것에서, 어떤 자는 행복에서, 어떤 자는 더할 나위 없는 쾌락에서 선을 찾고자 했다. 그래도 이들 학파는 단일하고 고정된 최종적인 선이 존재한다고 가정하는 점에서는 일치했다. 이런 공통된 전제가 있었기에 서로 논쟁할 수 있었던 것이다.

혼란과 충돌로부터 도망치는 방법은, 이 공통된 요소를 의심함으로써 문제의 근본을 살펴보는 것이 아닐까. 이런 의문이 생겨난다. 단일하고 최종적이며 궁극적인 것(선이든 권위적 법칙이든 간에)에 대한 신앙은, 역사적으로 사라져 가고 있는 봉건제도의 지적 산물은 아닐까. 그것은 운동보다 정지를 수준 높은 것으로 보는 '유한하고 질서 있는 우주'라는 신앙—이것도 자연과학에서 사라져 버렸다—의 지적 산물은 아닐까. 몇 번이나 말했듯이 현재의 지적 재구성의 한계는, 그것이 아직 도덕 및 사회 영역에 진실로 적용되어 있지 않다는 사실에 있다. 그 적용을 촉진하려면, 변화하고 운동하는 개별적인 선과 목적이 많이 존재한다는 신앙을 우리가 가져야 하지 않을까. 원리, 규준, 법칙은 개별적이고 유일무이한 상황을 분석하기 위한 지적 도구라는 신앙을 우리가 가져야 하지 않을까.

"도덕적인 상황은 저마다 유일무이한 선을 포함하는 독자적인 상황이다"라는 냉정한 주장은 그저 냉정할 뿐 아니라 불합리하게 생각될지도 모른다. 왜냐하면 유력한 전통의 가르침에 따르면, 개별적인 경우가 불규칙하기 때문에 보편적인 것으로써 행위를 인도할 필요가 있는 것이며, 어떤 특수한 경우에도 고정적인 원리에 의한 심판에 스스로 복종하는 것이 도덕적 태도의 본질이기 때문이다. 그렇다면 보편적인 목적과 법칙이 구체적인 상황의 결정에 복종한다는 것은, 결국 완전한 혼란과 제한 없는 방종을 낳을 것이다. 그러나 실용주의의 규칙에 따라 이 견해의 의미를 밝히기 위해, 그 귀결을 살펴보도록 하자. 우선은 다음 사실이 분명해진다. 즉 구체적인 상황이 독자적인 도덕적·궁극적 성격을 가진다는 것의 주된 의의는, 도덕이 진 부담과 무거운 짐을 지성에게 옮겨 지우는 점에 있다는 사실이다. 이는 책임을 부정하는 것이 아니다. 다만 그 소재를 분명히 밝히는 것이다. 도덕적 상황이란 눈에 보이는 행위에 앞서 판단 및 선택이 요구되는 상황을 가리킨다. 이 상황의 실천적 의미—즉 그것을 만족시키는 데 필요한 행위—는 자명하지 않다. 우리는 그것을 찾아내야 한다. 몇 가지 욕망이 서로 충돌하고, 몇몇 선으로 추정되는 것이 서로 모순된다. 이때 필요한 것은 행위의 올바른 방향, 올바른 선을 찾아내는 일이다. 그래서 연구가 필요해진다. 다시 말해 상황의 상세한 구조를 관찰해서 여러 가지 요인으로 분석하고, 애매한 것을 명확히 밝히고 눈에 띄는 선명한 특성을 줄잡아 생각하고, 생각나는 온갖 행위 방법들의 결과를 더듬고, 그리하여 손에 넣은 결정도 예상·가정된 결과—이것이 그 결정을 채용시켰던 것이다—가 실제 결과와 일치할 때까지는 단순히 가설적이고 시험적인 것이라고 생각하는 일이 필요해진다. 이 연구가 바로 지성이다. 우리의 도덕적 결함을 거슬러 올라가 보면, 그것은 기질의 약점, 공감의 결여, 구체적인 경우에 대해 경솔하고 잘못된 판단을 내리게 하는 일방적인 편견으로 귀착된다. 풍부한 공감, 예민한 감수성, 불쾌한 일에 직면했을 때의 불굴의 태도, 분석 및 결정 작업을 지적으로 수행하는 균형 잡힌 관심, 이 모든 것은 분명 도덕적 특성이다. 이는 덕이요, 도덕적 미점이다.

새삼 지적할 점은, 결국 이 근본적인 문제가 이미 자연 연구의 경우에서 논했던 것과 똑같다는 사실이다. 자연 연구의 경우에도 사람들은, 우리가 보편 개념에서 출발해 그 개념에 개별적인 경우를 포섭할 때에만 합리적인 보증과 증명을 얻을 수 있다고 오랫동안 생각해 왔다. 오늘날 온갖 방면에서 채용되고 있는 연구 방법을 창시했던 사람들도 그 당시에는 (정말로) 진리의 파괴자, 학문의 적이라고 비난받았다. 이 사람들이 최후의 승리를 얻은 이유는 이미 지적한 바 있다. 즉 보편 개념에 의한 방법이 편견을 강화하고 또 증거와는 무관하게 통용되고 있던 관념을 승인해 주었던 반면, 개별적인 경우를 철저히 중시하는 태도가 사실의 세심한 연구 및 원리의 음미를 장려했기 때문이다. 결국 사람들은 영원한 진리를 잃었지만, 일상적 사실을 획득함으로써 충분한 보상을 얻었다. 사람들은 초월적인 고정적 정의나 부류의 체계를 잃었지만, 이는 사실의 분류에 사용되는 가설 및 법칙 체계의 발전에 의해 충분히 보상되었다. 그러므로 결국 우리는 자연현상의 판단에 있어서 안전하고 정확하고 유효하다고 밝혀진 논리를 도덕적 반성에 채용하라고 주장할 뿐이다. 이유는 똑같다. 낡은 방법은 명목적·미적 의미에서 이성을 숭배하면서 면밀하고 세심한 연구 활동을 막음으로써, 이성을 방해했던 것이다.

좀 더 명확히 말하자면 다음과 같다. 도덕생활의 중심이 규칙에 대한 복종 및 고정적인 목적 추구로부터, 특수한 경우에 즉응하여 구제되어야 하는 온갖 악(惡)의 발견 및 그 악을 처리하기 위한 계획이나 방법의 제작으로 옮겨 가면, 지금까지 윤리학을 논쟁거리로 만듦으로써 그것을 실천적인 긴급한 일에 대한 조력이라는 관계로부터 떼어 놓았던 원인은 제거된다. 고정적인 목적이란 이론은 아무래도 결착이 안 나는 논쟁의 진흙탕으로 사상을 밀어 넣어 버리게 마련이다. 하나의 최고선, 하나의 최고 목적이 존재한다면 그것은 대체 무엇일까. 이 문제를 생각한다는 것은, 2000년 전과 다름없는 격렬한 논쟁 속으로 뛰어드는 것이다. 그럼 여기서 일견 가장 경험적인 입장에 서서, 단일 목적도 없지만, 개선을 요하는 특수한 상황과 같은 수의 목적이 있는 것도 아니라고 생각해 보자. 그 대신 건강, 부, 명예 또는 명성, 우정, 미적 감상, 학식 등 수많은 자연적 선이 존재하며, 정의, 극기, 박애 등 수많은 도덕적 선이 존재한다고 생각해 보자. 이들 목적은 반드시 충돌한다. 그런데 이때 올바른 길을 결정하는 것은 무엇이며 또 누구일까. 우리는 과거에 윤리학 연구 전체의 평판을 크게 떨어뜨려 버렸던 방법—결의론(決疑論)—에 결국 의지하게 될 것인가. 또는 벤담이 교묘하게 독단적인 방법이라고 이름 붙인 것, 즉 인간이 다르면 목적도 다르다는 식의 자의적인 선호에 의지하게 될 것인가. 아니면 그 모든 것들을 최고선부터 가장 가치 없는 것까지 단계적으로 배열하게 될 것인가. 지금 우리는 또다시 출구가 안 보이는 조정 불가능한 논쟁의 소용돌이 속에 빠져 있다.

그런데 지성의 도움을 필요로 하는 특수한 도덕적인 혼란은 여전히 밝혀지지 않은 상태다. 우리는 건강, 부, 학식, 정의, 친절 등을 일반적인 형태로 추구하거나 획득하거나 할 수는 없다. 행위는 언제나 특수하고 구체적이며 개별적이고 유일무이하다. 따라서 해야 할 행위에 관한 판단도 역시 특수할 수밖에 없다. 누군가가 건강이나 정의를 추구한다는 것은, 그가 건강하게 살아가는 것 또는 올바르게 살아가는 것을 추구한다는 뜻이다. 이는 진리의 경우와 마찬가지로 부사적(副詞的)이다. 특수한 경우에 있어 행위의 수식어이다. 어떻게 건강하게 살아가는가, 또는 어떻게 올바르게 살아가는가는 사람에 따라 다른 문제다. 그것은 그 사람의 과거의 경험, 기회, 기질적·후천적 약점 및 능력에 따라 다르다. 건강하게 살아가는 것을 목표로 하는 사람은, 일반 대중이 아니라 어떤 특정한 결함으로 고통 받는 특정한 사람이다. 따라서 이 사람이 생각하는 건강의 의미는, 다른 사람이 생각하는 그 의미와 결코 같지 않다. 건강하게 살아가는 것은, 다른 생활 방식으로부터 독립되어 그 자체로서 획득될 수 있는 것이 아니다. 사람은 자신의 생활에서 벗어나지 않고 그 안에서 건강하게 지내야 하는데, 여기서 생활이란 그의 작업 및 활동 전체가 아니라면 대체 무엇이겠는가. 건강을 독립된 목적으로서 추구하는 사람은, 병에 대한 노이로제에 걸리거나 체조를 맹신하거나 그 기계적인 실행자가 되거나, 아니면 심장병에 걸릴 정도로 신체 발달을 추구하는 무모한 운동가가 될 것이다. 이른바 목적을 실현하려는 노력이 다른 모든 활동에 걸쳐 있지 않은 경우, 생활은 사분오열이 되고 만다. 어떤 행위와 시간은 건강을 얻기 위해, 다른 것은 신앙생활을 위해, 다른 것은 학식을 쌓기 위해, 또 좋은 시민이 되기 위해, 또 예술 애호가가 되기 위해……바쳐지는 것. 이것이 단 하나의 목적 완수를 위해 다른 모든 목적을 종속시키는 방법—광신—을 대신하는 유일한 논리적 방법이다. 현재 이 방법은 폐기되어 있다. 그러나 각 상황에는 저마다 유일무이한 목적이 있으며 인격 전체는 그것과 관련되어 있다는 점이 자각되지 못함으로써, 생활 속에 얼마나 많은 혼란과 낭비가 생겨나며 또 얼마나 많은 고집스러움과 고루함이 생겨나고 있단 말인가. 거듭 말하지만 인간이 추구하는 것은 분명 건강하게 살아가는 것이며 그 결과는 그의 생활의 모든 활동에 영향을 미치므로, 우리는 이것을 단독으로 독립된 선이라고 생각할 순 없다.

그런데 건강, 질병, 정의, 예술적 교양이라는 일반 개념은 매우 중요하다. 그러나 이것이 중요한 이유는, 개별적인 경우들을 남김없이 하나의 항에 소속시킬 수 있으며 그 특수한 특성을 제거할 수 있기 때문이 아니다. 그 이유는 일반적인 과학이 의사, 예술가, 시민으로서의 인간에게 제출해야 할 문제 및 해야 할 연구를 제공하고, 또 그가 접하는 것의 의미를 이해할 능력을 제공하기 때문이다. 의사는 그 일에 익숙해질수록 자신의 학문—그 범위나 타당성은 별개로 치고—을 이용해서 개별적인 경우를 연구할 도구를 손에 넣으며, 또 개별적인 경우의 처치 방도를 예측할 방법을 손에 넣는다. 의사가 아무리 학식이 풍부하다 해도 개별적인 경우를 질병의 특정 분류나 치료의 어떤 일반적 규칙에 종속시킨다면, 그에 따라 의사는 평범한 직인 수준으로 떨어지고 만다. 그의 지성과 행동은 자유로움과 유연성을 잃고, 답답하고 독단적인 성격을 띠게 된다.

도덕적 선과 목적이란 무언가를 해야 할 경우에만 존재한다. 무언가를 해야 한다는 사실은, 현재 상황에 결함이나 폐해가 있다는 증거다. 그런 악은 실제로 존재하는 특정한 악이다. 이것은 다른 악과 똑같을 수 없다. 그러므로 이 상황에서의 선은, 당장 교정해야 할 결점이나 곤란을 바탕으로 발견되고 계획되고 획득되어야 한다. 그 선이 지성에 의해 외부에서 상황 속으로 침투하기란 불가능하다. 하지만 그래도 여러 가지 경우를 비교해서 인류를 괴롭히고 있는 모든 악을 총괄하고, 그에 대응하는 선을 유별(類別)하는 것은 지혜의 역할이다. 건강, 부, 근면, 극기, 온화, 예의, 학식, 미적 재능,

창의, 용기, 인내, 모험심, 철저성, 그 밖의 일반적인 목적은 선으로서 인정된다. 그러나 이런 조직화의 가치는 지적이고 분석적인 것이다. 분류는 특정 경우를 연구할 때 주의해야 할 특성을 시사한다. 악의 원인이라 생각되는 것을 제거할 때 시도해야 할 행위의 방법을 시사한다. 분류는 통찰의 도구이다. 그 가치는 개별적 상황에서의 개별적인 반응을 돕는 데 있다.

도덕이란 행위의 안내서도 아니고, 약국 처방전이나 음식 조리법처럼 사용될 수 있는 한 세트의 규칙도 아니다. 도덕의 필요란 곧 연구 및 궁리의 특정 방법의 필요를 뜻한다. 즉 어려움과 폐해의 소재를 명확히 밝히는 연구 방법과, 또 그것을 처리할 때 작업가설로서 사용되는 계획의 제작을 궁리하는 방법의 필요를 뜻한다. 그리고 개별적인 상황에는 독자적이고 유일무이한 선과 원리라는 것이 있다는 논리의 실용주의적 의미는, 일반 개념에 집중되어 있던 이론적 관심을 효과적인 연구 방법 개발이라는 문제로 향하게 하는 데 있다.

우리는 매우 중요한 두 가지 윤리학적 결과에 주의해야 한다. 고정적인 가치에 대한 신앙은, 본질적 목적과 수단적 목적의 구별, 그 자체로서 참된 가치가 있는 목적과 본질적인 선의 수단으로서만 중요성을 띠는 목적의 구별을 조장해 왔다. 아니, 이렇게 구별하는 것이 지혜 및 도덕적 분별의 참된 시작이라고까지 생각되는 경우가 많다. 이 구별은 단순한 이야기로서는 재미있기도 하고 별로 해롭지도 않다. 그러나 이것이 실천 영역으로 넘어가면 비극적인 의미를 갖게 된다. 역사적으로 볼 때 이것은 관념적인 선과 물질적인 선이라는 견고한 구별의 원천이고 변명이었다. 오늘날 자유주의자를 자처하는 사람들은 본질적인 선을 순전히 종교적인 것이나 지적·관상적인 것이 아니라, 미적인 성질을 지니는 것으로 생각하고 있다. 그러나 결과는 똑같다. 종교적이든 미적이든 간에 이른바 본질적 선이라는 것은, 일반적이고 긴급하기 때문에 대중의 관심을 받는 일상적인 이해(利害)와는 단절되어 있다. 아리스토텔레스는 이 구별을 이용해서, 노예와 노동자 계급은 국가—공화국—에 필요하긴 해도 국가의 구성원은 아니라고 말했다. 단순히 수단적이라고 생각되는 것은 기계적인 일에 가까우므로, 지적으로도 예술적으로도 도덕적으로도 관심 또는 존경을 받을 수 없다. 그 무엇도 본질적으로 가치가 없다고 생각되는 순간 무가치해져 버린다. 그래서 '관념적인' 관심을 가진 사람들은 대개 이것들을 무시하고 회피하는 길을 선택했다. 수준 '낮은' 목적이 지닌 긴급성과 압력은 체제 좋은 관습으로 가려졌다. 또는 이것을 하층 계급 사람들에게 떠넘김으로써, 소수자만이 참으로—또는 본질적으로—가치 있는 선에게 자유로이 헌신할 수 있었다. 높은 목적이라는 이름 아래 이루어졌던 이런 도피로 인해 저급한 활동은 다른 많은 사람들, 특히 정력적이고 '실천적'인 사람들에게 전권이 위임되었다.

현대 경제생활에 존재하는 불쾌한 유물주의와 야만적인 행위들 중 얼마나 많은 것이, 경제적 목적을 단순히 수단적인 것으로 봐 왔던 사실에서 유래했는지는 이루 헤아릴 수 없을 정도다. 만약 경제적 목적이 다른 목적들과 마찬가지로 그 나름대로 본질적이고 궁극적인 것으로 인정받아 왔더라면 어땠을까. 아마 그것은 이상화의 가능성이 있다고 간주됐을 것이며, 또 인생이 가치 있는 것이라면 경제적 목적도 관념적·본질적인 가치를 가져야 한다는 점이 이해됐을 터이다. 미적, 종교적, 그 밖의 '관념적'인 목적들도, '수단적' 즉 경제적인 목적에서 멀어졌다. 그래서 그 목적들은 현재 메마르고 가난한 것, 또는 쓸데없이 사치스러운 것이 돼 버렸다. 관념적인 목적은 경제적 목적과 결합해야만 일상생활의 일부가 되어 실체를 지닌 것, 침투력 있는 것이 될 수 있다. 그저 궁극적일 뿐 인생의 다른 일에 이바지할 수단이 되지 않는 가치는 헛되고 무책임한 것임에 틀림없다. 그런데 오늘날에는 '높은' 목적을 주장하는 학설은 사회적으로 고립되고 무책임한 학자, 전문가, 유미주의자, 종교가에게 도움과 위안과 지지를 제공하고 있다. 그것은 그의 직업이 공허하고 무책임하다는 사실을 타인과 그 자신으로부터 숨겨 주고 있다. 직업의 도덕적인 결함은 찬미와 만족의 이유로 둔갑했다.

또 하나의 일반적인 변화는 온갖 덕과 같은 도덕적인 선과, 건강·경제적 보증·예술·과학 등 자연적인 선 사이의 전통적 구별을 일소하는 것이었다. 이런 엄격한 구별을 싫어해서 제거하려 했던 것은 이 입장뿐만이 아니다. 어떤 학파는 "도덕상의 미점과 훌륭한 성격이 귀중한 이유는, 그것이 자연적인 선을 촉진하기 때문일 뿐이다"라고 주장하기까지 했다. 그러나 도덕에 적용된 실험적인 논리는 그 판단 대상이 된 성질이 무엇이든 간에, 그것이 현재의 악을 개선하는 데 쓸모 있다면 이를 선이라고 생각한다. 이리하여 위의 논리는 자연과학의 도덕적 의의를 강조한다. 현재의 사회적 결함에 대한 비판이 철저하게 행해진다면, 근본적인 장해는 자연과학과 도덕과학의 분열에 존재하는 게 아닐까 하는 의문이 당연히 생겨날 것이다. 물리학, 화학, 생물학, 의학 등이 구체적인 인간의 고뇌를 발견하는 데 도움이 되고, 또 그 고뇌를 구제해서 인생의 고통을 제거하려는 계획의 개발에 도움이 된다면, 그것들은 도덕적인 것이 된다. 도덕적 연구 또는 도덕과학의 장치 중 일부가 된다. 그러면 도덕적인 연구와 과학은 고유의 교훈적이고 현학적인 향기를 잃어버린다. 극히 도덕주의적인 설교 같은 구석이 없어진다. 애매한 부분이 사라질 뿐만 아니라 섬약한 부분, 날카로운 부분도 사라진다. 그것은 유효한 힘을 얻는다. 그러나 도덕과학만이 이득을 얻는 것은 아니다. 자연과학도 인간성과의 분열 상태에서 벗어나 인간적인 성질을 얻게 된다. 자연과학은 이른바 진리 그 자체를 기술적이고 전문적인 방법으로 추구하는 것이 아니라, 그 사회적 의미의 의식, 그 지적 불가결성이라는 의식을 가진 채 추구하는 것이 된다. 그것은 사회적·도덕적인 공학의 기술을 준비한다는 의미에서만 기술적이다.

과학의 의식에 인간적인 가치의 의식이 충분히 침투하면, 실제로 인류를 압박하고 있는 최대의 이원론이 무너질 것이다. 즉 물질적·기계적·과학적인 것과 도덕적·관념적인 것 사이의 분열이 극복될 터이다. 현재 이러한 분할 때문에 힘을 못 쓰고 있는 인간의 모든 능력은 하나로 통일되고 강화될 것이다. 목적이 특정한 필요 또는 기회에 따라 개별화된 것이라고 간주되지 않는 동안에는, 정신은 추상적인 것으로 만족할 터이며, 정신으로 하여금 자연과학과 역사적 자료를 도덕적 또는 사회적으로 이용하게 만들 충분한 자극은 결여되어 있을 것이다. 그러나 다양한 구체적인 것에 주의가 쏠리게 되면, 아무래도 특수한 문제를 해결하는 데 필요한 지적 재료에 의지할 수밖에 없다. 도덕의 중심이 지성이 됨과 동시에, 지적인 것이 도덕적으로 변한다. 자연주의와 인간주의 사이의 성가시고도 무익한 투쟁이 종결된다.

다음으로 위의 일반적인 고찰을 부연해 보겠다. 첫째, 탐구 및 발견은 자연과학에서 마침내 차지했던 것과 같은 지위를 도덕에서도 차지한다. 확증과 논증은 실험적으로 변한다. 결과 본위가 된다. 윤리학에서 언제나 하나의 경칭으로 간주되던 이성도, 상황의 필요나 조건·장해·자원을 상세히 조사하는 방법으로서, 또 개선을 위한 지적 계획을 제작하는 방법으로서 현실화된다. 고원하고 추상적인 보편성은 결론으로의 비약을, '자연의 예상'을 돕는다. 그래서 잘못된 결과가 나오면 자연의 악의 또는 불운 때문이라고 한탄하는 것이다. 그런데 문제의 초점이 특정 상황의 분석으로 이동하면, 탐구는 의무가 되고 결과에 대한 면밀한 관찰이 꼭 필요해진다. 과거의 결정과 낡은 원리에만 의존해서 어떤 행위 과정을 올바르다고 판단할 수는 없다. 일정한 경우에 대해 목적을 확립하려고 아무리 애를 쓴들, 그것은 최종적인 것이 아니다. 그 목적을 채용한 결과를 세심하게 살펴봐야 한다. 이때 목표는 그 타당성이 결과를 통해 확인되기 전까지는 단순한 작업가설로 간주되어야 한다. 실패는 더 이상 그저 슬퍼해야 할 불가피한 재난이 아니며, 속죄되고 용서받아야 할 도덕적인 죄악도 아니다. 그것은 지성의 잘못된 사용법에 관한 교훈이자 장래의 개선에 관한 지시이다. 그것은 수정, 개발, 재조정의 필요성을 나타낸다. 목적이 성장하고 판단 규준이 개량된다. 인간은 이미 소유하고 있는 규준과 이상을 양심적으로 사용할 의무를 지님과 동시에, 가장 발전된 규준과 이상을 개발해 낼 의무를 지닌다. 이리하여 도덕생활은 형식주의나 엄격한 반복(反覆)에 빠지지 않게 된다. 그것은 유연하고 생명을 지닌 것, 성장하는 것이 된다.

둘째, 도덕적 행위를 필요로 하는 모든 경우는 동등한 도덕적 중요성과 긴급성을 지니게 된다. 어느 특정한 상황의 필요와 결함이 건강 증진을 목적 및 선으로 삼는다면, 이 상황에서는 건강이 궁극적인 최고선이다. 건강이 다른 무언가의 수단인 것은 아니다. 그것은 궁극적이고 본질적인 가치이다. 이 점은 경제 상태를 개선하는 데에도, 생계를 꾸려 나가는 데에도, 직업이나 가족이 필요로 하는 것에 신경 쓰는 데에도 해당한다. 그러나 고정적인 목적의 지배 아래에서는 이 모든 것들이 이차적이고 그저 수단적인 가치만 지니는 것으로 간주되고 있었다. 즉 그것들은 다른 것들에 비해 천하고 가볍다고 생각되어 왔다. 어쨌든 어떤 주어진 상황에서 목적이자 선인 것은, 다른 상황의 다른 선과 동등한 가치·지위·존엄성을 지니며, 동등한 지적 주의를 받을 가치가 있다.

셋째, 우리는 형식주의의 근절이라는 효과를 주목한다. 아무튼 우리는 형식주의를 의식적인 위선이라 보고, 그 지적인 전제를 간과한다. 행위의 목적을 실제 상황이라는 환경에서 찾으려 하는 사고방식에는, 모든 경우에 통용되는 판단의 잣대라는 것이 존재하지 않는다. 교양 있고 재능이 풍부한 사람이 상황의 한 요소인 경우는, 지능이 낮고 경험이 부족한 사람의 경우보다도 더 엄격하게 판단될 것이다. 문명인에게 적용되는 것과 같은 도덕적 판단 규준을 미개인에게 적용하는 것은 바보 같은 짓이다. 개인이든 집단이든 간에, 어느 고정된 결과까지의 남은 거리로 판단되는 것이 아니라 나아가는 방향에 따라 판단돼야 할 것이다. 나쁜 인간이란 지금까지는 선했을지라도 현재 타락하고 있는 사람, 선을 잃어 가고 있는 사람을 뜻한다. 선한 사람이란 지금까지는 도덕적으로 무가치했을지라도 현재 선해지는 방향으로 나아가고 있는 사람을 뜻한다. 우리는 이 같은 사고방식을 통해, 자신은 엄격히 판단하고 타인은 인간적으로 판단하게 된다. 이런 태도는 고정된 목적에 얼마나 접근했는지를 기준으로 판단할 때 으레 생겨나는 오만함을 배제한다.

넷째, 정적인 성과나 결과가 아니라 성장, 개량, 진보 과정이 중요해진다. 두 번 다시 변하지 않는 고정된 목적으로서의 건강이 아니라, 필요한 건강의 증진—이라는 계속적인 과정—이 목적이자 선이다. 목적은 더 이상 도달해야 할 종점 또는 한계가 아니다. 목적이란 현재 상황을 바꿔 가는 적극적인 과정이다. 궁극의 결승점으로서의 완성이 아니라, 완성하고 다듬고 발전시켜 나가는 부단한 과정이 바로 살아 있는 목적이다. 건강·부·학식과 마찬가지로 정직·근면·극기·정의 등도, 그것들이 결승점으로서의 고정적 목적으로 간주되던 때와는 달리, 우리가 소유해야 할 선이 아니다. 그것들은 경험의 질적 변화의 방향이다. 성장 그 자체가 유일한 도덕적 '목적'이다.

악(惡)의 문제나 낙천주의와 염세주의의 논쟁에 대해 이런 사상이 갖는 의의는, 여기서 논하기에는 너무 크지만 가볍게 살펴볼 가치는 있다. 악의 문제는 더 이상 신학 또는 형이상학의 문제가 아니다. 그것은 인생의 악을 축소하고 경감하고 되도록 제거하는 실천적인 문제로 생각된다. 이제 철학은 "악은 겉으로만 존재할 뿐 실재적인 것이 아니다"라는 이론을 증명하기 위한 교묘한 방법을 발견할 의무도 없거니와, 악을 변명하고 심지어 정당화하는 방식을 고안할 의무도 없다. 철학은 다른 의무를 지게 되었다. 아무리 조심스러운 방식이어도 좋으니, 인류의 불행의 원인을 발견하도록 돕는 방법에 기여해야 한다는 의무이다. 염세주의는 우리를 마비시키는 교의이다. 염세주의는 세계 전체를 악이라고 선언함으로써, 개별적인 악의 치료 가능한 원인을 발견하려는 모든 노력을 헛되게 만든다. 따라서 그것은 세계를 더 선하고 더 행복하게 만들려는 모든 시도를 근본적으로 파괴한다. 하지만 전체적인 낙천주의도 악몽이기는 마찬가지다. 그것은 결국 악을 변명하는 데 그치기 때문이다.

"이 세계는 이미 모든 세계 중에서도 최상의 것"이라고 주장하는 낙천주의는 결국 가장 냉소적인 염세주의라고 볼 수 있다. 이 세계가 최상의 것이라면, 근본적으로 악한 세계란 대체 어떤 것이라는 말인가. 이와 반대로 개선론(改善論)이란, 어느 시기에 존재하는 특정한 조건들─상대적으로 볼 때 선하든 악하든 간에─이 어떻게든 개선될 수 있다는 신앙이다. 이는 지성을 장려하고, 선의 적극적인 수단 및 그 수단의 실현에 있어서의 장해를 연구하게 하고, 조건의 개선을 위해 노력하게 만든다. 개선론은 자신감과 정당한 희망을 일깨운다는 점에서 낙천주의와 다르다. 왜냐하면 낙천주의는 이미 선이 궁극적 실재로서 실현되어 있다고 선언하여, 구체적으로 존재하는 악을 얼버무리는 경향이 있기 때문이다. 낙천주의는 그저 편안하고 쾌적하게 살아가고 있는 사람들, 현세에서 크게 축복받은 사람들의 신조가 된다. 어쨌든 낙천주의는 이를 믿는 사람들을, 불행한 이들의 괴로움에 대해 무감각하고 몰이해하게 만들어 버린다. 즉 타인의 불행의 원인을 그 사람의 인격적인 결함으로 돌리게 하는 것이다. 이처럼 낙천주의와 염세주의는 그 둘의 극단적인 명목상의 차이에도 불구하고, 공감적인 통찰과 개혁의 지적 노력을 똑같이 마비시킨다. 낙천주의는 상대와 변화의 세계에서 절대와 영원의 정숙으로 사람들을 유혹한다.

지금까지 도덕적인 태도의 변화를 살펴보았다. 그런데 그중 상당수는 행복의 관념에 초점을 둔 데에 의미가 있다. 행복은 자주 도덕가들의 경멸의 대상이 되어 왔다. 그러나 아무리 금욕적인 도덕가라도, 지복이라는 다른 이름으로 행복의 관념을 부활시키는 게 보통이었다. 행복이 없는 선, 만족이 없는 용기와 덕, 의식적인 향수(享受)가 없는 목적─이런 것들은 개념적인 자기모순일 뿐만 아니라 실제로도 참을 수 없는 것이다. 그렇다고 행복은 단순히 소유되는 것이 아니다. 영원히 획득될 만한 것이 아니다. 그런 행복은 도덕가들이 매섭게 비난해 왔던 무가치한 이기주의이든지, 아니면 이름만 지복일 뿐 모든 투쟁 및 노동과는 무관한 맥 빠진 지루함, 편안한 유토피아이다. 이것 가지고는 겁쟁이 중의 겁쟁이밖에 만족시키지 못할 것이다. 행복은 오직 성공 속에만 존재한다. 성공이란 성취하는 것, 나아가는 것, 전진하는 것을 의미한다. 능동적인 과정이지 수동적인 결과가 아니다. 따라서 성공은 장해의 극복, 결점과 악의 제거를 포함한다. 미적 감각 및 향수는 가치 있는 행복의 커다란 구성요소임에 틀림없다. 그러나 정신의 재생과 재창조, 그리고 감정의 정화와 완전하게 분리된 미적 관상이란, 간단히 굶어 죽어 버릴 정도로 약하고 병적인 것이다. 이런 재생과 재창조가 명확한 의도 없이 무의식적으로 이루어지는 것이야말로 그것들을 한층 순수하게 해 준다.

전체적으로 볼 때 공리주의는 목적과 선에 관한 고전적인 이론에서 현재의 가능한 이론으로의 전환에 있어 최선의 모습을 보여 주었다. 공리주의에는 분명한 장점이 있었다. 그것은 애매한 보편성을 버리고, 특수하고 구체적인 것의 연구를 지향해야 한다고 주장했다. 인간을 외적인 법칙에 복종시키는 대신, 법칙을 인간의 행복에 복종시켰다. 제도가 인간을 위해 만들어졌지 인간이 제도를 위해 만들어진 건 아니라고 가르치면서, 제반 개혁을 적극적으로 진행했다. 그것은 도덕적인 선을 자연적이고 인간적인 것으로 규정했다. 생활의 자연적인 선과 조화시켰다. 그것은 초자연적이고 피안적인 도덕에 반대했다. 특히 그것은 최고의 검사(檢査)로서의 사회적 복지 관념을 인간의 상상력 안에 심어 주었다. 그럼에도 불구하고 공리주의는 근본적인 점에서 아직 낡은 사고방식의 영향을 강하게 받고 있었다. 그것은 고정적이고 궁극적인 최고의 목적이라는 관념을 단 한 번도 의심하지 않았다. 그것이 의심했던 대상은, 이 목적의 성질에 관한 세상의 관념뿐이었다. 이리하여 공리주의는 쾌락 및 그 절대량을 고정적인 목적의 지위에 올려놓았던 것이다.

이 입장은 구체적인 활동과 특수한 관심을 그 자체로서 가치 있는 것 즉, 행복의 구성요소로 취급하지 않고, 쾌락을 얻기 위한 단순한 외적 수단으로 취급한다. 그래서 낡은 전통의 지지자들은 덕뿐만 아니라 미술, 시, 종교, 국가마저도 감각적인 향수를 얻기 위한 저급한 수단으로 규정한다는 이유로, 공리주의를 쉽게 비난할 수 있었다. 쾌락은 그것을 달성하는 적극적인 과정과 무관하게 그 자체로서 가치가 있는 결과였으므로, 행복은 우리가 소유하고 유지해야 할 대상이었다. 인간의 획득 본능이 창조 본능을 희생으로 삼아 과장되었다. 생산에 의미가 있는 이유는, 발명이나 세계 개조가 내재적인 가치를 지니기 때문이 아니라, 그 외적인 결과가 쾌락을 주기 때문이었다. 공리주의는 결정적이고 궁극적인 목표를 설정했던 다른 학설들처럼, 목적을 수동적인 소유 대상으로 규정하고 모든 능동적인 작용을 단순한 도구로 간주했다. 노동은 우리가 최소한으로 제한해야 하는 불가피한 악이었다. 사실 소유의 안전이라는 것이 주된 문제였다. 실험적인 창조의 고통 및 위험과는 대조적으로, 물질적인 쾌락 및 안락이 존중되었다.

이들의 결점도 어떤 조건 아래에서는 단순한 이론상의 문제로 그쳤음에 틀림없다. 그러나 공리주의 사상을 보급한 사람들의 이해관계와 시대의 경향 등이, 사회악을 낳는 힘을 이것에 부여했다. 새로운 사상은 낡은 사회적 폐해를 공격할 힘은 갖고 있었지만, 그 주장에는 새로운 사회적 폐해를 인정하고 보호하는 요소가 내포되어 있었다. 봉건제도의 계급 조직으로부터 물려받은 악, 즉 경제·율법·정치상의 악에 대한 비판에서는 개혁의 열의가 엿보였다. 그러나 봉건제도를 대신해 가던 자본주의의 새로운 경제질서도 특유의 사회적인 악을 수반하고 있었는데, 공리주의는 이런 악의 일부를 은폐하거나 옹호하는 경향이 있었다. 쾌락의 획득과 소유를 중요시하는 태도는 부에 대한, 또 부가 가능케 하는 쾌락에 대한 당시의 강렬한 욕망과 결합하여 바람직하지 못한 색채를 띠게 되었다.

공리주의가 새로운 경제상의 유물주의를 적극적으로 촉진하지 않았다 해도, 이와 투쟁할 수단을 갖고 있지는 않았다. 생산적인 활동을 단순한 생산물에 종속시키는 공리주의의 일반적인 정신은 노골적인 상업주의의 주장에 간접적인 도움을 주고 있었다. 공리주의는 분명 완전히 사회적인 목표에 관심을 기울였다. 하지만 그럼에도 불구하고 공리주의는, 정부의 정실(情實)이 아닌 자유경쟁을 통해 재산이 획득될 경우에 한해, 새로운 경제적 권리즉, 자본가의 재산 소유 권리를 지지했다. 또한 벤담은 안전을 강조할 때에도, 사유재산 획득 및 양도에 관한 법률상의 폐해가 제거된 경우에 한해 사유재산제도를 신성시하는 경향이 있었다. 운 좋게도 가지고 있는 것, 단 그재산이 경쟁이라는 게임의 규칙에 따라—정부의 외적 정실에 좌우되지 않고—획득된 경우에 한해서 그렇다는 것이다. 이처럼 공리주의는, '사업'을 사회봉사 수단이나 인간의 창조력 신장의 기회로 보지 않고 사적인 쾌락 수단의 축적 방법으로 보는 모든 풍조에 대해, 지적 확인을 제공하였다. 따라서 공리주의의 윤리학은, 우리가 이 책에서 설명해 온 철학적 재구성의 필요와 관련하여 주목할 만한 실례를 보여 준다. 그것은 어떤 점에서는 현대의 사상과 소망의 진의를 반영하는 것이었다. 그러나 공리주의는 그 스스로 완전히 벗어났다고 생각하던 종류의 근본적인 관념에 여전히 얽매여 있었다. 즉 인간의 모든 욕구와 행위의 저편에 있는 고정적이고 단일한 목적이란 관념 때문에, 공리주의는 현대 정신의 완전한 대표자가 되지 못했던 것이다. 공리주의는 이런 전통적인 요소에서 해방됨으로써 재구성되어야 한다.

다음으로 교육 문제에 대해 한마디 덧붙이겠는데, 이는 교육의 과정이 도덕의 과정과 똑같다는 점을 보여 주기 위함이다. 왜냐하면 후자는 경험 개량의 부단한 진행이기 때문이다. 교육은 전통적으로 준비라고 간주돼 왔다. 즉 "나중에 도움이 될 테니까"라는 이유로 무언가를 학습하고 습득하는 것이라고 생각돼 왔다. 목적이 저 먼 곳에 존재하며, 교육이란 언젠가 일어날 중대한 무언가에 대한 준비였다. 아동기는 성인으로서의 삶에 대한 준비에 불과하며, 성인으로서의 삶은 내세의 삶에 대한 준비일 뿐이다. 교육에서는 항상 현재가 아닌 미래가 중요한 문제였다. 교육이란 장래의 사용 및 향수에 대비해서 지식과 기술을 습득하는 것이었으며, 훗날의 직업 생활, 선량한 시민으로서의 생활, 학문 연구 등에 필요한 습관을 기르는 것이었다. 또 한편으로 교육이 어떤 사람들에게 필요한 것은, 그저 그들이 타인에게 의존하고 있기 때문이라고도 생각되었다. 우리는 갓 태어났을 때 무지하고 무능하고 미숙하고 미완성이므로 사회적 의존 상태에 놓여 있다. 지도, 훈련, 도덕적인 예의범절 교육이란 성인이 무력한 존재를, 스스로 자신을 돌볼 수 있는 수준까지 점점 끌어올려 주는 과정이다. 아동의 임무는 이미 그곳에 도달한 사람들의 안내에 따라 어른으로서의 독립에 도달하는 것이다. 고로 인생의 대업으로서의 교육 과정은 연소자가 사회적 의존 상태를 벗어났을 때 종료된다.

위의 두 가지 관념은 널리 수용되어 있지만 충분히 논해진 적은 거의 없다. 이 관념은 성장, 즉 경험의 끊임없는 재구성을 유일한 목적으로 보는 사고방식과 대립한다. 연령과는 상관없이 누군가가 아직 성장 과정에 놓여 있다고 우리가 인정한다면, 교육은—부산물로서는 별개지만—나중에 일어날 무언가를 위한 준비가 아니다. 현재에서 얻어질 수 있는 정도 및 종류의 성장, 바로 거기에 교육이 존재한다. 이는 연령과 상관없는 영원한 기능이다.

정규 학령기같이 특별한 교육 과정의 이상(理想)은, 그 과정을 통해 학생에게 장래의 교육을 견뎌 낼 능력을 제공하는 것이다. 성장 조건을 민감하게 깨닫고 이용할 능력을 학생에게 제공하는 것이다. 기술 습득, 지식 소유, 교양 획득이 목적이 아니다. 그런 것들은 성장의 증거이자 성장을 계속하는 수단이다.

"교육기(教育期)는 사회적 의존 시기이며 성년기는 사회적 독립 시기이다"라는 일반적인 대립 관념은 유해하다. 인간은 사회적 동물이라고 흔히들 말하는데, 이때 이 말의 의미는 일반적으로 사회성이 매우 불분명한 영역인 정치에 한정되어 있다. 그러나 인간의 사회성의 중심은 교육에 있다. 준비로서의 교육이라는 관념과, 성장의 고정적 한계로서의 성인이라는 관념은, 바람직하지 않은 한 허위의 두 가지 측면이다. 연소자뿐만 아니라 성인의 도덕적 임무도 경험의 성장 및 발전에 해당한다면, 사회적 의존 및 상호의존에서 생겨나는 교훈은 어린이에게든 어른에게든 중요할 것이다. 어른의 도덕적인 독립이란 성장의 중지를 의미하며, 고립은 무감각을 의미한다. 우리가 아동기의 지적 의존을 너무 강조한 탓에, 아이에 대한 간섭이 과도해지고, 더 나아가 어른의 삶이 타인과의 밀접한 접촉 및 의사소통에서 독립되어 있다는 점이 지나치게 강조되기에 이르렀다. 도덕의 과정과 개인 성장 과정이 같은 것임을 깨달으면, 아동기의 의식적인 정규 교육이 사회의 진보 및 재구성을 위한 가장 경제적이고 효과적인 수단임을 이해할 수 있게 된다. 그리고 어른의 삶에 존재하는 모든 제도는, 그것이 지속적인 교육을 진행하는 효과를 가졌느냐 못 가졌느냐에 따라 검사받는다는 점도 분명해질 것이다. 정치, 산업, 예술, 종교 등 모든 사회제도에는 하나의 의미, 하나의 목표가 있다. 그 목표는 인종, 성, 계급, 경제적 지위 등과 관계없이 개인의 능력을 해방하고 개발하는 것이다. 다시 말해 모든 제도의 가치는, 각 개인이 자신의 가능성을 최대한 발휘할 수 있도록 그들을 교육하는 능력이 그 제도에 갖춰져 있느냐 없느냐에 따라 검사받는다. 민주주의에는 수많은 의미가 있는데 그중 만약 도덕적인 의미가 있다면, 그것은 "사회 모든 구성원의 원만한 발달에 대한 기여야말로 모든 정치제도 및 산업기구를 최종적으로 검사하는 기준이다"라고 결정하는 데 있을 것이다.

제8장 사회철학에 관한 재구성

철학의 변화는 사회철학에 얼마나 중대한 영향을 끼칠 수 있을까. 기본적인 점에 관한 한, 모든 견해와 체계는 이미 정식화되어 있다고 할 수 있다. 사회는 모든 개인으로 구성된다. 아무리 새로운 철학이라도 이 명백한 근본적인 사실을 의심하거나 바꿀 순 없다. 그러므로 우리에겐 다음의 세 가지 길이 주어진다. 사회는 모든 개인을 위해 존재해야 한다. 또는 모든 개인은 사회에 의해 정해진 목적 및 생활방식을 가져야 한다. 또는 사회와 모든 개인은 서로 상관적·유기적이고, 사회는 모든 개인의 봉사와 복종을 요구하는 동시에 모든 개인에게 봉사하기 위해 존재한다. 위의 세 가지 이외에 우리가 논리적으로 생각할 수 있는 견해는 없을 듯하다. 그리고 이들 세 가지 견해가 각각 수많은 아종과 변종을 포함하고 있다 해도, 비슷한 의론이 다른 방식과 형태로 이루어져 온 결과, 오늘날에는 기껏해야 별로 대단찮은 변종만이 가능하다고 생각된다.

특히 '유기적'인 사고방식은 플라톤 및 벤담의 오류를 동시에 피하면서, 극단적인 개인주의적 학설 및 사회주의적 학설에 대한 온갖 항의에 응하고 있다고 볼 수 있다. 사회가 모든 개인으로 구성되어 있기 때문에, 모든 개인과, 그들을 결합시키는 결합관계는 둘 다 중요할 수밖에 없다. 강력하고 유능한 개인들이 없다면, 사회를 형성하는 인연이나 유대도 그 지배해야 할 대상을 잃어버릴 터이다. 상호적 결합에서 분리될 경우, 모든 개인은 서로 고립되고 약해지고 위축된다. 또한 그들이 서로 적대하게 된다면 그 투쟁은 각자의 발달을 저해할 것이다. 각 개인들이 성장하여 자신의 특수한 능력 또는 기능을 자각하기 위해서는, 법률, 국가, 교회, 가족, 친구 관계, 산업상의 집단, 여러 제도와 기구가 필요하다. 이런 것들의 도움과 지지가 없다면, 홉스의 말처럼 인간생활은 야만적이고 고독하고 위험한 것이 될 터이다.

바로 문제의 핵심으로 들어가서 이들 학설의 공통적인 결함을 살펴보겠다. 이들 학설은 특수한 상황을 지배하는 일반개념이라는 논리를 예외 없이 채용하고 있다. 우리가 분명히 밝히고자 하는 대상은, 개인들이 만드는 특정한 집단이요, 특정한 구체적 인간이요, 특정한 어떤 제도 및 사회적 기구이다. 그런데 전통적으로 수용되어 온 논리는 위와 같은 연구의 논리 대신 여러 개념들의 의미, 그 변증법적 상호관계라는 의론을 문제 삼는다. 의론은 국가 그 자체와 개인 그 자체, 그리고 제도 그 자체의 본질, 사회 일반이라는 흐름으로 이루어진다.

가정생활의 사소하고 성가신 문제에 관한 길잡이가 필요할 때, 우리는 가족 일반에 관한 학술 논문이나 개인의 인격 일반의 신성한 내력을 늘어놓는 주장과 맞닥뜨리게 된다. 우리가 알고 싶은 것은 어떤 시대와 장소라는 일정한 조건 아래에서 기능하는 사유재산제도의 가치이다. 그런데 우리가 맞닥뜨리는 것은 "재산은 일반적으로 도둑질한 물건이다"라는 프루동의 대답이요, 또 "의지 실현은 모든 제도의 목적이며, 물리적 자연에 대한 인격의 지배를 나타내는 사적 소유는 의지 실현의 필연적인 요소다"라는 헤겔의 대답이다. 이 대답들은 모두 특수한 상황과의 관계에 있어 무언가를 시사할 것이다. 그러나 여기서 이런 사고방식들이 등장하는 이유는, 그것이 특수한 역사적 현상과의 관계에 있어 의미가 있기 때문이 아니다. 이들은 모든 개별적인 것을 포함하고 지배할 만한 보편적 의미를 지닌다고 생각되던 일반적인 대답이다. 따라서 이 대답들은 탐구를 도와주지 않는다. 탐구를 끝낼 뿐이다. 그것들은 우리가 구체적인 사회적 어려움을 밝히기 위해 사용하고 검증해야 할 수단이 아니다. 그것들은 개별적인 것의 본질을 결정하기 위해 그 개별적인 것에 억지로 적용되는 기성의 원리다. 우리가 어떤 국가에 대해 알고 싶어 할 때, 그것들은 국가 그 자체에 대해 설명한다. 그런데 국가 그 자체에 대한 이 설명은, 우리가 우연히 알고 싶어 한 임의의 국가에도 적용될 만한 요소를 내포하고 있다.

구체적인 상황에서 정의나 개념적인 연역으로 문제가 옮겨짐으로써, 특히 유기체설의 경우에는 현존 질서의 지적 정당화 수단을 제공한다는 결과가 나온다. 실제적인 사회적 진보나, 여러 집단들의 억압으로부터의 해방에 깊은 관심을 지닌 사람들은 유기체설을 백안시해 왔다. 사회철학에 적용된 독일 관념론은 그 의도야 어쨌든 결과적으로, 혁명적인 프랑스에서 밀려오는 급진 사상의 큰 파도에 맞서 정치적인 현재 상황을 유지하는 성채를 마련해 주었다. 국가 및 제도의 목적은 만인의 자유 실현을 촉진하는 것이라고 헤겔은 명료하게 주장했지만, 그 결과는 프로이센 국가를 신성화하고 관료적 절대주의를 신전에 모시는 것이었다. 이 호교적인 경향은 우연히 생겨났을까, 아니면 그에 사용된 개념의 논리의 무언가로부터 생겨났을까.

답은 분명 후자였다. 우리가 특정한 정치 조직이나 곤궁한 사람들의 특정한 집단이 아닌, 국가 그 자체나 개인 그 자체에 대해 말한다면, 이 경향은 일반개념 고유의 매력과 위광, 의미와 가치로써 구체적인 상황을 끌어안을 것이다. 그리하여 그것은 구체적인 상황의 결함을 숨기고, 중대한 개혁의 필요성을 얼버무려 버린다. 일반개념에서 발견되는 의미가 그 일반개념에 속하는 개별적인 것에 주입된다. 구체적인 경우를 이해하고 설명하기 위해서는 이를 엄격한 보편개념으로 포섭해야 한다는 논리를 인정해 버린다면, 그렇게 되는 것도 당연하다.

게다가 유기적인 관점은 개별적인 투쟁의 의의를 낮게 보는 경향이 있다. 개인과 국가 또는 사회제도는 같은 실재의 두 가지 측면에 불과하므로, 또 그것들은 원리 및 개념상 이미 서로 유화하고 있으므로, 특수한 경우에서의 투쟁이란 모두 표면적인 것에 불과하다. 이론적으로 개인과 사회가 서로에게 필요하며 또 유용한 이상, 이 국가에서 개인들이 압제적 조건 때문에 괴로워하고 있다는 사실에 많은 주의를 기울일 필요가 어디 있겠는가. '실재'에 있어서 개인들의 이해(利害)는 그들이 속한 국가의 이해와 모순될 수 없으며, 대립은 표면적이고 우연한 것에 지나지 않는다. 자본과 노동은 '실재적'으로는 투쟁할 수 없다. 왜냐하면 한쪽은 다른 한쪽에 유기적으로 필요한 존재이며, 또한 그 둘은 전체로서의 유기적 사회에 유기적으로 필요한 존재이기 때문이다. 성에 관한 문제도 '실재적'으로는 있을 수 없다. 왜냐하면 남성과 여성은 서로 불가결하며, 또 양자는 국가에 불가결하기 때문이다. 아리스토텔레스는 당시 노예제도가 국가 및 노예 계급 서로에게 이익을 준다는 점을 증명하기 위해, 당연하게도 개체보다 우월한 일반개념의 논리를 사용할 수 있었다. 이 경우 현존 질서를 정당화할 의도가 없다 해도, 결국 특수한 상황에 대한 주의가 덜해지게 된다. 과거에 합리주의 논리는 자연철학에서의 구체적인 것에 대한 관찰을 경시하는 풍조를 낳았다. 현재 그와 같은 논리가 특수한 사회현상에 대한 관찰을 저해하고 있는 것이다. 개념의 영역에만 머무르는 사회철학자는 관념의 관계를 드러냄으로써 문제를 '해결'하지만, 개혁 계획에 사용되고 검증될 만한 가설을 설정해 사람들의 구체적인 문제 해결을 돕는 일은 하지 않는다.

물론 그동안 구체적인 어려움과 재난은 계속된다. 아무리 사회가 이론상 유기적이라고 해도 그것들이 마법처럼 사라지지는 않는다. 실험의 시험적인 계획을 위해 지적 방법의 도움이 당장 필요한 구체적인 어려움의 영역인데도, 그 안에서는 정작 중요한 지성이 작용하지 않는다. 이 특수하고 구체적인 것들의 영역에서 사람들은 허술한 경험주의, 앞날이 불투명한 기회주의, 폭력적 충돌 등으로 퇴보하고 있다. 개별적인 것은 이론상 모두 깔끔하게 처리되어 있다. 적당한 항목과 종류로 분류되어 있다. 이름표가 붙여진 채, 정치학이니 사회학이니 하는 분류용 서류함의 정연한 서랍 안에 보관되어 있다. 그러나 경험적 사실로서의 이 개별적인 것은 여전히 번거롭고 혼란스럽고 비조직적인 것으로 남아 있다. 이리하여 개별적인 것의 처리는 과학적 방법에 대한 노력으로써 이루어지기는커녕, 어림짐작, 전례 인용, 눈앞의 이익에 대한 고려, 둘러대기, 강제적 폭력 사용, 야심의 충돌 등을 통해 이루어진다. 그래도 세계는 계속 유지되고 있다. 즉 어떻게든 견뎌 온 것이다. 이 사실만은 부정할 수 없다. 이기심에 의한 경쟁과 시행착오법은 어쨌든 많은 개선을 낳아 왔다. 그런데 사회이론은 탐구와 계획을 인도하는 방법으로서가 아니라 쓸모없는 사치품으로서 존재하고 있다. 철학적 재구성의 참된 의미는 제도, 개성, 국가, 자유, 법률, 질서, 진보와 같은 일반개념의 정밀화에 있는 것이 아니라, 특수한 상황의 재구성과 관련된 방법의 문제에 있다.

개인의 자아라는 개념을 생각해 보자. 18~19세기 영국과 프랑스의 개인주의적 학파는 그 의도로 볼 때 경험주의적이었다. 철학적으로 말하자면 이 개인주의의 기초는, 오직 개인만이 실재이며 계급과 조직은 이차적이고 파생적인 것이라는 신앙이었다. 개인이 자연적인 데 반해 계급과 조직은 인위적이다. 그렇다면 어떤 점에서 개인주의는 과거에 당연한 비판을 받아 왔다고 할 수 있을까. "그 결점은 이 학파가 각 개인의 구조의 일부인 다른 인간과의 결합을 간과했다는 점에서 비롯됐다"는 의견은 그에 한해서는 옳다. 그러나 아쉽게도 이 의견은 개인주의에 의해 비판된 제도의 전체적인 변호라는 영역에서 거의 벗어나지 못했다.

진정한 난점은 따로 있다. 개인을 주어진 것, 이미 존재하는 것이라고 본다는 점이다. 이 경우 개인은 그 요구를 만족시켜야 하는 것, 그 쾌락을 늘려야 하는 것, 그 재산을 불려야 하는 것이 돼 버린다. 개인이 이미 주어져 있는 것이라면, 개인에 대한 일이나 개인을 위한 일은 모두 외부로부터의 인상 또는 소유물에 의해 이루어질 수밖에 없다. 즉 즐거움과 괴로움의 감각, 생활을 즐겁게 만드는 물건들, 안전을 지켜 주는 것 등에 의해 이루어진다. 확실히 사회 기구, 법률, 제도는 인간을 위해 만들어진 것이지, 인간이 그것들을 위해 만들어진 건 아니다. 그것들은 인간의 복지 및 진보의 수단이자 기관임에 틀림없다. 그러나 그것들은 개인을 위해 무언가를 얻기 위한 수단은 아니다. 행복을 얻기 위한 수단도 아니다. 그것들은 개인을 창조하기 위한 수단이다. 감각적으로 하나하나 독립된 듯 보이는 육체라는 물리적인 의미에서만, 개성은 근원적인 소여(所與)이다. 사회적·도덕적 의미의 개성은 우리가 창조해야 하는 것이다. 그것은 창의, 연구, 풍부한 착상, 신념 및 행위의 선택에 있어서의 책임감 있는 태도를 의미한다. 이런 것들은 주어진 것이 아니라 획득되는 것이다. 또 획득되는 것이라 해도 절대적이지는 않으며, 그 용도로 볼 때 상대적이다. 그리고 용도는 환경에 따라 다르다.

이런 사고방식의 의미는 사리(私利)라는 관념이 경험했던 운명을 생각해 보면 쉽게 알 수 있다. 경험주의적 학파 사람들은 누구나 이 관념을 강조했다. 그것은 인류의 유일한 동기라고 간주되었다. 이 경우 덕은 자비로운 행위를 그 당사자(개인)에게 유리한 것으로 만듦으로써 획득되는 것이고, 사회 기구는 타인에 대한 이타적인 배려와 이기심이 일치하도록 개혁해야 하는 것이다. 반대파의 도덕학자들은 도덕과 정치학을 사리 계산 수단으로 간주하는 모든 학설의 해악을 거침없이 지적했다. 결국 도덕학자들은 이익이라는 관념 전체를 도덕적으로 옳지 않은 것이라면서 내버리고 말았다. 이 반동은 결과적으로 권위 및 정치적 반동의 주장을 강화하였다. 이익에 관한 활동이 제거되면 과연 무엇이 남을까. 어떤 구체적인 동력이 발견될 수 있을까. 자아를 완성된 것과 동일시하고 또 자아의 이익을 쾌락 및 이윤 획득과 동일시한 사람들은 법률, 정의, 주권, 자유 등 추상적인 개념의 논리를 부활시키는 가장 효과적인 수단을 선택했던 셈이다. 이 모든 애매한 일반개념들은 일견 엄밀해 보인다. 그래서 용의주도한 정치가라면 자신의 의도를 숨기고 나쁜 주장을 좋은 주장처럼 위장하기 위해, 그런 개념들을 이용할 수 있다. 이익은 특수하고 동적인 것이다. 그것은 모든 구체적인 사회적 사고에 있어 자연적인 요소이다. 하지만 그것이 보잘것없는 이기심과 동일시돼 버리면 도저히 구제할 방도가 없다. 자아가 진행 과정에 놓여 있다고 생각되고, 이익이 모든 자아 운동의 추진과 관련된 것의 명칭으로 생각될 경우에만, 이익은 살아 있는 요소로서 이용될 수 있다.

개혁을 개인에서 시작하느냐 제도에서 시작하느냐 하는 오래된 논쟁에도 위와 같은 논리가 적용된다. 자아가 내부 완결적인 것으로 간주된다면, 이윽고 내부의 도덕적 변화만이 전반적인 개혁에 있어 의미가 있다는 주장이 나오게 된다. 이때 제도의 변화는 단순히 외부적인 변화가 된다. 제도의 변화는 인생의 편리함과 쾌적함을 증진시켜 줄 순 있어도 도덕적인 개선을 이루진 못한다. 그 결과는 사회적 개선에 대한 책임을 매우 억지스러운 형태로 자유의지에게 떠넘겨 버린다. 게다가 사회적·경제적 문제에서의 수동적인 태도가 조장된다. 개인들은 자기 자신의 덕이나 부덕에 대한 도덕적 내부 성찰에 전념하여 환경의 성격을 무시하게 된다. 도덕은 하나하나의 경제적·정치적 조건들에 대한 적극적인 관심을 잃어버린다. "우리 자신의 내부를 완성하자, 그러면 사회 변화는 언젠가 저절로 나타날 것이다"가 그 가르침이다. 성인(聖人)이 내부 성찰에 전념하는 동안 강력한 악인들이 세상을 움직인다. 그러나 자아가 능동적인 과정으로서 이해된다면, 사회적 변화가 새로운 인격 창조의 유일한 수단임이 밝혀질 것이다. 제도는 이제 그것의 교육적인 효과라는 점에서 관찰된다. 즉 그 제도가 길러 내는 여러 개인의 유형과 관련해서 관찰된다. 개인의 도덕적 개선에 대한 관심과, 경제적·정치적 조건의 객관적인 개혁에 대한 사회적 관심은 동일해진다. 사회 기구의 의미에 대한 연구에는 명확한 목적과 방향이 주어진다. 우리는 개별적인 사회 기구에 대해, 그것이 자극하고 양육하고 길러 내는 특수한 힘이 무엇인지를 문제 삼게 된다. 정치와 도덕 사이의 오랜 분열이 근본적으로 제거된다.

따라서 우리는 "사회 및 국가는 개인에게 있어 유기적이다"라는 일반적인 주장에 만족하지 못한다. 문제는 특수한 인과관계에 관한 문제다. 이 사회 기구—정치적이든 경제적이든—가 어떤 반응을 불러일으키는가. 그에 속하

는 사람들의 기질에 어떤 영향을 미치는가. 능력을 해방하는가. 이때 그 범
위는 어느 정도인가. 소수자의 능력을 해방하는 대신 나머지 사람들을 압박
하고 있는가. 아니면 그 해방은 널리 공평하게 이루어지고 있는가. 더 나아
가, 해방된 능력이 일관된 방법에 인도되어 하나의 힘이 되어 가고 있는가.
아니면 그 능력은 변덕스럽게 발작적으로 나타날 뿐인가. 반응에는 무한한
종류가 있다. 따라서 그에 대한 연구는 매우 미세한 부분까지 공들여 실시되
어야 한다. 사회조직 형태의 차이에 따라 인간 감각의 민감한 감수성이나 감
상(鑑賞) 능력은 발달했는가. 아니면 약해지고 둔해졌는가. 인간의 정신은
단련을 통해 더 나아지고 좋아졌는가. 호기심은 더 날카로워졌는가, 아니면
약해졌는가. 호기심의 질은 어떤가. 단순히 미적인 관점에서 사물의 형태나
표면을 문제 삼고 있는가. 아니면 그 의미에 대한 지적 추구도 포함하고 있
는가. 이런 문제는(보통 도덕적이라고 불리는 성질에 관한 가장 명료한 문
제와 같이), 개성이 처음부터 주어지는 것이 아니라 사회생활의 영향에 의
해 창조되는 것임이 인정될 경우, 사회제도에 관한 모든 연구의 출발점이 된
다. 공리주의와 마찬가지로 이 이론도 조직의 모든 형태에 끊임없는 검토와
비판을 가한다. 그러나 우리는 개인에게 고통이나 쾌락을 준다는 기존 의미
에서의 제도의 작용을 문제 삼지 않는다. 우리는 개개의 능력을 해방해서 현
실의 힘으로 통일하는 작용이 어떻게 이루어지는지를 탐구한다. 그것은 어
떤 종류의 개인이 창조되고 있는가 하는 문제다.

개념적인 일반론으로 사회문제를 논할 때 낭비되는 정신적 에너지의 양은
놀라울 정도다. 호흡이라는 문제를 고찰할 경우, 의론이 기관 또는 유기체의
개념에 대한 논의로 한정되어 있다면, 생물학자나 의사의 진보는 과연 어떤
수준으로 이루어질까. ―예를 들어 한 학파가 "호흡은 개인의 신체에서 발
생하므로 '개인'의 현상이다"라는 사실을 강조하면서 그것으로 호흡을 다 이
해했다고 생각하고, 또 반대 학파가 "호흡은 다른 것과의 유기적 상호작용
에 있어서의 한 기능에 불과하므로, 그와 같이 일반적·전체적으로 생각되는
다른 기능들과의 관계에 있어서만 이해될 수 있다"고 주장한다면 어떨까.
이 명제들은 둘 다 진리이며 또한 둘 다 무의미하다. 우리에게 필요한 것은
수많은 특수한 구조 및 상호작용에 관한 특수한 탐구이다. 개인적인 전체니
유기적·사회적인 전체니 하는 범주를 장중하게 반복해서 말한들, 이런 명확

하고 상세한 탐구를 촉진하기는커녕 오히려 방해할 뿐이다. 이것은 논쟁을 피할 수도 해결할 수도 없는 거창하고 잘난 일반론의 내부에 사고를 가둬 놓아 버린다. 많은 세포가 활발한 상호작용을 하지 않는다면 투쟁도 협력도 불가능하다는 것은 분명 사실이다. 그러나 '유기적'인 사회 집단이 존재한다는 사실은 어떤 문제에도 결코 대답해 주지 않는다. 그것은 그저 "어떤 투쟁과 협력이 생겨나는가, 그 특수한 원인 및 결과는 무엇인가" 하는 문제가 존재한다는 사실을 알려 줄 뿐이다. 하지만 사회철학에는 자연철학에서 이미 추방된 종류의 관념들이 아직 남아 있으므로, 사회학자들조차 투쟁과 협력을 자신들 학문의 기초적인 일반 범주라고 생각하고 무언가 예를 들 때에만 경험적인 사실에 눈을 돌리는 형편이다. 일반적으로 사회학자의 주된 '문제'는, 경험적인 인류학적·역사적 문헌으로부터의 인용이라는 두꺼운 퀼트에 둘러싸인 순수 변증법적인 문제다. 말하자면 이런 것이다. 개인들은 어떻게 결합해서 사회를 형성하는가, 개인들은 어떻게 사회적으로 통제되는가. 이 문제가 변증법적이라 불리는 이유는, 그것이 '개인적'과 '사회적'이라는 선행 개념에서 생겨나기 때문이다.

'개인적'이란 하나의 사물이 아니라, 사회생활의 영향 아래에서 환기되고 확립된 인간성의 실로 다양하고 특수한 반응, 습관, 기질, 힘 등을 나타내는 총괄적인 용어다. '사회적'이라는 용어도 마찬가지다. 사회라는 말은 하나이지만, 한없이 많은 것을 나타내고 있다. 이것은 사람들이 결합에 의해 그들의 경험을 공유하고 공통된 이해 및 목표를 만들어 내는 모든 방법을 포함한다. 거리의 갱, 도둑 집단, 도당, 파벌, 노동조합, 주식회사, 마을, 국가들 사이의 동맹. 새로운 방법은 일반개념의 장중한 조작 대신에 위와 같이 특수하고 가변적이고 상대적인(형이상학적 의미에서 상대적인 것이 아니라, 문제와 목적에 대해 상대적인) 사실의 탐구를 촉진하는 효과를 지니고 있다.

참으로 기묘한 이야기지만 현대의 국가 개념이 그에 딱 맞는 예다. 왜냐하면 고정적인 종류가 상하 질서로 배열되어 있다는 고전적 질서에서 생겨난 하나의 직접적인 결과가, 바로 19세기 독일 정치철학의 다음과 같은 시도였기 때문이다. 그것은 각각 본질적인 영원한 의미를 지닌 일정한 수의 제도를 선택해서, 각 의미의 무게와 수준에 따라 '발전'의 질서 위에 배열하는 것이었다. 이때 민족국가는 다른 모든 제도의 완성 및 극치로서 정점에 놓임과 동시에 그것들의 기초가 되었다.

헤겔은 이 사업의 두드러지는 예이다. 하지만 그가 유일한 예는 아니다. 그와 뜨거운 논쟁을 벌였던 많은 사람들도, '발전'의 세부 사항이나 선택된 제도들 중 하나에 관해서 본질적인 개념으로 인정할 만한 특별한 의미에 대해 의견을 달리했던 것뿐이다. 논쟁이 뜨거웠던 이유는 근본 전제가 같았기 때문이다. 특히 사상계의 많은 학파들은, 방법과 결론에서 의견이 크게 다른 경우에도 국가의 궁극적이고 지고한 지위에 대해서는 생각이 같았다. 물론 이들 학파는 헤겔만큼 극단적이지는 않았을지도 모른다. 참고로 헤겔의 견해란, 역사의 유일한 의미는 지역적 민족국가들의 발전에서 찾을 수 있으며, 각 국가는 국가 그 자체의 본질적인 의미 또는 개념의 선행 형태보다 많은 내용을 포함하므로 결국 최후의 역사적 발전의 완성에 해당하는 프로이센 국가에 도달한다는 것이었다. 그런데 헤겔은 물론 위의 학파들도, 사회적 상하관계에서 국가가 차지하는 유일한 최고 지위를 의심하지는 않았다. 사실이 개념은 주권이라는 이름의 의심할 수 없는 도그마로 굳어진 것이다.

근대의 지역적 민족국가가 담당했던 매우 중요한 역할에 대해서는 의문의 여지가 없다. 이 국가들의 형성은 근대 정치사의 중심이었다. 프랑스, 영국, 스페인은 민족주의적 조직을 최초로 획득한 나라다. 19세기에는 그리스, 세르비아, 불가리아 등 많은 소국들은 제쳐 두고, 일본, 독일, 이탈리아가 그 나라들을 뒤따랐다. 누구나 알다시피 지난 세계대전의 가장 중요한 측면 중 하나는 민족주의 운동을 관철하려는 노력이었다. 그 결과 보헤미아, 폴란드 등이 독립국을 창설하기에 이르렀고 아르메니아, 팔레스타인 등이 독립 후보자의 지위를 얻었다.

다른 조직 형태에 대한 국가의 지상권(至上權)을 획득하려는 투쟁은, 보다 작은 지역, 지방, 공국의 권력에 대해, 또 봉건 제후들끼리의 권력 분산에 대해, 또 몇몇 나라에 존재하던 교황의 권리에 대해 이루어졌다. '국가'는 증기 및 전기라는 집중 결합의 힘에 의해 눈에 띄게 촉진된 최근 수 세기 동안의 대대적인 사회적 통합 및 통일 운동의 눈부신 극점을 나타내고 있다. 정치학 연구자들이 이 위대한 역사적 현상에 마음을 뺏긴 것도 당연했다. 그들의 지적 활동은 이 현상의 체계적 정식화에 집중되었다. 당시의 진보적인 운동은, 작은 사회적 단위의 타성과 라이벌의 권력적 야심에 대항하여 통일

국가를 건설하려는 운동이었다. 그래서 정치학은 민족국가의 주권—대내적으로도 대외적으로도—이라는 학설을 발달시켰던 것이다.

그런데 이런 의문이 든다. 바야흐로 통합 및 통일 사업이 절정에 다다른 현재, 이미 견고하게 수립되어 더 이상 맞서 싸울 강적도 없는 민족국가는, 최고의 자기목적이라기보다는 다른 자발적인 집단 형태를 촉진하고 보호하는 수단에 불과하지 않을까. 현대의 두 가지 현상을 지적함으로써 우리는 이 의문에 긍정적으로 대답할 수 있다. 국가라는 크고 포괄적이며 통일적인 조직이 발달함에 따라, 개인은 과거에 관습 및 신분에 의해 받아들여야 했던 제한과 예속으로부터 해방되었다. 그러나 외적인 강제적 속박에서 자유로워진 개인은 고립 상태에 머무르지 않았다. 이 사회적 분자들은 곧 다시 결합해서 새로운 집단과 조직을 형성했다. 강제적인 집단 대신 자발적인 집단이 나타나고, 엄중한 조직 대신 인간의 선택과 목적이 쉽게 수용되는—인간이 뜻대로 직접 바꿀 수 있는—조직이 나타났다. 개인주의적 운동처럼 보이는 것이 실은 다종다양한 집단이 증가하는 운동임이 밝혀졌다. 정당, 회사, 학문 및 예술 조직, 노동조합, 교회, 학교, 클럽 등 인간이 공유하는 모든 관심을 실현하기 위해 형성되는 무수한 집단. 그 수와 중요성이 증가할수록 국가는 점점 그것들을 조정하고 조절하는 존재가 되어 간다. 그 집단들의 행동 한계를 설정하고, 투쟁을 방지하고 해결하는 존재가 되어 간다.

국가의 '지상권'은 오케스트라 지휘자의 지상권과 비슷하다. 즉 그 자신은 연주하지 않으면서, 연주를 통해 본질적으로 가치 있는 것을 실현하는 사람들의 활동을 조화시키는 것이다. 국가는 여전히 아주 중요한 존재다. 그러나 그 중요성은 점점 자발적인 집단들의 활동을 촉진하고 조정하는 힘에서 유래하게 된다. 어느 근대사회를 살펴봐도 "국가가 목적이며 다른 모든 집단과 조직은 수단이다"라는 말은 단순히 명목적인 것일 뿐이다. 인간이 공유하는 다양한 선을 낳기 위한 집단이 진정한 사회적 단위가 되었다. 현재 이런 집단들은, 과거의 전통적인 학설이 단순히 고립된 개인이나 유일한 최고의 정치조직에 대해서만 인정했던 지위를 차지하고 있다. 다원론은 현대의 실제 정치 속에 충분히 확립되어 있어, 상하관계적인 일원론의 시정을 요구하고 있다. 인간의 모든 힘의 총합은 어떤 식으로든 인생에 대해 독자적인 귀중한 공헌을 하므로, 독자적이고 유일무이한 궁극적 가치를 지니고 있다.

이 결합은 국가의 영광을 더하는 수단으로 격하될 수 없다. 전쟁의 도덕적인 수준 저하가 심해졌던 이유 중 하나는, 전쟁이 국가를 매우 높은 지위로 끌어올렸다는 것이다.

또 하나의 구체적인 사실을 보자. 지역적 민족국가를 위한 독립 주권 요구와, 국제적인—교묘한 명명에 따르자면 초국가적인—이해(利害)의 발달 사이의 대립이 그것이다. 모든 근대국가의 화복은 다른 국가들의 화복과 연관되어 있다. 그 어떤 국가의 약점, 혼란, 잘못된 원칙도 국경 안에서만 머무르지 않는다. 그것은 퍼져 나가서 다른 나라들까지 감염시킨다. 경제, 예술, 학문의 진보에 관해서도 마찬가지다. 게다가 위에 소개한 자발적인 집단들은 정치상의 국경과 일치하지 않는다. 수학자나 화학자나 천문학자 집단, 회사, 노동자 조직, 교회 등은 그것이 대표하는 이해가 세계적이므로 초국가적이다. 위의 사실에서 알 수 있듯이, 국제주의란 하나의 소망이 아니라 하나의 사실이다. 하나의 감상적인 이상이 아니라 하나의 힘이다. 그런데 이들의 이해는 배타적인 국가 주권이라는 전통적 교의에 의해 분열되어 제 힘을 잃고 있다. 현대의 노동, 무역, 과학, 예술, 종교를 움직이고 있는 모든 힘과 조화하는 것은 오직 국제적 정신뿐이다. 그런데 그 정신의 효과적인 형성을 가로막는 최대 장해물이 바로 배타적인 국가 주권이라는 교의, 도그마의 유행인 것이다.

앞서 말했듯이 사회란 많은 집단이지 하나의 조직이 아니다. 사회는 집단을 의미한다. 집단이란 온갖 형태의 경험의 보다 나은 실현을 위해 공통적인 교제 및 행동에 참가하는 것이다. 경험은 공유됨으로써 증대하고 확실해진다. 그러므로 상호적 의사소통 및 참가에 의해 증진되는 선과 같은 수만큼의 집단이 존재한다. 그리고 선의 수는 말 그대로 무한하다. 아니, 그것이 공공성과 의사소통에 걸맞은가 아닌가 하는 것이, 그 선이 참인지 거짓인지를 결정짓는 시험이다. 도덕가들은 항상 "선은 보편적이고 객관적인 것이지, 단순히 사적이고 개별적인 것이 아니다"라고 주장해 왔다. 그러나 많은 경우에 그들은 플라톤처럼 형이상학적 보편성으로 만족하거나, 또는 칸트처럼 논리적 보편성으로 만족했다. 하지만 의사소통, 공유, 공동 참가야말로 도덕적인 법칙 및 목적을 보편화하는 유일한 현실적 방법이다. 모든 본질적인 선이 유일무이하다는 점은 앞 장에서 이미 설명했다. 그런데 이 주장 뒤에는

"어떤 선이 의식적으로 실현되는 상황은, 일시적인 감각이나 사적 욕망의 상황이 아니라 공유 및 의사소통의—공적이고 사회적인—상황이다"라는 주장이 존재한다. 은자조차 신이나 정령들과 교류하고, 비참한 사람도 동료들과 서로 사랑하고, 극단적인 이기심도 획득된 선을 배당받으려는 일군의 수하들이나 동료들과 관련되어 있다. 보편화는 사회화를 뜻하며, 하나의 선에 관여하는 사람들의 지역 및 범위의 확대를 뜻한다.

인간애니 민주주의니 하는 근대적 의식의 배후에는 "선은 의사소통에 의해서만 존재하고 존속하며, 집단은 공동의 관여 수단이다"라는 인식의 발달이 있었다. 이 인식은 이타주의와 박애주의에 있어 구원의 빛과도 같았다. 이 요소가 없었다면 이런 주의들은 타인에게 봉사한다는 구실로 타인의 문제에 손대거나, 또는 마치 은혜라도 되는 양 어떤 권리를 하사해서, 상대에게 도덕적인 빚을 지우며 간섭하게 될 것이다. 이로써 조직이 결코 자기목적이 아니라는 점이 분명해진다. 조직이란 집단을 조장하고 사람들끼리의 유효한 접점을 늘리고, 그들의 교제를 최대한 생산적인 상태로 인도하는 수단이다.

조직을 자기목적으로 취급하는 경향은, 사회라는 고귀한 이름을 부여받은 어떤 제도에 개인을 종속시키는 모든 병적인 학설의 원인이다. 사회란 경험, 관념, 감정, 가치가 전달되고 공유되는 결합의 과정이다. 이 적극적인 과정에 대해서는 개인도 제도적 조직도 모두 종속된다. 개인이 종속된다는 것은, 타인과의 경험의 상호적 의사소통 안에서 또는 그것을 통해서가 아니면, 그는 언제까지나 벙어리이며 그저 감각이 있을 뿐인 짐승과 같기 때문이다. 오직 동료와의 결합 속에서만 그는 경험의 의식적인 중심이 된다. 한편 전통적 학설이 일반적으로 사회나 국가라는 용어로 표현했던 것은 조직이었다. 그런데 이 조직도 또한 종속된다는 것은, 그것이 인간의 상호 접촉을 쉽고 풍부하게 만드는 데 사용되지 않을 때에는 정적이고 완고하고 제도적인 성질을 띠게 되기 때문이다.

권리와 의무 사이, 그리고 법률과 자유 사이의 오랜 논쟁은, 고정적 개념으로서의 개인과 사회 사이의 투쟁을 달리 표현한 것이다. 개인에게 있어 자유란 성장을 의미하며, 또 수정이 필요하다면 즉시 수정될 수 있는 변화를 의미한다.

자유는 적극적인 과정이다. 즉 능력이 그 자신을 가두는 모든 것으로부터 해방되는 과정이다. 그런데 사회는 새로운 자원을 이용할 수 있을 때 비로소 발달하게 된다. 따라서 "자유는 개성에 있어서는 적극적인 의미를 지니지만, 사회 이익에 있어서는 소극적인 의미만 지닌다"는 생각은 불합리하다. 사회의 모든 구성원이 자기 능력의 한계까지 활동할 수 있어야지만, 사회는 강하고 힘이 넘치며 뜻밖의 사건에도 동요하지 않는 존재가 된다. 이런 활동은 기성의 공인된 관습의 한계를 뛰어넘어 실험할 만한 여유가 허락되지 않는 한 이루어지지 못한다. 능력 발휘 조건인 자유의 여지가 인정된다면, 분명한 혼란과 무질서가 다소나마 수반될 것이다. 그러나 사회적으로도 과학적으로도 중요한 것은 실패를 피하는 일이 아니라, 미래의 지성 발전에 이용할 수 있는 조건 아래에서 실패가 일어나도록 하는 일이다.

영국의 자유주의적 사회철학은 그 원자론적 경험론의 정신에 충실히 따라서 자유 및 권리 행사를 자기목적으로 하고자 했다. 그런데 그 대책은, 독일 정치사상의 특징인 고정적 의무 및 권위적 법률의 철학에 의지하지 않았다. 여러 가지 사정으로 알 수 있듯이, 독일 정치사상은 암묵적으로 다른 사회집단의 자유로운 자기 결정을 위협하므로 위험하다. 게다가 최종적으로 검사했을 때 내적으로 약하기도 하다. 독일 정치사상은 사회적 문제 결정에서 개인이 지니는 자유로운 실험 및 선택 능력에 적의를 품고, 사회 운영에 적극적으로 참가할 능력이 대부분의 사람들에게는 없다고 생각한다. 이리하여 그것은 모든 구성원의 완전한 기여를 사회로부터 빼앗아 버린다. 집단의 능률과 힘을 가장 잘 보증해 주는 것은, 창의, 계획, 예측, 활기, 인내 등 개인의 여러 가지 능력을 해방하고 사용하는 것이다. 인격은 교육되어야 한다. 그러나 인격의 활동을 기술적인 좁은 영역이나 별로 중요치 않은 생활의 한 부분으로 국한한다면 교육은 불가능해진다. 각 개인이 소속된 사회집단의 목표 및 정책 작성에 자기 능력껏 책임감 있게 참가할 경우에만 충분한 교육이 이루어진다. 이 사실이 바로 민주주의의 의의를 결정한다. 민주주의는 파벌적 또는 인종적인 문제라고 생각될 수는 없으며, 또한 이미 제도로서 승인되어 있는 한 정치 형태를 존중하는 것이라고 생각될 수도 없다. 인간성이 발달하는 것은 그 요소들이 공통된 문제, 즉 수많은 남녀가 집단—가족, 회사, 정부, 교회, 학회 등—을 형성하는 그 목적 결정에 참가할 경우로 한정된다. 민주주의란 바로 사실을 나타내는 것이다. 이 원리는 정치상의 집단 형태에 해당됨과 동시에 산업 및 상업 등의 집단 형태에도 들어맞는다. 민주주의의 실패 중 대부분은 민주주의를 정치상의 민주주의와 동일시하는 데에서 생겨나는데, 이런 동일시는 개인 및 국가를 독립된 기성의 실체라고 생각하는 전통적인 사상에 바탕을 둔 것이다.

새로운 관념이 사회생활에 의해 충분히 표현된다면, 이들 관념은 도덕적 배경으로 흡수될 것이다. 그리고 관념과 신앙 자체가 깊어져서 무의식적으로 전달되고 유지되어 갈 것이다. 관념과 신앙은 상상력을 물들이고 욕구 및 감정을 누그러뜨릴 것이다. 그것들은 해설되고 논증되어, 더 이상 논의에 의해 지지되는 관념이 아니라 자발적인 인생관이 될 것이다. 그러면 종교적 가치를 지니기에 이를 것이다. 종교적 정신은 인간의 확실한 과학적인 신념 및 일상적인 사회적 활동과 조화됨으로써 되살아날 것이다. 종교적 정신은 겁먹은 채 반쯤 숨어 지내는 생활, 반쯤 호교적인 생활을 보낼 필요가 없을 것이다. 왜냐하면 그것은 끊임없이 부식되고 붕괴되는 과학적 관념 및 사회적 신조와 연관되어 있기 때문이다. 그런데 특히 관념과 신앙 그 자체가 깊어지고 강화되는 것은, 그것이 스스로 감정에 의해 양분을 얻고 또 상상력이 풍부한 비전이나 예술로 번역되기 때문인데, 현재 그것들은 아직 어떤 종류의 의식적인 노력, 특별한 반성, 배려에 의존하고 있는 상태다. 그것을 상상력이나 감정이 당연하게 받아들이는 경지까지는 이르지 못했으므로, 관념도 신앙도 아직 전문적이고 추상적이다.

이 책 첫머리에서 지적했듯이, 지적 방법 및 과학적 결과가 자발적인 욕망 및 공상의 산물을 통일하고 구체화하던 과거의 사회적 전통에서 벗어났을 때, 유럽 철학은 탄생했다. 이것도 앞서 지적한 바이지만, 그 뒤로 철학은 냉정하고 무미건조한 과학적 견지를 따스하고 풍부한 상상적 신앙의 굳건하고 공고한 체계와 조화시킨다는 문제를 계속 내포해 왔다. 확실히 가능성, 진보, 자유로운 운동, 무한히 많은 기회 등의 개념이 근대과학을 통해 암시되었다. 그러나 이들 개념이 부동하다든가 완전한 질서 또는 체계를 지닌다든가 하는 유물(遺物)을 상상력에서 추방하지 않는 동안에는, 메커니즘 및 물질의 관념이 감정 위에 무겁게 드러누워 종교를 무력화하고 예술을 왜곡해 버릴 것이다. 만약 능력의 해방이 조직 및 현존 제도에 대한 위협이니,

또는 실제로는 피할 수 없지만 과거의 가장 고귀한 가치의 보존에 대한 위협이니 하는 것으로 비춰지지 않게 된다면, 그리고 인간 능력의 해방이 사회의 창조적인 힘으로서 작용하게 된다면, 예술은 사치가 아니게 될 터이다. 즉 예술은 생계를 위한 일상적인 일과 관련을 맺게 된다. 경제적인 의미의 생활이 곧 살아갈 가치 있는 생활이 될 것이다. 그리고 의사소통이, 즉 공유된 생활 및 경험의 기적이 지닌 정서적인 힘—신비적인 힘—이 자연스럽게 느껴지게 된다면, 현대 생활의 저급하고 차가운 부분이 지금까지 육지에도 바다에도 없었던 빛으로 정화될 것이다.

시, 미술, 종교는 귀중하다. 이들은 과거에 대한 미련으로써 지켜지는 것도 아니고, 과학, 산업, 정치상의 실제적 발전에 의해 파괴된 것들을 공허하게 되살리고자 하는 소망으로써 지켜지는 것도 아니다. 이들은 무수한 일상적인 사건 및 접촉의 결과, 사상과 욕구가 우연히도 상상력이 작용하는 범위 안에 모였을 때 피어나는 꽃이다. 원한다고 해서 존재할 수 있는 것도 아니고, 강제한다고 해서 생겨날 수 있는 것도 아니다. 정신의 바람은 자신이 원하는 곳에서 불게 마련이다. 그러므로 신의 왕국은 관찰에 의해 성립될 순 없다. 그러나 이미 신용을 잃어버린 종교와 예술의 옛 원천을 적극적인 의지로 보존하고 회복하기란 불가능하다 해도, 다른 종교와 예술의 아직 살아 있는 원천의 개발을 촉진하는 일은 가능하다. 확실히 이 작업은 종교와 예술 창출을 직접 추구하는 행동에 의해서는 불가능할 것이다. 하지만 그것은 현대의 살아 있는 경향들을 기피하지 않고 믿는 태도에 의해 가능하며, 또한 사회 및 과학의 변화가 우리를 인도하는 방향으로 따라가려고 하는 지성의 용기에 의해 가능하다. 오늘날 우리가 관념적인 문제에 대해 무력한 까닭은, 지성이 소망과 분리되어 있기 때문이다. 우리의 신앙과 행위의 일상적인 소소한 문제에 있어서는 환경의 자연적인 힘이 우리를 앞으로 밀어 주지만, 우리의 깊은 사상과 욕망은 오히려 뒷걸음질 치고 있다. 철학이 현실의 작용과 협력해서 일상적인 소소한 문제의 의미를 밝히고 정리한다면, 과학과 감정은 서로 침투하고 실천과 상상력은 서로 포용할 것이다. 시와 종교적 감정은 인생에 피어나는 자연의 꽃이 될 것이다. 현실의 작용의 의미를 명확하고 명료하게 밝히는 작업을 진행하는 것이 전환기 철학에 주어진 임무이자 문제이다.

존 듀이 생애와 사상

존 듀이 생애와 사상

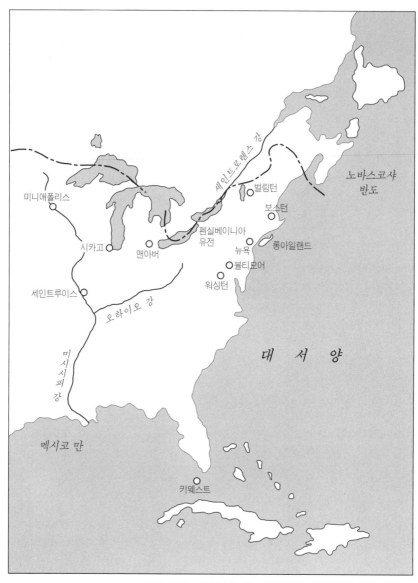

미국 동부 듀이 관계 지도

I 정신적 풍토

처음에 행동이 있었다

끝없는 공간

미국 지도를 펼쳐보자. 북위 45도 부근 뉴잉글랜드의 출입이 많은 익곡(溺谷) 해안에서 서남쪽으로 약 3천km에 걸쳐 뻗어있는 장대한 대서양 해변은, 플로리다 반도의 툭 튀어나온 끝에서 북위 25도 부근에 달한다. 이 선을 그대로 서쪽으로 4천km쯤 평행이동하면 미국 국토 전체를 추적할 수 있다.

북쪽에서 남쪽 끝으로 갈수록 넓게 펼쳐지는 동부 해안평야는 그 서쪽 가장자리를 애팔래치아 산맥으로 구분지으며, 산에서 동남쪽을 향해 용솟음치는 몇몇 급류는 폭포선을 만들어 수력발전소에 풍부한 물을 공급한다. 산맥을 서쪽으로 넘어가면 북쪽에는 오대호의 물을 칭송하는 일대 고원이 가로놓여 있고, 남쪽으로 내려감에 따라 미시시피 강의 거대한 델타가 끝도 없이 펼쳐져 멕시코 만의 바다에 접한다. 기나긴 미시시피의 오른쪽 해안은 프레리(대초원)에서부터 그레이트 플레인(대평원)으로, 지형은 점차 고도를 더하여 마침내 로키산맥의 험준한 능선으로 이어진다. 여기서부터 머나먼 서쪽 캐스케이드와 시에라네바다의 남북 두 개 산맥까지는 여러 분지와 호수, 골짜기, 사막으로 기복이 만들어진 고원이 이어져 서부극에 잘 어울리는 무대를 형성한다. 이 고원의 서쪽 경사면을 달려 내려가면 북쪽부터 워싱턴, 오리건, 캘리포니아의 긴 협곡 평야가 줄지어 이어지다가 로스앤젤레스 북쪽에서 합쳐져, 시에라네바다와 서부 해안의 두 산맥은 멀리 남쪽으로 캘리포니아 반도가 되어 바다 속으로 뻗는다. 그리고 올림퍼스 산의 기슭에서부터 산 루카스 곶에 이르는 약 3천km의 해안선이 태평양의 큰 파도에 씻겨 흰 물결을 일으킨다.

정신이 아득해질 정도로 압도적인 공간 선개이다. 상자 정원 같은 자연이나 그곳에 형성되는 비좁고 답답한 인간관계 안에서 오랫동안 살면, 인간의 마음은 자기 내부를 향해 깊어지는 것밖에 달리 숨 쉴 곳을 찾지 못한다. 그런데 삼림과 초원과 사막과 고원이 끝없이 펼쳐지는 대자연 속에서 호흡하는 인간은 자신이 가진 다양한 가능성을 자연에 대한 작용으로 시험해보려한다. 그는 현실 세계에서 꿈을 가질 수가 있다. 아메리카의 자연이 펼쳐내는 끝없는 공간은 이 땅에 찾아온 새로운 주인공들을 대범한 로맨티스트로만들 수밖에 없다.

개척의 시작

15세기 말에 발견되어 차례로 탐험이 이어진 아메리카 대륙에 이윽고 유럽 나라들의 영토가 건설되기 시작했다. 북아메리카 북부 캐나다지방에는 프랑스사람이, 남부 플로리다부터 멕시코에 걸쳐서는 스페인사람이 저마다 가톨릭 선교사를 데리고 이주했다. 그리고 17세기가 되자 뉴잉글랜드부터 남쪽 해안지방에 영국인의 식민이 시작됐다. 1620년에 섬나라 영국을 떠나 메이플라워 호를 타고 지금의 매사추세츠 해안에 상륙한 청교도 일행(필그림 파더스)이 영국인에 의한 아메리카 식민 이주의 본격적인 시작이었다.

영국 본토의 그리스도교는 잉글랜드 교회로 통일되어 있었으나 가톨릭의 낡은 관습이 많이 남아 있어, 프로테스탄트 과격파로 여겨졌던 청교도 신앙의 자유를 인정하지 않았다. 이에 많은 청교도는 종교적 해방을 추구하며 신천지 아메리카를 향해 대서양을 건넜다. 그중에는 본국에서는 토지를 가질 수 없는 백성도 있었고 상인, 직공, 목수, 대장장이도 있었다. 그들의 이주에는 아마도 종교적인 이유 외에 경제적, 사회적인 여러 가지 이유가 있었을 것이다. 그러나 목돈이 어느 정도 모이면 머지않아 고향으로 금의환향하겠다는 하잘것없는 생각을 품은 사람은 아무도 없었다. 누구나 이 신천지에서 짐승이나 원주민과 싸우고 원시림을 가르며 혹독한 자연을 이기고, 자신들의 이성과 의지 외에 그 무엇에도 제약받지 않는 자유로운 국토를 건설하자는 기개로 가득 차 있었다.

그들은 하나의 토지에 그다지 집착하지 않았다. 그들은 아쉬움도 없이 고향을 버렸다. 그리고 자리 잡은 개척지에서도 좀 더 좋은 조건인 곳이 있으면 재빨리 내버리고 더욱 먼 곳으로 이동하기를 개의치 않았다. 그리고 이렇

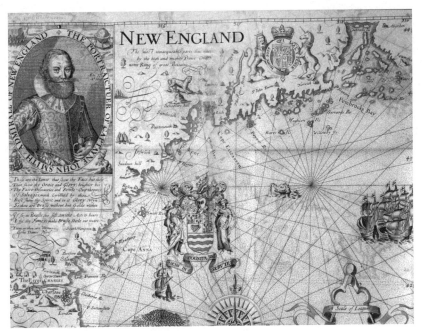

17세기에 뉴잉글랜드부터 남쪽 해안 지방에 영국인의 식민이 시작되었다.

게 서쪽으로 향하는 이민 무리 속에는 철학자 존 듀이의 선조도 있었고 듀이 부인의 선조도 있었다.

행동적인 인간

메이플라워 호가 정처 없이 떠돌다가 도착한 지 약 100년이 지났을 무렵, 청교도들은 아메리카 동부 해안에 13자치주를 건설했다. 1770년경 이들 동부 자치주는 명목상으로는 영국의 식민지로 영국 국왕의 지배를 받고 있었으나 본국의 정치적·경제적 압박이 심해, 식민지의 자유를 지키기 위해서는 본국과의 전쟁 또한 피할 수 없다는 지경까지 와 있었다. 전쟁을 주저하는 온건파나 무관심파에 대하여 급진파 사람들은 조바심을 내며, 영국의 압제에서 벗어나야하며 또한 벗어날 수 있다고 설득했다. 급진파 토마스 페인은 이제 독립전쟁에 나설 때라는 것은 미국인에게는 상식이라는 입장에 서서 한 권의 소책자를 출판하여 사람들을 격려했다. 그 안에서 페인은 다음과 같이 말한다.

"오오, 인류를 사랑하는 제군이여, 폭정만이 아니라 폭군에게도 반항하는 제국이여, 일어나라. 구세계 곳곳은 압제에 짓밟히고 있다. 자유는 지구상에서 쫓겨났다. 아시아와 아프리카는 머나먼 옛날에 자유를 몰아냈다. 유럽은 자유를 외국인처럼 생각하고 영국은 자유에게 나가라고 경고한다. 오오, 망명자를 받아들이라. 그리고 인류를 위해 즉시 피난소를 마련하라."*

이 반항 정신이야말로 1세기 반 전, 그들의 조상들로 하여금 대서양 저편 변경의 땅을 향하게 한 원동력이었으며, 지금 다시 그들로 하여금 영국을 상대로 한 독립전쟁을 일으키게 한 천부적인 본성이었다. 전쟁으로 나아가는 인간에게 필요한 것은 사색이 아니라 행동이었다. 그들이 신천지의 자연과 사회의 혹독한 조건을 이겨온 것도 그 강인한 행동을 통해서였다. 아메리카는 건국 초부터 자유를 추구하는 행동적인 인간들에 의해 지탱되어 왔다. 자유라는 것은 행동이 수반되지 않으면 무의미하기 때문이다. 그들에게 만약 신약성서를 처음으로 현대어로 번역할 기회가 주어졌다면, 요한복음 첫 구절 '처음에 말씀이 있었다'는 부분을 '처음에 행동이 있었다'로 번역했을 것이다. 행동이야말로 그들에게 있어서 온갖 것들을 만들어 내주는 도깨비 방망이였다.

양키이즘

독립전쟁(1775~1783)은 자유 진영에 승리를 가져다주고 끝을 고했다. 독립선언은 이후 미국이 걸어야 할 길을 확실히 보여주었다. 모든 인간의 평등, 생명·자유·행복추구권, 국민의 의지에 기초하는 정부를 만들 권리, 이들 기본적 인권의 존중이 미국의 이상이었다. 이 사고방식의 근본에 있는 것은 근세 유럽의 사상사에서 계몽사상이라고 불리는 것으로, 인간의 이성을 신의 주박으로부터 해방하여 지상으로 끌어내려야 한다는 입장에 선 것이다. 이것은 그리스도 교회나 그와 관련된 귀족이나 승려의 특권에 대항한 시민 층에 의하여 짊어지게 된 사상으로, 프랑스 혁명(1789~1795)의 사상적인 배경이 되기도 했다.

아메리카의 식민지를 부지런히 구축해 온 것은 신앙심이 두터운 청교도였

---

* 토마스 페인 《상식》

1620년 메이플라워 호를 타고 영국을 떠난 필그림 파더스(Pilgrim fathers, 청교도) 일행이 매사추세츠 해안에 상륙한다.

다. 그들은 인간의 이성을 신에게서 해방하는 것이 아니라, 신을 절대자로 우러러보고 그 엄격한 가르침에 따라 금욕과 절제와 근면의 생활을 지켰다. 호박파이를 만들어 신에게 기도를 바치고, 햇곡식 수확을 신에게 고하여 감사 제사를 실시한 초기 이민의 소박한 기쁨은 신에게 몸을 맡긴 자의 평안을 나타냈다.

그러나 한편, 그들은 행동적인 인간이었다. 개척 전선에서의 혹독한 육체노동, 기후·짐승·원주민·압제와의 격렬한 싸움. 그들의 생활은 이러한 노동과 싸움의 연속이었다. 이 혹독한 생활은 신의 가호를 필요로 하긴 했으나 신을 위한 것은 아니었다. 그것은 어디까지나 세속의 행복을 추구하는 생활일 뿐이었다. 청교도들은 이제는 신을 전지전능한 절대자로서가 아니라 자연이나 인간의 조물주로서의 지위에 머물게 하고, 나머지는 자신들의 책임 하에 행동했다. 신은 일단 만물을 창조한 뒤에는 세계의 운행은 자연에 맡기고 자신은 일절 참견하지 않는다는 역할만으로 충분하다고 여겼다. 이것을 사람들의 일상생활에 맞춰 말한다면 신은 일요일 아침 교회에 모여 예배를 드리는 사람들의 마음에 경건한 감정을 일깨워주기만 하면 되며, 평일에는 조금 거창하게 말하면, 신의 존재를 잊어도 일에 힘쓰는 인생이 요구된 것이다. 그러나 이것은 인간으로서의 성실함을 잊어도 좋다는 뜻은 아니었다. 성실함을 신앙이라는 내면적인 심정에 머무르게 하지 말고, 자연과 사회를 향해 가는 행동으로 실현해 가는 것이 중요하다고 여겼다.

독립전쟁 시절 미국의 뛰어난 지휘자의 한 사람이었던 벤자민 프랭클린은 그의 《자서전》에서 다음과 같이 말한다.

"나쁜 행위는 그것이 신의 묵시에 의하여 금지되었기에 나쁜 것이 아니고, 또한 선한 행위는 그것이 신의 묵시에 의하여 명해졌기에 선한 것도 아니다. 오히려 반대로 그들 행위는 여러 가지 사정을 고려해 본 결과 우리들에게 유해하므로 금지된 것이며 우리들에게 유익하기에 명해진 것이다."

이 프랭클린의 사고방식에는, 인간 행위의 선악을 밝혀내는 것은 더 이상 신이 아니라, 인간에게 있어 그 행위가 과연 유익한지 유해한지를 고려하는 것이라는 사상이 분명하게 나타나 있다. 이 사상은, 행동의 주체는 인간이므로 행동의 책임은 물론 인간에게 있으며, 행동을 평가하는 척도도 인간이 준비해야 한다는 사상이다. 이것은 바로 개척과 전쟁의 인고의 시련에 견뎌 온 미국인의 자신 표명이다. 현실의 괴로움에 지지 말고 용감하게 부딪쳐 가는 실행존중의 양키이즘은, 청교주의의 심정을 속마음에 남겨두면서 그것을 인간의 행동을 통해 확인해 가는 프랭클린형 인간에 의하여 길러진 것이다.

실험적인 정신

프랭클린은 생애를 신생 미국에 바쳤다. 정치가로서, 실업가로서, 군인으로서 또한 과학자로서 앞장 서서 신생국 미국을 이끌어간 프랭클린은 당시 미국 국민을 대표하는 인물이다. 후세의 독일 사회경제사가 막스 베버는 프랭클린을 근대 자본주의 정신의 화신으로서 다루고 있으나, 발흥기(勃興期) 미국의 자본주의는 이런 형태의 인물을 필요로 했으며, 또한 이 형태의 인물을 낳았다.

물리학자로서의 프랭클린이 연을 띄워서 번갯불의 전기에 대해 실험한 것은 유명하다. 물리학뿐만 아니라 모든 학문에 있어서, 아무리 머릿속에서 이론적으로 착상된 것이라 해도 실험에 의하여 증명되지 않는 한 그 이론이 옳다고는 말할 수 없다. 진리를 탐구하려는 자는 언제나 자신이 생각해 내거나 추측한 것을 실험이나 실천에 의해 시험해보아야 한다. 프랭클린은 현대는 실험의 시대라고 말했는데, 이것은 그의 과학자로서의 자세를 잘 나타낸다.

그러나 프랭클린의 자세는 과학자로서의 그에게만 한정된 것이 아니다. 그는 정치, 실업, 전쟁 등, 모든 인간 생활에 있어서 실험의 중요함을 말한 것이다. 그는 독립달성의 여세를 몰아 멀고 먼 서부로의 대진격을 눈앞에 둔 미국에 부과된 커다란 역사 실험을 이미 꿰뚫어보고 있었음에 틀림없다. 미국에서는 모든 것이 새로운 경험이었으며 모든 것이 실험이었다. 이민도 개척도 전선의 확대도, 끊임없는 긴장이 요구되는 모험의 연속이었다. 프랭클린은 이 아메리카 양키이즘의 실험적(모험적) 정신을 가장 뚜렷하게 그의 행동과 말로 표현해 보였다.

사상에의 구심(求心)

포장마차와 귀틀집

동부 13주의 단결을 기초로 하여 독립을 쟁취한 미국은 끝없는 서쪽 황야를 향해 힘차게 돌진하며 차례로 그 영토를 확장했다. 그리고 1848년까지는 태평양 해안 북부 워싱턴 주에서 남부 캘리포니아 주까지를 영토로 하고, 1853년에는 애리조나 남부를 멕시코로부터 구입함으로써 현재의 주요 부분을 거의 확보했다. 동쪽에서부터 서쪽으로 확대된 눈에 보이는 모든 벌판과 고원은 1830년경부터 갑자기 증가한 유럽 각지로부터의 집단 이민 무리에 의하여 개척되거나, 통로로 쓰였다. 1848년 캘리포니아에서의 금광 발견은 일확천금을 꿈꾸는 수많은 거친 사나이들이나 그 가족을 서쪽으로 불러들이고, 나아가 1869년에 개통한 대륙횡단철도가 이 사람들의 물결에 박차를 가했다.

개척자는 보통 작은 포장마차를 사용하여 서부로 긴 여행을 계속했다. 작은 앞바퀴와 큰 뒷바퀴를 단 차틀 위에 아치형 테두리를 짜고 그것에 포장을 씌워 비와 이슬에 견뎠다. 차틀 옆이나 아래에 매단 가구나 농구는 울퉁불퉁한 길에 흔들려 뎅그렁뎅그렁 소리를 내며 모래먼지 속에서 어른거렸다. 딱

개척자들은 자리잡은 개척지에서도 서쪽에 좀더 좋은 곳이 있으면 지체없이 그쪽을 향해 이동하였다.

딱한 빵과 커피로 아침을 때운 일행은 대장의 신호로 또다시 그날의 여행을 계속했다. 밤이 되면 각자의 포장마차를 원형으로 늘어놓고 야영을 하고, 화톳불을 피워 짐승이나 인디언의 습격을 대비해야 했다.

정착하기에 적당한 땅이 있으면 그곳에 오두막집이나 귀틀집을 세우고 정주했다. 남자도 여자도 노인도 아이도 누구나 질 수 없었다. 의식주 재료는 거의 자급자족이다. 당면한 생활은 괴롭지만 언젠가는 즐거운 생활이 찾아오리라는 희망이 있었다. 귀틀집 안에서 난롯불을 둘러싸고 단란하고 행복한 한때를 보냈다. 여기에는 제대로 된 생활이 있었다. 신분이나 학력이나 직업에 의한 인간의 차별 따위는 없었다. 한 사람 한 사람의 노력만이 자신의 운명을 열어준다는 확신이 그들의 생활을 밝게 했다. 프런티어 시인 월트 휘트먼은 노래한다.

자, 가자! 유인은 더욱 커질 것이다! 우리들은 수로도 없는 거친 바다를 항해한다.
우리들은 바람이 불고 파도가 치고 양키의 쾌속선이 가득 돛을 펼치고 달리는 머나먼 곳으로 간다.

자, 가자! 힘, 자유, 대지, 원소와 함께! 건강, 도전, 쾌활함, 자존, 호기심.

자, 가자! *

휘트먼의 많은 시는 끝없이 밝고, 또한 대지를 힘차게 밟아가는 개척자의 기개를 로맨티시즘의 향기로 아름답게 노래한다. 개척자 정신, 이른바 프런티어 스피릿은 프랭클린에게서 이성적으로 정형화되었다고 하면, 이제는 휘트먼에게서 정서적으로 표현된 것이다. 휘트먼의 이 민족적 로맨티시즘을 순수하게 음(音)만으로 형상화한 것이, 뒷날 체코슬로바키아 작곡가 드보르작의 《교향곡 제9번(신세계로부터)》(1893, 미국에서 지음)이라 할 것이다.

프런티어(개척지)의 소멸

서부로의 진출과 함께 동북부에서는 대규모 공업 발전이 보였고, 동시에 남부에서는 흑인노예 사용에 의한 농장경영이 크게 번영했다. 미국 사회 내부구조도 점차 초기 농업사회의 단순함을 잃고 다양한 산업적 요인이 서로 복잡하게 얽혀, 여러 가지 형태로 모순이 발생하기 시작했다. 남부농원의 노예해방문제를 둘러싸고 일어난 남북전쟁(1861~1865)은 독립 후 100년 동안에 축적된 국가내부의 여러 모순을 해결하고 비뚤어진 것을 제거하여, 미국 전체를 산업자본의 지배 아래 다시 정돈하는 길을 열었다. 이 전쟁을 계기로 시작한 미국의 산업혁명은 미국을 이윽고 세계 제일의 공업국에 오르게 한다.

개척 개시 작업, 독립전쟁, 석탄·석유 붐, 골드러시, 철도열, 남북전쟁, 산업혁명으로 숨 쉴 틈도 없을 듯한 실천행동 생활이 계속되는 동안에는 행동은 있어도, 행동에 대해 반성할 여유는 없었다. 인간의 생활은 있어도 생활하는 인간이 자신들의 생활 태도에 대하여 차분하게 반성해 볼 틈은 없었다. 그러나 미국 영토는 이제 서쪽 해안에 도달하여, 프런티어를 어디까지고 나아가게 했던 포장마차 마부들은 마침내 태평양 물가에 서 있는 자신들의 모습을 발견해야 했다. 이제 더 이상 앞으로는 갈 수 없다. 이 사실을 알았을 때 사람들은 다시 한 번 자기 주위를 둘러보았다. 오로지 실천에 몰두하

---

* 《풀잎》 속의 '한길의 노래'(1856)에서.

여 하나의 한계점에 도달했을 때 사람들은 생각한다. '산다는 것은 대체 무엇인가?' '진정한 삶이란 어떤 삶인가?' 이것은 자신의 생활을 확인해보기 위한 사상으로의 복귀이다. 한결같은 행동이 인간의 원심(遠心)활동이라면, 사상으로의 복귀는 인간의 구심(求心)활동이다.

지금까지 미국에는 독자 사상은 없었다. 영국, 프랑스, 독일 등에서 수입해 빌려온 것으로 대신해 왔다. 그러나 이제 더 이상 빌려온 것으로 대신할 수는 없었다. 미국은 너무나도 큰 성장을 이룩했고, 또한 그 성장 과정에서 미국만이 가질 수 있었던 수없이 많은 새로운 경험을 거듭해 왔다. 이 몸에 잘 맞고, 귀중한 체험을 정리할 수 있을 만한 새로운 사상을 추구해야 한다. 레디메이드(ready-made)가 아니라 제대로 주문된 사상이 아니면 앞으로의 미국은 세계의 영광스러운 무대에서 씩씩하고 용감하게 활동할 수 없다. 미국은 프런티어의 소멸에 의하여 새로운 철학을 필요로 하게 되었다.

프래그머티즘(실용주의)의 탄생

1870년대 초엽, 매사추세츠 주 케임브리지 시내에는 한 철학연구 집단이 있었다. 이 도시는 찰스 강을 끼고 보스턴 건너편 기슭에 있으며, 미국에서 가장 오래된 하버드 대학의 소재지이다. 이 집단은 하버드의 젊은 졸업생이나 대학교수로 이루어졌으며, 열 명도 안 되는 작은 것이었다. 변호사, 목사, 철학자, 화학자, 심리학자 등이 그 회원으로, 그들은 2주일에 한 번 꼴로 동료 중 누군가의 서재에 모여 철학의 여러 문제에 대해 이야기를 나누었다. 그들은 자신들의 집단을 '형이상학 클럽'이라고 불렀다. 설탕을 뿌린 오트밀을 마시는 것이 이 집단의 드물게 있는 만찬이었다.

당시에는 유럽에서도 미국에서도, 사상에 있어 최대 문제 가운데 하나는, 찰스 다윈이 《종의 기원》(1859)에서 이론적으로 체계화한 진화론과 그리스도교의 교리가 양립할 수 있을지 하는 문제였다. 진화론이 옳다면 구약성서 창세기의 이야기는 거짓이 되고, 그리스도교의 교리가 절대 진리라면 진화론이 성립할 여지는 없어진다. 요컨대 과학과 종교의 모순을 어떻게 조정하여 이론적으로 해결하면 좋은지가 양심적인 과학자나 철학자의 공통적인 문제였다.

이것은 바꿔 말하면 인간이 품는 다양한 신념은 어떻게 만들어지고 어떻

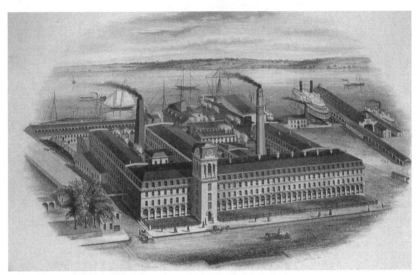

매사추세츠에 세워진 모직물 공장
19세기의 산업혁명은 미국을 세계 제일의 공업국으로 도약하게 한다.

게 활동하느냐는 문제이다. 진리를 진리로서 확신하고 그것에 기초하여 행동해가는 것이 인간의 생활이다. 행동에는 반드시 무언가에 대한 신념이 따른다. 물론 행동하며 살아갈 때 다양한 의심이 생겨나는 것도 분명하다. 근대철학의 아버지, 17세기 프랑스의 데카르트처럼 모든 것을 의심해 본 사람도 있다. 그러나 데카르트 역시도 의심하며 살았다. 그는 살아 있는 이상 내일도 또다시 태양은 동쪽 하늘에서 뜰 거라는 사실을 무의식중에 믿었음에 틀림없다.

그러나 신념이란 과학에 의해 발견되고 전달되는 진리를 확신하는 것일까? 아니면 종교에 의해 개시되고 교화되는 진리를 확신하는 것일까? 형이상학 클럽 사람들은 이 문제를 어떻게 생각했을까? 모두의 의견이 같았던 것은 아니다. 단지 모든 의견의 최대공약수로서 그리스도교의 신의 존재는 부정하지 않지만 종교는 종교, 과학은 과학으로서 저마다의 영토를 분명하게 나누고, 일상생활을 가능케 하는 갖가지 신념은 과학에 의하여 밝혀지는 진리에 기초해야 한다는 공통적인 사고방식이 있었다. 이 공통적인 사고방식은 집단의 열성적인 회원 중 하나였던 찰스 샌더스 퍼스가 정리한 논문에 표명되어 있다.

퍼스는 이렇게 그 동료들에게 공통적인 철학적 입장을 프래그머티즘(pragmatism)이라고 불렀다. 프라그마(pragma)란 행동이나 행위를 의미하는 그리스어다. 요컨대 실험이나 실천, 즉 넓은 의미에서의 행동을 인생의 중심에 두고, 진리도 신념도 습관도 모두 행동을 통해 형성되고 수정되며 파기된다는 사고방식이다. 행동적인 인간으로서 '처음에 행동이 있었다'는 생활상의 신조를 가진 미국인들은 1870년대에 들어서자마자 이곳, 청교도적인 분위기가 강한 대학 도시 케임브리지에서, 그 행동 자체의 의미를 돌아볼 만큼의 여유와 그것을 자기에게 문제로서 부과한 한 무리의 학자들을 낳았다. 프래그머티즘은 미국 풍토에서의 미국의 독자적인 경험이 이론으로서 열매맺은 것이며, 프랭클린의 이성과 휘트먼의 정서가 여기서 하나의 미국형 지성으로서 훌륭하게 통일되었다.

형이상학 클럽의 동호인 가운데, 나중에 책을 통해 또한 간접적인 교제를 통해 듀이에게 결정적인 영향을 준 윌리엄 제임스가 있다. 퍼스나 제임스가 오트밀을 마시면서 철학 문제를 서로 논할 무렵, 케임브리지에서 약 3백km 서북쪽 산 속으로 들어간 벌링턴 시내에서 존 듀이는 시골 초등학교를 다니고 있었다.

II 존 듀이 생애

아름다운 호숫가에서
―소년시절

선조를 찾아가다

뉴잉글랜드는 미국 동북쪽 구석에 있는 바위산이 많은 지방이다. 애팔래치아 산맥의 산들은 북쪽에서 남쪽으로 흐르는 허드슨 강과 코네티컷 강의 두 골짜기에 의해 끊어져 애디론댁 산계(山系), 그린 산계, 화이트 고지의 3줄기 산지가 남북으로 이어져 있다. 허드슨 강 골짜기를 북쪽으로 거슬러 올라가면 그 깊숙한 곳에, 옛날 빙하가 실어 나른 퇴적물에 시냇물이 막혀 생겼다는 맑고 아름다운 샘플레인 호수가 가로놓인다. 이 호수의 동남쪽 기슭에 있는 벌링턴 시내는 버몬트 주의 정치와 산업과 문화의 중심지로, 자동차가 발달한 뒤로는 뉴욕이나 보스턴 등 대도시에서 일하는 유복한 사람들의 식민지식 별장이 많이 세워졌으나, 듀이의 어린 시절에는 초기 청교도의 식민지 개척 당시 모습을 아직 다분히 남겨두고 있었다.

존 듀이는 이 도시 한 식료품점의 셋째 아들로서 1859년 10월 20일에 태어났다. 첫째 형은 어려서 죽었고, 존은 나이 차이가 얼마 나지 않는 바로 위의 둘째 형 데이비스, 남동생 찰스와 함께 가까운 공립학교를 다녔다. 벌링턴의 일반 가정 아이들은 모두 이 학교에서 공부했다. 아주 적은 숫자의 상류계급 자제들만은 사립학교로 갔는데, 오히려 모두에게서 '겁쟁이'나 '건방진 녀석'이라는 말을 들으며 바보취급을 당했다. 도시 전체 분위기가 어딘가 모르게 서민적이고, 개척시대의 계급 구별 따위는 문제가 아니라는 듯한 민주적인 기풍이 감돌았다.

1620년부터 1633년 사이의 한 시기에 영국을 벗어나 매사추세츠 도체스터로 들어간 청교도 개척 무리 가운데 토마스 듀이라는 남자가 있었다. 그의 아버지나 할아버지는 플랜더스 지방에서부터 영국으로 공예직물 기술을 전한 베짜기 장인들과 함께 도버 해협을 건넌 사람인 듯하며, 그 뒤로 바로 토마스의 대(代)가 되어 미국으로 이주한 것이다. 듀이라는 가문의 이름은 '목초지의'라는 의미를 갖고 있다. 아마도 플랜더스에서 작은 목장을 소유한 농민출신이었던 모양이다. 토마스는 그 뒤 코네티컷 주 윈저로 옮겨가 농사일을 하는 틈틈이 작은 장사를 했다. 그 자손은 코네티컷 골짜기에 퍼져 농사꾼, 마차나 창문 제작, 대장장이 등으로 생계를 꾸리는 사람이 많았다.

존의 아버지인 아치볼드 듀이도 이 토마스의 한 혈통인데, 그는 버몬트 주 북부의 농가 출신으로 벌링턴으로 나와 식료품이나 담배를 파는 가게를 열었다. 1812년에 미영전쟁*이 시작됐을 때는 그는 아직 한참 어린 아이였으나 샘플레인 호숫가에서 들었던 대포 소리를 잘 기억하고 있어서, 나중에 존과 그의 형제들에게 자주 그 이야기를 들려주었다. 듀이 가문에서는 대대로 결혼을 늦게 한 듯하다. 토마스와 아치볼드 사이도 불과 4대밖에 떨어져 있지 않았으므로, 부모에게서 자식으로 구전되는 개척이나 전쟁에 관한 이야기는 듣는 자의 어린 마음에 생생한 인상을 새겨 넣었다.

햄과 담배

존이 태어났을 때 아치볼드는 이미 50세에 가까웠다. 그는 남북전쟁이 일어나자 버몬트 기병대 하사관으로서 종군했다. 학교에 거의 가지 않았던 아치볼드는 스스로 영국 고전문학을 읽어 교양을 쌓았다. 램이나 새커리의 작품을 좋아했고, 번스의 유머 넘치는 시를 아이들에게 읽어주기를 즐겼다. 셰익스피어나 밀턴의 작품도 자주 읽었으나 이것은 교양을 위해서라기보다 세련된 표현법이나 어조 좋은 문구에 감동했기 때문이며, 일을 하면서 곧잘 밀턴의 시 한 구절을 읊었다. 미국 시인 에머슨이나 작가인 호손의 작품은 그다지 좋아하지 않았다. 왜냐하면 그들의 작품에는 이해할 수 없는 논리가 많았고, 인습적인 신학에 지나치게 사로잡혀 있었기 때문이다.

---

* 프랑스 혁명 및 그에 이어지는 나폴레옹 전쟁 때 중립을 지킨 미국은 무역에 있어서 큰 이익을 거두었지만, 이윽고 영국의 통상방해나 선박 포획에 의하여 타격을 입었으므로 영국과의 사이에 전쟁을 벌였다. 이에 승리함으로써 미국은 완전히 영국으로부터 이탈하기에 이르렀다. 이 전쟁은 1814년 나폴레옹 전쟁의 종결과 함께 끝났다.

어린 시절의 듀이
왼쪽에서 차례대로 동생 찰스, 듀이,
어머니, 형 데이비스

아치볼드는 장사는 서툴렀으나, 문학상의 지식을 이용하여 기교를 부린 광고문을 만드는 것으로 유명했다. 예를 들어, 자기 가게에서 파는 햄과 시가를 선전하는 데 다음과 같은 광고를 했다.

햄, 시가 있습니다. 훈제와 훈제가 아닌 것.

(Hams and cigars, smoked and unsmoked.)

이것은 햄은 훈제이고 시가는 아직 불을 붙이지 않은 새 상품이라는 것을 장난스럽게 말한 것이다. 또 어느 상표의 시가를 들여왔을 때는 이렇게 써 붙였다.

나쁜 버릇이라도 이것이라면 용서할 수 있다.

(A good excuse for a bad habit.)

흡연은 좋지 않다는 것을 알지만, 이 광고문을 읽고 끝내 아치볼드의 가게로 들어온 사람도 있지 않았을까?

존의 어머니 루시나 아터미사 리치는 같은 버몬트의 쇼어햄 출생으로 아치볼드보다 20살이나 어렸다. 리치 가문도 듀이 가문과 같은 무렵에 미국으로 이주해 왔다고 하는데, 리치 가문 쪽이 경제적으로도 유복하고 교육정도도 높았다. 루시나의 할아버지는 워싱턴에서 국회의원을 지낸 적이 있고, 아버지 데이비스 리치는 쇼어햄 근방에서는 그 이름대로 큰 부자(리치)로 불렸다. 그는 애디슨 군(郡) 재판소에서 아마추어 재판관으로서 본직 재판관을 돕는 일을 했는데, 그 공정한 태도와 명석한 머리는 이웃 사람들로부터 큰 신뢰를 모았다. 그래서 루시나의 형제들은 모두 대학에 다녔다.

루시나의 성품은 태평한 남편과 비교하여 훨씬 착실했으며 더구나 선교사처럼 열성적이었다. 그녀는 자식들에 대해서도 엄격했으며 또한 큰 기대를 걸고 있었다. 데이비스, 존, 찰스 세 자식들이 모두 듀이 가문의 전례를 깨고 대학교육을 받은 것은 이 어머니에게 힘입은 바가 크다. 아버지의 문학취미와 어머니의 교육열 덕에, 아이들에게는 어릴 때부터 당시 이 근방의 장사꾼 아이들로서는 보통 이상으로 독서의 기회가 많이 주어졌다.

그들이 공립학교에 다니는 동안에 벌링턴 시내에 생긴 공립도서관을 이용할 수도 있었다. 거기에 존과 그의 형제들은 시내에서 발행되는 석간신문 배달이나, 캐나다에서부터 샘플레인 호수 가까이의 재목 적재소로 운반되어 오는 재목의 수를 계산하는 아르바이트로 돈을 모아 체임버스 백과사전*이나 스콧의 소설**을 샀다. 그중 적어도 스콧의 소설은 읽은 것 같다.

가계는 그다지 곤란하지는 않았기에 아이들은 그저 가사를 돕는 정도로 좋았으나, 아이들이 스스로 할 수 있는 일을 하고 돈을 번다는 것은 결코 보기 안 좋은 일도 부끄러운 일도 아니며 청교도적, 개척자적 분위기 속에서는 당연한 것으로 여겨졌다. 행동하는 것과 일하는 것이 가치를 만들어내는 근본이라는 신념, 또한 일하는 것이 아이들의 독립심이나 책임감을 길러준다는 생각이 당시의 일반적인 풍조였다.

시골 생활

듀이 가문 소년들의 생활은 단순하며 건강했다. 그러나 같은 서민층다운 공기에 둘러싸여 자라면서도 그들의 생활은 주위의 다른 소년소녀들의 생활과는 상당히 달랐다. 존과 데이비스는 책벌레였고, 더구나 존은 내성적인데다 자의식이 강했다. 외가 쪽 사촌 존 파커 리치는 존보다도 두 살 위였는

＊스코틀랜드의 서적출판·판매업자 윌리엄 체임버스가 1859년부터 1868년에 걸쳐 간행한 백과사전.

＊＊영국의 작가 월터 스콧 경이 1814년부터 1831년에 걸쳐 발표한 《웨이벌리 소설집》이라는 일련의 산문소설.

듀이의 아버지 아치볼드와 어머
니 루시나 (1880)

벌링턴에 있는 듀이의 생가

데, 아치볼드가 남북전쟁에 나가 있는 동안에 리치는 어머니를 여의었기 때
문에 루시나가 거두었다. 존은 형을 한 명 더 얻은 것이나 마찬가지였다. 그
들과 사이가 좋았던 친구로는, 조금 나이는 많았지만 리치 가문의 먼 친척에
해당하는 버몬트 대학 총장의 아들 배컴 형제가 있었다. 이렇게 그들 주위에
는 왠지 모르게 지적인 분위기가 감돌았다.

여름방학이 되면 곧잘 외가 쪽 할아버지가 사시는 시골로 갔다. 그곳에는
강가에 제재공장이 있고 물레방아가 달가닥달가닥 도는 제분소가 있었다.

그것은 소년들에게 있어 더없이 좋은 건강한 놀이터였다. 때로는 존 리치의 아버지에게로 가서 여름을 보내기도 했는데, 그때는 여물 저장고나 석회를 굽는 가마를 보러 다니는 것이 재미있어서 책 읽는 것도 잊고 놀러 다녔다. 한편, 학교 수업은 재미없었다. 그들은 동급생들 사이에서 나이는 어렸으나 그다지 아득바득 공부하지 않아도 좋은 성적을 거두었다. 조숙한 것은 아니었으나 다른 아이들이 하는 게임에는 흥미를 갖지 않았다. 그러나 그들은 동급생들과 어딘가 다르다는 것을 별로 불행하다고도 의식하지 않았고, 모두와 함께 공부하거나 노는 것으로 만족했다.

그 무렵 버몬트는 현재와 비교하면 너무나도 딱딱한 도덕의식이 사람들 주변에 엄숙한 기분을 만들어 냈다. 그것은 청교도적이라기보다는 오히려 복음주의적인 종교적 분위기에 의한 것이었다. 이 도시의 모든 어린이들은 이렇게 갑갑한 분위기를 벗어나 야외를 뛰어다녔다. 존의 형제들도 물론 그러했다. 그러나 듀이 가문 소년들에게는 이 밖에도 아직 여러 가지 의미에서 그들의 마음에 풍부한 영향을 줄 사건이 많이 있었다. 예를 들어 어머니 루시나는 남편 아치볼드가 출정했을 때 너무나도 오랫동안 서로 떨어져 있는 것을 걱정하여, 전쟁의 마지막 겨울에는 아이들을 데리고 북부 버지니아의 남편의 부대가 있던 곳으로 이사했다. 동부의 겨울은 춥고 길다. 게다가 전쟁이 한창일 때의 이사였다. 이것은 당시의 부인으로서는 정말이지 영웅적인 행위여서, 이 황량한 전장에서의 자유롭지 못한 생활을 견디며 살아가는 어머니의 모습은 어린 소년들의 마음에 깊게 새겨져 사라지지 않았다.

자연의 품에서

뉴잉글랜드는 아름다운 자연 풍경이 풍부했다. 산자수명(山紫水明)의 빙하호가 곳곳에 있었다. 데이비스나 존은 애디론댁 산들을 돌아다니고 그린 산맥의 최고봉 맨스필드에도 올랐다. 보트에 텐트, 담요, 식료품을 싣고 샘플레인 호수의 이 끝에서 저 끝까지 탐험한 적도 있다. 또, 재목을 운반하는 마차를 한 대 빌려 보트를 세인트로렌스 강과 샘플레인 호수를 연결하는 운하로 운반하여, 캐나다 내륙의 호수까지 노를 저어 올라가기도 했다. 이 캐나다로의 모험여행은 '낚시 여행'이라고 불렸는데, 그들이 고용한 인디언 안내인에 따르면 '으스름달'이라는 한가로운 여행으로 물고기는 거의 잡히지

듀이가 소년시절을 보낸 버몬트의 아름다운 자연환경은 뒷날 그의 교육 이론의 밑거름이 되었다.

않았다. 이 여행에는 제임스 배컴, 존 배컴 형제도 함께 했다. 제임스는 대부분의 시간을 숲 속에서 보내며 여러 가지 동물을 관찰했다. 그들은 여행 도중에 이제까지는 몇 마디밖에 몰랐던 프랑스어를 익혀, 학교에서 프랑스어를 배우기 전에 시내 도서관에서 빌려온 프랑스어 소설을 읽을 수 있게 되었다. 이러한 소년시절의 환경은 뒷날 존 듀이의 교육이론 형성에 큰 역할을 했다. 더구나 그들의 동료는 소년이건 청년이건 대부분 집안일을 도우며 책임을 분담했다. 젊은 사람들은 농업이건 공업이건 간단한 일이라면 대개의 일을 할 수 있었다.

　그에 반해서 학교는 재미가 없고 교과서는 읽을 마음이 들지 않았다. 학교에서 지루하지 않은 시간은 수업을 떠나 선생님과 유쾌하게 이야기를 나눌 때뿐이었다. 도시가 성장하고 기계산업이 발달함에 따라 이제까지 사람들이 갖고 있었던 직업에 대한 책임감도 없어져, 일을 통해 서로 개인적으로 친하게 접촉하고 학교교육에서는 얻을 수 없는 것을 익힌다는 플러스적인 면도 점점 무시할 수 없어졌다. 듀이가 어렸을 때는 쉽게 입수할 수 없었던 읽을 거리도 싸고 풍부하게 돌아, 집에 들어앉아서 책을 읽을 수 있게 되었다. 이래저래, 듀이가 자란 농업중심 사회에서 읽기·쓰기·주판만 가르쳤던 학교교육은 그 무렵에조차 지루한 것이었는데 더욱 무의미해져 갔다. 어쨌든 그가 대학에 들어가기까지 받았던 교육의 가장 중요한 부분은 교실 이외의 장소에서 얻은 것이며, 인간의 참된 공부에 있어 가장 효과적인 것은 각자의 직업적 활동이라는 것이 그의 교육이론의 중심개념이 되었다.

아름다운 자연의 깊은 품속을 탐험하는 기쁨을 맛보고, 또한 자연과 직결하는 생산과 생활에 의하여 참된 공부를 할 수 있었던 존 듀이는 이 소년시절에 대한 향수를 그의 학교 교육론에서 이론화했다.

지식의 장원
─대학시절

진화론의 세례

존 듀이는 15살에 고등학교를 졸업했다. 그 당시 가족은 버몬트 대학 가까이 프로스펙트 거리에 살고 있었다. 형인 데이비스는 1년 전에 버몬트 대학에 입학했으나 병 때문에 휴학을 했으므로, 이듬해 입학한 존이나 사촌형인 존 리치와 함께 공부했다. 그들은 다 함께 1879년에 대학을 졸업했다.

그 무렵의 버몬트 대학은 아직 작았다. 전문가 양성을 목적으로 한 공과와 농과는 겨우 12년 전에 생겼다. 듀이와 형제들은 그리스어 학점을 땄으나, 그들은 공과 이외의 모든 학과 교수들과 접촉을 해야 했다. 대학은 그들에게 모든 학과를 배울 것을 요구했다. 처음 2년 동안은 그리스어, 라틴어, 고대사, 해석 기하학 및 미적분 수업이 있었다. 3학년이 되자 자연과학이 중요한 학과가 되었다. 파킨스 교수가, 제임스 D 데이나라는 당시의 지질학자이자 동물학자였던 사람이 쓴 교재를 사용하여 지질학을 가르쳤다. 파킨스는 진화론에 기초하여 여러 가지 교재를 진화 순서대로 늘어놓고 깔끔하게 설명해 주었다. 그것은 신에 의한 창조 신화에 대한 의심을 과학적으로 훌륭히 검증했다.

같은 해에 생리학 수업도 있었는데, 여기에는 영국의 학자 토마스 헨리 헉슬리의 《생리학원론강의》가 교재로 쓰였다. 진화론의 입장에 선 헉슬리의 이

듀이가 자주 여름을 보냈던 외할아버지 댁(1860)

교과서로부터 듀이는 살아 있는 모든 것이 생명을 갖는 존재로서 하나라는 뚜렷한 인상을 받았다. 개개의 생물을 뛰어넘은 전체적인 생명현상이 있다는 발견은 듀이를 정말로 놀라게 했다. 청년기에 자주 있는 일인데, 사물 개개의 현상에 얽매이지 않고 전체를 넓게 전망하는 일에 지적 흥미를 갖는 것이 철학의 태도라고 한다면, 듀이는 헉슬리의 책에 의하여 철학적 흥미가 일어났다고 할 수 있다.

대학 도서관에는 영국에서 새로 사 온 잡지가 구비되어 있었다. 이들 잡지는 진화론을 둘러싸고 일어나는 다양한 문제에 대한 논쟁을 싣고 있었다. 〈포트나이틀리〉는 급진파의 과학사상을 대표하고, 〈컨템퍼러리 리뷰〉는 보수파를, 그리고 〈나인틴스 센츄리〉는 중도파를 각각 대표했다. 이 시기 대학에서는 심포지아라고 불리는, 단일 제목에 대한 합동토의 시간이 있어 진화론이 주제로 선택되었다. 헉슬리와 필적하여 영국의 과학자 틴들이 학생들에게 강한 영향을 준 것도 이 무렵이다.

학생들은 생물학에 흥미를 가졌으나 그것은 진화론에 이끌렸기 때문이며, 생물학이라는 특수한 분야에 관심을 가진 것은 아니었다. 또한 학생들이 즐겨 읽은 예의 잡지들은 단순히 진화론을 과학이론으로서 다루었을 뿐 아니라 매우 넓은 범위의 논의를 실었다. 왜냐하면 19세기 후반이 되고부터 급속하게 발전한 과학과 기술은 도처에서 전통적인 신앙체계와의 충돌을 일으켜, 과학과 종교의 전면충돌을 어떻게 해결하느냐가 일상생활이나 사상에 있어 긴급한 과제가 되었는데, 진화론 논쟁은 바로 이 충돌의 최전선에서의 사건이었기 때문이다. 듀이는 이들 잡지를 읽음으로써 매우 커다란 자극을 받았으며, 보통의 철학 수업보다도 훨씬 깊은 영향을 받았다. 나중에 듀이는 스스로 '이 시기에 뚜렷한 철학적 관심이 싹텄다'고 말했다.

배컴 총장

4학년이 되었다. 최종학년 과정이었으므로, 사물을 넓게 살펴보고 전체를 바르게 파악하는 능력을 기르기 위하여 보다 큰 지적 세계로 학생을 이끄는 수업이 행해졌다. 토리 교수는, 같은 시대 미국의 교육자로 심리학을 전공한 노아 포터가 쓴 지식철학에 관한 책을 사용하여 심리학 강의를 했다. 또한 18세기 영국 철학자 버틀러의 《자연종교와 계시종교의 비교》에 의하여 종교 철학에 관한 짧은 강의도 이루어졌다. 이 밖에 논리학이나 윤리학 수업도 있었으나 철학사는 특별히 가르치지 않았다. 수업 사이에 기회가 있을 때마다 다루어질 뿐이었다. 총장인 배컴은 경제학, 국제법 및 프랑스 역사가 기조의 《문명사》 강의를 했다. 학생들은 이들 수업 외에 스스로 플라톤의 《국가론》을 읽었고, 또한 당시 영국의 경험주의자 알렉산더 베인의 저서를 공부하여 영국 경험론에 대한 몇 가지 지식을 얻었다.

배컴 총장은 뛰어난 교육자였다. 그는 사물을 순서대로 생각해가는 논리적인 정신을 가졌고, 나아가 그 생각을 명확하게 표현하는 능력을 갖추고 있었다. 그러나 그는 자신의 신념을 학생에게 강요하지 않았다. 그의 교육법은 스스로 절대적인 진리라고 생각하는 것을 학생에게 믿게 하는 방법이 아니라, 학생이 스스로 진리라고 생각하는 것을 이끌어낼 수 있도록 옆에서 학생을 원조하여 주는 방식이었다. 그것은 마치 옛날 소크라테스가 아테네 청년들에게 취한 교육 방법과 같았다.

총장은 신입생이 입학하면, 그들과 책 하나를 사용하여 기본적인 도덕 문제에 대하여 서로 이야기한다는 명목으로 한 주에 한 번 면담을 했다. 이것은 사실 신입생의 얼굴과 이름을 외우기 위해서였다. 듀이는 이 시간에 토의된 구체적인 내용은 거의 기억하지 못했지만, 그 토의 방식은 그의 머릿속에 오랫동안 강한 인상으로 남아있었다. 총장은 우선 그 주의 숙제였던 장(章)의 대강의 뜻은 무엇인지를 묻는다. 아무도 대답하지 않는다. 그러면 총장은 다음 주부터는 누군가 한 사람 책임자를 정하여 발표를 시키는 식이었다. 이처럼 논의가 세부문제로 들어가기 전에 전체의 전망을 확실하게 세워두는 것과, 반대로 책을 읽었을 때는 세부를 이해해야 함은 물론이나, 하나의 단락이나 하나의 장이 대체 무엇을 말하려는 지를 파악하는 태도의 중요성을 배컴은 학생들에게 가르쳤다. 총장 앞으로 불려가서 설교 당하는 이외에는 이 수업만이 학생과 총장이 가깝게 접할 기회였다. 총장의 교육자로서의 뛰어난 견식과 방법은 오래도록 듀이의 마음에 새겨졌다.

철학 수업

버몬트 대학은 1791년에 설립되었으며, 주립대학으로서는 미국에서도 노스캐롤라이나 대학에 이어 두 번째로 오래된 역사를 갖는 대학이다. 이 대학은 줄곧 철학의 전통을 유지해 온 것을 자랑으로 여겨 왔다. 대학 설립 초기의 철학 교사는 마쉬 박사로, 그는 미국에서 칸트·셸링·헤겔 등의 독일 관념론이라는 사변적인 철학을 연구한 최초의 인물이었다. 마쉬 박사는 독일 관념론을 영국에 이입한 19세기 전반 스코틀랜드 시인 콜리지의 사상적 입장을 지지하여 그 입장에서 독일 관념론을 연구했다.

듀이가 철학 수업을 받은 토리 교수도 마쉬 박사의 방침을 따라 스코틀랜드파의 철학을 기초로 강의했다. 원래 영국에서는 17세기 초에 출현한 프랜시스 베이컨 이래, 인간의 감각적 경험과 경험에 기초하는 귀납적 추리가 진정한 지식 즉, 진리를 발견하는 유일한 길이라는 경험론의 사고방식이 지배적이었다. 그러나 이 입장을 추궁해가면, 감각적으로 경험되지 않는 것은 모두 존재할 수 없게 된다. 즉, 눈으로 보거나 귀로 듣거나 코로 냄새 맡거나 혀로 맛보거나 피부로 접촉할 수 없는 것은 이 세상에는 존재하지 않는다는 것이다. 지각으로 다루어지지 않는 것, 예를 들어 신이나 영혼이나 이성이나 의지나 그 밖의 이제까지 중요하다고 생각해 온 많은 것이 이 지상에서 모습을 감춰야만 한다. 이래서는 인간의 도덕도 종교도 그 근거를 잃고, 인간은 안심하고 사회생활을 계속해 갈 수가 없다.

그래서 스코틀랜드파 철학자는, 그러한 감각적 성질을 갖지 않는 관념적인 것도 현실에 존재하며, 이른바 감각적 경험에 의하여 파악할 수 없을지라도 인간에게 원래부터 갖추어져 있는 직관 능력에 의하여 직접 파악할 수 있다고 주장했다. 영국 경험론 덕택에 동요해 온 도덕적·종교적 신념을 가까스로 지탱하는 주요한 지적 요새로서 이 스코틀랜드파의 철학은 영국에서는 중요한 활동을 해 왔다. 이 철학은 인간의 경험을 뛰어넘은 것이 실재함을 인정한다는 점에서 진화론에 대해서도 비판적인 태도를 취한 것은 물론이다. 그러나 스코틀랜드파 철학에는 독일 관념론의 이성을 중시하는 합리주의사상의 영향이 강하여, 인간의 이성보다는 신의 의지에 절대 권위를 인정하는 정통파 신앙이 강한 뉴잉글랜드의 분위기 아래서는 토리 교수의 철학조차 신을 부정하는 위험 사상이 아닌지 의심을 받았다.

토리 교수는 감수성이 풍부하고 교양이 있으며 예술적인 감각이 풍부한 취미를 가진 사람이었다. 이 당시 북부 뉴잉글랜드의 정신적 분위기가 좀 더 교수의 섬세한 기질에 맞았다면, 무언가 좀 더 의의 있는 철학적인 일을 달성했을 게 틀림없다. 그는 소심한 사람으로, 자기 마음을 드러내는 일을 분명하게 말할 수 없었다.

"지적으로 생각하면 범신론*이 가장 만족할 수 있는 철학인데, 그래서는 종교적인 신앙과 모순을 일으켜서 말일세."

이것은 나중에 토리가 듀이에게 털어놓은 심경이었는데, 이러한 마음속 모순에 고민하는 토리의 소심함이 그의 천성적인 능력의 충분한 개발을 방해하고 있다고 듀이는 느꼈다.

학문과 사회

학생시절에 강의를 들었을 뿐인 토리 교수의 철학은 듀이에게 평생의 직업으로서 철학 연구를 선택할 것을 결의시킬 정도의 영향력을 갖지는 못했으나, 그가 철학에 지적 관심을 품게 된 것에 관해서는 역시 하나의 힘이 되었다. 또한 듀이는 도서관에서 영국 잡지 〈포트나이틀리〉에 실린 프레더릭

---

*신은 이 지상의 온갖 것에 자기를 드러내고 있다. 그러므로 현실에 존재하는 것은 모두 신 자체라고 생각하는 입장. 유일 절대의 신은 지상이 아니라 천상에 있다고 생각하는 정통적인 유신론이나, 그것을 근거로 하여 성립하는 종교적 신앙은 당연히 모순하는 사상이다.

해리슨의 여러 논문을 읽고, 프랑스 실증철학자이자 사회학의 창시자인 오귀스트 콩트에게 흥미를 느꼈다. 그래서 해리엇 마르티노라는 사람이 요약한 콩트의 실증철학을 읽어보았다. 우리 인류 사회는 신학적 단계에서 형이상학적 단계를 거쳐 실증적 단계로 진화 발전한다는 콩트의 유명한 사회진화 3단계설이나, 개인이 이기심을 억누르고 인류를 위하여 헌신하는 것을 이상으로, 이를 향하여 인간을 교화하기 위하여 새로운 종교로서 제창된 인류교 등은 특별히 듀이의 흥미를 끌지 않았다. 그러나 콩트가, 현존하는 사회생활은 장래 해체될 것이라고 한 것과, 과학

버몬트 대학교에 세워진 듀이의 기념비

이나 철학이 발전하는 데는 사회가 중요한 기능을 하므로 학문과 사회적 여러 조건의 상호관계를 이론적으로 밝히는 것이 중요하다고 말한 것은 그 이후 언제까지나 듀이의 사상에 영향을 주었다.

3, 4학년 학생은 누구나 심포지아 시간에는 문제제기를 위해 무언가 발표를 해야 했다. 공개수업일 때는 특히 발표 방법이 뛰어난 사람이 뽑혔다. 듀이도 한 번 발표하게 되어 준비는 했으나 결국 발표하지 않고 끝난 적이 있다. 그때 그가 정리한 발표요강은 '경제학의 한계'라는 제목이었는데, 이것은 명백하게 경제학을 사회학보다도 낮은 지위에 둔 콩트의 영향을 나타내는 것이었다.

대학에서 듀이는 언제나 성적이 좋았다. 4학년 때는 더욱 열심히 공부했으므로 그의 성적은 버몬트 대학 개교 이래 발군의 것이었다. 단, 여기서 듀이가 철학에 흥미를 가진 까닭에 대해 짚고 넘어가야 할 것이 있다. 그가 과학과 종교의 충돌 문제로 고민하여 이것을 이론적으로 해결하기 위해 철학을 정리한 것은 아니었다는 점이다. 원래 많은 철학 청년이 그렇듯이 인생의 여러 가지 문제로 고뇌하여 철학에 열중하는 것은, 프런티어 정신의 피를 이어받은 천재 존 듀이에게는 거리가 먼 삶일 뿐이다. 그는 지적인 천재답게 저 헉슬

리에 의하여 자극된, 순수한 지식 문제로서의 철학 세계에 끌렸던 것이다.

고향을 떠나
─대학원 시절

숲속에서의 사색

1879년 여름, 대학을 졸업한 듀이는 우울했다. 18명이 함께 졸업했지만 모두 취직이 쉽지 않았다. 듀이는 경제적으로 놀고 있을 처지가 못 되었으므로 학교 선생님이 되려고도 생각했으나 일자리를 찾지 못했다. 가을부터 학교에는 신입생이 들어왔지만, 그는 여전히 빈둥거릴 수밖에 없었다. 바로 그때 듀이는 사촌 클라라 윌슨에게서 한 통의 전보를 받았다. 윌슨이 교장으로 있는 펜실베이니아 오일 시티의 고등학교에 교사 자리가 비었다는 소식이었다. 듀이는 기꺼이 피츠버그에서 알레가니 강을 동북으로 약 200킬로미터 정도 거슬러 올라간 곳에 있는 석유 마을로 향했다. 첫해 급료는 40달러였다. 그는 2년 동안 라틴어, 대수, 자연과학 등 무엇이든 가르쳤다. 2년이 지나자 윌슨은 결혼하기 위해 교장직을 그만두었다. 듀이도 그와 함께 사직하고 벌링턴으로 돌아왔다.

다음 겨울에는 한시적으로 옆 마을 샤를로테에 있는 초등학교에서 가르쳤다. 그러면서 그는 모교 버몬트 대학의 토리 교수로부터 철학 개인지도를 받기로 했다. 철학사에 나오는 몇 가지 고전도 읽었다. 토리 교수는 듀이를 숲으로 데려가 산책하며, 교실에서 이야기하는 것보다도 더욱 허심탄회하게 자신의 견해를 이야기해 주었다. 그 내용은 뛰어났으며, 듀이는 더욱 편하게 연구할 수 있는 조건 속에서 훌륭한 철학자가 되었을 것이라는 느낌을 받았다. 이 숲속에서의 사색과 산책은, 젊은날의 듀이에게는 자신의 천직을 철학 연구로 삼느냐 마느냐를 둘러싸고 희망과 불안과 초조함이 교차하는 것이었다.

대학 도서관에 해리스라는 사람이 편집 출판한 〈사변철학잡지〉라는 것이 있었다. 해리스는 세인트루이스 마을에서 몇 개의 학교를 경영하고 있었으며, 동시에 독일 철학 특히 셰링과 헤겔에 관심을 보이는 독일인 그룹,

1848년의 독일 내란*을 피해 미국으로 망명한 사람들과 접촉하고 있었다. 〈사변철학잡지〉는 이 그룹의 관계지로, 간행상태는 다소 불규칙적이었지만, 오랜 세월동안 미국 유일의 뛰어난 철학 잡지였다.

이 무렵의 듀이는 겨우 철학을 생애의 벗으로 삼으려 마음먹었지만 아직 자신이 없었다. 그래서 논문을 한 편 써서 조심스레 해리스 박사에게 보냈다. 자신이 과연 철학자로서 일생을 살아갈 수 있는가를 판단받기 위해서였다. 얼마 뒤 해리스 박사에게서 답신이 왔다. 그는 듀이의 논문이 고도의 철학적 정신을 나타내는 우수한 것이라는 기쁜 판정을 내려 주었다. 해리스는 이 논문을 1882년 4월의 〈사변철학잡지〉에 싣고 제목을 '유물론의 형이상학적 가정'이라 지었다. 이러한 해리스 박사의 격려로, 신진기예 철학자 듀이는 처음으로 일생동안 철학연구를 계속할 것을 결의할 수 있었다. 해리스 박사는 듀이에게 또 다른 논문 두 편을 의뢰하여 잡지에 실었다. 이 세 편의 논문이 듀이가 철학계에 데뷔한 처녀논문인데, 훗날 듀이의 말에 따르면, 그 내용보다는 형식이 논리적으로 정비되어 있다는 점이 주목받았던 것이었다.

고향과의 결별

토리 교수와 해리스 박사에게 용기를 얻어 마침내 본격적으로 철학을 공부하기로 결심한 듀이는, 숙모에게 500달러를 빌려 1882년 가을에 볼티모어로 떠나 존스 홉킨스 대학교 대학원에 입학했다. 이로써 듀이는 그가 태어난 때부터 대학 시절까지의 꿈 많은 소년 생활을 보듬었던 벌링턴 마을과 샘플레인 호수에 오랜 작별을 고했다. 그의 형제와 다른 친구들도 각자의 인생을 걷기 시작하고 있었다. 존 리치는 버몬트에서 아버지의 장사를 도왔다. 동생 찰스 듀이는 실업계에 들어가 생애의 대부분을 서부에서 보냈으므로, 이후 형제가 얼굴을 마주할 기회는 그다지 많지 않았다.

소년 시절부터 시에 흥미를 보였던 제임스 배컴은 당시 유명했던 〈유스 컴패니언〉이라는 잡지의 편집자로 한동안 일했으나, 타고난 재능을 전부 발휘하기도 전에 요절하고 말았다. 그 동생 존 배컴은 훗날 캘리포니아 버클리

---

* 1848년 프랑스에 2월 혁명이 일어나자, 곧바로 독일연방으로 파급되어 오스트리아의 수도 빈과 프러시아의 수도 베를린에서 파동이 발생했다. 독일연방 내의 슬라브 민족운동이나 독일시민계급의 자유주의운동 등의 출현이 그것이다.

에 있는 태평양 종교학원이라는, 종파를 초월한 신학학교의 교수가 되었다.

존 듀이의 형 데이비스 듀이는 버몬트 대학교를 졸업하고 한 고등학교의 교사로 훌륭한 성적을 올려, 후에 존이 존스 홉킨스 대학원의 2학년이 되었을 때 같은 대학원에 입학했다. 그는 경제학을 전공하여 박사학위를 따고, 매사추세츠 공과대학에 근무하며 당시 공과대학 총장인 제너럴 워커가 처음으로 설치한 통계 및 경제학 강의를 담당했다. 데이비스는 생전의 워커와 친하게 지내며, 훗날 모든 공과대학에 설치된 '공업관리' 과정의 본연의 자세를 깊이 연구했다. 그는 경제학의 이론보다 실천면을 강조했다. 또한 데이비스는 미국통계학회의 열렬한 회원으로, 그 학회 간행물의 편집을 맡았으며 국제회의의 대표로 출석하여 활약했다. 만년에는 〈미국경제평론〉의 편집자로 활동하였다.

이처럼 존의 어린 시절 죽마고우들은 각자 인생 코스를 착실하게 걷고 있었다. 물레방앗간과 사일로 주변을 내달리고 호수와 운하에서 보트를 저으며 놀던 듀이, 리치, 배컴 가(家)의 소년들의 마음속에는 각자의 노동과 책임을 중시하는 뉴잉글랜드의 청교도 윤리가 있었다. 그리고 그들은 고향 벌링턴을 뒤로 하고 무한한 세계를 향해 뻗어나갔다. 듀이는 결코 고향에 대한 애착을 보이지 않았다. 듀이의 컬럼비아 시절의 제자였다가 후에 동료가 된 허버트 슈나이더 박사의 말에 따르면, 듀이는 가능한 빨리 신이 버린 땅을 떠나고 싶어했다고 한다. 듀이의 몸속에도 프론티어, 개척자의 뜨거운 피가 흐르고 있었던 것이다.

학문의 기쁨

존스 홉킨스에서 데이비스와 존 형제가 함께 공부했던 시기는 형제의 소년시절 좋았던 관계를 부활시켜, 앞으로 반세기에 걸친 우정의 끈을 단단히 묶게 된다. 데이비스는 사회적·정치적 견해는 존보다 보수적이었으나, 두 사람은 체격은 물론 성격도 매우 닮아 있었다. 두 사람 모두 일을 열심히, 공평하게 처리하는 예사롭지 않은 힘이 있었으며, 객관적이고 공평한 판단을 내릴 수 있었다. 또한 둘은 특히 쾌활한 기질의 소유자로, 어지간한 일은 웃어넘기며 자잘한 일로 크게 걱정하지 않았다. 보통 철학자는 어쩐지 우울하고 찌푸린 얼굴로 당연한 내용을 복잡하게 말하는 사람이라는 잘못된 통념이 있지만, 존 듀이는 그와는 정반대의 사람이었다.

그 무렵의 존스 홉킨스 대학교는 대학원 과정에 중점을 두고, 고도의 연구개발을 주요 목적으로 삼았다. 총장 질먼은 이제껏 학자가 되기 위해서는 독일에 가서 공부해야 했던 학생들을 위해, 미국 내에서도 충분히 공부할 수 있도록 하겠다는 목적으로 훌륭한 교수진과 학생들을 모았던 것이다. 4년의 학부 중 후반 2년 과정에도 일부 할당되기는 했지만, 주력은 대학원에 쏟아졌다.

총장은 항상 학생들에게, 새로운 연구야말로 가장 중요하며, 하려고 마음먹으면 할 수 있다는 점을 거듭 가르쳤다. 이는 학생들을 크게 자극하고 마음을 고무시켰다. 세계에는 완전히 새로운 연구를 하고 있는 사람들이 있음은 알고 있었지만, 이제껏 받은 교육은 그들 자신이 그러한 행복한 사람들의 일원이 될 수 있는 가능성과 조건을 갖추고 있다는 점은 가르쳐 주지 않았었다. 학문은 먼 세계에서 우리에게 내려오는 것이 아니라 우리 주변에 굴러다니고 있으며, 중요한 점은 스스로 그것을 파내는 것이라고 질먼 총장은 가르쳤다.

새로운 대학의 분위기는 매우 자극적이었으며, 여기서 듀이가 맛본 경험은 앞으로 결코 재현할 수 없는 생동적인 것이었다. 많은 학생에게 살아있는 것, 게다가 이러한 환경에 둘러싸여 사는 것 자체에 무한한 행복으로 다가왔다. 대학이 학점만 따서 사회에 나가는 여권 발행기관이거나, 스포츠를 즐기는 한가로운 '유학(遊學)'의 장소에 불과하다면 '대학교'라는 이름이 아깝다. 존스 홉킨스 대학교는 대학이라는 이름답게, 듀이에게 학문의 기쁨을 가르쳐 주었다.

질먼 총장

교수를 둘러싸고 교수와 학생이 일정한 문제에 대해 토의를 하는 세미나 형식의 수업은 당시 미국 대학에서는 매우 생소했으나, 존스 홉킨스에서는 이것이 학생들의 연구생활의 중심이었다. 질먼 총장은 때때로 이 대학의 졸업생 중에서 학문상으로나 직업상으로 훌륭하게 성공한 사람들에 대해 열심히 이야기해 주었다. 듀이가 부전공과목으로 선택한 역사학 및 정치학 교실의 허버트 애덤스 교수는 총장의 이야기에 절묘하게 보충설명을 해 주었다.

학생 수가 적었으므로 학생들끼리, 또는 학생과 교수들끼리도 충분히 친하게 지낼 수 있었다. 듀이와 친한 친구로는 형 데이비스 외에, 나중에 여러 대학에서 교편을 잡은 우수한 학자들이 많았다. 이들 친구들과의 우정은 교실이나 도서관에서 얻는 교육의 부족한 부분을 채워주고도 남는 멋진 것이었다.

질먼 총장은 대학원 학생 한 사람 한 사람과 친밀하게 면담하여 격려와 충고를 해주었다. 그는 철학 연구만이 우월한 일이라는 편향된 사고를 갖고 있지 않았다. 그것은 특히 그 자신이 대학 무렵에 배운 철학이 조금도 재미없고 아무런 도움도 되지 않았다는 경험도 있었지만, 그 무렵에는 대학에서 철학을 전공해도 사회적으로 직업이나 지위가 보장될 전망이 없었기 때문이다. 대부분의 학교에서는 철학적인 과목을 가르치기 위해 대신 교회 목사를 고용하기도 했다. 질먼은 듀이에게 철학 이외의 다른 분야로 바꾸어 보라고 권해 보았지만, 잡지에 논문을 연달아 발표하면서 승승장구하는 젊은 철학자의 철학에 대한 열정을 꺼뜨릴 수는 없었다.

그러나 총장은 자신의 권유가 받아들여지지 않았다고 하여 학생과의 우정을 잘라내버릴 사람은 아니었다. 1884년에 질먼은 듀이가 남과 잘 어울리지 않고 책만 읽는 습관에 대해 유익한 충고를 아끼지 않았고, 유럽에서 공부를 계속할 수 있도록 학비를 빌려주려고도 했다. 듀이는 이 제의를 받아들이진 않았지만, 총장의 호의에 대해서는 진심으로 감사의 뜻을 품었다. 참고로, 그의 학위논문은 결국 출판되지 않았으며, 존스 홉킨스 대학교에도 사본이 남아있지 않다. 이 '칸트의 심리학'이라는 제목은 대학의 〈학위논문 일람표〉로만 알 수 있다.

헤겔 철학과의 만남

듀이가 전공한 철학교실은 미시간 대학교의 조지 모리스 교수가 저학년을 가르치고, 독일에서 오래 유학하다가 최근에 갓 돌아온 스탠리 홀 교수가 고학년을 가르쳤다. 이 두 선생님, 특히 모리스 교수와의 만남은 듀이의 정신에 큰 영향을 끼쳤다. 모리스는 미국에서는 몇 안 되는, 목사가 아닌 철학교수였다. 그는 독일의 철학 사가 유버웨그의 《철학사》를 영어로 번역하고, 역사적 배경에 대한 풍부한 지식을 구사하며 모든 수업을 진행했다. 그는 지식에 지치지 않는 정열을 불태운 사람으로, 수업을 할 때는 성실함을 담아 알기 쉽게 풀어서 설명했다.

모리스는 청교도적인 뉴잉글랜드의 교육에서 나타나는 종교적 정통주의의 전통적인 방식에 강하게 반발했으며, 한동안은 더욱 세속적이라고 평가받는 존 스튜어트 밀이나 알렉산더 베인 등 영국 경험주의자들의 사상에 공명한 적도 있다. 독일로 유학해서는, 헤겔의 맥을 잇는 유신론적 철학자 트

헤겔(1770~1831)

렌델렌부르크의 영향을 받아 헤겔의 관념론 철학과 아리스토텔레스의 실존론 철학을 연결시키려 하였다.* 마침 그 무렵 영국에서는, 경험주의나 공리주의에 반대하며 옥스퍼드 대학에서 토마스 힐 그린을 중심으로 헤겔주의가 꽃을 피우고 있었다. 그에 호응하여, 모리스는 미국에서 헤겔주의의 기치를 올리기로 한 것이다.

듀이는 모리스로부터 배운 헤겔 철학에 깊이 매료되었다. 거기에는 모리스 개인의 인품—비범한 감수성이 넘치는 순수함, 심혈을 기울여 일을 마주하고, 언제나 시원스런 마음을 지닌 사람—에서 나온 힘이 작용했음은 당연하다. 게다가 듀이가 자라온 뉴잉글랜드의 정신적 배경을 생각하면 그가 헤겔에게 끌린 이유는 쉽게 납득할 수 있다. 그는 어릴 때부터 벌링턴의 한 교회에서 가르친 교의를 믿으려 무의식적으로 노력했으나, 그 신앙은 끝내 그의 감정을 충족시켜주지 못했다. 그러나 모리스가 소개한 헤겔의 관념론은 소년시절의 종교적 경험으로 충분히 만족되지 못했던 지성과 정서를 융화시켜 주었다. 이미 언급했던 것처럼, 듀이가 철학이라는 학문에 흥미를 보인 것은 그의 개인적인 신앙 문제와는 별도로 순수하게 지적인 세계를 동경한 결과였는데, 지금 헤겔을 알게 됨으로써 처음으로 그에게 있어 철학이 인생

---

* 관념론(Idealism)은 일반적으로 객관적으로 존재한다고 여겨지는 것은 실은 당신 안의 관념이며, 인간의 생각에 의해 나타나는 것이라고 주장하나, 실재론(realism)은 인간이 생각하든 생각하지 않든 객관적인 세계는 인간의 마음 밖에 독립적으로 존재한다고 주장한다.

의 실천적 문제들과 관련된 학문의 지위를 획득한 것이다. 듀이가 훗날 쓴 〈절대주의에서 실험주의로〉라는 회상형식의 논문에서 헤겔과의 만남은 자신의 사색방법에 '영원한 침전물을 남겼다'고 말할 정도로, 당시의 그는 헤겔의 포로가 되어 있었다.

침전물

헤겔은 자연계와 인간계를 포함한 우주 전체의 현상은 '정신'이 자기를 그러한 형태로 나타낸 것이며, 자연도 인간도 역사를 갖고 있는데, 역사는 그 정신의 자기발전의 흔적이라고 설명했다. 역사는 발전한다. 어떤 한 시대 또는 사회는 내부에 다양한 모순이 생기고, 모순을 해결하려는 운동이 그 시대 그 사회 속에 일어나, 결국 하나의 새로운 시대가 되고 새로운 사회가 만들어지게 된다. 이는 정신의 자기운동에 지나지 않으며, 이는 시대나 사회에뿐 아니라 세계의 어떠한 사상을 보더라도 전부, 하나의 현상→내부 모순의 발견→모순 극복의 싸움→새로운 사상이라는 운동을 하고 있다. 운동하고 있다는 것은 존재를 이어간다, 즉 연속한다는 것이다. 예를 들어 나는 날마다 새로운 나로서, 다른 나로 발전하면서 역시 같은 나로 머문다. 이렇게 세상의 일은 모두 모순이라는 정의를 기초로, 운동과 연속과 발전의 개념으로 설명하는 방법을 변증법이라 한다.

각 개인은 더욱 넓은 의미에서의 정신(예를 들어 사회)의 발전의 흐름 속에서 그 정신(사회)의 담당자로 살아가므로, 개인의 생활태도는 정신(사회)의 운동이나 발전과 끊으려 해도 끊을 수 없다. 개인과 정신(사회)은 서로 대립(모순)하면서도, 개인이 없으면 사회도 없고 사회가 없으면 개인도 없는 상호의존관계에 있다. 헤겔의 변증법에 의하면 개인과 사회의 관계는 이렇게 이해할 수 있다. 그럼 헤겔 철학의 어떤 점이 듀이에게 '영원한 침전물'이 되었는가.

첫째는 개인이 그 정신생활을 형성하려면 사회가 가진 문화적 제도들에 의존한다는 점이다. 즉 개개인이 품는 다양한 관념과 신념과 지적 태도는 그가 사는 곳의 문화적 환경에 근본적으로 제약 받는다는 것이다. 이는 듀이가 콩트를 읽었을 때 이미 깊이 인상 받았던 것이기도 하다.

두 번째는 헤겔이 '연속'과 '모순'의 작용을 강조한 점이다. 이 점은 듀이가 헤겔의 사고에 대해 의문을 품고 헤겔에게서 점점 멀어져 가면서도 여전히 듀이 사상의 밑바탕에서 꾸준히 작용했다.

한편 듀이는, 헤겔처럼 정신이라 말하는 그것 자체로 감각적 경험으로 파악할 수 없는 실체를 가정하는 것에는 찬성할 수 없었다. 인간의 경험을 초월하는 것이 인간에 의해 인식되거나 인간의 생활에 작용한다는 것은, 인간의 행동을 요술방망이라고 생각하는 개척자 정신으로는 도저히 인정할 수 없는 비현실적인 것이었다. 따라서 실제적 경험을 존중하는 양키이즘의 전통에 편승한 듀이가, 헤겔 철학의 방법론에 나타나는 발전이나 연속 같은 사고방식은 받아들여도 헤겔 철학의 체계적 내용에는 비판적이었다는 점은 조금도 이상하지 않다.

인생으로의 출발
—미시간 시절

희망에 불타

모리스 교수는 듀이를 잘 돌봐 주었다. 듀이의 학업을 경제적으로 원조하기 위해 학부 학생에 대한 철학사 수업을 듀이에게 시키거나, 존스 홉킨스 대학의 특별연구원으로 추천하여 장학금을 받을 수 있게 해주었다. 이렇게 학문상과 생활상에서도 모리스 교수의 신세를 지게 된 듀이는 1884년에 학위를 따고 대학원을 졸업했다. 그러나 그해 여름도, 일찍이 버몬트 대학을 졸업한 때의 여름과 마찬가지로 직장을 찾지 못하고 불안에 사로잡혔다. 자신은 철학을 천직으로 선택하여 실패한 것은 아닌가 하는 생각과 질먼 총장의 충고가 절실하게 되살아났다. 그러나 선천적으로 쾌활한 성격이므로 그렇게 고민하지는 않았다. 바로 그때 또다시 모리스 교수의 은애한 손길이 뻗어왔다. 듀이에게 미시간 대학의 철학과 전임강사가 되지 않겠냐는 것이었다. 연봉은 9백 달러로, 거절할 이유가 없었다. 그는 시카고와 디트로이트 두 큰 도시를 잇는 철도를 따라 자리한, 디트로이트 서쪽 약 60킬로미터 거리에 있는 작은 대학마을 앤 아버로 떠났다. 여기서 그의 철학자로서의 삶이 시작된 것이다. 마침 듀이가 25살이 되려던 때였다.

듀이가 미시간 대학에 근무할 때의 총장은 제임스 엔젤이었다. 엔젤은 버몬트 대학에서 배컴 전에 총장을 했던 사람인데, 이제 미시간 대학이 주 전체 교육의 정점을 차지하고, 주 교육의 지도권을 쥐고 힘차게 학문을 발전시켜 나가야 할 시기를 만나, 그 포부 실현을 위해 노력하고 있었다. 엔젤은 이상적인 총장이었다. 그는 학생과 교수진을 위해 진정으로 민주적인 분위기를 북돋웠으며, 창조적인 교육에 빠질 수 없는 자유와 책임을 강조하며 대학의 기능을 전면적으로 가동시켰다. 그의 인간적인 매력과 온화함은, 듀이처럼 처음 이 대학에 온 교수나 학생들이 편안하게 동화될 수 있는 분위기를 형성했다. 교수들은 젊은 교사들에게도 언제나 말을 걸었다. 전임강사도 매주 열리는 학부 회의에 출석했는데, 이는 젊은 교사들에게 더할 나위 없는 공부의 기회였다.

이처럼 젊은 강사까지도 학부의 책임 있는 일원으로 우대되었다는 점과, 대학이 남녀공학제를 일관하며 주 교육의 정점을 차지하고 있는 점, 이 두 가지 민주적인 교육 본연의 태도는 듀이에게 깊은 인상을 주었고, 훗날 그의 민주주의와 교육에 관한 이론의 출발점이 되었다. 그가 소년기를 보낸 버몬트의 환경은 산업·경제상으로 민주주의에 의해 뒷받침되지는 않았다 하더라도 그의 마음속에 무의식적으로 민주주의에의 신념을 심었는데, 이제는 미시간 대학에서 그 신념이 의식적인 것이 되고, 분명한 이상으로서 그의 사상의 밑바탕이 되었다. 너나없이 벌링턴의 공립학교에 다니던 시절 소년의 마음에 있던 서민적 민주적인 생각과 느낌. 소수의 부자 아이들이 사립학교에 가는 것을 보고 '겁쟁이'나 '건방진 놈'이라 부르던 그 서민적인 기분. 그러한 것이 앤 아버의 젊은 철학자의 인생으로의 출발에 있어서 하나의 이론의 차원으로 확립될 기회를 주었다.

결혼

앤 아버의 첫 겨울이 왔다. 듀이는 또 다른 신임 교사와 함께 한 하숙집에 방을 빌렸다. 그 집에는 이미 여대생 두 명이 하숙하고 있었다. 그 중 한 사람인 앨리스 치프먼은 듀이보다 몇 개월 연상이었는데, 그로부터 2년 뒤인 1886년 7월에 이 두 사람은 결혼한다. 듀이가 26세 때였다. 치프먼은 미시간에서 태어났으며, 한동안 교사를 하다가 이 대학에서 다시 공부하고 있었다.

미시간 대학교 시절 동료들과 함께 앞줄 가운데가 듀이 (1890)

　그녀의 조상도 듀이와 마찬가지로 개척자였다. 아버지는 장식장 장인으로, 버몬트 주에서 미시간 주로 나왔다. 그러나 그녀와 여동생은 어려서 고아가 되었으므로, 외가 쪽 조부모 손에 자랐다. 조부는 허드슨 만 회사의 출장원으로 미시간에 왔으며, 모피상인 특유의 개척시대의 활기찬 분위기를 지닌 사람이었다. 그는 정의의 편으로 인디언에게 애정을 품고, 전쟁에 반대했으며, 종교적으로는 자유사상가였다. 모험적인 사업을 좋아하여, 미시간 주 북부 길을 조사하여 인디언과의 교역장소를 관리하거나, 콜로라도 산 속에서 금광을 파다가 교통이 너무 불편하여 채산이 맞지 않아 실패하기도 했다. 그는 학교교육을 거의 받지 않았지만, 풍부한 경험과 책임감 강한 독창적인 정신은 학력의 부족함을 채우고도 남았다.

　조부모는 경제적으로는 상당히 유복했지만 두 손녀에게는 그다지 많은 물질적 원조를 해 주지 않았다. 조부모는 가정 내에서의 개인주의를 철저하게 실천하는 사람들로, 손녀들에게도 '스스로 올바르다고 생각한 것을 하라'며 크게 간섭하지 않았다. 이렇게 앨리스 치프먼은 어린 시절부터 담력 큰 조부모 밑에서 독립자존의 마음을 키웠다. 그녀는 뛰어난 성신의 소유사였다. 언

윌리엄 제임스(1842~1910)
미국의 철학자·심리학자

제나 상황의 표면을 깨고 본질을 꿰뚫으며, 감수성이 풍부하고, 불굴의 용기와 정신을 갖고 있었다. 상대가 성실하게 사물을 지성적으로 생각하려고 노력하면, 자신을 희생해서라도 그러한 상대의 태도를 키울 수 있도록 도움을 아끼지 않았다.

조부모로부터 사회의 다양한 조건과 부정에 대해 비판적인 태도를 취하도록 감화되어 있던 앨리스는, 듀이의 철학적 흥미가 비교적 이른 시기에 단순한 고전의 주석적인 것에서 현대 생활의 여러 분야로 퍼져가는데 크게 이바지했다. 또한 그녀는 깊은 종교적 기질을 지니고 있었으나 어느 특정한 종교나 특정한 교회의 가르침은 결코 받아들이지 않았다. 듀이는 그녀의 태도에서, 종교적 태도란 인간의 경험으로 자연스레 갖추어지는 것이며, 신학자나 교회제도는 그것을 촉진하기보다는 오히려 마비시킨다는 신념을 얻었다. 이 신념은 후에 듀이가 《모두의 신앙》(1934)이라는 그의 저서에서, 인간의 마음속에 있는 '종교적인 것'은 부정할 수 없으며 존중해야 하지만 기성의 종교는 유해하고 쓸모없다는 사상을 전개할 때의 이념적 기초가 되었다.

타자기

앤 아버에서의 듀이와 모리스와의 교우가 계속되던 몇 년 동안은 듀이의 철학적 입장이 독일 관념론에 가장 근접한 시기였다. 이는 물론 존스 홉킨스 대학원 이후 모리스 교수의 영향에 의한 것이었으나, 당시는 영국에서도 독일 관념론의 세례를 받는 것이 가장 성행했던 시대로, 이런 상황이 미국에도 반영된 것이었다. 그러나 이미 서술했듯, 동부 해안 캠브리지 마을에 형이상학 클럽이 탄생한 뒤로 어느덧 15년의 세월이 흘렀다. 미국은 독자적인 철학사상을 발전시킬 경험과 반성을 충분히 갖추었음이 틀림없다. 존스 홉킨스의 질먼 총장이나 미시간 대학의 엔젤 총장은 이미 그 가능성을 확신하고 젊은 학자들을 독려하고 있지 않은가. 아내 앨리스의 뛰어난 자질과 재능에 의한 조력과 함께, 존 듀이는 이러한 기운과 격려에 부응할 수 있는 독자적인 사상 형성을 위해 움직이기 시작했다.

미시간 대학에서 그는 주로 논리학, 윤리학, 심리학 연구와 강의를 했다. 그는 이들 연구를 통해, 독일 관념론이 주장하는 것처럼 인간은 본질적으로 타고난 이성이나 정신

듀이가 애용하던 타자기

이라는 것을 선천적으로 소유하는 것이 아니라, 스스로의 경험을 밀고 나아가는 과정에서 점점 지성을 발달시키고, 나아가 그 지성을 '도구'로 새로운 경험에 대처한다는 사고—지성도구주의—를 전개하기 시작했다. 이때 윌리엄 제임스의 《심리학 원리》는 듀이의 철학적 사고방식이 독일 관념론의 제약에서 벗어나는 데 가장 큰 역할을 했다. 제임스가 인간의 의식의 작용인 구별 및 비교 기능을 통해 사물의 개념을 밝히고 추리하는 작용 등을 생물학 원리에 근거하여 설명한 것이 듀이에게 강한 인상을 남겼던 것이다.

듀이는 일생동안 셀 수 없는 많은 논문과 저서를 발표했는데, 그의 논문 다산성이 발휘되기 시작한 것은 1886년부터이다. 이 해에는 총 7개의 논문이 각종 잡지 등에 발표되었다. 그는 강의 초안과 원고를 당시로서는 아직 드물었던 타자기로 쳤다. 호레이스 칼렌은 윌리엄 제임스의 애제자였으며, 실용주의 철학을 발전시키기 위해 듀이나 다른 사람들과 협력하였다. 칼렌은 뒷날 듀이가 죽자, "듀이는 세계에서 가장 시끄러운 타자기를 갖고 있었는데, 그것이 끊임없이 터무니없는 시간까지 달각달각 울리고 있는 것 같았다"고 말했다. 인간의 사상을 원고지에 쓰려면 붓과 먹, 펜과 잉크, 타자기 등 다양한 수단이 있는데, 그 중에 가장 수단 자체에 감정이나 개성이 표현되지 않는 것은 타자다. 듀이의 사상에 감정이 담겨 있고 개성이 묻어나는 것은 물론 당연하지만, 그것이 투명하고 누구나가 이해하기 쉬운 것은 타자기로 친 원고라는 점도 한 이유일 것이다. 적어도 타자기가 발명되고 그것을 이용하여 원고를 쓸 수 있는 기술수준을 갖춘 시점에서 듀이의 철학이 태어

났다는 점은 잊어서는 안 된다.

스승과 사랑하는 자식의 죽음

듀이는 1888년에 미네소타 대학의 교수로 미니애폴리스로 갔으나, 그해에 존경하는 은사이자 동료인 모리스 교수가 세상을 떠나자 이듬해에 철학 주임교수로 앤 아버로 다시 불려왔다. 개인적으로나 사회적으로도 모리스의 죽음은 듀이에게 큰 손실이었다. 듀이의 철학자로서의 생애는 버몬트 대학 이후 많은 은사와 선배학자의 격려와 원조로 방향을 잡고 궤적에 올릴 수 있었지만, 사실 만약 모리스와 만나지 못했더라면 그의 일생은 완전히 다른 방향으로 흘렀을 것이다. 물론 이러한 것은 모리스뿐 아니라 듀이가 사귀면서 영향을 받은 모든 사람들에게 해당되며, 그러한 사람들 모두 듀이의 인생항로에 어떠한 의미에서든 큰 역할을 해 왔다. 그러나 그 중에서도 특히 모리스가 결정적으로 중요한 의미를 지녔었음은 아무도 부정할 수 없다.

모리스 부처는 신혼인 듀이 부부를 위해 그들의 집을 비워 주었다. 그들의 친절과 큰 배려는 듀이의 사회생활의 중심이었다. 결국 듀이는 직업적으로도 은사의 직계 후계자가 될 운명이었던 것이다. 듀이 부부는 앤 아버에서 태어난 셋째 아이의 이름을 모리스라 지었다. 이는 은사 모리스에게 바치는 감사와 경모의 마음이 얼마나 강했는지를 보여주는 증거이다. 불행하게도 이 아이는 2년 뒤의 이탈리아 여행 도중 밀라노에서 디프테리아로 인해 어린 목숨을 잃고 말았다. 이 사건은 듀이 부부에게 평생 잊지 못할 마음의 상처가 되었다.

당시의 대학 수업에는 여전히 목가적인 부분이 많이 남아 있었다. 어느 봄 학기에 듀이는 윤리학 세미나를 했다. 그 수업은 오후 4시부터 6시까지 2시간 동안 이루어졌다. 대부분의 경우 그의 아이들 중 누군가가 교실로 들어와 외친다. "아빠, 집에 안 가?" 듀이는 평상시에는 불쑥 뛰어들어온 아이를 밖으로 데리고 나가지만, 가끔은 교단 위로 데려가 거기서 기다리게 했다. 그러면 수업을 받는 학생들이 흘끗흘끗 아이를 보느라 도무지 능률이 오르지 않았다.

봄인데다 햇살도 좋고 학생 수도 적었다. 수업 중 조는 학생도 있었지만 듀이는 신경 쓰지 않았다. 이 무렵의 듀이는 콧수염을 기르고 제법 신사 행

세를 하였다. 대학 운동장에서 풋볼 시합이
있으면 곧잘 보러 가서, 옆에 있는 학생에
게 팀이나 시합에 관하여 이것저것 설명해
주었다. 듀이의 수업을 듣지 않는 학생들은
어딘가의 상류계급 신사가 학교에 풋볼을
응원하러 왔다고만 생각했다고 한다.

대학을 졸업하고 신진기예 철학자로 인
정받고 결혼까지 했다. 앤 아버 시절의 듀
이는 인생에서의 가장 꿈 많은, 무한한 가
능성을 즐기는 생활을 보낼 수 있었다. 또
한 진정한 자신은 아직 확립되어 있지 않지
만, 어떤 독자적인 색깔이 분명히 나타나면

조지 허버트 미드(1863~1931)
미국의 철학자·사회심리학자

서 무언가를 꼭 이루고 싶어 좀이 쑤시는 상태였다. 그의 주변에는 다양한
사상이 소용돌이치고 있었다. 그는 그 소용돌이 속을 마침내 스스로 배를 저
어 갈 수 있을 만한 힘을 갖추기 위해 모색하고 있었던 것이다.

우수한 동료들

철학 주임교수가 된 듀이는 차석 교수로 제임스 터프츠를 불렀다. 터프츠
는 매사추세츠의 애머스트 대학을 졸업하고 베를린에서 학위를 취득했으며,
뉴잉글랜드 출신다운 다부지고 거친 성격의 소유자였다. 시카고 대학이 창
설된 1892년, 터프츠는 듀이보다 한 발 먼저 시카고로 옮겼는데, 이것이 나
중에 듀이가 시카고 대학으로 가게 되는 계기가 되었다. 시카고에서의 두 사
람의 협력관계는 후의 공저 《윤리학》(1908)으로 결실을 맺는다.

터프츠가 시카고로 떠난 뒤, 학생의 증가에 따라 철학 교수를 두 사람 채
용했다. 알프레드 로이드와 조지 미드가 앤 아버로 왔다. 두 사람 모두 하버
드 대학 출신으로, 로이드는 갓 박사학위를 딴 정도이고, 미드는 논문을 완
성하기도 전에 베를린으로 돌아가야 했다. 로이드는 독창성이 풍부한 학자
로, 특정한 학파에 속해 있지 않으므로 영향력은 그다지 크지 않았지만, 솔
직함과 공명정대함으로 교수진의 신뢰를 얻어 오랫동안 대학원 과정의 부장
을 맡게 된다. 미드와 그 가족은 듀이의 집에서 가까운 곳에 살았으며, 양가

가 시카고로 옮겼을 때에도 같은 아파트에서 살았다. 양가의 첫째 아이들은 나이가 거의 비슷하여 친하게 지냈으며, 듀이 가(家)의 사람들은 미드 부인의 친정인 호놀룰루를 방문하기도 했다. 양가의 우정은 앞으로 평생 이어지게 된다.

미드는 생전에는 책을 거의 출판하지 않기 때문에 그가 듀이에게 끼친 영향은 줄곧 과소평가되어 왔다. 미드의 학풍, 특히 자연과학 부문의 이해에 있어서는 듀이보다도 훨씬 뛰어났다. 미드의 주요관심사는 인간의 심리현상을 생물학 이념과 연결시켜 설명하는 것이었다. 이제까지의 심리학 또는 철학은 심리현상을 설명할 때 생물학적 기초로서의 뇌에만 착안했다. 또는 고작해야 유기체의 전체에서 동떨어진 신경조직에만 착안했다. 그러나 뇌와 신경조직은, 일정한 환경하에 작용하거나 반응을 보이며 생활하는 유기체라는 하나의 집합에 속한 특유의 기관으로 파악함으로써 처음으로 의미를 지니며, 환경이나 유기체에서 따로 떨어지면 존재할 수 없으며 기능을 가질 수도 없다. 지식이나 사상 등의 심리현상은 모두 이 관점에서 설명되어야 한다는 것이 미드의 견해였다.

이 외에, 유기체와 환경 사이의 안정→동요→안정회복이라는 프로세스의 해명, 인간 자아의 기원을 사회적 관계로 정리하는 이론 등을 전개했다. 이 때 미드의 사고에서 중심적인 중요한 위치를 차지한 것은 유기체(인간)의 사회적 행동이며, 그의 《행동의 철학》은 미국 실용주의에 가장 중요한 이론적 공헌을 하였다. 이러한 미드의 사상은 서로간의 토론을 통해 듀이에게 깊은 감화를 주었으며, 1890년 이후의 듀이에 대한 미드의 영향은 제임스의 그것과 필적한다.

독자적인 사상 형성
─시카고 시절

듀이 학교

미시간 대학은 주 교육의 중심이었으므로, 듀이는 곧잘 주 내의 학교를 보러 다니거나 교사 회합에 출석하여 교육심리학을 이야기했다. 자신의 세 아이들을 관찰하는 것은 발달심리학 이론을 실제로 시험해 보는 데 도움이 되었다. 듀이는 교육이라는 작용이 단순한 이념에 머물고 마는 것이 감정적으로 불만이었다. 그는 당시의 교육방식, 특히 초등학교 교육방식은 아이들의 정상적인 심리적 발달과 충분한 조화를 이루지 못한다는 결론에 도달했다. 교육을 참되게 하려면 먼저 아이들 학습활동의 발전 과정을 심리학적으로 정립할 필요가 있다. 또한 듀이는 대학의 윤리학 수업에서의 필요로 도덕에 대

시카고 대학교로 가기 직전, 미시간 대학교에서

해 연구한 결과, 인간의 협동 활동을 통한 동료 만들기가 인간적 성장에 빠질 수 없는 것임을 확신하게 된다. 그래서 위의 두 가지 원리, 즉 발달이나 학습에 대한 심리학적 원리와, 사회활동을 통한 동료 만들기의 원리를 결부시켜 보는 실험을 할 수 있는 학교를 원하게 되었다. 동시에 그가 어린 시절에 경험한 지루한 학교교육에서 자신의 아이들을 해방시켜 주고 싶다는 아버지의 바람이기도 했다. 그는, 철학은 그 원리의 사회적 응용과 실험적 검증을 학교의 실제 교육활동에서 찾지 않으면 철학으로서 의의가 없다고 생각했던 것이다.

1894년에 시카고 대학에서 듀이를 초빙했을 때, 그것을 받아들인 이유는 철학 및 심리학 교실에 교육학이 포함되어 있었기 때문이다. 즉 그의 철학과 교육의 실천을 쉽게 결부시킬 수 있는 희망이 보였기 때문이다. 시카고로 향한 듀이는 그곳에 아이들에게 참된 교육을 시켜 주고 싶어하는 교사들이 있음을 알았다. 듀이는 그들과 접촉하여 교육의 이상적인 모습에 대해 토론한 결과, 그들의 재정적·정신적 도움 아래 듀이를 책임자로 세운 대학부속 초등학교를 설치하기로 했다. 이 학교는 '실험학교'라 이름 지어졌으나, 일반적으로는 '듀이 학교'라 불렸다. 물리학에 실험실이 있는 것처럼, 교육학에 있어서도 다양한 실험을 해 볼 실험실이 당연히 있어야 한다는 취지에서 그

러한 이름을 얻게 되었다. 시카고 대학 당국은 천 달러의 자금을 제공했을 뿐이었다. 이 학교는 7년간 계속되었는데, 그동안 듀이의 친구와 후원자들은 이 학교의 유지를 위해 대학이 한 이상의 노력을 기울였다.

듀이의 수많은 저작 중에서 가장 널리 읽힌 《학교와 사회》(1899)는 유럽 및 동양의 12개 국어로 번역되었는데, 이 책은 실험학교에 기부금을 모으기 위해 했던 3회에 걸친 그의 강연을 기초로 출판되었다. 그것은 듀이의 교육 이론의 생생한 표현이자, 그의 사상의 모든 내용을 교육이라는 중심과제를 둘러싸고 기술한 것이다. 그러나 이 시기에서 중요한 점은 듀이 스스로도 말하듯이, 그가 독일 관념론의 영향에서 벗어나 현실 그대로를 더욱 중시하는 입장으로 옮겨가고 있던 경향을 결정적으로 확립했다는 것이다. 그는 이 변화를 '절대주의에서 실험주의로'라는 말로 표현했다. 이 변화는 그 주변의 많은 사람들과의 상호접촉을 통해 일어난 것으로, 그가 읽었던 많은 서적들보다 훨씬 큰 영향을 주었다. 실험학교와 관련하여 접촉했던 많은 사람들과의 교우관계는 시카고에서의 듀이의 성장에 있어 가장 중요한 것이었다. 후에 미국에서 일반적으로 이루어지게 된 진보주의 교육운동은, 듀이의 실험학교를 위해 모인 사람들에 의해 시작되었다고 할 수 있다.

세 여성

시카고에 엘라 플래그 영이라는 여성이 있었다. 그녀는 교사로서의 경험도 충분했고, 여성으로서는 처음으로 시카고의 학교조직 감독관이 되었으며, 국민교육협회 총재가 된 최초의 여성이었다. 그녀는 권력에 의한 위에서부터의 학교관리에는 끊임없이 저항해야 한다고 생각하고 있었다. 그녀와 알게 된 것은, 실제적인 학교관리에 대한 고려가 부족했던 듀이의 교육이론을 보충하는 데 매우 효과적이었다. 즉 듀이는 영 여사나 아내의 영향 아래 학교에서의 민주주의, 나아가 생활에서의 민주주의라는 사고를 확립할 수 있었던 것이다. 듀이는 언제나 서재에서 철학서를 공부하기보다, 세상을 진지하게 살아가는 다양한 사람들과의 우정 어린 교제를 통해 끊임없이 인간적 자양분을 흡수하는 경우가 많았다.

또 하나, 듀이가 대학교수가 아니라 한 시민으로 시카고에 살면서 경험한 것은 헐 하우스라는 사회사업단이었다. 헐 하우스는 찰스 헐이 시카고에 설

립한 것으로, 빈곤한 사람들의 필요를 충족
시키기 위해 봉사하고 그들의 생활상태 개
선에 공개적인 관심을 높이는 것을 목적으
로 하며, 많은 사회사업봉사가가 활약하고
있었다. 듀이 부부는 이곳을 자주 방문하며
여기서 일하는 사람들, 특히 제인 애덤스와
돈독한 우정을 나누었다.

제인 애덤스의 신념은, 헐 하우스를 통해
만들어지는 마음의 유대는 하우스 주변에
있는 가난한 주민들뿐 아니라 경제적, 문화
적으로 더욱 혜택 받은 사람들에게도 매우
큰 의미가 있다는 것이었다. 그녀에게는,
부자가 헐 하우스를 통해 가난한 사람의 생
활을 '아는' 것이 아니라, 어떻게 부자가 가

제인 애덤스(1860~1935)
미국의 사회사업가. 노벨평화상 수상
(1931)

난한 사람과 '더불어 살아가는 것'을 배우는가가 문제였다. 후에 이 사회사
업단을 법인조직으로 만들 때 듀이가 수탁인이 되었다. 민주주의야말로 교
육의 진정한 지도적인 힘이라는 듀이의 신념은 헐 하우스와 제인 애덤스 덕
분에 더욱 예리하고 심오한 의미를 지니게 되었다.

훗날 듀이가 시카고를 떠나 뉴욕으로 옮기고 난 뒤에도 그들의 절친한 교
우관계는 끊어지지 않았다. 제1차 세계대전이 일어나자, 퀘이커 교도인 제
인 애덤스는 절대평화주의를 관철하며 미국의 참전을 단호하게 반대했다.
반대로 듀이는 미국의 참전은 확실히 해악이나, 미국이 참전하지 않아 발생
하는 해악보다는 적다는 이유로 전쟁 참가를 지지했다.

전쟁에 대한 이러한 태도의 차이는 두 사람을 괴롭히며 관계가 거북해졌
지만, 전쟁이 끝나자 다시 따뜻한 우정을 회복했다. 1929년 뉴욕에서 열린
듀이의 70번째 생일에 애덤스도 축하 연설을 했으며, 듀이는 훨씬 나중의
헐 하우스의 기념제, 그리고 애덤스가 죽은 뒤 그녀를 기념하는 집회에서도
연설을 하며 그녀를 기렸다.

듀이는 여성 활동의 자유를 넓히기 위한 모든 운동에 열렬한 지지를 보냈
다. 이 열성은 듀이 스스로가, 그의 아내 앨리스와 엘라 플래그 영 여사, 제

인 애덤스 여사라는 뛰어난 세 여성의 성격과 지성을 알고 있었기 때문이라고 말했다.

사십이면 불혹이라

시카고에 있을 때 듀이 일가 사람들은 여름이면 애디론댁 산계에 틀어박혀 지내는 것이 일상이었다. 이 산맥의 허리케인 산기슭은 유명한 피서지로, 예일, 컬럼비아, 스미스, 미시간, 시카고 등의 각 대학 학자들도 많이 피서를 온다. 듀이도 이곳에 별장을 지었다. 윌리엄 제임스는 거의 매번 여름이면 며칠씩 허리케인을 방문했는데, 듀이는 여기서 처음으로 《심리학 원리》를 통해 그의 사상에 깊은 영향을 주었던 고명한 학자와 개인적인 친분을 쌓게된다. 이에 퍼스를 중심으로 만들어진 형이상학 클럽의 실용주의운동은, 클럽의 중요 멤버였던 제임스로부터 존 듀이에게 직접 전해지게 된다.

몇 년 동안 듀이는 겨울 학기마다 '심리학적 논리학' '윤리학적 논리학' '사회윤리학'을 강의했다. 이들 강의 제목을 보면 알 수 있듯이 그의 관심의 중심은 도덕 문제에 있었다. 그것을 심리학 입장에서 기초를 세우고, 충동, 습관, 욕망, 정서, 관념 같은 심리학상의 개념으로 도덕을 설명하려 했다. 또한 인간의 도덕적 행위의 목적, 도덕적 가치를 판정하는 기준, 도덕의 원리 및 의무 등의 개념을 명확히 하여, 도덕을 단순히 개인 심리의 문제로서가 아니라 사회적인 것으로 다루었다. 이러한 연구를 모으고 정리하여 《인간성과 행위》(1922)라는 저서로 발표했다.

시카고 대학 창설 10주년제를 축하하며 모든 학과를 대표하는 일련의 논문집이 시카고 대학 출판부에서 공간되었다. 철학 교수와 연구원에 의해 만들어진 《논리학 이론연구》(1903)도 그 일부인데, 듀이는 여기에 〈사고와 그 제재〉라는 3부로 된 논문을 실었다. 이 책은 윌리엄 제임스가 칭찬하지 않았더라면 거의 파묻힐 뻔했으나, 듀이의 논문은 그가 완전히 헤겔의 영향에서 벗어나, 인간의 반성적 사고 능력인 지성을 문제해결을 위한 도구로 간주하는 그만의 학문적 입장을 확립했음을 나타내는 것이었다.

이와 더불어 그의 교육이론 또한 실험학교 체험을 통해 정비되었다. 《민주주의와 교육》(1916)은 듀이가 컬럼비아 대학으로 옮긴 직후에 쓰인 것이나, 이것이 시카고에서 얻은 경험의 직접적인 성과임은 말할 것도 없다. 그는 거기서, 철학 자체는 교육에 대한 일반적인 이론과 다름없다는 견해를 내세우고, 교육이란 사회를 구성하는 개개인이 정서·지성·행동 방식을 형성하는 데 도움 되는 모든 요인을 포함하는 지극히 넓은 개념이라고 했다. 앤 아버에서 독창적인 철학의 길을 모색하기 시작한 듀이는, 마침내 시카고에서 실험학교의 교육실험을 통해 그의 지성론·도덕론·교육론을 독자적인 것으로 형성하게 되었다. 그가 시카고를 떠난 것은 44세 때였다. 사십이면 불혹이라는 공자의 말씀이 독자적인 사상을 확립한다는 뜻이라면, 듀이의 경우에도 꼭 들어맞는다.

《민주주의와 교육》

이 책은 확실히 교육론에 대한 것이지만, 여기서 일관된 주제는 어떻게 살아야 하는가, 충실하게 사는 삶이란 무엇인가이다. 이 책이 주장하는 가장 근본적인 교육원리는 가장 충실한 생활이야말로 결과적으로 보면 가장 중요한 교육이 된다는 것이다. 소박하고 평범한 이 문제의식과 주제를 이해하는 데 많은 말은 필요하지 않다. 다만 현대인의 현실 생활과 교육을 주시하면 된다. 현실 생활에는 충실한 순간이 얼마나 적은가, 그리고 교육에는 얼마나 쓸데없는 노력이 많은가. 듀이도 같은 상황을 지켜보았던 것이다. M.C. 베이커는 이렇게 말했다. "듀이가 혁명에도 맞먹을 문화변동을 그 자신이 속한 사회의 특징으로 받아들인 것은 명백하다. 예를 들어 우리가 검토했던 작품 중에서 그가 사회상황의 분석에 명확한 주의를 많이 기울이지 않았다 하더라도 이 작품 전체에 현재의 상황에 대한 그의 평가를 이야기하는 사회적 상황에 대한 많은 글들이 산재해 있다. ……새로운 산업기구는 간소한 전원적 지역사회의 일대일 인간관계를 수반하는 낡은 형태를 파괴해 간다. 그리고 그것을 대신하여 인구가 도시로 집중되고 사회관계의 비인간적 망조직이 생겨난다." 듀이는 이러한 상황 속에 있는 아이들의 모습을 생활상실자로서 파악한다고 할 수 있다. "……기계의 발명, 공장제도의 설립, 노동의 분화, 이것은 가정을 일터에서 단순한 주거로 바꿔버렸다. 도시로의 집중, 서비스 기관의 증가는 가정에 아직 남아있던, 일에 참여할 기회를 아이들로부터 빼앗고 말았다. ……"(1898) 더욱이 현재 상황은 얼마나 더 심각한가.

진실로 열심히 사는 것이란 어떠한 삶일까. 두말할 필요 없이, 열심히 산다는 것은 단지 무사히 보내는 것만은 아니다. 듀이는 이 질문에 어떻게 대답했을까. 그는 우선 삶(생명·생활·인생)이 무엇인지 설명한다.

그러나 주의해야 할 점은, 그가 생명이라는 것을 개개의 인간, 개개의 생물의 생명으로서 파악하지는 않았다는 것이다. 그는 생명이라는 것을, 말하자면 자연사적 규모의 생명현상으로서 파악한다. 그것은 세대에서 세대로 이어지고, 발달하고, 진화해 가는 전체이다. 개인이 먼저가 아니라 발전하는 전체가 먼저이다. 만약 개인이 먼저라면, 왜 개인은 전체 혹은 다른 개인과 관련을 맺을 수 있는 것일까. 관계는 반드시 밖으로부터 들어온다. 이 문제는 초기부터 듀이의 중요한 철학적 과제로, 개인적 의식과 보편적 의식의 관계로서 체계화되어 있었다. 좀 더 구체적으로 말해, 만약 내 마음이 세계보다 먼저 있다면 나의 마음은 어떻게 세계를 알 수 있을까. 이 문제를 제기한 개인주의 철학은 그것을 모순 없이 해석할 수 없다. 듀이는 이 문제 자체를 비판함으로써 그것을 해석했다. 즉 '개인적 의식은 보편적 의식이 그것을 통해 실현되어 가는 과정에 지나지 않는다.' 그리고 지금 이 문제는 매우 구체적이고 알기 쉬운 형태로 생명의 문제로 이어진다. 즉 '개인의 생명은 보편적 생명이 그것을 통해 실현되어 가는 과정이다.'

그러나 개인의 생명에 앞선 집단의 생명이나 개인적 의식에 앞선 보편적 의식이라는 생각은 너무나 비현실적인 관념론적 허구처럼 보일지도 모른다. 사람들은 보통 자신의 '현재'의 의식만큼 현실적이고 확실한 것은 없다고 생각하기 때문이다. 그렇지만 그 현재의 의식은 어제의 의식, 그리고 이전의 유아의 의식과 이어져 있고, 또 미래의 의식으로, 그리고 이윽고 사라져 가는 과정에 있다. 이러한 과정 전체를 현실적이고 확실한 사실이라고 생각한다면, 현재 의식만 따로 분리하여 현실적인 것이라고 주장할 수는 없게 된다. 듀이가 가장 현실적인 것으로서 지켜본 것은 이렇게 보편적이고 사회적인 모태로부터 개인적인 것이 발생하고 발달하여, 그것이 보편적인 것을 담당하고 지속시키고 발전시켜 가는 과정이었다. 확실히 자연계의 생명은 이렇게 지속해 나간다. 개인은 전체 속에 태어나서 자라고, 전체의 생명을 짊어진다. 그러나 듀이는 그것과 상관없이 인간의 집단적 경험도 그렇게 이어진다고 주장한다. 개인의 경험은 집단 경험 속에서 생기고 자라고 집단의 경험을 짊어진다. 그러나 이 지속은 생물학적 생명처럼 생리학적 과정이 아니라 사회적 과정이고, 그것이 바로 넓은 의미에서의 교육이다.

이상과 같이 생명은 본디 전체적인 것, 사회적인 것으로, 한 인간이 태어나 이윽고 죽어가는 불가피한 사실에도 불구하고 지속되어 가지만, 그럼에도 그 생명을 구현하고 실제로 맡아 가는 것이 개인임이 확실하다. 그러나 인간이 사회적이라 하는 것은 교육을 통해 사회적 존재로 길러지는 것 이상의 의미를 지닌다. 바꿔 말하면 인간은 다른 동물보다 본성적으로 훨씬 사회적이다. 그 것을 듀이는 인간이 본디 능동적인 존재라는 것과, 그 가소성과 의존성이 매 우 크다는 면에서 파악하고 있다. 인간의 삶이란 자극에 반응하여 즐거움과 고통의 법칙에 따라 사는 것이 아니다. 원래 활동적이고, 환경에 적극적으로 작용하며, 거기에 유연하게 적응해 가는 것이다. 가소성과 의존성이 크다는 것은 사회 환경에 대한 적극적 적응행동에 따라 사회화될 가능성이 높다는 의 미이다. 더욱이 그 적응은 사회의 고정된 틀에 맞다는 것을 의미하지는 않는 다. 오히려 주체적으로 환경을 제어하는 능력이 가변적이며, 성장한다는 뜻이 다. 바꿔 말하면 보편적인 것, 사회적인 것은 제도·관습·언어·문화·지식이 되어 개인의 환경을 형성하고, 그 안에서 태어나고 자란 개인의 생활·행동·사 고·탐구의 과정이 그것을 맡아서 발전시키는 것이다.

그러나 인간의 행동 가운데 가장 사회적이고 제어력이 유연하며 풍부한 것은 사고를 포함하는 행동이다. 듀이는 사고를 항상 행동과 관련하여 파악 했다. 사고를 일으키는 자극은 인간이 이미 실행했거나 이제부터 실행하려 고 하는 행위의 의미를 결정하고자 할 때 나타난다. 그리고 사고는 어떤 문 제에 대한 의식, 정황의 관찰, 암시된 결과의 형성 및 합리적 정밀화, 능동 적인 실험적 검증이라는 단계를 포함한다. 이 사고의 과정이야말로, 사회적 경험을 짊어진 한 사람 한 사람이 사회와 공유한 지식이, 환기되고 활용되고 시험되고 개조되고 발전되는 과정인 것이다. 여기서는 지식이 사회적인 것· 보편적인 것을 대표하고, 사고가 개인적인 것·과정적인 것을 대표한다. 그 리고 지식의 가치는 그것이 이 과정에서 사용됨으로써 결정된다.

듀이가 이렇게 설명한 것은 사실이다. 그러나 이 면만을 끄집어내면, 지식 의 가치는 그것이 어떤 목적이 있는 행동에 도움이 되는가 안 되는가에 따라 결정된다. 다만 그는 목적을 고정적인 것, 행동의 과정을 넘은 것이라고는 생각하지 않았다. 목적은 가설적이고 가변적인 것이다. 그리고 지식은 목적을 세우는 것에도, 또 그 행동과 정황에 의미를 부여하는 것에도 관여한다. 다시 말하면, 인간의 행동 목적은 역사적으로 변화하고 발전한다. 게다가 생활은 단순히 지적인 것도 또 단순히 정적인 것도 아니고 모든 것을 포함한 과정이다. 그것은 인식의 과정일 뿐만 아니라 도덕적, 또 감상적(鑑賞的) 의미를 지닌 과정이기도 하다. 그렇다면 충실한 생활은 가능한 한 많은 지식에서 의미를 부여받은 과정을 살아가는 것이라 할 수 있다. 그리고 그것은 인류의 경험을 공유하며, 그 의미를 자신의 생활을 통해 확인하면서 살아가는 것을 의미한다.

이 책을 읽으면 알 수 있듯이, 듀이는 자기의 적극적인 주장을 체계적으로 정리된 형태로 전개하지는 않았다. 오히려 사회상황과 다른 사상의 비판에 많은 지면을 할애했다. 그 예리한 비판은, 본질적으로 사회적·연속적·발전적인 생명과정을 갈라놓는 것, 다른 것에 종속시키는 것, 고정시키는 것에 향해져 있다. 그러한 비판은 결코 낡은 것이 아니다. 오늘날 현대인의 문제에서 그것은 더 강력한 설득력을 가지고 독자에게 다가온다. 그것이 그의 올바른 생명관과 교육관을 간접적으로 설명하는 것이리라.

체계적으로 정리된 논술에 익숙한 사람은 이 책을 이해하기가 결코 쉽지 않을 것이다. 특히 그의 적극적인 주장을 전체적으로 파악하기란 쉬운 일이 아니다. 따라서 그의 사상의 개인적인 것을 중시하는 측면이 강조되고, 개인주의자로서 그를 비판하는 경향도 볼 수 있다. 그러나 그는 결코 개인주의자는 아니었다. 오히려 개인주의의 비판과 극복이야말로 그의 최초의 이론적 과제였다. 그 점에서 그의 다른 저서들을 통해 그의 사상이 형성된 과정을 연구한다면 이 책을 이해하는 데 도움이 된다.

총장과의 불화와 사임

시카고에 있는 한 사범학교의 경영자가 병에 걸려 학교 운영이 어려워지자 1901년에 시카고 대학에 병합되었다. 그런데 듀이가 단기 강의로 인해 대학을 잠시 떠나 있는 사이에, 총장이 듀이의 실험학교를 사범학교에 부속된 실습학교와 통합해 버렸다. 듀이의 실험학교 및 철학·심리학·교육학과는 대학과 사범학교의 철학이나 교육심리학 교사 이외에는 양성하지 않았으므로, 평범한 사범학교나 그 부속 실습학교와는 성격이 전혀 달랐다. 따라서 이 통합은 실험학교의 본래 사명을 완전히 무시한 무례한 행사였다.

총장이 억지로 통합한 결과, 듀이의 실험학교에서 이루어지던 방식의 연구 유지와, 기금 부족으로 인한 어려움과 싸우며 헌신적으로 노력해 온 선생님들에 대해 대학 당국은 조금도 고려하지 않았다. 사범학교 이사회는 듀이가 이 통합에 대해 아무런 상담을 받지 않았음을 알자 조정자 역할을 자처했고, 실험학교에 재정적 원조를 해 온 아이들의 부모와 교사들은 미국 최초의 활동적인 '부모와 교사회(PTA)'를 조직하여 학교의 실질적 폐지에 반대·항의하고 그 존속을 보증하기 위한 기금을 모집했다. 전국의 교육자들이 대학 관리자에게 편지를 보내 PTA를 지지했다. 그러나 결국 총장의 계획은 실현되었고, 듀이를 우두머리로 한 사범학교 아래 두 학교는 통합되었다. 총장의 태도는 이 학교에 대해 완전히 냉담할 뿐 아니라 적의마저 드러냈다. 듀이는 결국 1904년에 시카고 대학을 사직하게 된다.

사직했지만 듀이는 어디에도 갈 예정이 없었다. 그만둘 결심을 한 뒤에, 그는 윌리엄 제임스와 듀이의 오랜 친구로 당시 컬럼비아 대학에서 철학·심리학과 교수로 있던 J. 매킨 카텔에게 편지를 써서 이를 전했다. 카텔의 도움으로 듀이는 컬럼비아 대학에서 일을 얻었다. 카텔은 또한 듀이가 월급을 많이 받을 수 있도록, 교원양성부에서의 주 2시간 수업도 주선해 주었다.

여행과 슬픔

듀이 일가는 취직이 확정될 동안 유럽으로 여행을 떠났다. 시카고에 있는 동안 세 아이가 태어났다. 골든 치프먼, 루시 앨리스, 그리고 제인 메리였다. 앞의 두 아이는 어머니의 이름을 하나씩 받았고, 막내는 제인 애덤스와 그녀의 친구 메리 스미스의 이름을 땄다. 듀이 부부는 모두 5명의 아이들을 데리고 나섰는데, 이 여행에서 또다시 슬픈 사고가 일어났다. 캐나다 몬트리올에서 영국 리버풀로 향하는 배 안에서 골든이 티푸스에 걸린 것이다. 리버풀의 병원에서 생사의 경계를 헤매다가 조금씩 나아지면서 회복되는 듯했으나, 여행을 서둘렀던 것이 무리를 불렀다. 아일랜드로 가는 도중에 병이 도져서 아이는 결국 불귀의 몸이 되고 말았다. 골든은 겨우 8살이었다.

가족들의 슬픔은 매우 깊었다. 그럼에도 듀이 부인은 타고난 용기로 몸을 추스르고, 다른 아이들을 유럽으로 데려가 착실히 외국어를 배우게 했다. 듀이는 컬럼비아 대학의 교수로 취임하기 위해 가을에 혼자 뉴욕으로 돌아왔으며, 이듬해 1905년 7월 여름방학이 시작하자 이탈리아의 베네치아에서 가족과 재회했다. 그들은 이탈리아에 머무는 사이에 이탈리아 인인 사비노라는 소년을 양자로 들였다. 한없는 쾌활함, 큰 병에 걸려도 지지 않는 굳은 마음, 활발함, 누구나와 친구가 되는 성격 등 많은 장점을 지닌 사비노는, 골든을 잃고 슬픔에 잠겨 있던 듀이 가족에게 밝은 위로가 되었다. 사비노는 가족의 일원으로서 언제나 모두에게 사랑받았다. 사비노가 초등학교 교육에 있어서 듀이 부부가 하고자 했던 일을 이어받았다는 사실은 매우 흥미롭다. 그는 진보주의학교의 교사로, 그리고 공작과 과학 실험을 위한 교육용구의 디자이너 및 제작자로 활동했다.

맏딸 에블린은 몇 군데의 학교를 직접 시찰하며 돌아다닌 뒤에, 아버지와 같은 일을 하며 《내일의 학교》(1915)와 시골의 학교교육을 다룬 《옛것을 위한 새로운 학교》를 썼다. 그녀는 한동안 교육실험국에서 교육 테스트의 방법과 테스트 결과의 통계공식의 산정방법 연구에 종사하기도 했다. 또한 훗날에는 유아의 발달 프로세스를 연구하여 완벽한 보고서를 출판했다. 이처럼 듀이 교육이론의 원리면은 대부분 장녀 에블린에게 이어졌다고 해도 과언이 아니다. 사비노는 응용면에서 뛰어난 재능을 발휘했다.

서재에서 가두로
─컬럼비아 시대

컬럼비아의 학풍

듀이는 컬럼비아 대학에서 새로운 실재론의 경향이 강한 철학적 분위기 속에 서 있는 자신을 발견했다. 프레더릭 우드브리지라는 철저하게 고전적인 아리스토텔레스 학자가 중심이 되어, 자연주의적인 형이상학이 컬럼비아에서는 주류를 이루고 있었다. 듀이는 이 우드브리지와 접촉하는 것으로, 형이상학이면서 나아가 더욱 경험적인 검증이 불가능한 원리에 근거한 것을 인정하지 않는 타입의 것, 다르게 말하면 자연주의 원리와 모순하지 않는 형이상학의 원리가 가능한 것과 그것도 또한 하나의 가치를 가지는 것이라고 하는 것을 알게 되었다. 즉, 미지의 자연이 있다. 그 미지의 자연이 있다는 것은 현재는 또한 경험하지 못했다는 이유로 부정할 수는 없다. 장래의 인간 경험에 의해 검증될 자연이라고 하는 것의 존재를 가정하는 것은 허락되며, 또한 이것이 있기 때문에 인간의 자연 탐구의 노력도 의의를 가진다. 말하자면 듀이의 경험주의가 현재 중심에서 미래를 포함한 넓은 경험을 생각할 수 있게 된 것이다. 우드브리지와의 접촉 결과는 《경험과 자연》(1925)이라고 하는 형태로 나타나게 된다.

컬럼비아 대학교 시절 초기

　　컬럼비아에서는 또한 듀이의 철학은 잘 알려져 있지 않았다. 수업을 하면서 컬럼비아의 새로운 철학적 분위기를 절실하게 느낀 듀이는 모든 그의 철학적인 생각을 재검토해야만 했다. 《경험과 자연》, 《철학의 개조》(1920), 《확실성의 탐구》(1929) 등에서 이러한 재검토의 성과가 보인다. 이들 저작을 포함하여 그가 뉴욕에 와서 출판한 책은, 거의 모두 여러 가지 학술 기금을 이용한 강연을 기본으로 해서 정리한 것이다. 《독일 철학과 정치》(1915), 《인간성과 행위》(1922), 《공중과 그 문제》(1927), 《경험으로서의 예술》(1934), 《자유주의와 사회활동》(1935) 등 모두가 그렇다. 더욱이 철학의 여러 가지 잡지, 특히 컬럼비아 대학에서 편집 발행했던 《저널 오브 필로소피》에 실린 막대한 양에 달하는 기고는 수년 내 그의 철학의 입장을 여실히 보여준다.

　　그의 수업에는 많은 학생들이 출석했다. 하지만 강의를 열심히 듣는 숫자는 그리 많지 않았다. 그는 유명했지만 그 강의는 학생들에게 있어서 그렇게 재미있지는 않았다. 듀이는 학생의 얼굴을 직접 보지 않고 천장을 보며 강의했다. 그리고 내용이 자주 옆길로 샜다. 게다가 세세한 이야기를 잔뜩 늘어놓고는 갑자기 예고도 없이 본 화제로 돌아가 버리곤 했기 때문에 노트를 하는 것은 대단히 어려웠다. 하지만 열심히 단념하지 않고 노트를 한 학생의 공책을 뒤에 다시 보았더니, 그야말로 훌륭한 내용을 담고 있었다.

다채로운 인간관계

학문에서나 생활에서나 개인적인 인간관계도 범위가 넓었다. 현대 물리학 이론에 대한 지식을 기초로 하여 1차론적 실존론을 외쳤던 몬터규. 듀이와 서로를 비판하면서 영향을 주고받았던 러브조이, 토니, 실튼 등. 더욱이 컬럼비아 대학 교수진에 비해 학생 수가 점점 늘어나고, 근처 연구실에서 근무하게 되면서 부시, 슈나이더, 란돌, 에드먼, 킬패트릭, 굿셀, 찰스, 이스트먼, 혹, 라트너 등 많은 대가들과 신진 학자가 듀이의 주변에 모이게 되었다.

그 중 한 명인 슈나이더는, 듀이 탄생 백 주년에 추억의 하나로 그때의 이야기를 했다. 슈나이더가 처음으로 루소에 대한 논문을 듀이에게 제출했을 때, 듀이는 잠시 슈나이더를 세워두고 논문을 읽었다. 그리고 잠깐 눈을 창 밖으로 돌리더니 천천히 입을 뗐다. "그래, 나는 이 문제에 대해서 자네처럼 생각해 본 적은 없었어. 제법 근사한 생각이야." 슈나이더는 물론 자랑스러워했다. 그리고 그때부터 슈나이더는 듀이와 책상을 나란히 두고 일을 하게 되었는데, 듀이가 논문을 내는 모든 학생에게 자기에게 말한 것과 똑같이 말한다는 것을 알았다. 그것은 듀이가 학생을 가볍게 비평하는 것이 아니라, 듀이의 학생에 대한 자상함을 나타내 주는 것이라고 슈나이더는 회상했다.

1915년경, 펜실베이니아 멜리온의 앨버트 C. 번즈 박사가 듀이의 세미나에 나오게 되었다. 그것은 그가 개인적으로 연구한 논문이 듀이의 《민주주의와 교육》에 나타나 있는 방식과 아주 닮아 있었기 때문에, 듀이의 수업을 들어 보고 싶었기 때문이다. 이 세미나에서 두 사람의 우정이 강하게 다져졌다. 번즈는 과학자이면서 열성적인 연구자이기도 했으며, 현대 회화에 없는 컬렉션으로 잘 알려져 있기도 하다. 그는 자신의 컬렉션이 예술이 아니면 달성되기 어려운 교육목적을 위해서 사용되기를 원했으며, 또한 그 자신도 예술 교육의 방법에 관심을 가지고 있었다. 그는 예술 작품이나 예술적 경험을 보다 깊이 평가하는 것에 의해, 인간이 모든 것을 식별하는 관찰력을 보다 훌륭하게 발전시킬 수 있다고 생각했다. 번즈재단과의 접촉은 그때까지는 오히려 틀을 갖추고 있지 않았던 듀이의 예술관에 일정한 철학적인 형식을 구축해 주게 된다. 번즈는 《회화에 있어서의 예술》을 듀이에게 바치고, 듀이는 《경험으로서의 예술》을 번즈에게 바쳤다. 이 두 권의 책은 그들의 지적인 공동 연구를 검증해 주고 있다.

우표로 발행된 컬럼비아 대학교와 듀이

듀이는 번즈 덕분에 회화에 대해 공부할 흥미를 갖게 되었으며, 시에 대해서도 관심을 가지고 몇 수 직접 써 보기도 했다. 문학이나 소설도 좋아했다. 그런데 음악에 대해서만은 도무지 음치였던 모양으로, 음악을 감상한다던지 하는 일은 드물었다.

뉴욕 시에는 12~19명 정도의 멤버로 구성된 철학 클럽이 있었다. 회원은 뉴욕에 있는 대학이나 예일 대학, 펜실베이니아 대학 등의 학자로 월 1회 연구회를 가졌다. 솔직한 상호 비평을 하고 여러 철학적 견해를 정리하기에는 이 정도 규모가 최대였다. 이 회합에 나왔던 듀이는 항상 같은 성실함과 지적 능력을 가진 사람들에 의해 광범위하고 다채로운 견해가 있을 수 있다는 사실에 눈을 떴다. 오직 하나의 절대적 진리밖에 없다고 하는 딱딱한 사고는 듀이와는 인연이 없는 것이었다.

정치와 사회에 대한 관심

듀이는 뉴욕에 와서부터 여러 가지 정치 문제에 특히 강한 관심을 가지게 되었다. 이로써 컬럼비아 시대에는 사회철학이 그의 철학으로서 전면에 나오게 되었다. 그는 앤 아버에 있을 때부터 정치철학 강의를 시작했었다. 이 강의에 있어서 그는 주로 역사적 견지로 자연권, 공리주의, 영국 법률학파 및 이상주의 법률학파를 논했다. 통치권 문제, 법적 및 정치적 권리, 의무의 성질, 홉스·로크·루소의 정치사상 등이 철학 교실의 수업에서 토의된다고 하는 것은 대서특필될 만한 것이다. 앤 아버 시대의 듀이의 사회사상은 《민주주의의 윤리》(1888)에서도 나타나지만, 이것은 정치상의 민주주의를 개인주의적 다수결 원리에 의해 해석하는 것과, 도덕적이고 어디까지나 '자유, 평등, 우애'에 따라 해석하는 것 사이를 이어보려는 것이었다. 그가 주장하는 정치상에서의 민주주의는 경제상 및 산업상의 민주주의 없이는 불가능하다고 하는 신념을 근거로 하고 있었다.

한동안 듀이의 정치철학은 그의 논리적인 전문철학의 관심과는 별개의 선상에서 발전되어 왔다. 하지만 듀이와 같은 학자의 경우에는 이 두 개의 선이 언젠가는 융합되는 것이 당연하다. 철학의 올바름이 증명되는 것은 그것이 사회라고 하는 살아 있는 무대에 응용되고 어떤 결과를 초래하는지에 달려 있다는 신념을 가졌기 때문이다. 이 융합은 시카고와 컬럼비아에서 행해졌던 사회철학과 정치철학 강의에 의해 촉진되었다.

젊었을 때 듀이는, 미국 민주주의가 정당하게 발전하는 것에 따라 딱 알맞게 경제적 분야에서 부정의가 없어지고 모든 인간이 평등하게 사회적 부를 누리는 것이 가능할 것이라는, 당시 민중에 널리 퍼졌던 신앙을 공유하고 있었다. 이러한 민주주의의 정당한 발전을 원하며 경제적 부정의를 없애는 것에 대한 기대에서, 그는 1896년 대통령 선거 때 민주당 윌리엄 제닝즈 브라이언을 지지했다. 1893년 이래 미국은 경제공황 속에서 농민 및 하층노동자의 생활은 피폐해져 있었다. 그들의 부채를 경감하기 위해서 브라이언은 금은재의 자유로운 주조를 제창했다. 그는 "근로 대중에게는 예수의 가시 면류관을 씌우거나 금 십자가를 걸어 줘야 하는 게 아니다"라고 외치며, 자신이야말로 더욱 노동과 생산에 종사하는 인민대중·농민·목축자·산림노동자를 대표할 것이라며 단언했다. 듀이가 브라이언을 지지한 것은 그의 정책이 반제국주의적인 성격을 가지고 있었기 때문이기도 했으나, 그것보다 더 큰 이유는 브라이언의 인민운동 속에 민주주의 부흥의 징후를 보았기 때문이다.

이해의 선거는 미국 전국토를 크게 흥분시켰다. 공화당 후보는 윌리엄 매킨리였다. 공화당은 민주당을 갑자기 위험한 혁명적 공격을 꾀하는 조직이라고 비난하고 브라이언을 무정부주의자, 혁명가, 폭한에게 조종당하는 자라고 욕했다. 선거의 결과는 770만 표 대 50만 표로 매킨리의 압승이었다.

실천운동

듀이가 시카고에서 살았
던 때에 시카고의 마을에
는 아직 프론티어의 기풍
이 강했고, 도시생활은 미
숙했으나 그것에 얽매이지
는 않았으며, 민주주의가
가지는 확실한 사명에 대
한 서부 특유의 신뢰감이
살아 있었다. 그런데 뉴욕
에서는 자본주의의 횡포가
눈에 띄었고, 그것은 정치
에 간섭하는 것에 의한 금
권정치의 해악이 민주주의

번즈와 함께 (1940)

그는 '번즈재단'을 운영하는 과학자·예술가로서 듀이에게 정신
적, 재정적 지원을 아끼지 않았다.

이상을 무너트리고 있기 때문이라고 여겨졌다. 1901~1909년 대통령 시어도
어 루스벨트는 공화당 출신이었으나, 그 임기 중에 주식회사의 통제나 진보
적인 세제, 노동정책 등을 행하였으므로 공화당으로부터 배격당하고 다음
선거에서는 공화당의 대통령 지명을 윌리엄 태프트에게 뺏겼다. 거기에서
1912년의 선거에 즈음하여 루스벨트는 독점규제 자본의 제약을 벗어나기 위
해서 공화당을 이탈하여 혁신당을 조직하고 싶어 했다. 이것을 '블루 무즈
캠페인'이라고 한다. 듀이는 루스벨트의 제국주의적 경향은 지지하지 않았지
만, 이 혁신당이 걸고 있는 직접민주주의 정치의 여러 가지 형태의 채용, 부
인 참정권, 사회입법을 인정하지 않는 재판소의 판결을 되돌릴 권리 및 그
밖의 진보적 내용을 나타내는 정책에 대해서 찬성하고 그 캠페인을 지지했
다. 하지만 공화당 지지표가 현직 대통령 태프트와 루스벨트로 갈렸고, 듀이
의 지지와 관계없이, 프린스턴 대학총장이며 정치학자인 민주당 후보 우드
로 윌슨이 대통령에 당선되었다.

듀이는 진보적인 몇 개의 민주주의 운동과 관계를 가졌다. 예를 들면 워싱
턴의 정력적인 서기장 벤 C. 매슈에 의해 지도되었던 '비브로즈 로비'의 초
대 총재를 역임했고, 나아가 몇 넌 동안 '독립정치행동연맹'의 의장도 역임

했다. 슈나이더의 말에 따르면, 듀이는 이 '비브로즈 로비'를 하나의 대단히 중요한 의미를 가지는 정치적인 실험으로 보고 변호했다. 그리고 이 운동에 큰 성과를 기대했다. 그가 실제로 이 운동에 뛰어든 것은 기사장 매슈와 개인적인 친분이 있었기 때문이기도 했다.

듀이는 또한 뉴욕에서 최초로 교원조합을 창립한 멤버 중의 한 명이었고, 이 조직이 교육 목적을 위해서라기 보다는 오히려 특수한 정치적 의견을 추진하기 위해서 이용되기 시작했을 때부터 그것을 유감으로 여기고 탈퇴했다. 그 교원조합의 모토는 '민주주의를 위한 교육과 교육에 있어서의 민주주의'라는 것이었으며, 그것은 명백하게 듀이의 저작으로부터 인용한 말이다. 대학교수로서 그는 친구인 카테르 및 러브조이와 함께 '미국대학수업연합'을 만들고 그 초대 총재로 일했다.

이렇듯 컬럼비아 대학의 수업을 계속하면서 한편 각 방면의 진보적인 사회운동에 깊은 관심을 보인 듀이는 여러 가지 실천행동에 참가하여 강연, 집필, 라디오방송 등으로 바쁘게 돌아다녔다. 그는 뉴욕에서 일어난 부인 참정권 운동의 가두행진에도 참가하는 등, 부인 참정권 운동에 대해서는 영국의 버트런드 러셀보다 훨씬 강한 열의를 보이고 있었다. 하지만 상당히 유머러스한 이야기도 전해진다. 1905년에 미국에서 결성된 '세계산업노동자조합'이라고 하는, 정치적 의도를 가진 파업이나 태업을 일으키는 조직이 있었다. 어느 날 듀이는 이 조합의 집회에서 강연을 해주기를 의뢰받았다. 그는 뭘 어떻게 착각한 것인지 모르지만 야회복을 입고 회장에 나타났으나, 어쩐지 상황이 이상하다고 느끼고 코트는 계속 입고 있었다. 그런데 코트 주머니에서 종이로 싼 비프스테이크가 고개를 내밀었다. 분명히 어디서 그가 먹고는 남은 걸 싸온 게 분명했다.

아시아 일본 방문

듀이의 해외여행은 그의 정치적, 사회적 견해의 진화에 따라 결정적인 역할을 했다. 몇 번의 해외여행 속에서 가장 영향력이 컸던 것은 일본과 중국에 갔을 때였다.

듀이가 앤 아버의 미시간 대학에서 강의하고 있었던 때에, 일본 유학생으로 경제학을 공부하기 위해서 동 대학에서 수학했던 오노 에이지로가 있었다. 오노는 그 이후 일본에 돌아가서 금융업계에서 중요한 지위에 올랐다. 듀이가 컬럼비아 대학으로 옮기고 나서 업무 관계로 오노가 뉴욕을 방문했을 때 둘 관계는 옛 친구처럼 가까워졌다. 오노는 실업계의 거물인 시부자와 에이지나 도쿄 대학의 아네자키 쇼지, 쿠와키 겐요쿠 교수와 함께 듀이를 일본에 초청하여 강의가 이루어지도록 헌신적으로 노력했다. 듀이는 1918년부터 1919년 초엽에 걸친 겨울학기의 반을 캘리포니아 대학에서 강의하고, 부인과 함께 일본에 왔다.

버트런드 러셀(1872~1970)
영국의 수학자·철학자

도쿄에서 듀이 부부는 일본 대표적인 기독교인 니토베 이나조 박사의 집에 머물렀다. 니토베 부인은 퀘이커 교도 출신이었으므로 듀이 부인과 사상적으로도 비교적 가까웠다. 니토베 저택에서 2개월간은 대학 관계의 사람들과는 물론, 일본의 자유주의적인 교양이 있는 사람들과 교우관계를 가질 수 있었다. 하지만 일본에서 듀이의 철학 사상은, 국권의식이 강한 제국 대학을 중심으로 한 관학의 학자들에게는 외면당했다. 오히려 듀이의 주장과 같은 민주주의와 밀착한 프래그머티즘의 철학은 이른바 '와세다 학파'에 의해 가장 열심히 수용되었다. 이 학파는 듀이의 시카고 시대에 그 아래에서 배우고 귀국하여 와세다 대학에서 철학을 강의하면서 사회 평론가로서 활약을 한 다나카 오도가 창시한 것이다. 다나카의 공동 연구자이며 또한 후계자이기도한 철학자 호아시 리이치로, 정치학자 스기모리 코지로, 이 두 교수가 그 대표자이다. 호아시는 듀이의 강연을 실제로 청강했던 한 명으로서, 다이쇼 데모크라시기의 일본 자유주의의 선두에 서서 토론을 붙였다. 민간 교육자 몇 사람도 듀이 철학이나 교육이론에 찬성하고, 이론적 또는 실천적으로 일본의 형식적인 국수주의 교육과 대결하기도 했다. 세이죠 학원 창시자인 사와야나기 마사타로와 그 아래에서 교육잡지를 간행한 나가노 요시오가 그렇다.

하여튼 듀이가 일본에 건너갔을 때, 제1차 세계대전에서 연합국 측의 승리에 의해 일본의 자유주의운동은 상당히 강하게 불타오르고 있었다. 어쨌든 듀이가 '민주주의'에 대해서 강의를 하기 위해서 일본에 초대받을 정도로 당시의 일본은 자유주의 풍조가 성행했다. 이것은 오늘에 와서 보자면 당연한 것일지도 모른다. 하지만 당시 일본에서는 '민주주의'라고 하는 단어조차 사용하지 않았고, '민본주의'라고 하는 번역어가 유행할 만큼 국가주의적 색채가 강했다. 따라서 듀이는 일본에서 받은 감상을 미국으로 보내서 어떤 잡지에 '일본에서의 민주주의'라는 제목의 논문을 시작했다. 논문에는 일본이 서양문명을 받아들이는 방법의 특수성, 중산계층이 급속하게 프롤레타리아화하는 경향, 앵글로색슨 제국과 미국의 대일 정책의 잘못, 일본의 천황제도에 대해 실려 있다. 일본에서 자유주의는 성장하기 힘들다는 분석이 달려 있다. 어쨌든 듀이의 눈에는 일본의 사상이 깊은 독일사상과 엮여 있고, 또한 가장 유능한 젊은 사람들이 군대에 들어가는 경향이 너무나 현저했던 것이 당시로서도 희한하게 비춰졌던 모양이다. 이것은 그에게는 위험한 경향으로 받아들여졌던 것이다.

서재에서 가두로 나온 듀이에게 있어서는 전통적인 철학의 존재방법에 대한 반성이 늘 머릿속에 남아 있었다. 또한 그 반면 다이쇼데모크라시 시대의 일본을 눈앞에 두고 듀이가 행한 강연은 일본사회의 개조방향을 제시한 것이었다.

《철학의 개조》

도쿄 제국 대학에서 이루어진 듀이의 8회 연속 강의는 뒷날《철학의 개조》로 출판되었다. 이 책은 제2차 세계대전 종료 후 꽤 긴 서문을 달고 재판되었으며, 그 서문에서 듀이는, 철학의 개조에서 급선무인 것은 제1차 세계대전 직후 이상으로 증대하고 있다고 서술하고 있다.

수많은 철학 입문서 중에서도《철학의 개조》는 가장 좋은 입문서로 꼽힌다. 그 이유는 크게 두 가지이다.

첫째, 이 책은 폭넓은 철학 문제들을 쉽게 설명하고 있으며, 뿐만 아니라 그 내용이 현대인의 생활 및 감정과 잘 조화된다. 많은 철학자들은 과학과 기술을 기초로 삼는 현대문명을 차가운 시선으로 본다. 그러나 듀이는 20세기 문명을 정면으로 받아들이고 있다. 또한 많은 철학자들이 처음부터 독자를 아마추어 철학자로 상정하는 데 반해, 듀이는 독자가 상식적인 일반인임을 긍정하고 있다. 그러므로 부자연스러운 태도를 억지로 강요당하는 일 없이 누구나 이 책을 읽을 수 있다. 이것이 철학 서적임을 생각하면 상당히 드문 경우다.

둘째, 이 책은 오랜 철학의 전통을 매우 친절하게 설명해 주고 있다. 단순히 독자들에게 친절하다는 것이 아니다. 그는 먼 옛날의 철학자들에게도 친절하다. 물론 듀이는 그리스 이후의 전통적인 철학을 철저히 비판하고 있지만, 동시에 전통 철학이 생겨나고 지지받아 왔던 상황을 아주 설득력 있게 설명하고 있다. 이런 의미에서 그는 철학의 역사에 대한 하나의 전체적인 관점을 우리에게 가르쳐 준다.

20세기 철학은 19세기에 발달했던 과학의 영향 아래에서 태어났다. 다만 그 영향은 결코 단일하지 않았다. 첫째로 듀이를 중심으로 한 실용주의는, 19세기 과학들 중에서도 특히 다윈의 진화론을 비롯한 생물학의 영향을 결정적으로 받았다. 둘째로 분석철학은 물리학—및 수학과 논리학—의 영향을 두드러지게 받았다. 그리고 셋째로 실존주의는 이 모든 과학에 대한 의식적이고 전체적인 거부가 그 특징이다.

그는 긴 생애 동안 "초자연적인 것을 부정하려면 생물학적이어야 한다"든가 "어떤 권위로 뒷받침된다 해도, 유기체와 관련되지 않는 주장을 우리는 신용할 수 없다"고 계속해서 말해 왔다. 이런 태도는 《철학의 개조》에서도 강하게 드러난다. 간단히 말하자면 듀이에게 있어 인간은 하나의 유기체이며, 세계는 이 유기체가 살아가는 환경이다. 그리고 사유와 논리를 포함한 인간의 모든 활동은 곧 환경에 대한 유기체의 적응이다.

루드비히 비트겐슈타인의 말이 떠오른다. "다윈의 학설은 자연과학의 다른 모든 가설들과 마찬가지로 철학과는 무관하다." 최근에는 여러 가지 사정으로 인해, 비트겐슈타인으로 대표되는 분석철학과 사르트르 등의 실존주의 사이에 낀 듀이의 실용주의는 그 매력을 잃고 있다. 그러나 분석철학에서는 인간이 살기 어렵고, 실존주의에서는 특수한 인간만이 살 수 있다. 이에 비해 실용주의에서는 많은 약점과 야심과 재능을 가진 생물로서의 인간이 문명을 형성해 간다. 그러므로 인류는 정처 없는 방랑을 마쳤을 때, 결국 실용주의의 세계로 돌아갈 것이다.

5·4운동의 한계를 넘어서

듀이 부부는 일본에 있는 동안에, 과거에 가르쳤던 사람들을 중심으로 한 중국인들의 방문을 받았다. 후에 베이징 대학 총장으로 당시 잡지 〈신교육〉의 편집자인 동 대학의 교수 장몽린도 왔다. 그들은 새롭게 조직된 중국 협회의 후원으로 중국에서 강의를 하도록 듀이를 초대했다. 듀이는 컬럼비아 대학에 휴가 연장을 신청하면서 중국을 향해서 출발했다. 여기에서 듀이 부부는 2년간에 달하는 중국 강연여행을 시작했다.

듀이는 1919년 5월부터 1921년 7월까지 중국에 머물렀다. 그들이 상해에 상륙한 것은 중국에서 베이징 학생, 학자, 문화인을 선두로 하는 반일 운동이 한창일 때였다. 그것은 제1차 세계대전 후 일본을 중심으로 하는 선진 열강의 대중국 제국주의 침략에 반대하는 중국 인민의 민족주의적인 정치운동이었으며, 동시에 그것은 중국 전통사상문화의 근대화에 따른 새로운 중국의 건설을 맞춘 표준이 되었다. 베이징 대학 교수, 진독수, 이대강, 호적 등은 잡지 〈신청년〉에서 신문화 신사상 운동을 추천하고 청년 학생에게 큰 영향을 미쳤다. 친일파 정부는 이들 문화인을 탄압했다. 그것에 항의하는 한편, 1915년에 일본이 중국의 위안스카이 정부에 강요해서 많은 이권을 승인시킨 21개의 조약에 반대하는 국민대회가 베이징 의학생을 주력으로 5월 1일에 열렸다. 정부는 그 대회를 탄압해서 많은 학생을 체포했다. 이 정보를 받은 장몽린은 듀이 부부를 안내해서 항구에 갔다. 서둘러 베이징에 돌아가야만 했기 때문이다. 한편, 동료의 체포에 격노한 학생들은 5월 4일에 친일파 요인을 덮치고 시위운동을 행했다. 베르사유 조약 반대와 반일을 요구했다. 이것에 호응해서 중국 각지에서 파업이나 일본 물품을 배척하는 운동이 일어났다. 5·4운동이 시작된 것이다.

5·4운동은 그저 반일 운동에서 반침략 반제국주의 운동, 군벌 타도 운동으로 발전했고, 거기다가 처음부터 친문화운동이라고 하는 사상혁명을 지지하는 의미를 가지고 있었다. 이것은 중국사람들이 근대적인 독립민족으로서의 자각을 가지고 정치, 경제, 문화, 사상의 자유와 독립을 요구해 오고 있다는 것이며 근대 중국사의 중요한 전환점이 된다. 듀이 부부는 중국 방문

▶중국에서 듀이 가족
왼쪽부터 듀이, 루시(둘째 딸),
듀이 부인(앨리스), 에블린(맏딸)

▼난징에서 듀이 부부를 둘러싸고

초기부터 중국에서의 학생과 선생의 사회적인 힘을 보게 되었다. 그리고 비
정치적인 장소로 몰린 공중이 최후에는 큰 의견의 힘을 가지게 된다는 것을
눈으로 보았다. 정부가 붙잡은 학생을 석방하겠다고 했을 때, 공중의 동정을
배경으로 한 학생들은 정부가 정식 해명을 할 때까지 일부러 자리를 뜨지 않
는 것을 보았던 것이다.

　듀이 부부의 안내를 한 것은 주로 호적이었다. 호적은 컬럼비아 대학에서
학위를 받고 듀이의 수업에도 출석해서 프래그머티즘 철학의 지도를 받았
다. 중국에 돌아와서는 문학개혁운동의 지도적 역할을 다했다. 그것은 고전

한자 대신에 구어로 바꾸는 운동이었고 '백화운동'이라고 불렸다. 그 운동은 그 창시자인 호적 자신도 깜짝 놀랄 만큼 크게 번져갔고, 초등학교 교과서도 구어로 인쇄되었다. 초등학교 교육 정도밖에 받지 못하는 대중들에게 근대적인 생각을 전파하는 데에 큰 역할을 했다. 세계적 중국 근대작가 루쉰의 문학은 이 운동과의 연결로 활기를 띠었다.

중국에의 애정

베이징 대학, 난징(남경) 대학에서 강의를 하는 이외에 듀이 부부는 북으로는 봉천에서 남으로는 광동까지의 태평양 연안 대부분 모든 도시를 방문했고 내륙의 몇몇 도시도 방문했다. 그의 강의에는 학생이나 교사뿐만이 아니라 많은 지식 계층의 사람들이 들으러 왔다. 대부분의 경우, 강의 내용은 속기되어서 지방 신문에 전문이 소개되거나 팸플릿으로 광범위하게 전달되었다. 듀이 부인도 강연을 했다. 그녀는 난징 대학의 명예 여자부장으로 추대되었다. 이 당시 중국에서는 그야말로 남녀공학이 시작되고 있어서 대학에는 여자부도 생겼다. 여름학기에 듀이 부부는 난징 대학에서 여자가 남자와 같은 자격으로 수업에 나오는 모습을 볼 수 있었다. 중국의 교육에서 부인 해방 운동에 대한 듀이 부인의 격려는 대단히 큰 힘을 가졌다.

듀이 부부처럼 중국의 특별한 찬조를 받고 교사로서 불린 것은 처음이었다. 중국에 민주적인 민족의식이 급속하게 펼쳐지고 있었던 시기인 만큼 두 사람은 따뜻한 환영을 받고, 중국인의 국제문제에 대한 견해를 십분 알 수 있었다. 중국에 듀이가 어떠한 감동을 주었느냐는 별개로 하고, 그가 중국에 머물렀다고 하는 것은 듀이에게 언제까지도 지속되는 깊은 영향을 주었다. 그것은 일본의 경우와는 비교할 수 없을 정도로 강한 것이었다. 그는 관계를 가진 학자들뿐만 아니라 중국 민중 전체에 대해서 마음속으로 애정과 칭찬을 아끼지 않았다. 중국은 그 자신의 모국 미국에 있어서 그의 마음속에 새길 나라로서 언제까지고 기억되었다. '신세계' 미국을 떠나서, 전 세계에서 가장 오래된 문화를 가지고 게다가 새로운 정세에 적응하기 위해서 싸우고 있는 '구세계' 중국에 옮겨 가 본 것은 그를 지적으로 열광시켰다. 중국인 진보의 수단으로서 사회교육이 가지는 가치의 살아있는 증거를 제공했다.

중국에서 미국으로 돌아간 듀이는 나아가 1924년에는 투르크, 1926년에는 멕시코, 각각 나라의 교육사정을 시찰했다. 이들 시찰도 또한 중국에서의 경험을 더욱더 확신하는 것에 일조했다. 즉 교육이라는 것은 개인의 행복에 있어서 혁명적인 변화를 확보해 주는 힘을 가지는 것이라는 것, 따라서 국민문화의 그저 외형을 바꾸는 것이 아니라 국민정신의 내부까지 바꾸는 힘을 가지는 것이라는 것을 드디어 강하게 믿을 수 있게 되었다.

1924년 대통령 선거 때 공화·민주 2대 정당의 눈 밖에 난 양당의 진보적 분자는, 위스콘신 주에서 선출된 상원의원 로버트 M. 라폴레트를 내세워서 제3당인 진보당을 조직하였다. 그들은 노동자와 농민의 대표를 표방하고 민주당의 존 W. 데비스(월가 모르강 상회 고문변호사), 공화당의 캘빈 쿨리지(당시 대통령)와 맞서 싸웠다. 듀이는 물론 라폴레트를 지지했다. 하지만 결과는 쿨리지 당선으로 끝났다.

큰 슬픔이 듀이에게 닥쳐왔다. 그것은 듀이 부인 앨리스가 1927년 7월 14일에 병사한 것이다. 앤 아버에서 결혼해서 만 41년, 듀이의 철학에 많은 인격적 영향을 준, 그리고 동시에 함께 해외여행을 해온 그녀의 죽음은 듀이에게 큰 비극이었다. 그의 친구 홀라스 카렌 박사의 증언에 따르면, 부인의 사후 듀이는 복장도 바뀌고 밖으로만 돌아다녔다고 한다. 부인이 살아 있을 때는 지극히 가정에서의 인연이 강해서 듀이를 가정에 머물게 했던 모양이다.

러시아와의 공감

1928년 듀이는 러시아 방문 교육시찰단의 일행으로 혁명 후의 러시아를 방문했다. 러시아에서는 체재기간이 짧았고, 교육관계자였던 것도 있고 해서 정치나 경제면에 대해서는 깊이 살펴보는 것이 불가능했다. 그가 다른 나라 여행을 통해서 경험한 것은, 어떤 나라에서도 공무원이나 정치가의 설명에는 신뢰가 생기지 않는다는 것이었다. 이 사람들은 일국의 사정을 정직하게 설명하는 능력이 없고 이런 것을 원하지도 않는다. 당시 러시아와 같이 극심한 관료통제를 하고 있는 경우에는 더하다. 하지만 이 여행에서 듀이는 저명한 인사 몇 명과 교사, 학생과 만났다.

그들은 혁명의 목적을 확보하기 위해서, 한 가지 명확한 사회적 비전과 집단적 학습방법은 교육에 있어서 본질적인 작용이라는 것을 확신하고 있었다. 이 확신에 기해서 그들은 모두 새로운, 보다 나은 사회건설을 위한 일에 열중하고 있었다. 혁명의 정치적·경제적 국면은 개개인 능력의 해방에 도움이 될 것이라 믿었던 그들은 교육에 있어서 정치적·경제적 조건을 중시했다. 이런 진지한 분위기에 대해서 듀이는 소비에트 사회주의 연방에 대한 공감을 표하는 논문을 적었다. 그 덕분에 보수계 신문은 그를 '공산주의자'라든지 '빨갱이'라고 부르기도 했다.

그들이 러시아를 방문했을 때 러시아의 학교에서도 이전의 혁명 직후와 같이 학생이 교사나 교육 당국에 불만을 이야기하는 것과 같은 '응석'은 억압되어 있었고, 다른 한쪽, 향후에 나타나게 되는 성가신 상부로부터의 통제도 또한 받아들여지지는 않고 있었다. 학교 안에서 정치 선언이 만연했으나, 우수한 학교에서는 개인의 판단력을 확대하고 또한 각자의 자발적인 협력을 위한 마음가짐을 키우게 하는 운동이 행해졌다. 그러나 뒷날 상부로부터 학교 통제를 엄격하게 하고 학교를 공산주의라고 하는 특정 목적을 달성하기 위한 도구로 사용하게 됨으로써, 고압적인 5개년 계획이 1928년 10월부터 시작되었다. 이 보고를 들었을 때 듀이는 러시아 교육에 깊은 실망을 느껴야만 했다.

듀이는 역시 근본적으로는 어디까지나 자유주의에 입각하는 민주주의 입장을 견지하고 있었고, 한 가지 입장만을 고정해서 절대화하는 사회원리에는 동감할 수 없었다. 하물며 교육을 그러한 절대적 원리에 종속시켜버리는 것은 어떻게 봐도 찬성할 수 없었다. 자본주의사회의 현상은 확실히 많은 모순을 가지고 있다. 따라서 그런 여러 문제를 어떤 방법을 써서 개혁한다는 것은 절대로 필요하다. 한 가지 목표를 향해서 협력하고 노력해가는 것은 아름다운 것이다. 또한 자신들이 세계 민중의 행복을 위해서 헌신해야 한다고 확신하는 것은 훌륭한 것이다. 그것은 목적이 없는 자유방임의 상태와는 다르다. 하지만 그것은 여러 가지 실천을 더해서 조금이라도 더욱 좋은 수단, 방법을 적용해서 가려고 하는 입장으로 행해져야 하며 한 가지 방법만으로 고집해서는 안 된다. 한 가지 이론, 한 가지 정당만이 항상 절대적으로 올바르다고 하는 것은 있을 수 없다. 이것이 러시아 시찰과 그 이후의 정보로부터 듀이가 얻은 사회주의에 대한 평가의 대강이다.

멕시코에 무사히 도
착한 트로츠키(오른
쪽에서 두 번째)
마중 나온 트로츠키
부인(왼쪽), 리베라
부인

만년

뉴델리

1930년, 듀이는 만 70세에 컬럼비아 대학의 수업을 은퇴하고 동 대학 명
예 교수가 되었다. 하지만 그의 연구와 저작활동 그리고 그에 대한 이론의
실제 검증방법으로서의 정치와 경제에 대한 그의 관심과 발언과 행동은 결
코 쇠약해지지 않았다. 그의 실천활동은 대학교수를 벗어난 덕분으로 보다
더욱 자유로워졌다고 생각된다.

1929년 10월 29일 뉴욕 시 월가에서 발생한 주식공황은 순식간에 미국전
역의 경제계를 흔들고 금융, 산업의 대공황이 되었다. 민간구매력 저하, 생
산력 감퇴, 실업자 증대, 세금징수 강화 등이 악순환을 일으키고 자본주의
내부 모순이 한꺼번에 나타나서, 미국 경제에 의존하고 있던 유럽과 일본도
일대 불경기에 휩싸이게 되었다. 공화당 대통령 후보이자 현직 대통령 허버
트 후버에 대해서 민주당은 뉴욕 주지사인 프랭클린 D. 루스벨트를 공인 후
보로 지명했다.

선거 운동 중에는 민주당은 공업, 농업, 근로 운동 등에 대해서 전면적인
정부의 간섭을 한다거나 강한 통제 경제 정책을 취하는 등과 같은 것은 말하
지 않았다. 그저 루스벨트를 '진보적' 인물로 단언하고 팔기 위해 노력했다.

선거 결과는 1,570만 표 대 2,280만 표로 새 인물인 루스벨트의 승리로 돌아갔다. 아마도 미국 국민의 세론은 공화당의 정치가 공황을 일으켰으므로 민주당에게 그 해결책을 기대했을 것이다. 물론 루스벨트 자신은 선거전에서 농촌대책, 실업 및 빈곤 구제책을 몇 개 제안했다. 듀이가 휴이보다도 루스벨트를 지지한 것은 말할 필요도 없다.

1933년 대통령으로 취임한 루스벨트는 뉴딜정책을 채용했다. 그 주요 항목은 다음과 같다.

(1)은행 및 통화 통제—금본입제의 폐지. (2)재정곤란에 빠진 법인, 개인에 대한 연방정부의 부흥자금 대출. (3)농민 구제—농산물 가격 폭락을 방지하기 위해서 농업 조정법을 만들고 생산과 가격을 조정한다. (4)사기업 규제—전국 산업 부흥법에 따라 노동자의 구매력을 높이고 공공사업에 투자한다. (5)조직노동자가 조합을 조직하고 경영자와 단체협약을 맺을 권리를 가질수 있다는 것을 확인한다. (6)사회보장—부양이 필요한 자, 실업자, 빈곤자, 노령자를 구제한다. 이 정책은 착실한 성공을 보였고 미국 국민의 루스벨트 지지를 압도적인 것으로 만들었다.

듀이는 루스벨트의 일종의 참정 자본주의와 어떤 종류의 사회주의적 정책의 도입을 환영하고 지지했다. 듀이는 라디오 방송은 거의 하지 않았으나, 가끔 강연 방송을 하면 청취자에게 깊은 감명을 주는 능력이 있었다. 그는 뉴딜을 지지하고 격려하는 일련의 라디오 강연을 했고, 그 중의 하나는 NBC의 네트워크를 통해서 행해졌으며, 그때 텍사스 주의 어떤 반동적인 남자가 그것을 듣고 방송국에 투서를 보냈다. 존 듀이가 미국에서 가장 위험한 인물 중의 하나라고 하는 것이 그 요지였다. 이 남자는 듀이 같은 자는 마을의 전신주에다가 거꾸로 매달아야 한다고까지 생각했다는 것이다.

다음 1936년 대통령 선거 때 루스벨트의 지반인 뉴욕의 노동당이 그 내부에서 공산당과의 공동투쟁 방법을 둘러싸고 분열하여 새로운 자유당이 생겼으며, 그때 듀이는 그 자유당에 참가하여 명예 부총재가 되고 반동 뉴딜의 입장을 드러냈다. 자유당이 다른 어떤 당보다도 민중의 교육에 열심이라는 것이 듀이가 이것을 지지한 이유였다.

트로츠키 심문위원회

1937년에 듀이는 모스크바 재판에서 레온 트로츠키* 고발을 위한 심사위원회의 멤버로서, 트로츠키가 숨어 있던 멕시코에 대해서 심문하도록 권유받았다. 그는 이때에 만년의 저작인 《논리학—탐구의 이론》(1938)을 집필중이었지만 이 일을 잠시 중단

트로츠키 심문위원회(청문회)

하고 위원회에 참가했다. 그가 이렇게까지 해서 이 위원회의 일원이 되었던 이유는, 여러 피고의 변명을 충분히 들을 수 있다는 그의 신념에 따른 것이기도 했지만, 개인적인 이유로는 이러한 사회적 행위를 통해서 듀이 자신이 자신의 철학 또는 교육이론을 실천적으로 검증하는 절호의 기회라고 생각했기 때문이다. 이 경우는 격렬한 계급투쟁과 계급 독재라고 하는 이론이 러시아의 현실에 적용된 결과 일어난 것이나, 과연 현실에 생긴 여러 사실은 이들 이론의 정당성을 증명하고 있는지 그렇지 않은 것일까. 그것이 듀이의 관심사였다.

그는 즉시 모스크바 재판의 모든 공개 기록과, 레닌과 그 외의 혁명지도자들이 쓴 것을 읽고 연구했다. 그리고 결론으로서, 폭력혁명과 독재의 방법은 그 본디의 성질상 모든 인간의 자유와 평등·착취로부터 해방 등 혁명이 원하는 목적을 달성하는 것은 불가능하다는 것, 어떤 입장의 지도자가 권력을 쥐어도 이것에는 변함이 없다는 것, 그리고 이들은 지금의 경우 트로츠키스트, 스탈리니스트의 양자에 따라 예증되고 있다는 것, 이러한 것이 명백해졌다는 것이다. 그 자신의 언어로 말하자면 '공산주의와 파시즘 중에 어느 쪽

---

* 레닌이 1924년에 죽자 스탈린과 트로츠키 사이에 지도권 분쟁이 생겼다. 일국 사회주의론의 스탈린이 국제 혁명주의인 트로츠키를 물리치고 최고지도자가 되면서, 1929년에는 트로츠키파 탄압이 행해지고 트로츠키는 국외로 추방되었다. 트로츠키는 멕시코로 망명해서 1940년에 죽었다.

을 선택해야만 한다면 게페우(소련의 구 국가경찰)와 게슈타포(나치스 비밀 경찰) 중에 하나를 선택하는 것이다.'

듀이는 멕시코로 갔다. 그리고 피고 트로츠키의 변명을 들었다. 그 듀이의 멕시코 방문에 동행한 젊은 평론가 제임스 파렐의 말에 따르면, 듀이는 처음은 스탈린 쪽이 트로츠키보다 정당한 것이 아닌가 하고 생각했던 것 같으나, 트로츠키가 제출한 증거와 듀이가 읽은 재판기록을 맞추어 보고 트로츠키 일파의 피고 쪽이 정당하다는 결론에 도달했다. 하지만 듀이는 트로츠키 일파의 정치적 견해에 찬성한 것은 아니었다.

심문 결과는 두 권의 책으로 엮여서 공표되었다. 하나는 멕시코 시의 트로츠키 가에서 행해진 청취의 축어적인 보고이고, 다른 하나는 서로의 입장을 분석해서 위원회의 소견을 쓴 것으로 이것은 《무죄》(1938)라는 제목으로 출간되었다. 좌익 문필에서는 듀이는 트로츠키 또는 반동이라고 냉담하게 받아들여진 반면, 보수파 신문은 듀이를 자신들의 동료로 환영했다. 하지만 듀이는 자신의 정치활동은 공산주의, 파시즘, 보수주의 중 어느 것에도 속하지 않고 '아메리카니즘'의 신앙에서 시작된 거라고 했다. 단, 이 경우의 아메리카니즘이란 강경외교정책이나 경제적 반동가의 자유방임적 제정산업정책과 엮는 이전의 그 젊었던 자유주의—프론티어 정신을 의미하는 것이다. 듀이의 마음에 언제까지고 불타고 있는 것, 그것은 종교적 형식을 배제한 초기 아메리카니즘 정신이며 뉴잉글랜드의 식료품점 아들로서 큰 서민적 인생에의 향수였다.

일상생활

만년의 듀이는 플로리다 남단 키 웨스트에 있는 별장에서 지내는 날이 많았다. 그는 아침 8시에 일어나 가벼운 식사를 마치고 오전 중에는 일을 했다. 식사 후에는 자주 졸기도 하였다. 오후에는 퍼즐이나 목욕을 즐기거나, 저녁 시간 때가 되면 때때로 친구의 디너파티에 초대되곤 하였다. 또 듀이 자신이 집에서 칵테일 파티를 종종 열기도 하였는데, 그는 칵테일 만드는 데 명인이었다.

캐나다 동부 노바스코샤 반도에는 듀이의 여름 별장이 있었다. 《논리학》은 주로 여기서 쓰였다. 더욱이 뉴욕 앞바다에 길게 가로놓인 롱 아일랜드 섬에도 별장, 농장이 있었다. 어느 날 슈나이더는 이 작은 집을 지킨 적이 있었다. 듀이가 평소에 사용하는 실내에 가보니 침대 한쪽 옆에는 값싼 소설이 산더미처럼 쌓여 있었고 난로에는 담배꽁초 투성이였다. 그곳에 듀이의 장녀 에블린이 친구들과

노바스코샤의 별장에서 집필 작업에 여념이 없는 듀이

잠시 들러, 슈나이더에게 쇼핑하러 가자고 꼬드겼다. 그녀는 연식이 오래된 포드 자동차를 타고 있었다. 마켓까지 절반도 가지 못한 사이에 핸들이 쑥 빠져버렸다. "아무 걱정하지 않아도 돼. 자주 있는 일인 걸." 그녀는 이렇게 말하여 핸들을 끼워 넣고는 천연덕스럽게 있었다. 슈나이더에게 있어 그날은 굉장한 주말이었던 것이다.

그 농가에서 듀이는 닭을 많이 키우며 계란을 이웃사람들에게 나누어 주었다. 어느 날 고용된 농부가 쉬는 날이라 듀이는 직접 계란을 배달하며 걸어가고 있었다. 어느 부잣집 부인이 헐렁한 바지를 입은 듀이를 보았다.

"어머, 항상 오는 사람은 오늘 쉬는 날인가? 그래서 듀이 농장에서 계란을 나누는 데 할아범 혼자 들린 것이구면."

그러나 여기에는 별개의 이야기가 있다. 듀이가 그 부인 집 식사에 초대되었다. 듀이가 집 안으로 들어서자 그 부인은 이렇게 말했다.

"어머나, 그 계란 할아범 아닌가?!"

듀이는 자주 깜빡 잊는 버릇이 있었다. 방송국에서 라디오 강연을 하게 되어 스튜디오에 들어가 주머니에 손을 넣어 살펴보니 다른 원고가 들어 있었다. '이런, 어쩌나! 원고를 잊었다!' 다행히도 다른 사람이 원고 복사본을 가지고 있었기에 급한 상황을 모면하긴 했지만 이런 예는 자주 있는 일이었다. 컬럼비아 대학에 듀이와 함께 근무했던 밀턴 H. 토마스라는 사람은 잠시

동안 듀이와 옷장을 함께 사용했다. 어느 날 저녁 토마스가 집으로 돌아가려는데, 겉옷 주머니에 예쁜 린넨 손수건이 몇 장 들어 있었다. 그래서 그 손수건을 주머니에서 꺼내어 듀이의 책상 위에 올려 두었다. 다음 날 아침에 알게 된 사실인데, 듀이는 어느 친구 생일 파티에 초대받아 손수건을 잊지 않기 위해 겉옷 주머니에 미리 넣어 둔다는 것이 토마스 상의 주머니에 넣어 버린 것이다.

어쩌면 앤 아버나 시카고의 어딘가에서 이야기 한 것 같은데, 그는 대학 정원을 다른 한 친구와 함께 걷고 있었다. 그러자 귀여운 아이 한 명이 듀이 곁으로 다가가 손을 내밀었다. "5센트만 주세요." 듀이는 아이를 내려다보며 체념한 얼굴로 주머니에서 5센트 동전을 집어 주었다. 그리고 친구에게 말했다.

"이 마을 아이들에게는 참 난처하지 않을 수가 없군. 항상 이렇게 돈을 달라고 하니 말이야."

그 친구는 주변을 둘러보며 말했다.

"아니, 선생님, 선생님의 아드님 아니었던가요?"

그러자 듀이 선생은 조금도 당황하지 않고 그 아이를 흘깃 바라보고는 대답하는 것이었다. "응, 그렇군. 나도 그렇게 생각해."

한편 이 시기, 듀이 부인 앨리스 역시도 자주 깜빡깜빡한 듯하다. 미시간에 있던 시절 듀이 부인은 아이들을 유모차에 태워 식료품점에 물건을 사러 갔다. 그런데 유모차를 식료품점에 둔 채 구입한 물건만 들고 집에 돌아와, 주변에 있던 사람이 항상 아이들을 집에 데려다 주곤 하였다.

천진난만 거드름쟁이

듀이는 절대로 나이 든 사람처럼 점잖은 복장을 하진 않았다. 그는 트위드를 착용하고, 밝은 색상의 양복을 즐겨 입었다. 82세 때 듀이는 니콜라스 머레이 버틀러라는 사람에 대해 파렐과 이야기했는데, 버틀러보다 나이가 많던 듀이가 이런 말을 했다. "버틀러의 난점은 나이가 든 늙은이라는 것이지." 그는 다른 사람에게 노인이라고 여겨지는 것을 무척 싫어했다. 화려한 복장을 착용하게 된 것도 그런 이유로, 특히 듀이 부인의 죽음 뒤에 더욱 옷차림에 신경썼다. 자기 자식들에게도 어떠한 일에도 도움 받기를 원치 않았다. 키 웨스트의 집 정원에는 잘린 막대기나 낡은 못이 많이 땅바닥에 굴러 다녔는데, 듀이는 다른 사람의 손을 빌리지 않고 혼자서 걸으리라 우기며 사람들의 말을 듣지 않았다.

두 번째 부인 로버타와 함께(1946)

듀이의 두드러진 특징은 그가 아주 시원한 성격의 남자라는 것이었다. 이 점은 그를 아는 모든 사람이 인정하고 있었다. 그리고 듀이의 솔직함도 특별한 성품으로 들 수 있으리라. 모르는 것에는 항상 확실하게 모른다고 말하고, 또 늘 자신의 생각이 올바른지 아닌지에 대해 확인하고자 하였다. 시원한 성격에 솔직하고 젊음을 뽐내는 천진난만함, 이런 부분이 듀이라는 인물의 특징이다.

그는 어떠한 일이라도 엉성하게 끝내는 법이 없었다. 학문상에 관해서는 학생에게도 엄격함을 요구하였다. 어느 세미나에서 듀이는 심한 말로 한 학생을 꾸짖으며 몹시 언짢아 한 일이 있었다. 그 학생은 세미나 준비를 제대로 하지 못해, 리포트 한 장만 손에 들고 있었다.

"게으름을 피우다 이것밖에 못해 왔습니다."

그러자 듀이는 바로 그 학생을 가로막고 말했다.

"그만 두게. 세미나에 나오면서 게으름을 피우다니 무슨 말인가. 멍하니 있어서는 안 되는 것이네."

실제로 그는 상당히 흥분되어 있었다고 한다. 그런데 그때 '멍하니 있어서는'이라고 한 듀이의 말은 "due to an abstraction"인데 이것은 '타인의 것을 베껴서는'이라는 의미도 되고, '추상적으로 생각해서'라는 의미도 된다. 그는 항상 '자신의 머릿속에서 구체적으로 생각하라'고 가르쳐 왔다. 야단치면서도 이 같은 유머를 잃지 않는 부분에서, 듀이의 인간미를 느낄 수 있다.

그는 위대한 철학자이면서도, 다른 여러 철학자보다도 훨씬 학구적인 분위기를 싫어했다. 그는 만년에 수년간 뉴욕의 자유당 명예부총재를 맡았는데, 이 시기 그는 자주 호텔에서 열린 자유당 연차(年次) 저녁 만찬에 출석하여 거기서 노동자와 자유민주주의 운동 지도자들과 함께 시간을 보내는 것을 낙으로 여겼다. 이 회합에는 항상 1500명 안팎의 사람들이 출석했다. 듀이는 별도로 지정된 단상에 앉아 있었는데, 그가 일어서면 모든 사람들이 자리에서 일어나 환성을 지르곤 했다. 노동조합운동에서도, 일반 자유주의 운동에서도 듀이는 그것에 참가하는 것으로 커다란 심적 안정과 기쁨을 얻었던 것이다.

지식의 탐구

듀이는 제1차 세계대전 후에는 절대 평화주의자가 되었다. 전후의 베르사유 체제와 국제연맹이 가진 위장 평화주의에 반대하고, 또 파리조약을 '그림의 떡'이라고 비난하였다. 상원의원 보라와 레빈슨과 함께 전쟁 법외 추방 아메리카위원회를 조직하여 전쟁을 불법적인 것으로 간주하고, 세계 어디든 철저히 추방하기 위한 운동에 종사하였다. 그러나 그런 노력에도 불구하고 제2차 세계대전을 피할 길이 없었다. 전쟁 후 듀이는 원폭의 출현을 보고, 훗날의 세계 평화 문제에도 더욱 깊은 관심을 기울여 전쟁 법외 추방의 사상을 한층 철저히 하는 한편, 세계연맹 정부를 수립할 가능성과 필연성을 역설했다. 이런 세계평화 문제에 대해서 듀이의 사상과 실천운동은 그의 철학의 검증 자리로서는 아주 전형적인 것이었다. 또한 그의 사상 내용과 깊이 연관되어 있음은 말할 필요도 없으리라.

그 사이 듀이는 미국 철학이 그 일반적 경향으로서 정치, 사회, 도덕 등의 실천적 문제에 관심을 잃고 언어분석이라는 수학적인 기술상의 문제에만 머리를 굴리는 것에 심히 불만을 느끼고 있었다. 미국철학회에 속한 어느 위원회가 록펠러재단으로부터 자금을 받고 '철학의 현대와 전후에 있어 철학이 달성해야 할 역할'이라는 조사를 행하여, '미국 교육에 대한 철학'이라는 보고서를 제출했다. 이것에 대해 듀이는 미국철학회가 록펠러재단이라고 하는 철학과는 직접적으로 관계없는 재단으로부터 자금을 지원받은 것은, 이 문제가 단순히 직업 철학자만의 관심사가 아닌 공중의 문제인 것을 지적하고 있음에도 불구하고 위원회가 문제를 좁은 의미로 해석하여 교육에 있어서의

고향 버몬트 대학교를 방문한 듀이(1949)

철학의 기능이라는 전적으로 한정된 기술적인 문제만을 채택한 것은 커다란 실수라고 논하였다. 이것은 전후에 있어 철학의 역할이라고 하는 기본적인 사항에 대해서는 여러 철학자의 의견이 일치하지 않는다는 사태를 잘 드러내며, 이것은 "공중도덕이 혼란에 빠져, 모순 충돌을 초래한 것의 지적 반영이다"라고 말한다.

그는 전후에 나온 그의 논문집 《인간의 여러 문제》(1946)에서, 철학은 지식의 분석이 아닌 원래 실천적인 지혜를 탐구해야 한다고 강조했다. 이것이야말로 미국 철학의 현상에 대한 그의 속일 수 없는 비판의 말이자, 그의 철학의 기본적 모습과 핵심을 지적하는 것이다.

재혼과 죽음

1946년에 듀이는 뉴욕 시의 로버타 그랜트와 두 번째 결혼을 했다. 86세 때였다. 이 노부부는 양녀 애드리엔느와 그 남동생 존을 양자로 맞아들여 만년을 평화롭게 보냈다.

듀이의 90번째 생일 무렵 어느 날, 듀이는 뉴욕 시 50번 거리의 버스에 타고 있었다. 그러자 한 남자가 올라타자 이렇게 말했다.

"존 듀이 선생님이시지요? 선생님을 꼭 제 딸에게 소개하고 싶습니다."

그 딸이란 10살 정도 된 어린이였다. 이 아이는 늙은 듀이를 보고 방긋 웃으며 말했다.

"존 듀이 선생님. 우리 학교에서도 선생님의 《교육》이라는 책을 교재로 공부해요."

로버타 부인에 의하면, 이를 듣고 듀이는 매우 기뻐하여 적잖이 흥분했다고 한다. 이 아이의 말은 대학교수가 듀이의 철학이나 교육 체계를 공부한다는 것보다 훨씬 듀이를 기쁘게 했다.

존 듀이는 1952년 6월 1일, 뉴욕 시 50번가 1158번지에서 92세로 세상을 떠났다.

자유민주주의 이상을 새로이 하고 실용주의에 바탕을 둔 듀이의 보편적 교육사상은, 현대 인류의 환경이 어떻게 변하든 인간교육의 기본정신으로서 그 빛을 잃지 않을 것이다.

Ⅲ 존 듀이 사상

개관

네 가지 모티브

듀이는 1930년에 존 애덤스와 윌리엄 P. 몬터규에 의해 뉴욕에서 출판된 《현대 미국의 철학》이라는 책에 '절대주의에서 실험주의로'라는 글을 실었다. 이것은 듀이가 70세에 컬럼비아 대학 현역 교수를 그만두는 즈음해서 버몬트 대학 입학 이래 자신의 사상의 발전과 성장의 흔적을 회상한 것으로, 그의 정신 발전에 영향을 미친 여러 인물과 그 사상에 대한 전부이다. 그것은 듀이라는 한 천재적인 철학자의 생애로 구체화되었다. 미국 철학사의 소묘라고 해도 좋다.

듀이는 존스 홉킨스 대학 학생 시절에 모리스 교수를 통해 헤겔 철학을 접하고, 그 사변적인 요소에 매혹되었다. 그래서 결국 앤 아버 시절부터 시카고 시절을 거쳐 헤겔로부터 이탈해, 듀이 독자적인 실험주의적 프래그머티즘 철학을 상상하게 되었다. 이렇게 그의 헤겔로부터의 결별은 적어도 표면적으로 보는 한 꽤 빠른 시기에 이루어진 것이지만, 그의 사상 밑에 가라앉은 헤겔적인 관점은 항상 듀이의 철학에 독자적인 특색을 주었다.

헤겔은 이 세계의 모든 일을 정신의 현상으로 보았다. 그것에 대해 듀이는 이 세계의 모든 일을 자연의 현상으로 보았다. 즉 헤겔의 '정신'을 '자연'으로 바꿔 놓은 것이다. 다음으로 헤겔은 정신이 현상해 오는 프로세스를 변증법이라는 사변적인 방법으로 설명했다. 그것에 대해 듀이는 자연이 현상해 오는 프로세스를 진화론에 의해 실증적으로 설명했다. 그래서 진화론의 '진화'라는 것에 변증법이 가지고 있는 모순, 운동, 발전 등의 생각을 끌어옴으로써 문제해결의 논리를 생각해 냈다. 헤겔이 머릿속에서 생각했던 '발전'이라는 것을, 생물학을 처음으로 하는 자연과학의 실험에 의해 확인해 볼 수 있는 '성장'이라는 생각으로 바꾸어, 성장을 유기체가 환경에 의해 행하던 문제해결의 과정 및 결과로서 받아들였다.

듀이는 그 논문 속에서 그의 사상을 구성하고 있는 네 개의 기본적 강조점을 들고 있다.

(1)그는 항상 교육의 이론과 실천에 근본적인 관심을 가지고 있다는 것.

(2)과학과 도덕 사이의 틈을 건널 수 있는 유효한 탐구의 방법(논리)을 확립하고자 하는 것.

(3)인간의 경험을 생명활동으로서 이해하는 경우에 윌리엄 제임스의 영향으로 생물학적인 견해를 중요시한다. 인간의 심리나 도덕(윤리)을 추상적인 철학적 개념에 의해 설명하는 것이 아니라 살아있는 환경과의 연결에서 설명하고자 하는 것.

(4)철학에 있어서는 사회적인 견해를 확립하는 것이 필요하다. 정치나 경제나 사회의 모든 문제에 관심을 가지려고 하는 것.

이상 듀이 철학이 가진 네 가지 요소는 각각 듀이의 교육이론, 논리학, 윤리학, 사회철학이라는 모습을 가지고 여러 작품에 나타나게 된다. 이 네 가지 분야에 대해 듀이 각각의 시대를 맞추면 다음과 같다.

미시간 시대 …… 윤리학
시카고 시대 …… 교육이론
컬럼비아 시대 …… 사회철학
만년 시대 …… 논리학

이렇듯 흥미 중심이 각각 시대에 있어서 이렇게 나누어진다는 것만으로, 듀이는 어느 시대에 있어서도 모든 문제에 철학적 관심을 가졌음을 알 수 있다. 전반적으로도 듀이는 '플라톤으로 돌아가라'라고 말할 정도로 플라톤을 높이 평가하고 있다. 하지만 이것은 플라톤의 관념론으로 돌아가라고 말하는 것이 아니라, 플라톤 철학이 가장 철학답다는 것이다. 그것이 항상 사회적·실천적 의의를 가지고 있다는 의미에서 플라톤을 중요시한 것이다. 폴리스(국가, 정치)의 철학자 플라톤이 듀이에게는 철학자의 모범이었다. 교육도 논리도 윤리도 국가적·사회적·정치적 동물로서의 인간의 문제해결의 일에서 자각한다. 따라서 어느 시대에는 어느 문제밖에 흥미가 없다는 것은 듀이의 경우에는 있을 수 없는 것이 당연하다.

철학 구조와 세계관

네 개의 모티브에 의해 구성된 듀이의 철학 전체의 구조는 첫 번째 그림에서 보인다. 듀이 철학의 전체를 하나의 원추로 나타난다면 하부 및 심층부에는 자연환경을 다루는 자연과학이고, 그 상부 및 표층부에는 여러 사회과학이 덮인다. 그래서 원추의 정상부에 교육이론이 상위를 차지한다. 자연과학의 밑에서 사회과학의 사변을 올라 교육이론의 정상에 이르는 주요 등산로는 윤리학, 논리학, 사회과학 세 가지이다. 정상에서 중심이 되는 축이 원추의 중심부에 통하고 있지만 이것은 지성과 경험이 합쳐진 것이다. 세 개의 등산로는 이 중심과 항상 상호관계이고, 등산로의 위치와 오르는 각도를 결정할 뿐만 아니라 중심과의 연결을 통해 다른 등산로와 서로 영향을 준다. 정상에 이르는 길은 이 세 가지로 한정되는 것이 아니라 샛길은 얼마든지 만들 수 있다.

이 듀이의 철학 구조는 말할 것도 없이 그의 세계관의 구조를 반영하는 것이다. 그의 세계관은 두 번째 그림에서 보이는 구조를 가진 것이다.

밑에서 정상으로까지의 지면은 자연환경으로 완성되고, 그 상부에 사회·문화 환경이 덮인다. 그래서 정상부에는 교육활동이 위치한다. 사회·문화 환경도 교육활동도 그 부분을 파서 안을 빼면 자연의 표면이 보인다. 정상부 교육은 학교교육을 중심적으로 포함하고 있지만 그것에 한정된 것은 아니다. 사회의 자기존속, 자기발전을 위한 기능으로서 본래적으로 사회에 구비되어 있는 광범위한 교육이다.

사회·문화 환경에는 다수의 등산로가 정상을 노리고 있지만 그 주요 부분은 정치, 경제, 학문(과학), 예술, 종교 다섯 가지이다. 그 외에도 샛길의 등산로로서 여러 가지 것을 개척할 수 있는 것은 말할 것도 없다. 그 원추 전체를 지탱하는 중심이 되고 축이 되는 것은 인간의 행동이다. 이 행동이 구체직으로는 정치, 경제, 학문, 예술, 종교의 형태를 취하고 있다. 그래서

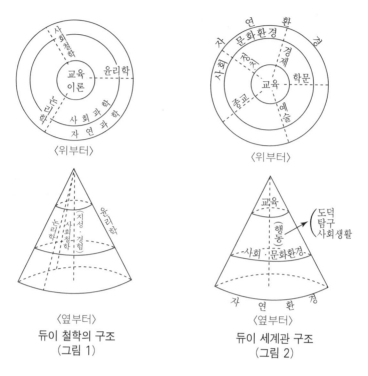

〈위부터〉 〈위부터〉

〈옆부터〉 〈옆부터〉
듀이 철학의 구조 듀이 세계관 구조
(그림 1) (그림 2)

행동은 도덕, 탐구, 사회생활 세 가지 요소로 완성된다. 여기서 주의해야만
하는 것은, 듀이의 경우 도덕은 그 자체로 하나의 등산로가 되는 것은 아니
라는 점이다. 어느 등산로라도 그것을 오르는 행동에 있어서 도덕, 탐구, 사
회생활 세 가지 요소를 가지며, 이 구체적인 등산행동을 뺀 도덕이라는 것은
존재하지 않는다. 따라서 개개의 구체적 교육활동을 벗어난 도덕교육은 난
센스이고, 정치나 경제, 학문, 예술, 종교, 그 외의 실천을 통해서만 도덕
문제는 교육이라는 그물에 걸린 것이다.

하나의 세계 혹은 하나의 사회를 가리키는 원추가 직원추라면 그 세계다
움 사회다움은 정상적인 민주주의에 의해 지배당할 수 있다. 이 정상은 원추
를 구성하는 각 부분이 서로 조화롭고 균형을 이룬다는 것을 가리킨다. 이
세계관의 구조가 듀이의 철학관을 나타내는 첫 번째 그림에 반영하는 것이
지만, 그 때에는 중심적인 행동이 경험화되고 지성화되어 표면에 나타난다.
그 부분들이 윤리학·논리학·사회철학이 되어 각각 행동의 도덕면·탐구면·사
회생활면을 반성적으로 이론화하면서 궁극적으로는 교육이론에 있어서 하나

로 통합되어야 하고, 정상을 향해 집중해 간다.

이하 듀이 철학사상의 네 가지 기본적 모티브를 그의 생애의 경과 순서에 따라 들고 사상 전체의 특징을 분명하게 해보겠다.

윤리학
―지성과 자유

악전고투

존 듀이는 미시간 대학 전임 이래 윤리학을 강의 제목으로 하는 일이 많았다. 그의 작품에서 도덕을 문제로 하지 않은 것은 별로 없다. 이미 말했듯이 도덕은 탐구활동과 사회생활과 함께 사회 구조와 기능의 중추부이고, 인간이 행하는 모든 행동에 신경계통처럼 이어져 있어서, 인간의 모든 문제를 다루는 철학에 있어서는 도덕을 무시할 수 없기 때문이다. 그의 사회관에 따라 말하면 정치적 인간, 경제적 인간, 학문적 인간, 예술적 인간, 종교적 인간 등 사회의 각 분야에서 특색 있는 활동을 하는 인간들 중 도덕적으로 사는 것을 전문으로 하는 인간 따위는 있을 수 없다.

정치도 경제도 과학도 종교도 예술도 각각 전문으로서의 독자적인 영역과 독자적인 논리를 가지고 있어서, 이것들을 항상 '도덕'의 감시하에 두고 이것저것 말하는 도덕주의는 오히려 풍족한 인간성의 개발을 방해해버릴 위험이 있다는 것은 확실하다. 하지만 그렇다고 해서 정치, 경제, 학문, 예술, 종교 등이 넓은 의미에서의 도덕과 전혀 관계없이 폭주한다는 것은 용서되지 않는다. 그것은 오히려 그 자체의 자살 행위에 지나지 않는다. 모든 인간은 도덕적으로 살도록 요구된다. 그래서 도리어 도덕적으로 사는 것을 전문으로 하는 인간은 존재하지 않는다. 교사도 종교가도 경찰관도 정치가도 성실하게 살아야 하는 것은, 돈을 벌기 위해 글을 쓰는 사람이나 상인이나 배우나 가수가 성실하게 살아야 한다는 것과 같은 일이다. 듀이의 많은 작품이 인간의 모든 문제를 다루는 데 있어서 도덕을 항상 주요 테마의 하나로서 고찰하고 있는 것은 당연한 일이다.

하지만 출판된 작품 중에서 정면에서 도덕 문제를 다루고 그것을 이론적으로 해명하고자 하는 것은, 미시간 시대의 강의용 텍스트를 빼면 시카고 대학 시절에 제임스 터프츠와 공동으로 연구한 성과를 정리한 《윤리학》이 가장 중요한 것이라 할 수 있다. 게다가 도덕을 사회 심리학적 기초로 세워 연구한 것으로 《인간성과 행위》가 있다.

《윤리학》 제1부는 인간이 집단을 만들어서 생활하는 이상은 반드시 따라야만 하는 도덕이라는 것이 존재한다는 것을 역사적으로 사례를 들어 설명한다. 제2부는 행위의 내면적 혹은 개인적인 측면을 분석해서 행위에 늘 따라붙는 여러 도덕적 가치, 즉 선악, 옳고 그름, 의무, 법칙 등의 개념을 분명하게 한다. 그것과 동시에 어느 행위가 인정받거나 칭찬받거나 혹은 부인되거나 비난받거나 하는 것은 사회적으로 어떠한 의미가 있는 것인지 하는 문제를 생각하고, 더 나아가 인간의 몸에 밴 여러 '덕'이나 도덕을 맡은 '자아'의 역할을 논하고 있다. 다음으로 제3부에는 행위를 사회라는 장에서 고찰하고, 그것을 권리, 의무, 생산, 분배, 부의 소유, 가정생활 등과의 관계에서 분석한다.

윤리학이라는 학문은 인간 행위의 내면적인 프로세스를 외계의 자연적·문화적 모든 조건에 의해 결정된 것으로서, 또 이 외적인 모든 조건들을 오히려 결정해 가는 것으로서 연구한다. 혹은 반대로 사회의 모든 제도나 기능을 인간의 내면적인 목적에 따라 결정된 것으로서 또 이 내면적인 목적들을 반대로 결정해 가는 것으로서 연구한다. 행위는 추상적인 진공 속에서 이루어지는 것이 아니라 환희와 비애, 숭고와 추악함이 소용돌이치는 실제 사회에서 이루어진다. 따라서 윤리학은 깨끗한 것으로 끝나는 학문이 아니다. 그 자체가 악전고투의 기록이 되는 것이다. 인간은 그 고투를 통해 그의 삶을 발견하고, 수정하고, 단련해 간다. 그 인간의 능력이 지성이라고 불리는 것이다.

창조적 지성

이미 말했듯이 듀이에게 있어서 도덕은 모든 행위에 관계를 가지고, 신경에 의해 모든 사회적 행위의 맨 끝까지 숨어 들어가 있는 것이며, 또 행위는 인간과 자연적·문화적인 환경과의 상호작용으로서 이해되는 것이다. 따라서 도덕 문제를 해명하려면 행위의 분석이 출발점이 되어야만 한다. 행위는 우선 생물학적·물리학적·심리학적인 분석의 대상이 된다. 그래서 듀이는 《인간성과 행위》에서 행위를 중심으로서 형성되는 관습, 충동, 지성 등의 작용을 자세하게 음미하는 것에서 시작한다.

우리들은 보통 관습 속에 파묻혀 있다. 하루에 세 번 식사를 하는 것이나 아침에 일어나 세수를 하는 것, 밥을 먹는 데 수저와 젓가락을 사용하는 것, 그 외 일상생활에는 관습화되어 조금이라도 그것을 이상하게 생각하지 않는 일이 많다. 아니 대부분이 관습적 행의의 연속이라고 말해도 좋다. 그러나 환경이 변하거나 우리들 자신이 성장하거나 하면 이 관습들에 금이 간다. 인도나 스리랑카처럼 식사는 오른손으로 집어 먹는 것이 당연한 상황에서, 수저와 젓가락을 사용해야만 하던 지금까지의 상황은 불안정하게 된다. 나중에 탐구의 구조에서 보면 똑같은 일이 일어난다.

상황이 불안정하게 되면 그것을 회복해서 균형 상태로 돌아가려는 충동이 생긴다. 불안정보다는 안전이 바람직하고, 불균형보다 균형이 마음이 편하기 때문이다. 충동되면 거기에 반성적 상상력이 촉진된다. 그것은 과거를 돌아보고 미래를 전망하는 능력이다. 오랜 관습의 유래를 찾고 버릴 것은 버리고 가질 것은 가지고, 그래서 새로운 행위의 형태가 되어야 하는 미래의 관습을 내다보는 힘이다. 이것이 지성이다. 이 지성이 탐구에 종사하는 것이다.

지성은 가장 관습 없이 충동에 의해 제한을 받는다. 쌀을 먹는 습관 속에서 자라면 지성은 쌀을 먹는 민족 특유의 모습을 갖는다. 한국어를 사용하는 관습을 가진 사람들은 한국어로밖에 생각하지 않는다. 또 주체가 어떠한 충동을 가진 것에 의해 지성의 모습이 좌우된다. 게다가 일단 완성된 지성은 같은 것으로 그치지 않는다. 쌀을 먹는 것 자체를 비판하고 그 민족 특유의 생각을 비판하게 되고, 영어로 사물을 생각할 수 있게 된다. 또 충동을 조절할 수 있게 된다. 이것은 바꿔 말하면 인간의 생활과 그 생활근거인 자연적·문화적 모든 조건을 반성하고 객관시해서 독선이나 의기소침의 상태를 벗어나는 일도 있다. 지성은 앞으로의 관습의 모든 요소를 고르고, 배치를 바꾼다.

지성은 회상하고, 관찰하고, 계획을 세운다. 이것이 듀이의 이른바 '창조적 지성'의 작용이고, 개인의 창의는 이 지성의 작용에 의해 만들어진다. 관습→충동→지성이라는 의의의 움직임은 탐구에 종사하고 있을 때의 심리과정의 일반적인 모습으로, 이것을 형식적으로 분석하면 불안정 상황→문제설정→가설→추론→실험→보증된 명제라는, 나중에 말하는 탐구의 논리구조와 일치한다. 윤리적 고찰도 또 이러한 탐구과정을 취하는 것에 있어서는 예외를 이루는 것은 아니다. 때문에 듀이에게는 심리와 논리와 윤리는 각각 영역의 문제가 아니라 살아있는 인간의 행위로서 동일한 문제인 것이다.

지성은 자유의 열쇠

지성은 숙고한다. 숙고란 머릿속에서 여러 가능한 방법을 비교검토하고 이해·타산을 하는 지성의 작용이다. 숙고가 끝난다는 것은 행동의 선택이 이루어진 것, 결심이 섰다는 것이다. 결심이 서면 행동으로 나선다. 타자가 직구로 준비해서 야구 방망이를 힘껏 휘두르는 것도, 주자가 투수의 투구동 작과 함께 도루를 하는 것도, 감독이 스퀴즈 사인을 하는 것도 모두 심사숙 고해서 이루어진 것이다. 세상은 이러한 것으로 꽉 차있다. 우리들은 일상생 활에서 대부분은 관습적으로 끝나도, 때때로 혹은 자주 스스로 귀찮다고 생 각하면서도 심사숙고해서 해야 하는 것에 시달린다. 그것을 피해서는 국면 은 타개되지 않는다. '구하여라. 그러면 찾을 것이다.' 단행은 실행이고, 실 험이고, 모험이다. 모험 없는 인생은 고갈된 인생이다. 그래서는 지성이 마 비되고 녹슬어 버린다.

지성은 숙고하고 실험하는 도구이다. 그것은 파서 일구는 괭이이고, 절개 수술을 하는 칼이며, 용접을 하는 불이다. 따라서 끊임없이 소독하고 살균되 고, 잘 갈아져 연료를 보충해야만 한다. 쓰지 않는 괭이는 녹슨다. 지성은 항상 지금 여기서 사용해야만 한다. 지성은 미래에 준비해 두는 도구는 아니 다. 현재에 있어서 이 장소에서 끊임없이 능동적으로 발동하고, 시험을 받 고, 잘 닦여야만 한다. 지성이 숙고하는 도덕은 미래의 꿈으로 끝나는 것이 아니라 현재에 있어서 실천되어야만 하는 것이다. 심사숙고된 단행, 행동의 선택, 결정에 있어서 인간은 자유로운 존재가 된다. 인간이 자유롭다는 것은 자기의 책임에 있어서 사회적 행동의 주체가 될 수 있다는 것이다. 그래서 자기의 책임에 있어서 사회적 행동의 주체가 된다는 것은 지성이 숙고 끝에 결정하기 쉽다. 이 의미로 지성은 인간이 자유롭다는 것을 보증하는 열쇠라 고 듀이는 생각한다. 그래서 그것은 지성 자체가 자유라는 것을 의미하는 것 이다.

자유로운 지성, 그것은 모든 인간에게 보증되어야 하는 것이다. 모든 인간이 자유로운 지성을 가지고, 지성적으로 자유롭게 행동할 때 비로소 민주주의가 통용하는 사회가 기대되기 때문이다. 듀이가 말하는 것의 '민주주의'는 정치상 제도만을 가리키는 좁은 의미의 것은 아니다. 다수결의 원리나 소수 의견의 존중이라는 것만이 민주주의는 아니다. 이 정치제도의 운용을 부드럽게 할 수 있는 넓고 포괄적인 개념이고, 개인적이고 사회적인 하나의 삶의 총칭이다. 민주주의는 오히려 행동의 자유와 함께 해방된 지성의 자유, 혹은 정신의 자유가 확보된 삶의 전체를 가리킨다.

듀이가 문제로 하는 자유는 결코 관념적인 자유는 아니다. 그는 자유를 단지 철학적으로 논의하는 것에 빠지지 않았다. 여기서도 그의 창조적 지성의 자유를 가능하게 한 것은 미국인 개척자의 경험이었다. 윌리엄 제임스의 형제로 처음으로 미국 문학의 독자적인 분야를 개척한 헨리 제임스는, 그 작품 《미국인》(1877)의 주인공 뉴먼을 다음과 같이 묘사하고 있다. '그는 동시에 머리를 사용하면서 많은 것에 손을 댔다. 가장 좋은 의미로 기업심이 풍부하고, 모험을 좋아하며, 때로는 무턱대고 하거나 눈부신 성공을 경험하는 한편 혹독한 실패도 경험했다. 하지만 천성적인 경험주의자로 아무래도 어쩔 도리가 없는 입장에 있더라도 …… 항상 즐거움을 발견했다.' 이 뉴먼의 밝은 낙천적인 인간성을 떠받치는 것은 서쪽으로 향해 전선을 확장해온 행동형 인간의 자유 의의이다. 그것은 휘트먼이 제창한 자유이기도 하다. 듀이는 이 자유에 대한 열쇠를 지성으로 보고 민주주의의 문을 열려고 했다.

양심 (conscience)

도덕이 가치 있는 것은 그것이 인간에게 행복을 가져다주기 때문이다. 행복을 가져다주지 않는 도덕은 도덕다운 자격을 가지고 있지 않다. 행복이란 정신의 충실감이고, 가능한 한 했다는 만족감이다. 행복에는 정말로 일정한 물질적 조건이 필요하다. 하나의 사회에서 평범한 사람이 행복감을 가질 수 있기 위해서는 특히 남들만큼의 생활이 보증될 필요가 있다. 하나의 사회에서 평범한 사람이 행복감을 얻는 것은 곤란하다. 하지만 물질적 조건에는 한도가 없다. 남들만큼의 생활이라고는 해도 객관적으로 확정된 것은 아니다. 따라서 행복의 조건은 물질적인 것만이 아니다. 역시 마지막으로는 정신이 가지는 방법이 중요해져 온다. 행복이라는 것은 주관적인 느낌이다. 하지만 그렇다고 해서 인간에게 풍부한 물질적 생활을 보증할 필요가 없는 것은 아니다. 그것은 정치의 최대한의 책임이다. 정치가는 국민에게 설교하거나 정신훈화를 할 시간이 있다면, 어떻게 하면 풍부한 의식주를 국민에게 보증할 수 있을지를 생각해야만 한다. 행복은 마음이 가진 방법에 의해 결정되는 것은, 정치가가 말하지 않아도 정치의 빈곤으로 애를 먹은 국민이 생생한 실감으로서 예전부터 도달한 결론이다.

행복이 주관적인 것이든 객관적인 것이든 그것은 인간에게 가치 있는 것이고 선한 것이다. 가치는 인간의 행동을 통제하는 것이다. 인간은 자기 자신에게 있어 가치 있는 것을 실현하고자 행동한다. 선이란 행위를 통제하는 가치이고, 게다가 행위에 의해서만 실현된 가치이다.

따라서 행위는 그 동기가 선을 가리키거나 혹은 악을 가리키거나 신의 심판을 받는다. 또 결과로서 선을 낳거나 혹은 악을 낳거나 심판을 받는다. 행위가 동기에 의해 평가되거나 결과에 의해 평가받거나 하는 것과는 상관없이 평가의 기준은 항상 선악의 개념이다. 이때 선은 행복이고, 악은 그 반대의 불행을 의미하면 전혀 지장이 없다. 선악은 반드시 사회적인 의미를 띤다. 사회와 분리된 개인이라는 것은 있을 수 없지만, 만일 그것이 있다 해도 그에게는 선악의 구별은 필요하지 않고 도덕은 쓸모없다. 도덕은 가장 사회적인 것이다.

우리들은 사회적으로 사는 것을 통해 그 무리와 함께 생각하고 느끼고 행동한다. 게다가 공동의 생각, 느낌, 행동이라는 것이 생긴다. 이 공동의 사상·감정·행동의 집합체가 양심으로 불리는 것이다. 영어에서는 양심을 conscience라고 한다. con은 '함께'라는 의미이고, science는 영어로 즉 알려진 것, 인식된 것, 과학, 학문이라는 의미이다. 즉 사회활동에서 공동의 사상·감정을 가지고 공동의 행동을 시인하는 의식이 양심인 것이다. 듀이는 양심이란 도덕적인 생각이나 감정 및 관념의 집합체이고, 비로소 사회제도의 창조자나 재판관이라는 것이 아니라 오히려 사회제도가 생긴 것이며, 또 사회제도를 반영한 것이라고 말하고 있다.

양심은 일정 사회조직과 상관관계에 있다. 그것은 한편으로는 자신을 만든 현재의 사회질서를 시인하고, 이것을 보존·유지하고자 하지만, 결국 다른 한편으로는 그 질서를 비판하고, 새로운 질서를 만들어내야 한다고 생각하게 된다. 그것은 미래에 대한 예측을 하는 것이다. 양심은 지성의 사회화된 작용이다. 창조적 지성은 그것이 자유롭게 이 사회생활의 무대에서 작용하려고 할 때 양심으로서 나타난다. 듀이에게 양심은 결국 신이나 유령과 같은 신비적인 것이 아니라 어디까지나 인간의 평지에 있어서 나타나는 인간적인 도덕의식이다.

인생은 여행

인생이라는 극장에는 다음에서 다음으로 도덕적 장면이 전개된다. 이 장면들을 연결하는 전체가 인생인 것이다. 그러나 다음다음 바뀌는 장면은 극 전체의 구성부분으로서 전체에 대한 연결을 가지고 일정한 의미나 흥미를 주는 것으로 그 장면만 빼서는 난센스이고, 재미도 아무것도 없다. 하지만 잘 생각해 보면 이 하나하나의 장면에도 또 그 독자적인 종결적인 의미가 있어서 이 의미야말로 극 전체에서 만들어진 것이다. 듀이도 '하나하나의 도덕적 상황은 그 자신, 내줄 수 없는 선을 가진 독자적인 상황인 것이다'라고 말하고 있다. 따라서 작은 장면이라 해도 하찮은 것이거나 무의미하거나 한 것은 아니다. 물론 작은 장면에 구애되어 그것을 포함한 큰 상황을 잊는 것은 잘못이고, 올바른 삶이 아니다. 긴 안목으로 보거나 대국적 견해로 현재의 일을 희생으로 할 필요도 자주 있다. 하지만 이때조차 현재의 일을 희생으로 하는 방법이 아무래도 좋다는 것은 아니다. 지금 처한 현재상황이야말로 여기서는 가장 중대한 관심사인 것이다.

아침, 역으로 향해 가는 바쁜 사람들은 우선 지하철에 딱 맞게 가기를 바란다. 지하철을 놓치지 않고 타서 한숨 돌리면 다행이라고 생각한다. 버스에 탈 때에는 앉기를 바란다. 앉으면 오늘은 운이 좋다고 생각한다. 이렇게 아침이 지나고, 하루가 지나고, 일주일이 지나 한 달이 지나고, 일 년이 지나고 일생이 지난다. 때로는 '인간은 무엇을 위해 사는 것일까'하고 머리를 높게 쳐들고 생각해 보거나 하지만, 해결이 나지 않은 채 보내고 있는 자신을 발견한다. 듀이는 인생에는 절대부동의 목적 따위는 없다고 말한다. 인생에는 항상 일시적인 목적밖에 없다. 신의 나라를 실현하는 것, 혁명을 성취하는 것 등이라 말해 보아도 그것은 무엇을 위한 것인지 다시 질문 받게 된다. 모두가 일시적인 목적밖에 없기 때문이다.

듀이의 윤리사상에는 인생의 목적이 있다는 듯이 비판하는 사람이 많지만, 그 비판을 하는 사람들은 도대체 무엇을 인생의 목적으로 하고 있는 것일까? 그 사람은 정말로 정직한 태도로 말하고 있는 것일까? 게다가 듀이는 민주주의를 궁극의 목표로서 그것을 향해 인간이 성장하는 것을 가지고 인간의 일의 목적으로 하고 있는 것이고 결국 미래의 비전인 것은 아니다. 단지 이 비전이 구체적인 이상사회의 계획 등을 무책임하게 제출하지 않는다는 점에서 타인으로부터 비전을 받지 않는다고 안심할 수 없는 사람들에게는 박력에 있어서 부족한 듯이 생각되는 것은 부정할 수 없다. 그러나 이것은 현재의 순간을 충실하게 살아가는 것의 중요성을 강조하는 듀이의 윤리사상의 가치를 결코 낮추어 버리는 것은 아니다.

인생은 극장이기도 하고, 또 여행이기도 하다. 여행은 목적지를 가지고 있지만, 도중을 생략해서 목적지만을 가는 것은 여행이 가진 의의를 반감시킨다. 비행기로 잠깐 갔다 돌아오는 것은 비즈니스용 여행이라면 어쩔 수 없지만, 그것은 이미 여행이 아니다. 여행에서는 도중에 마을, 역, 여관, 산, 강, 들판 등이 중요하다. 인생 그 자체에는 항상 도중밖에 없고, 우리들은 항상 도중에 있다. 도중을 정감 있게 살고 도중을 즐기는 이외에 인생은 없고 여행은 없다. 공연히 바쁜 것은 인생을 망각한 어리석은 짓이다. 여행은 걷는 것을 최상으로 한다. 그것이 인생 본연의 모습이기 때문이다.

교육이론
— 실험학교의 시도

철학의 보고

듀이는 교육에 가장 깊은 관심을 가졌다. 시카고로 옮긴 것도 여기 대학 철학교실이 심리학 외에 교육의 모든 문제를 연구하고 있던 것에 찬성했기 때문이다. 그는 철학은 단지 이론만으로 끝나는 것이 아니라 항상 교육이라는 실천의 장에서 이론의 유효성이 시도되는 것이어야 한다고 언제나 생각했다. 교육은 가장 인간의 개조를 중요한 의도로 하는 사회의 기능이다. 그러면 나중에 듀이의 철학이 인간의 개조를 노리는 한, 교육이라는 것에 철학이 작용하는 장소를 발견한 것은 의심할 것이 못 된다.

듀이는 스스로 책임자가 되어 하나의 실험학교를 시카고 대학의 부속 소학교로서 발족시켰다. 그것은 1896년 1월의 일이었다. 물리학이나 생물학에 실험실이 있듯이 심리, 도덕, 예술 등 여러 인간 정신의 발달에 대해 연구하는 철학·심리학·교육학 교실에도 하나의 실험실이 있어야만 하는 것이 듀이의 신념이었다. 자연과학적 탐구와 사회과학적 탐구에 성질상 차별을 인정하지 않는 입장이 이미 여기에 나타난다.

처음은 한 집을 빌려 학교로 열고, 학생 16명, 선생 둘이서 공부했다. 이미 말했듯이 시카고 대학 당국으로부터 재정적 원조를 거의 받지 못했기 때문에 학생의 가족이나 유지의 호의에 의한 기부금과, 듀이의 교육학설에 공감하고 교육의 실험적 연구로서 아이들의 진정한 행복을 바라는 유능한 교수들의 헌신적 봉사에 의해 이 학교는 유지되었다. 1898년 가을에는 작업실과 실험실을 각각 두 개씩, 게다가 주방과 식당이 붙은 교사가 생기고, 학생 수도 늘어 82명이 되었다. 그 이듬해 1899년 듀이는 학생 부모들과 학교 후원자들 앞에서 지금까지 3년간 부속실험학교에서 행해온 교육실험의 결과를 보고하고, 앞으로 나아가야 하는 방향에 대한 포부를 말했다. 이 강연은 3회에 걸쳐 이루어졌는데 듀이는 앞으로도 이 실험학교의 존속을 바라고, 그러기 위해서는 의지가 있는 사람들의 재무적 지원이 아무래도 필요하다는 것을 호소한 것이었다. 이 강연내용의 속기를 세 장으로 정리하여 '시카고 대학 부속 소학교 3년간'이라는 것을 출판한 작은 책이 《학교와 사회》(1899)의 첫판본이다.

듀이는 나중에 《민주주의와 교육》에서 다음과 같이 말하고 있다. 일반적으로 인간을 포함해서 생명을 가진 유기체가 살아간다는 것은, 그 유기체가 자신을 둘러싼 환경에 대해 작용하는 행동에 의해 자신을 항상 새롭게 만들어가는 과정을 가리켜 말하는 것이다. 그러나 인간의 경우에는 자신을 새롭게 만든다는 것은 육체를 갱신해 가는 것과 동시에 그것은 신앙이나 이상, 희망, 행복, 슬픔 그 외의 습관의 갱신을 포함하고 있다. 즉 인간은 사회적인 여러 경험을 갱신하는 것으로써 그 경험을 실제로는 지속시켜가는 것이다. 즉 새로운 술은 새로운 가죽 자루에 넣으면서 술이 인생에 대해 가지고 있는 의미 그 자체는 이것을 지속시켜간다. 이때 교육은 더 넓은 의미에서 인간의 생명을 사회적으로 지속시켜가는 수단인 것이다. 그것은 인간사회가 자기를 존속시키기 위해 자기의 경험을 다음 세대로 전달하기 위한 사회 자신이 가진 기능이라고 …….

이러한 사고방식은 이미 《학교와 사회》에 있어서도 새롭다고 말하고 있다. 이 책은 듀이가 40세 때 쓴 것이고, 나중에 그의 철학 사상의 주요한 경향이 거의 그대로 나타났다고 말해도 좋다. 전에도 말한 적이 있는 '절대주의에서 실험주의로'라는 논문에서 듀이 자신이 말한 것처럼 '철학적 사고는 최고의 인간의 관심사로서 교육을 둘러싸고 그 초점을 맞춘다. 왜냐하면 교육에서 우주에 관한 문제, 도덕의 문제, 논리의 문제가 중대해지기 때문이다'라는 것이 진리라면 그의 교육이론에 있어서 모든 철학사상이 드러난 것은 당연한 것이다. 이 의미로 《철학과 사회》는 듀이의 사상의 보고라 말해도 좋다.

낙원상실

사회가 스스로를 위해 성취해 온 모든 것은 학교의 기능을 통해 덕분에 그 미래의 구성원으로 도달된다. 학교는 사회의 자기전달 기능으로서의 교육을 집중적·의식적으로 행하는 장소이다. 따라서 학교는 사회에 있어서 중대한 변화에 대해 항상 민감해야 한다.

18세기 이래의 산업혁명은 인간성의 가장 깊고 보수적인 것, 즉 도덕적·종교적인 관념이나 관심조차도 흔들리게 했다. 마크 트웨인은 이미 《왕자와 거지》(1883)와 그 외의 작품을 통해, 의식과 부만으로 인간의 권위를 귀속시키는 인습적인 귀족계급을 비웃는 고정관념을 타파했다. 왕자도 거지도 인간으로서 어디에 가치의 차이가 있다는 것일까. 이러한 인간 내면의 가치관 변화는, 산업혁명의 합리적 정신이 가져오는 것과 마찬가지로 마크 트웨인을 만든 미국적 풍토에서 가장 자유롭게 표현된 것이다.

지금까지는 집에서 실을 잣고, 베틀을 사용했다. 초도 집에서 만들었고, 밀가루는 방앗간에서 만들어졌다. 일상생활에서 쓰는 품목은 모두가 알고 있는 장소에서 모두가 알고 있는 방법으로 만들어지고, 아는 사람으로부터 얻을 수 있었다. 아이들도 노인도 여자도 모두가 각각의 능력에 맞추어 그들의 생산에 참가했다. 이처럼 실제로 생산에 참가함에 따라 인간이 훈련되고, 그 성격이 형성되는 것이다. 듀이는 자신이 어린 시절 신문배달을 하거나 목재 수를 조사하거나 책을 살 돈을 모으던 일을 생각했다. 질서를 유지하고 공부에 매진하고, 자신의 책임을 분별하고, 의무를 다한 것에 대해 생각하게 된 것도 사회적 생산 활동에 참가하면서 가능해졌다. 인간은 생산 활동을 통해 자라고 단련된다. 예전에는 그것이 오래되어서 좋았던 것이 아니라, 생산에 따르는 건전한 윤리가 있었기 때문에 좋았던 것이다.

또 옛날에는 인간의 생활이 자연과 직결되어 있었기 때문에 인간은 직접적으로 자연에 둘러싸여 자연을 조작하고, 자연을 정복해야만 했다. 이러한 자연과의 교섭을 통해 바른 것을 보는 태도, 창의공부, 상상력, 윤리적인 사고력, 단순한 감수성 등이 길러질 수 있었다.

그런데도 산업혁명은 인간으로부터 산업 활동과 자연 양쪽을 억지로 빼앗아 버렸다. 많은 인간에게 생활 장소와 생산 장소는 분리되었다. 자연은 생산 무대라기보다는 점점 휴양과 노는 장소라는 성격을 강화해왔다. 목가적인 전원에서 사는 낙원은 이제 사라졌다. 생산적 노동에 종사하는 경우에도 주어진 일은 모든 생산과정의 작은 부분에 지나지 않고, 전체를 들여다볼 수 없다. 단조로운 노동이 반복되는 것이다. 인간에게는 생산의 기쁨이 없고, 있는 것은 단지 노동의 권태와 피로뿐이다.

옛날에는 만약 학교가 없어도 사회는 혼자서 전인간적 교육을 했다. 따라서 학교는 읽고 쓰고 계산하는 것만으로는 충분히 그 사명을 다할 수 없다. 이전에 사회 자신이 행하던 모든 인간적 교육을 지금 학교가 사회로 바뀌어 행하는 시기가 왔다. 학교가 사회의 변화에 대해 민감해야만 하는 것은 이 의미에 있어서이다.

사회의 본보기

하지만 듀이는 사회의 상태를 예전으로 돌리라는 등의 말은 하지 않는다. 그런 것은 불가능하다. 사회의 진보는 확실히 인간의 교육에 있어서 마이너스 조건을 많이 가져왔다. 하지만 플러스 조건도 가져올 수 있다. 인간은 자신들의 생산과 생활에 속박되는 일이 없기 때문에 다른 생산 분야나 생활 태도에도 충분히 관심을 가지고, 각각의 의미를 판단할 수 있게 되었다. 관용, 사회적 판단력, 인간성에 대한 인식, 인간에게는 여러 성격이 있다는 것에 대한 인식, 사회상황을 빠르게 해석하는 능력, 상업 활동과의 접촉, 이것들이 급속도로 커지고 성장했다. 즉 특정 토지에 대한 토착성에서 해방되고 관념이나 지식에서는 멀리 자유롭게 비약하게 되었다. 하지만 한편 개인들은 고립해서 연대성이라는 점에서는 부족한 점이 많다. 이것이 현대인의 특징일 것이다. 따라서 오늘날 학교는 사회의 진보가 가져온 인간성의 성장을 충분히 살리면서, 예전 사회가 가진 자연과 생산 활동과의 직결상태에 기인하는 인간의 아름다운 면을 잃지 않도록 하려면 어떻게 하면 좋을까 하는 것을 진지하게 생각하게 된다.

학교교육에 있어서 이러한 문제를 해결하기 위한 듀이의 착상은, 학교의 과업 중에 이른바 기술·가정에 관한 것을 넣는 것이다. 목공, 금공, 편물, 재봉, 요리 등의 과목이 그것이다. 이것들은 단지 아이들의 자발적 흥미나 주의력을 높이거나 성숙하게 되어서 실제 생활에 도움이 되게 하려는 것을 목적으로 하지는 않는다. 이 시간에 아이들이 학교에서 하는 작업은 모두 하나의 사회적 의의를 가지고 있다. 즉 이 작업들은 앞으로 사회가 항상 새롭게 다시 태어나고 존속해가는 이상 가장 필요한 것이고, 이것을 통해 아이들에게 사회생활에서 가장 중요한 것이 무엇인지를 생각하게 되는 것이다. 게다가 인간은 스스로 성장하는 통찰력과 창의에 의해 이 작업들을 해왔다. 따라서 이 작업들을 학교 과정에 넣는다는 것은 단지 예전 시대의 작업을 하게 하는 것이 아니라, 이 작업들이 인간사회에 대해 가지고 있는 본질적인 의의를 현대에서 살리기 위한 것이다. 현대 사회가 잃어버리고 있는 기본적인 인간관계를 학교라는 곳에서 재구성하고자 하는 것이 그 바람이다. 학교는 사회에서 격리된 온실이 아니라, 있어야만 하는 사회생활의 단순한 본보기여야만 한다.

본래 사회란 공통적인 입장에서 공통적인 정신을 가지고 공통적인 목적을 실현하고자 해서 작용하는 것을 통해 끝나는 일정 수의 하나하나를 말하는 것이다. 사회를 만드는 하나하나는 공통적인 목적하에 결합해서 작용되는 것이야말로 서로 사상을 교환하고, 감정을 교류하는 것은 더욱 활발히 하고자 바란다. 그러나 현대에는 사회를 만드는 하나하나가 공통적인 목적하에 생산 활동을 함께 하는 것이 없기 때문에 사상 교환과 감정 교류가 불가능해지고, 학교도 이러한 사회의 실태를 반영해서 아이들을 서로 엮지 못해 뿔뿔이 흩어져 방치되어 버린다. 생산적인 활동이나 작업에서 분리된 아이들이 받은 수업은 단순한 지식을 습득하는 것뿐이다. 여기서 아이들을 서로 협력시키고자 하는 어떤 사회적인 동기도 없으면 결과적으로 사회적으로 유익한 인재가 만들어지는 일도 없다.

민주사회에 대한 보장

실제 학교에서는 아이들을 겨루거나 경쟁으로 몰아넣는 것만이 현대 교육을 성공시키는 것이라 생각하고 있다. 그래서 그 경쟁도 가장 나쁜 의미에서의 경쟁, 즉 어느 아이가 가장 많은 지식을 쌓아 다른 아이들보다도 뛰어난지 보기 위해 암기시키거나 시험을 통해 그 결과를 비교하는 것이 학교교육의 가장 효과적인 수단이라고 생각하고 있다. 이러한 상태에서는 아이들이 점점 서로 경쟁상대로 생각해 상대의 성공보다는 오히려 상대의 실패를 기대하고 기뻐하는 등 비인간적인 마음을 갖도록 하게 된다.

암기력이나 추리력만으로 인간의 가치가 정해지는 것일까? 지식은 확실히 중요한 인간성의 요소이지만, 이 지식을 사회생활에서 살려가고 인간으로서의 도덕과 정서를 무시하는 것이 용서되는 것일까? 실제로 각 학교에서는 도덕교육이나 정서교육에 힘을 기울이고 있다. 하지만 각 학교에서 학생들을 평가할 때 객관적으로 점수가 나오는 이유로, 지식의 양만으로 서열을 매겨서는 안 되는 것일까? 입학시험에는 도덕이나 정서면이 무시되고 있지는 않을까? 우수 학교나 유명 학교라는 것은 이기주의의 챔피언인 '수재'의 수험기술 연마를 위한 예비 학교는 아닐까? 여기서는 도덕교육이나 정서교육의 자료조차 암기 대상이 되어버린다. 소크라테스가 아테네 거리에서 어떻게 살았는지를 자신의 생활 속에 그려보고 자신의 문제로 고찰하는 것이 아니라, 소크라테스라는 인명과 그가 말한 유명한 말을 엮어 보고, 그것으로 '윤리·사회' 과목에서 우수한 성적을 받아 그 학생은 칭찬받는다. 지금 우리들은 현대 교육의 상황에 대해 말하고 있지만, 듀이는 《학교와 사회》로 비판하고 있다. 19세기 말 미국 학교교육도 본질적으로는 이것과 같은 성질의 위기로 바라보고 있었다.

이러한 학교교육의 위기를 벗어나기 위해 듀이는 앞에서 말한 작업적 과목을 과정으로 도입하고자 하는 것이다. 그것에 의해 인간미가 오가는 '작은 사회' '싹으로서의 사회'가 되는 것을 학교에 기대했다. 하지만 이 학교라는 작은 사회는 생산에 있어서 이윤을 올려야만 하는 경제적 제약을 가지고 있지 않다. 단지 사회적으로 살아가는 힘과 통찰력을 발달시키면 좋다. 즉 이 사회는 좁은 공리성에서 해방되어 인간정신의 가능성을 향해 모든 것이 펼쳐져 있다. 아이들은 작업을 하는 것을 통해 사회적·도덕적으로 협력, 책임, 의무 등의 도덕을 몸에 익힐 뿐 아니라 그 작업을 잘 추진시키기 위해 그 작업의 목적과 방법에 대해 숙고하고, 가지고 있는 재료에 대한 이해를 하기 위한 연구를 하게 된다. 즉 지리, 역사, 이과, 수학 등의 기본적 지식 없이는 작업을 잘 할 수 없다는 것을 알 수 있고, 그 지식들을 스스로 흥미를 가지고 습득하게 된다.

여기서는 아이들이 교사의 의지에 의해 움직이는 '노예'가 아니라 자신의 의지로 움직이는 '주체'인 것이다. 그들은 선생님에게 묻고, 도서관에서 조사하고, 신문에서 배울 것이다. 그래서 스스로 실험도 해볼 것이다. 기술이나 가정에 관한 작업과목을 중심으로 거기에서 발생하는 여러 문제를 아이들 자신이 자신의 문제로서 적극적으로 해명하고자 한다. 이것이 이른바 문제해결 학습의 원형이다. 이러한 학습 과정을 거쳐 아이들에게 자발적인 능동성과 사회적 책임의 윤리를 배양하게 되면, 작은 사회다운 학교는 뛰어난 가치를 가지고 아름답게 조화를 이룬 큰 사회에 대한 최고·최선의 보장이 될 것이다. 즉 학교는 국가·사회의 '민주주의'에 대한 가장 뛰어난 수단이 된다.

책상

지금 학교의 교실을 보면 책상은 선생님의 말을 잘 듣기 위해 줄지어 놓여 있다. 아이들과 얼굴을 마주 대하고 의견을 서로 말하도록 되어 있지 않다. 교수 대 한 학생이라는 관계가 단지 여러 교실에 편의상 놓여 있는 것뿐이다. 이러한 책상 배열밖에 생각할 수 없는 학교에서는 아이들의 협력이나 우정, 혹은 아동 모임, 선생님들 모임 운영을 통해 책임감 등을 교육하고자 생각해도 무리이다. 교사의 일방적인 가르침은 모양만 아동 모임을 통과한다는 비슷한 민주주의의 모습을 갖춘다.

학생의 책상이 또 선생님의 강의를 듣고 필기하기 위한 것으로밖에 만들어지지 않는다. 교실 책상은 그러한 것이라는 고정관념이 우리들에게 있다.

듀이에 의하면 학생들 책상은 작업을 충분히 할 수 있는 것이어야 한다. 듣기 위한 것이 아니라 무엇을 하기 위한 것이어야 한다. 듣는 작업은 수동적이고, 머릿속에서의 일이다. 무엇을 하는 것은 능동적이고, 몸을 실제로 움직이는 일이다. 게다가 문제해결을 위한 작업은 생각하면서 행하고, 행하면서 생각하는 작업이다. 일을 하는 것을 통해 배우고, 이것이 인간의 미래의 모습이다. 이러한 작업을 하는 것을 예상하지 않은 책상에서는 학생의 자주적인 능동성을 배양하는 것은 불가능하다. 어느 학교에서는 공작실이나 가정교실에는 작업을 하는 책상을 갖추고 있다. 하지만 학생은 그것들을 '자신의 책상'이라고 생각하지 않는다. 자신의 책상은 학급 교실에 있는 단지 듣기 위해 만들어진 책상이고, 교단을 향해 비좁게 배열되어 있는 책상이다.

책상 배열에서 말할 수 있는 또 하나는 교사가 아이들을 10명씩 묶어 같은 강의를 하고, 획일적인 수업으로 하기 쉽다는 것이다. 개성을 살리고 그것을 늘리는 일이 중요하다는 것은 알아도, 이러한 책상 배열밖에 없다고 생각하는 머리로는 학생 수가 너무 많다는 것을 이유로 획일적 수업을 그대로 하게 된다. 개성을 살린다는 것은 어느 학과의 점수가 조금 좋다는 것에 주목한다거나 혹은 가장 심한 것은 이 성적이라면 어느 학교를 치면 된다는 점수에 따른 진학지도라고 잘못 생각하고 있다. 이처럼 우리도 모르는 사이에, 교육은 단지 머릿속에 지식을 집어넣는 방향으로 아이들을 몰아넣고 있다. 따라서 아이들도 부모도 점수를 올리기에만 급급하다. 그 결과 교실에 활기찬 아이들은 한 명도 볼 수 없게 되고 말았다. 그러나 아이들은 가장 활기차야 한다. 그들은 활동하는 순간에 개성이 풍부한 존재인 것이다. 교실 밖, 가정, 놀이터가 되는 근처에서 놀고 있는 것은 모두 활기찬 개성적인 인간이다. 학교는 이것을 놓쳐서는 안 된다. 자유롭게 놀고 있는 아이들을 일정한 테두리에 끼워넣는 것만이 규율교육의 단 하나의 길은 아니다. 규율은 아이들이 집단 작업을 통해 그 필요함을 스스로 발견하고 만들어가는 것에 만들어져야만 한다. 개성과 규율은 다른 것이 아니다.

생활중심의 교육

학교교육은 교수나 교과서를 중심으로 하는 교육이기 때문에 아이들의 생활이나 흥미를 중심으로 하는 교육에 그 중력 중심을 움직여야 한다고 듀이는 주장한다. '아이가 태양이 되고, 그 주위를 교육의 여러 일이 돌아야만 한다'는 것이다. 물론 가정은 중요한 교육의 장이다. 학교는 가정에서 하고 있는 것을 보다 조직적으로, 보다 대규모로, 보다 계획적으로 행한다. 여기서는 우선 '생활'하는 것이 첫 번째이고, 이 생활을 통해 생활과의 연결에서 '학습'이 이루어진다. 하지만 이것은 결코 아이들을 좋아하는 대로 내버려 두는 것을 의미하지는 않는다. 교사의 지도에 따라 아이들의 생활에서 나오는 문제해결 요구를 정리하고, 그 해결을 위한 방법·수단을 탐구시켜 그 탐구의 과정에서 지식과 도덕을 익히게 하는 것이다.

문제해결 학습에서 해결 목적이 세워지면 다음으로는 그것을 위한 수단, 방법을 생각하게 된다. 수단은 목적에 의해 정해지고, 또 가능한 수단이 어떤 것이냐에 따라 목적을 세우는 것도 달라진다. 해결 방법이 없는 목적은 목적으로서는 무의미하다. 이렇게 목적과 거기에 다다르는 수단은 결코 뿔뿔이 흩어진 것이 아니라 서로 연결된 것이다. 게다가 아무리 이론이 훌륭해도 거기에 근거한 실천이 불가능하다면 그 이론은 바르지 않다는 것도 문제해결 학습을 통해 배운다. 이론이 실천을 지도하고, 실천이 이론을 재편성한다. 이론과 실천도 또 다른 것이면서 실제로는 인간의 탐구활동에 있어서 같은 뿌리에서 나온 것이다.

듀이 철학은 본래 정신과 물질, 자유와 필연, 사실과 가치, 하나와 전체, 이상과 현실이라는 여러 대립된 개념을, 인간의 행동을 근거로 하여 일원론적으로 설명하는 것을 그 중요한 과제로 한다. 그는 그리스 이래 전통적인 철학이 이 개념들을 이원론적으로 다뤄온 것은 지배계급과 피지배계급과의 양극 사회계급의 존재를 당연시하는 사상이 나타나고, 인간에게 차별을 두지 않는 민주주의 사상을 용인하는 것은 아니라고 주장했다. 이러한 이원론적인 견해가 그의 교육이론에 적용될 때 목적과 수단, 이론과 실천의 통일적 견해로서 나타난 것이다. 교육이야말로 그의 일반적인 철학이론을 실제로 검증할 수 있는 최적의 활동무대이다.

듀이의 교육이론에도 현재 한국 교육현실에 그대로 적용할 수 없는 부분이 많다는 것은 말할 것도 없다. 그 첫 번째는 교육을 사회의 최고 기능이라고 생각하고 교육을 민주적 사회의 보장이라고 말하는, 교육에 대한 과잉 기대이다. 교육에는 확실히 사회의 자기개조 기능이라는 측면이 있지만, 교육조차 이상적으로 이루어지면 사회의 민주화는 저절로 가능하다는 것은 너무나도 낙천적이다. 듀이가 말했듯이 교육도 또 일정한 자연적·사회적 조건 아래에서 이루어져서, 교육을 움직이는 것에는 교육 외적인 정치·경제·종교 등의 요인이 있고, 이러한 개혁 없이는 교육의 개혁도 또 불가능하다는 것은 이미 분명해진 것이다. 교육편중, 암기만능의 교육도 결코 교사나 학교만의 죄가 아니라, 정치나 경제의 기구가 그 기본적인 원인을 이루고 있다.

게다가 기술과나 가정과를 중심으로 하는 문제해결 학습은 이론적으로는 이해할 수 있는 점이 많아도 교사조직, 담임 학생 수, 학교의 설비, 시설 등의 점에서 전면적으로 동의할 수 없고, 또 두 개의 교과 이외의 교과에 있어서도 작업을 통해 공동학습이 가능하다고 생각된다. 하지만 적어도 기성 학문 체계로부터의 착용지식을 계통학습의 이름에 있어서 채워 넣는 것을 의도하고 있는 지금의 교과서나 수업형태에 대한 보고로서, 듀이의 지적은 중요한 의미를 가지고 있다고 해야 한다.

이 외에도 비판되어야 할 점은 여러 가지 있다고 생각하지만, 듀이가 교육을 어디까지 민주주의의 실현, 민주적 사회의 성장을 목적으로 하는 사회의 자기기능으로서 여기는 것과, 교육의 장에서 아이의 인간성의 존중을 철저하게 주장하는 것은 아무리 강조해도 지나치지 않은 바른 자세이다. 교육의 무력을 지적하는 것은 쉽다. 하지만 그렇기 때문에 그 무력한 교육 속에서 인간으로서 가능한 한 노력을 하는 것은 쉬운 일이 아니다. 교육에 있어서 낙천적이라는 이유로 듀이를 무시하는 것은 자기의 교육적 노력을 방치하는 것이나 다름없다.

사회철학
　─민주주의의 이론

사회의 심장부

미국의 실용주의는 그 창시자 퍼스에게 있어 사회문제에는 관계 없는 이론주의 철학이었다. 퍼스는 종교적인 심정과 도덕적인 관심을 가슴 깊이 숨겨두고는 있었으나 그의 철학을 그와 같은 사회적 인간의 실천적 과제를 직접적으로 해명하는 학문으로 하지 않았다. 퍼스는 결국 실험실의 신경질적이고 까다로운 인물로 남겨졌다. 미국과 전 세계에 '실용주의'의 이름을 유포시킨 윌리엄 제임스는 의학·심리학을 전공한 도덕가로 서재와 대학 연구실만을 왕복하고, 자주 강연에 나가며 나름 사회문제에도 관심을 내비추었으나, 스스로 사회문제의 소용돌이 속으로 파고들지는 않았다.

그런데 실용주의 사상사에 있어 존 듀이는 남북전쟁, 산업혁명, 제1차 세계대전, 세계경제 대공황, 제2차 세계대전이라는 거의 1세기에 걸친 긴 생애를 살아가며 그 시기를 이른바 바삐 움직인 진보적 문화인이었다. 그는 전반적으로 넓고 다양한 정치문제, 사회문제에 흥미를 가지고 깊이 관여하였다. 제임스가 교육을 개인 능력을 충분히 개발하는 것을 목적이라 생각한 것에 더욱 한 발 앞서, 듀이는 교육을 인간 사회 최고의 기능, 인간 제도의 문제로서 고찰하였다. 나아가 자신의 교육상의 실험을 행하여, 교육조합·PTA·대학교수연합 등을 직접 이끌며 교육을 통해 민주주의 실질화를 의도하였다. 실용주의라는 미국 정신의 자각형태는 퍼스의 논리주의에서 제임스의 도덕주의를 거쳐 듀이의 교육주의로 발전, 이행한 것이다.

도덕도 교육도, 인간 경험을 보다 악으로부터 선으로 끊임없이 전하는 점에 있어 동일의 프로세스를 가진다고 듀이는 생각한 것이다. 듀이의 사회관에 의하면 도덕은 사회구성의 주축이 되는 부분으로 탐구 및 생활과 뒤엉켜서 사회전체를 지탱하는 위치에 있고, 밖에서는 직접적으로 보이지 않는다. 그리고 그 정점에 이르러 교육이 되어 표면으로 나타나 사회전체의 요점 역할을 하는 것이다. 즉 사회의 목표를 자각적으로 달성하도록 노력하는 것이 교육이고, 그 교육을 내부에서 지탱하고 있는 것이 도덕이다. 바꾸어 말하자면 교육이라는 것은 도덕을 중심사상으로서 사회 성장을 헤아리고, 도덕은 교육을 전면에 내세워 사회 성장을 구제하는 것이다. 그렇기 때문에 듀이는 인간 사회성의 심장부는 교육에 있고, 동시에 그 말의 넓은 의미로는 "도덕이라는 것은 교육이다"라고 말하는 것이다.

인종, 성, 계급 혹은 경제상태의 구분 없이 인간 한 사람 한 사람의 능력을 해방하고 개발시키는 것이 정치, 경제, 학문, 예술, 종교 등 모든 사회활동, 사회제도의 목적이 되어야 한다. 이들 여러 활동은 얼마만큼 교육에 집중하여 어느 정도 각각의 목적 달성에 성공하는가에 따라 그 가치가 판정된다. 이 가치를 가장 높은 단계로 보증하는 것은 사회 모든 성원이 모든 면에서 동등하고 자유로이 발전하는 것을 바라는 바, 곧 '민주주의'인 것이다. 이미 서술한 대로 민주주의라는 것은 사회의 모든 원뿔이 가장 균형을 유지한 직원뿔 상태인 것을 가리킨다.

절대로부터의 해방

민주주의라는 것은 단순히 정치상의 제도만을 가리키는 것이 아닌, 사회 생활 방식의 전체를 총칭하는 말이었다. 그러나 물론 민주주의 외적으로 가장 확실히 표현되는 것은 정치제도에 있다. 정치는 그 권력을 가지고 다른 사회영역에 강한 영향력을 미치는 부분이다. 그렇기 때문에 어느 사회에서 교육을 기원으로 하는 모든 기능이 민주적으로 행해지고 사회가 전체로서 민주주의의 방향을 향하고 있는지 아닌지는 그 사회의 정치 상태를 보면 가장 잘 알 수 있다.

듀이가 역대 대통령 선거에서 누구를 지지했는가를 다시금 상기해 보자.

1896 민주당 브라이언

1912 혁신당 시어도어 루스벨트

1924 진보당 라폴레트

1932 민주당 프랭클린 루스벨트

1936 자유당을 조직한 루스벨트 지지

1948 이 해에는 공화, 민주 양당에 의해 대표된 독점 자본에 대항해 헨리 월레스의 진보당이 결성되었으나 듀이는 월레스를 비난하였다.

듀이는 이처럼 대통령선거전 중에 눈에 띄는 제3당이 결성되면 그를 지지하고 편을 드는 일이 많았다. 그는 앤 아버에 있을 당시 한때 양친과 함께 지낸 적이 있는데, 그때 아버지는 듀이가 공화당을 그다지 지지하지 않는 것에 적잖게 언짢아했다. 그렇다고 해서 민주당을 대놓고 지지한 것도 아니었다. 요컨대 그는 특정 정당의 상습적인 지지자가 아닌, 어느 정당에 속하든 그때의 조건에서 가장 민주적인 정책을 내건 정당의 후보자에게 투표하였다. 그래서 항상 농민과 노동자의 편이 될 것을 선언한 당을 지지한 것이다. 다만 제2차 세계대전 후의 1948년 월레스 반대 입장에 선 것만이 예외라 하겠다. 이른바 그는 대체석으로 제3당을 지지한 것이다. 이것은 기성관념에 얽매이지 않고 고정되어 있는 상황을 타파하며 항상 새로운 삶의 방식을 탐구한 듀이에게 걸맞은 태도로서, 그는 항시 '부동표'를 던진 것이다. 그러나 그것이 단순히 인기에 좌우되며 줏대 없이 남의 의견에 치우쳐 휩쓸리는 부동표가 아니라는 것은 말할 필요도 없다.

그는 절대적인 것에 대해서는 생리적인 혐오감을 가지고 있었다. 절대자의 설교를 받아들이지 않거나 스스로도 다른 사람에게 자기 의견을 강요하지 않았다. 인간은 부동표의 투표자라는 점에서 자유로운 것과 마찬가지로, 다른 사람에게 강요받지 않고 자신도 다른 사람을 강요하지 않는 입장에 서는 것이 자유인 것이다. 듀이의 제자 가이거는 "듀이만큼, 타인을 도덕적으로 교화하는 행위에 반감을 드러낸 사람은 없을 것이다"라고 말했다. 자신이 불완전한 인간인데 타인에게 도덕을 교육한다는 것이 가능한가? 오랜 옛날 소크라테스 때부터 도덕이 사람에게 가르칠 수 있는지 없는지는 논쟁의 씨앗이었다. 도덕의 지적 측면은 그것이 지식에 있는 한 사람에게 가르치는 것은 가능하다. 그러나 도덕의 본질은 실천이다. 그리고 어떠한 인간이라 한들 완전히 도덕적이지는 못하기 때문에 도덕의 실천면에 대해서 교육한다는 것은 불가능하다. 다만 어른의 경우는 가능하다고 하나, 그것은 단지 "불완전한 인간인데 이처럼 노력하고 있습니다"라고 정직해지는 것뿐이다. 그래야 그것이 그저 하나의 도덕교육인 것이다. 선생님인 척, 성인군자인 척 하는 것은 그 자체 '부도덕 교육'의 본보기이다. 듀이는 어디까지나 민주주의의 본질을 자유에 두었다. 자유는 기성 정당, 기성 종교, 기성 교육 등, 모든 기성의 권위나 개념에서 해방되고 자신의 의견대로 행동하는 것, 바로 그것이다. 그는 정치적으로는 철저한 자유민주주의자이다.

오케스트라 지휘자

사회에 관한 듀이의 사상은 사회심리학 입장에서 쓰인 《인간성과 행위》에 머무르는 한, 인간본성에 대해 과학적 연구가 진전됨에 따라 훗날 뛰어넘을 수 있는 운명이다. 그러나 그의 사회철학에 관하여 보다 중요한 문헌은 《공중(公衆)과 그 문제》(1927)이다.

정치적 민주주의 실현기관으로서 국가도 역시 사회조직의 하나이고, 그 기능은 오케스트라 지휘자와 닮아 있다. 즉 국가는 관리에 의해 집행되는 공중의 조직체이고, 그 성원에 의해서 나타나는 이익을 지키기 위한 조직이다. 이것은 지극히 평범한 정의처럼 보인다. 그러나 발전해 나가는 국가라는 것에 관해서는 그것이 고정하지 않기 때문에 평범하게 정의할 수밖에 없다. 좀 더 세밀하고 자세하게 정의할 수 있는 것은 이미 발전을 멈춘 과거의 귀물(貴物)에 대해서만 가능하다.

국가는 복수의 요인에서 성립한다. 인종, 문화, 계층, 지역 그 외의 모든 종류의 다원적인 단위가 국가를 형성하고 있다. 국가가 오케스트라 지휘자라는 의미는 그 다수의 단위 연주자를 컨트롤하고 그 움직이는 장소와 시기를 지정해주기 때문이다. 이와 같이 국가는 결코 단일체 혹은 고정적이지 않다. 그 이론은 말할 필요도 없이, 미국의 끝없는 공간에 펼쳐지는 국가 현실이 듀이의 사회철학에 반영한 것이다. 듀이는 국가에 대해 다원주의를 취한 것과 마찬가지로 역사의 해석에 있어서도 다원주의를 택하였다. 역사를 결정해가는 것은 결코 단순히 경제적 요인이나 정신적 요인 등의 고정된 하나의 원인이 아니며, 많은 원인이 서로 작용하게 된다. 거기에서 생성되는 결과도 역사적 필연성의 법칙이라는 절대적인 진리와 같은 것에 의해 생성되는 것은 아니다. 역사의 인과관계는 불확정된 것이라 이것을 확정적인 것으로 하는 것은 역사에 참가하는 한 사람 한 사람 인간의 자유로운 결단에 의한 행위다. 그렇기 때문에 인간의 자유와 지성이야말로 민주주의의 무기로서 가장 단련시켜 두지 않으면 안 된다.

국가의 움직임에 대해서도 이것과 전적으로 똑같이 말할 수 있다. 인간의 세계라고 하는 이 활동의 극장에서의 관람객은 신과 천사에게만 허용된다고 듀이는 말한다. 인간은 누구든 배우다. 즉 행동자이자 배우인 것이다. 배우는 항상 어떠한 행동, 행위를 해야만 한다. 그의 행동이나 행위는 무대 감독과 연출자에 의해 통제되고, 그는 배우로서 개성 있는 연기를 할 것을 요구받을 것이다. 배우에게 개성이 없다면 무대 전체가 죽어 버리게 된다. 이와 같이 국가 내의 다수의 가치주체와 행동주체가 각각 개성 있는 공연을 할 때 비로소 훌륭한 오케스트라 연주가 되고, 그 지휘자의 능력도 다시금 충분히 발휘하는 기회를 얻을 수 있다.

그러나 모든 조직은 결코 그 자신 하나의 목적은 아니다. 오히려 조직은 개인을 위해 만들어진 것이다. 개인이 조직에 우선한다. 국가도 일개의 조직이 있는 이상 예외는 있을 수 없다. 국가를 위해서 개인이 죽는다는 등의 것들은 중요한 것과 중요하지 않은 것이 뒤섞여 일의 순서가 뒤바뀐 과오이다. 공공의 복지라는 미명 아래 개인의 기본적 인권이 해를 입는 일은 있을 수 없다. 정당을 위해 개인의 생활이 희생되는 것도 자유에 위반한다. 몰턴 화이트(Morton White)*는 이렇게 말했다. "정치에 관한 듀이의 견해는 '자유로운 사회를 위한 인간의 투쟁에 있어서는 지성이 인간의 주요한 무기이며, 모든 형식의 전체주의 곧, 공산주의 혹은 파시즘은 인류의 적이다'라는 것이다." 듀이는 이 좌우 양극단의 정중앙을 택해 나아가는 제3의 길로, 과학적 방법의 실험적 지성에 의해 보강되고 전투적인 '활기로 넘치는 용기 있는 민주적 자유주의'를 이상으로 여겼다. 그리고 이것이 그가 지지한 각 대통령후보들에게 기대한 바였고, 그 중에서도 가장 실현 가능성이 풍부했던 것은 프랭클린 루스벨트가 내세워 실천한 정책이었다. 경제정책의 점에서 말하면 그는 뉴딜에서 보이는 것 같은 수정자본주의의 여러 정책을 지지했다. 그가 월레스를 비난한 것은, 그의 정책이 자유주의를 부정하는 것이었기 때문이다.

평화

제2차 세계대전 후에 듀이는, 세계 연방정부를 수립하는 것에 의해 세계 평화 달성과 유지 등이 가능해지리라는 사상을 가지기에 이르렀다. 그것은 구체적으로는 어떠한 것인가. 그의 생애 최후의 시기에 있어 이 노쇠한 철학자가 도달한 평화 사상에 대해 서술해 두고자 한다.

듀이가 전후에 서술한 세계 평화 문제에 대한 견해는 본질적으로는 전쟁 전과 그리 다르지 않지만 이론으로는 보다 철저해졌다고 말할 수 있다.

(1)현대의 비극—현재, 세계는 각개 분리된 국가군이 되어 각각의 국가가 외부로 향해 자신의 주권의 절대성을 주장하고 있다. 국가 간의 협조가 아닌 전시체제가 여전히 세계를 지배하고 있는 것이 현대의 비극이다. 이 전시체제에 있어 무기로 원자폭탄과 같은 것이 제조되고 사용되는 것은 인간이 그 지식을 인류의 행복을 위해 사용해야 한다는 본래의 모습에 모순된다. 인간의 지식이 인간의 불행을 위해 사용되는 것은 가치의 중요한 부분과 불필요

---

* 몰턴 화이트《분석의 시대》, 175 페이지.

한 부분을 잘못 이해한 처사에 지나지 않는다.

(2) 전쟁의 원인—새로운 세계의 경제기구는 당연 세계시장을 요구한다. 상품은 국내시장을 뛰어넘어 해외로 더욱 진출한다. 그런데 정치기구는 낡은 국가주의적인 국가지상이라는 관념에 의해 상호 폐쇄된다. 거기서 어느 국가의 경제기구 확대신장으로의 요구는 그 폐쇄성에 약한 국가 혹은 지역으로 향한다. 이 국가나 지역에는 또한 다른 나라들의 경제기구 확대의 요구도 받게 된다. 거기서 국가주권의 절대성 관념을 배경으로 경제세력간의 충돌이 일어난다. 듀이는 이 같이 현대 전쟁의 원인을 정치기구와 경제기구의 태도 모순이라는 부분에도 주목했다.

(3) 정계정부의 가능성—각국의 결의 여하에 따라 세계정부의 성립, 운용이 가능하다. 이 가능성을 부정하는 것은 냉담한 인간이던지 혹은 패배주의자 일 것이다. 그러나 세계정부는 어느 한 국가가 세계 전체를 강력하게 지배하여 하나의 정부를 만들려고 하는 태도 방식도 안 되며, 각국 무력의 균형상에 선 평화 정책에 의해 야기되어서도 안 된다. 이런 태도로는 전시체제 지속이라는 결과를 볼 뿐이다. 영구 평화를 완전히 보장할 세계정부는 각 국민의 자발적 협력에 의해서만 가능하므로, 따라서 이 정부는 각 국민이 전통적으로 유지해온 고유의 문화나 가치를 옹호하는 것이어야 한다.

(4) 전제조건—결국 가장 중요한 것은, 각국의 정치적 지배자 및 인민 대중이 세계 사회 기구의 일원으로서 협력할 수 있도록 각국의 정치제도를 변혁하는 것이다. 그것에 그들의 용기와 정력과 의지가 달려있다. 이 방향으로 국가를 이끌려면, 지배자 및 대중의 배외적(排外的)인 애국심과 침략주의적인 지배욕을 포기해야 한다. 이 두 개의 마음이야말로 전시체제적인 세계 조직을 시인하고 합리화하려는 원흉이기 때문이다.

(5) 결단과 선택—우리들이 성실하고 인내하며 용기를 가지고 서로 협력하고자 결심하면 세계 정황 안정, 조화, 자유 확장은 더 이상 환상은 아닐 것이다. 세계사회의 꿈을 실현할 만한 수단과 자재는 여전히 우리들 손 안에 있다. 곧 국가의 의지를 결정하는 힘은 민주적인 제도에서 가장 마지막으로는 인민의 손 안에 남겨진다. 이것들의 수단과 자재를 가지고 세계를 자살적 파멸로 인도할 것인가 혹은 모든 사람들을 위해서 보다 좋은 세계를 구축할 진실된 협력적 노력을 할 것인가. 이것이야말로 우리들이 현재 당면한 결정

적 갈림길인 것이다.

이상이 듀이의 《세계정부론》의 개요이다. 전쟁의 원인에 대해서는 인간의 호전적(好戰的)본능이라는 생물학적 개념이 아닌, 정치와 경제의 모순이라는 사회과학적 개념을 든 것은 그의 사회철학연구의 성과이다. 다만 아쉬운 것은, 세계정부 조직방법의 구체적 제안이 나오지 않고, 결국 각 국민의 도덕적 결단이 최후의 기댈 곳이라는 바람에 지나지 않았다는 점이다. 이래서는 그의 세계정부 주장도 하나의 '신화'로 정리되어버리게 된다. 그렇지만 83세를 넘어선 노쇠한 듀이의 발언에 구체성이 없다고 해서 이것을 비난할 수는 없지 않은가. 오히려 그의 쇠약을 모르는 공부에 대한 열성과 기백에 박수를 보내야 한다. 우리들은 그와 같이 진실로 결의하고 일어서면 가능하리라는 사항에 대해 이상을 내걸고 나아가야 한다. 이상을 추구하는 철학자가 현실에 구애되는 정치가의 정책을 변호할 뿐이라면 철학자라는 이름에 적합하지 않으리라.

논리학
―탐구의 이론

인생은 문제의 연속

듀이는 《논리학》 원고의 대부분을 캐나다 동쪽 해변에 있는 노바스코시아 반도의 별장에서 썼다. 그 초판은 1938년에 나온 것으로, 원고를 한창 쓰고 있을 때 트로츠키 사문위원회의 위원장으로서 멕시코에 가 트로츠키의 증언을 듣는 등, 사회적 활동에도 몰두했다. 만년에 결혼한 로버타 부인이 일본의 토노 박사에게 쓴 편지에 의하면, 이 별장인 오두막은 허술해서, 가스도 전기도 없고 화장실은 집 밖 숲 속에 있었다. 욕실 대신 집 바로 앞에 있는 호수를 이용했다. 듀이는 해마다 여기에 오면 장작을 패서 난로에 불을 지폈다. 로버타의 말을 빌리면, '이미 그것은 완전히 개척자의 노역'이었다. 듀이는 매일 아침 7시에 일어나 호수에 멱을 감으러 갔다. 아침 식사가 끝나면 타자기로 《논리학》 집필을 계속한다. 가끔 그가 길들이고 있던 귀여운 다람쥐가 등을 타고 어깨에 올라간다. 그는 다람쥐에게 이따금 땅콩을 주며 다시 타자기를 계속 쳐 나갔다.

듀이는 논리학 관계의 작업으로서는 이미 《논리학 이론연구》(1903)및 《실험적 논리학논집》(1916)을 공표하고 있었다. 그는 논리학이라는 학문은 인간이 생활 속에서 행하고 있는 갖가지 탐구활동 과정을 구조와 기능면에서 확실히 하는 것을 목적으로 하는 학문이라는 신념을 가지고 있었다. 따라서 논리학은 인간이 새로운 문제에 부딪혔을 때, 그 문제를 해결하기 위한 태도를 바르게 하고, 노력을 헛되지 않게 하는 데 도움이 되는 학문이어야 한다고 생각했다.

'문제해결학습'의 기본 사고방식은 이렇다. 학교에서 이루어지는 교육 중에서도 중요한 부분을 차지하는 교실에서의 수업은, 단지 어떤 내용에 대한 지식만을 주입하는 것만이 아니다. 그것은 아동이나 학생이 관심을 가지고 어떻게든 해결해야만 한다고 생각하는 문제 같은 것을 중심으로 전개되어야 한다. 즉, 학습은 항상 문제해결을 위한 것이어야 한다. 이것은 교육이 인간의 일상생활과 밀착한 것임을 기대한다면 당연한 것이다.

인간의 생활은 원래 문제해결을 위한 노력의 연속이다. 하나하나의 행위는 반드시 어떤 목적을 달성하기 위한 것이다. 특별한 목적을 의식하고 있지 않은 행위처럼 보여도, 잘 생각해보면 그것도 반드시 어떤 목적을 가지고 있다. 예를 들면, 직장의 좋지 않은 인간관계나 빚 문제, 입학시험이나 연애문제, 그 외의 여러 가지 귀찮은 일을 벗어나, 모두 잊고 유유히 들길을 산책하는 것은 유쾌한 일이다. 그런데 이 산책은 아무 목적도 없는 것일까. 이것은 귀찮은 일들의 해결과는 거리가 멀지만, 그 귀찮음으로부터 벗어나는 것 자체를 목적으로 하지 않는가. 아니면 들판의 공기를 마시고, 초록빛 나무 사이를 걷는 것 자체를 목적으로 하지 않는가. 그것도 아니면 생활에 변화를 주고 건강을 증진하는 것을 목적으로 하고 있지 않는가. 더 자세히 생각해보면, 이 산책 도중에 진흙을 밟아 더러워지지 않도록 물구덩이를 뛰어 넘거나, 담배에 불을 붙이기 위해서 라이터를 켜거나, 쉬기 위해서 초원에 걸터앉지 않는가. 그리고 집에 돌아오기 위해서 도중에 되돌아오지 않는가. 어쨌든 걷기 위해서 다리를 번갈아가며 들어 올려 앞으로 내밀고 있지 않는가.

이 경우, 왜 이런 목적을 목적으로서 고르고 있는가 하는 점은 중요하지 않다. 목적이 항상 의식되고 있다고는 한정할 수 없다. 하지만, 그럼에도 불구하고 인간의 일상생활은 항상 어떤 것을 해결하기 위한 노력, 즉 탐구의 연속이다. 다시 말해, 인생이란 이런 경우 대체 어떻게 해야 좋은지를 탐구하는 생활의 연속인 것이다.

여러 가지 탐구

탐구에는 상식적 탐구와 과학적 탐구의 구별이 있고, 나아가 후자에는 자연과학적 탐구와 사회과학적 탐구의 구별이 있다. 확실히 이런 구별은 있지만, 본질적으로는 모두 탐구로서 같은 논리적 성질을 가진다는 것이 듀이의 신념이었다.

아이가 배가 아프다며 운다. 어머니는 뭘 먹었는지 묻거나, 물을 너무 많이 마시지는 않았는지 생각해보거나, 차게 자서 배탈이 난 것은 아닌가 생각해 본다. 그러고는 소화제를 먹이거나, 약국에 달려간다. 이것은 상식적 탐구이다. 이것으로 다행히 나으면 좋겠지만, 낫지 않으면 걱정이 되어 아이를 의사에게 보인다. 의사는 의학적으로 여러 가지를 조사하고 진찰해, 그 결과에 따라 진단을 내리고 처방전을 쓴다. 이것은 과학적 탐구이다. 하지만 그것은 어머니의 방식과 비교했을 때 보다 과학적이라는 것으로, 의사로서는 일단 상식적인 일을 한 것에 지나지 않는다. 상식과 과학의 차이는 본질적인 것이 아니라, 단지 어느 정도 객관적으로 시험해 본 경험을 바탕으로 하는가, 그 정도의 차이에 지나지 않는다. 즉, 객관성이나 합리성의 대소의 문제에 지나지 않는 것이다. 논리학은 인간이 일상생활에 행하고 있는 갖가지 상식과 과학을 모두 포함한 탐구활동 그 자체를, 그 구조나 기능, 프로세스에 착안해 탐구하려는 학문이다. 그것은 인간의 생동감 넘치는 생활에서 유리된 천상의 세계로부터 인간에게 강요된 초월적인 논리를 사변적으로 꾸며낸 것도 아니고, 현실적 내용을 가지지 않은 문자나 기호의 형식적 분석에 빠진 것도 아니다. 듀이는 변증법 자체가 가진 사변성을 따라가지 못함과 동시에, 제1차 세계대전 후 독일로부터 도망쳐온 학자들에 의해 미국에서 유행한 분석적 논리학에 대해서도 혐오를 느꼈다.

다음으로, 탐구에는 자연의 탐구와 사회나 문화에 대한 탐구가 있다. 전자는 자연과학으로, 후자는 사회과학으로 각각 대표된다. 18세기 이래 산업, 과학, 기술 등의 발전에 의해 자연의 탐구는 현저한 발달·진보를 이루었는

데, 그것에 비하면 사회과학은 아직도 뒤처져 있고, 특히 인간의 문화나 사상을 다루는 인문과학이나 정신과학은 아직 변함없이 그리스·로마 또는 중세의 고전적 방법에 머물러 있는 것이 많다. 자연의 탐구는 실험이나 관찰에 의거해 그것을 기초로 일정한 이론을 구성하고, 나아가 이 논리를 기준으로 다시 새로운 실험, 관찰을 행하는 방법으로 이루어지는데, 사회나 문화, 사상의 탐구는 변함없이 처음부터 인간의 경험을 초월한 진리를 전제로 하고, 모든 현상을 이 전제된 절대적 진리로 설명하려는 일이 많다. 따라서 자연의 탐구와 사회의 탐구가 서로 모순되는 결과가 나오는 경우가 자주 있다. 진화론과 그리스도교 신앙의 충돌은 이것의 가장 현저한 예다.

어떤 사람이든지, 신에게 경건한 기도를 올리는 것은 그 사람의 자유다. 그것은 그의 마음속 문제로, 다른 사람이 이러쿵저러쿵 할 수 없다. 그것과 마찬가지로 그도 자신이 신앙하는 신을 다른 사람에게 강요할 권리가 없다. 종교는 개인의 심정 문제로, 사회적인 권리·의무의 문제가 아니다. 그런데 종교라는 것이 교회라든지, 교단이라든지, 종파의 조직이나 제도에 존재하게 되면 신불이 사회적인 구속력을 가져, 인간의 사회적 권리·의무라는 세속의 일에 참견하는 잘못을 저지르게 된다. 인간을 초월한 절대적인 힘은, 대부분의 경우 특정 개인이나 그 개인이 속하는 특정 가계에 모습을 나타내, 인간들 사이에 권위나 신분, 계층의 차별을 발생시킨다. 그리고 이 힘을 민족이나 국가의 의지로 만들고는, 그것에 따르는 것이 '대의명분'이라는 것 등의 속임수가 통용되었다.

비단 종교뿐만이 아니다. 사회적인 탐구활동의 대부분은 자연의 탐구와는 다른, 신비한 것에의 탐구라는 성격을 띠기 쉽다. 과학으로도 분명해지지 않는 것이 아직 많이 남아있기 때문이다. 하지만 그 점은 사회적 탐구가 자연적 탐구의 방법이나 원리를 영원히 사용할 수 없다는 것을 의미하는 것은 아니다. 인간 사회도 자연 진화의 연장선상에 나타났던 것으로, 자연의 논리가 최종적으로는 인간의 사회·문화·사상도 일관되게 지배하기 때문이다. 자연적 탐구와 사회적 탐구는 동일한 논리적 구조와 기능, 프로세스를 가진다는 것이 듀이 논리학의 기본적인 입장이다.

탐구의 구조

우리들은 항상 주변의 여러 가지 조건에 좌우되며 생활하고 있는데, 대개 습관적으로 일을 처리하고 그다지 불편을 못 느끼며 살고 있다. 그런데 주변 조건에 급격한 변화가 있거나, 우리 자신의 상태에 이변이 있으면 침착함을 잃고 심신이 불안정해진다. 이것은 모든 유기체와 그 환경에 대해서도 그렇다. 유기체와 환경은 일정한 상황을 만들고 있는데, 이 상황이 불안정해지는 것이다. 현대는 불안의 시대라고 흔히 말하는데, 인간은 그 자신이 만들어 낸 현대사회에 있어 그렇게 되는 원인이 무엇인지 확실히 하지 않고, 무조건 안절부절못하고, 초조해 하고, 서둘러 앞으로 나아가려 한다. 가만히 있는 것이 불안한 것이다. 왜 불안할까. 불안함의 원인이 명확하지 않은 것도, 불안을 더욱 증가시킨다. 원인을 알게 되면 그것을 없애면 된다. 어쨌든 불안의 원인을 밝혀내자. 이런 생각으로 일단 짐작해 보는 데까지 나아가면, 그것만으로도 마음이 꽤 안정된다.

아무튼 현대의 우리들은 자신이 불안해서 안절부절못하는 것조차 잊고, 그것이 당연한 것이라 생각해 서로 밀고 누르는 것이므로, 불안을 자각하는 것만으로도 커다란 전진이라 해야 할 것이다. 이렇게 불안의 원인을 일단 짐작하고, 어쨌든 그것을 밝혀내 없애는 노력을 해보자고 결의했을 때, 우리들의 탐구활동은 시작된다. 불안정하고 불확정한 상황에 있어 그 불안정함이나 불확정함의 원인은, 뭔가 그것을 밝혀내 제거하는 것이 문제라고 하는 것처럼, 우리들의 자세가 확립하는 때가 탐구의 출발점이다. 이것은 듀이에 의해 문제설정의 단계라 불린다.

이렇게 해서 문제가 일단 확실해지면, 다음으로는 어떻게 하면 이 문제를 해결할 수 있을지를 생각하는 단계로 나아간다. 어느 정도 증명문제가 나오면, 수직선을 긋는다던지 원을 그려본다던지, 여러 가지 방법을 이것저것 곰곰이 생각한다. 텔레비전이 잘 안 나오는 것은 진공관의 상태가 나쁘기 때문이 아닐까, 교환해 보자 하고 생각해본다. 즉, 주어진 문제를 해결하려면, 먼저 지금까지의 경험을 기초로 현재의 상태를 고려해 해결방법을 모색하는 것이다. 이것은 설정된 문제를 해결하기 위한 가설을 세우는 단계이다. 바꿔 말하면 아이디어를 내어보는 단계이다.

이 아이디어를 바탕으로 드디어 문제 해결에 착수하게 된다. 그때, 실행

계획이나 그 경과, 그 결과를 가지고 우선 전망될 것이다. 이 전망이 매우 곤란한 경우에도 일단 문제를 해결하려면 한 번 해보아야 하고, 해보는 이상 아무리 바보 같은 것이라도 어쨌든 전망이 세워진다. 실행 수단이 전혀 없거나 결과의 전망이 전혀 세워지지 않은 경우는, 설정된 착상·아이디어·가설에 무리가 있는 것이므로 가설을 다시 세울 필요가 있다. 한편, 이렇게 가설을 바탕으로 실행한 경우의 경과나 결과를 현재의 모든 조건으로부터 미리 계산해 전망하는 작업을, 탐구에 있어서의 추론의 단계라고 한다. 다음으로 오는 단계는 말할 것도 없이 실행 그 자체이다. 학문적인 탐구라면 실험이 이것에 해당한다.

이 실험에 의해 가설의 정당함이 시험된다. 추론에 의해 전망된 그대로 일이 진척되어 최초에 설정된 문제가 잘 해결된다면 그 가설은 정당했던 것이고, 추론대로 되지 않았다면 가설은 전면적으로 잘못되어 있었거나, 아니면 적어도 어딘가 부분적으로 잘못되어 있었던 것이다. 가설이 검증되어 그것이 정당한 것이었음이 증명되는 경우, 최초의 불안정한 상황은 안정을 되찾고 유기체와 환경의 관계는 조화·균형의 상태를 회복한다. 여기서 가설은 이미, 가짜가 아니라 정당하다는 것이 보증된 명제가 된다. 탐구는 일단락된다. 유기체는 탐구활동의 경험을 통해 하나의 보증된 명제, 즉 진리인 지식을 획득한 것이 된다. 탐구란, 이렇게 경험적 지식을 증대시켜가는 유기체의 작용이다.

이상을 요약하면 탐구의 구조는 다음과 같다.

①불안정한 상황→②문제설정→③가설→④추론→⑤실행(실험)→⑥보증된 명제

목장은 초록빛

위에서 말한 탐구의 구조, 즉 탐구의 수순은 이미 말한 것처럼 상식의 입장이나 과학의 입장에서도 똑같다. 다만 상식적으로 탐구하면 반드시 ①에서 ⑥까지의 각 단계를 의식하는 것이 아니라, 어느 단계를 간략화하거나 생략해 버리는 일이 많다. 어떤 것에 가설을 세우는 단계에서는 여러모로 생각해 겨우 하나의 가설에 생각이 미치는 사람이 있는가 하면, 어떤 계기로 번뜩 좋은 착상 '굿 아이디어'에 이르는 사람도 있는 것처럼, 세상은 제각각이

다. 추론의 단계에서도 '돌다리도 두드려보고 건널'만큼 진중히 생각해 나가는 사람이 있는가 하면, 이해가 빨라 실패하는 덜렁이도 있다. 또 심하면, 실행도 하지 않고 결론으로서의 보증된 명제를 획득해버렸다는 사람도 있다. '뭐, 갔다 온 걸로 치자'하고 말하며 출장 보고서를 내는 것 등이 그것이다. 하지만 이런 상식적 탐구에서도 그것이 탐구인 한, ①부터 ⑥까지의 여섯 단계를 통과하는 것으로, 각 단계가 명확히 의식되지 않는 것뿐이다.

보증된 명제가 일단 얻어졌다고 해서, 그것으로 일체의 상황이 안정되고 문제가 하나도 없어지는 것은 아니다. 그 상황은 다시 새로운 문제를 품게 되고, 이윽고 다시 불안정한 상황으로 빠져 들어간다. 상황은 시시각각 변하고, 인간은 끊임없이 성장하는 존재이기 때문이다.

이때 듀이의 사상은 전적으로 헤겔을 모방한 것이다. 인간은 그 문제해결의 탐구활동을 통해 기뻐하고, 노여워하고, 슬퍼하고, 즐거워한다. 희로애락은 성장하는 인간의 노력에 늘 붙어다니는 본연의 감정이다. 인간의 전망이나 행동도 결코 절대적으로 완전할 수는 없다. 그는 실수한다. 잘못을 범한다. 그렇기 때문에 노여움도 있고, 슬픔도 있고, 고민도 있다. '인간은 노력하는 한 잘못을 저지르는 존재이다.'(괴테 《파우스트》) 따라서 노력하는 자에게는 또 기쁨이나 즐거움도 주어진다. 슬픔이 없는 자에게 기쁨이 무슨 의미가 있겠는가. 걱정이 없는 자에게 즐거움이 무슨 도움이 되겠는가. 고민이 많은 것을 한탄할 필요는 없다. 오히려 고민의 원인이 되고 있는 문제에 용감하게 부딪혀 나가는 실행력과 강한 의지를 걱정해야 한다.

탐구의 구조에 있어서, ①에서 ④까지는 주로 머릿속 작업이고, ⑤번만이 실제 행동으로서 밖에서 보아 알 수 있는 부분, 즉 탐구의 객관적인 측면이라는 것은 매우 중요한 의미를 가진다. 이 ⑤가 없으면 ①에서 ④까지는 난센스이고, 당연히 ⑥도 얻어질 수 없다. 탐구활동을 살리고 죽이는 것은 ⑤의 실행 또는 실천에 달려있다. 탐구란 본래, 행동의 일종이다. 머릿속으로 아무리 이것저것 생각해 보아도, 실행을 동반하지 않는 관념의 조작만으로는 인생의 모든 문제를 해결할 수 없다. 요는, 해보는 것이다.

사변에 빠진 자는
풀이 시든 들판에 있는 말처럼

악마에게 빙빙 돌려지고 있는 것이다

그 외부에는 가는 곳마다 아름다운 초록빛의 목장이 있는데도

파우스트

우리들은 이미, 존 듀이를 키운 청교도적 개척자정신으로 가득한 젊은 미국에 있어서는 행동을 도깨비방망이로 본, 실행형의 인간이 이상으로 여겨져 온 것을 알고 있다. 듀이의 논리학에 나타난 탐구의 이론은, 이 실행형의 인간이 자신의 실행·행동이 가지는 의미를 반성한 부분에서 나온 것이다. 물론 이런 반성은 이미 퍼스나 제임스에 의해 착수되어 있었다. 하지만 듀이의 경우, 그 자신이 사변의 세계에 머무르지 않고 교육을 시작으로 각종 사회적 실천에 관여해, 자신의 철학이나 사상을 끊임없이 재훈련했다는 점에서 퍼스나 제임스에게는 보이지 않는 독자적인 깊은 의미가 있다. 그는 '행함으로써 배운다(Learning by doing)'는 것을 교육의 모토로 했다. 이것은 그의 탐구이론과 대조해 볼 때, 그의 교육이론이 얼마나 그의 철학·논리사상과 본질적으로 관계를 가지는 것인지를 가리키고 있다.

탐구의 성질

듀이에 의하면, 모든 탐구는 일정한 문화적 조건을 갖춘 사회에서 행해진다. 탐구는 사회라는 문화적 모체를 가지고 있다. 하지만 이 문화적 모체는 앞에서 말한 그림 2(584쪽 참조)에 보이는 것처럼 일정한 자연적 조건을 기초로, 그 위에 정치, 경제, 학문, 예술, 종교 등의 영역을 갖추어, 그 추축부에 교육이라는 기능을 가지고 있다. 그리고 그것 자체가 인간의 도덕, 탐구, 사회생활과 같은 행동으로 유지되고 있다. 물론 행동은 시간과 공간 두 가지의 원리로 좌우된다. 공간의 원리는 일정한 자연적·지리적 조건의 범위에서 행동을 일으키고, 시간의 원리는 행동을 일정한 문화적·역사적 조건을 짊어진 것으로 만든다. 탐구의 문화적 모체라는 것은 이렇게 해서 지리적·역사적인 특정한 조건을 갖추게 된다.

다음으로, 이미 본 것처럼 탐구는 일단락되었다고 해서 그것으로 끝나는 것이 아니다. 하나의 탐구는 반드시 그것에 뒤따르는 다른 탐구의 계기가 된다. 생활개선에 관한 방송에서 흥미 있는 예를 들은 적이 있다. 그것은 오래

전 어느 산촌에서의 이야기다. 음료수를 마을 저지대의 샘에서 길어 올려야만 했던 이 마을에서는, 물 긷는 노동으로부터 주부를 해방하기 위해 공동으로 간이수도를 설치했다. 부엌에서 수도꼭지를 틀면 물이 쏴—하고 흘러나와 편리해졌다. 지금까지는 부엌의 강가에 쭈그리고 앉아 설거지를 했기 때문에 그다지 문제되지 않던 부엌의 어둠은, 수도꼭지에서 물이 흐르게 되어선 자세 그대로 집안일을 하게 되자 갑자기 불편하게 느껴졌다. 그래서 다음 부엌개선공사로 벽에 창을 냈다. 유리문을 통해 빛이 들어왔다. 기둥과 벽이 얼마나 그을려 있었겠는가. 지금까지 신경 쓰지 못했던 부엌의 그을음은 너무나 비위생적이었다.

세 번째 부엌개선공사는 부뚜막의 개량이었다. 이렇게 부엌이 기분 좋은 장소가 된 것을 계기로, 다른 방에도 개선의 손을 뻗어 침실에도 창을 내 빛을 들였다. 그러자 빛에 비춰져 날리는 먼지가 눈에 들어와, 결국 농가의 전통적 악습인 밤낮으로 깔아놓는 이부자리를 그만두게 되었다.

물론 이 예는 과학적인 탐구가 아니라 상식적 수준에 있어서의 '생활의 탐구'이다. 하지만 여기서 말할 수 있는 것은, 하나의 탐구에서 성공을 거둔 것이 곧 다음 탐구를 시작하는 동기가 되는 것으로, 다시 다음에 이어지는 탐구는 결코 하나에 머무는 일 없이 복선화하고 점점 펴져나갈 가능성을 내보인다는 것이다. 듀이는 탐구가 가지는 이 성질을, '논리학'에 있어서는 '끊임없는 리듬'이나 '무한 연쇄'라고 부르고 있는데, 이것은 탐구의 '연쇄반응·점점 퍼짐·눈사람방식·복리계산의 논리'라고도 부를 수 있다.

탐구의 또 다른 성질에 대해서 말해보자. 그것은 탐구를 실천하는 것으로 그 실천하는 인간 자체가 변화·성장하고, 나아가 사람과 사람의 관계에도 변혁이 야기된다는 것이다. 문제해결의 노력을 한다는 것은 불안정한 상황을 안정된 상황으로 변혁하는 것이었다. 상황이 변한다는 것은, 어떤 의미로 그 상황을 구성하고 있는 주체인 인간이 변한다는 것이어야 한다. 우리는 노력을 통해 인간적으로 성장해 간다. 그리고 한 사람이 인간적으로 성장한다는 것은 그가 만들고 있는 갖가지 인간관계가 좋아진다는 것을 의미한다. 즉, 탐구는 탐구를 행하는 인간과 그 인간관계에 무한한 성장, 진보를 약속하는 것이다.

탐구활동의 프로세스에 과학이나 기술, 기계를 가져와보면, 이것은 더욱 확실해진다. 과학, 기술, 기계 등은 신분이나 계급, 연령, 성별과 관계없이 모든 사람들에게 매우 손쉽게 그 문호를 개방하고 있다. 이것들에 종사하고 있는 한, 인간은 평등하다. 도로 위에서 자동차를 운전할 때는 학력도 직계제도 없고, 주인·머슴, 가게와 손님, 사제 등 일체의 구별도 있을 수 없다. 생명을 건 교통전쟁에서는 교통규칙을 지키는 것만이 단 하나의 윤리로, 운전자의 기술만이 행세한다. 게다가, 대부분의 경우 인습적으로 생각하면 지위가 낮다고 생각되는 자가 덤프트럭이나 탱크로리 등 보다 기술을 요하는 크고 무거운 차를 운전하고 있어, 물리적인 힘에서는 빈약한 승용차를 압도하는 것이다. 이것이 기계나 기술이 가져오는 인간관계 변혁의 좋은 예의 하나다. 따라서 만약 탐구활동이 과학, 기술, 기계 등의 사용을 통해 행해진다면, 이들이 본래 가지고 있는 합리성이나 객관성이 인간에게 파급되어, 인간을 둘러싼 어둡고 비합리적인 모든 조건을 해소하는 데 틀림없이 도움이 될 것이다.

존 듀이 연보

1859년   10월 20일, 미국 버몬트 주 벌링턴 마을에서 태어남. 식료품
             점을 경영하는 아버지 아치볼드 듀이와 어머니 루시나의 네
             아들 중 셋째.
1867년(7세)   가을, 초등학교에 입학.
1872년(12세) 9월, 고등학교에 입학.
1875년(15세) 벌링턴의 고등학교를 졸업하고 버몬트 대학에 입학.
1879년(19세) 버몬트 대학을 졸업. 펜실베이니아 주 오일시티 고등학교의
             교사가 됨.
1881년(21세) 고등학교 교사를 그만두고 벌링턴에 돌아가 샤를로테의 초등
             학교 교사가 됨. 동시에 버몬트 대학의 철학교수 토리에게
             개인지도를 받음.
1882년(22세) 존스 홉킨스 대학 대학원에 입학, 철학을 전공하기 시작함.
             여기서 프래그머티즘의 창시자 퍼스의 논리학 강의를 듣지만
             완전히 실망함. 《유물론의 형이상학적 가정》(《사변철학잡
             지》), 《스피노자의 범신론》(좌동) 발표.
1883년(23세) 존스 홉킨스 대학 특별연구생이 됨.
1884년(24세) 동대학원 수료, 철학박사가 됨. 학위논문은 《칸트의 심리
             학》. 은사 조지 S. 모리스의 주선으로 미시간 대학 철학 전임
             강사가 됨.
1886년(26세) 제자 앨리스 치프먼과 결혼. 미시간 대학 조교수로 승진.
1887년(27세) 장남 프레드릭 아치볼드가 태어남. 최초의 저서 《심리학》 출
             판.
1888년(28세) 미네소타 대학 철학교수가 됨. 두 번째 저서 《라이프니츠의
             인간이해에 관한 신논문집》 출판. 《민주주의의 윤리》 출판.

1889년(29세) 미시간 대학 철학과 주임교수가 됨.

1890년(30세) 장녀 에블린 태어남.

1891년(31세) 《비판적 논리학개요》 출판.

1893년(33세) 차남 모리스 태어남.

1894년(34세) 시카고 대학 철학·심리학·교육학 주임교수가 됨.

1895년(35세) 이탈리아 여행 도중, 디프테리아로 모리스를 잃음. 《수의 사회학과 그 산술교수법으로의 응용》 출판.

1896년(36세) 시카고 대학 부속 실험학교 설치. 셋째 아들 골든 치프먼 태어남.

1899년(39세) 미국 심리학회 회장이 됨(다음해까지). 《학교와 사회》 출판.

1902년(42세) 시카고 대학 부속 사범학교의 책임자가 됨.

1903년(43세) 《논리학 이론연구》(시카고 대학 10주년 기념논문집)《초등 학교교사》 출판.

1904년(44세) 시카고 대학을 사임하고 컬럼비아 대학 철학교수가 됨. 시카고 재임 중에 차녀 루시 앨리스, 셋째 딸 제인 메리 태어남. 여름휴가로 유럽 여행 도중, 골든이 티푸스로 사망. 이탈리아 소년 사비노를 양자로 삼음.

1905년(45세) 미국 철학회의 회장이 됨(다음해까지). 산업민주주의연맹에 가입해 평생회원이 됨.

1906년(46세) 존스 홉킨스 대학의 철학 강사를 겸임(다음해까지).

1908년(48세) 《윤리학》(터프츠와 공저) 출판. 《프래그머티즘은 무엇을 실제적이라 칭하는가》를 출판.

1910년(50세) 국민과학아카데미 회원이 됨. 《사고의 방법》 출판.

1915년(55세) 미국대학교수연합 창설하고 초대 회장이 됨. 《독일 철학과 정치》《내일의 학교》(장녀 에블린과 공저) 출판.

1916년(56세) 《민주주의와 교육》《실험적 논리학논집》 출판.

1918년(58세) 3월, 《도덕과 미국의 행위》를 발표. 윌슨 대통령의 국제연맹 제안에 찬성함. 《미국 거주 폴란드인의 생활조건에 대한 비공개 보고》를 완성함. 겨울, 캘리포니아 대학의 객원교수로서 동대학에서 강의. 이 사이에 일본행을 결심함.

1919년(59세)　일본 방문. 중국 방문(~1921). 그 후, 일본 및 중국에 관한 수 편의 논문을 미국 잡지에 계속해서 발표.

1920년(60세)　《철학의 개조》(도쿄 대학 강연기록) 출판. 《듀이의 베이징에 대한 5대 연속토의》 간행.

1921년(61세)　8월, 2년에 이르는 중국 체재를 마치고, 일본에 들렀다 귀국. 12월에 전쟁추방운동에 관여함.

1922년(62세)　《인간성과 행위》 출판. 《논리학과 국제관계》《정치적 단결인가 법적 협력인가》《만약 전쟁이 금지된다면》《전쟁금지법에 결여되어 있는 것》《미국은 사법재판에 가담해야 하는가》《전쟁과 법규》 등의 논문을 씀.

1923년(63세)　프랑스과학·도덕·정치아카데미의 철학부문 통신회원이 됨. 전쟁법외추방운동에 열중하기 시작함.

1924년(64세)　대통령 선거에서 제3당의 라폴레트를 후원. 터키의 교육사정 시찰.

1925년(65세)　《경험과 자연》《미국—프래그머티즘의 발전》 출판.

1926년(66세)　멕시코의 교육사정 시찰.

1927년(67세)　부인 앨리스 치프먼 사망(7월 14일). 《공중과 그 문제》 출판. 11월, 〈내가 교원조합의 회원이 된 이유〉를 강연. 《심리학과 정의》 발표.

1928년(68세)　대통령선거에서 사회당 노먼 토마스를 지지. 소비에트의 교육사정 시찰.

1929년(69세)　스코틀랜드 애든버러 대학에서 강의. 《인물과 사건》《확실성의 탐구》《경험과 자유》 출판. 9월, 독립정치활동연맹 초대 회장이 됨.

1930년(70세)　컬럼비아 대학을 퇴직하고 명예교수가 됨. 하버드 대학에서 윌리엄 제임스 기금 강의. 《개인주의, 낡은 것, 새로운 것》 출판.

1931년(71세)　《철학과 문명》 출판.

1932년(72세)　《윤리학》 개정판을 냄.

1933년(73세)　《사고와 방법》 개정판을 냄.

1934년(74세)　《경험으로서의 예술》《모두의 신앙》출판.

1935년(75세)　《자유주의와 사회활동》출판.

1936년(76세)　자유당 결성, 명예 부총재가 됨.

1937년(77세)　모스크바 재판에 있어서 트로츠키 심문위원회(청문회) 명예
위원장이 되어, 멕시코 망명 중의 트로츠키를 방문. 《레온
트로츠키 사건》출판.

1938년(78세)　《논리학―탐구의 이론》《무죄》《경험과 교육》출판.

1939년(79세)　《자유와 문화》《평가의 이론》출판. 문화자유위원회 위원장
이 됨. 산업민주주의연맹 회장이 됨(~1941년).

1940년(80세)　버트런드 러셀의 뉴욕 시립대학 교수임명 취소에 대해 항의.

1941년(81세)　《버트런드 러셀 사건》출판.

1944년(84세)　진보주의교육연맹이 미국교육연맹으로 개칭되어 재출발과 함
께 명예총재가 됨.

1946년(86세)　로버타 그랜트와 재혼. 《인간의 여러 문제》출판. 10월 이후
벤틀리와 48차례의 편지 왕래(~1950년 11월까지).

1949년(89세)　《아는 것과 알려지는 것》(벤틀리와 공저) 출판. 10월, 90세
축하모임이 뉴욕시 코모도 호텔에서 거행됨. 태어난 고향 벌
링턴과 버몬트 대학을 방문함.

1952년(92세)　6월 1일, 뉴욕에서 폐렴으로 사망.

김성숙(金聖淑)
연세대학교 영문학과 졸업.
칼비테교육철학연구원. 한국생산성본부 편집인.
지은책《즐거운 학습백과》《일한사전》

이귀학(李貴學)
단국대학교 국문학과 졸업.
국민자각운동본부 이사장. 칼비테교육철학연구원장.
지은책《민족의 길 자유의 길》
《황토바람 샛바람》《한국과 한국사람의 길》

세계사상전집085
John Dewey
DEMOCRACY AND EDUCATION
RECONSTRUCTION IN PHILOSOPHY
민주주의와 교육/철학의 개조
존 듀이/김성숙 이귀학 옮김
동서문화창업60주년특별출판
1판 1쇄 발행/2016. 11. 30
1판 2쇄 발행/2020. 11. 1
발행인 고정일
발행처 동서문화사
창업 1956. 12. 12. 등록 16-3799
서울 중구 마른내로 144(쌍림동)
☎ 546-0331~6 Fax. 545-0331
www.dongsuhbook.com
✱

사업자등록번호 211-87-75330

ISBN 978-89-497-1600-8 04080
ISBN 978-89-497-1514-8 (세트)